Academia de Ciencias Políticas y Sociales

LIBRO HOMENAJE AL DOCTOR LUIS COVA ARRIA

Conmemorativo del 25 aniversario de la especialización
en Derecho de la Navegación y Comercio Exterior
del Centro de Estudios de Postgrado de la Facultad de Ciencias
Jurídicas y Políticas de la Universidad Central de Venezuela

TOMO II

COORDINADORES:
RAFAEL BADELL MADRID
ENRIQUE URDANETA FONTIVEROS
SALVADOR YANNUZZI RODRÍGUEZ

Editorial Jurídica Venezolana International
2020

CARACAS / VENEZUELA

A12

Academia de Ciencias Políticas y Sociales
Libro Homenaje al Doctor Luis Cova Arria. Conmemorativo del 25 aniversario de la Especialización en Derecho de la Navegación y Comercio Exterior del Centro de Estudios de Postgrado de la Facultad de Ciencias Jurídicas y Políticas de la Universidad Central de Venezuela / Rafael Badell Madrid; Enrique Urdaneta Fontiveros y Salvador Yannuzzi Rodríguez (Coordinadores); prólogo Humberto Romero-Muci.-- Caracas: Academia de Ciencias Políticas y Sociales, 2020.
3 tomos

Depósito Legal: DC2020000971
ISBN de la obra completa: 978-980-416-021-9
Tomo I: 978-980-416-022-6
Tomo II: 978-980-416-023-3
Tomo III: 978-980-416-028-8

1. DERECHO MARÍTIMO 2. DERECHO ADMINISTRATIVO MARÍTIMO 3. JURISDICCIÓN MARÍTIMA 4. COMERCIO EXTERIOR I Título

Depósito legal: DC2020000971
Tomo II: 978-980-416-023-3

ACADEMIA DE CIENCIAS POLÍTICAS Y SOCIALES
Avenida Universidad, Bolsa a San Francisco,
Palacio de las Academias
Caracas 1121-A
Teléfonos: (0212) 482.88.45 - 482.86.34
Fax: (0212) 483.26.74
e-mail: academiadecienciaspoliticas@gmail.com
Página Web: www.acienpol.org.ve
Biblioteca "Andrés Aguilar Mawdsley"
Telefax: (0212) 481.60.35
Servicio on line:
Sistema de Cooperación Jurídica: www.scjuridica.org.ve
Centro de Investigaciones Jurídicas
Teléfono: (0212) 377.33.58
Servicio on line:
Proyecto Ulpiano: www.ulpiano.org.ve

Diseño de portada: Evelyn Barboza V.
Diseño de caricatura: Roberto Weil
Diagramación: Oralia Hernández
Impreso en Venezuela

UCAB

COMITE MARITIMO VENEZOLANO
Asociación Venezolana de Derecho Marítimo
(Comité Marítimo Nacional)
Afiliado al Comite Maritimo Internacional

Universidad Central de Venezuela
Facultad de Ciencias Jurídicas y Políticas
Centro de Estudios de Postgrado
ESPECIALIZACIÓN EN DERECHO DE LA NAVEGACIÓN Y COMERCIO EXTERIOR
25 aniversario

CMI

INSTITUTO IBEROAMERICANO DE DERECHO MARITIMO

Luis Cova Arria

ÍNDICE

LIBRO HOMENAJE AL DOCTOR LUIS COVA ARRIA

Conmemorativo del 25 aniversario de la especialización en Derecho de la Navegación y Comercio Exterior del Centro de Estudios de Postgrado de la Facultad de Ciencias Jurídicas y Políticas de la Universidad Central de Venezuela

TOMO I

DERECHO ADMINISTRATIVO MARÍTIMO

RIESGOS DE LA NAVEGACIÓN Y CONTAMINACIÓN MARÍTIMA

JURISDICCIÓN MARÍTIMA, PROCEDIMIENTOS MARÍTIMOS, PRIVILEGIOS Y EMBARGO DE BUQUES

TOMO II

CONTRATOS DE UTILIZACIÓN DEL BUQUE Y TRANSPORTE DE MERCANCÍAS

INTERNACIONALISMO Y UNIFICACIÓN DEL DERECHO MARÍTIMO

COMERCIO EXTERIOR

DERECHO CONSTITUCIONAL

DERECHO ADMINISTRATIVO

DERECHO CIVIL Y DERECHO INTERNACIONAL PRIVADO

JURISDICCIÓN, ARBITRAJE, MEDIACIÓN Y DERECHO INTERNACIONAL PÚBLICO

TOMO III

DERECHO TRIBUTARIO Y ADUANERO

DERECHO PENAL

HISTORIA

VARIOS

EPÍGRAFE

TOMO II
DERECHO MARÍTIMO

- CONTRATOS DE UTILIZACIÓN DEL BUQUE Y TRANSPORTE DE MERCANCÍAS
- INTERNACIONALISMO Y UNIFICACIÓN DEL DERECHO MARÍTIMO
- COMERCIO EXTERIOR
- DERECHO CONSTITUCIONAL
- DERECHO ADMINISTRATIVO
- DERECHO CIVIL Y DERECHO INTERNACIONAL PRIVADO
- JURISDICCIÓN, ARBITRAJE, MEDIACIÓN Y DERECHO INTERNACIONAL PÚBLICO

CONTRATOS DE UTILIZACIÓN DEL BUQUE Y TRANSPORTE DE MERCANCÍAS

La evaluación de los riesgos de transporte
en los vehículos autónomos.
Venezuela. José Alfredo Sabatino-Pizzolante

El plazo de prescripción de las acciones por demora en la devolución
de contenedores en la jurisprudencia de la República Argentina.
Argentina. Leonardo J. Mainero

Pérdida de Clase bajo un Contrato de Arrendamiento a Casco Desnudo
–Barecon 89– Sus consecuencias.
Venezuela. Rafael Reyero Álvarez

El transporte marítimo internacional.
Desde las partes originarias al *Non vessel Operating Common Carrier.*
Venezuela. Ricardo Maldonado Pinto

El buque como elemento real en los contratos de fletamento por viaje.
Venezuela. Tomás R. Malavé Boada

LA EVALUACIÓN DE LOS RIESGOS DE TRANSPORTE EN LOS VEHÍCULOS AUTÓNOMOS*

JOSÉ ALFREDO SABATINO PIZZOLANTE**

1. A MANERA DE INTRODUCCIÓN

Los Vehículos Autónomos o Buques Autónomos constituyen un tema sencillo y a la vez complejo. Sencillo porque tratándose de un tema en desarrollo, por explorar, cualquier cosa que se diga resulta útil y en ocasiones novedoso; complejo, porque precisamente por ser un tema en desarrollo y complejo, necesariamente nos sitúa en el campo de la especulación, por lo que debemos ser cautelosos. Aun así, dado lo trascendente del tema, vale la pena una aproximación.

---

* El presente artículo desarrolla las ideas expuestas en conferencia que bajo el mismo título presentara el autor, durante las VI Jornada de Seguro Marítimo y Portuario, celebradas en Cartagena de Indias, Colombia, del 19 al 21 de febrero de 2020. El autor agradece la asistencia de Benjamín Cordero Cote, abogado de la firma SABATINO PIZZOLANTE ABOGADOS MARÍTIMOS & COMERCIALES, por la asistencia brindada en la preparación del presente trabajo.

** Abogado (Universidad de Carabobo), Postgrados en Administración de Puertos (MSc) y Derecho Marítimo (LL.M), Universidad de Gales, Reino Unido. Socio de la firma SABATINO PIZZOLANTE ABOGADOS MARÍTIMOS & COMERCIALES. Gerente General de GLOBALPANDI, S.A. Presidente de la Asociación Venezolana de Derecho Marítimo, Miembro del Comité Marítimo International (CMI), Miembro del Instituto Iberoamericano de Derecho Marítimo. Profesor de Derecho Portuario, del **área** de Investigación y Postgrado de la Universidad Nacional Experimental Marítima del Caribe.

Imprescindible antes de evaluar los riesgos, resulta definir a los buques autónomos, técnicamente denominados por la Organización Marítima Internacional (OMI) como "*Maritime Autonomous Surface Ships*" o MASS, por su acrónimo.

La OMI ha desarrollado un importante trabajo en este campo, a través del Comité de Seguridad Marítima, constituyendo un grupo de trabajo sobre el tema el año 2018. Dicho Comité viene haciendo un estudio exploratorio sobre la reglamentación que incluye la definición preliminar de los MASS, sus grados de autonomía y demás instrumentos necesarios para que estos vehículos puedan operar en el futuro, en condiciones de operatividad, seguridad y garantizando la protección al medio ambiente. El trabajo comprende la revisión del marco normativo para, entre otras cosas, identificar las enmiendas requeridas por los instrumentos existentes y/o la elaboración de nuevas reglamentaciones. Entre los muchos instrumentos a revisar, se encuentran:

- La protección y la seguridad marítimas (Convenio SOLAS).
- El Reglamento de abordajes (COLREG).
- La carga y estabilidad (Convenio Internacional sobre Líneas de Carga).
- Formación de la gente de mar y los pescadores (Convenio STCW – F/95).
- Búsqueda y salvamento (Convenio SAR).
- El arqueo de buques (Convenio Internacional sobre Arqueo de Buques).
- Buques de pasaje en tráficos especiales (Acuerdo sobre buques de pasaje que prestan servicios especiales, 1971; Protocolo sobre espacios habitables en buques de pasaje que prestan servicios especiales, 1973).

El presente artículo comprende una breve revisión del concepto de "*Buque Autónomo*", el estatus actual de los desarrollos alcanzados, haciendo énfasis de manera específica, en la evaluación de los riesgos asociados a este tipo de embarcaciones y aspectos de seguro.

2. BUQUES AUTÓNOMOS Y BREVE CRONOLOGÍA DE SU EVOLUCIÓN

De acuerdo a la OMI, se entiende por "*Buque Marítimo Autónomo de Superficie*" todo buque que, en diversos grados, puede navegar sin depender de la interacción humana. El concepto no es unívoco y, por el contrario, engloba una variedad de embarcaciones, cuyo grado de autonomía comprende:

- Buque con procesos automatizados y apoyo en la toma de decisiones: La gente de mar está a bordo para operar y controlar los sistemas y las funciones de a bordo. Algunas operaciones pueden estar automatizadas.
- Buque controlado a distancia con gente de mar a bordo: El buque se controla y opera desde otro emplazamiento, pero hay gente de mar a bordo.
- Buque controlado a distancia sin gente de mar a bordo: El buque se controla y opera desde otro emplazamiento. No hay gente de mar a bordo.
- Buque totalmente autónomo: El sistema operativo del buque es capaz de tomar decisiones y de determinar acciones por sí mismo.

Por otra parte, se podría simplificar los conceptos distinguiendo entre Buque no Tripulados (*Unmanned Vessels* o UVs), sin tripulación a bordo, pero remotamente operados desde tierra; y Buques Autónomos (*Autonomous Vessels* o ASVs), con o sin tripulación a bordo, pero embarcaciones preprogramadas que operan usando algoritmos.

Una breve cronología de los desarrollos que se vienen observando en el sector, nos revela los significativos avances que se han registrado y, por tanto, la importancia de la adecuación de la normativa aplicable:

2015.- La Agencia Tecnológica de Innovación de Finlandia promovió junto a Rolls-Royce y algunas universidades del mundo, el proyecto "*Advanced Autonomous Waterborne Applications*", por un costo superior a los de 6.6 millones de Euros. Dicho proyecto en su primera fase desarrollaría investigaciones sobre tecnología aplicable a la industria marítima, que contribuyera al propósito de la creación de naves no tripuladas, explorando también aspectos técnicos, legales y económicos. Luego de ello, a mediados de 2017 entraría en las siguientes fases para ofrecer especificaciones y diseños preliminares para la industria, válidamente certificados por expertos.[1]

2015.- La empresa de los Emiratos Árabes Unidos SmartOwn incorpora en su portafolio el Vehículo de Superficie Autónomo (USV) B7 "*The Beagle*", cuyo diseño venía gestándose desde el 2009. Fabricado con fibra de vidrio, esta nave cumple un propósito esencialmente militar y de seguridad, no obstante puede servir a ciertas funciones comerciales como la vigilancia de puertos, recopilación de datos de minerales en alta mar, mitigación de derrames de petróleo y detección de materiales peligrosos.

2016.- El Pentágono presenta el buque experimental autónomo más grande hasta entonces construido, el "*Sea Hunter*". Una nave de 40 metros de eslora equipada con radares, sonares, cámaras y sistemas de posicionamiento global, capaz de recorrer 18.520 kilómetros por sí sola en busca de submarinos y minas submarinas.

2017.- Yara, una empresa internacional noruega de la industria química, ordena el primer buque portacontenedores autónomo y eléctrico del mundo, actualmente se encuentra en construcción y a pesar de que inicialmente estaría listo para este año, a través de un comunicado la empresa ha informado que el proyecto se detendría por causa del COVID-19. Estará dedicado al transporte de productos de la planta de producción Porsgrunn de Yara a Brevik y Larvik en Noruega. Se espera que el Yara Birkeland opere inicialmente como una nave tripulada, más tarde pasará a operar remotamente y, finalmente, se espera que el buque sea capaz de realizar operaciones totalmente autónomas.

2017.- Se inscribe en el registro de buques del Reino Unido (*UK Ship Register*) el primer buque autónomo, el *C-Worker* 7, construido por ASV Global, una empresa manufacturera de sistemas marinos no tripulados y autónomos. La embarcación tiene capacidad para ser operada bajo control directo, parcialmente tripulada o sin tripulación para ser utilizada en posicionamiento subacuático, inspecciones y monitoreo

[1] AAWA, *Remote and Autonomous Ships. The next step,* London, 2016. Disponible en: https://www.rolls-royce.com/~/media/Files/R/Rolls-Royce/documents/customers/marine/ship-intel/aawa-whitepaper-210616.pdf, consultado el 28 de mayo 2020.

ambiental de obras. Su capacidad fue demostrada el 19 de enero del 2018, momento en que la empresa anunció el despliegue exitoso de la nave, al ser usada como apoyo para una operación de instalación de tuberías en las costas de Egipto.[2]

2018.- Anuncio de Wilhelmsen y Kongsberg sobre creación de la primera naviera de buques autónomos, ofreciendo una cadena de valor completa para buques autónomos, desde diseño y desarrollo hasta sistemas de control, servicios logísticos y operaciones de buques. El plan de Massterly es tener centros de control terrestres que monitoreen y operen naves autónomas a nivel mundial, aprovechando las soluciones tecnológicas de Kongsberg y las operaciones de logística y gestión de buques de Wilhelmsen.

2019.- Se lanza AUTOSHIP, iniciativa puesta en marcha por diferentes empresas como Rolls Royce, Bureau Veritas y Kongsberg, entre otras, con el objetivo prioritario de "*poner en funcionamiento los buques autónomos avanzados*" así como "*identificar los estándares comunes y proporcionar mejores prácticas y protocolos de capacitación para la tripulación y los operadores*". La propuesta financiada por la Comisión Europea, pretende tener los primeros servicios comerciales autónomos costeros y terrestres no tripulados en 2023 y los buques autónomos no tripulados en navegación oceánica en torno al 2030.

2019.- El Buque de Carga Autónomo chino "*Jindouyun 0 Hao*", construido por la empresa Yunhang Intelligent a partir del 2017, arribó exitosamente tras ejecutar su primera prueba, navegando en el mar de la provincia de Guangdong, al sur de China.[3]

3. ¿POR QUÉ BUQUES AUTÓNOMOS?

En verdad no se trata de un tema nuevo. Desde hace años la industria viene observando una disminución en el número de tripulantes, en la medida que los avances tecnológicos aumentan. Los aseguradores vienen brindando, tiempo atrás, cobertura a vehículos operados remotamente (*Remotely Operated Vehicles* o ROVs) en el sector costa afuera.

---

2 Disponible en: https://www.asvglobal.com/subsea-7-utilise-c-worker-7-autonomous-surface-vessel-in-mediterranean-operation/, consultado el 28 de mayo 2020.

3 Disponible en: http://spanish.xinhuanet.com/photo/2019-12/16/c_138633783.htm, consultado el 29 de mayo 2020.

Sin embargo, ahora el hombre busca nuevos horizontes en el que estos vehículos tengan autonomía de gestión en reemplazo del elemento humano, sustituido por la inteligencia artificial.

Pueden mejorar la seguridad, reduciendo la intervención del hombre; después de todo hay consenso entre los diversos reportes y estudios publicados, que los accidentes marítimos son causados mayoritariamente por errores humanos producto, por ejemplo, de fatiga y mal juicio. Según el *Informe Anual sobre Accidentes Marítimos*, preparado por la Agencia Europea de Seguridad Marítima (EMSA por sus siglas en inglés), el 65,8% de los accidentes ocasionados en el año 2018 tuvieron como causa factores humanos.[4]

Aumentarán la eficiencia, pues reducen el espacio requerido por la tripulación dedicándolo al almacenaje de la mercancía.

Por otro lado, desde el punto de vista ambiental, algunos de los datos aportados por los proyectos en desarrollo son bastante prometedores. En el caso del Yara Bierkeland, se estima la eliminación de aproximadamente 40.000 viajes de tráfico interno efectuado por camiones, lo cual, sumado al hecho de que este buque posee un sistema de propulsión eléctrico, representaría una reducción significativa de las emisiones de azufre.

Así mismo, proyectos como el ReVolt, de la sociedad clasificadora Det Norske Veritas Germanischer Lloyd, también apuestan al sistema de cero emisiones, a través de baterías. No obstante, para aquellos que acoplándose a los términos del Convenio MARPOL[5], aún mantengan un sistema de combustible, seguirían ahorrando emisiones en relación a sus predecesores, debido a la reducción de peso muerto que consiguen las estructuras autónomas, lo que se traduce en menos combustión y menos contaminación.[6]

---

[4] European Maritime Safety Agency (EMSA), *Annual Overview of Marine Casualties and Incidents,* 2019, p. 8.

[5] Convenio Internacional para Prevenir la Contaminación por los Buques (MARPOL), Anexo V. Desde el 1° de enero de 2020, el límite de contenido de azufre en el combustible usado a bordo de los buques que operen fuera de las zonas de control de emisiones designadas será de 0.50 % masa/masa.

[6] María Valero Pérez, *Estudio sobre la autonavegación en buques mercantes.* Facultad de Naútica de Barcelona - Universidad Politécnica de Cataluña, España, 2019, pp. 12-22.

Otro de los aspectos a tomar en cuenta es la reducción de los costos de tripulación, los cuales algunos estudios estiman en alrededor del 43%.[7] En este sentido, los diversos armadores no sólo podrán cubrir los costos iniciales de inversión, sino que a la larga este concepto podrá ser trasladado a otros aspectos, como desarrollo tecnológico o creación de empleos necesarios a nivel de obtención de *software*, estaciones de control terrestres o prestación de renovados servicios navieros que requerirán estas naves.

Sin embargo, todavía la autonomía de estas embarcaciones parece estar lejos de ser una absoluta, esto es, sin tripulación a bordo, siendo la razón: a) Problemas de seguridad, especialmente en el caso de buques de gran porte que operan en aguas congestionadas; b) Infraestructura de tierra que permita el monitoreo y control efectivo de las embarcaciones; y c) La conectividad. (Problemas con el GPS, como lo veremos más adelante).

4. RESPONSABILIDAD Y BUQUES AUTÓNOMOS

Fundamental resulta la adecuación del marco regulatorio, a nivel internacional y doméstico. Existen instrumentos tales como el Convenio Internacional para la Seguridad de la Vida Humana en el Mar (SOLAS) 1974, o el Reglamento Internacional para Prevenir Abordajes (COLREGS) que necesariamente deben ser revisados y actualizados.

Por ejemplo, las Reglas 2 y 5 de la COLREGS aluden al involucramiento humano, específicamente, requieren del Capitán y la tripulación cumplir con las Reglas (2), y ejercer una eficaz vigilancia visual y auditiva o "*Look out*" (5), reglas de difícil sino imposible cumplimiento en el caso de buques no tripulados, a menos que se considere como Capitán o tripulación, a quienes operen remotamente el vehículo no tripulado, para fines de la Regla 2.

¿Cumpliría un vehículo no tripulado con los requerimientos de la Regla 5, si estuviera equipado con cámaras de última generación, o tendría que cumplir con esta Regla en caso de que opere conforme a una ruta preprogramada?

---

[7] Ángel Domingo Nevot de Martino, *Costes Fijos de un Buque*. Escuela Superior de la Marina Civil de Gijón. Universidad de Oviedo, España, 2017, p. 35.

¿Podría el personal de tierra que opera remotamente una de estas embarcaciones, ser considerado un Capitán o tripulación, a los efectos de la Regla 2? Puchol Sancho también plantea interrogantes con respecto a la responsabilidad generada por la observancia de estas reglas:

> *"Los responsables del centro de control de tierra serán responsables si conducen el barco por control remoto, pero si la inteligencia artificial está conduciendo y tomando las decisiones de navegación del barco, ¿deberían los operarios del centro control ser considerados responsables de la conducta del barco en lugar del fabricante de la tecnología de navegación autónoma? Dicha tecnología genera decisiones que son difíciles de entender por los humanos a medida que aprende patrones a partir de datos. Por este motivo, aunque se prevé que un ser humano supervisará el barco autónomo, si la inteligencia artificial toma una decisión que infringe los COLREG, ¿debería ser responsable la empresa que creó la tecnología? En cualquier caso, lo más probable es que se responsabilizará al propietario del buque autónomo, al igual que al centro de control de tierra en caso de que se lo considere el capitán del buque autónomo."*[8]

Habría que revisar la distribución de responsabilidad entre el Capitán (Propietarios) y la empresa fabricante, en casos en que el accidente es causado por un defecto en el diseño del producto. Resulta obvio cuando hablamos de estas nuevas tecnologías (Inteligencia Artificial), que la responsabilidad por idoneidad y confiabilidad descansen con el fabricante. No obstante lo anterior, convendrá a la industria categorizar los posibles defectos de un Software de Navegación, inclusive determinar a cuál de los sujetos que intervinieron en su adopción al buque le es imputable el problema (Sea el programador, la empresa productora, el instalador, o el encargado de actualizarlo), los cuales, según Bauza Reilly[9], pueden ir desde un error en la concepción algorítmica o código fuente, hasta una instalación o utilización defectuosa del programa.

---

[8] Noelia Puchol Sancho, *El Régimen Jurídico de los Buques no Tripulados.* Instituto Marítimo Español – ICADE Business School, España, 2017, p. 61.

[9] Marcelo Bauza Reilly, "Responsabilidad Civil en materia informática", en *Informática y derecho: Revista Iberoamericana de Derecho Informático*, No. 9-11, 1996, Facultad de Derecho de Montevideo, Uruguay. Disponible en: https://dialnet.unirioja.es/servlet/articulo?codigo=248758, consultado el 11 de junio 2020.

El mismo autor señala que resulta clave en materia de derecho informático los controles de calidad aplicables y la tecnología al alcance del programador para prever posibles errores en la elaboración del producto o en la prestación del servicio de software, según se le catalogue jurídicamente. También indica que la distinción entre un sistema completamente automatizado y uno donde se ejecutan ciertas intervenciones humanas, será de útil importancia al momento de ajustar cierto tipo de responsabilidad.

A diferencia de un sistema automatizado donde, según Bauza Reilly, es más plausible argumentar un sistema de responsabilidad objetiva, debido a que se está en presencia de un nexo causal entre el hecho dañoso y el perjuicio ocasionado por el sistema autónomo, el mismo autor señala lo siguiente según se trate de un programa destinado a funcionar bajo control humano:

> *"Tratándose de un programa destinado a la gestión de informaciones, cualquier defecto de funcionamiento de aquél se traducirá en la inexactitud de las informaciones suministradas por el sistema, las que de una forma u otra serán controladas por un operador humano. Esta intervención humana, aunque más no sea en la provisión de informaciones iniciales al sistema, es la que descarta la posibilidad de acudir a la responsabilidad objetiva, ya que no estamos en presencia de una causalidad directa."*

Por otro lado, sin perder de vista el principio de responsabilidad objetiva ya existente en algunos instrumentos normativos, la responsabilidad que tiene su fundamento en la culpa, es un tema sujeto a revisión. A manera de ilustración, en aquellos casos de abordajes causados por un vehículo autónomo, atribuible exclusivamente a un problema de software, la responsabilidad debería ser de la empresa desarrolladora del mismo, amparada en todo caso por la respectiva cobertura de seguro (*Product liability insurance*).

El punto de la responsabilidad ha venido siendo objeto de estudio en el ámbito de los vehículos autónomos terrestres, campo en el que han ocurrido importantes avances si se compara con el marítimo, de allí que algunos sugieran la necesidad de establecer analogías, toda vez que la operación de estos vehículos en tierra y agua presentan actores comunes: conductor, propietario, usuario, fabricante del vehículo (ensamblador), fabricante de partes, desarrollador de programas, etc. Al referirse a los vehículos autónomos terrestres, Grieman sostiene que las concepciones de responsabilidad que rodean al operador del vehículo (propietario o usuario) deben actualizarse para reflejar la realidad de que el operador no afecta ni debería afectar la "*toma de decisiones*" del vehículo involucrado, lo que obliga a dirigir la atención hacia el fabricante y otros actores. De allí que se deba admitir que las concepciones de responsabilidad son profundamente problemáticas para este tipo de vehículos, no solo en razón de la relativa reciente introducción de los mismos, sino también de las pocas respuestas que ofrece la jurisprudencia actual sobre quiénes puede recaer la responsabilidad. Obviamente la responsabilidad debe descansar primariamente sobre la parte que tiene el control efectivo, pero su determinación no siempre resulta un fácil ejercicio, de allí que este autor proponga "*una responsabilidad estricta, ya que los daños deben ser reembolsados, y nadie debe enfrentar dificultades financieras por decisiones más allá de su control. Esta responsabilidad estricta debe ser asignada sin culpa*".[10]

Aplicando este razonamiento al caso de buques autónomos o no tripulados, si la causa de un abordaje fuera atribuible únicamente a un mal funcionamiento del software, ¿podría el fabricante ser el único responsable y entraría esto bajo la cobertura de su seguro de responsabilidad del producto? O si, un buque autónomo estuviera involucrado en un abordaje que fue en parte culpa del fabricante y en parte culpa del personal que opera el buque en tierra, ¿se distribuiría la responsabilidad o se impondría una responsabilidad estricta, no basada en la culpa, del propietario del buque?

Por otra parte, tomando en cuenta el rol que puede jugar el operador remoto en este tipo de embarcaciones, su responsabilidad debe ser objeto de análisis adicional. En relación a este punto, se ha afirmado: "*Potencialmente, los operadores remotos estarán en el centro mismo de la futura operación y gestión de buques. Como tal, se espera que*

[10] Keri Grieman, "Hard Drive Crash: An Examination of Liability for Self-Driving Vehicles", 9 (2018) JIPITEC 294 para 1. Disponible en: https://www.jipitec.eu/issues/jipitec-9-3-2018/4806, consultado el 19 de junio 2020.

los operadores remotos atraigan responsabilidad y sean considerados como sujetos de responsabilidad independiente. Incluso en el contexto de buques MASS totalmente autónomos, se espera que se requiera la designación de un operador remoto/responsable para anclar las responsabilidades. Como parte de esto, queda por definir si un ente legal puede servir como operador remoto o si solo las personas físicas, similares al rol actual del Capitán, pueden servir como operador remoto./ En la medida en que los operadores remotos se establezcan como proveedores de servicios externos, se espera que el régimen contractual sea similar al de los gerentes técnicos y comerciales actuales. Esto incluye un alcance claramente definido de servicios, garantías y obligaciones. Además, se espera que las limitaciones cuantitativas y cualitativas de la responsabilidad contractual sean comúnmente aceptadas. En relación con la responsabilidad de terceros, generalmente se supone que los armadores seguirán siendo solidariamente responsables de los actos y omisiones del operador remoto...".[11]

Todas estas son interrogantes que surgen de la puesta en operación de los Buques Autónomos. En otras palabras, el esquema actual de responsabilidad se fundamenta en la culpa del propietario, quien es solidariamente responsable por los actos y omisiones de la tripulación, empleados y terceros ejecutantes de los servicios relacionados con el buque. El problema de este sistema es que cómo se puede estimar la culpa, en escenarios en donde no media el hecho humano, la toma de decisiones por el hombre, estando más bien ante programas prediseñados y algoritmos.

5. EVALUACIÓN DE LOS RIESGOS

En lo adelante abordamos el punto medular de nuestro trabajo, esto es, la evaluación de los riesgos asociados a este tipo de embarcaciones. Así, los vehículos autónomos están sujetos a los mismos y tradicionales riesgos que los buques convencionales están expuestos en cualquier viaje. Algunos de carácter natural como una tormenta o hielo, otros de

[11] CORE Advokatfirma & Cefor, *Maritime autonomous surface ships. Zooming in on civil liability and insurance*, Norway, 2018, p. 14.

naturaleza fortuita como una explosión, un fuego o abordaje. Sin embargo, en el caso de los Buques Autónomos estos riesgos pueden operar de manera diferente, además, de enfrentar otros específicos como los ciberataques o mal funcionamiento o defectos en los elementos tecnológicos de abordo y/o tierra.

Accidentes

La ausencia de tripulaciones o el aumento de los sistemas computarizados en el control y desplazamiento de los buques, supone la ausencia del "*error humano*" lo que podría incidir en la reducción de siniestros que resultan en abordajes y varaduras, por citar dos supuestos.

Ejecución de maniobras

Algunas opiniones sugieren que ante la ausencia de tripulación, la ejecución de algunas maniobras de seguridad o de operación, tales como el atraque, podrían verse dificultadas, no sólo por el hecho de que los operadores remotos deben familiarizarse a través del sistema de navegación con la zona en donde se maniobre, sino que también alguna de estas operaciones suelen tener la presencia de prácticos, remolcadores y autoridades portuarias que pueden no estar tan familiarizadas con estos buques, como también no contar con instalaciones portuarias compatibles con estos.[12]

En este sentido, existen ciertos elementos técnicos apreciables en los proyectos en desarrollo que plantean alguna incertidumbre, de acuerdo a Portela Folgar, quien explica que diseños como el de Rolls-Royce o el Yara Birkeland, presentan una aerodinámica impecable y elegante, pero sin apreciar la incorporación de grúas u otros sistemas de carga, por lo que es importante revisar si existe compatibilidad entre un modelo tan tecnológico y la variedad de condiciones portuarias que pueden presentarse de un muelle a otro. Por otro lado, contempla ciertas problemáticas en los sistemas de detección y visibilidad del buque, por lo que señala:

[12] María Valero Pérez, *Op. cit.*, p. 32.

"También uno de los pilares del sistema de navegación autónoma es el módulo de sensores que presenta varios inconvenientes, más concretamente en las cámaras y el LIDAR. El problema que presentan las cámaras es la generación masiva de datos. Una imagen digital es un archivo muy pesado, y multiplicado por todas las horas del día que está grabando, implica que el espacio de almacenamiento se debe multiplicar, con su correspondiente costo adicional. Además las cámaras convencionales no se pueden usar en la oscuridad, y su visión está tan limitada como la humana en situaciones de niebla o lluvia fuerte.../ En el caso del LIDAR[13] *la desventaja principal es que sus componentes son bastante delicados, son pequeñas piezas que se mueven de forma muy rápida para realizar los escáneres y a largo plazo se pueden ver afectados por los balances del barco."*[14]

Daños a la mercancía

La ausencia de tripulaciones, o su utilización en un número muy reducido, sin embargo, puede dar lugar a nuevos escenarios en lo que respecta a pérdida o daños a la mercancía, dificultando la ejecución de planes de contingencia o reacción ante eventos tales como incendios y robos.

Tripulación

La ausencia de tripulación en este tipo de embarcaciones, o al menos una muy reducida presencia en el número de tripulantes, plantea problemas de respuesta en el evento de un siniestro.

Es cierto que los vehículos autónomos que suponen la no intervención de tripulantes significarán, según algunos estudiosos, una reducción de accidentes por error humano, pero no hay que olvidar que estos buques navegarán en aguas compartidas con buques tripulados, así que el error humano está lejos de desaparecer.

---

[13] LIDAR: Detección y determinación de la luz o Detección y localización de imágenes por láser.

[14] Sara Portela Folgar, *Buques Autónomos. Evolución técnica y retos a superar para alcanzar la navegación autónoma.* Escuela Técnica Superior de Náutica y Máquinas. Universidade da Coruña, España, 2018, p. 78.

Los reclamos por lesiones personales, enfermedades y muertes a bordo son de importancia dentro de las estadísticas anuales de los aseguradores. Un Club de P&I, a manera de ilustración, reporta que aquellas abarcan sobre 25%-35% de sus reclamos anuales. Podría pensarse que estas reclamaciones disminuirán en el caso de los buques autónomos.

La ausencia de tripulación, por otra parte, reducirían el riesgo de secuestro en el caso de los ataques por piratas.

Ciberataques

Se trata de un campo que requerirá de mucha y mayor atención. Aun así, afirmaba un representante de Massterly, que este tema no debería ser de gran preocupación, toda vez que la operación de los buques autónomos es más segura que los convencionales, pues en tal evento estarán programadas para entrar en una suerte de "*modo seguro*" (*safe mode*), soltando anclas o procediendo al puerto más cercano.

Habida cuenta el grado de automatización, la existencia de software especializado, la necesidad de conectividad, entre muchos otros elementos técnicos, del que los buques autónomos dependen, es vital la seguridad cibernética.

En los últimos años la industria marítima ha visto casos concretos que demuestran la seriedad de los riesgos que se enfrentan en este campo, quizá el más publicitado el ataque sufrido por los sistemas informáticos de Maersk el año 2017, que afectó a muchas de sus terminales alrededor del mundo (Algeciras, Tánger (Marruecos), Callao Lima (Perú), Bombai (India), Itajaí (Brasil) y Buenos Aires (Argentina), impidiendo la entrega de miles de TEUs y pérdidas estimadas entre 200 y 300 millones de dólares.

Como lo señalaba un autor el tema es particularmente dramático en un escenario en el que las computadoras se convierten en los únicos miembros de la tripulación a bordo.

La figura del Capitán, una persona o grupo de personas que tienen el control de un buque, es reemplazada por el control sobre cientos de embarcaciones desde la costa, mediante el uso de la inteligencia artificial (AI). Este control de buques de manera remota, es lo preocupante, puede ser ejecutado por personas con buenas intenciones, pero también por personas con intenciones ilícitas, piratas del mundo cibernético o verdaderos piratas del siglo XXI. Desvíos de ruta, secuestro del buque o de la carga y el robo de datos de la compañía son solo algunos de los riesgos que se enfrentan con la piratería cibernética.

Los "*hackers*" podrían así manipular los sistemas informáticos o las señales de GPS, de tal manera que alteren su curso, impidan la conectividad, falseen su real localización, etc., facilitando con ello el robo de mercancías o el secuestro de la embarcación y su tripulación o pasajeros.

De hecho algunos reportes, señalan que la señal del sistema de posicionamiento global (GPS) no ha sido confiable durante los últimos dos años, especialmente en el Mediterráneo, en el que algunos estudios encuentran explicación en interferencia intencional.

Las fuentes de tales interrupciones son difíciles de rastrear. Pero los expertos en navegación están de acuerdo en que están en aumento, a menudo junto con el crimen o los conflictos armados. Y la creciente interferencia ha expuesto vulnerabilidades para el GPS y para los buques oceánicos que dependen de él, una industria que maneja más del 80% del comercio mundial, según la Organización Marítima Internacional.

Debido a tales consideraciones, autores como Valero Pérez recomiendan el uso de tecnología encriptada y verificable en el almacenamiento de la data del Buque, así como también los procedimientos que este ejecute de forma automática, sobre todo cuando se trata de soluciones para fallos, maniobras, rutas alternativas y demás. En todo caso, el uso de un dispositivo de reinicio, como medida de seguridad no deja de ser una buena opción, cuidando siempre que una vez efectuado éste, el buque se mantenga con el mismo nivel de navegabilidad.

Finalmente, es importante recordar que el sistema de reaseguros del Grupo Internacional no excluye las pérdidas o responsabilidades derivadas de los riesgos cibernéticos, por lo que los miembros se benefician del mismo nivel de cobertura de P&I en caso de que surja un reclamo debido a un riesgo cibernético, como lo harían con un reclamo derivado de un riesgo tradicional. Este es el caso a menos que el riesgo cibernético en cuestión constituya un riesgo de guerra excluido, como el terrorismo. La responsabilidad de terceros causada por una falla del *software* de navegación a bordo de un barco no tripulado constituiría un riesgo cibernético y no quedaría excluida de la cobertura de P&I.[15]

También vale la pena señalar que las aseguradoras comerciales tienen a su disposición pólizas separadas de riesgos cibernéticos que cubren las infracciones de datos y la interrupción del negocio. Se espera que la cobertura de riesgos cibernéticos se convierta en una cobertura complementaria para responder a los riesgos inherentes a una mayor dependencia tecnológica.

En complemento a los puntos arriba esbozados, son de particular interés en la evaluación de los riesgos, los siguientes:

Navegabilidad (*Seaworthiness*):

Se trata de un principio fundamental en el transporte marítimo de mercancías. Cabe preguntarse, ¿qué pasaría en un escenario en el que se verifique de manera manifiesta el incumplimiento de una debida gestión de riesgos cibernéticos en el marco del código de gestión de la seguridad? ¿Haría esta circunstancia innavegable el buque, con las consecuencias contractuales y de seguro que de ello se derivan?

¿Haría innavegable a un buque autónomo, la contratación de *software* de navegación deficientes o la falta de actualización de los mismos, por parte de los propietarios?

Pero no es la única preocupación. En el marco de las reglas de la Haya o Haya-Visby, es necesario revisar las excepciones por errores en navegación o gestión del buque (*Errors in navegation or management of the ship*). Es muy probable que el operador remoto sea considerado a los efectos "*Capitán*" o "*sirviente del transportista*" y que las faltas cometidas en la gestión del buque por el personal de tierra, no necesariamente caigan bajo la aplicación de las reglas.

---

[15] BIMCO y otros. *The Guidelines on Cyber Security Onboard Ships* version 3: *"It should be noted that many losses, which could arise from a cyber incident, are not in the nature of third-party liabilities arising from the operation of the ship and are therefore not covered by P&I insurance. For example, financial loss caused by ransomware, or costs of rebuilding scrambled data would not be identified in the coverage. It should, however, be noted that normal P&I cover in respect of liabilities is subject to a war risk exclusion and cyber incidents in the context of a war or terror risk will not normally be covered."*

En algunas discusiones y mesas de trabajo se ha planteado, por ejemplo, que futuras modificaciones normativas del transporte de mercancía, contemplen eventos de *cyber-hacking* como excepciones de responsabilidad del porteador.

Limitación de Responsabilidad:

Los buques autónomos suponen la presencia del armador y los operadores remotos en tierra. Lo anterior obliga a revisar el mecanismo de limitación y su alcance, de particular interés para el negocio y sus aseguradores.

Debe tenerse en cuenta el Convenio de Londres sobre Limitación de Responsabilidad por Reclamos Marítimos (1976) y los demás esquemas de limitación vigentes en el negocio. Es especial, en el contexto de los buques autónomos, surgen dudas acerca de la expresión "*cualquier persona de cuyas acciones, omisiones o negligencia sean responsables el propietario o el salvador, esa persona podrá invocar el derecho de limitación de la responsabilidad estipulado en el presente Convenio*" (Artículo 1 (4)).

Resulta necesario clarificar si el derecho de limitar responsabilidad podrá ser invocado por los operadores remotos, los fabricantes de sistemas, equipos, programadores de softwares de navegación, entre otros, lo que luce por demás bastante lógico y conveniente.

Código Internacional de Gestión de la Seguridad (ISM *Code*):

Resulta obvio que los riesgos cibernéticos adquieren una seria dimensión en el marco de los vehículos autónomos, causando fallos operacionales, de seguridad o protección del transporte marítimo. Un ciberataque a gran escala podría representar para el propietario asegurado serias pérdidas por interrupción de negocios, daños a la reputación y pérdida de datos o información.

Es aquí donde resulta fundamental la identificación de los riesgos cibernéticos, instrumentos de mitigación, procedimientos de seguridad y cualesquiera otros elementos que permitan evitar o disminuir la ocurrencia de estos ataques.

El tema ha estado en la agenda de la OMI desde hace tiempo. Así, el Comité de Seguridad Marítima, en su 98° periodo de sesiones, en junio de 2017, adoptó la Resolución MSC.428 (98), sobre la Gestión de los riesgos cibernéticos marítimos en los sistemas de gestión de la seguridad, mediante la cual se alienta a las Administraciones a garantizar que los riesgos cibernéticos se abordan debidamente en los sistemas de gestión de la seguridad a más tardar en la primera verificación anual del documento de cumplimiento de la compañía después del 1° de enero de 2021.

Igualmente, las Sociedades Clasificadoras de Buques se adelantaron hace ya unos años, en establecer las pautas para el diseño, construcción y mantenimiento de Buques no Tripulados. Una de ellas fue Lloyd's Register, publicando en febrero de 2017 el *"Unmanned Marine System Code"* que estipula 6 niveles de autonomía (*AL, Autonomy* Levels) conforme a los cuales se desarrollan las áreas de estructura, estabilidad, sistemas de control y eléctricos, sistemas de maniobra y navegación, enfriamiento, propulsión y auxiliares, siendo todos estos elementos esenciales para que un buque sin tripulación opere en condiciones de seguridad.

6. COMENTARIOS FINALES

6.1. Aunque los vehículos autónomos en el largo plazo hacen suponer importantes cambios en la manera como el transporte marítimo se desenvuelve, en el corto plazo no representa una mayor amenaza para los hombres de mar.

6.2. Algunos estudios apuntan al hecho de que no habrá reducción significativa de marinos a bordo, y sí mayor necesidad de capacitación en nuevas áreas tanto a bordo como en tierra.

6.3. Los buques autónomos, sin importar su grado de desarrollo, tampoco supondrán la desaparición del "*elemento humano*" como desencadenante de posibles accidentes, pues en el caso más extremo lejos de desaparecer se trasladará del buque a tierra, en donde estará el operador que los controla, los diseñadores de software y los responsables del soporte tecnológico.

6.4. Los Buques Autónomos no suponen un mayor problema para el mercado asegurador, que aún con muchos de los productos actuales puede ofrecer cobertura para los riesgos a los que están expuestos este tipo de embarcaciones. Es obvio que en la medida que nuevos desarrollos tengan lugar, aumentando así el grado de autonomía, estos serán objeto de análisis por parte de los aseguradores con miras al diseño de nuevos productos y clausulados.
6.5. Ganará así terreno, aún más, la cibernética y la inteligencia artificial, pero difícilmente desaparecerán el "*error humano*" y la responsabilidad.

En conclusión, todo un reto para la Organización Marítima Internacional (OMI), el Comité Marítimo Internacional (CMI), el mercado asegurador, los Estados de la bandera, y otras organizaciones públicas y privadas, pero nada imposible para un sector que por décadas viene presenciando enormes avances tecnológicos, y ha sabido adaptar la normativa y el seguro en resguardo del transporte marítimo y el comercio internacional. Después de todo, vale la pena tener presente que los riesgos nunca desaparecen, tan solo se transforman.

7. REFERENCIAS

AAWA, *Remote and Autonomous Ships. The next step.* Rolls-Royce plc, London, 2016.

BAUZA REILLY, Marcelo, "Responsabilidad Civil en materia informática", en *Informática y derecho: Revista iberoamericana de Derecho Informático,* No. 9-11, 1996, Facultad de Derecho de Montevideo, Uruguay.

CORE Advokatfirma & Cefor, *Maritime autonomous surface ships. Zooming in on civil liability and insurance, Norway, 2018.*

EDER, Sir Bernard, "Unmmaned Vessels: Challenges Ahead" (Belingieri Lecture), en *CMI Yearbook 2017-2018 Annuaire*.

GRIEMAN, Keri, "Hard Drive Crash: An Examination of Liability for Self-Driving Vehicles", 9 (2018) JIPITEC 294 para 1.

HAMBURG PORT AUTHORITY & IAPH, *Autonomous Vehicles'Impact on Port Infrastructure Requirements, 2019.*

HOWSE, Tim, "Maritime Autonomous Surface Ship – Identifying and Covering the Risks", en *GARD INSIGHT* - 27 February 2019.

NEVOT DE MARTINO, Angel Domingo, *Costes Fijos de un Buque.* Escuela Superior de la Marina Civil de Gijón. Universidad de Oviedo, España, 2017.

PORTELA FOLGAR, Sara, *Buques Autónomos. Evolución técnica y retos a superar para alcanzar la navegación autónoma.* Escuela Técnica Superior de Náutica y Máquinas. Universidade da Coruña, España, 2018.

PUCHOL SANCHO, Noelia, *El Régimen Jurídico de los Buques no Tripulados".* Instituto Marítimo Español – ICADE Business School, España, 2017.

SETFO RDS LONDON – ABP, *Automation of Ships in Ports & Harbours*, s/f.

VALERO PÉREZ, María, *Estudio sobre la autonavegación en buques mercantes.* Facultad de Náutica de Barcelona - Universidad Politécnica de Cataluña, España, 2019.

EL PLAZO DE PRESCRIPCIÓN DE LAS ACCIONES POR DEMORA EN LA DEVOLUCIÓN DE CONTENEDORES EN LA JURISPRUDENCIA DE LA REPÚBLICA ARGENTINA

LEONARDO J. MAINERO*

SUMARIO

I. Introducción - Aclaraciones preliminares. II. Reseña de fallos judiciales sobre demora en la devolución de contenedores en la Argentina. III. Incidencia del nuevo Código Civil y Comercial de la Nación en el plazo de prescripción inherente a la demora en la devolución de contenedores - ¿Cambio de la jurisprudencia? IV. El tema de las cartas de garantía para la utilización de containers, los pagos parciales y su incidencia en relación con la prescripción de las acciones por demora en la devolución de contenedores. V. Nuestras conclusiones.

---

* a) Abogado, recibido con diploma de honor en la Facultad de Derecho de la Universidad de Buenos Aires en el año 1989.

b) Postgrado aprobado con tesis sobresaliente: Curso de Estudios Superiores de Derecho de la Navegación y Derecho del Mar, organizado por el Instituto Superior de Estudios de Derecho de la Navegación y del Mar.

c) Ex docente universitario de Derecho de la Navegación en la Facultad de Derecho de la Universidad de Buenos Aires.

d) Ex Jefe de Asuntos Jurídicos, Seguros y Reclamos de la Empresa Líneas Marítimas Argentinas (ELMA) S.A.

e) Ex Secretario Adjunto de la Asociación Latinoamericana de Navegación.

f) Socio del Estudio Jurídico Mohorade, Serravalle & Mainero Abogados, especializado en Derecho del Transporte y Seguros desde el año 2002.

g) Miembro del Comité de Redacción de la Revista Ateneo del Transporte.

h) Secretario Adjunto de la Asociación Argentina de Derecho Marítimo.

i) Prosecretario Académico de la Rama Argentina del Instituto Iberoamericano de Derecho Marítimo.

j) Miembro del Club de Abogados del Seguro (Vinculado a AIDA *Association Internationale du Droit des Assurances*).

k) Expositor en temas vinculados al Derecho de la Navegación por agua en diversas jornadas, cursos y seminarios, nacionales e internacionales.

l) Docente en la Escuela Nacional de Náutica sobre Derecho de la Navegación en Cursos de Ascenso a Capitanes de Ultramar, Maquinistas Navales Superiores y Prácticos.

m) Docente de Derecho Comercial Marítimo en la Maestría sobre Logística de Proyectos de Integración Regional en el Instituto Tecnológico de Buenos Aires (ITBA).

n) Miembro del "*International Working Group*" sobre "*Wrongful Arrest of Ships*" del Comité Maritime International.

I. INTRODUCCIÓN - ACLARACIONES PRELIMINARES

El Convenio Internacional sobre la Seguridad de los Contenedores de Ginebra de 1972 (CSC), aprobado por la República Argentina mediante la ley 21.967, en su artículo II, Definiciones, inciso 1, establece que "*Por "contenedor" se entiende un elemento de tipo de transporte:*

a) de carácter permanente y, por tanto, suficientemente resistente para permitir su empleo repetido;
b) especialmente ideado para facilitar el transporte de mercancías, por uno o varios medios de transporte, sin manipulación intermedia de la carga;
c) construido de manera que pueda sujetarse y/o manipularse fácilmente, con cantoneras para ese fin;
d) de un tamaño tal que la superficie delimitada por las cuatro esquinas inferiores exteriores sea:
i) por los menos de 14 metros cuadrados (150 pies cuadrados), o
ii) por lo menos de 7 metros cuadrados (75 pies cuadrados), si lleva cantoneras superiores.
El término "contenedor" no incluye los vehículos ni los embalajes; no obstante, incluye los contenedores transportados sobre chasis."

En el ámbito interno, el artículo 485 del Código Aduanero de la República Argentina (texto modificado por el artículo 45 de la ley 24.921) define al contenedor de la siguiente forma: "*A los efectos de esta ley se considerará contenedor a un elemento de equipo de transporte que:*

a) constituya un compartimiento, total o parcialmente cerrado, destinado a contener y transportar mercaderías;
b) haya sido fabricado según las exigencias técnico-constructivas, de conformidad con las normas IRAM o recomendaciones COPANT o ISO u otras similares;
c) esté construido en forma tal que por su resistencia y fortaleza pueda soportar una utilización repetida;
d) pueda ser llenado y vaciado con facilidad y seguridad;
e) esté provisto de dispositivos (accesorios) que permitan su sujeción o fijación y su manipuleo rápido y seguro en la carga, descarga y trasbordo de uno a otro modo de transporte;
f) sea identificable, por medio de marcas y números grabados con material indeleble, que sean fácilmente visualizables."

La jurisprudencia de la Cámara Nacional de Apelaciones en lo Civil y Comercial Federal con asiento en la Ciudad de Buenos Aires ha determinado que, de acuerdo con lo dispuesto por el artículo 269 de la Ley de la Navegación, al transporte de cajas de carga *-containers-* se aplican, en primer término, las normas convencionales y las leyes especiales y sólo subsidiariamente, en tanto sean compatibles con las características de estos transportes, las disposiciones de la ley 20.094.

Se ha debatido acerca de cuál sería el plazo de prescripción de las acciones que tendrían las líneas navieras por reclamos de demoras en la devolución de contenedores contra los legitimados en esos cargamentos. Las diversas posibilidades para encuadrar la cuestión legal, según las distintas operatorias posibles y situaciones de hecho, eran:

1) el término de prescripción de un año que establece la Ley de la Navegación 20.094 para el transporte de cosas por agua en su artículo 293 (o idéntico plazo anual por aplicación del artículo 3, inciso 6 de la Convención de Bruselas de 1924 sobre Unificación de Ciertas Reglas en Materia de Conocimientos -"*Reglas de La Haya*"-, aprobada y vigente en la República Argentina por la ley 15.787);

2) el plazo de prescripción anual del artículo 855 inciso 1) del antiguo Código de Comercio, derogado a partir del mes de agosto de 2015, para transportes terrestres internos de cosas, es decir dentro del territorio de la República Argentina, o su inciso 2), que establecía el término de dos años para los transportes terrestres internacionales;

3) el plazo anual de prescripción del artículo 43 de la Ley de Transporte Multimodal 24.921, aplicable al transporte multimodal de mercaderías, concepto dentro del cual la ley incluye expresamente a los contenedores (artículo 2, inciso n) de dicha norma jurídica);

4) el término de prescripción de cuatro años del artículo 847, inciso 2° del Código de Comercio (no vigente), aplicable para toda cuestión comercial que deba pagarse por años o por plazos periódicos más cortos, por ejemplo, el precio de la locación comercial de cosas muebles;

5) el término quinquenal de prescripción, del artículo 4027 inciso 3° del viejo Código Civil, derogado a partir del mes de agosto de 2015, aplicable para toda cuestión civil que deba pagarse por años o por plazos periódicos más cortos, por ejemplo, el precio de la locación civil de cosas muebles;

6) el plazo ordinario de prescripción de diez años del art. 846 del Código de Comercio (no vigente), aplicable a cuestiones comerciales en la medida en que en dicho Código o en leyes especiales no se hubiera previsto una prescripción más corta;

7) el término genérico de prescripción decenal del artículo 4023 del Código Civil (no vigente), aplicable para toda acción personal en materia civil por deuda exigible que no tuviera una disposición especial que la excluyera de ese término ordinario;

8) el plazo genérico de prescripción de cinco años, del artículo 2560 del actual Código Civil y Comercial de la Nación, vigente desde el mes de agosto de 2015;

9) el término de prescripción de dos años del artículo 2562, inciso c) del Código Civil y Comercial de la Nación, aplicable al reclamo de todo lo que se devenga por años o plazos periódicos más cortos; y

10) el plazo de prescripción de dos años del artículo 2562, inciso d) del Código Civil y Comercial de la Nación, aplicable al reclamo de los daños derivados del transporte de cosas (por vía terrestre únicamente, ya que el transporte por agua[1], el transporte aéreo[2] y el transporte multimodal[3] tienen sus propias regulaciones normativas específicas, que prevalecen sobre las pautas generales del Código Civil y Comercial de la Nación).

Dado que el contenedor tiene habitualmente un uso más ligado a cuestiones comerciales, y no al derecho civil, se entiende que la remisión al derecho común debe ser excepcional, debiéndose aplicar o bien el régimen específico del transporte de que se trate, o bien el derecho comercial. De todas formas, desde el mes de agosto de 2015, en la Argentina se han unificado en un mismo código las cuestiones civiles y comerciales, por lo cual, esa división ya ha sido superada por la realidad normativa actualmente vigente en nuestro país.

---

1 La Convención de Bruselas de 1924 sobre Unificación de Ciertas Reglas en Materia de Conocimientos, aprobada por la ley 15.787, para el transporte internacional de mercaderías por agua, o, en su defecto, la Ley de la Navegación 20.094.

2 El Convenio de Montreal de 1999 sobre Unificación de Ciertas Reglas en materia de Transporte Aéreo Internacional, aprobado por la ley 26.451, o, en su defecto, el Código Aeronáutico de la Nación, aprobado por la ley 17.285

3 La Ley de Transporte Multimodal 24.921

A los fines de considerar el plazo de prescripción por demora en la devolución de un contenedor, en líneas generales, la jurisprudencia de Argentina le ha dado cierta autonomía a la utilización del *container*, desligándolo normalmente del contrato de transporte de la mercadería propiamente dicho, ya sea por agua, multimodal o terrestre[4], y en tal sentido el plazo de prescripción aplicable a reclamos por demora en la devolución del contenedor ha sido una verdadera creación pretoriana, pues ha surgido de la interpretación jurisprudencial y no de una norma expresa y precisa que claramente regulara esta materia.

II. RESEÑA DE FALLOS JUDICIALES SOBRE DEMORA EN LA DEVOLUCIÓN DE CONTENEDORES EN LA ARGENTINA

Ordenando las citas que se transcriben por la fecha de emisión de las sentencias, podemos aludir a los siguientes pronunciamientos de la justicia nacional (de aquí en más, a lo largo de este trabajo, subrayaremos parcialmente los textos de las sentencias seleccionadas con el objeto de resaltar los conceptos que estimamos más trascendentes a los fines del desarrollo y análisis del tema *sub-examine*):

1) "*Para determinar si ha existido retardo ("demurrage" o "detention") no cabe tener en cuenta el período real de utilización del contenedor fuera del ámbito fiscal, sino todo el tiempo en que estuvo al servicio de la mercadería y que, por circunstancias ajenas al titular de los derechos sobre el contenedor -tal lo que ocurre cuando se demora el despacho a plaza- éste se ve privado de utilizarlo como medio para el transporte de otra carga.*

Cabe interpretar que el "rental" pactado con la parte de la carga (cargador y consignatario), sólo constituyó el precio del arrendamiento durante el lapso del transporte y por unos días más, anteriores y posteriores a él, que se consideran comprendidos en dicho arriendo. La conclusión sobre el lapso de vigencia del arriendo se logra no sólo

[4] Normalmente los contenedores que se utilizan para el transporte aéreo son de diferentes medidas a los que se usan para el transporte por agua, el terrestre y el multimodal, por lo cual la operatoria suele desarrollarse de forma más estandarizada en estos últimos modos, siendo los *containers* más utilizados los de 20 y de 40 pies.

en virtud de esa práctica generalizada de que dan cuenta los citados elementos de juicio, susceptibles de invocar en atención a lo dispuesto por el artículo 1º de la ley 20.094[5]*, del particularismo del Derecho de la Navegación y de la eficacia de los usos y costumbres (conforme Cámara Nacional de Apelaciones en lo Civil y Comercial Federal, Sala II, causa 580, de 16 de octubre de 1981, publicada en la Revista de Estudios Marítimos, número 30/31, página 89), sino también por la circunstancia de que el mismo sentido común, que emerge de la naturaleza de la relación comercial de que aquí se trata, indica que el alquiler pactado sólo puede tener aplicación para el período normal del transporte y para el tiempo razonable de llenado y de descarga del contenedor en los lugares de origen y de destino, respectivamente. Pues de admitir lo contrario, pretendiendo la vigencia de ese precio para todo el lapso que fuere menester usarlo según la exclusiva conveniencia del consignatario, importaría desconocer la función a que naturalmente está destinado el contenedor como medio de transporte. Y ya se ha señalado antes que el costo de esa utilización que priva al titular del contenedor de su disponibilidad no debe recaer sobre este sino sobre el ocasional usuario (conforme al respecto lo decidido por la Sala, causa 325 del 28 de abril de 1981).*

La situación que aquí se presenta guarda analogía con la locación en razón de los derechos de uso temporario que se confieren sobre la cosa y de las obligaciones que asumen las partes (artículo 16[6] *del Código Civil). En el conocimiento, aparte del flete, el armador incluyó un plus de U$S 300 en concepto de renta por el uso de un contenedor: a ello responde el rubro "container rental charge". Esto permite tener por probado que del propio instrumento del transporte surge el derecho de la armadora en su calidad de locadora o de concedente del uso.*

---

[5] Art. 1º ley 20.094: "*Todas las relaciones jurídicas originadas en la navegación por agua se rigen por las normas de esta ley, por las de las leyes y reglamentos complementarios y por los usos y costumbres. A falta de disposiciones de derecho de la navegación, y en cuanto no se pudiere recurrir a la analogía, se aplicará el derecho común.*"

[6] 4 Art. 16 Cód. Civ.: "*Si una cuestión civil no puede resolverse, ni por las palabras, ni por el espíritu de la ley, se atenderá a los principios de leyes análogas; y si aún la cuestión fuere dudosa, se resolverá por los principios generales del derecho, teniendo en consideración las circunstancias del caso.*"

Legitimación que no requiere ninguna prueba adicional en cuanto al título que le ha permitido realizar esta contratación accesoria, puesto que para ejercer los derechos inherentes al locador no es menester que éste acredite el dominio, ya que es válido y eficaz también el arrendamiento de las cosas ajenas (conforme las normas del Código Civil en materia de sublocación: artículos 1583[7] *y siguientes). Sobre tal base, la demandada no puede argumentar válidamente que no la une vínculo alguno con la actora, pues por un lado la concesión del uso del contenedor surge del propio conocimiento, siéndole por lo tanto oponibles sus cláusulas y, por otro, dicha renta, junto al flete, debieron ser abonadas por ella en el lugar de destino.*

No se configura aquí un supuesto de incumplimiento de la demandada en la obligación de devolver el contenedor, ya que no hay pruebas de que, vencido el plazo implícito del arriendo, la actora hubiere instado su restitución. Siendo así, el derecho de la actora sólo encuentra fundamento en la circunstancia de haberse continuado, con la conformidad de ambas partes, una relación locativa cuyo plazo ya había vencido, lo cual legitima a aquélla para exigir las prestaciones originariamente previstas durante el lapso de prolongación del uso de la cosa (artículo 1622[8]*, Código Civil).*" Autos: **Fletamar S.A.C. c/Daimaru S.A.C.I.F.I.A. s/cobro de U$S 3.414,75.-**, Cámara Nacional de Apelaciones en lo Civil y Comercial Federal (en adelante Cám. Nac. Civ. Com. Fed.), Sala I, fallo del 25 de marzo de 1983, causa 1606, tipo de sentencia: definitiva, publicado en el Boletín de Jurisprudencia Marítima N° 1 del Instituto de Estudios Marítimos, páginas 4 a 6.

2) "*El derecho de la actora encuentra sustento en la aplicación analógica de las reglas sobre la locación de cosas (en particular, lo dispuesto por el artículo 1622 del Código Civil) y en la ponderación de*

---

[7] Art. 1583 Cód. Civ.: "*El locatario puede subarrendar en todo o en parte, o prestar o ceder a otro la cosa arrendada, si no le fuese prohibido por el contrato o por la ley; y este derecho pasa a sus herederos, sucesores o representantes.*"

[8] Art. 1622 Cód. Civ.: "*Si terminado el contrato, el locatario permanece en el uso y goce de la cosa arrendada, no se juzgará que hay tácita reconducción, sino la continuación de la locación concluida, y bajo sus mismos términos, hasta que el locador pida la devolución de la cosa; y podrá pedirla en cualquier tiempo, sea cual fuere el que el arrendatario hubiese continuado en el uso y goce de la cosa.*"

los usos y costumbres aplicables al transporte por agua que se realiza con el empleo de contenedores. Es legítimo recurrir a esos elementos de juicio en virtud de lo dispuesto por el artículo 1° de la ley 20.094; y para una adecuada información sobre el tema tengo en consideración las valiosas opiniones vertidas en los Seminarios organizados por el Instituto de Estudios Marítimos (ambos se encuentran publicados por el mismo Instituto, a cuyo efecto me remito, en lo pertinente, a la página 82 del celebrado en 1981 y a la página 24 del realizado en 1982)". Autos: **ELMA S.A. c/Esquimex Sudamericana S.A. s/cobro**, Cám. Nac. Civ. Com. Fed., Sala I, fallo del 26 de agosto de 1983, causa 2012, tipo de sentencia: definitiva, publicado en el Boletín de Jurisprudencia Marítima N° 3 del Instituto de Estudios Marítimos, páginas 3 y 4, y también por Jurisprudencia Argentina, 1984-IV, página 189 y El Derecho, ejemplar diario del 02 de febrero de 1984. (En el mismo sentido ELMA S.A. c/ García, Vicente, s/cobro, Cám. Nac. Civ. Com. Fed., Sala III, fallo del 16 de febrero de 1988, publicado por Jurisprudencia Argentina, 1990-1, síntesis, cita del Manual de Jurisprudencia del Transporte (Terrestre – Marítimo – Aéreo) de Patricia B. Barbado, página 316, apartado 268, Lexis Nexis, Buenos Aires, 2004).

3) "*El contenedor consiente por su propia naturaleza, usos diversos del transporte mismo y puede ser provisto por empresas ajenas al buque (conforme Seminario sobre containers: aspectos económicos, técnico operativos y jurídicos, convocado por el Instituto de Estudios Marítimos, Segunda Sesión de Estudios, Buenos Aires, 1982, páginas 24/25, 59). Su suministro no se halla, por tanto, necesariamente ligado al transporte -aunque de hecho sea empleado por quien lo contrata para el traslado de mercancías- y los derechos y deberes que confiere al tenedor no son específicamente los que origina el contrato de transporte, con el que guarda por lo común vinculación económica, pero autonomía jurídica. En función de ello, la situación jurídica presenta sustancial analogía con la locación, al menos cuando el uso está pactado con la modalidad "house to house", habida cuenta de los derechos de uso temporario que se confieren sobre la cosa y de las obligaciones que las partes asumen (artículo 16 del Código Civil), caracterización a la que, naturalmente, no obsta la circunstancia de que en algunos casos el artefacto sea provisto por el armador, quien percibe un pre-*

cio independiente del flete (véase que los conocimientos de fojas 14/19 facturaron por separado el llamado "rental" o precio del alquiler de la caja -cláusula "cont rent"-) y que, según los usos y costumbres (conforme Seminario antes aludido), da origen a un cargo complementario cuando la tenencia excede un determinado lapso anterior o posterior a la carga y descarga, respectivamente". Autos: **ELMA S.A. c/Mavi S.A.C.I.F.E.I. s/cobro**, Cám. Nac. Civ. Com. Fed., Sala II, fallo del 15 de mayo de 1984, causa 2399, tipo de sentencia: interlocutoria.

4) "*Con frecuencia -y aún en situaciones vinculadas con el transporte marítimo- el contenedor es utilizado hasta su desconsolidación o devolución como depósito de la mercadería, en tanto transcurre el lapso que insumen el despacho aduanero y/o el traslado hasta el depósito final de aquélla, circunstancias éstas que revelan la variedad de usos a que puede ser sometido, y que no consientan su encuadre dentro de la categoría jurídica del transporte marítimo, el cual de ordinario finaliza con la sola descarga en puerto del artefacto.*

Si bien el uso del contenedor -por sus modalidades y características- está económica y técnicamente vinculado (en la especie), al transporte marítimo de mercaderías en función de las posibilidades que otorga en punto a la seguridad, maniobrabilidad y estiba de la carga a bordo, ello no permite concluir sin más que dicha relación genere a su vez una necesaria vinculación jurídica de accesoriedad respecto del contrato de transporte marítimo.

El uso del contenedor carece de relevancia en torno de la figura del transporte marítimo de mercaderías, constituyendo únicamente una modalidad para su cumplimiento que obviamente preexiste y subsiste a su empleo por cuyo mérito mal puede sostenerse que exista vínculo alguno de accesoriedad jurídica entre la utilización del contenedor y el contrato señalado.

El pago por demora en la devolución del contenedor constituye un cargo que se devenga diariamente, lo que genera la divisibilidad de la obligación y admite por tanto su inclusión dentro de la fórmula contenida en el artículo 847, inciso 2º del Código de Comercio en tanto dichos cargos deben pagarse por "... años o por plazos periódicos más cortos ...", correspondiendo aplicar el plazo prescriptivo de cuatro años establecido en la citada norma.

La situación relativa a la utilización de los contenedores y a los aspectos jurídicos que se suscitan en torno de ella, guarda analogía con la locación en razón de los derechos de uso temporario que se confieren sobre la cosa, y de las obligaciones que asumen las partes.

Al exigir la entrega de la mercadería en las condiciones estipuladas y sobre la base precisamente de los conocimientos, el consignatario no puede válidamente argumentar que no lo une vínculo alguno con la actora en punto a la utilización del contenedor ya pactada, pues en mérito a su comportamiento (obtuvo la carga llegada en las cajas), le son oponibles las cláusulas de los conocimientos que regularon las modalidades del uso de los artefactos en cuestión.

Si bien la utilización del contenedor facilita las operaciones relativas al transporte, ello no la constituye en elemento imprescindible con respecto a su configuración jurídica, pues en caso contrario no podría concebirse el contrato de transporte sin el consiguiente uso del contenedor. E inversamente, tampoco podría admitirse la utilización de contenedores para otro fin que no sea el transporte marítimo." Autos: **ELMA S.A. c/Crispan S.A. s/cobro**, Cám. Nac. Civ. Com. Fed., Sala I, fallo del 25 de febrero de 1985, tipo de sentencia: definitiva, publicado por Thomson Reuters AR/JUR/1303/1985, por La Ley, 1986-E, página 127 y por Jurisprudencia Argentina, 1985-IV, página 86.

5) "*Esta Cámara ha sostenido que la utilización de contenedores más allá del lapso de duración del transporte y de los períodos de tolerancia previos y posteriores, es insusceptible de concebirse como una concesión gratuita, ya que ello es ajeno, como principio, a la modalidad de los actos entre comerciantes (artículo 218, inciso 5°*[9] *del Código de Comercio) e importaría desconocer el régimen de su uso que se establece en interés de la carga; y su naturaleza jurídica guarda analogía con la locación en razón de los derechos de uso temporario que se confieren sobre la cosa y de las obligaciones que asumen las partes (artículo 16 del Código Civil) (Sala I, causa 1606 del 25 de marzo de 1983).*

[9] Art. 218 Cód. Com.: "*Siendo necesario interpretar la cláusula de un contrato, servirán para la interpretación las bases siguientes: ... 5° Los actos de los comerciantes nunca se presumen gratuitos.*"

... *el alquiler pactado sólo puede tener aplicación para el período normal del transporte y para el tiempo razonable de llenado y descarga del "container". Pero no puede admitirse que dicho canon abarque el lapso que la caja sea usada según la exclusiva conveniencia del consignatario, pues ello importaría desconocer la función a que naturalmente está destinado el contenedor como medio de transporte. (Sala I, causa 2012 del 26 de agosto de 1983).*" Autos: **ELMA S.A. c/Mercados de Materiales S.A.C.I. s/cobro de U$S 2.126,25**, Cám. Nac. Civ. Com. Fed., Sala III, fallo del 04 de septiembre de 1985, causa 3459, tipo de sentencia: definitiva, publicado en el Boletín de Jurisprudencia Marítima Nº 5 del Instituto de Estudios Marítimos, páginas 18 y 19.

6) "*Esta Cámara tiene resuelto que la relación jurídica derivada de la utilización del contenedor no guarda vínculo de accesoriedad respecto del contrato de transporte por agua, el cual, de ordinario, finaliza con la descarga en el puerto del artefacto (conforme esta Sala, causa 2399 del 15 de mayo de 1984, entre otras; Sala I, causas 3225 del 25 de febrero de 1985 y 3276 del 13 de marzo de 1985)*". Autos: **ELMA S.A. c/Hijos de Ybarra s/cobro**, Cám. Nac. Civ. Com. Fed., Sala II, fallo del 28 de febrero de 1986, causa 4022, tipo de sentencia: interlocutoria.

7) "*La situación jurídica que se da cuando se emplean en el transporte marítimo contenedores bajo la cláusula "house to house" guarda sustancial analogía con la locación, habida cuenta de los derechos de uso temporario que se confieren sobre la cosa y de las obligaciones que las partes asumen (artículo 16 del Código Civil). La estipulación de la condición "casa" en destino revela que la utilización del "container" ha sido hecha en interés de la carga, o, al menos, que ese interés ha sido por ella compartido*." Autos: **ELMA S.A. c/Giroxa S.A.I.C. s/ cobro de U$S 3.462**, Cám. Nac. Civ. Com. Fed., Sala III, fallo del 07 de abril de 1986, causa 3760, tipo de sentencia: definitiva, publicado en el Boletín de Jurisprudencia Marítima Nº 7 del Instituto de Estudios Marítimos, páginas 11 y 12.

8) "*El uso de contenedores en el transporte marítimo de mercaderías guarda analogía con la locación en razón de los derechos de uso temporario que se confiere sobre la cosa, y de las obligaciones que asumen las partes. Conforme a ello y teniendo en cuenta que el reclamo proviene por demora en la devolución de los contenedores y gastos*

derivados de descarga, es aplicable la norma del Código de Comercio artículo 847 inciso 2º en tanto determina cuatro años para lo que deba pagarse por años o plazos más cortos, no siendo en su virtud, aplicable el Derecho de la Navegación". Autos: **ELMA S.A. c/Keiton S.A.C.I.** - Cámara Nacional de Apelaciones en lo Comercial (En adelante Cám. Nac. Com.), Sala B, fallo del 05 de noviembre de 1986.

9) "*Las obligaciones del usuario de contenedores pactado "house to house" no se hallan sujetas al plazo de prescripción que el artículo 293*[10] *de la ley 20.094 prevé para el transporte, pues la concesión de uso del contenedor o su locación configura un contrato jurídicamente autónomo.*" Autos: **ELMA S.A. c/ Cofler, Arnaldo s/cobro**, Cám. Nac. Civ. Com. Fed., Sala II, fallo del 26 de mayo de 1987, causa 5.164.

10) "*Cuando el uso del contenedor está pactado con la modalidad "house to house", la situación jurídica presenta sustancial analogía con la locación, habida cuenta de los derechos de uso temporario que se confiere sobre la cosa y de la que, naturalmente, no obsta la circunstancia de que el artefacto sea provisto por el armador, quien percibe un precio independiente del flete y que, según los usos y costumbres, da origen a un cargo complementario cuando la tenencia excede un determinado lapso anterior o posterior a la carga y descarga, respectivamente. En las condiciones expuestas, las obligaciones del usuario no se hallan sujetas al plazo de prescripción que el artículo 293 de la ley 20.094 prevé para el transporte, relativamente al cual, la concesión de uso del contenedor es un contrato jurídicamente autónomo. Por lo demás, la retención de los contenedores más allá del plazo razonable para efectuar su desconsolidación demuestra, por sí misma, que han sido utilizados para una función que es ajena al transporte marítimo*". Autos: **ELMA S.A. c/Induexport Argentina S.R.L. s/cobro de pesos**, Cám. Nac. Civ. Com. Fed. Sala II, fallo del 15 de abril de 1988, causa 5700, tipo de sentencia: definitiva.

---

[10] Art. 293 ley 20.094: "*Sin perjuicio de lo establecido en el art. 258, las acciones derivadas del contrato de transporte de cosas previsto en esta Sección, prescriben por el transcurso de un (1) año a partir de la terminación de la descarga o de la fecha en que debieron ser descargadas cuando no hayan llegado a destino. Si las cosas no son embarcadas, dicho lapso se contará desde la fecha en que el buque zarpó o debió zarpar.*"

11) "*Las obligaciones del usuario no se hallan sujetas al plazo de prescripción que el artículo 293 de la ley 20.094 prevé para el transporte, pues, como antes se ha dicho, la concesión de uso del contenedor o su locación configura un contrato jurídicamente autónomo. Tratándose, por ende, de un cargo por la utilización y consiguiente demora en la devolución al locador, que se devenga diariamente, lo que genera la divisibilidad de la obligación, corresponde su inclusión dentro de la fórmula contenida en el artículo 847, inciso 2º, del Código de Comercio (conforme Zavala Rodríguez, Carlos Juan, "Código de Comercio Comentado", tomo VI, páginas 183/84*". Autos: **Establecimiento Metalúrgico Nahuel S.A. s/concurso preventivo s/incidente de revisión promovido por ELMA S.A.**, Cám. Nac. Com., Sala A, fallo del 9 de junio de 1992, publicado en la revista Ateneo del Transporte, Nº 11, página 72.

12) El pleito aludió a los servicios prestados por una compañía de estiba a una naviera, y tuvo en cuenta, entre otras, las tareas de carga y descarga de contenedores, no la cuestión vinculada a la demora en su devolución. En ese marco diferente de actuación, se resolvió que "*Por tratarse de un caso no expresamente previsto en la ley, pero que no ofrece dudas sobre su comercialidad, es de aplicación el plazo de prescripción ordinaria en materia comercial que tiene lugar a los diez años, tal como prescribe el artículo 846, Código de Comercio*." Autos: **Platestiba S.A.C. c/Empresa de Navegacao Alianca S.A. s/cobro de pesos**, Cám. Nac. Civ. Com. Fed. Sala III, fallo del 27 de agosto de 1998, causa 20.143/96, tipo de sentencia: definitiva, publicado en elDial.com-AF1314.

13) "*La circunstancia de que el transporte se refiera a contenedores no es razón bastante para marginar la norma del artículo 293, Ley de la Navegación, puesto que, como lo dispone su artículo 269, se aplican al transporte de cajas de carga -"containers"- las disposiciones de dicha ley a falta de normas convencionales o de leyes especiales y en la medida de su compatibilidad. Y aunque las actoras hubieran instrumentado su presunto crédito a través de "facturas" e hipotéticamente se admitiera que el demandado no las rechazó dentro del plazo de diez días, ello carece de toda relevancia por cuanto no es la "factura" la vía para comunicar un reclamo de indemnización de daños y perjuicios y*

quien la recibe no está obligado a formular un rechazo expreso (artículo 919[11]*, Código Civil). Consecuentemente, no juega en estos supuestos la solución que consagra el artículo 474*[12]*, Código Mercantil y constituye un verdadero desenfoque jurídico pretender que el silencio transforme a aquel reclamo resarcitorio en una "cuenta liquidada". Así las cosas, teniendo en cuenta que los remitos se extienden temporalmente desde el 05 de noviembre de 1993 hasta el 11 de abril de 1995, que las intimaciones de pago fueron realizadas vencido el plazo de un año y que la instancia de mediación se inició el 16 de julio de 1997, toda acción resarcitoria basada en la demora en liberar los contenedores se encuentra alcanzada por la prescripción (artículo 293, ley 20.094), importando destacar que la recepción de las facturas no tiene eficacia suspensiva del plazo liberatorio (conf. Sala I, causa 31.064/95 del 29 de diciembre de 1998).*" Autos: **Flasa Agency S.A. y otro c/Blaisten S.A. s/cobro de pesos**, Cám. Nac. Civ. Com. Fed. Sala II, fallo del 13 de junio de 2000, causa 5534/97, tipo de sentencia: definitiva, publicado por elDial.com-AF23F5.

14) "*El empleo de contenedores puede darse en dos situaciones diferentes: a) como elemento del transporte marítimo, portador de un conjunto de carga; y b) como artefacto que, después de concluido el traslado por agua, es retenido por el consignatario para darle los usos de su conveniencia, como ser depósito del cargamento transportado, por un lapso que excede los permitidos por el conocimiento de embarque o la póliza de fletamento. En el primer caso, una vez desembarcado, desconsolidado y devuelto al transportista, las reclamaciones a que pudiera haber lugar están alcanzadas por el plazo de prescripción de un año del contrato de transporte (artículo 293 de la Ley de la Navegación), toda vez que el artefacto unitarizador de carga sólo cumplió una*

---

[11] Art. 919 Cód. Civ.: "*Art. 919. El silencio opuesto a actos, o a una interrogación, no es considerado como una manifestación de voluntad, conforme al acto o a la interrogación, sino en los casos en que haya una obligación de explicarse por la ley o por las relaciones de familia, o a causa de una relación entre el silencio actual y las declaraciones precedentes.*"

[12] Art. 474 Cód. Com.: "*Ningún vendedor puede rehusar al comprador una factura de los géneros que haya vendido y entregado con el recibo al pie de su precio, o de la parte de éste que se hubiere pagado. No declarándose en la factura el plazo del pago, se presume que la venta fue al contado. Las referidas facturas, no siendo reclamadas por el comprador dentro de los 10 (diez) días siguientes a la entrega y recibo, se presumen cuentas liquidadas.*"

función accesoria del transporte mismo. En el caso restante, concluido el transporte, el destinatario -como ocurre muchas veces- incurre en retención de la caja o container para utilizarla para depósito temporario de las mercaderías o para su desplazamiento hacia puntos interiores del país, usando los aludidos contenedores en funciones que no guardan relación propiamente dicha con el transporte marítimo y que, como consecuencia, no están alcanzados por el plazo de prescripción que es propio de éste.

En el supuesto de que el consignatario lo retiene para utilizarlo a su conveniencia se establece entre el titular del contenedor y quien lo utiliza en su provecho una relación autónoma, asimilable a una locación de cosas muebles, que no guarda vinculación con el transporte por agua. Y en ese sentido se ha pronunciado esta Sala en diversas oportunidades, frente a situaciones de connotaciones análogas a las de autos (conforme entre otros, causa Nº 4683 "ELMA S.A. c/Nélida Pedernera y Bco. Israelita de Córdoba s/cobro de pesos", del 23 de diciembre de 1986, originada en la demora en la devolución de contenedores). Semejante relación de naturaleza locativa -enmarcada en vinculaciones de indudable carácter comercial- caen bajo la prescripción general que prevé el art. 846[13] *del Código Mercantil.*" Autos: **Taby Shiffahrts und Speditions GMBH c/Procter & Gamble Interamericas Inc. s/ demora en la devolución de contenedores**, Cám. Nac. Civ. Com. Fed., Sala II, fallo del 18 de abril de 2006, causa 1.935/2003. Tipo de sentencia: interlocutoria, publicado por Microjuris, MJ-JU-M-7760-AR | MJJ7760 | MJJ7760.

15) "*En razón de que la empresa demandada no se limitó a contraer obligaciones propias de un contrato de transporte, sino que tomó a su cargo un cúmulo de prestaciones, a saber: transporte de contenedor vacío y lleno, consolidación y apuntaje que exceden la figura de aquél, corresponde descartar la prescripción anual, para aplicar la decenal por tratarse de un caso no expresamente previsto por la ley (conforme esta Sala, causa 20143/96 del 27 de agosto de 1998; Sala II, causa 131/97 del 28 de agosto de 1997 y sus citas). Las acciones*

[13] Art. 846 Cód. Com.: "*La prescripción ordinaria en materia comercial tiene lugar a los 10 (diez) años, sin distinción entre presentes y ausentes, siempre que en este Código o en leyes especiales, no se establezca una prescripción más corta.*"

comprendidas en la prescripción del artículo 855[14] *del Código de Comercio son las que tienen relación directa con las obligaciones que impone el transporte a las partes contratantes y no las que pueden nacer con ocasión de él o son acciones que derivan de fuentes diversas (conforme Zabala Rodríguez, Código de Comercio, Comentado, tomo VI, página 592 y siguientes, El Derecho 1975)*". Autos: **Agencia Marítima Robinson S.A.C.F.E.I c/Lo Primo S.A. s/ cobro de sumas de dinero**, Cám. Nac. Civ. Com. Fed. Sala III, fallo del 30 de agosto de 2007, causa 7.338/01, tipo de sentencia: definitiva, publicado por elDial.com-AF38FE.

16) "*Acá no se trata de precisar las consecuencias jurídicas del contrato de transporte marítimo, sino de un contrato autónomo como es el alquiler de los contenedores, asimilable a una locación de cosas muebles, que no guarda vinculación con el transporte por agua. Y en ese sentido se ha pronunciado reiteradamente esta Excelentísima Cámara (conforme esta Sala causas 5656 del 05 de abril de 1988; 20501/94 del 14 de julio de 1998; Sala I: causa 20.667/96 del 19 de noviembre de 1998).*

Que a lo dicho no forma óbice la circunstancia de que el "demurrage" o "rental" (cargo por el uso del contenedor) estuviesen contemplados en el conocimiento de embarque, y éste sea el título del contrato de transporte, porque -conforme con los usos y costumbres del Derecho de la Navegación, que son fuente especial y vinculante en esta rama jurídica- nada impide que las partes contemplen y regulen aspectos anteriores a la carga y posteriores a la descarga, es decir, que no forman parte del transporte propiamente dicho (artículo 268[15] *de la ley 20.094), como expresamente lo autoriza el artículo 284*[16] *del*

---

[14] Art. 855 Cód. Com.: "*Las acciones que derivan del contrato de transporte de personas o cosas y que no tengan fijado en este Código un plazo menor de prescripción, se prescriben: 1° Por 1 año, en los transportes realizados en el interior de la República; 2° Por 2 (dos) años, en los transportes dirigidos a cualquier otro lugar.*"

[15] Art. 268 ley 20.094: "*Las disposiciones de la presente Sección se aplican durante el tiempo transcurrido desde la carga hasta la descarga, al transporte de cosas que se realice por medio de un contrato de fletamento total o parcial, al efectuado en buques de carga general, al de bultos aislados en cualquier buque, y a todo otro en que el transportador asuma la obligación de entregar la carga en destino, salvo los casos previstos en el art. 281.*"

[16] Art. 284 ley 20.094: "*Las partes pueden convenir libremente el régimen de responsabilidad en sus relaciones contractuales anteriores a la carga y posteriores a la descarga, siempre que dichas estipulaciones no sean contrarias al orden público.*"

mismo cuerpo legal al disponer que las partes pueden convenir libremente el régimen de responsabilidad en sus relaciones contractuales anteriores a la carga y posteriores a la descarga, siempre que dichas estipulaciones no sean contrarias al orden público (conforme esta Sala causa 1935/03 del 18 de abril de 2006)." Autos: **Agencia Marítima Transplata S.A. c/Bridgestone Firestone Argentina S.A.I.C. s/daños a contenedores/demora en la devolución**, Cám. Nac. Civ. Com. Fed. Sala II, fallo del 29 de abril de 2011, causa 13.520/2004, tipo de sentencia: definitiva, publicado por elDial.com-AA704E y AF5C1F y también por Microjuris, MJ-JU-M-65453-AR | MJJ65453 | MJJ65453.

17) "*La situación relativa a la utilización de los contenedores y a los aspectos jurídicos que se suscitan en torno a ella, guarda analogía con la figura de la locación, en razón de los derechos de uso temporario que se confieren sobre la cosa y de las obligaciones que las partes asumen (conforme esta Sala, causa 2399 del 15 de mayo de 1984). No obsta a esta solución la circunstancia de que en algunos casos el artefacto sea provisto por el propio armador, quien percibe un precio independiente del flete y que, según los usos y costumbres, da origen a un cargo complementario cuando la tenencia excede un determinado lapso anterior o posterior a la descarga.*" Autos: **J. E. Turner y Cía. S.A. c/Cristales Ebenor S.A. s/demora en la devolución de contenedores**, Cám. Nac. Civ. Com. Fed., Sala II, fallo del 07 de noviembre de 2011, causa 3.943/04, tipo de sentencia: definitiva, publicado por elDial.com-AF60A9 y en la revista Ateneo del Transporte, Nº 58 páginas 58 a 64.

18) "*Del propio instrumento del transporte por agua surge el derecho del armador -que es el título del contrato del transporte- porque conforme con los usos y costumbres del derecho de la navegación; nada impide que las partes contemplen y regulen aspectos anteriores a la carga y posteriores a la descarga (artículo 268 de la ley 20.094), como expresamente lo autoriza el artículo 284 del mismo cuerpo legal al disponer que las partes pueden convenir libremente el régimen de responsabilidad en sus relaciones contractuales anteriores a la carga y posteriores a la descarga, siempre que dichas estipulaciones no sean contrarias al orden público (conforme esta Sala causa 1935/03 del 18 de abril de 2006)*" Autos: **Shipping Services Argentina S.A. c/Kuehne & Nagel S.A. y otro s/demora en la devolución de contenedores**,

Cám. Nac. Civ. Com. Fed., Sala II, fallo del 29 de noviembre de 2013, causa 12676/2003, tipo de sentencia: definitiva, publicado por elDial.com-AF6780.

19) "*Nuestros Tribunales no sólo determinaron que el uso de contenedores por parte de la carga era jurídicamente independiente al contrato de transporte, sino que encuadraron dicha relación jurídica en el contrato de locación de cosas muebles, estableciendo que dicho contrato de locación se instrumenta por medio del conocimiento de embarque y se rige por las normas del contrato de locación, a pesar de que dicho instrumento es representativo y esencial del contrato de transporte marítimo.*

En este orden de ideas la Sala I de esta Excma. Cámara en los autos: "ELMA S.A. c/Crispan S.A." del 25 de febrero de 1985 sostuvo: "Si bien el uso del contenedor por sus modalidades y características está económicamente y técnicamente vinculado (en la especie) al transporte marítimo de mercaderías en función de las posibilidades que otorga en punto a la seguridad, maniobrabilidad y estiba de la carga a bordo, ello no permite concluir sin más que dicha relación genere, a su vez, una necesaria vinculación jurídica de accesoriedad respecto del contrato de transporte marítimo". Autos: **Star Shipping Argentina S.A. c/Family Express S.R.L. s/demora en la devolución de contenedores**, Cám. Nac. Civ. Com. Fed., Sala II, fallo del 15 de mayo de 2014, causa 11.800/09, tipo de sentencia: definitiva, publicado por elDial.com-AF6AAE.

20) "*Pues bien, de la demanda no surge que el actor reivindique el contenedor con el alcance que prevé el artículo 2758*[17] *del Código Civil. En efecto, su pretensión está dirigida a cobrar una suma de dinero expresada en dólares estadounidenses por la demora en la que habría incurrido su adversaria en devolver esa unidad de carga. La alusión que hizo a la "acción reivindicatoria" tuvo el evidente propósito de trasvasar a una acción personal como la que entabló, las normas favorables en materia de prescripción que tienen en determinadas*

[17] Art. 2758 Cód. Civ.: "*La acción de reivindicación es una acción que nace del dominio que cada uno tiene de cosas particulares, por la cual el propietario que ha perdido la posesión, la reclama y la reivindica, contra aquel que se encuentra en posesión de ella.*"

circunstancias las acciones reales (artículo 4019, incisos 1° y 4°[18] *del Código Civil; y Llambías, Jorge Joaquín, Tratado de Derecho Civil, Parte General, tomo II, número 2106, página 675).*

La relación entre el objeto mediato de la demanda -cobro de una suma de dinero- y el objeto inmediato de ella -tipo de pronunciamiento judicial que solicita- confirma la conclusión que antecede ya que no se requiere la fijación de un plazo y de un lugar para la entrega del contenedor (artículo 330 incisos 3 y 6 del Código Procesal Civil y Comercial de la Nación; Palacio Lino Enrique, Derecho Procesal Civil, Buenos Aires, Abeledo Perrot, tomo IV, páginas 289 a 294).

Sobre la base de los fundamentos expuestos la acción promovida sólo contiene una pretensión de naturaleza personal y, por lo tanto, no está regida por el artículo 4019 inciso 1° del Código Civil.

En un segundo e independiente orden de consideraciones, no es razonable asignarle a un contenedor la calidad de cosa fuera del comercio.

Ocurre que esa categoría corresponde a los bienes que son absolutamente o relativamente inalienables por una disposición expresa de la ley o de los particulares (artículo 2337[19] *del Código Civil y Llambías, ob. y t. cit., número 1343, páginas 236 y 237). No hay ninguna evidencia de que la unidad de carga en cuestión, afectada constantemente al transporte marítimo comercial, pueda ser englobada en esa clase, que es de carácter excepcional (artículo 2336*[20] *del Código Civil).*

El artículo 847 inciso 2 del Código de Comercio establece que se prescriben por cuatro años los intereses del capital dado en mutuo, y todo lo que deba pagarse por años o por plazos periódicos más cortos.

---

18 Art. 4019 Cód. Civ.: "*Todas las acciones son prescriptibles con excepción de las siguientes:*
1° La acción de reivindicación de la propiedad de una cosa que está fuera de comercio. ...
4° La acción negatoria que tenga por objeto una servidumbre, que no ha sido adquirida por prescripción."

19 Art. 2337 Cód. Civ.: "*Las cosas están fuera del comercio, o por su inenajenabilidad absoluta o por su inenajenabilidad relativa. Son absolutamente inenajenables:*
1° Las cosas cuya venta o enajenación fuere expresamente prohibida por la ley;
2° Las cosas cuya enajenación se hubiere prohibido por actos entre vivos y disposiciones de última voluntad, en cuanto este código permita tales prohibiciones."

20 Art. 2336 Cód. Civ.: "*Están en el comercio todas las cosas cuya enajenación no fuere expresamente prohibida o dependiente de una autorización pública.*"

La norma -invocada por el actor y aplicada por la jueza de primera instancia- es la proyección en el ámbito comercial del principio general sentado en el artículo 4027[21] *del Código Civil para las obligaciones acordadas entre las partes que contengan prestaciones fluyentes, esto es, aquellas cuyo mero título no basta para justificar la existencia del crédito porque requieren, además, el transcurso del tiempo fecundante que, junto con el título del acreedor, contribuye a que el derecho de éste sea exigible (Llambías, Jorge Joaquín, Tratado de Derecho Civil -Obligaciones-, tomo III, páginas 386 a 403).*

La finalidad que la inspira es impedirle al acreedor negligente o tolerante acumular todas las prestaciones adeudadas contra el deudor agobiándolo (Llambías, ob. y t. cit., número 2063). De este modo, se reduce el plazo general de prescripción de diez años (artículo 846 del Código de Comercio y artículo 4023 del Código Civil) motivando al acreedor a que incite al deudor a cumplir dentro del tiempo convenido para ese tipo de obligaciones (ibidem).

Por lo visto, la disposición supone una obligación preexistente definida que se cumple periódicamente -vulgarmente el pago del alquiler por períodos; el del interés del mutuo; etc.- y el transcurso del tiempo sobreviviente (Fernández, Raymundo L., Código de Comercio de la República Argentina comentado, Buenos Aires, Talleres Gráficos A. Wolter, 1950, tomo III, páginas 645 a 650).

Ahora bien, ese presupuesto no se da en este caso pues las partes no acordaron el alquiler del contenedor sino su utilización en el marco del transporte marítimo ya referido y su posterior devolución.

Una cosa es arrendar un bien, y otra distinta permitir su utilización dentro de un plazo de gracia imponiendo su devolución ulterior.

En el primer caso, el pago del canon está definido de antemano por las partes como prestación principal que se renueva por períodos. En el segundo, la prestación principal consiste en la devolución del bien; y sólo si ella no es cumplida, sobreviene la imposición de una multa

[21] Art. 4027 Cód. Civ.: "*Se prescribe por cinco años, la obligación de pagar los atrasos:*
1° De pensiones alimenticias;
2° Del importe de los arriendos, bien sea la finca rústica o urbana;
3° De todo lo que debe pagarse por años, o plazos periódicos más cortos."

que opera como el resarcimiento de los daños causados por el deudor reticente, es decir como un efecto anormal de la obligación (argumento del artículo 2274[22] *del Código Civil); justificado por la remisión que la propia actora hace al comodato.*

Dicho de otro modo, la indemnización del daño no es equiparable, sin más, al pago de un arriendo. Después de catorce años del transporte marítimo al que accedió el uso del contenedor, es razonable exigir la reparación por la pérdida definitiva de éste; en cambio no lo es, dar por sentada la existencia de un contrato de locación -independiente por completo del de transporte- sin la concurrencia de la voluntad de la demandada y sin documentación alguna ni norma que lo justifique (artículos 499[23] *y 1493*[24] *del Código Civil). De lo contrario, cualquier consignatario que se encontrase en la situación de la accionada quedaría obligado al pago de un resarcimiento ilimitado que superaría, en mucho, al valor de la cosa. No hay, pues, prestaciones fluyentes ni daño que se renueve diariamente.*

Esclarecida la cuestión del modo indicado, el derecho personal cuyo cobro se persigue está prescripto cualquiera fuere el plazo extintivo que se aplique (artículo 293 de la Ley de Navegación; artículo 846 del Código de Comercio; artículos 4023 y 4037 del Código Civil) ya que, entre el vencimiento del plazo de entrega, con la consiguiente salida del contenedor de la zona aduanera -7 de enero de 2004- y la iniciación de este proceso -6 de febrero de 2019- transcurrieron más de

---

[22] Art. 2274 Cód. Civ.: "*Si el comodatario no restituyese la cosa por haberse perdido por su culpa, o por la de sus agentes o dependientes, pagará al comodante el valor de ella. Si no la restituye por haberla destruido o disipado, incurrirá en el crimen de abuso de confianza, y podrá ser acusado criminalmente antes o después de la acción civil para el pago del valor de ella, e indemnización del daño causado.*"

[23] Art. 499 Cód. Civ.: "*No hay obligación sin causa, es decir, sin que sea derivada de uno de los hechos, o de uno de los actos lícitos o ilícitos, de las relaciones de familia, o de las relaciones civiles.*"

[24] Art. 1493 Cód. Civ.: "*Habrá locación, cuando dos partes se obliguen recíprocamente, la una a conceder el uso o goce de una cosa, o a ejecutar una obra, o prestar un servicio; y la otra a pagar por este uso, goce, obra o servicio un precio determinado en dinero.*
El que paga el precio, se llama en este código "locatario", "arrendatario" o "inquilino", y el que lo recibe "locador" o "arrendador". El precio se llama también "arrendamiento" o alquiler."

quince años." Autos: **Log in Mercosur S.R.L. c/Alta Plástica S.A. s/ demora en la devolución de contenedores**, Cám. Nac. Civ. Com. Fed. Sala III, fallo del 13 de febrero de 2020, causa 527/2019/CA1, tipo de sentencia: interlocutoria, publicado por elDial.com-AABAFF.

III. INCIDENCIA DEL NUEVO CÓDIGO CIVIL Y COMERCIAL DE LA NACIÓN EN EL PLAZO DE PRESCRIPCIÓN INHERENTE A LA DEMORA EN LA DEVOLUCIÓN DE CONTENEDORES - ¿CAMBIO DE LA JURISPRUDENCIA?

Conforme a la reseña de fallos que hemos detallado en el apartado anterior, es claro que, para la Cámara Nacional de Apelaciones en lo Civil y Comercial Federal con asiento en la Ciudad de Buenos Aires la utilización del contenedor mayoritariamente se desliga del contrato de transporte de la mercadería propiamente dicho, y en tal sentido el plazo de prescripción aplicable a reclamos por demora en la devolución de *containers*, bajo el antiguo Código de Comercio de la Nación, salvo excepciones puntuales, se ha fijado jurisprudencialmente en cuatro años, asimilando el uso del contenedor a una locación de cosa, en función del artículo 847 inciso 2 del viejo Código Comercial. Dicho artículo decía: "*Se prescriben por 4 años ... todo lo que deba pagarse por años o por plazos periódicos más cortos*".

Actualmente el antiguo artículo 847 inciso 2° del Código de Comercio ha sido reemplazado por el artículo 2562 inciso c) del nuevo Código Civil y Comercial de la Nación, por lo cual el plazo de prescripción de la acción para reclamar la demora en la devolución de contenedores, si se mantuviera el criterio conceptual y el encuadre previo de la mayoría de los precedentes citados, se habría reducido a dos años. Dice actualmente el citado artículo 2562 inciso c) "*Prescriben a los dos años ... el reclamo de todo lo que se devenga por años o plazos periódicos más cortos...*".

Sin perjuicio de ello, no tenemos aún conocimiento de fallos jurisprudenciales recientes que hubieran establecido el plazo de prescripción de la acción por demora en la devolución de contenedores para hechos posteriores al mes de agosto de 2015 (que fue la fecha de entrada en vigencia del nuevo Código Civil y Comercial de la Nación), por lo que habrá que esperar para confirmar que el término de prescripción cambió de cuatro años bajo el ex Código de Comercio a los actuales dos años del Código Civil y Comercial de la Nación, según entendemos nosotros.

Dable es destacar que ya fue superado el período de transición o ensamble en relación a la prescripción entre la vieja normativa (Código Civil de la República Argentina o Código de Comercio de la República Argentina) y la nueva, pues conforme el actual artículo 2537 del Código Civil y Comercial de la Nación, si bien el plazo de prescripción en curso al momento de entrada en vigencia de la nueva ley (01° de agosto de 2015) se regía en principio por la ley anterior, existe un límite en la nueva ley respecto al término de prescripción, pues si la ley anterior preveía un plazo de prescripción mayor al de la nueva ley, se aplican entonces los términos más reducidos de la nueva ley, a partir de su vigencia.

Más allá de que ha variado sustancialmente la composición de los tres Vocales que integran cada una de las tres Salas en que se divide la Cámara Nacional de Apelaciones en lo Civil y Comercial Federal, desde la fecha de emisión de muchas de las sentencias citadas en el apartado II hasta el presente, y que se percibe un cierto matiz un poco más "*civilista*" que "*maritimista*" en el enfoque de las cuestiones que se han resuelto en los últimos tiempos, es nuestra humilde aspiración que ello no se convierta en una tendencia, pues es claro que el Derecho de la Navegación presenta caracteres autónomos y particularistas que no deben ser soslayados, sino por el contrario, resaltados, pues hacen a la especialidad y a la realidad de los diferentes enfoques propios de la materia, que tornan más justas y previsibles la búsqueda de soluciones dentro del sistema, posibilitando así el desarrollo efectivo de la navegación y el encuadre de sus problemas conforme a las pautas desarrolladas por el artículo 1° de la ley 20.094, cuyo texto ya fue citado en la nota al pie número 3.

IV. EL TEMA DE LAS CARTAS DE GARANTÍA PARA LA UTILIZACIÓN DE *CONTAINERS*, LOS PAGOS PARCIALES Y SU INCIDENCIA EN RELACIÓN CON LA PRESCRIPCIÓN DE LAS ACCIONES POR DEMORA EN LA DEVOLUCIÓN DE CONTENEDORES

En relación a la operatoria de contenedores, es normal y habitual, al punto que se ha convertido en una pauta casi insoslayable de la realidad actual, que las líneas navieras o consorcios de armadores que desarrollan el transporte de efectos en *containers* exijan -ya sea mediante sus agentes marítimos locales, ya sea con la intervención de sus sucursales o subcontratando o delegando esos servicios en terceros- que los importadores o exportadores (es decir los que tienen un real interés y legitimación en el aprovechamiento de la mercadería) o los agentes de carga, intermediarios, "*freight forwarders*", transitarios u operadores logísticos (o sea quienes interceden entre las líneas navieras y los verdaderos titulares de las cargas), suscriban documentos denominados cartas de garantía para la utilización de los contenedores. Esos documentos, que son verdaderos contratos celebrados por adhesión a cláusulas generales predispuestas en los términos de los artículos 984[25] y concordantes del Código Civil y Comercial de la Nación, pueden ser específicos para un viaje, detallando la sigla y número del *container*, si se trata de una cuestión ocasional y aislada, o, más frecuentemente,

---

[25] Art. 984 Cód. Civ. Com. (C.C.C.): "*Definición. El contrato por adhesión es aquel mediante el cual uno de los contratantes adhiere a cláusulas generales predispuestas unilateralmente, por la otra parte o por un tercero, sin que el adherente haya participado en su redacción.*"
Art. 987 C.C.C.: "*Interpretación. Las cláusulas ambiguas predispuestas por una de las partes se interpretan en sentido contrario a la parte predisponente.*"
Art. 988 C.C.C.: "*Cláusulas abusivas. En los contratos previstos en esta sección, se deben tener por no escritas:*
a) las cláusulas que desnaturalizan las obligaciones del predisponente;
b) las que importan renuncia o restricción a los derechos del adherente, o amplían derechos del predisponente que resultan de normas supletorias;
c) las que por su contenido, redacción o presentación, no son razonablemente previsibles."
Art. 989 C.C.C.: "*Control judicial de las cláusulas abusivas. La aprobación administrativa de las cláusulas generales no obsta a su control judicial. Cuando el juez declara la nulidad parcial del contrato, simultáneamente lo debe integrar, si no puede subsistir sin comprometer su finalidad.*"

se firman cartas de garantía anuales, para todos los contenedores que se van a utilizar a lo largo de ese año calendario, en los distintos viajes que se desarrollen, sin individualizarlos concretamente, por lo que, en esta última variante, es necesario integrar la carta de garantía con otros instrumentos específicos (conocimiento de embarque; EIR ("*equipment interchange receipt*"); constancias de ingreso o de salida de terminales portuarias, depósitos fiscales, zonas francas, etc.) .

La finalidad básica de estas cartas de garantía (que no deben confundirse con otras cartas de garantía posibles, por ejemplo las que se utilizan como verdaderos contradocumentos entre el cargador y el transportista, para no observar los conocimientos de embarque originales, en casos de inconvenientes de origen que se perciben en el estado y condición de la mercadería, operatoria por cierto que, en nuestra opinión, no respeta el principio de buena fe hacia el consignatario ni hacia el asegurador de la carga) es que el cargador y el consignatario que asumen la tenencia de los contenedores pongan adecuado cuidado en su guarda y conservación, y devuelvan los mismos lo antes posible.

El valor de los contenedores y la necesidad de su pronta devolución para su reutilización en la operatoria comercial normal del transporte por agua a cargo de las líneas navieras especializadas en esta modalidad y de los consorcios de armadores conformados por ellas, imponen la firma de estas cartas de garantía, que son instrumentos que intentan brindar certeza jurídica a la utilización de los *containers*, cuando ellos no están en poder del transportista por agua, sino que su tenencia es ejercida por terceros ajenos a las empresas *mega carriers* de contenedores.

La operatoria puede ser aún más compleja e indirecta, pues así como frente a la línea naviera existe normalmente una carta de garantía firmada por los agentes de carga, intermediarios, "*freight forwarders*", transitarios u operadores logísticos, éstos a su vez pueden contar con una carta de garantía suscripta por los verdaderos titulares de los efectos, quienes tienen un interés directo en los cargamentos por ser normalmente quienes revisten el carácter de compradores o vendedores en los contratos de compraventa internacional de mercaderías. Por ende, así como estamos acostumbrados a la existencia de conocimientos de embarque "*madres*" (*master B/L*) e "*hijos*" (*house B/L*), también debemos estar atentos a la posible existencia de cartas de garantías para la utilización de contenedores "*madres*" (las redactadas por las líneas navieras) e "*hijas*" (las confeccionadas por los intermediarios, transitarios, etc.).

La jurisprudencia del fuero Civil y Comercial Federal ha sido un tanto oscilante, en relación a la validez y oponibilidad de estas cartas de garantía. Inicialmente las consideraron insuficientes, por sí mismas, para obligar a su firmante al pago de la demora, si no podía integrarse concretamente su texto genérico con el *container* por el cual se estaba específicamente requiriendo el cobro de la demora; o sea que la carta de garantía no gozaba de autonomía, debía relacionarse y completarse con otros documentos, para ser efectivamente ejecutable el cobro de la demora. Así, aunque una empresa fuere la consignataria documental y tuviera en su poder un original del conocimiento de embarque "*madre*", si no realizó actos posesorios que impliquen el despacho a plaza de la mercadería, o al menos el pago del importe que correspondiere por el depósito del contenedor en la terminal portuaria, se ha dicho que:

1) "*La circunstancia de que la emplazada figure como destinataria en el conocimiento, no genera sin más trámite su responsabilidad" y por consiguiente aún en posesión de este documento si no () hace uso de él para reclamar o retirar la mercadería, no es parte en el contrato de transporte*", fallo **Agencia Marítima Transplata S.A. c/Bridgestone Firestone Argentina S.A.I.C. s/daños a contenedores/demora en la devolución**, Cám. Nac. Civ. Com. Fed. Sala II, citado más arriba en el apartado II inciso 16) de este trabajo. Si bien en este caso no se hizo específica alusión a una carta de garantía, sí dio la pauta de que resultaba necesario que el consignatario hiciera actos posesorios para hacerse parte en el contrato de transporte, como requisito *sine qua non* para que la línea naviera estuviera habilitada a cobrar el cargo por demora en la devolución del *container*.

2) Similar criterio se adoptó posteriormente en la causa **Shipping Services Argentina S.A. c/Kuehne & Nagel S.A. y otro s/demora en la devolución de contenedores**, Cám. Nac. Civ. Com. Fed., Sala II, a la que se hizo alusión previamente en el apartado II inciso 18). En este caso se detalló que "*el hecho de revestir "Kuehne & Nagel S.A." la calidad de tenedora legítima del conocimiento de embarque "madre" no*

la transforma en deudora del canon correspondiente por la demora en la devolución del container individualizado en la demanda."

Y también que "*aunque admito la participación de "Kuehne & Nagel S.A." en el negocio, ello no basta -en contra de lo que pretende la actora- para hacerla parte en el contrato de transporte. A lo que debo agregar que el documento originario del embarque resulta insuficiente para definir la personalidad del consignatario, es necesario para ello que se presente para documentar el despacho y a retirar los contenedores.*

He dicho que "Kuehne y Nagel S.A." no fue parte en el contrato. Y no lo fue porque está reconocido que en ningún momento se presentó a documentar el despacho y retirar las mercaderías".

Para concluir finalmente que "*agrego alguna consideración en torno a la "carta de garantía", aspecto sobre el cual ha centrado la apelante su esfuerzo recursivo. Este documento tal como sostiene el juez, se refiere a una operatoria de carácter general sin que se hubiera aportado ningún elemento que posibilite vincular jurídicamente a la demandada con el cargamento de autos, motivo por el cual -dice el señor Juez- que no se explica la razón por la cual la aquí demandada, habría de quedar obligada.*

En efecto, en lo sustancial la sentencia ha tenido por no demostrada la vinculación jurídica existente entre las partes. La carta de garantía aludida -y aún y más allá de la generalidad a la que alude el señor juez- no genera la responsabilidad de la demandada pues, al no haber ella intervenido en el despacho a plaza de la mercadería, ni en el retiro de los contenedores, dicho documento no tuvo efectos vinculantes. Puesto que la persona que hace efectivo el retiro de la mercadería, es en definitiva quien se ve beneficiada por el contenedor y por tanto la obligada natural a su devolución y al pago por el retraso incurrido."

En contraposición a los dos fallos citados, se le dio pleno valor y efecto al texto de la carta de garantía, en los siguientes pronunciamientos:

3) **Star Shipping Argentina S.A. c/Family Express S.R.L. s/demora en la devolución de contenedores**, Cám. Nac. Civ. Com. Fed., Sala II, causa citada en el apartado II inciso 19). En lo que aquí interesa,

el demandado, era una empresa que prestaba servicios como "*freight forwarder*" y en el caso concreto fue consignatario documental ("*Desconsolidó*" documentalmente el conocimiento de embarque "*madre*", en el que figuraba como consignatario, en un conocimiento de embarque "*hijo*", que no fue emitido por la demandada, sino que intervino como mero agente del transportista contractual "*hijo*"), pero no real de la mercadería, y fue responsabilizado primero por haber abonado a la terminal portuaria cierto cargo vinculado a la sobreestadía del contenedor, previo a su salida a plaza y retiro por parte del importador y consignatario real, y luego también en base a la solidaridad pactada y emergente de la carta de garantía firmada por el operador logístico en favor de la línea marítima.

Lo que se estima pertinente destacar es que si hubo un pago parcial de una demora, tal cual se indica en la sentencia, entonces ha quedado reconocida tácitamente, por un lado, la existencia de la demora y también la legitimación y razonabilidad de la aplicación del cargo, es decir quién pagó el canon por demora reconoció su carácter de deudor de la obligación y la procedencia del importe que le reclamaron por tal concepto, pues normalmente no se paga lo que no se debe. Ello también refleja una forma de interpretar la situación en base a la conocida teoría de los actos propios. Según el artículo 2545 del Código Civil y Comercial de la Nación el curso de la prescripción se interrumpe por el reconocimiento que el deudor o poseedor efectúa del derecho de aquel contra quién prescribe.

Claro está que para el operador logístico demandado la visión de su actividad probablemente haya sido distinta a la establecida en la sentencia, pues inferimos que en su fuero íntimo pudo haber estado convencido que el pago de la sobreestadía a la terminal portuaria (imprescindible para obtener el "*libre deuda*" tendiente a posibilitar el retiro del contenedor y efectiva liberación a plaza de la mercadería por parte del titular real del cargamento) lo hizo por cuenta y orden del consignatario real, del interesado en el aprovechamiento de los efectos, y cuando Family Express realizó un pago a la terminal portuaria, no estaba actuando en su propio beneficio. Sin embargo, nuestra visión del tema, es diferente y aunque a futuro la terminal portuaria no facture directamente al operador logístico por la sobreestadía del *container*, sino que lo haga directamente al interesado en la mercadería (eliminando de tal forma el argumento del acto posesorio o del consentimiento tácito del demandado), existe una realidad emergente del texto de la carta de garantía, en línea con la actividad desplegada por el agente de carga o intermediario, y con el "*riesgo provecho*" que beneficia al "*freight forwarder*", pues es un profesional que lucra con su actividad, y ese aspecto entendemos no debe ser soslayado para darle validez al texto de una carta de garantía *standard*, es decir que no sea francamente "*leonina*" o repugnantemente abusiva, Una sana y prudente interpretación judicial podrá poner en su justa medida la relación emergente de la carta de garantía para la utilización de contenedores, y el cobro de las demoras en su devolución.

4) **Star Shipping Argentina SA c/Cotia Almacenes La Plata S.A. s/demora en la devolución de contenedores**, Cám. Nac. Civ. Com. Fed., Sala I, fallo del 19 de mayo de 2015, causa 9.897/09, tipo de sentencia: definitiva, publicado por elDial.com-AF70D0. Se acepta el alcance del concepto demora en la devolución, los cargos a cobrarse por la utilización de los contenedores más allá del período de gracia o libre de costos pactado, y el lugar de reentrega de los contenedores, entre otros ítems, en función de lo establecido en las cartas de garantía.

5) **Star Shipping Argentina S.A. c/Maritime Service Line Argentina S.A. s/demora en la devolución de contenedores**, Cám. Nac. Civ. Com. Fed., Sala I, fallo del 20 de febrero de 2018, causa 3.100/13, tipo de sentencia: definitiva, publicado por elDial.com-AF7E0F.

"*Los argumentos esgrimidos por la demandada recurrente no resultan suficientes para desvirtuar la validez de la carta de garantía analizada si se tiene en cuenta la actividad comercial desarrollada en forma habitual por la demandada, quien invocó ser un agente de cargas o "Freight Forwarder" muy conocido en el mercado nacional e internacional.*

Por tal motivo, resultando aplicable la directiva de interpretación preceptuada en el artículo 902[26] *del Código Civil en lo que respecta las normas de la responsabilidad profesional, debe concluirse que*

[26] Art. 902 Cód. Civ.: "*Cuando mayor sea el deber de obrar con prudencia y pleno conocimiento de las cosas, mayor será la obligación que resulte de las consecuencias posibles de los hechos.*"

"Maritime Service Line Argentina S.A." tenía pleno conocimiento de las obligaciones que asumía al suscribir la carta de garantía sin que pueda ahora desconocerlas.

En consecuencia, el marco contractual descripto dentro del cual las partes comprometieron su conducta, habida cuenta de que él fija el alcance de los derechos y las obligaciones recíprocos en orden a resolver el conflicto planteado en esta litis (conforme el artículo 1197[27] *del Código Civil y doctrina de Fallos 311:1337 y esta Sala, doctrina causa 1482/93 del 02 de abril de 1993 y Sala III, causa 11.131/94 del 07 de julio de 1995), me permite concluir que la empresa demandada se ha comprometido a garantizar en forma personal la devolución del contenedor obligándose solidaria e irrevocablemente a abonar las sobreestadías y a resarcir los eventuales daños y perjuicios ocasionados.*

Una solución contraria atentaría contra el principio "Pacta Sunt Servanda" y la doctrina judicial que establece que "...nadie puede colocarse en contradicción con sus propios actos, ejerciendo una conducta incompatible con otra anterior deliberada y jurídicamente relevante y plenamente eficaz" (Corte Suprema de Justicia de la Nación; Fallos: 300:909)."

En función de la doctrina emergente de los pronunciamientos judiciales más recientes, la tendencia pareciera ser la de otorgar plena validez y efecto al texto de la carta de garantía para la utilización de contenedores, y de tal forma, convertir a ese documento en un instrumento autónomo, no siendo necesarios otros requisitos complementarios para perseguir el cobro de la demora en la devolución del *container* contra quien hubiera sido el firmante de la carta de garantía, aunque no fuera quien ha retirado efectivamente la unidad, ni hubiera despachado a plaza la mercadería, siendo entonces secundario, en este nuevo esquema, que, por ejemplo, no ostente la tenencia del elemento unitarizador ni lo tenga físicamente alguien que hubiera sido contratado por quien suscribiera la carta de garantía.

Volveremos con nuestra conclusión personal sobre este tema en el inciso 12) del apartado siguiente.

---

[27] Art. 1197 Cód. Civ.: "*Las convenciones hechas en los contratos forman para las partes una regla a la cual deben someterse como a la ley misma.*"

V. NUESTRAS CONCLUSIONES

En función de lo expuesto en los apartados anteriores, podemos esbozar los siguientes comentarios finales:

1) No siempre se ha hecho en la jurisprudencia citada una diferencia terminológica específica entre demora y detención. Tanto una como otra implican cargos que las líneas navieras o los consorcios de armadores cobran a los usuarios del transporte, por el tiempo que los contenedores permanecen inmovilizados. Se ha intentado diferenciar estos conceptos aludiendo a que las demoras se cobrarían estrictamente cuando los *containers* de importación, ya descargados del buque, se mantienen aún bajo la guarda y custodia de la terminal portuaria designada por el transportista por agua, y no fueron retirados a plaza por el consignatario del cargamento; mientras que las detenciones se aplicarían cuando los interesados en las mercaderías ya las han retirado de zona primaria aduanera y se produce una tardanza posterior en la devolución de los contenedores a los *mega carriers* que los facilitaron.

2) Inicialmente la jurisprudencia tuvo que decidir qué plazo de prescripción se aplicaba a la demora en la devolución de los contenedores, cuando la utilización del *container* era aún una novedad operativa, sin existir, en la década de los años ochenta, cartas de garantía que regularan su uso, ni documentos adicionales que pudieran servir de guía para encuadrar la situación; por lo cual debieron caracterizar esa circunstancia en función del conocimiento de embarque, que en aquella época, solía tener individualizado un cargo o *rental* por el uso del *container*. O sea que se detallaba en el *bill of lading* el flete marítimo, por un lado, y por otro, el precio que se aplicaba a los intereses de la carga por la utilización de ese contenedor, durante el viaje propiamente dicho, y un breve lapso anterior y posterior al mismo que se estipulaba o presentaba "*sin cargo alguno*"[28], que por ese entonces podía ser de hasta 10 días corridos en origen, y otro tanto en destino.

[28] Nosotros en verdad consideramos que ya estaba incluido dentro del precio por el uso del contenedor durante el viaje tanto los 10 días previos a su entrega a la terminal portuaria en origen, como los 10 días posteriores a su retiro de la terminal portuaria en destino. Por lo cual no adherimos a la teoría del "*uso gratuito*". Entendemos que dentro de la estructura de costos de las líneas navieras ya estaba calculado dentro del *rental* un plazo promedio de duración del viaje más esos días que se presentaban "*sin cargo*", pero que en verdad estaban ya presupuestados.

3) Para que ese cargo fuera efectivo, era necesario que el consignatario en destino se hiciera parte en el contrato de transporte, pues de no ser así, no podía aplicársele al mismo un sello o una leyenda puesta en el frente del *bill of lading*, que había sido pactada en origen entre el transportista y el cargador, pero no era oponible al consignatario, si no ejercía en concreto actos posesorios sobre la mercadería. Entonces si nadie se hacía parte del contrato de transporte en destino, no surgía para la línea naviera el derecho a cobrar el cargo por demora en la devolución del contenedor (además de las causas "*ELMA S.A. c/Esquimex Sudamericana S.A. s/cobro*" detallada *supra* en el apartado II inciso 2);"*ELMA S.A. c/Crispan S.A. s/cobro*" citada más arriba en el apartado II inciso 4); "*Agencia Marítima Transplata S.A. c/Bridgestone Firestone Argentina S.A.I.C. s/daños a contenedores/demora en la devolución*", a la que se hizo alusión en el apartado II inciso 16) y en el apartado IV inciso 1); y "*Shipping Services Argentina S.A. c/Kuehne & Nagel S.A. y otro s/ demora en la devolución de contenedores*", referida en el apartado II inciso 18) y en el apartado IV inciso 2); puede también traerse a colación idéntica doctrina contenida en los precedentes "*Interamericana S.A. de Seguros Generales c/capitán y/u otros del buque "Delta Sud" s/cobro de pesos*", Cám. Nac. Civ. Com. Fed., Sala II, fallo del 11 de mayo de 1990, causa 7230, tipo de sentencia: definitiva; "*Ferry Líneas Argentinas S.A. c/Navicon S.A. s/demora en la devolución de contenedores*", Cám. Nac. Civ. Com. Fed., Sala II, fallo del 14 de julio de 1998, causa 20.501/94, publicado por elDial.com-AF12AF y parcialmente en el Manual de Jurisprudencia del Transporte (Terrestre - Marítimo - Aéreo) de Patricia B. Barbado, página 317, apartado 276, Lexis Nexis, Buenos Aires, 2004); "*Flasa Agency S.A. c/Polosol Trading S.A. s/demora en la devolución de contenedores*", Cám. Nac. Civ. Com. Fed., Sala I, fallo del 14 de marzo de 2000, causa 20.325/96, publicado por elDial.com-AF224A; "*Agencia Marítima Mundial S.A. c/Embassy Freight Argentina S.R.L. s/demora en la devolución de contenedores*", Cám. Nac. Civ. Com. Fed., Sala III, fallo del.15 de julio de 2008, causa 10.394/01 publicado por elDial.com-AF3CC7 y por Microjuris MJ-JU-M.38178-AR/MJJ38178/MJJ38178, entre otros.

4) Con un criterio interpretativo que nosotros no compartimos por completo, la mayoría de los fallos separaron lo que entendieron era el

contrato de transporte propiamente dicho, cuyo período se limitó a la permanencia del contenedor a bordo del buque -o sea desde la carga hasta su descarga, aplicando analógicamente el régimen de la Convención de Bruselas de 1924 sobre Unificación de Ciertas Reglas en Materia de Conocimientos, que obviamente fue diseñado para el transporte de mercaderías por agua bajo otra realidad operativa, pues en ese entonces no existían los contenedores- del uso posterior que se hacía del mismo, una vez retirado de la terminal portuaria o del depósito fiscal. Y si bien el documento que daba origen a ese vínculo con el *container* seguía siendo el conocimiento de embarque, ya no regían las pautas del contrato de transporte por agua, sino la figura de la locación de cosas, que se aplicaba analógicamente.

5) Con el transcurso del tiempo, ya no fue detallado el cargo de *rental* por el uso del *container* en el frente de los conocimientos de embarque, porque ese costo en verdad ya estaba "*hundido*" dentro de la estructura de la línea marítima especializada o de los consorcios de armadores, y entonces el flete por el transporte de la mercadería se expresaba como una suma global y única, sin discriminación alguna en relación al contenedor, pero evidentemente el mismo ya tenía en cuenta el costo que las compañías navieras pagaban por el alquiler del *container* a las empresas de *leasing* (siendo ellos variables, y dependiendo de la clase de contenedor, así como de otros cargos adicionales, como ser *pick-up*, *drop off*, etc.) o la depreciación por el uso del contenedor y la necesidad de adquirir, cuando correspondiera según su amortización, uno nuevo en su reemplazo. Así se hizo más difícil conocer el "*precio*" que el *mega carrier* cotizaba al usuario de transporte por la efectiva utilización del *container*.

Como contrapartida de ello, se implementó la firma de una carta de garantía, documento que, en un principio, la jurisprudencia no consideró autosuficiente, por ser necesaria su integración normalmente con el despacho a plaza de la mercadería y el recibo de salida de zona primaria aduanera, pero con posterioridad, como hemos adelantado en el apartado IV *in fine*, se le dio pleno valor y efecto.

6) En nuestra opinión, debería dársele mayor importancia a la realidad operativa, para luego encuadrar adecuadamente la situación de la demora en la devolución del contenedor. Esa demora puede surgir antes

de que se emita un conocimiento de embarque, en los casos de exportación, cuando el cargador retira el *container* vacío del depósito que indica la línea naviera, y designa para ello a un transportista terrestre que lo va a trasladar hasta la planta donde va a ser consolidada la carga. Luego ese contenedor cerrado y precintado será entregado a la terminal portuaria en origen que indique la compañía naviera, cerrándose ese primer tramo de potencial demora. En la actualidad usualmente los *mega carriers* que se dedican al transporte de mercaderías en contenedores, otorgan 5 días corridos sin cargo para toda la operatoria descripta, e instrumentan esta modalidad mediante un *booking* o reserva *on line* en sus sistemas de contratación con los usuarios, y además mediante la firma de una carta de garantía para la utilización de *containers*.

7) Normalmente la entrega de un contenedor a un usuario no constituye un negocio aislado. Salvo los contratos de *leasing* de *containers* entre las navieras y las empresas de aprovisionamiento de contenedores, o cuestiones ajenas al derecho del transporte (uso habitual del *container* como oficina, o como resguardo de bienes depositados en ciertos lugares con limitada protección o infraestructura) la finalidad tenida en cuenta al usar ese equipo es mayoritariamente consolidar mercaderías para su transporte. Con lo cual el uso de ese contenedor, aun antes y después del período de transporte por agua propiamente dicho, puede ser considerado, en nuestra opinión, aplicable a la mayoría de los casos, como un contrato conexo al de transporte, en la actual regulación de los artículos 1073 a 1075[29] del Código Civil y Comercial de la Nación.

---

[29] "*Art. 1073.- Definición. Hay conexidad cuando dos o más contratos autónomos se hallan vinculados entre sí por una finalidad económica común previamente establecida, de modo que uno de ellos ha sido determinante del otro para el logro del resultado perseguido. Esta finalidad puede ser establecida por la ley, expresamente pactada, o derivada de la interpretación, conforme con lo que se dispone en el artículo 1074.*
Art. 1074.- Interpretación. Los contratos conexos deben ser interpretados los unos por medio de los otros, atribuyéndoles el sentido apropiado que surge del grupo de contratos, su función económica y el resultado perseguido.
Art. 1075.- Efectos. Según las circunstancias, probada la conexidad, un contratante puede oponer las excepciones de incumplimiento total, parcial o defectuoso, aun frente a la inejecución de obligaciones ajenas a su contrato. Atendiendo al principio de la conservación, la misma regla se aplica cuando la extinción de uno de los contratos produce la frustración de la finalidad económica común."

No escapa a nuestra percepción la reseña de fallos citados en el apartado II que aluden a otro criterio de interpretación, pero estimamos que más allá que para algunos la ley pueda llegar a ser lo que los jueces dicen que es, con un pragmatismo extremo, creemos de buena práctica que el encuadre jurídico refleje la realidad operativa y la finalidad del negocio.

En la interpretación de las cuestiones vinculadas a las demoras en la devolución de los contenedores nos parece que se ha producido una cierta distorsión, pues no se ha captado cómo ha evolucionado la actividad del transporte en estos últimos cuarenta años: actualmente menos de 10 empresas navieras internacionales, integradas además en consorcios de armadores, transportan más del 80% de los contenedores que se desplazan por el mundo; los *mega carriers* apuntan a una economía de escala y existe un uso de los *containers* que, en la mayoría de los casos, no puede ser escindido del transporte por agua.

Las líneas navieras son las principales proveedoras de contenedores a los usuarios del transporte. Y esa modalidad está enmarcada dentro del propio interés empresarial y aprovechamiento económico de la actividad. Aislar el cargo de demora en la devolución del *container* del contrato de transporte, implica, para nosotros, una grave disociación entre la teoría y la práctica.

Por supuesto que existen transportes de mercaderías por agua que no se realizan en contenedores (cargas a granel, cargas líquidas, petróleo, vehículos de terminales automotrices, cargas proyecto, etc.), pero cuando se usan *containers* el transporte de los efectos se transforma en base a las diferencias operativas de esos equipos. No cabe duda de que hay una clase especial de transporte, que es el transporte en contenedores, con particularidades y modalidades diferentes, al transporte tradicional de carga general. Y, en nuestra opinión, ello merece ser tenido en cuenta, cuando se analiza el tema de la prescripción de las acciones por la demora en la devolución de contenedores.

8) La factura es un instrumento que puede usarse para múltiples circunstancias. Por ende, para establecer el plazo de prescripción de la acción por demoras en la devolución de contenedores no debiera tener mayor incidencia la forma en que se instrumenta o refleja esa deuda. Lo que interesa es el fondo, la relación jurídica sustancial, y no la emisión

formal de una factura que se utiliza tanto para una compraventa, como para una locación, como para un transporte de cosas o para muchas otras operaciones. Más allá del fallo "*Flasa Agency S.A. y otro c/Blaisten S.A. s/ cobro de pesos*" citado en el apartado II inciso 13), también se ha adoptado esta misma doctrina en la causa "*Transportes Camarasa S.A. c/Cromosol S.A.C.I.F.E.I. s/ordinario*", Cám. Nac. Com., Sala E, fallo del 14 de marzo de 2011, publicado por elDial.com-AG208C.

9) El tema de la prescripción de la acción por demora en la devolución de contenedores debe ser analizado en cada caso concreto conforme a la operatoria puntual de las partes involucradas. Deben considerarse en forma específica y no de manera genérica todas las circunstancias de tiempo, modo y lugar que permitieron el desarrollo de la relación, con buena fe, y apelando al sentido común, sin distorsiones forzadas, y teniendo en cuenta la finalidad de la utilización de los equipos.

10) En la actualidad, la tendencia legislativa en la República Argentina apunta hacia la reducción de los plazos de prescripción. Sin perjuicio de que la interpretación jurisprudencial es pacífica, en cuanto a que la prescripción es un instituto que debe aplicarse con carácter restrictivo, por lo que, en caso de duda, podría llegar a sostenerse que se tuviera en cuenta el término de prescripción más amplio, no estamos de acuerdo en que pueda llegar a ser considerado el término genérico de prescripción actualmente vigente de cinco años del artículo 2560 del Código Civil y Comercial de la Nación para las acciones derivadas de la demora en la devolución de *containers*.

En doctrina se ha llegado a encuadrar jurídicamente el servicio de entrega de los contenedores por parte de las líneas navieras o consorcios de armadores (*joint container services*), en favor de los usuarios del transporte, como un contrato de comodato (préstamo de uso gratuito) más una cláusula penal, para compeler la devolución del equipo en término oportuno, sugiriéndose, cuando estaba vigente, la aplicación de la prescripción decenal para el cargo de demora en la devolución de *containers*[30]. Nosotros no compartimos esa interpretación, porque

[30] Fernando L. Porcelli, "*Régimen de los contratos vinculados a la utilización de los contenedores*", en *Revista de Estudios Marítimos* Nº 53, página 115, Buenos Aires, junio de 2003 y en *Problemas Actuales de Derecho Marítimo en la Argentina,* Editorial Quorum, Buenos Aires, 2004, página 234.

estimamos que en verdad no hay nada gratuito en los servicios vinculados al transporte por agua de contenedores. Si bien en la actualidad no surge del conocimiento de embarque un precio cierto en dinero relativo al cargo de utilización del contenedor que la compañía naviera le entrega al usuario del transporte, ese costo de explotación existe y está necesariamente incluido dentro del valor del flete que se cotiza. No hay gratuidad alguna en la entrega del contenedor, ello es parte del riesgo provecho de la actividad en favor de las líneas navieras o de los consorcios de armadores. Por ello es que no consideramos adecuada la figura del comodato para explicar esa modalidad operativa.

El servicio de entrega del contenedor vacío al cargador en origen y lleno con su mercadería al consignatario en destino que presta la línea naviera o el consorcio de armadores no es desinteresado; mediante el ofrecimiento de entregar esos *containers* para su utilización, los intereses vinculados al transporte atraen potenciales clientes y posibilitan el efectivo aprovechamiento comercial de la navegación mediante el ejercicio del transporte, obteniendo una contraprestación cierta en dinero de parte de los usuarios (cargador o consignatario).

Para los *mega carriers* de *containers*, la entrega de esos equipos a los usuarios del transporte constituye, en la gran mayoría de los casos y salvo muy contadas excepciones de cargadores de envergadura que cuenten con sus propios contenedores, una medida imprescindible a fin de que sea posible el desarrollo de sus operaciones; es mucho más que una prestación accesoria y complementaria de su actividad principal, es generar la condición necesaria para lucrar con el servicio de transporte por agua. Y para que ello sea viable, cobra también importancia decisiva la obligación de guarda, custodia y restitución en tiempo y forma de los *containers*.

Esta modalidad a cargo de las líneas navieras o los consorcios de armadores les permite incrementar su clientela y obtener un beneficio económico, lo cual, en nuestra opinión, desdibuja totalmente la aparente gratuidad que ocasionalmente se ha señalado y da paso a un propósito de lucro que supera con creces la mencionada figura contractual del comodato.

11) En el estado actual de la jurisprudencia, y teniendo en cuenta las modificaciones derivadas del Código Civil y Comercial de la Nación, sería exigible la obligación de abonar la demora desde que se

hubieran consumido los "*días libres o sin cargo*" para la utilización del contenedor, conforme se hubiera pactado en la carta de garantía o en la leyenda / sello puesto en el conocimiento de embarque. Y a partir de allí, en principio, no deberían transcurrir más de dos años, conforme el texto del artículo 2562 inciso c) del Código Civil y Comercial de la Nación, porque de lo contrario se produciría la prescripción de la acción para intentar el cobro de la demora en la devolución del *container*.

Por su parte el art. 2556 del Código Civil y Comercial establece que el transcurso del plazo de prescripción para reclamar la contraprestación por servicios o suministros periódicos comienza a partir de que cada retribución se torna exigible. Con lo cual, para reclamar el cargo, primero se debe incurrir en la demora, el contenedor no debe haber sido devuelto, y en consecuencia se tornará exigible el cálculo del valor de la demora por esos días de uso del *container*, en exceso del período de gracia pactado, que se aplica a modo de franquicia o deducible. No podría reclamarse una hipotética demora futura, sino que constituye un requisito indispensable que la naviera se hubiera visto perjudicada al no poder disponer de la unidad. Recién cuando se devuelve la unidad o cuando se factura su pérdida (Al valor que corresponda conforme el tipo de *container* de que se trate, su *antigüedad*, etc.), se podrá determinar la liquidación final aplicable a un caso concreto.

12) Para nosotros una carta de garantía para la utilización de contenedores, constituye un verdadero contrato conexo al de transporte por agua. Y en función de ello, consideramos que correspondería se tuviera en cuenta la finalidad operativa que subyace en la entrega de los *containers* por parte de la línea naviera o el consorcio de armadores al usuario de transporte y, por lo tanto, se aplicara al cargo de demora en la devolución de contenedores el plazo de la prescripción anual del artículo 293 de la Ley de la Navegación Argentina 20.094, lo que también se encuentra en línea con el término de un año estipulado por el artículo 43 de la Ley de Transporte Multimodal 24.921.[31]

---

[31] El riesgo de demora en la devolución de los contenedores no está cubierto normalmente bajo el seguro de transporte de carga, ni por una póliza de responsabilidad civil de operadores logísticos, por lo cual se trata de un cargo que asume directamente quien tiene interés y legitimación sobre la mercadería bajo el contrato de compraventa internacional (comprador o vendedor) y bajo el contrato de transporte de efectos (cargador o consignatario).

Reconocemos que sería preferible se dictara una legislación específica que regule la materia, y no que, como ocurre actualmente, quede librado a la interpretación cuál sería el plazo de prescripción aplicable a la demora en la devolución de los *containers*, pues ello presenta cierto grado de complejidad, y la jurisprudencia del fuero civil y comercial federal ha generado un repertorio muy casuístico, que no siempre ha sido claro, y que, por sobre todas las cosas, en nuestra opinión, no ha reflejado la finalidad por la cual las líneas navieras o los consorcios de armadores entregan a los usuarios de transporte los *containers* para su utilización, siendo ese un aspecto que estimamos esencial para fijar el plazo de prescripción que proponemos se adopte.

PÉRDIDA DE CLASE BAJO UN CONTRATO DE ARRENDAMIENTO A CASCO DESNUDO -BARECON 89- SUS CONSECUENCIAS. *ARK SHIPPING COMPANY LLC V. SILVERBURN SHIPPING (IOM) LTD. (M/V ARCTIC) [2019] EWCA CIV 1161*

M. RAFAEL REYERO ÁLVAREZ*

SUMARIO

SÍNTESIS

Entre *ARK Shipping Company LLC*, -Arrendatarios-, y *Silverburn Shipping (IoM) Ltd.*, -Propietarios-, se firmó un contrato de arrendamiento a casco desnudo, tipo *BARECON* 89, en fecha 17 de octubre de 2012, con duración de 15 años, sobre el buque remolcador "*ARCTIC*".

Durante la vigencia del contrato, el "*certificado de clasificación*" del buque expiró, por lo que los propietarios notificaron a los arrendatarios dando por terminado el mismo y exigiendo la re-entrega del buque, de conformidad con la cláusula 9A del contrato, la cual establece la obligación de los arrendatarios de: "*...mantener el buque con una*

* Abogado. Universidad Católica Andrés Bello. Caracas. Post Grados: "Navegación": The London School of Foreign Trade. Londres. "Derecho Marítimo": London University. "Fletamento": Academia de Transporte de la Universidad de Cambridge. Miembro fundador de la Asociación Venezolana de Derecho Marítimo. Profesor: Universidad Central de Venezuela y en la Universidad Experimental Marítima del Caribe.

clasificación vigente de la clase indicada en el Box 10 y con otros certificados obligatorios requeridos vigentes en todo momento…", a lo cual se opusieron los arrendatarios. Los propietarios consideraron que esta estipulación contractual era una condición del contrato y, por su parte, los arrendatarios indicaban que no lo era.

Los propietarios, ante la negativa de los arrendatarios de re-entregar el buque, iniciaron un proceso arbitral por ante la Asociación de Árbitros Marítimos de Londres (*London Maritime Arbitrators Association* -**LMAA**-), quien decidió en un laudo parcial de fecha 12 de marzo de 2018 en favor de los arrendatarios, en donde se establece que el término alegado no era una condición. Esta decisión fue apelada por los propietarios ante la Alta Corte Comercial de *England and Wales*, quien sentenció el 22 de febrero de 2019 a favor de los propietarios y estableció que el término alegado era una condición u obligación absoluta del contrato.

La decisión de la Alta Corte Comercial fue apelada por los arrendatarios y la Corte de Apelaciones de *England and Wales*, el 10 de Julio de 2019, dictaminó en favor de los arrendatarios, estableciendo que el término no era una condición absoluta del contrato.

I. HISTORIA

Las primeras "*Cláusulas de Clasificación del Instituto*" (*Institute Classification Clause* -**ICC**-) datan de 1919[1]. Luego, el Instituto de Aseguradores de Londres[2] (*Institute of London underwriters* -**ILU**-), el 1 de agosto de 1997, introduce en el mercado asegurador una nueva Cláusula de Clasificación donde se enumeran las principales sociedades de clasificación, entre ellas, *Lloyd's Register, American Bureau of Shipping, Bureau Veritas, China Classification Society*, entre otras.

---

1 Nicholas Gooding, *Institute Classification Clause Revision*, Wellington Underwriting, Syndicate 2020 at Lloyd's. Disponible en: https://iumi.com/images/stories/IUMI/Pictures/Conferences/London2000/Monday/05%20gooding%20cargo.pdf, consultado en fecha 15 de Junio de 2020.

2 The Institute of London Underwriters, *Institute Classification Clause*, Antwerp Marine Insurance, Claims Associates AMICA. Disponible en: https://amica.genoainsurance.net/oud/20icc.html, consultado en fecha 15 de Junio de 2020.

A *posteriori*, la Asociación Internacional de Aseguradores de Londres (*International Underwriting Association de Londres* -**IUA**-) lanzan al mercado marítimo las Cláusulas de Clasificación del Instituto del 1 de enero de 2001[3] en las cuales, a diferencia de la ICC 1/8/97, en vez de especificar las sociedades de clasificación con las cuales debe clasificarse un buque se especifica que el buque debe estar clasificado bajo una sociedad clasificadora que sea miembro o asociado de la "*Asociación Internacional de Sociedades Clasificadoras*" (*International Association of Classification Societies* -**IACS**-) o, sociedad clasificadora de bandera nacional, pero solo si el buque se utiliza para realizar operaciones de cabotaje de ese país.

La Asociación Internacional de Aseguradores de Londres, se constituyó el 31 de diciembre de 1998, a través de la fusión de la Asociación Internacional del Mercado de Seguros y Reaseguros de Londres (The *London International Insurance and Reinsurance Market Association -**LIRMA**-)* y del Instituto de Aseguradores de Londres. Esta fusión reunió a los organismos representativos de los sectores marítimos y no marítimos del mercado de seguros de compañías de Londres.

La tradición de la ILU en los mercados de seguros marítimos, de aviación y de transporte se remonta a 1884. Desde 1850, los miembros principales de las compañías de seguros marítimos se habían reunido de manera informal en el *Jerusalem Coffee House* y en el *Jamaica Wine Rooms*, cerca del *Royal Exchange*, en la ciudad de Londres, para dialogar sobre los clausulados de las pólizas y otros asuntos de interés mutuo. En julio de 1882 se hizo una propuesta para establecer una asociación de suscripción representativa y dos años después, la nueva ILU asumió oficinas en los edificios de *Royal Exchange-Londres*. La LIRMA se constituyó en 1991 a partir de la fusión de asociaciones de seguros establecidas en las décadas de 1960 y 1970, para apoyar el negocio de seguros y reaseguros no marítimos. En 2019, la IUA celebró 20 años de representación del mercado de compañías de Londres.

---

[3] United Kingdom, International Underwriting Association of London, Institute Classification Clause, 1 de Enero de 2001. Disponible en: https://www.zurich.com.au/content/dam/au-documents/business-insurance/marine/institute-clauses/institute-classification-clause.pdf, consultado en fecha 15 de Junio de 2020.

Las Sociedades de Clasificación de buques surgieron ante la dificultad que suponía para el asegurador conocer de modo cierto el valor real de un buque y sus condiciones de navegabilidad. Estas sociedades, con medios adecuados y personal técnico especializado, extienden sus funciones tanto a la vigilancia de la construcción del buque como a inspecciones periódicas sobre su conservación. De este control obtienen los conocimientos necesarios para incluir el buque en una clase determinada, dato este que comunican a los aseguradores que así lo soliciten.

Aunque los datos facilitados por estas sociedades son particulares, sin valor oficial, su importancia es de primordial relevancia, hasta el punto de que en las condiciones generales del seguro de buques se incluye como negligencia grave del armador la pérdida de clasificación del buque después de contratado el seguro, lo que puede conllevar a la pérdida de la indemnización en caso de siniestro.

Según la Convención Internacional para la Seguridad de la Vida en el Mar (*Safety of Life at Sea* -SOLAS-), modificada por Resolución Msc.194(80), adoptada en fecha 20 de mayo de 2005, *Ch II, Part A-1, Structure of Ships, Regulation 3-1*, los buques deben construirse:

- Ya sea según los estándares de una sociedad de clasificación o,
- Según los estándares nacionales aplicables del estado del pabellón igual a los estándares de las sociedades de clasificación.

El "*Certificado de Clasificación*" (*Class Certificate*) es una constancia de que el buque, incluyendo su estructura, material utilizado, equipo o maquinaria o cualquier otro elemento cubierto por el certificado de clase, ha cumplido con las Reglas de la respectiva Clasificadora.

Los "*Certificados Estatutarios*" (*Statutory Certificates*) son aquellos requeridos por el ordenamiento jurídico de un Estado. Estos son los certificados que exige la ley.

Los "*Certificados Obligatorios*" (*Mandatory Certificates*) pueden no ser requeridos por ley de la bandera del buque, pero son necesarios para el comercio del mismo. Por ejemplo, no es obligatorio que un buque con bandera venezolana tenga el Certificado de Responsabilidad Financiera (*Certificate of Financial Responsibility* -COFR-), pero es obligatorio para que el mismo realice actividad comercial en aguas estadounidenses.

Los estados del pabellón requieren que sus buques se diseñen, construyan y se mantengan según los estándares de las sociedades de clasificación ya que ellos no tienen, usualmente, sus propios estándares de construcción.

A pesar de ello, somos de la opinión que el certificado de clase no es un certificado estatutario; sin embargo, es un requisito previo para la emisión de los certificados estatutarios, que son emitidos por o en nombre de un gobierno; en contraste, el certificado de clasificación es emitido por o en nombre de la sociedad clasificadora que declara que cumple con las Reglas de esa sociedad clasificadora.

La legislación venezolana en la Ley de Marinas y Actividades Conexas en sus artículos 23 y siguientes, enumera los diferentes certificados estatutarios que se deben llevar a bordo; ello, de acuerdo al arqueo bruto (AB) del buque y su especialidad. Así, por ejemplo, los buques de carga mayores de 150 AB deben portar, entre otros, los siguientes: Patente de Navegación; Certificado Internacional de Arqueo; Certificado Internacional de Francobordo; Certificado de Tripulación Mínima; Certificado Internacional de Contaminación por Hidrocarburos; Certificado de Seguridad de Construcción; Certificado de Seguridad para Buques de Carga; Certificado de Seguridad Radioeléctrica para Buques de Carga. Dependiendo de la especialidad de transporte, como lo puede ser un gasero, quimiquero, de pasajero, etc., la ley exige la emisión de otros certificados estatutarios.

Igualmente, la legislación patria hace referencia a la palabra "*clase / clasificación*", en diferentes disposiciones legales, a saber:

(i) <u>Ley de Comercio Marítimo</u>:

- "Artículo 133.- El instrumento de constitución de la hipoteca naval deberá contener:

(...)

*2. Nombre, número, **<u>clase</u>**, distintivo de llamada y matrícula del buque."*

- "Artículo 166.- Son obligaciones del fletante:

(...)

*2. Pagar los gastos relacionados con la gestión náutica del buque, tales como, **clasificación**, seguros, mantenimiento, reparaciones, repuestos, lubricantes, provisiones, remuneraciones y manutención de la tripulación y las comisiones de corretaje."*

(ii) Ley General de Marinas y Actividades Conexas:
"Artículo 99.- Le corresponde al Registrador Naval:
(...)
9. Registrar las certificaciones sobre construcción, reparación, ampliación ***o verificación de clase****, de los buques inscritos en el Registro Naval Venezolano."*

II. *QUAESTIO FACTI*

A través de un arrendamiento a casco desnudo, tipo BARECON 89, fechado el 17 de octubre de 2012, *Silverburn Shipping (IoM) Ltd.*, -Propietarios-, arrendó el buque-remolcador "*Arctic*" a *ARK Shipping Company LLC*, -Arrendatarios-, por un período de 15 años[4].

El buque fue registrado en el Registro Internacional de Buques de *St Kitts y Nevis*, quien otorgó una dispensa que permitió a los propietarios arrendar a casco desnudo el buque fuera de *St Kitts y Nevis*, y operar bajo la bandera de la Federación Rusa[5], siendo entregado a los arrendatarios el 18 de octubre de 2012[6].

El 31 de octubre de 2017[7], el buque arribó al puerto de *Caspian, Astrakhan*, para realizar reparaciones y mantenimiento.

El certificado de clasificación del buque expiró el 6 de noviembre de 2017, antes de que entrara a dique seco para ser reparado. Cinco años después de su última inspección especial[8].

---

4 [1]. *England and Wales Court of Appeal, Civil Division*, Caso No. A4/2019/0597, 10 de Julio de 2019. Disponible en: http://www.bailii.org/ew/cases/EWCA/Civ/2019/1161.html, consultado en fecha 15 de Junio de 2020.

5 [13]. *England and Wales Court of Appeal, Civil Division*, Caso No. A4/2019/0597, 10 de Julio de 2019. Disponible en: http://www.bailii.org/ew/cases/EWCA/Civ/2019/1161.html, consultado en fecha 15 de Junio de 2020.

6 [14]. *England and Wales Court of Appeal, Civil Division*, Caso No. A4/2019/0597, 10 de Julio de 2019. Disponible en: http://www.bailii.org/ew/cases/EWCA/Civ/2019/1161.html, consultado en fecha 15 de Junio de 2020.

7 [7]. *England and Wales High Court, Commercial Court*, Caso No: AD-2018-000045, 22 de Febrero de 2019. Disponible en: http://www.bailii.org/ew/cases/EWHC/Comm/2019/376.html, consultado en fecha 15 de Junio de 2020.

8 [7]. *England and Wales High Court, Commercial Court*, Caso No: AD-2018-000045, 22 de Febrero de 2019. Disponible en: http://www.bailii.org/ew/cases/EWHC/Comm/2019/376.html, consultado en fecha 15 de Junio de 2020.

El 7 de diciembre de 2017, los propietarios enviaron notificación a los arrendatarios dando por terminado el contrato y exigiendo su re-entrega[9].

Entre el 8 y 11 de diciembre de 2017, los arrendatarios se opusieron a la solicitud de los dueños, negaron cualquier incumplimiento y sostuvieron que el contrato se mantenía vigente[10]. Ante la negativa de re-entregar el buque, los propietarios iniciaron un proceso en jurisdicción arbitral en la "*LMAA*"[11].

III. *QUAESTIO IURIS*

La cuestión en derecho[12] se planteó en determinar si el término contenido en la cláusula 9A del contrato, que obliga a los arrendatarios a:

> *"...mantener el buque con una clasificación vigente de la clase indicada en el Box 10 y con otros certificados obligatorios requeridos vigentes en todo momento..."*

Era una condición (en sentido estricto) o un término innominado pues, dependiendo de ello, los propietarios tendrían argumento contractual para solicitar la re-entrega del buque o no.

IV. CLÁUSULAS RELEVANTES DEL BARECON/CONTRATO

Cláusula 9A[13]: "*Mantenimiento y Operación*":

> ***"9 A** El buque deberá estar durante el período del contrato en plena posesión y en disposición absoluta para todos los fines de los*

[9] [17]. *England and Wales Court of Appeal, Civil Division*, Caso No. A4/2019/0597, 10 de Julio de 2019. Disponible en: http://www.bailii.org/ew/cases/EWCA/Civ/2019/1161.html, consultado en fecha 15 de Junio de 2020.

[10] [18]. *England and Wales Court of Appeal, Civil Division*, Caso No. A4/2019/0597, 10 de Julio de 2019. Disponible en: http://www.bailii.org/ew/cases/EWCA/Civ/2019/1161.html, consultado en fecha 15 de Junio de 2020.

[11] [1]. *England and Wales High Court, Commercial Court*, Caso No: AD-2018-000045, 22 de Febrero de 2019. Disponible en: http://www.bailii.org/ew/cases/EWHC/Comm/2019/376.html, consultado en fecha 15 de Junio de 2020.

[12] [2]. *England and Wales Court of Appeal, Civil Division*, Caso No. A4/2019/0597, 10 de Julio de 2019. Disponible en: http://www.bailii.org/ew/cases/EWCA/Civ/2019/1161.html, consultado en fecha 15 de Junio de 2020.

[13] [9]. *England and Wales Court of Appeal, Civil Division*, Caso No. A4/2019/0597, 10 de Julio de 2019. Disponible en: http://www.bailii.org/ew/cases/EWCA/Civ/2019/1161.html, consultado en fecha 15 de Junio de 2020.

arrendatarios y bajo su completo control en todos los aspectos. Los arrendatarios mantendrán el buque, su maquinaria, calderas, accesorios y repuestos en un buen estado de reparación, en condiciones de funcionamiento eficientes y de acuerdo con las buenas prácticas de mantenimiento comercial y, ~~salvo lo dispuesto en la Cláusula 13 (l)~~, ***deberán mantener el Buque con una clasificación vigente de la clase indicada en el Cuadro 10 [es decir, BV] y con otros certificados obligatorios vigentes en todo momento.*** *Los arrendatarios deben tomar medidas inmediatas para que se realicen las reparaciones necesarias dentro de un tiempo razonable y, a falta de estas medidas inmediatas, los Propietarios tendrán el derecho de retirar el buque del servicio de los arrendatarios sin señalar ninguna protesta y sin perjuicio de cualquier reclamo que los Propietarios puedan tener contra los arrendatarios en virtud del contrato".*

Por conveniencia, en cursiva y negrilla la redacción central de esta disputa.

Clausula 13[14]: "*Seguros, Reparaciones y Clasificación*":

*"**13 B** Durante el período del contrato, los arrendatarios mantendrán asegurado el buque a sus expensas contra los riesgos de protección e indemnización en la forma en que los propietarios aprueben por escrito. Dicha aprobación no se retendrá injustificadamente. Si los arrendatarios no logran mantener los seguros previstos en las disposiciones de la sub-cláusula (b) ...los Propietarios deberán notificar a los arrendatarios con lo cual los arrendatarios deberán rectificar su posición dentro de los siete días consecutivos, y a falta de ello, los propietarios tendrán el derecho de retirar el buque del servicio de los arrendatarios sin perjuicio de cualquier reclamo que los propietarios puedan tener contra los arrendatarios".*

[14] [10]. *England and Wales Court of Appeal, Civil Division*, Caso No. A4/2019/0597, 10 de Julio de 2019. Disponible en: http://www.bailii.org/ew/cases/EWCA/Civ/2019/1161.html, consultado en fecha 15 de Junio de 2020.

V. CLÁUSULAS A TÉRMINO CASCOS RELACIONADAS CON LA CERTIFICACIÓN DE CLASE

Cláusulas Internacionales de Casco (11/01/03)

A su vez, y en relación con el *Seguro de Casco y Maquinaria*, las "*Cláusulas Internacionales de Casco*" (11/01/03) disponen en su cláusula 13, referente a Clasificación e ISM, lo siguiente:

> *"13. Clasificación e ISM*
> ***13.1*** *Al inicio y durante todo el período de este seguro y cualquier extensión del mismo:*
> ***13.1.1*** *el buque se clasificará con una Sociedad de Clasificación acordada por los Aseguradores*
> ***13.1.2*** *no habrá cambio, suspensión, interrupción, retiro o vencimiento de la clase del buque con la Sociedad de Clasificación*
> ***13.1.3*** *cualquier recomendación, requisito o restricción impuesta por la Sociedad de Clasificación del buque que se relacione con la navegabilidad del buque o con su mantenimiento en condiciones de navegar se deberá cumplir en las fechas requeridas por esa Sociedad*
> ***13.2*** *A menos que los Aseguradores acuerden lo contrario por escrito, en caso de incumplimiento de cualquiera de las disposiciones de la Cláusula 13.1, este seguro terminará automáticamente en el momento de dicho incumplimiento, siempre que:*
> ***13.2.1*** *si el buque está en el mar en esa fecha, dicha terminación automática se aplazará hasta su llegada a su próximo puerto*
> ***13.2.2*** *cuando dicho cambio, suspensión, interrupción o retiro de su clase según la Cláusula 13.1.2 haya sido consecuencia de una pérdida o daño cubierto por la Cláusula 2 o la Cláusula 5 o la Cláusula 41.1.3 (si corresponde) o que estaría cubierto por un seguro del buque sujeto a las cláusulas actuales de guerra y huelgas (Cascos) del Instituto, la terminación automática solo funcionará si el buque navega desde su próximo puerto sin la aprobación previa de la Sociedad de Clasificación." (Subrayado nuestro)*

De la simple lectura de la cláusula 13.1), se desprende que el incumplimiento del asegurado con lo allí estipulado conllevaría a la terminación automática de la cobertura de seguros.

VI. CLÁUSULA DE CLASIFICACIÓN DEL INSTITUTO 01/01/2001.

Así mismo, hemos de acotar que la clasificación de un buque tiene efectos de relevante importancia en el transporte de mercancía por agua, en lo concerniente al aseguramiento de la carga transportada en cuanto a la cobertura del *Seguro de Carga* pues, dependiendo si el mismo está clasificado y, si lo está, de su edad, será asegurada la carga o una prima adicional puede ser exigida.

De allí, la existencia de la "*Cláusula de Clasificación del Instituto*" (*Institute Clasification Clause.* 01-01-2001), que se anexa a la cobertura de carga, y donde se establecen los requisitos que debe cumplir el buque porteador.

Estipulación que suele insertarse en las pólizas de transporte marítimo de mercancías, mediante la cual se conviene que estas sean embarcadas en un buque o tipo de buque determinado y clasificados por alguna de las entidades dedicadas a esta función.

En este sentido, establece la cláusula citada *up supra*:

> ***"Buques Calificados***
>
> ***1.*** *Este seguro y las tarifas de tránsito marítimo según lo acordado en la póliza o cobertura abierta se aplican solo a cargas y / o intereses transportados por embarcaciones mecánicamente autopropulsadas de construcción de acero clasificadas con una Sociedad de Clasificación que es:*
>
> ***1.1*** *un Miembro o Miembro Asociado de la Asociación Internacional de Sociedades de Clasificación (IACS), o*
>
> ***1.2*** *una Sociedad de Bandera Nacional como se define en la Cláusula 4 a continuación, pero solo cuando el buque se dedica exclusivamente al comercio costero en esa nación (incluido el comercio en una ruta entre islas dentro de un archipiélago del que esa nación forma parte).*
>
> *Las cargas y / o intereses transportados por embarcaciones no clasificadas como indicado anteriormente deben notificarse de inmediato a los aseguradores para que se acuerden las tarifas y condiciones. Si se produce una pérdida antes de que se obtenga dicho acuerdo, se puede proporcionar cobertura, pero solo si la*

cobertura ha estado disponible a una tasa de mercado comercial razonable en términos razonables de mercado comercial.
Limitación de Edad
***2.** Las cargas y / o intereses transportados por buques calificados (como se definió anteriormente) que excedan los siguientes límites de edad estarán asegurados en la póliza o en las condiciones de cobertura abierta, sujeto a una prima adicional que se acordará.*
A granel o combinación de más de 10 años de edad u otras embarcaciones mayores de 15 años a menos que:
***2.1** se hayan utilizado para el transporte de carga general en una ruta de comercio establecida y regular entre una gama de puertos especificados, y no exceden los 25 años de edad, o*
***2.2** fueron construidos como portacontenedores, transportes de vehículos o buques grúa pórtico de doble escotilla (OHGC) y hayan sido utilizados continuamente como tales en una ruta establecida y regular de comercio entre una gama de puertos específicos, y no exceden los 30 años de años." (Subrayado nuestro)*

Como se desprende de la citada Cláusula, el buque porteador debe estar clasificado y cumplir con el límite de edad establecido en la misma.

VII. *ARK SHIPPING COMPANY LLC V. SILVERBURN SHIPPING (IOM) LTD (M/V ARCTIC) [2019]*

Este caso, relacionado con el cumplimiento / incumplimiento de la obligación de mantener el buque clasificado bajo un contrato de arrendamiento a casco desnudo (Barecon 89), tuvo lugar bajo la jurisdicción y derecho inglés, y donde se dictaron las siguientes decisiones.

i. El Laudo Arbitral

En el laudo arbitral parcial de fecha 12 de marzo de 2018, los árbitros marítimos de la "LMAA" determinaron que el término no era una condición[15].

[15] [3]. *England and Wales Court of Appeal, Civil Division*, Caso No. A4/2019/0597, 10 de Julio de 2019. Disponible en: http://www.bailii.org/ew/cases/EWCA/Civ/2019/1161.html, consultado en fecha 15 de Junio de 2020.

Con respecto a la *quaestio facti,* relacionada al hecho de que si la notificación fue suficiente para terminar el contrato, basado en el incumplimiento por parte de los arrendatarios de las obligaciones de mantenimiento y reparación establecidas en la cláusula 9 del contrato y de la obligación de mantener el buque con su certificado de clasificación vigente, los árbitros dictaminaron que[16]:

> *"...la obligación de los arrendatarios de mantener y reparar el buque va de la mano y es parte de la obligación de mantener el buque clasificado."*

Y rechazando la solicitud de los propietarios del buque, en relación a que la obligación de los arrendatarios de mantener el buque clasificado era una condición absoluta del contrato, establecieron que la interpretación correcta de la cláusula 9 era que en caso de que los arrendatarios incumplieran cualquier obligación bajo la cláusula 9[17]:

> *"...Los arrendatarios deben tomar medidas inmediatas para que se realicen las reparaciones necesarias dentro de un tiempo razonable y, a falta de estas medidas inmediatas, los Propietarios tendrán el derecho de retirar el buque del servicio de los arrendatarios de conformidad con la cláusula 9 del contrato."*

Así pues, el laudo arbitral le fue favorable a los arrendatarios, al considerar el tribunal arbitral que la obligación de los arrendatarios de mantener el buque clasificado no era una condición bajo el contrato.

ii. De la Alta Corte Comercial

Los Propietarios apelaron el laudo arbitral dictado el 12 de marzo de 2018, en la que se dictaminó que el término -de mantener el buque

[16] [22]. *England and Wales Court of Appeal, Civil Division*, Caso No. A4/2019/0597, 10 de Julio de 2019. Disponible en: http://www.bailii.org/ew/cases/EWCA/Civ/2019/1161.html, consultado en fecha 15 de Junio de 2020.

[17] [22]. *England and Wales Court of Appeal, Civil Division*, Caso No. A4/2019/0597, 10 de Julio de 2019. Disponible en: http://www.bailii.org/ew/cases/EWCA/Civ/2019/1161.html, consultado en fecha 15 de Junio de 2020.

clasificado-, no era una condición[18], a tenor de lo estipulado en el contrato de arrendamiento a casco desnudo.

En este sentido, el juez *Carr J.* de la Alta Corte Comercial opinó en su sentencia del 22 de febrero de 2019[19], que el término era una condición absoluta del contrato, y se pronunció, en favor de los propietarios, en los siguientes términos[20]:

> *"La obligación de clasificación crea una obligación en caso de incumplimiento de los arrendatarios, la cual es inmediatamente, fácilmente y objetivamente comprobable. Si la obligación de clasificación en la Cláusula 9A es una cláusula temporal estrictamente hablando, en mi opinión tiene un elemento temporal obvio. El buque debe mantenerse clasificado "en todo momento". Solo es posible un tipo de incumplimiento de la obligación de clasificación ... O el buque está clasificado o no. El lenguaje de la obligación no es en modo alguno incompatible con el concepto de ser una condición, ...".*
> *"... 'pérdida total' no es la prueba. No se puede decir que el incumplimiento de la obligación de clasificación sea trivial o 'auxiliar'. La obligación de los arrendatarios de mantener los certificados válidos es una característica integral de un contrato de arrendamiento a casco desnudo.... La pérdida de clase puede tener consecuencias adversas (potencialmente inmediatas e irreversibles) no solo para las partes sino también para terceros y autoridades reguladoras. Puede afectar el seguro, la hipoteca del buque y la bandera. Además, los daños por incumplimiento de la obligación de clasificación pueden ser difíciles de evaluar".*
> *("The classification obligation creates an obligation on Charterers breach of which is immediately, readily and objectively ascertainable.*

---

[18] [4]. *England and Wales Court of Appeal, Civil Division*, Caso No. A4/2019/0597, 10 de Julio de 2019. Disponible en: http://www.bailii.org/ew/cases/EWCA/Civ/2019/1161.html, consultado en fecha 15 de Junio de 2020.

[19] *England and Wales High Court, Commercial Court*, Caso No: AD-2018-000045, 22 de Febrero de 2019. Disponible en: http://www.bailii.org/ew/cases/EWHC/Comm/2019/376.html, consultado en fecha 15 de Junio de 2020.

[20] [57]. *England and Wales Court of Appeal, Civil Division*, Caso No. A4/2019/0597, 10 de Julio de 2019. Disponible en: http://www.bailii.org/ew/cases/EWCA/Civ/2019/1161.html, consultado en fecha 15 de Junio de 2020.

Whether or not the classification obligation in Clause 9A is a time clause strictly speaking, on any view it has an obvious temporal element. The Vessel's class must be maintained 'at all times'. Only one kind of breach of the classification obligation is possible.... Either the Vessel is in class or it is not. The language of the obligation is in no way inconsistent with the concept of its being a condition,...". " .... 'total loss' is not the test. A breach of the classification obligation cannot be said to be trivial or 'ancillary'. Charterers' obligation to keep certificates valid is an integral feature of a bareboat charter.... Loss of class can have (potentially immediate and irreversible) adverse consequences not only for the parties but also third parties and regulatory authorities. It can affect insurance, ship mortgage and flag. Additionally, damages for breach of the classification obligation may be difficult to assess.")

Asimismo, estableció *que no era fatal que la obligación de clasificación no fuera una condición previa, pues las categorías de condiciones no estaban cerradas*[21].

En el mismo sentido dictaminó *que si bien no es una condición previa, la obligación de clasificación no era una obligación aislada y, el incumplimiento de dicha obligación tuvo una secuencia de consecuencias significativas. Estas consecuencias no solo afectaron a las partes; afectaron intereses de carga, sub-arrendatarios, asuntos regulatorios, puertos y el abanderamiento*[22].

En el mismo orden de ideas, establece el Juez que la clave fue encontrar el "*equilibrio correcto*" como se encontró en *Spar Shipping*[23]. *Categorizar la obligación de clasificación como una condición conlleva ventajas claras e importantes en términos de certeza.* A diferencia de

---

[21] [58]. *England and Wales High Court, Commercial Court,* Caso No: AD-2018-000045, 22 de Febrero de 2019. Disponible en: http://www.bailii.org/ew/cases/EWHC/Comm/2019/376.html, consultado en fecha 15 de Junio de 2020.

[22] [59]. *England and Wales High Court, Commercial Court,* Caso No: AD-2018-000045, 22 de Febrero de 2019. Disponible en: http://www.bailii.org/ew/cases/EWHC/Comm/2019/376.html, consultado en fecha 15 de Junio de 2020.

[23] [62]. *England and Wales High Court, Commercial Court,* Caso No: AD-2018-000045, 22 de Febrero de 2019. Disponible en: http://www.bailii.org/ew/cases/EWHC/Comm/2019/376.html, consultado en fecha 15 de Junio de 2020.

la falta de pago puntual del canon de arrendamiento, el incumplimiento de la obligación de mantener el buque clasificado es muy probable que sea grave. *Tratar la obligación de clasificación como una condición no implica el riesgo de permitir que las infracciones triviales tengan consecuencias desproporcionadas*[24].

Por último, estableció que el resultado final fue un resultado comercialmente sensato en lugar de un resultado comercialmente absurdo y no implicó una severidad injustificada para los arrendatarios. En todo momento los arrendatarios sabían cuando expiraría la clase del buque y estaban en condiciones de tomar las medidas necesarias para renovar la clasificación antes de la expiración de la misma[25].

Así pues, el laudo arbitral fue reversado al considerar la Corte que la obligación de los arrendatarios de mantener el buque clasificado era una condición bajo el contrato y, en consecuencia, los propietarios tenían el derecho de solicitar la re-entrega del buque; ello, a pesar de que no era una condición previa, que las categorías de condiciones no estaban cerradas y que la obligación de clasificación no era una obligación aislada.

iii. De la Corte de Apelaciones

Los arrendatarios apelaron la decisión de la Alta Corte Comercial del 22 de febrero de 2019, [2019] EWHC 376 (Comm)[26], donde se dictaminó que el término -de mantener el buque clasificado-, era una condición del contrato, pronunciándose a favor de los propietarios.

Vista la apelación de los arrendatarios, en la cual denunciaban el error de *Mr. Justice Carr*, afirmando que el término era innominado y no una condición, y que dicha categorización como condición no

24 [62]. *England and Wales High Court, Commercial Court*, Caso No: AD-2018-000045, 22 de Febrero de 2019. Disponible en: http://www.bailii.org/ew/cases/EWHC/Comm/2019/376.html, consultado en fecha 15 de Junio de 2020.

25 [63]. *England and Wales High Court, Commercial Court*, Caso No: AD-2018-000045, 22 de Febrero de 2019. Disponible en: http://www.bailii.org/ew/cases/EWHC/Comm/2019/376.html, consultado en fecha 15 de Junio de 2020.

26 [5]. *England and Wales Court of Appeal, Civil Division*, Caso No. A4/2019/0597, 10 de Julio de 2019. Disponible en: http://www.bailii.org/ew/cases/EWCA/Civ/2019/1161.html, consultado en fecha 15 de Junio de 2020.

era comercial[27], la Corte de Apelaciones decidió en fecha 10 de Julio de *2019*[28], en favor de los arrendatarios, en base a las siguientes consideraciones:

> *"El término no se expresa como una condición. Esto de ninguna manera es decisivo; de hecho, se pueden encontrar condiciones donde la palabra "condición" no se ha utilizado, o donde no se han explicado las consecuencias de la violación. Pero es una consideración de cierta importancia, especialmente porque el Formulario BARECON 89 es un formulario estándar de la industria, redactado como nos dijo el Sr. Rainey (sin oposición), luego de ser considerado por un comité de redacción de la industria. Si la industria y las partes hubieran querido dejar clara la posición, podrían haber utilizado el lenguaje de la condición; ellos eligieron no hacerlo.*[29]*"*

El Juez, al analizar la Cláusula 9A en su conjunto, observó que el término se encuentra en el medio de la cláusula 9A, en la cual[30]:

- La primera oración deja en claro la naturaleza -a casco desnudo- del contrato.
- La segunda oración trata sobre el mantenimiento de la condición física del buque.
- La tercera oración contiene el término, incluida la disposición sobre "otros certificados requeridos"
- La cuarta oración obliga a los arrendatarios a tomar medidas inmediatas para llevar a cabo las reparaciones necesarias dentro de un tiempo razonable y les da derecho a los propietarios, entre otras cosas, a retirar el buque en caso de que los arrendatarios no lo hagan.

---

27 [32]. *England and Wales Court of Appeal, Civil Division*, Caso No. A4/2019/0597, 10 de Julio de 2019. Disponible en: http://www.bailii.org/ew/cases/EWCA/Civ/2019/1161.html, consultado en fecha 15 de Junio de 2020.

28 *England and Wales Court of Appeal, Civil Division*, Caso No. A4/2019/0597, 10 de Julio de 2019. Disponible en: http://www.bailii.org/ew/cases/EWCA/Civ/2019/1161.html, consultado en fecha 15 de Junio de 2020.

29 [54]. *England and Wales Court of Appeal, Civil Division*, Caso No. A4/2019/0597, 10 de Julio de 2019. Disponible en: http://www.bailii.org/ew/cases/EWCA/Civ/2019/1161.html, consultado en fecha 15 de Junio de 2020.

30 [58]. *England and Wales Court of Appeal, Civil Division*, Caso No. A4/2019/0597, 10 de Julio de 2019. Disponible en: http://www.bailii.org/ew/cases/EWCA/Civ/2019/1161.html, consultado en fecha 15 de Junio de 2020.

En este sentido, advirtió que no describiría al término como "*auxiliar*" a las obligaciones de los arrendatarios -*argumento de los arrendatarios*-, pues esto no describe la naturaleza propia de la importancia que se le atribuye a la certificación de clase. La Cláusula 9A, correctamente analizada, impone obligaciones distintas a los arrendatarios, tales como mantener la condición física del buque y su certificado de clase. Y posteriormente explicó[31]:

> *"Dicho esto, las obligaciones, aunque distintas, están estrechamente relacionadas, como sostuvieron los árbitros (establecido anteriormente). Como el estado de clasificación depende (al menos en gran medida) del mantenimiento de la embarcación a un nivel físico standard: la razón de ser de las sociedades de clasificación que son la seguridad de la vida y la propiedad en el mar: la forma obvia para que los arrendatarios incumplan su obligación de mantener el estatus de clase es incumplir su deber con respecto al mantenimiento físico.* ***Sin embargo, la obligación de los arrendatarios en cuanto al mantenimiento físico del buque no es una condición del contrato de fletamento; lejos de cualquier incumplimiento de esta obligación que da derecho a los Propietarios sin más a considerar el contrato de fletamento como finalizado, los arrendatarios deben tomar medidas inmediatas para remediar el asunto completando las reparaciones necesarias «dentro de un tiempo razonable». Ese no es el lenguaje o la sustancia de una condición. En cualquier caso, sería totalmente excepcional por un período de mantenimiento físico, que se extienda a lo largo de todo un período de alquiler, para constituir una condición."***
> *("That said, the obligations though distinct, are closely connected – as the arbitrators held (set out above). As classification status hinges (at least in large measure) on the maintenance of the vessel to a minimum physical standard – the raison d'etre of classification societies being the safety of life and property at sea - the obvious way for Charterers to breach their obligation to maintain class status is to fail in their duty with regard to physical maintenance.*

[31] [59]. *England and Wales Court of Appeal, Civil Division*, Caso No. A4/2019/0597, 10 de Julio de 2019. Disponible en: http://www.bailii.org/ew/cases/EWCA/Civ/2019/1161.html, consultado en fecha 15 de Junio de 2020.

Plainly, however, Charterers' obligation as to the physical maintenance of the vessel is not a condition of the charterparty; far from any breach of this obligation entitling Owners without more to treat the charterparty as at an end, Charterers must take immediate steps to remedy the matter by completing the necessary repairs "within a reasonable time". That is not the language or substance of a condition. It would in any event be wholly exceptional for a term as to physical maintenance, extending over the entirety of a charter period, to constitute a condition").

Y, en base a la estructura de la cláusula 9A, incorporada en el Barecon 89, que es un contrato estándar de la industria, **el Juez concluyó que el término no debe interpretarse como una condición**. Pues afirmó que, si la intención hubiera sido constituir el término como una condición, tratándose de obligaciones conectadas como la condición física por la cual el término está rodeado, el lugar en donde fue ubicado el término sería un lugar sorprendente para encontrarlo[32].

En otro orden de ideas, el Juez pasó a examinar el arrendamiento a casco desnudo en lo que respecta a los seguros marítimos[33], el cual consideró un punto importante.

La Cláusula 13B del contrato establece que los arrendatarios deben mantener el buque asegurado contra los riesgos de *P&I*. Pero, el Juzgador pudo observar que la cláusula 13B no es una condición del contrato pues, un incumplimiento de los arrendatarios de esta cláusula no les da derecho a los propietarios, sin más, a terminar el contrato. Por el contrario, establece la cláusula que los propietarios deben notificar a los arrendatarios, después de lo cual tendrán un período de tiempo para remediar el incumplimiento[34].

---

[32] [60]. *England and Wales Court of Appeal, Civil Division*, Caso No. A4/2019/0597, 10 de Julio de 2019. Disponible en: http://www.bailii.org/ew/cases/EWCA/Civ/2019/1161.html, consultado en fecha 15 de Junio de 2020.

[33] [66]. *England and Wales Court of Appeal, Civil Division*, Caso No. A4/2019/0597, 10 de Julio de 2019. Disponible en: http://www.bailii.org/ew/cases/EWCA/Civ/2019/1161.html, consultado en fecha 15 de Junio de 2020.

[34] [67]. *England and Wales Court of Appeal, Civil Division*, Caso No. A4/2019/0597, 10 de Julio de 2019. Disponible en: http://www.bailii.org/ew/cases/EWCA/Civ/2019/1161.html, consultado en fecha 15 de Junio de 2020.

Esto, al ser analizado por el juez, debilita el argumento de los propietarios de que el término era una condición, ya que este argumento es insostenible una vez que se entiende que ante cualquier incumplimiento del contrato por parte de los arrendatarios, que como consecuencia deje al buque sin cobertura de *P&I*, los dueños no pueden, sin más, dar por terminado el mismo[35].

Y siguiendo esta línea de argumentación, el Juez explicó que si no constituye un incumplimiento el hecho de que el buque quede sin seguros, no puede aceptar que exponer el buque a riesgos sin estar asegurado deba considerarse como un incumplimiento de la condición[36].

Asimismo, expresó -el Juez- que la violación del término puede tener consecuencias tanto triviales, menores o excesivamente graves, lo que sugiere (*Spar Shipping)* que el término es innominado y no una condición[37]. Por lo que, en interpretación en contrario a lo explicado, al ser un término y no una condición, no puede la parte contratante alegar un presunto incumplimiento y finalizar el contrato en virtud de este -presunto incumplimiento-.

En cuanto a si el término constituye una obligación continua, señaló que una cosa es concluir que una afirmación como la de que el buque deba estar clasificado al comienzo del contrato es una condición o condición precedente -*The Seaflower*-, y otra muy distinta es afirmar que se debe mantener al buque clasificado *todo el tiempo* durante los 15 años de contrato como una condición. Pues, típicamente las garantías como la condición física del buque no constituyen condiciones[38]. ("...*It is one thing to conclude that a statement as to the vessel's class at the commencement of the charterparty is a condition or condition precedent*

[35] [68]. *England and Wales Court of Appeal, Civil Division*, Caso No. A4/2019/0597, 10 de Julio de 2019. Disponible en: http://www.bailii.org/ew/cases/EWCA/Civ/2019/1161.html, consultado en fecha 15 de Junio de 2020.

[36] [68]. *England and Wales Court of Appeal, Civil Division*, Caso No. A4/2019/0597, 10 de Julio de 2019. Disponible en: http://www.bailii.org/ew/cases/EWCA/Civ/2019/1161.html, consultado en fecha 15 de Junio de 2020.

[37] [73]. *England and Wales Court of Appeal, Civil Division*, Caso No. A4/2019/0597, 10 de Julio de 2019. Disponible en: http://www.bailii.org/ew/cases/EWCA/Civ/2019/1161.html, consultado en fecha 15 de Junio de 2020.

[38] [78]. *England and Wales Court of Appeal, Civil Division*, Caso No. A4/2019/0597, 10 de Julio de 2019. Disponible en: http://www.bailii.org/ew/cases/EWCA/Civ/2019/1161.html, consultado en fecha 15 de Junio de 2020.

(The Seaflower, supra); it is quite another to hold that a 15 years' warranty to maintain the vessel in class at all times is a condition. Typically, continuing time charter warranties as to the vessel's physical condition do not constitute conditions")

Y finalmente consideró el Magistrado[39]:

> *"...siempre he tenido en cuenta que se trata de un arrendamiento a casco desnudo y no de un fletamento por tiempo, y que los arrendatarios, no los propietarios, estaban en posesión del buque en todo momento. Aprecio las sensibilidades e inquietudes a las que esta característica es capaz de dar lugar, pero no se deben exagerar las diferencias entre los fletamentos estándar por tiempo y los arrendamientos a casco desnudo; en todo caso, no me persuaden para elevar el estado del término al de una condición.*
> *Por todas las razones dadas, habiendo abordado el análisis del contrato de arrendamiento a casco desnudo "iterativamente" (Wood v Capita, en [12]),* ***estoy convencido de que el término no era una condición y debe ser considerado como innominado. A mi juicio, esta conclusión concuerda mejor con el lenguaje, la estructura y el esquema del arrendamiento a casco desnudo, junto con el sentido común de los negocios. Si bien las categorías de condiciones no están cerradas, el término simplemente carece de las características de una condición. La alternativa, ya enfatizada, es arriesgarse a que incumplimientos triviales tengan consecuencias desproporcionadas destruyendo una relación contractual a largo plazo. En cualquier caso y desde mi punto de vista, no está claro que el término fuera una condición; sigue, aplicando*** *Spar Shipping (en [52 (iii)] y [92]), junto con jurisprudencia previa (véase, especialmente, Cehave v Bremer, The Hansa Nord [1976] QB 44, en las páginas 70-71, según Roskill LJ, como él entonces era), que el término es un término innominado." (Negrilla nuestra).*
> *("I have had well in mind throughout that this is a bareboat not a time charterparty and that Charterers, not Owners, were in possession of the vessel at all material times. I appreciate the sensitivities and concerns to which this feature is capable of giving rise but the*

[39] [80] [81]. *England and Wales Court of Appeal, Civil Division*, Caso No. A4/2019/0597, 10 de Julio de 2019. Disponible en: http://www.bailii.org/ew/cases/EWCA/Civ/2019/1161.html, consultado en fecha 15 de Junio de 2020.

differences between bareboat and standard form time charterparties should not be over-stated; at all events, they do not persuade me to elevate the status of the term to that of a condition.
For all the reasons given, having approached the construction of the charterparty "iteratively" (Wood v Capita, at [12]), I am satisfied that the term was not a condition and is properly to be regarded as innominate. In my judgment, this conclusion best accords with the language, structure and scheme of the charterparty, together with business common sense. While the categories of conditions are not closed, the term simply lacks the hallmarks of a condition. The alternative, already emphasised, is to risk trivial breaches having disproportionate consequences destructive of a long-term contractual relationship. In any event and on any view, it is not clear that the term was intended to be a condition; it follows, applying Spar Shipping (at [52 (iii)] and [92]), together with prior authority (see, esp., Cehave v Bremer, The Hansa Nord [1976] QB 44, at pp. 70-71, per Roskill LJ, as he then was), that the term is an innominate term")

VIII. CONCLUSIONES

La clasificación de un buque es de cardinal importancia en el área de la navegación marítima; ello, por el efecto que se puedan derivar de su incumplimiento en los contratos de utilización de buques, en especial, en los contratos de arrendamiento a casco desnudo (*Barecons*), y en las coberturas de seguros, tanto de casco y maquinaria como en la de carga.

Del análisis del caso vemos que el efecto, *bajo las circunstancias de hecho planteadas*, fue que el propietario no logró la re-entrega del buque, por considerar la Corte de Apelaciones que el término/obligación de "*mantener el buque con una clasificación vigente .... en todo momento*", no era una condición -previa- que daría derecho al propietario a solicitarla; más aún, cuando el buque estaba entrando a dique para ser reparado antes que su certificado de clase expirara.

La cláusula 9A) del Barecon 89, donde se establece la obligación de *mantener el buque con una clasificación vigente,* está enmarcada dentro de la Cláusula de Mantenimiento y Reparación; y de allí, el razonamiento de la Corte de Apelaciones de que la forma obvia para que los arrendatarios incumplan su obligación de mantener el estatus de clase, era incumplir su deber con respecto al mantenimiento físico, lo cual no es una condición del contrato de fletamento.

Quizás, en otras circunstancias de hecho (En el caso de estudio, el buque arribo a puerto para ser reparado el 31 de octubre de 2017 y su certificado de clase expiraba seis días después, el 6 de noviembre de 2017), el resultado hubiese sido distinto, de allí la máxima en el sistema anglosajón de que "*cada caso depende de sus hechos*".

REFERENCIAS BIBLIOGRÁFICAS

Venezuela. *Ley de Comercio Marítimo*. Publicada en Gaceta Oficial No. 38.351, del 5 de Enero de 2006.

Venezuela. *Ley General de Marinas y Actividades Conexas*. Publicada en Gaceta Oficial N° 6.153, del 18 de Noviembre de 2014.

Organización Marítima Internacional. *Convención Internacional para la Seguridad de la Vida en el Mar ("SOLAS")* de 1974. Modificada por Resolución Msc.194(80), adoptada en fecha 20 de mayo de 2005. Disponible en: http://www.imo.org/en/KnowledgeCentre/IndexofIMOResolutions/Maritime-Safety-Committee-(MSC)/Documents/MSC.194(80).pdf

England and Wales Court of Appeal, Civil Division, Caso No. A4/2019/0597, 10 de Julio de 2019. Disponible en: http://www.bailii.org/ew/cases/EWCA/Civ/2019/1161.html

England and Wales High Court, Commercial Court, Caso No: AD-2018-000045, 22 de Febrero de 2019. Disponible en: http://www.bailii.org/ew/cases/EWHC/Comm/2019/376.html

GOODING, Nicholas, *Institute Classification Clause Revision*, Wellington Underwriting, Syndicate 2020 at Lloyd's. Disponible en: https://iumi.com/images/stories/IUMI/Pictures/Conferences/London2000/Monday/05%20gooding%20cargo.pdf

The Institute of London Underwriters, *Institute Classification Clause*, Antwerp Marine Insurance, Claims Associates AMICA. Disponible en: https://amica.genoainsurance.net/oud/20icc.html

United Kingdom, International Underwriting Association of London, *Institute Classification Clause*, 1 de Enero de 2001. Disponible en: https://www.zurich.com.au/content/dam/au-documents/business-insurance/marine/institute-clauses/institute-classification-clause.pdf

EL TRANSPORTE MARÍTIMO INTERNACIONAL. DESDE LAS PARTES ORIGINARIAS AL *NON VESSEL OPERATING COMMON CARRIER*

RICARDO MALDONADO PINTO*

SUMARIO

INTRODUCCIÓN

Un fabricante de aceite de oliva se dispone a vender su producto al otro lado del Mar Mediterráneo. Lo almacena en vasijas de barro, las pone dentro de su carreta, dice Adiós a su mujer e hijos y emprende un trayecto hacia el puerto de *Tiro*. Allí se encuentra con algunos pescadores, gente conocida y algunos dueños de botes a remo, de veinte metros de eslora, esperando para partir a la ciudad de *Gadir*. Cierra el negocio con el propietario de la nave: transportar sus vasijas de aceite mediante

* Abogado egresado de la Universidad Central de Venezuela. Master en Derecho Privado y Derecho de Transportes de la Universidad de Lumière Lyon 2, Francia. Certificado en Derecho Marítimo de la Universidad de Southampton, Reino Unido. Miembro del Instituto Venezolano de Derecho Marítimo y de la Rama Venezolana del Instituto Iberoamericano de Derecho Marítimo. Árbitro CEDCA. Socio de la firma de abogados Pittier, Almándoz, Elíaz, Figueroa y Maldonado PAE Legal.

un precio de transporte, con destino a lo que hoy es la ciudad de Cádiz, España.

Dos mil quinientos años después, un gerente de compras de un taller mecánico contrata a un agente comercial de repuestos automotores asiáticos. Este agente contacta a un fabricante en Guangzhou, China para la compra de dichos repuestos. En paralelo, el fabricante chino se compromete a organizar el transporte desde la puerta de su fábrica hasta la puerta del taller mecánico del comprador, ubicado en Valencia, Venezuela. Para ello, el comerciante contrata a una empresa de logística internacional. La empresa de logística contrata a su vez a una empresa de agrupación de carga en contenedores, quienes organizan dentro de un solo contenedor los paquetes y cajas de varios clientes, entre ellos los repuestos en cuestión. La empresa de contenedores contrata a una empresa cuyo objetivo es reservar un espacio dentro de buques portacontenedores de salida regular. En paralelo, la empresa de contenedores contrata a otra empresa que se encarga de organizar, contratando a terceros, el transporte terrestre desde la fábrica en China hasta su puerto y subcontratar el transporte terrestre desde la llegada del contenedor a Venezuela y hasta el taller mecánico. Cada protagonista de esta cadena suscribe una cobertura de seguros que protege su interés asegurable, que puede ser la venta del producto, el daño al camión, el daño al contenedor, al buque o asegurar su incumplimiento contractual o extracontractual. Todo ocurre sin mayor novedad y los repuestos llegan a la puerta final del taller mecánico.

Del segundo ejemplo actual podríamos agregar más empresas o actores dentro del simple suministro de un bien de un continente a otro. Por ejemplo, los operadores portuarios y de grúas de contenedores que se encargan de cargar y descargar el contenedor tienen responsabilidad contractual y extracontractual en el mismo, así como lo tendrán las empresas estibadores, agentes portuarios, aduaneros, autoridades acuáticas, de canalizaciones, pilotos y remolcadores de buques, entre muchos más.

Como vemos, los participantes dentro de un contrato de compraventa y de un contrato de transporte internacional de mercaderías, total o parcialmente por mar, han variado en el tiempo. Lo que no ha variado, desde nuestro de vista, es la regulación jurídica que el derecho le ha otorgado - o ha realizado esfuerzos para otorgarle - a este tipo de relaciones.

Bien desde la aplicación de la Ley Rodia de antigua data hasta aplicación actual de cláusulas contractuales derivadas de contratos tipo que a su vez instruyen la aplicación de convenios o leyes internacionales.

Es un principio internacional del derecho de contratos que los mismos deben ser cumplidos por las partes de buena fe. Mas un problema se presenta cuando las partes no saben exactamente qué están contratando o qué esperan de la otra parte. Ese es precisamente un caso común dentro del transporte marítimo internacional, donde una cadena de actores interviene para realizar funciones específicas. Estas funciones, si bien se desprenden de la dinámica del negocio, no son necesariamente transparentemente determinadas en la práctica y muchas veces no son tan ampliamente categorizadas en el derecho marítimo, por lo que es labor de juristas, analistas de reclamos, jueces y árbitros, desentrañar en no pocos casos la ubicación de las partes en el contrato, sus derechos y obligaciones, su responsabilidad y su limitación o exoneración en la reparación de los daños.

En este breve artículo, nos proponemos a resaltar los aspectos contractuales del transporte marítimo internacional desde sus formas y partes más simples hasta llegar al contrato de transporte por contenedores, los espacios para ello en un buque y analizar la figura del porteador o emisor de conocimientos de embarque sin buque, internacionalmente conocido como el "*Non Vessel Operating Common Carrier*" (de aquí en adelante abreviado como **NVOCC**).

Enumeraremos, así sea someramente, algunos conceptos sobre el contrato de transporte marítimo de mercaderías, los sujetos de navegación y del comercio marítimo, los contratos de utilización de la nave, la compra venta internacional de mercaderías, el contrato de uso de espacios o *Slot Charter Party* para descender finalmente en los intermediarios o agentes del transporte, dentro de los cuales se incluye la figura que estudiaremos.

Seguidamente, indicaremos de qué se trata el NVOCC, cuáles son las operaciones que realiza, los contratos que suscribe para así determinar su derechos y responsabilidad. El estudio de esta figura en el derecho comparado, principalmente de los Estados Unidos de América (EEUU) y China será de gran importancia, aunque mencionaremos algunas regulaciones que podrían aplicársele a esta figura, caso de Panamá y de nuestro país, Venezuela.

PRIMERA PARTE

I. EL TRANSPORTE MARÍTIMO INTERNACIONAL Y LA INCLUSIÓN PRIMIGENIA DE LAS PARTES EN EL CONTRATO

A los fines de conceptualizar y no siendo el primero tratado en la materia, el Convenio de las Naciones Unidas sobre el transporte marítimo de mercancías de 1978, conocido como *Las Reglas de Hamburgo,* en su artículo 1, numeral 6, entiende al contrato de transporte marítimo como *todo contrato en virtud del cual el porteador se compromete, contra el pago de un flete, a transportar mercancías por mar de un puerto a otro; no obstante, el contrato que comprenda transporte marítimo y también transporte por cualquier otro medio se considerará contrato de transporte marítimo a los efectos del presente Convenio sólo por lo que respecta al transporte marítimo.*[1]

Por ende, de acuerdo a la definición anterior, entendemos ese contrato como un acuerdo de voluntades entre partes primigenias, es decir, un transportador que se compromete a encaminar o desplazar unas mercaderías desde un puerto "*a*" a un puerto "*b*"[2], por órdenes de otra parte primigenia contratante, llámese embarcador o *shipper* que a su vez principalmente deberá pagarle al primero un precio por ese transporte llamado flete *(freight).*

---

[1] Convenio de las Naciones Unidas sobre el Transporte Marítimo de Mercancías. Aprobado por conferencia diplomática el 31 de marzo de 1978. Entrada en vigor: 1 de noviembre de 1992. Disponible en: https://unctad.org/es/PublicationsLibrary/aconf89d13_es.pdf

[2] Aun y cuando la definición primigenia del contrato puerto a puerto está contemplada en esta Convención y en tantas otras relacionadas al transporte de mercaderías por mar, la doctrina, legislaciones y jurisprudencia Internacional ha realizado extensa labor en entender de la dinámica actual del transporte no tanto de un puerto a otro sino de "*puerta a puerta*" para lo cual ha entendido que un solo contrato puede contener en la práctica el uso de diversos tipos de transporte, lo que no modifica la univocidad del contrato sino que extiende ciertas responsabilidades, cargas y límites de reparación de forma homogénea, tal es el caso de las muy recientes Reglas de Rotterdam que, aunque no han entrado aún en vigencia, contienen una inclusión y entendimiento más acabado del transporte internacional que puede ser efectuado por mar pero que contempla siempre otros medios de transporte, desde un tren hasta un camión.

En cuanto a las partes originarias del contrato de transporte marítimo de mercaderías, las ya nombradas Reglas de Hamburgo, definen al transportador o "*porteador*" como *toda persona que por sí o por medio de otra que actúe en su nombre ha celebrado un contrato de transporte marítimo de mercancías con un cargador*. Por "*cargador*", dichas reglas lo definen como "*toda persona que por sí o por medio de otra que actúe en su nombre o por su cuenta ha celebrado un contrato de transporte marítimo de mercancías con un porteador, o toda persona que por sí o por medio de otra que actúe en su nombre o por su cuenta entrega efectivamente las mercancías al porteador en relación con el contrato de transporte marítimo*. Por último, por "*consignatario*" "*se entiende la persona autorizada para recibir las mercancías*"[3].

De las definiciones anteriores resaltamos varias ideas. En primer lugar, nos interesa identificar el vínculo contractual manifestado objetivamente entre el acuerdo de voluntades para mover una mercadería de manera total o parcial por la forma modal marítima. Aunque la definición simplifica el número de partes en el contrato, la orden de transportar algo de un sitio a otro y la obligación de hacerlo puede ser dada por múltiples personas o agentes que no necesariamente poseen el *animus* o la intención *per se* de que ese transporte llegue finalmente a materializarse.

En otras palabras, dentro de la cadena entrelazada de la compra venta internacional con el transporte internacional, es posible que la obligación de alguno de los intervinientes solamente se limite a ofrecer un espacio dentro de un buque para un contenedor, sin que por ello se obligue a transportarlo o sea responsable de su pérdida o daño.

De lo anterior podemos aportar que, si bien, el desarrollo de un contrato de transporte transcurre entre partes primigenias, las mismas reglas internacionales entienden que nominal o contractualmente, quien desplaza y quien paga por ese desplazamiento marítimo puede ser aquél quien tiene el *animus* principal para hacerlo o alguien que actúe en su nombre y representación, sea o no su agente. Nosotros añadiríamos que a ese alguien contractual podría sumársele una o más personas intermediarias que ni siquiera han sido designadas por el cargador o porteador

---

[3] Artículo 1de las Reglas de Hamburgo.

directamente, sino que, dada la dinámica actual del comercio marítimo internacional, cumplen funciones profesionales de facilitar que el negocio naviero se lleve a escala y uniformidad. Esos intermediarios constituyen hoy en día una parte fundamental dentro del movimiento de mercaderías a gran escala.

II. LA LIMITACIÓN DE RESPONSABILIDAD Y REPARACIÓN DEL PORTEADOR MARÍTIMO

Unos de los aspectos neurálgicos en el estudio del contrato de transporte marítimo es el tema de la responsabilidad contractual del porteador. En efecto, a través de la historia en incluso en nuestros días, la navegación por mal es muy riesgosa, muy peligrosa. El naviero arriesga su vida, la de sus tripulantes, la de su embarcación y, por ende, la de la carga que transporta. Esa sola razón ha causado que las legislaciones antiguas y las modernas prevean que en caso de que el porteador pierda, dañe parcial o totalmente la carga, no deba responder totalmente por todo el valor de toda la carga que le ha sido confiada sino por un monto máximo por embarque.

Las legislaciones de cada Estado y los Convenios Internacionales, desde el siglo XIX han desarrollado los regímenes jurídicos de transporte marítimo teniendo en cuenta el concepto de limitación de responsabilidad, que propiamente dicha es una limitación de reparación o indemnización. Así, en caso de pérdida de la carga, de un paquete o de un embarque, el porteador estará obligado a pagar un monto máximo por el mismo, que es fijado en una moneda específica, un derecho especial de giro o una moneda de cuenta.

El propietario de la carga, a su vez, puede asegurar el valor real o nominal de su embarque, para lo cual puede suscribir una cobertura sobre los riesgos que el transporte marítimo puede materializar en su propiedad. Sin embargo, la limitación de responsabilidad del porteador persistirá, a menos que, de acuerdo con el régimen aplicable establecido, el armador haya actuado de tan grave manera que no se le permita limitar su reparación, sino que deba reparar por el valor máximo o real de la carga.

La noción y desarrollo de la limitación de responsabilidad ha sido extensamente desarrollada por el derecho, la doctrina y jurisprudencia a través de los años, y no es objeto de desarrollo en el presente artículo. Sin embargo, es necesario advertir que, en el transporte actual, desarrollado comúnmente de forma multimodal, pueden existir una serie de porteadores, nominales o no, marítimos o no, que también podrán acogerse al régimen de limitación de responsabilidad. Dentro de este cúmulo de actores puede incluirse la figura que mencionamos y estudiaremos a lo largo de este trabajo, el NVOCC.

III. EL CONTRATO DE COMPRA VENTA INTERNACIONAL Y LA INCLUSIÓN PRIMIGENIA DE LAS PARTES EN EL CONTRATO

La Convención de las Naciones Unidas sobre los Contratos de Compraventa Internacional de Mercaderías[4] define los principales rasgos de identificación de la compraventa internacional, su formación, su materialización, cumplimiento e incumplimiento y derechos y obligaciones sobre las dos partes contratantes: vendedor y comprador.

En cuanto a las partes originarias y otras accesorias en la venta internacional, la mencionada Convención, en cuanto a las obligaciones del vendedor, prevé en su artículo 30 que "*El vendedor deberá entregar las mercaderías, transmitir su propiedad y entregar cualesquiera documentos relacionados con ellas en las condiciones establecidas en el contrato y en la presente Convención*".

Pues bien, ciertamente en la práctica, es altamente posible que en un contrato de compra venta internacional el vendedor no sea materialmente quien se encargue de entregar las mercaderías o entregar los documentos relacionados directamente al comprador mediante el uso de un porteador o transportador. De hecho, en el común de los casos, la compra venta internacional se materializa más que por contratos de puerto a puerto en contratos de puerta a puerta. Por ello, el vendedor y

---

[4] Convención de las Naciones Unidas sobre los Contratos de Compraventa Internacional de Mercaderías (Viena, 1980). Adoptado el 11 de abril de 1980n. Entrada en vigor: 1 de enero de 1988. Disponible en: https://www.uncitral.org/pdf/spanish/texts/sales/cisg/V1057000-CISG-s.pdf

el comprador recurren no solo a agentes o representantes que actúan en su nombre y representación, sino que adicionalmente acuden a terceros profesionales que se encargan de i) vender la cosa ajena, ii) gestionar la logística de transporte a puerto o aeropuerto y iii) organizar el transporte internacional hasta su entrega final, de allí que entren en especial vigencia los términos aceptados de compraventa internacional conocidos comúnmente como *Incoterms.*[5]

Sin la intención de profundizar sobre los *Incoterms*, estos son definitorios a los fines de determinar la entidad y el momento de las obligaciones de las partes, así como la asunción de riesgos desde que la mercadería sale del almacén del vendedor / expedidor / exportador, hasta que la misma arriba material y totalmente al almacén o puerta del comprador / recibidor / importador.

Los términos *free on board* (FOB), *cost insurance freight* (CIF), entre muchos otros que vemos regularmente en los contratos de compra venta internacional e incluso en los conocimientos de embarque o documentación de transporte internacional, definirán hasta qué punto una u otra parte son responsables o asumen los riesgos de la mercadería vendida, bien sea por su pérdida, desvío, avería total o parcial o retraso en su entrega. Éstos, lógicamente, determinarán la responsabilidad de las partes en una reclamación, así como el posible monto de pagos de indemnización, restitución o repetición de lo cobrado, indemnización por lucro cesante, etc., todo de conformidad con las condiciones acordadas por las partes.

Es importante resaltar que, dentro del contrato de compraventa internacional, las mercaderías pueden pasar por un número de manos, agentes, depositarios, consolidadores de carga, almacenadores y otros terceros intervinientes que pueden formar parte de la cadena del contrato y tienen responsabilidad por las tareas asumidas. Es allí precisamente que se confunden o entremezclan el contrato de venta con el contrato de transporte internacional.

---

[5] Los Incoterms son términos comerciales internacionales desarrollados la Cámara Internacional de Comercio (ICC) donde se establecen definiciones y reglas comúnmente aceptadas en el comercio internacional. La ICC actualiza cada diez años los INCOTERMS, siendo la última versión publicada en el 2020 y se pueden adquirir en el siguiente portal web oficial: http://www.iccspain.org/producto/reglas-incoterms-2020/

En efecto, la mercadería objeto de venta internacional, mientras es trasladada, es acompañada por una serie de documentación que en principio es de obligatorio cumplimiento por el vendedor. Pero a ello se le acompañan siempre los documentos no tanto referentes a la venta sino al transporte internacional o bitácora del bien. Por ello, es posible e incluso habitual que los nombres de las partes contratantes no aparezcan necesariamente en los documentos anexos de transporte, sino que aparezcan algunas otras.

Más aún, en los conocimientos de embarque marítimos (indistintamente denominados en este artículo como *Bill of Lading(s)*), es muy posible que el título no describa quién es el consignatario nominal de la mercadería, sino que, en contrario, esta mención sea abierta y será quien presente el original del mismo en puerto quien estará facultado para retirar las mercaderías en el puerto de destino. Lo anterior no pretende confundir sobre si existió cambio en el propietario de la mercadería, sino que en cuanto a su transporte no necesariamente las partes de la compra venta aparecerán allí reflejadas.

En conclusión, a las partes primigenias del contrato de compra venta internacional (vendedor – comprador) se le suman durante su acarreo inicial hasta su llegada al destino final una serie de agentes y actores logísticos, transportadores y empresas dedicadas profesionalmente a la intermediación y facilitación del comercio internacional, lo que incluye porteadores meramente nominales, como puede ser un NVOCC.

IV. LOS SUJETOS PRINCIPALES DE LA NAVEGACIÓN Y EL CÚMULO DE ACTORES

En la ley venezolana, el Título II de la Ley de Comercio Marítimo define las personas o sujetos principales de la navegación por mar. En primer lugar, el Capitán es definido como el *representante del propietario del buque o del armador, según su caso, y como tal los representa judicial o extrajudicialmente, activa y pasivamente. Es además, representante de los cargadores, para los efectos de la conservación de la carga y resultado de la expedición.*[6]

[6] Venezuela. Ley de Comercio Marítimo publicada en Gaceta Oficial Número 38.351 del 5 de enero de 2006. Artículo 18.

Seguidamente, el artículo 28 de la misma ley define al agente naviero como aquél que, *en ejercicio de su representación, está facultado para firmar los conocimientos de embarque y demás documentos de transporte, dar y recibir cantidades de dinero relacionadas a las operaciones que efectúa, así como atender y tramitar reclamos derivados de la explotación del buque.*

Siguiendo con los sujetos de navegación, el artículo 37 *ejusdem* define al *armador* como *la persona que utiliza o explota el buque en su propio nombre, sea o no su propietario, bajo la dirección y gobierno de un Capitán designado por aquél.*

Sobre estos tres sujetos, Capitán, Agente y Armador podemos realizar algunas consideraciones actuales. El Capitán de buques mercantes en la dinámica actual del transporte internacional no es esencialmente unívoco. Un solo contenedor o carga a granel puede ser cargado en el puerto de origen y transferido, transbordado, aligerado a otra embarcación de diferente porte, creando así una serie de buques operados por diferentes Capitanes y tripulaciones.

Asimismo, esa misma carga puede ser trasladada a otros componentes modales como pueden ser el ferroviario, terrestre, lacustre, aéreo, entre otros; constituyéndose así un transporte o contrato de transporte multimodal.

Advertimos que, es posible dentro de un solo contrato de transporte, en cuyo caso el cargador principal le interesa que su carga llegue al destino indicado, que exista confluencia de un número de Capitanes de buque y transportadores efectivos, dentro la usual cadena multimodal actual.

Por ende, cada uno de esos actores será responsable por su parte de transporte – o de todo el transporte de forma solidaria, dependiendo del régimen aplicable – pero no necesariamente cada uno de ellos es representante contractual o extracontractual de la misma persona, del mismo *armador* o del mismo propietario.

De hecho, la determinación del armador, del porteador y del porteador efectivo en caso de reclamaciones de pérdida, retraso o avería de carga, es una de las principales dificultades para determinar la responsabilidad, limitación, reparación o aún falta de responsabilidad, así como la jurisdicción aplicable y el derecho aplicable.

En muchos casos, el reclamante o legitimado activo en las acciones derivadas de daños a la carga reclamará a la persona con quien contrató directamente la cual, como veremos, no es necesariamente el *armador* o más aún, es muy posible que el Capitán del buque tenga responsabilidad, pero el armador demandado sea desconocido por él.

En cuanto al armador, advertimos que la definición legal otorga al término "explotación" como característica fundamental para definir a alguien como armador o no. Consideramos asertiva tal identificación. De hecho, en la práctica, aquél que se aproveche del uso y operación del buque con fines de obtener una ventaja comercial por los diferentes transportes de carga y contratos de transporte o fletamento / arrendamiento del mismo será o podrá ser el armador. Y esto no obstante que el armador sea propietario o incluso operador del buque.

Lo importante en nuestro criterio para identificar al armador es advertir que este sujeto de la navegación ostente válidamente los derechos de explotación de la nave y, como contrapartida, las obligaciones en la misma.

Contractualmente, bien sea en ciertos tipos de arrendamiento o en los contratos de transporte marítimo, el armador puede devenir porteador de mercaderías y así puede ser especificado en los documentos de transporte, principalmente en el conocimiento de embarque o *Bill of Lading*[7]. Pero más lejos de ello, podremos identificar a un armador en algunos casos cuando explote un buque del cual no es propietario y ni siquiera su operador físico o material, como es el caso del *NVOCC*; un operador común sin buque alguno, centro de nuestra atención más adelante.

---

[7] Tulio Álvarez Ledo. *Derecho Marítimo*. Segunda Edición, Universidad Católica Andrés Bello, Caracas, 2007. El Dr. Tulio Álvarez Ledo define el conocimiento de embarque a la orden como*: el instrumento negociable que acredita la propiedad de las mercancías transportadas en un buque; constituye evidencia de la existencia y contenido del contrato de transporte por agua y del recibo de las mercancías por parte del transportador, en las condiciones cualitativas y cuantitativas que el documento expresa; y sirve de instrumento esencial para el comercio internacional.*

V. LA FIGURA DEL ARMADOR Y DEL PORTEADOR EN LOS CONTRATOS DE UTILIZACIÓN DE LA NAVE

El buque o nave, objeto principal del derecho marítimo, se constituye como una universalidad jurídica, objeto de derechos y obligaciones directas *(in rem)* o indirectas (sobre su propietario u operadores)[8]. Éste puede ser hipotecado como si fuese un bien inmueble, embargado preventivamente a causa de un crédito marítimo, embargado ejecutivamente y rematado y sobre el mismo recaen una serie de privilegios que están establecidas en los Convenios Internacionales y leyes nacionales.[9]

El buque, adicionalmente, es objeto principal en el tan complejo contrato de compraventa del mismo, el cual puede conllevar un doble propósito si se trata de un buque nuevo: un contrato de obra para la construcción del mismo y de venta para su entrega en las condiciones pactadas.

Finalmente, el buque puede ser objeto de una serie de contratos para su utilización. Ya nos hemos referido muy brevemente al contrato de compra venta de mercaderías que, junto con el de transporte de personas y pasajeros constituye una de las disciplinas de contratos de utilización de buques.

Adicional al remolque de buques y el salvamento,[10] el otro gran sub grupo de contratos de utilización de buques se circunscriben a su

---

8 Venezuela. Ley de Marinas y Actividades Conexas publicada en la Gaceta oficial número 6.253 del 18 de noviembre de 2014. Artículo 17: *Se entiende por buque toda construcción flotante apta para navegar por agua, cualquiera sea su clasificación y dimensión que cuente con seguridad, flotabilidad y estabilidad..*

9 Para un mayor examen de estos puntos, revisar el Convenio Internacional Sobre El Embargo Preventivo De Buques, 1999 en el enlace siguiente: https://unctad.org/es/PublicationsLibrary/aconf188d6_es.pdf y el Convenio Internacional sobre los Privilegios Marítimos y la Hipoteca Naval, 1993 en el enlace siguiente: https://unctad.org/es/PublicationsLibrary/aconf162d7_es.pdf

10 Sobre el Remolque Transporte, Belisario Capela indica que *la finalidad de este tipo de transporte es trasladar una embarcación sin fuerza motriz, sin gobierno, o cualquier objeto flotante de un punto a otro del espacio acuático por una determinada suma, conservando el buque remolcador la dirección de la operación del buque.* Freddy Belisario Capella. *Riesgos de la Navegación.* Anauco Ediciones, Caracas, 2005. En cuanto al Salvamento, el autor William Tetley establece que *el salvador tiene una reclamación de recompensa por salvamento si exitosa y voluntariamente ha salvado la propiedad marítima en peligro. El termino en el derecho civil es "asistencia" permitiendo al salvador ser recompensado incluso si el*

fletamento o arrendamiento, donde la posesión, operación, gestión náutica y gestión comercial descritas en el contrato nos apoyarán en la determinación sobre quién es el armador del mismo, lo cual a su vez nos lleva a determinar sus derechos y obligaciones.

Los distintos contratos de este tipo son desarrollados y negociados por las partes en el contrato con una amplia libertad. A diferencia del contrato de transporte internacional de mercaderías, cuyas normas principales son de orden público, las normas locales o contratos tipo son supletorios de la voluntad de las partes.

En primer lugar, en el contrato de arrendamiento del buque por tiempo o *time charter party*, la nave permanece en posesión del propietario u operador fletante y no es entregada materialmente al fletador. Sin embargo, de la terminología de estos contratos se desprende que la nave es entregada por un tiempo determinado al fletador y devuelta al final del período pactado. La nave, por ende, se coloca a disposición del fletador en el sentido que éste puede girar las instrucciones sobre la ruta del viaje al propietario sobre dónde y qué cargas embarcar, dentro de los límites pactados. En retorno, el fletador por tiempo paga un flete (*hire*) por el tiempo completo en el cual la nave se ha puesto a su disposición.[11]

En segundo lugar, bajo un contrato de arrendamiento por viaje, como su nombre lo indica, el arrendatario paga un flete al propietario para que la nave sea utilizada para un viaje determinado y específico; manteniendo el propietario u operador la gestión náutica del mismo, el comando de la nave y, por ende, permaneciendo como armador del buque en sentido jurídico (derechos de limitación de reparación, entre otros). El propietario paga por el mantenimiento de la nave, seguros, salario de la tripulación y combustible (*bunkers*). El fletador paga el flete para que sus bienes se trasladen desde un puerto de carga hasta el puerto de descarga. El pago del flete cubre el viaje y se especifica – esto es vital – el tiempo estimado y limitado para la carga o la descarga en ambos puertos (*laycan / laydays*).[12]

---

salvamento fue exitoso o no. William Tetley. *Glossary of Maritime Law*. Segunda Edición. Langlois Gaudreau O`Connor. Montreal. 2004.

[11] Yvonne Baatz. *Maritime Law.* Cuarta Edición. Informa Law. Southampton, Reino Unido. 2018. Libre traducción del inglés al español.

[12] Yvonne Baatz. Ob. Cit.

En tercer lugar, existe un tipo de contrato de fletamento, llamado a casco desnudo o *bareboat charter party,* mediante el cual, a diferencia de las dos modalidades anteriores (por viaje y por tiempo) el propietario le traspasa al arrendatario la gestión náutica y comercial de la nave durante un período determinado. Entre muchos aspectos, conviene decir que en esta modalidad el arrendatario pasa a ser el verdadero armador del buque, lo cual, una vez más, conlleva un conjunto de derechos y obligaciones determinados por las leyes y convenios internacionales, responsabilidad en cuanto a la navegabilidad técnica y documental, pagos de salarios, derechos, cargas y seguros y funge como porteador o *carrier* en los contratos de transporte bajo conocimiento de embarque que pueda realizar durante el período del contrato.[13]

Existe asimismo en la práctica el *Contract of Affreighment* el cual es definido como *el contrato mediante el cual el fletante asume la obligación de transportar un determinado volumen de mercancía por un tiempo determinado, sin poner a disposición del fletador un buque específico, pudiendo designar uno o varios buques con características similares para efectuar cada uno de los embarques, a cambio de un pago de un flete.*[14]

Un ejemplo de *contracto of affreighment (*COA) para ilustrar al lector se materializa cuando un productor o empresa minera contrata a un armador para desplazar en varios embarques de un puerto a otro un mineral que va a estar continuamente produciendo. De esta manera se facilita el compromiso de las partes: una de ellas, el productor, tendrá garantizado el embarque de su producción y entrega al comprador en el puerto de destino en diversos tiempos; la otra parte, el porteador, tendrá garantizado un flujo y pago regular de transporte del granel por un período de tiempo determinado.

---

[13] La ley venezolana regula el contrato de arrendamiento a casco desnudo de buques en los artículos 153 y siguientes del Código de Comercio, añadiendo la obligación formal que dicho contrato sea registrado en el Registro Naval correspondiente.

[14] Freddy Belisario Capella. *Derecho del Transporte Marítimo.* Tomo I. Página 515. Ediciones Marítimas Venezolanas. Caracas, 2012.

SEGUNDA PARTE

I. EL CONTENEDOR

Es harto conocido que el mundo del transporte marítimo cambió y evolucionó con la aparición del contenedor a mediados del siglo pasado. La capacidad y versatilidad de asegurar las mercancías dentro de un contenedor de metal reducía un sinnúmero de riesgos en el transporte. Los convenios Internacional definen al contenedor como "*un equipo de transporte a) De carácter Permanente y, por tanto, suficientemente resistente para un uso repetido; b) Especialmente diseñado para facilitar el transporte de mercancías por uno o más modos de transporte sin necesidad de manipulación intermedia de la carga; c) construido de manera que pueda sujetarse y/o manipularse fácilmente, con cantoneras para ese fin; d) de un tamaño tal que el área comprendida por las cuatro esquinas externas inferiores sea: i. por lo menos 14 metros cuadrados o ii. por lo menos siete metros cuadrados si lleva cantoneras superiores. Los contenedores pueden clasificarse según varios criterios, siendo los más importantes los siguientes 1. Por su longitud: los contenedores más habituales son de 10, 20.30 40 y 45 pies. 2. Por el material de construcción: Acero, aluminio, madera recubierta en fibra de vidrio. 3. Por el tipo de carga a almacenar: carga general (seca o "dry box") carga especifica (liquida, gaseosa o a granel) Entre otras calificaciones*". [15]

En principio, el contenedor, con capacidad de acarrear diferentes cargas, incluso de diferentes cargadores, se transportaba en buques de carga general. En vista del vertiginoso crecimiento y utilidad de este envase para el transporte, fueron construidas naves especializadas portacontenedores, cuyo porte ha ido aumentando a lo largo del tiempo.[16]

---

[15] Artículo 2 del Convenio Internacional para la Seguridad del Contenedor (1972)

[16] Si bien el contenedor moderno tiene su origen a mediados del siglo XX, es a partir del año 1968 que la Organización Internacional para la Estandarización (ISO) regula a nivel internacional la terminología, dimensiones y capacidades de los contenedores, convirtiéndose en la unidad de transporte por excelencia para el transporte internacional de productos manufacturados. Desde los primeros barcos modificados por Malcolm McLean (Creador del Contenedor moderno) que tenían capacidad para almacenar 60 contenedores, hemos evolucionado hasta buques que transportan más de veinte mil TEUS. Actualmente el 99% de los contenedores utilizados son de 20 o de 40 pies.

La medida de contenedor se manifiesta en TEUS, acrónimo del término en inglés *Twenty-foot Equivalent Unit*, que significa Unidad Equivalente a Veinte Pies. De esta manera, los buques portacontenedores, pertenecientes normalmente a líneas navieras regulares, están armados o dispuestos con diferentes celdas para la carga del contenedor. Los contenedores están construidos de maneras estándares universales para que puedan calzar y ser apilados a bordo de enormes buques especializados. Además, una de las ventajas del contenedor es que puede ser fácilmente manipulados y transbordados de buque a buque, de buque a puerto y de allí a otras formas modales, como trenes y vehículos de transporte terrestre. Adicionalmente, el transporte masivo de contenedores causó la adaptación de terminales especializados para el manejo, acarreo y depósito de contenedores en patios de vacíos, llenos, temperaturas controladas, entre otros.

La línea naviera regular, por lo tanto, en aras de lograr la mayor eficiencia del negocio, debe agrupar la mayor cantidad de contenedores posibles durante las rutas marítimas regulares que realiza. Para ello, en antiguos tiempos la propia línea desarrollaba su fuerza de venta para conseguir todos los cargadores posibles con los cuales celebrar contratos de transporte en contenedores. En vista de tan especial tarea y del crecimiento exponencial de demanda de carga en contenedores, diversas empresas especializadas se han venido encargando de una serie de operaciones tendientes a: construir y vender contenedores vacíos, agrupar dentro de los mismos la carga de varios cargadores para su consolidación, la aparición de empresas de logística y transporte multimodal para mover el contenedor de puerta a puerta y las empresas dedicadas a negociar los espacios de los buques y revenderlos a terceros intermediarios o cargadores finales, como es el caso de los NVOCC.

II. EL CONTRATO DE FLETAMENTO POR ESPACIO O *SLOT CHARTER PARTY*

Todo esto nos lleva en este estadio a realizar algunas consideraciones sobre el contrato de fletamento por espacio o internacionalmente llamado *Slot Charter Party*; contrato realizado entre un operador de un buque y un fletador a los fines que este último adquiera los derechos de explotación de determinados espacios del buque. La doctrina patria ha definido este contrato como aquél *mediante el cual los propietarios garantizan a los fletadores un número específico de células, ranuras o celdas, para que se puedan alojar sus bienes y contenedores en un buque, ya sea por un período determinado de tiempo o por referencias a los viajes.* [17]

Expresa la doctrina española sobre el contrato de fletamento por espacio que, *a través de ella, el fletante arrienda a uno o varios fletadores por espacio una cantidad determinada de slots sin perder por ello la gestión comercial total del buque. En tal caso, tanto los fletadores por espacio como el naviero fletante podrán celebrar distintos contratos de transporte con los cargadores.*[18]

A diferencia del contrato de arrendamiento por tiempo o *time charter*, donde se dispone a favor del armador la totalidad de los espacios de carga del buque, el *charterer* de los espacios del mismo no tiene tal disponibilidad total sino solo un espacio de carga y asimismo, no funge como armador u operador del buque durante el tiempo de vigencia del contrato, dejando en manos del fletante / propietario / operador la gestión náutica y las rutas pre determinadas del buque.

La dinámica es muy variada y puede ser explicada a través de un ejemplo en nuestras palabras. Supongamos que un buque de línea regular posee una serie de células, espacios o *slots* donde cargar una serie de contenedores. En paralelo, un profesional especializado en el negocio de transporte de contenedores acude a la línea regular a los fines de celebrar un contrato mediante el cual el primero le asegure o garantice un espacio fijo y mesurado dentro de su o sus buques por un período de tiempo.

El contrato o *slot charter party* mantiene el ánimo de recibir un pago y garantizar la mayor utilidad en el transporte de contenedores –para el armador– y asegura a su vez al no poseedor de la nave de

[17] Freddy Belisario Capella. "El Fletamento de Células en los buques portacontenedores (Slot Charter Party)" en el Libro *Derecho Marítimo Latinoamericano*, volumen II, Editorial Jurídica Venezolana, Caracas, 2019. Página 71.

[18] Sebastián Gamero Lagüéns. *El Contrato de Fletamento por Espacio.* Tesis doctoral, Universidad de Sevilla. 2018. Página 70.

un espacio seguro para agrupar los contenedores de sus clientes, que podrán ser otros intermediarios – transitarios o *Freight Forwarders*[19], NVOCC's, consolidadores de carga o empresas logísticas – o incluso el cargador de las mercaderías.

Las partes del *slot charter party*, fletante y fletador comúnmente se traducen en el operador por el buque de un lado y un NVOCC por el otro lado, ya que este último vende sus servicios de operador común y regular en el transporte de contenedores sin tener realmente la operación o gestión náutica de buques sino que, normalmente ya tiene reservados diversos espacios para contenedores dentro de ellos.

Existen, en la práctica, contratos tipo en esta modalidad, como lo es *Slot Hire* de BIMCO[20]. En estos modelos se estipulan las condiciones de contratación[21], el número de espacios que desea utilizar el fletador dentro del buque[22], en qué puertos[23], bajo qué periodicidad[24], en qué tiempos[25] así como una serie de cláusulas sobre las condiciones de pago, modo, tiempo y lugar del contrato. Incluye, dicho modelo de contrato, aspectos relacionados a la obligación del *slot charterer* en el pago

[19] En este artículo nos referiremos como Freight Forwarder al conocido en algunas legislaciones hispanohablantes como "*transitario*", en vista que es el término más común utilizado en la práctica en el comercio marítimo internacional.

[20] *The Baltic and International Maritime Council* BIMCO es una asociación naviera internacional independiente de carácter consultivo y entre sus principales funciones encontramos la redacción de contratos tipos de transporte marítimo en todas sus modalidades. Portal web oficial. https://www.bimco.org

[21] El modelo BIMCO por excelencia para es el *Slot Hire 93*. En la parte 1 del Slot Hire 93 se establecen las condiciones particulares del contrato acordadas entre el fletante y el fletador, siendo las mismas ubicadas en las 24 casillas numeradas en las que se estipulan los términos aplicables a cada clausula de la Parte 2 del mismo.

[22] La Cláusula 1, literales a, b y c, de la Parte 2 del Slot Hire se establece la obligación para el fletador de poner a disposición del fletante los espacios del buque indicados en las Casillas 7, 9, 8 y 15.

[23] La Cláusula 6, literales a y b, se establece que el Fletador deberá notificar al Fletante el itinerario de viaje con la mayor anticipación posible, conforme a lo indicado en la Casilla 10. De igual forma, se otorga al armador la capacidad de desviar su ruta sin notificación previa al Fletador de conformidad a los establecido el las reglas de Haya Visby, estando esto sujeto a una posible indemnización.

[24] La Cláusula 2 establece el periodo de duración de contrato, estando este sujeto a las condiciones de inicio y de terminación acordadas en las Casillas 11, 12, 13 y 14 en cuanto a fechas y puertos pactados por las partes.

[25] Cláusula 2 del Modelo de Contrato *Slot Hire*.

del *hire*[26] llene o no llene el espacio contratado[27], pudiendo el armador ocupar estos espacios si eso pasa en un tiempo prudencial. Se obliga asimismo el fletador a verificar que la carga contenida en el contenedor sea seguro y notificar al armador sobre cualquier mercancía prohibida o peligrosa[28]. El fletante o armador, por su parte, se obliga a mantener la embarcación a disposición del fletador en los términos pactados, que la misma se mantenga en estado de navegabilidad y realizar el trayecto marítimo con escalas o paradas en el puerto o puertos de su ruta regular que también son indicados en el contrato.

De acuerdo a la doctrina más avanzada con la cual coincidimos a plenitud[29], no debe confundirse el contrato de fletamento de utilización de espacios con un contrato de transporte. Es decir, las obligaciones principales dentro de este contrato son la obligación de habilitar espacios de un buque mediante el pago de flete por un tiempo determinado, más no de la obligación de transportar mercaderías en contenedores propiamente dicho. Claro está, el interés futuro es que ciertamente esos espacios sean utilizados por el fletador para cargar sus contenedores (o los de sus clientes) para que sean transportados por el buque en cuyos espacios tiene un cupo. Sin embargo, un contrato de fletamento por espacio es materializado y perfeccionado pudiendo o no haber una actividad de transporte. Supongamos por ejemplo que, el fletador, por razones de mercado no pueda revender los espacios del buque o celebrar contratos de transporte con el cargador final y, por ende, no ocupe los espacios del buque contratado. En estos casos, no existiría ni frustración del contrato ni nulidad alguna del mismo ya que el *animus* del contrato

---

[26] Las condiciones de pago del hire, son estipuladas en la Cláusula 5 tomando en cuenta los datos indicados en la Parte 1 del Slot Hire, debiendo el fletador pagar al fletante el monto pactado en las casillas 15 y 16, conforme al lugar y los plazos acordados en las Casillas 17 y 18.

[27] Así lo establece la Cláusula 5. No obstante, de conformidad con la Cláusula 1 el fletante podrá poner a disposición del fletador el espacio no ocupado en el próximo puerto donde este tenga previsto cargar.

[28] La Cláusula 4, literales a, b, c, d y e, indican a lista de mercancías que deben ser notificadas al fletante previa ejecución del contrato.

[29] Sebastián Gamero. Ob. Cit. Asimismo, José Vicente Guzmán y María Mónica Pino, "El Contrato de Fletamento y sus principales diferencias con el contrato de transporte marítimo de mercancías" en *REVISTA e – Mercatoria*,. Volumen 10, Número 1 (enero –junio 2011), Madrid. Página. 33.

no es en sí el transporte internacional de mercaderías bajo contenedor.[30]

Por otra parte, como mencionábamos anteriormente y estudiaremos a profundidad más adelante en el capítulo correspondiente, el fletante en el contrato de *slot charter party* es normalmente un NVOCC, quien puede posteriormente celebrar contratos de transporte de mercaderías con terceros, fungiendo como porteador frente a estos pero luego como cargador o agente del cargador frente al porteador final o efectivo. Adicionalmente, es posible que entre líneas navieras regulares de diferentes rutas se establezcan pactos o acuerdos de uso de espacios en buques para contenedores.

TERCERA PARTE. EL NVOCC

I. FUNDAMENTACIÓN Y DEFINICIÓN

El *Non Vessel Operating Common Carrier* o NVOCC, tantas veces referido en el presente artículo ocupa desde un punto de vista muy personal el ejemplo vivo de la evolución de los contratos de transporte marítimo de mercaderías, ya sea parcialmente o enteramente por mar.

De hecho, a través de los apartados de este artículo, hemos querido referir el contrato de transporte marítimo internacional desde sus partes iniciales, nominales, simples o formales para reafirmar que ellas subsisten pero que en la mayoría de las ocasiones de la actualidad no se trata de una ecuación simple "A" Porteador es contratado por "B" Cargador para entregar a "C" Consignatario.

Asimismo, nos hemos referido al carácter profesional de un cúmulo de negocios en la actualidad cuyo objeto y función es realizar operaciones para la facilitación del transporte, materialización del mismo y, de forma muy importante, para el corretaje e intermediación entre los protagonistas principales en la compra venta de mercaderías y el transporte de la carga.

[30] Sin embargo, es posible que el modelo de SLOT HIRE tenga insertas cláusulas Paramount de derecho jurisdicción aplicables que vinculen el fletamento por espacio al transporte de contenedores en ese espacio. Ello es posible en virtud de la voluntad de las partes pero no es intrínseco en el mismo.

Estos intermediarios, muy usuales en el transporte de carga a granel, también lo son de forma palmaria en el transporte de contenedores. De hecho, la consolidación de carga, los Códigos CTU[31] y CSC[32] y gran parte de la operación especializada de los principales puertos del mundo tiene como propósito el manejo de contenedores.

Pero, aparte de su manipulación y transporte, existen empresas especializadas en el alquiler de espacios en buques portacontenedores (ver anteriormente el apartado sobre el *Slot Charter Party*) para así voltearse al mercado para ofrecer esos espacios a terceros. **Estas empresas, quienes profesionalmente se venden en el mercado como verdaderos porteadores frente a potenciales cargadores o empresas de logística y Freight Forwarders, son denominados NVOCCs**.

Este porteador ficticio, en cierto sentido, funge como una empresa necesaria para el transporte marítimo contemporáneo. Su labor de porteador frente al *shipper* –le cobra un flete al *shipper* para el transporte de carga– y su labor como *shipper*, agente o fletador frente al porteador efectivo del buque –le paga un flete al porteador efectivo–, lo hacen de especial estudio y, dependiendo de la parte de la relación que observemos, de titular de derechos y obligaciones.

Sobre la definición de NVOCC, podemos referirnos a la obra de jurista español Sebastián Gamero[33], quien magistralmente estudiando el contrato de Slot Charter, sintetiza la génesis y definiciones del derecho comparado de la siguiente manera:

> *"El NVOCC es un tipo de porteador característico del Derecho norteamericano que no ostenta la posesión del buque, diferenciándose del armador en tal extremo. El NVOCC, por lo tanto, explota*

---

[31] Code of Practice for Packing of Cargo Transport Units (CTU por sus siglas en Ingles) desarrollado en el año 2014 como iniciativa conjunta entre la Organización Marítima Internacional, la Comisión Económica de las Naciones Unidas para Europa y la Organización Internacional del Trabajo. MSC .1/Circ 1497. Disponible en: http://www.imo.org/en/OurWork/Safety/Cargoes/CargoSecuring/Documents/1497.pdf

[32] Convenio Internacional para la Seguridad de los Contenedores. Adoptado en una conferencia organizada por la ONU y la OMI en el año 1972 y entro en vigor en 1972. Disponible en: http://www.imo.org/en/About/Conventions/ListOfConventions/Pages/International-Convention-for-Safe-Containers-(CSC).aspx

[33] Sebastián Gamero. Ob. Cit. Pag 44.

> *económicamente el buque de un tercero, por lo que a efectos de la LNM se encuadra perfectamente como naviero según lo dispuesto en el artículo 145.2 de la citada Ley. Sin embargo, no se encuentra legalmente regulado como tal en nuestro ordenamiento jurídico. A tal efecto, podemos encontrar una definición legal de NVOCC en la Implementation of the Provisions of the Regulation of the People 's Republic of China on International Marine Transportation, en adelante IRIMT, de 1 de marzo de 2002, y cuyo artículo 7 (b) establece que un non-vessel-operating service significa que el "operador del servicio celebra transportes con cargadores, emite sus propios conocimientos de embarque u otros documentos de transporte, realiza a través del operador de transporte principal el transporte de las mercancías por mar a cambio del pago del flete por el cargador, y realiza el servicio de transporte asumiendo la responsabilidad como porteador" (traducción del autor). Además, el artículo 3.4. del IRIMT dispone que los servicios del porteador no propietario o NVOCC "incluyen las siguientes actividades: a) celebrar contratos de transporte internacional de mercancías con los cargadores en el nombre del porteador, b) recibir la carga y entregarla en nombre del porteador, c) emitir el conocimiento de embarque u otro documento de transporte, d) cobrar el flete y otras tasas por los servicios, e) reservar espacios y gestionar el embarque para realizar el transporte de las mercancías a través de operadores de transporte internacional u operadores de otro tipo, f) pagar el flete que corresponda y otras tasas que se devenguen como consecuencia del transporte, g) otras actividades relacionadas."(subrayado nuestro).*

Pues bien, de acuerdo a la cita anterior y al propio origen del NVOCC en Estados Unidos, este profesional o intermediario es un explotador o utilizador de naves portacontenedores, como lo es igualmente una línea regular que ha fletado un buque a otro propietario u operador de buques. Por ese motivo, en las legislaciones donde se encuentra regulado, podrá el NVOCC emitir sus propios conocimientos de embarque o *House Bill of Lading* como si fuese el propio porteador de las cargas.

II. EL *FREIGHT FORWARDER* Y SU DIFERENCIA ENTRE NVOCC

Hemos mencionado a lo largo del artículo que entre el cargador principal y el porteador efectivo existen una serie de intermediarios. El *Freight Forwarder* actúa ciertamente como intermediario o *transitario* entre el vendedor de la mercadería y el porteador o entre el recibidor o comprador de la mercancía y el propio transportista. La diferencia con el NVOCC es a nuestro entender comercial más que conceptual. La primera respuesta que salta a la vista al observador el negocio, es que el NVOCC está facultado para emitir sus propios *Bill of Lading* y el *Freight Forwarded* no. Pero adicionalmente, las carteras de clientes de una y otra empresa son inicialmente diferentes. La relación del NVOCC es más estrecha en la práctica con el porteador o la línea regular o con otros NVOCC que con los clientes finales. La relación del *Frieght Forwarder* es más estrecha con los clientes finales con los porteadores efectivos. Claro está, en la práctica, nuevamente, existen empresas que ocupan más o menos terrenos o parcelas dentro del negocio. La posibilidad no es un *numerus clausum:* una empresa consolidadora de carga en contenedores puede convertirse en NVOCC; o un Freight Forwarder con amplio conocimiento y redes en el mercado de transporte puede asimismo licenciarse como NVOCC, como veremos de seguidas.

III. LA LEGISLACIÓN COMPARADA SOBRE LOS NVOCC

Salvo algunas iniciativas como la propuesta por la Cámara Internacional de Comercio[34], actualmente no existe una normativa internacional que regule la constitución y el funcionamiento de los NVOCC de forma homogénea, siendo estos aspectos hasta ahora regulados por los ordenamientos jurídicos internos de diversos países que han desarrollado normativas especializadas dirigidas a controlar el funcionamiento de

[34] Para mayor información sobre las iniciativas de la ICC en cuanto a la implementación de un registro de NVOCC y de un Código de Conducta aplicable a estas compañías, encontrar en el siguiente enlace: NVOCC Code of Conduct en: https://icc-ccs.org/icc_2527/index.php/site_content/10-membership/1244-nvocc-code-of-conduct

los NVOCC y supervisar el cumplimiento de la legislación en materia de intermediación en el transporte marítimo, suscripción de contratos Slot-Hire, así como regulación de los términos de los conocimientos de embarque o *Bill of Lading* emitidos por los intermediarios de transporte.

Analizaremos de seguida el tratamiento y normativa aplicable en dos países que han regulado detalladamente al NVOCC, como son los Estados Unidos y la República de China. Seguidamente, haremos algunos comentarios sobre dos jurisdicciones que no lo definen y regulan expresamente con el nombre NVOCC, pero en los cuales se desarrollan actividades de estas empresas como son Panamá y nuestra legislación patria, Venezuela.

Estados Unidos de América.

Entre los países que cuentan con regulación especial para los NVOCC, es necesario mencionar a los Estados Unidos de América, por ser uno de los casos destacables en cuanto a legislación extensiva en materia de intermediación de transporte marítimo, además de contar con amplia jurisprudencia sobre la responsabilidad de los NVOCC, *Freight Forwarder* y el alcance de las obligaciones de los intermediarios de transporte y de contar también con autoridades administrativas especializadas para el cumplimiento de las leyes aplicables en materia de transporte marítimo.

Consecuentemente con las definiciones estudiadas en el punto anterior, la legislación de los Estados Unidos establece que los NVOCC son transportistas comunes que no operan los buques a través de los que proporciona el transporte marítimo pero que fungen como *shippers* en su relación con el Porteador. Atendiendo a estas características intrínsecas de los NVOCC, las leyes estadounidenses han regulado de forma precisa los aspectos fundamentales de la intermediación marítima realizada por estas compañías, teniendo principal relevancia los aspectos relativos a la emisión y valor de los *Bill of Lading* y la limitación de responsabilidad en caso de incidentes en la cadena de transporte.

En lo referente a los *Bill of Lading*, la legislación de los Estados Unidos permite a los NVOCC emitir estos documentos para así asumir la obligación del transporte de la carga en nombre de su cliente. No obstante, visto que el NVOCC no cuenta con medios de transporte propios para la ejecución efectiva del servicio ofrecido, los NVOCC actuando como *shippers*, contratan con compañías especializadas en materia logística y de transporte (OCC) suscribiendo un nuevo Conocimiento de Embarque que es ajeno a la negociación inicial entre el NVOCC y dueño real de la mercancía.

Atendiendo a esta dinámica, la jurisprudencia de la Suprema Corte de Los Estados Unidos[35] ha establecido que si bien los NVOCC fungen como cargadores o *shippers* en los contratos de transporte celebrados con las compañías navieras, esto siempre se realiza por cuenta de sus clientes y nunca en nombre propio, razón por la que las NVOCC se consideran agentes de carga de sus clientes y estos últimos estarán sujetos a los términos de los conocimientos de embarque (*Bill of Lading*) suscritos entre las NVOCC y las OCC para el transporte de sus mercancías, incluso cuando el verdadero propietario de las misma no sea parte de este contrato de transporte suscrito con el porteador efectivo de la carga.

No obstante lo anterior, debemos mencionar que ciertas restricciones aplican en cuanto a la validez de los conocimientos de embarque emitidos por compañías no registradas cuando los contratos involucran el comercio exterior con los Estados Unidos, ya que como veremos más adelante, es presupuesto para la validez de los *Bill of Lading*, que los mismos hayan sido emitidos por compañías registradas en los Estados Unidos y que cumplan con las tarifas y términos que la ley y las autoridades administrativas de dicho país prevén, por lo cual es obligatorio para las NVOCC publicar los modelos de los *Bill of Lading* utilizados por la compañía.

Dicha obligación ha sido reformulada con la entrada en vigencia de la *Ocean Shipping Reform Act*[36]. A partir del primero (01) de mayo de 1999, la *Federal Maritime Comission* ("*FMC*") requiere que las NVOCC publiquen los términos generales de los servicios ofrecidos, como rango de puertos que manejan, mercancía o productos transportados, volúmenes o cantidades mínimas aceptadas para el transporte,

[35] Estados Unidos. Polo Ralph Lauren L.P. v. Tropical Shipping & Constr. Co., Court of Appeals of the 11th circuit 2000. Insurance Co. of North America v. M/V Ocean Lynx, (11th Court of Appeals of the 11th circuit 1990).

[36] Estados Unidos. *Ocean Shipping Reform Act*. Aprobada el 14 de octubre de 1998. Disponible en: https://www.congress.gov/105/plaws/publ258/PLAW-105publ258.pdf.

duración de contratos y las tarifas aplicables. Todas estas menciones deberán ser publicadas en los sistemas automatizados que la FMC dispone para ello a fines de que los mismos se encuentre siempre disponibles para cualquier particular de forma remota.

En materia de limitación de responsabilidad, la legislación de los Estados Unidos reconoce a los NVOCC la posibilidad de acogerse a esta figura propia del transporte marítimo en caso de daños o perdidas a la mercancía y en los términos que cubren a los transportistas OCC y atendiendo a la ley aplicable al contrato de transporte que se ejecute. Recordemos que, en caso de pérdida o avería, el porteador o Carrier principal responde de forma limitada, por peso o paquete en un monto máximo, salvo que exista error o acción equiparable al dolo, donde tendrá que responder por daños y perjuicios y el valor real de la mercancía. En sentido opuesto, también podrá el NVOCC eximirse o no responder en nada al *shipper* por causas imputables al propio *shipper*, como la falsa declaración de los bienes a ser embarcados, vicios inherentes a la carga, entre otros.

La jurisprudencia de Estados Unidos ha reiterado en diversos fallos la limitación de responsabilidad para los NVOCC en casos de daños de mercancía e incidencias que han afectado contratos de transporte[37]. En síntesis, las Cortes de Los Estados Unidos han establecido que atendiendo a la actividad de intermediación ejecutada por las NVOCC y su naturaleza íntimamente ligada con el transporte marítimo con todos los riesgos que ello implica, es necesario que dichas compañías puedan acogerse a los principios de limitación de responsabilidad que generalmente aplican a este sector.

Esta limitación rige entonces, no solo en la relación contractual que existe el NVOCC y el transportador de la carga en contenedores, sino que también respalda al NVOCC frente a su cliente dueño de la carga y frente terceros ante una potencial reclamación con ocasión al daño o pérdida de la mercancía, incluso cuando estos últimos no estén vinculados con el transportista de la carga y/o con el responsable directo del daño de la carga.

Finalmente, en cuanto a la autorización para la operación de NVOCC en los Estados Unidos. tanto el *Shipping Act* de 1984 como

---

[37] Ver fallos mencionados *ut supra*.

el *Ocean Shipping Reform Act*, establecen prescripciones obligatorias para la emisión de licencias de operación o registro de NVOCC, fijando requisitos en materia de garantías para la operación, prohibiciones para negociar con sujetos no autorizados para operar en los Estados Unidos y la obligación de publicar los modelos de los Conocimientos de Embarques utilizados para sus servicios.

Es necesario mencionar que el *Code of Federal Regulations* en concordancia con el *Shipping Act 1984* y su reforma, establecen los requisitos de registro aplicables a las NVOCC, los cuales deben ser cumplidos por estas compañías y avalados por la FMC[38] previo al inicio de las actividades de intermediación marítima. Del mismo modo, conforme a sección 515.19 del *Code of Federal Regulations*, el registro ante el FMC de los NVOCC locales y extranjeros es obligatorio para la emisión de *Bill of Lading* con ocasión a servicios de transporte marítimo de mercancías desde y hacia los Estados Unidos, siendo el incumplimiento de este requisito, fuertemente sancionado por las autoridades administrativas de dicho país e incluso pudiendo determinarse la invalidez de cualquier conocimiento de embarque emitido por compañías no registradas ante el FMC para operaciones de transporte de carga desde y hacia Los Estados Unidos.

Adicionalmente, el *Code of Federal Regulations*[39] establece que ningún operador o intermediario podrá transportar mercancías por cuenta de un NVOCC a menos que el transportista haya determinado que el NVOCC tiene una licencia o registro y cuenta con la garantía responsabilidad financiera, además de aplicar las tarifas publicadas en el portal web de la FMC.

Vistos de forma general los parámetros aplicables para la solicitud de licencias o registro de NVOCC en los Estados Unidos, es menester mencionar los requisitos formales requeridos para la autorización de operación por parte de la FMC. En este sentido, podemos resumir los requisitos de registro en 4 aspectos principales, a saber:

---

[38] Estados Unidos. *Shipping Act of 1984* reformada en 1998 y aplicada por el *Code of Federal Regulations 2019*. Shipping Section 525.2

[39] Estados Unidos. *Code of Federal Regulations. Title 46 – Shipping. CHAPTER IV - FEDERAL MARITIME COMMISSION. SUBCHAPTER B - REGULATIONS AFFECTING OCEAN SHIPPING IN FOREIGN COMMERCE.*

1. Completar la solicitud de registro a través del formulario online creado por la FMC.
2. Demostrar ser una compañía calificada con un mínimo de 3 años de experiencia en la intermediación de transporte marítimo y que cuenta con los medios necesarios para realizar la intermediación de transporte marítimo.
3. Proveer una fianza de responsabilidad financiera emitida por una compañía aceptada por el Departamento del Tesoro de los Estados Unidos.
4. Publicar las tarifas en las plataformas en línea que el Federal Marítimo Committe destina para ello. De igual forma, deberá incluir copia de los modelos de contratos de transporte conocimientos de embarque de cualquier contrato de lealtad, conocimiento de embarque, contrato de flete u otro documento que acredite el acuerdo de transporte.

En principio, tanto las NVOCC locales como extranjera deben cumplir con los aspectos previamente indicados. No obstante, existen dos diferencias fundamentales que consisten en que las NVOCC locales deberán optar por una Licencia de funcionamiento cuya fianza de responsabilidad de funcionamiento es menor en comparación a la aplicable al registro de NVOCC extranjeras. Adicionalmente, las NVOCC incorporadas bajo leyes de otros países y que no cuenten con oficinas en los Estados Unidos, tienen la posibilidad de optar por el registro online ante el FMC sin la necesidad de abrir una oficina en dicho país. No obstante la fianza de responsabilidad financiera aplicable a estas últimas es considerablemente mayor en comparación a los NVOCC locales.

Como se ha podido apreciar, la legislación de los Estados Unidos regula de forma extensiva la operación de los NVOCC y los aspectos que le atañen en materia de derechos y obligaciones que se deriven del transporte de mercancías por vía marítima. Subsecuentemente, la amplia jurisprudencia de las cortes estadounidenses en materia marítima ha coadyuvado a un acertado tratamiento jurídico de las NVOCC y demás intermediarios de transporte a fines de determinar el alcance de sus obligaciones en caso de disputas relacionadas con el transporte marítimo.

La República Popular China

La República Popular China es otro de los países que establece un sistema de registro especial para los NVOCC que deseen emitir conocimientos de embarque para mercancías que ingresen o se exporten desde China. Del mismo modo, la Regulación de la República de China para el Transporte Marítimo de Mercancías, que es la ley marco aplicable[40] a los intermediarios marítimos y Freight Forwarders, establece una serie de restricciones para la determinación de tarifas y la negociación de los términos de transporte, cumplimiento que es extensivamente supervisado por el Ministerio de Transporte de este país. A continuación mencionaremos los aspectos principales que establece el marco jurídico chino para el registro y operación de los NVOCC en este país.

En primer lugar, China establece un sistema similar al de los Estados Unidos en cuanto al registro y autorización previa de NVOCC para la ejecución de actividades de intermediación marítima. En este sentido, las NVOCC tanto locales como extranjeras solo podían operan en China mediante la obtención de una licencia emitida por el Ministerio de Transporte de esta país y que estaba sujeta al cumplimiento de las siguientes obligaciones:

1. El registro ante el Ministerio de Transporte Chino de las tarifas y fletes aplicables a los servicios prestados desde puertos de la República de China [41].
2. Presentar una fianza o un depósito de seguridad para la operación por el monto de USD $ 185,000.00.[42]
3. Presentar un estudio de factibilidad detallado y la documentación de la empresa debidamente emitida por las autoridades del país de origen y validado por el Consulado de China.

Como podrán apreciar, los requisitos previamente mencionados se asemejan a los previstos en los Estados Unidos para la obtención de

[40] República Socialista China. *Implementation of the Provisions of the Regulation of the People's Republic of China on International Marine Transportation*, de 1 de marzo de 2002.

[41] República Popular China. *Article I and Article II Circular No. 40 in 2010 on the Implementing Rules for NVOCC Freight Filing.*

[42] Como consecuencia de acuerdos suscritos entre la FMC y el Ministerio de Transporte Chino, se permitió a las NVOCC estadounidenses elevar su garantía ante el FMC a fines de igualar el monto requerido por el MOT de China y así cumplir con este requisito de registro.

licencias y registros por parte de los NVOCC. No obstante, se ha discutido extraoficialmente que la relajación desde 2019 de los requisitos previamente descritos y estableciendo un nuevo procedimiento menos riguroso para el registro de los NVOCC tanto locales como extranjeros a través agentes autorizados. De igual forma, el requisito referente a la fianza o depósito de seguridad fue dejado sin efecto.

A consecuencia de este cambio en el proceso de registro, las NVOCC para entonces registradas debieron realizar nuevamente el proceso de inscripción ante el Ministerio de Transporte de la República Popular China conforme a los nuevos parámetros. De igual forma, existió gran incertidumbre en cuanto a las garantías suscritas por los NVOCC ocasión a los registros previos, puesto que el Gobierno Chino no emitió mayores detalles sobre este asunto.

No obstante la flexibilización del proceso de registro por parte de las autoridades chinas, la ley en este país mantuvo las disposiciones referentes a las obligaciones aplicables a los intervinientes en el transporte marítimo en territorio de este país y su relación con los NVOCC. En este sentido, el artículo 23 de las Regulaciones de la República Popular de China sobre el Transporte Marítimo Internacional[43] establece que los transportistas o *liners* no están autorizados a celebrar contratos de transporte de carga desde o hacia China con NVOCC´s que no estén debidamente registrados en este país. No obstante, el NVOCC podrá firmar el acuerdo de carga en nombre del cargador principal del contrato de servicio siempre que dicho acuerdo establezca claramente la calificación de firma de la parte contratante y que el mismo sea suscrito fuera de China. Como conclusión, el *shipping liner* solo puede acordar el transporte de la carga con el *shipper* o con un NVOCC calificado, mientras que los *Freight Forwarders* fuera de China pueden firmar como agentes en nombre del shipper o del NVOCC chino, siempre que se exprese de forma sucinta el carácter con el que suscriben el acuerdo.

El mismo Artículo 23 de Las Regulaciones en concordancia con el Artículo 19 de las Normas de Aplicación de las Regulaciones de la República de China para el Transporte Marítimo, establece que ninguna compañía podrá prestar servicios como NVOCC sin estar previamente

[43] Ley citada *ut supra*.

registrada y sin contar con la aprobación de sus modelo de Conocimiento de Embarque y tarifas registradas ante el Ministerio de Transporte de China, así como ningún transportista deberá aceptar carga de un NVOCC que no cumpla con los requisitos previamente indicados.

República de Panamá

Ya hemos mencionado que la mayoría de las jurisdicciones a nivel mundial no establecen registros obligatorios especializados para ofrecer servicios como NVOCC, sino que basta con cumplir con las leyes sustantivas en materia marítima y de transporte, así como cumplir con las formalidades de registro mercantil aplicables en cada jurisdicción. Este es el caso de Panamá en cuyo sistema legal no se establecen formalidades adicionales para el registro de los NVOCC o "*Agentes de Carga*" como se les define en este país, puesto que basta con cumplir con los requisitos legales para la constitución de la persona jurídica, además de cumplir con las *Condiciones Generales aplicables a los Freight Forwarders panameños*[44]; para que las NVOCC puedan operar en el área de intermediación marítima. Si bien, esta menor carga a nivel regulatorio para la constitución y operación de los NVOCC incentiva de cierta forma el dinamismo del sector, también es cierto que la falta de regulación especializada en cuanto a los términos de los Conocimientos de Embarque y modalidades de negocios de intermediación, han generado numerosos incidentes principalmente en lo referente a la veracidad de documentos de carga fraudulentos[45].

Por otra parte, Panamá sí cuenta con una regulación que establece el alcance de los derechos y deberes de los NVOCC en la cadena de transporte, así como la limitación de responsabilidad en caso de incidentes que afecten a la carga. Como ya hemos mencionado, de conformidad con las Condiciones Generales de los *Freight Forwarders* panameños (CGTP). en Panamá los NVOCC son equiparados a los Agentes

[44] Panamá. Dichas condiciones fueron aprobadas por la Asamblea General de la Asociación Panameña de Agentes de Carga de la República de Panamá. Pueden ser consultadas en https://docplayer.es/65144631-Condiciones-generales-de-los-transitarios-panamenos-cgtp.html

[45] Sobre este punto, recomendamos consultar la Publicación Oficial del International Maritime Bureau (ICC): https://icc-ccs.org/icc_2527/nvocc-register

de Carga o "*Freight Forwarders*" conforme a la legislación aplicable, siendo que la normativa especial aplicable enumera dentro de sus actividades la determinación del medio y ruta del transporte de carga, la selección de los operadores de transporte y su contratación, a su elección, la celebración del contrato de transporte, almacenaje y contratación de otros *Freight Forwarders* intermedios, a su elección para brindar el servicio y le confiere la facultad de convertirse en un operador de transporte con el propósito de ejecutar parte o todo el transporte, utilizando medios de transporte propios o alquilados mediante la emisión de un conocimiento de embarque.

En cuanto a la limitación de Responsabilidad aplicable a los NVOCC, las Condiciones Generales de los *Freight Forwarders* panameños, establecen que los NVOCC son responsables sólo por los servicios que se obligan a ejecutar conforme a las mismas condiciones generales, salvo pacto en contrario[46]. Del mismo modo, las Condiciones Generales excluyen la responsabilidad del *Freight Forwarder* en cuanto a pérdidas por embalaje o marcaje insuficiente del bien realizados por el cliente o por terceros, almacenaje intermedio al aire libre, hurto agravado o robo; piratería, delito contra la salud y daño al ambiente, fuerza mayor o caso fortuito, influencias climatológicas, afectación de equipos y de cables, efectos causados por otros bienes, daño por animales, deterioros por la propia naturaleza del bien, vicios ocultos o propios de la mercancía, retraso en la entrega, bajo ninguna circunstancia, lucro cesante, pérdida de cliente, perjuicios, multas y depreciaciones u otro daños a consecuencia del servicio prestado[47].

Finalmente y conforme al principio de limitación de responsabilidad generalmente aplicable en materia marítima, la ley panameña otorga al NVOCC la posibilidad de limitar su responsabilidad en el caso de pérdida, quedando la misma limitada a US$ 1.50 por cada kilogramo de peso bruto de la mercancía, motivo de la reclamación hasta un máximo de US$10,000[48].

---

[46] Artículo 6.

[47] Artículo 1.

[48] Panamá. Condiciones Generales de los Transitarios Panameños. Articulo 21.1

República de Venezuela

Atendiendo a las dos corrientes estudiadas en los puntos anteriores en cuanto al registro y operación de los NVOCC, podemos incluir a Venezuela dentro de los países que cuentan con una legislación que requiere el registro obligatorio previo para la operación de los mismos, si bien la legislación patria les otorga el nombre de "*agentes de carga*". En este sentido, la Ley de Marinas y Actividades Conexas define a los NVOCC como agentes de carga, y define a éstas como *aquellas que actúan como embarcador o cargador respecto del transportador y como transportador respecto del usuario, sin contar necesariamente con la infraestructura del naviero o transportador efectivo y que expiden el conocimiento de embarque a usuarios*[49].

En Venezuela, el ente administrativo encargado de la supervisión y control del sector marítimo es el Instituto Nacional de Los Espacios Acuáticos INEA, organismo que establece los requisitos de registro y certificación de las compañías relacionadas al sector marítimo, entre las que incluimos a los Agentes de Carga. De este modo, los Agentes de Carga deben contar con una autorización emitida por el INEA a fines de desarrollar la intermediación marítima en Venezuela, para ello, deben completar el proceso de registro bajo los siguientes requisitos:

1. Contar con un sistema de Gestión de Calidad bajo la Norma ISO 9001:2015
2. Presentar una fianza por 500 Unidades Tributarias con vigencia de un 1 año
3. Cumplir con la inspección realizada por la autoridad acuática INEA
4. Realizar el pago de la tasa por registro
5. Completar la solicitud en línea ante el portal web del INEA[50]

Como se puede apreciar, la autorización de operación de las agencias de carga se encuentra bajo un extenso escrutinio por parte de la autoridad acuática, puesto que más allá del respaldo financiero para la

---

[49] Venezuela. Ley de Marinas y Actividades Conexas. Artículo 237.

[50] Estos requisitos se encuentran expresados en el portal web del INEA http://www.inea.gob.ve/action/getblob?random=0.7316361965425198&id=1865

operación que supone la suscripción de la fianza de fiel cumplimiento, el INEA también requiere que el NVOCC cuente con la certificación del sistema de gestión de calidad que respalde todos los procesos que rigen la actividad de la compañía. En ocasiones, esta certificación de calidad requiere de reiteradas auditorías internas y externas, además de cumplir con otros subprocesos que al sumarse con el resto de los procedimientos necesarios para el registro ante la autoridad acuática, en ocasiones pueden suponer una carga excesiva para el agente, en contraste con los sistemas de registro implementados en otras jurisdicciones.

En cuanto a las leyes marítimas aplicables a la intermediación marítima, ya hemos visto la definición que establece la Ley de Marinas y Actividades Conexas donde se establece que el Agente de Carga actúa como embarcador o cargador respecto del transportador y como transportador respecto del usuario o propietario real de la carga.

Por otra parte, es necesario mencionar que la Ley de Comercio Marítimo venezolana establece las disposiciones regulan las relaciones jurídicas existentes entre el cargador, el agente de carga, el porteador y los demás sujetos que intervienen en el transporte de mercancías.

En este sentido, la Ley de Comercio Marítimo establece la definición del contrato de fletamento por viaje de forma parcial, el cual es la piedra angular de la actividad comercial del NVOCC. De este modo, la ley establece que *el fletamento por viaje puede ser total o parcial (...) Es parcial cuando se pone a disposición del fletador uno o más espacios determinados dentro del buque.*[51] Finalmente, el artículo 177 en su último aparte establece que el fletante conserva las gestiones náutica y comercial del buque, siendo este un elemento fundamental en la relación entre el agente de carga (NVOCC) y el porteador o transportista marítimo que ejecuta efectivamente el transporte marítimo.

En coherencia con las demás jurisdicciones estudiadas, en Venezuela el agente de carga se ve amparado por la limitación de responsabilidad aplicable al transportista marítimo. Dicha limitación es desarrollada por la Ley de Comercio Marítimo antes citada y en cuyo texto se han adoptado las disposiciones de las Reglas Haya Visby en materia de limitación de responsabilidad. En este sentido, la ley establece el límite de responsabilidad para el porteador de la siguiente forma:

---

[51] Ley de Comercio Marítimo. Artículo 177.

> *"Artículo 211*
> *La responsabilidad del porteador o del buque por las pérdidas o daños que sufran las mercancías, en ningún caso excederá el límite de seiscientas sesenta y seis con sesenta y siete centésimas (666,67) unidades de cuenta por bulto u otra unidad de carga transportada, o a dos con cincuenta centésimas (2,50) unidades de cuenta por kilogramo de peso bruto de las mercancías perdidas o dañadas, aplicándose el límite más elevado, a menos que el cargador haya declarado antes del embarque, la naturaleza y valor de la mercancía, que la declaración se haya hecho constar en el conocimiento de embarque y que no haya sido impuesta por exigencias administrativas del país del puerto de carga o de descarga".*

Los artículos 212 y siguientes de la ley *in commento* establecen otros criterios de limitación de responsabilidad para el porteador en caso de retrasos en la entrega de la mercancía y para la determinación de las cantidades a considerar para calcular la limitación de responsabilidad. De igual forma, en el artículo 217 y siguientes *ejusdem* se indican los supuestos donde el porteador no podrá acogerse a la limitación de responsabilidad, las cuales se fundamentan principalmente en caso de pérdidas a causa de dolo o culpa grave del porteador, sus empleados, agentes u operadores portuarios designados.

En síntesis, Venezuela cuenta con una nutrida regulación en materia de intermediación marítima, siendo que nuestras leyes especializadas en la materia han recogido los principios internacionalmente aceptados en materia de transporte marítimo y multimodal. De igual forma, en nuestro país existe una supervisión administrativa de la actividad marítima, la cual es desempeñada por el Instituto Nacional de Espacios Acuáticos, cuya potestad se extiende a la autorización previa y supervisión de las operaciones realizadas por los agentes de carga venezolanos.

IV

En cuanto a la protección de seguros, brevemente indicamos que, adicionalmente al amparo que como porteador pudiese tener el NVOCC en reclamaciones en contratos de transporte marítimo en el cual ha sido parte, el mercado de seguros ha diseñado una serie de productos destinado a cubrir el interés asegurable, definir el área de riesgos a tomar, analizar el negocio y verdaderas prestaciones que realiza el NVOCC para emitir pólizas de seguros a este tipo de empresas. Las coberturas varían, pero pueden clasificarse en i) coberturas para cubrir el otorgamiento de las fianzas necesarias para la inscripción de la empresa como NVOCC en China o Estados Unidos, ii) Seguro de la carga (daños, abordaje, manejo indebido, abandono de contenedores, daño de contenedores, carga no reclamada o recogida, entregas de carga en mal estado); iii) responsabilidad profesional (carga enviada a destino equivocado, por ejemplo) y iv) Seguros para las operaciones diarias del negocio.

V. RELACIONES CONTRACTUALES DEL NVOCC

Vistas sus facultades, el NVOCC, mediando acuerdo con el otro porteador efectivo o incluso con otro NVOCC reglamentado, puede ofrecer tarifas competitivas más bajas que las de un *Freight Forwarder* o cliente final que desee acudir directamente a la línea regular. Por ende, el quid del negocio del NVOCC estriba en poseer la cartera de clientes (*shippers* o intermediarios) suficientes para voltearse hasta el porteador efectivo para la reserva de los espacios en contenedores que sean necesarios, por lo que muy comúnmente el NVOCC funge como fletador o *charterer* en el *Slot Charter Party* o contrato de fletamento por espacios.

De hecho, en la práctica, desde el último tercio del siglo pasado, grandes empresas fueron formadas desde pasar por la consolidación de contenedores, para luego convertirse en agentes de logística o *Freight Forwarders*, hasta convertirse en NVOCCs, emitiendo sus propios documentos de transporte como porteadores e, incluso, adquiriendo otros eslabones del negocio como empresas empaquetadoras, flotas de camiones, compra de almacenes y de contenedores de todo tipo.

Sin embargo, este tan elástico mundo de permeabilidad en el transporte marítimo, hace también al NVOCC sujeto de las consecuencias jurídicas de sus actos y contrataciones. En este apartado mencionaremos solo las contrataciones que consideramos fundamentales dentro del estudio de NVOCC: su relación con el porteador en el Slot Charter Party y su relación con el shipper cuando emite *House Bill of Ladings*.

En primer lugar, el NVOCC puede realizar un contrato de fletamento por espacio o *Slot Charter Party* con un armador, línea regular u operador de nave. Frente a ese armador o fletante, el NVOCC, como lo hemos estudiado en capítulo anterior de este artículo, deberá cumplir con el pago del *flete* o *hire* fijados y, cuando entregue físicamente los contenedores al armador, será responsable de los contenedores, su seguridad y naturaleza de la carga en ellos contenidos frente al fletante como frente a terceros.

Sin embargo, **en esta relación jurídica con el armador**, el NVOCC no será responsable ni corresponsable frente al primero por los daños, pérdidas o retrasos de los contenedores en su transporte marítimo ya que, en la realidad, el NVOCC no opera materialmente el buque – como en un *Bareboat Charter Party* – ni define previamente cuál será la trayectoria del buque – como en un *Voyage Charter Party*- ni es operador comercial de la nave durante un tiempo determinado – como un *Time Charter Party*-.

Sin embargo, es diferente la relación contractual que mantiene del NVOCC con el cargador o *Freight Forwarder* al emitir sus propios *House Bill of Lading*. En esta relación, Sí que el NVOCC se hace responsable por el transporte del o los contenedores y sus mercaderías contenidas en ellas durante el viaje y con las condiciones pactadas en el contrato. Así, frente al *shipper*, el NVOCC es el porteador en el contrato de transporte y por ello tendrá las obligaciones de esa parte originaria en el contrato de transporte de mercaderías, cuyos derechos y obligaciones serán regidas por la ley y jurisdicción aplicable a ese *Bill of Lading*, como por ejemplo aquéllas de las Reglas de la Haya – Visby, Reglas de Hamburgo o algún otro régimen aplicable.

Siguiendo con la relación contractual entre el NVOCC y el *shipper* nominal en el contrato, así como el NVOCC tendrá las obligaciones del transporte marítimo y será responsable por la pérdida y daños a la carga – y posiblemente por el retraso en la entrega – el *shipper* será asimismo responsable de la correcta indicación del tipo de carga, su embalaje y etiquetado de pagar el precio del transporte y, en caso de daños, aceptar la limitación de responsabilidad del NVOCC quien, una vez más, en este contrato funge como porteador.

Por ende, ¿puede el *shipper* demandar al NVOCC por los daños a su carga bajo el conocimiento de embarque emitido por este último? La respuesta es afirmativa. En consecuencia, ¿podrá el NVOCC oponer las excepciones y limitaciones de responsabilidad y reparación que establecen las condiciones del contrato y la ley aplicable en la cláusula Paramount del Conocimiento de Embarque? La respuesta es igualmente afirmativa. Y esto es así ya que, tanto las legislaciones locales, comparadas y los comparadas establecen la posibilidad del porteador – nominal o no – en el contrato de transporte marítimo de mercaderías de limitar su responsabilidad y reparación en caso de daños o pérdida de calma, con las excepciones en las cuales dicha limitación no procede – en caso de dolo, por ejemplo – o en el otro extremo, cuando existe exoneración total del porteador - dolo del *shipper*, por ejemplo-.

Adicionalmente, mucho se ha discutido la legitimación activa y pasiva en las reclamaciones por daños a contenedores y a la carga en ella contenida. Según nuestro criterio, tendrá el derecho de reclamar, o la legitimación activa, aquél que efectivamente i) haya sufrido el daño de esa mercadería, que puede ser el *shipper*, consignatario o quién asumió en el contrato de venta los riesgos correspondientes o ii) haya reparado el daño sufrido a su asegurado y se posiciones con los derechos de éste a través de un acto contractual de subrogación.

En cuanto a la legitimación pasiva, la solución no está a la vuelta de la esquina. En un contrato de transporte internacional actual, normalmente intervienen diferentes porteadores y diferentes medios modales, incluso puede intervenir uno o más NVOCC. Por ello, sin poder profundizar sobre regímenes aplicables en este artículo, será responsable aquél porteador que haya ocasionado el daño. Sin embargo, para el propietario o legitimado activo esto pudiera ser una tarea muy compleja, sometida a muchos costos, posibles leyes o jurisdicciones que desconoce, entre otras dificultades. Por ello, el demandante en la práctica se le presentan varias opciones: por una parte, puede reclamar directamente a la persona con quien contrató y que contractualmente se comprometió a cumplir. Por otra parte, el reclamante podrá reclamar directamente al porteador efectivo de más solvencia económica para asegurarse una correcta indemnización. Sin embargo, tantos unos como los otros porteadores, pudiendo ser solidariamente responsables frente al legitimado activo quien no conoce a ciencia cierta en qué parte ocurrió el accidente, podrían limitar su responsabilidad. Veamos un caso real para ilustrar este punto.

El caso *Kirby v. Norfolk Southern* decidido en el año 2004 por la Suprema Corte de los Estados Unidos, ilustra perfectamente la estrecha relación comercial y de responsabilidad que existe entre todos los sujetos que intervienen en el transporte de mercaderías por contenedores, siendo este caso de especial relevancia para el presente artículo, debido a que en el mismo se deja en relieve la naturaleza jurídica de los NVOCC y sus derechos y obligaciones durante el transporte.

El caso objeto de estudio, se centra en el transporte multimodal de una maquinaria propiedad del cargador Kirby, desde Australia hasta los Estados Unidos. Kirby (*shipper*) recibió un conocimiento de embarque emitido por un NVOCC que se encargaría del transporte de la mercancía desde Australia hasta su destino en los Estados Unidos.

El equipo sufrió daños mientras se transportaba por ferrocarril en los Estados Unidos, por lo que Kirby demandó al ferrocarril (Norfolk Southern). Al conocer del caso, la Corte de Apelaciones del Onceavo Circuito (en adelante La Corte) determinó que el conocimiento de embarque del transportista marítimo era ineficaz en la aplicación de los límites de responsabilidad de carga al ferrocarril Norfolk Southern. Además, que el conocimiento de embarque del NVOCC fue igualmente ineficaz porque en su criterio, Kirby no tenía relación contractual con el operador del ferrocarril.

La decisión de La Corte implicaba que los límites de responsabilidad establecidos en conocimiento de embarque de un NVOCC no protegían al transportista marítimo, ni a su subcontratista ferroviario en caso de daños a la carga. En caso de haber sido confirmada, la decisión hubiese tenido serias implicaciones en el transporte multimodal desde y hacia los Estados Unidos, no obstante, la misma fue apelada por la representación del operador ferroviario Norfolk Southern, siendo el caso posteriormente conocido por la Corte Suprema de los Estados Unidos (en adelante La Suprema Corte).

El 24 de marzo de 2004, el *World Shipping Council* presentó un escrito de *amicus curiae* ante la Suprema Corte respaldando la posición de Norfolk Southern. En resumen, con el escrito se argumentó que los

NVOCC actúan como agentes del cargador estando estos últimos vinculados a los límites de responsabilidad y los términos del conocimiento de embarque del porteador marítimo, y que, además, los diferentes transportistas de las mercancías y demás intervinientes en el transporte también están cubiertos por los límites de responsabilidad y reparación previstos en el conocimiento de embarque emitidos por el NVOCC.

La Corte Suprema falló a favor de Norfolk Southern y decidió apoyándose en los argumentos alegados por The World Shipping Council. En síntesis, el fallo de La Suprema Corte estableció que una cláusula – llamada "*Himalaya*" - redactada correctamente en el conocimiento de embarque de un transportista marítimo, emitida a un NVOCC, protege a los subcontratistas del transportista marítimo de la responsabilidad frente al cliente del NVOCC en la misma medida en que el conocimiento de embarque protege al transportista marítimo, independientemente de los términos en los que el NVOCC contrató con su cliente (propietario real de la mercancía).

Adujo, la Suprema Corte, que un NVOCC actúa como un agente para el cargador o propietario real de la mercancía, estando este último sujeto a los términos pactados entre el NVOCC y el transportista marítimo, incluso cuando el dueño de la carga no forme parte de dicha negociación. Por otra parte, el NVOCC puede acogerse a la limitación de responsabilidad prevista el conocimiento de embarque en los términos de un transportista marítimo[52].

CONCLUSIÓN

La evolución del contrato de transporte de mercancías total o parcialmente por vía marítima ha evolucionado en nuestros días. Los procesos globalizadores, el crecimiento poblacional y la economía mundial han llevado que cada vez exista más demanda de todo tipo de productos desde y hasta cualquier latitud, puerto, ciudad. Es materialmente imposible que un naviero o propietario destinado a transportar miles de contenedores en sus buques pueda suscribir contratos singulares y

---

[52] Para consultar la decisión emitida por la Corte Suprema de los Estados Unidos, visitar el siguiente enlace: https://www.justice.gov/osg/brief/norfolk-s-ry-v-kirby-amicus-merits

particulares con cada vendedor o comprador de todo tipo de mercaderías a nivel global. Por ello, el mercado e industria de intermediarios de transporte ha venido creciendo exponencialmente, ocupando, la parcela del transporte de contenedores, un porcentaje importante del transporte mundial, tal como lo refleja año a año la Revista de Transporte Marítimo de la *United Nations Commission for Trade and Development*.[53]

Nuestro muy humilde propósito en este breve artículo ha sido demostrar cómo la práctica y evolución del transporte ha llevado a diferentes agentes a fungir como cargadores, transportadores, consignatarios en un simple contrato de transporte, lo que hace ampliar o redirigir la interpretación de las partes iniciales en un contrato de transporte marítimo ofrecidas por las leyes y convenciones.

Nos centramos para ello, en la posibilidad que quien aparece como porteador en un *Bill of Lading*, realmente sea una empresa que explota y opera buques sin siquiera operarlos, cual es el NVOCC. Este protagonista, pocas veces referido en los textos de derecho marítimo, viene siendo según nuestro criterio tan importante como el Freight Forwarder o el Operador Logístico y, advirtiendo desde nuestra experiencia profesional las posibilidades que puede abarcar, nos dedicamos a analizar su régimen jurídico actual.

Ahora bien, no basta señalar la existencia de dicha figura. Es palmario analizar cuál es la regulación nacional, comparada e internacional jurídica que ostenta el NVOCC. Por ello, hemos advertido los límites para su creación dentro del derecho marítimo administrativo, sus aspectos comerciales, su responsabilidad contractual frente a porteadores, intermediarios y cargadores y su limitación en la reparación en caso de daños a la carga contenedorizada. Como es usual, esperamos, más que el provecho en la lectura de nuestras ideas personales, que el lector interesado en ello profundice en las fuentes y hallazgos regulatorios, doctrinarios y jurisprudenciales aquí referidos.

Caracas, junio 2020.

---

53 Para consultar dicha publicación ver el enlace siguiente: ttps://unctad.org/en/PublicationsLibrary/rmt2019_en.pdf

BIBLIOGRAFÍA

1. Libros

ÁLVAREZ LEDO, Tulio. *Derecho Marítimo.* Tomo I. Segunda Edición, Universidad Católica Andrés Bello, Caracas, 2007.

BELISARIO CAPELLA, Freddy. *Riesgos de la Navegación.* Anauco Ediciones, Caracas, 2005.

_____. *Derecho del Transporte Marítimo.* Tomo I. Ediciones Marítimas Venezolanas. Caracas, 2012.

GAMERO LAGUENS, Sebastián. *El Contrato de Fletamento por Espacio.* Tesis doctoral, Universidad de Sevilla. 2018.

TETLEY, William. *Glossary of Maritime Law.* Segunda Edición. Langlois Gaudreau O`Connor. Montreal. 2004.

2. Revistas y obras Colectivas.

BAATZ, Yvonne. "Charter Parties", en *Maritime Law.* Cuarta Edición. Informa Law. Southampton, Reino Unido. 2018.

BELISARIO CAPELLA, Freddy. "El Fletamento de Células en los buques portacontenedores (Slot Charter Party)" en el *Libro Derecho Marítimo Latinoamericano,* volumen II, Editorial Jurídica Venezolana, Caracas, 2019.

GUZMÁN, José Vicente y PINO, María Mónica, "El Contrato de Fletamento y sus principales diferencias con el contrato de transporte marítimo de mercancías" en *REVISTA e – Mercatoria.* Volumen 10, Número 1 (enero –junio 2011), Madrid.

3. Referencias Jurisprudenciales

Estados Unidos. Kirby v. Norfolk Southern, decidido en el año 2004 por la Suprema Corte de los Estados Unidos La decisión puede ser consultada en el siguiente enlace: https://www.justice.gov/osg/brief/norfolk-s-ry-v-kirby-amicus-merits

Estados Unidos. Polo Ralph Lauren L.P. v. Tropical Shipping & Constr. Co., Court of Appeals of the 11th circuit 2000. Insurance Co. of North America v. M/V Ocean Lynx, (11th Court of Appeals of the 11th circuit 1990).

4. Legislación

Convención de las Naciones Unidas sobre los Contratos de Compraventa Internacional de Mercaderías (Viena, 1980). Adoptado el 11 de abril de 1980n. Entrada en vigor: 1 de enero

Convenio de las Naciones Unidas sobre el Transporte Marítimo de Mercancías. Aprobado por conferencia diplomática el 31 de marzo de 1978. Entrada en vigor: 1 de noviembre de 1992. de 1988.

Convenio Internacional Sobre El Embargo Preventivo De Buques, 1999

Convenio Internacional sobre los Privilegios Marítimos y la Hipoteca Naval, 1993

Convenio Internacional para la Seguridad del Contenedor (1972)

Estados Unidos. Ocean Shipping Reform Act. Aprobada el 14 de octubre de 1998.

Estados Unidos. Shipping Act of 1984 reformada en 1998 y aplicada por el Code of Federal Regulations 2019.

International Chamber of Commerce. NVOCC Code of Conduct.

Organización Marítima Internacional. 2014. Code of Practice for Packing of Cargo Transport Units.

Panamá. Asamblea General de la Asociación Panameña de Agentes de Carga de la República de

Panamá. Condiciones Generales de los transitarios panameños. Puede ser consultadas en https://docplayer.es/65144631-Condiciones-generales-de-los-transitarios-panamenos-cgtp.html

República Socialista China. Circular No. 40 in 2010 on the Implementing Rules for NVOCC Freight Filing.

República Socialista China. Implementation of the Provisions of the Regulation of the People 's Republic of China on International Marine Transportation, de 1 de marzo de 2002.

Venezuela. Ley de Comercio Marítimo publicada en Gaceta Oficial Número 38.351 del 5 de enero de 2006.

Venezuela. Ley de Marinas y Actividades Conexas publicada en la Gaceta oficial número 6.253 del 18 de noviembre de 2014.

5. Referencias Electrónicas

International Commercial Terms INCOTERMS . Disponibles en http://www.iccspain.org/producto/reglas-incoterms-2020/ Consultados en fecha 20 de junio de 2020.

Baltic and International Maritime Council BIMCO. Disponible en https://www.bimco.org Consultado en fecha 01 de marzo de 2020.

International Maritime Bureau (ICC). Disponible en: https://icc-ccs.org/icc_2527/nvocc-register

Instituto Nacional de Espacios Acuáticos de la República Bolivariana de Venezuela. Su página web puede ser consultada en http://www.inea.gob.ve/action/getblob?random=0.7316361965425198&id=1865 Consultada el 1 de mayo de 2020.

Review of Maritime Transport. 2019. United Nations Commission for Trade and Development. Puede ser consultada en https://unctad.org/en/PublicationsLibrary/rmt2019_en.pdf Consultada el 5 de abril de 2020.

EL BUQUE COMO ELEMENTO REAL EN LOS CONTRATOS DE FLETAMENTO POR VIAJE

TOMÁS R. MALAVÉ BOADA*

I. INTRODUCCIÓN

El objetivo del presente trabajo, es ofrecer una referencia general de la figura del buque como elemento real en la modalidad contractual de fletamento por viaje, siendo esta, una de las operaciones de transporte de mercancías de mayor trascendencia económica en la actualidad, revisando el tratamiento jurídico de esta figura e importante institución marítima, además de las implicaciones que surjan entre las partes, así como su impacto dentro de la práctica contractual, de acuerdo a los principios generales sobre obligaciones y contratos, su regulación en la legislación venezolana y la observada en la práctica internacional.

---

* Abogado de la Facultad de Derecho de la Universidad Santa María, con postgrado con Honor al Mérito en Derecho Marítimo de la UMC; con estudios del Programa de Seguro Marítimo y Transporte del Diplomado de la Red Traimar Américas; participante del Programa del curso de Transporte y Fletamento Marítimo, impartido por la Escuela de Derecho de la Universidad de Southampton, Reino Unido, y del Programa de Transporte Marítimo, impartido por la *Baltic and International Maritime Council* (BIMCO), en la ciudad de Copenhague, Dinamarca. Académicamente ha participado como Profesor del Diplomado en Transporte Marítimo impartido por la (UCAB); presidente de la Asociación Naviera del Orinoco (ASORINOCO); Miembro de la Asociación Venezolana de Derecho Marítimo (AVDM), IIDM y Director Legal de la empresa ACBL de Venezuela, C.A.

En contratos tan usados para el mercado internacional de fletes, como lo es el de viaje, la significación que reviste el buque en esta modalidad representa la base y objeto del contrato, y siendo un bien esencialmente fungible, representa el cumplimiento de una serie de obligaciones específicas por parte del armador/fletante en su relación contractual con el fletador, dentro de las cuales, se determinan principalmente, el compromiso contractual de disponer para el fletador un buque específico, así como las condiciones que este debe contemplar desde el punto de vista técnico y jurídico, para realizar con diligencia el, o los viajes convenidos. Estas obligaciones respecto al buque, son fundamentales en relación a los contratos de utilización de naves, en especial al contrato de fletamento por viaje, como instrumento directo del hecho técnico de la navegación y lo que ella representa en el ámbito internacional.

Es así, como en materia de contratos de utilización de naves, el conocimiento y valoración de la normativa que regula las relaciones contractuales en régimen de fletamento por viaje, y en especial, la parte que comprende el estudio de los elementos esenciales de un contrato de esta categoría, específicamente, vemos el buque, como uno de los más significantes elementos reales que forma parte de este contrato, el cual, resulta vinculante para la configuración de esta modalidad contractual, y que representa sin duda, un factor determinante para la ejecución del contrato, así como su objeto principal, el cual constituye el eje central, entre otras condiciones esenciales, cuyas especificaciones que lo describen e identifican, determinan el grado de compromiso del fletante respecto al cumplimiento de sus obligaciones, para la satisfacción del fletador y el resultado del viaje pactado.

II. EL CONTRATO DE FLETAMENTO POR VIAJE EN LA LEY DE COMERCIO MARÍTIMO. CONCEPTO Y REFERENCIAS PRÁCTICAS Y DOCTRINALES

La Ley de Comercio Marítimo (LCM)[1] en su Título V. Los Contratos de Utilización del Buque. Capítulo II. Sección IV. Fletamentos por

[1] *Ley de Comercio Marítimo,* publicada en Gaceta Oficial No. 38.351, de fecha 5 de enero de 2006.

Viaje, en sus artículos 177 y 178, se establecen las disposiciones sobre el contrato de fletamento por viaje, en cuanto al alcance y definición, además de lo que respecta a las obligaciones del fletante[2].

El Artículo 177, contempla dentro de la definición de esta modalidad contractual, la obligación del fletante de poner a disposición del fletador un buque determinado, mediante el pago de un flete, para realizar un viaje o viajes convenidos, no pudiendo, salvo estipulación en contrario, sustituir el buque objeto del contrato. Por otro lado, el Artículo 178 (Obligaciones del Fletante), establece, el compromiso del fletante de presentar el buque en lugar y fecha estipulada, en condiciones de navegabilidad, equipado y con la documentación requerida para realizar las operaciones previstas en el contrato y así, mantenerlo durante el viaje o viajes convenidos, pudiendo el fletador, resolver el contrato mediante comunicación por escrito, si este no pone el buque a su disposición en la fecha y lugar convenido y en condiciones de navegabilidad.[3]

Por otro lado, para el sector doctrinal en materia de contratos de utilización del buque[4], el estudio pormenorizado del fletamento por viaje, se define como un contrato mediante el cual, el fletante o armador se compromete a poner su buque a disposición del fletador a cambio de un precio llamado flete y con el objeto de transportar las mercancías pactadas en un determinado viaje o viajes convenidos.

En cuanto al alcance y su definición, conviene señalar lo que indica Ruiz Soroa-Zabaleta-González[5]: *"el contrato por el cual una parte denominada armador o fletante (owner), pone un buque o buques determinados (o a determinar) a disposición de otra denominada fletador (charterer), con el objeto de transportar una mercancía o mercancías*

2 *Ibíd.* Arts.177-178.

3 *Ibíd.* Art. 180.

4 Vid. Rodolfo González-Lebrero, "Los Contratos de Utilización de Buques", en libro *Contratos Sobre el Buque en el Derecho Español. Análisis Práctico* Asociación Española de Derecho Marítimo, Editorial Dykinson, Madrid 2018, p.61." *La utilización de un buque con miras a la obtención de un beneficio económico directo se puede llevar a cabo bajo la forma de diversas estructuras convencionales, cuya sistematización y diferenciación se logra fundamentalmente mediante la determinación de la prestación final convenida en los respectivos contratos"*

5 Ruiz Soroa-Zabaleta-González,.*Manual de Derecho de Transporte Marítimo,* Publicaciones del Gobierno Vasco, Vitoria-Gasteiz, 1997, p.p. 167-168.

determinadas en un viaje o viajes definidos, y en virtud de un precio (determinado en función de la mercancía cargada o a un tanto alzado llamado flete (freight).

Respecto a la sitematización de los contratos de utilización de naves y a la determinación de la prestación del servicio relativo a los contratos de fletamento, en especial al de viaje, conviene acotar lo que señala Stewart C. Boyd, Andrew s. Burrows y David Forton[6], respecto a lo que consideran como definición de este tipo contractual: *"when a shipowner or person having as against the shipowner the right to make such an agreement, agrees to furnish a ship for the purpose of so carrying goods, in return for a sum of money to be paid to him, such a contract is called a contract of affreightment and the sum to be paid is called freight".*

Esta conceptualización que clasifica dentro de los contratos de utilización del buque al fletamento por viaje, nos indica por los servicios que en él se pactan, que este contrato es el instrumento característico en los tráficos de navegación libre o *tramp*[7], el cual, es utilizado para el transporte y movilización de grandes cargas homogéneas como el carbón, cereales, mineral de hierro, fertilizantes, y de productos derivados del petróleo. Es por ello, que en el ámbito de las transacciones de compra venta internacional, la importancia que representa el uso del buque para la ejecución de los viajes pactados y el transporte de las mercancías, forma parte de las principales obligaciones tanto del comprador como del vendedor, (dependiendo, claro está, de la forma adoptada en los *incoterms*[8] acordados por ellos), para realizar sus operaciones de

---

6 Boyd Stewart C., y Andrew Burrons and Foxton, *Scrutton on Charterparties and Bill of Lading,* London, 1996, p. 1.

7 Vid. Rodolfo González-Lebrero, *Curso de Derecho de la Navegación,* Servicios de Publicación del Gobierno Vasco, Vitoria-Gasteiz, 1998, p. 95. *"Los buques que no prestan servicios regulares, desenvuelven su actividad en el área de la navegación libre y cumplen prestaciones de oportunidad; son los llamados buques tramp, dedicados principalmente al transporte de cargamentos completos o de unos pocos cargamentos parciales. No tienen itinerario fijo y transportan sus cargas - generalmente graneles - a lo largo de distancias relativamente largas, mediante tarifas que son negociadas caso a caso, aunque están muy condicionadas por el nivel del mercado libre de fletes al tiempo de la contratación.*

8 Expresan el conjunto de normas o reglas internacionales de origen privado que determinan la interpretación de los principales términos utilizados en los contratos de compra venta internacional.

exportaciones como de sus importaciones[9], siendo las operaciones de transporte y movilización de cargas, una importante actividad en lo que respecta un movimiento que está en más de un 90% manejado por el tráfico marítimo internacional[10].

Bien señala Chow y Schoenbaum[11] respecto a la significación dcl uso del buque como complemento importante para las transacciones internacionales en materia de compra venta internacional, además del uso de los *charterparties*, cuando menciona: *"In international trade, transport by ship is frequently employed. In general, there are two types of ship transport; Common carriage and private carriage. In private carriage, a ship will be leased in whole or in part by special arrangement. The contract of private carriage is known as a Charter Party".* Igual referencia cabe destacar, con lo señalado por Cova Arria[12] respecto a la importancia del transporte en los contratos de compra venta internacional. *"la diferencia que existe entre un contrato de compra venta nacional de mercancías y uno internacional, es que las partes contratantes están a distancia, de allí que éstas se las ha llamado también "compraventas marítimas", porque la mayoría de las mercancías son transportadas por vía marítima, ello debido a las distancias y a que, las tres cuartas partes de planeta están conformadas por agua, siendo la vía marítima la principal vía de comunicación".*

---

9 Vid. Buckley, James J, *The Business of Shipping,* Cornell Maritime Press, Eight Ed., Centreville, Maryland, USA, 2008, p. 38. *"The purpose of tramp ships is to provide convenient, timely, and economical transportation for many kinds of goods, needed in a complex industrialized society. Converting this declaration of purpose into the reality of cross-ocean movement of many millions of tons of goods typified by ore, coal, grain and fertilizer is a task demanding skill and multitude of resources.*

10 Vid. Conferencia de las Naciones Unidas Sobre Comercio y Desarrollo (UNCTAD), *Informe Sobre Transporte Marítimo 2019,* Naciones Unidas, 2019, p. 4. *El transporte marítimo sigue siendo la espina dorsal del comercio globalizado y la cadena de suministro del sector manufacturero, ya que más de cuatro quintas partes del comercio mundial de mercancías por volumen se mueven por mar. Sin embargo, el crecimiento del comercio marítimo internacional disminuyó ligeramente en 2018 debido a unos indicadores económicos menos favorables en un contexto de mayor incertidumbre y proliferación de riesgos de retroceso de diversa índole. Dicho descenso refleja la evolución de la actividad económica y comercial mundial.*

11 Daniel Chow y Thomas Schoenbaum, *International Business Transactions,* Aspen Publisher, 2005, p. 102.

12 Luis Cova Arria, *Comercio Internacional incluyendo el Comercio Electrónico,* Academia de Ciencias Políticas y Sociales, Caracas, 2010, p. 27.

Se puede observar entonces, respecto a su conceptualización, que la mayoría de la doctrina apunta, que, en esta modalidad contractual, el fletante se obliga frente al fletador a cambio de un precio o flete, a presentar un buque apto para transportar mercancías al lugar determinado por las partes. Este tipo de contrato se documenta por escrito en pólizas-tipo usualmente manejadas por las partes en el ámbito internacional, para facilitar como arriba señalamos, las contrataciones en tráficos *tramps* o navegación libre y, sus condiciones se pactan independientemente se utilicen formas tipo o uso de estos formularios. Los contratos o pólizas-tipo generalmente se utilizan para expresar de manera escrita los acuerdos del fletante y fletador, e internacionalmente, son elaboradas y recomendadas por importantes organizaciones o asociaciones que implementan su uso como formas habituales de contratación[13].

Entre estas organizaciones y asociaciones están principalmente: la *Baltic and International Maritime Council (BIMCO);* la *Association of Ship Brokers & Agents (ASBA); The Federation of National Associations of Shipbrokers & Agents (FONASBA); The International Association of Dry Cargo Shipowners (INTERCARGO),* así como otras que representan distintos intereses para determinados tráficos, siendo la póliza-tipo de mayor uso internacional en lo que respecta al tema estudiado, la *Uniform General Charter* (GENCON)[14] en su última edición.

Dando el valor entonces, de lo que representa el uso de esta modalidad contractual en el mercado internacional de fletes, es conveniente observar lo que apunta Ignacio Arroyo[15]: "*para gran parte de*

---

[13] Importante lo que señala Juan Pablo Rodríguez Delgado, "El Contrato de Fletamento por Viaje, Contenido Obligacional", en libro *Contratos Sobre el Buque en el Derecho Español. Análisis Práctico,* Asociación Española de Derecho Marítimo, Editorial Dykinson, Madrid, 2018, p.p. 106-107. "*entre otros, el uso de formularios internacionales "Standard Forms" para el transporte de mercancías, de carácter eminentemente uniforme, y que han sido redactadas siguiendo las soluciones, originadas, especialmente como resultado de numerosas sentencias de derecho inglés, lo que conlleva con cierta frecuencia un excesivo nivel casuístico, y de detalle, con estipulaciones a menudo contradictorias entre sí y de difícil interpretación, son utilizados diariamente en la práctica por operadores del tráfico marítimo, convirtiéndose en verdadera ley entre las partes.*

[14] BIMCO DOCUMENTS, "*Gencon 94. Standard General Voyage Charter Party with Explanatory Notes",* Copenhagen, Denmark. s.a.

[15] Ignacio Arroyo, *Curso de Derecho Marítimo,* M. Bosch Editor. Barcelona, España, 2001, p. 461.

la doctrina el fletamento por viaje se identifica con aquel contrato por el cual un naviero (fletante) cede a otra persona (fletador) la utilización de todo o parte de un buque para la carga de mercancías, obligándose, a cambio de un precio (flete) a transportar la carga de un puerto a otro".

Igualmente Sostiene Arroyo, *"la obligación a cambio del pago del flete, a poner un buque en condiciones de navegabilidad para la realización de un viaje convenido, siendo esta, la finalidad para realizar el viaje y su fin económico-social la de navegar*". Es decir, que revisando las posiciones doctrinales, podemos afirmar, que una de las características fundamentales en la relación jurídica entre fletante y fletador, principalmente es la obligación del fletante de disponer de un buque (específico) para realizar un viaje pactado, actividad está, que representa una función económica para el tráfico marítimo (*tramp*) donde se desempeña la nave, y esta, tiene que ver específicamente entre otras, de: (a) poner a disposición la nave con la presentación de la misma en puerto convenido para cargar, como manifestación del cumplimiento de las principales obligaciones asumidas por parte del mismo, y (b): el compromiso del fletante en garantizar el estado y condiciones de la nave al tiempo de la puesta a disposición para el fletador con el objetivo de transportar la mercancía del fletador.

De esta forma, las responsabilidades que asume el fletante de colocar un buque y ponerlo a disposición del fletador, además de la función económica que representa, obliga igualmente a que el fletante observe y atienda sus condiciones técnicas y de navegación para el fin último del contrato, que es principalmente realizar el viaje pactado en los términos acordados. Esto, obviamente, obedece a que la nave debe estar provista de buenas condiciones de navegabilidad desde el punto de vista técnico, funcional y operacional, como requisitos que resultan imprescindibles para la navegación y para la realización de las operaciones de carga de las mercancías dentro del buque, como requisito respecto a su capacidad, bien sea, en peso o en volumen. Esta previsión contractual exige al fletante el cumplimiento de obligaciones imprescindibles para la ejecución del contrato de fletamento por viaje, en relación con la puesta a disposición del buque, la cual incluye, elementos esenciales relacionados a: la descripción del buque expresamente acordado entre las partes, con posibilidad de sustitución por autorización del fletador o acuerdo entre ellas; al lugar pactado para la puesta a disposición; a sus condiciones de navegabilidad y lo que respecta el compromiso de realizar el viaje para el transporte de la mercancía.

III. EL BUQUE COMO ELEMENTO MATERIAL O REAL EN EL CONTRATO DE FLETAMENTO POR VIAJE

Tomando en cuenta los argumentos que abordamos en el punto anterior, vemos que todo está principalmente relacionado al cumplimiento de ciertas obligaciones de parte del fletante que están directamente conectadas con el buque. Por ello, es importante determinar desde el punto de vista técnico y jurídico el elemento buque como centro principal, núcleo y objeto de regulación del derecho marítimo, en función del contrato de fletamento por viaje como modalidad de explotación de buques[16].

Partiendo de estos razonamientos y viendo que los contratos de fletamento se rigen principalmente obedeciendo al principio de autonomía de voluntad de las partes, estos contratos o las pólizas-tipos dentro del derecho de formularios como instrumentos de regulación de las obligaciones, términos y condiciones de las partes; podemos afirmar desde el punto de vista contractual y la teoría que lo sustenta, que el ordenamiento jurídico, tanto venezolano como extranjero, reconocen el acuerdo de voluntades de crear vínculos jurídicos por medio de un contrato en particular, por ello, es necesario señalar que ciertas condiciones y requisitos en los negocios jurídicos distinguen supuestos que deben existir previo al contrato para su validez y existencia[17]. Estos

[16] Tulio Álvarez Ledo, *Derecho Marítimo,* Tomo I, Tercera Edición, Universidad Católica Andrés Bello, Caracas, 2011, p. 137. "*El buque constituye el eje central del derecho marítimo. En torno a él giran todas las instituciones que conforman esta disciplina*".

[17] Olga María Dos Santos, *Contratos Internacionales en el Ordenamiento Jurídico Venezolano,* Vadell Hermanos Editores, C.A., Caracas, 2000, p. 54. Respecto al proceso de formación del contrato internacional señala: *"al proceso de formación de los contratos internacionales, en el cual se integran las distintas voluntades, hay que señalar que no siempre es identificable la secuencia de oferta y aceptación, en razón de las complejas transacciones que a veces los mismos involucran y que se traducen en una fase de negociación que puede generar obligaciones calificadas como precontractuales"*.

requisitos tienen que ver específicamente por un lado, a la atención de las partes, sus capacidades para contractar, la legitimación activa como pasiva en las acciones de sus responsabilidades, entre otras, desde el punto de vista personal y, por otro lado, existen otros requisitos que señalan o contemplan los elementos materiales que se califican en los contratos como reales, desde el punto de vista material, que en conjunto, podemos señalar la significación que tienen estos elementos para la conformación del contrato de fletamento por viaje, cuyo elementos se refieren específicamente a: (i) el estudio de los sujetos que intervienen en el contrato, como lo son fletante y fletador (elementos personales), y (ii), los relacionados propiamente con el buque, viaje y flete (elementos reales), los cuales resultan esenciales para la configuración del contrato, tomando como referencia para el análisis y estudio del desarrollo de este trabajo, el buque como elemento real. Sobre esto, importante lo que apunta Ruiz Soroa-Zabaleta-González[18], sobre la noción el buque como elemento esencial para este contrato: *"El contrato de fletamento, concede gran importancia al medio concreto de transporte utilizado: la individualización del medio de transporte (buque) es quizá la nota más característica del fletamento como contrato de transporte".*

Con base a lo señalado anteriormente, los contratos de fletamento requieren reunir una serie de requisitos que la teoría de los contratos, los clasifica como elementos esenciales que determinan su existencia y su validez. En consecuencia, el buque constituye y representa uno de esos elementos esenciales y principales de este contrato, siendo condición y requisito desde el punto de vista material su tratamiento jurídico. Sobre esto, singular relevancia adquiere lo que señala Gabaldón García y Ruiz Soroa[19] con relación al buque como elemento material cuando indica: "*a pesar de su naturaleza de contrato de transporte en que se promete una prestación de resultado, en el fletamento el medio de transporte a utilizar, el buque, ostenta una singular importancia, de forma que puede considerarse que hasta cierto punto el buque es objeto directo del contrato*".

[18] Ruiz Soroa-Zabaleta-González, *Manual de Derecho de Transporte Marítimo,* Ob. Cit., p. 57.

[19] José Luis Gabaldón García y José María Ruiz Soroa, *Manual de Derecho de la Navegación Marítima,* Ob. cit., p. 424.

Refiriéndonos a este tema, esa singular importancia que determina que el buque sea uno de los elementos esenciales del contrato de fletamento por viaje, es parte del objetivo principal del presente trabajo, el cual, contempla la revisión de los aspectos relativos a su individualización, las condiciones que debe reunir, su identificación en el contrato, lo que respecta a su nacionalidad, su clase, lo relativo al porte con sus pesos y volúmenes, y sobre todo, la dimensión que amerita la navegabilidad respecto al cumplimiento de los requisitos técnicos, administrativos y personales que resultan imprescindibles para su navegación, revisando además, aquellos establecidos por la ley de su pabellón en función del cumplimiento de normativas legales y reglamentarias.

Destaca sobre este tema, lo que afirma González Lebrero[20], en cuanto a la consideración del buque como una universalidad de hecho, cuando manifiesta que: *"el buque es una construcción unitaria mediante la concurrencia de diversas y varias cosas, cuya individualidad se pierde desde el momento en que su agregación y vinculación reciproca se dispone en función de aquel, esto es, del ejercicio de la navegación"*. Igualmente apunta González Lebrero, que *"esa cosa compuesta llamada buque está integrada por cosas simples unidas económica, física y permanentemente entre sí, y por otras cosas simples, independientes en lo físico de las anteriores, si bien ligadas a ellas por lazos económicos que las subordinan en conjunto"*.

Dicho lo anterior, conviene añadir, que el buque como elemento real de este contrato, resulta indispensable para la conformación del mismo, como cosa sobre el cual, recae la obligación contraída por el fletante de poner a disposición al fletador del elemento buque para realizar el viaje o los viajes pactados. Es decir, que el buque es el bien real, posible y objeto inmediato del contrato, además de ser el motivo por el cual, se crea, se celebra y da existencia al contrato de fletamento, que merece la revisión de sus requisitos y características vitales que el mismo debe reunir, para el cumplimiento del objeto del contrato.

[20] Rodolfo González Lebrero, *Curso de* .... Ob. cit., p.p. 154-155.

IV. EL BUQUE COMO EJE CENTRAL Y NÚCLEO DEL CONTRATO DE FLETAMENTO POR VIAJE

En la mayoría de los contratos de utilización de naves y especialmente en el contrato de fletamento por viaje, el buque ha sido identificado como el núcleo que determina las relaciones entre el fletante y el fletador, siendo considerado por la mayor parte de la doctrina, que este contrato es un negocio jurídico que se concluye *intuitu navis*[21]. Es decir, en atención y en función del buque como objeto del contrato. Para esta modalidad de contrato, conocer los principales aspectos relacionados a la nave, reviste de relevancia significación para el fletador, ya que, desde las negociaciones previas al cierre de los términos y condiciones del mismo por las partes, el buque representa la existencia misma del contrato, y sus aspectos, como su identificación, descripción y la garantía de sus condiciones de navegabilidad, tendrán un papel fundamental, como elementos esenciales significantes para el contrato de fletamento por viaje. En este sentido, especial relevancia adquiere, el manejo de esta información respecto al buque en cuestión, el cual, influye directamente en la determinación de los niveles de flete en el mercado internacional para los distintos tráficos dentro de los mercados abiertos influenciados por la ley de la oferta y la demanda, así como, la asignación de las obligaciones y deberes del fletante en cuanto a las condiciones que debe reunir el buque, los costos asociados en conexión con las operaciones de carga y descarga en fases terminales, así como, las responsabilidades respecto a otros costos y riesgos asumidos en el viaje.

De este modo, merece precisar, para los objetivos que se tratan en este trabajo, que el nombre del buque, su bandera, su clasificación, arqueo, capacidad, y demás particularidades, son predominantes para el fletador, quien debe conocer entre otros elementos, el buque que será usado para el viaje acordado. Es decir, que su nominación, identidad y sustituciones (si son acordadas), así como lo relacionado con la condición de navegabilidad que determina que un buque sea apto para realizar el viaje, además de los datos relativos a la descripción de la

[21] J. L. Gabaldón García, *Curso de...* Ob. Cit., p. 480, quien sostiene que estos contratos se entienden efectuados "*intuitu navis*".

mercancía que se pretende cargar, y los puertos que se compromete llegar, entre otras, son informaciones que son discutidas, manejadas e identificadas, desde el comienzo del período de negociaciones entre el fletante y fletador (*main terms)*[22] para la determinación en detalle respecto al buque a ser nominado (*ship's name and particulars),* el cual, constituye sin duda, el elemento principal para la formación y configuración de este contrato (*charter party),*[23] como instrumento que documenta las relaciones jurídicas entre fletante y fletador, en el entorno de los principales tráficos marítimos que se desarrollan en el mercado internacional[24].

Dicho lo anterior, conviene indicar, que el contenido obligacional respecto a los compromisos del fletante, principalmente, en relación con presentar un buque en el puerto de carga en la forma y momento convenido, con todas las características descritas en el contrato, además que reúna todas las especificaciones técnicas allí señaladas, cubriendo todos los extremos que deben ser conocidos por parte del fletador, representa un criterio claro para el mismo, sobre el buque a ser nominado en el contrato y las funciones que tendrá en la realización del viaje o viajes pactados, tomando en cuenta especialmente, que este contrato se celebra principalmente en relación a un buque específico y determinado, lo cual, constituye su objeto, determinación y existencia.

---

[22] Vid. Lars Gortonm, Patrick Hillenius, Rolf Ihre, y Arne Sandevarn, *Shipbroking and Chartering Practice,* Sixth Edition, London, 2004, p.159: *The negotiation stage can be divided into two parts. First, negotiation of the main terms will be conducted and second, when the parties are in agreement, further negotiations will take place about the details and the wording of the clauses which have not been taken up during the negotiations of the main terms.*

[23] Peter R. Brodie, *Dictionary of Shipping Terms,* Fifth Edition, Informa Law, London, 2007, p. 63: "*Document containing all the terms and conditions of the contract between a shipowner and a charterer, and signed by both parties or their agents, for hire of a ship or the space in a ship. Most charter-parties are standard forms with printed clauses and spaces or boxes in which details relating to the individual charter, such as freight, laytime, demurrage, the ship's construction, speed and consumption, are inserted. The printed documents may be varied and/or added to by agreement of the two parties. Sometime spelled charterparty or charter party. Abbreviated to C/P".*

[24] Vid. Lars Gortonm, Patrick Hillenius, Rolf Ihre y Arne Sandevarn, *Shipbroking and Chartering Practice,* Ob. Cit., p.p. 31-32. *"London, New York and Tokyo are primary interest as formation centres, but Oslo, Hamburg, Paris and Piraeus, also play an important role in the distribution of shipping information. Shipowners who operate their ships worldwide are also in daily contact with shipping centres in many others countries."*

Con base a estos argumentos, es conveniente y razonable indicar, que el estudio de los elementos reales del contrato de fletamento por viaje, específicamente: buque, viaje y flete, contemplan una serie de requisitos que resultan esenciales para la configuración de este contrato. Por ello, es preciso afirmar con respecto al elemento objeto de este estudio (Buque), que su descripción, su nombre, año de construcción, nacionalidad, peso muerto, toneladas de registro bruto y neto, capacidad de carga y lo que implica sus condiciones de navegabilidad, generan una serie obligaciones de parte del fletante que determinan la relevancia del buque como unos de los elementos esenciales en la contratación del fletamento, y esa obligatoria necesidad de su descripción en el contrato, además de todas sus condiciones y características, depende el resultado del viaje y la operación que pretende hacer o exigir el fletador. Internacionalmente, distintos armadores directamente o a través de sus corredores[25] ofrecen sus buques y presentan formatos de cálculo de viaje (*owner's voyage estimate form*), con la finalidad de facilitar la presentación y resultados de dichos cálculos, para la estimación de los costos del viaje, donde el nombre e identificación del buque con sus principales especificaciones, representa un importante interés para obtener dichos resultados, los costos asociados, así como los valores estimados de flete y lo que este representa en el mercado internacional[26].

En este sentido, describir una nave en particular o un buque en especial resulta imprescindible para esa determinación, entre otros datos de valor, como los son, el período de tiempo empleado en las fases terminales, costos en puertos de carga y descarga, nombre y descripción y cantidad de las mercancías, su factor de estiba, entre otros factores importantes del viaje, como la distancia entre puertos de carga y descarga, consumo de combustible y lubricantes, que en conjunto configuran el valor del flete.

---

[25] Vid. James J. Buckley, *The Business of Shipping. Ob. Cit.*, p. 39. *"A network of brokers, agents and representative scattered around the world aid owners of tramp ships in their search for lucrative cargoes. Reports from these sources about a good opportunity, reinforced by the owners' evaluations of the market, stimulate prompt and decisive action.*

[26] Alan E. Branch, *Elements of Shipping*, seventh edition, Chapman & Hall, Boundary Row, London, UK, 1996, p. 357. *"Voyage estimating is, however, an art, and the estimator – in order to succeed at his task – should aim to understand all the many complexities of a ship operating and trading, together with the various methods of chartering and analyzing voyage returns, in order to perform his duties efficiently."*

V. EL BUQUE Y LAS CONDICIONES QUE CONFIGURAN SU EXISTENCIA COMO ELEMENTO REAL

Las principales cláusulas que estipulan la identificación y descripción del buque determinado o nominado en los contratos de fletamento por viaje[27], habilita y obliga al fletante a comprometer un buque específico, una vez cerrada la operación, esto, trae como consecuencia directa, que el buque designado y nominado, principalmente debe reunir las condiciones necesarias para satisfacer el derecho del fletador a un determinado viaje y, cargar una determinada mercancía. Por ello, el estudio de esta modalidad contractual recae sobre el buque como elemento real del contrato, cuyas principales interpretaciones respecto a los derechos y obligaciones de las partes, son de relevante importancia para entender su protagonismo y función económica y operacional.

Dicho lo anterior, es necesario acotar, que tanto la Ley venezolana como las distintas legislaciones internacionales, además de los términos y condiciones contemplados en las pólizas-tipo internacionalmente reconocidas, señalan que el fletamento se realiza por un determinado buque (nominado y/o sustituto) una vez cerradas las negociaciones llevadas por el fletante y fletador[28]. Con relación a lo que se refiere el uso de pólizas-tipo, conviene apuntar lo que sostiene Bolinaga[29] respecto al derecho de formularios, "*es práctica extendida en el mercado*

---

[27] Un ejemplo de cláusula usada para la descripción del buque sería: ver Gencon 94 boxes 5, 6, 7, Cláusula 1. Part II. *It is agreed between the party mentioned in the box 3 as the owners of the vessel named in Box 5, of the GT/NT indicated in the Box 6 and carrying about the number of metric tons of deadweight capacity all told on summer loadline stated in Box 7*....Usualmente, adicional a la información estipulada en la part I y II de las pólizas-tipos, las partes agregan a través de las conocidas *Riders Clauses*, información completa detallada relacionada al buque objeto del contrato.

[28] Vid. Lars Gortonm, Patrick Hillenius, Rolf Ihre y Arne Sandevarn, *Shipbroking and Chartering Practice,* Ob. Cit., p. 198. *"In voyage chartering, specially, it is often agreed that the vessel may be replaced by another vessel. The owner cannot, without permission of the charterer, alter any of the vessel's essential characteristics. The technical description of the ship will be dealt with separately in connection with the voyage charter-party.*

[29] Juan José Bolinaga, "La Interpretación de los Contratos Marítimos*",* en *Revista de la Asociación Venezolana de Derecho Marítimo*, No. 12 Caracas, 2017, pp. 39-40. Destaca Bolinaga, *que se trata de diversas formas preimpresas de pólizas de fletamento, elaborados bien sea por asociaciones de corredores de fletamentos, asociaciones de armadores o fletadores, organismos privados internacionales e incluso grandes empresas armadoras o fletadores.*

internacional del shipping, la negociación de los contratos de fletamento bajo la modalidad de formularios" Esa determinación de un respectivo buque nos llevará a la revisión de los elementos que configuran su individualización, además de la importancia de sus características fundamentales para su estudio como elemento real dentro del contrato de fletamento por viaje. En este sentido, el análisis de esta figura marítima "buque" como elemento real, plantea diversas cuestiones que ameritan ser discutidas y revisadas, cuya explicación podemos ver a continuación.

VI. IDENTIDAD

Dentro de las particularidades fundamentales del buque, encontramos lo referente a su identificación, la cual, contiene principalmente, su nombre. El nombre del buque representa una característica fundamental dentro de las condiciones del contrato, en especial para el fletador en régimen de fletamento. Esto supone, un aspecto relevante que tiene la identificación de la nave para los efectos del cumplimiento del contrato, por tratarse éste, en función y atención al buque. Es decir, que la identidad del buque, representa la manera de saber su identificación, y conocer su perfil en cuanto a su descripción y sus principales especificaciones y características que inciden en el ámbito naviero dentro de los mercados de fletes a nivel mundial, además, de conocer las referencias y antecedentes que tenga el mismo a través de su vida útil en tráfico comercial. Con fundamento a esta afirmación, coincidimos con Eliseo Sierra Noguero[30], quien sostiene: *"La identificación nominal de un buque constituye la expresión de voluntad contractual de fijar el vehículo que debe llevar a cabo el transporte marítimo estipulado, de modo que, ante la presentación de un buque distinto al designado, el fletante incumple su obligación contractual".* Importante, lo que apunta Sierra Noguero, cuando señala que tal identificación constituye "la expresión de voluntad contractual" de las partes, de fijar un buque en particular. Esto, obviamente, nos lleva a recoger la importancia que el principio de

[30] Elisio Sierra Noguero, *El Contrato de Fletamento por Viaje,* Publicaciones del Real Colegio de Bolonia, España, 2002, p. 121.

autonomía de voluntad de las partes, que en materia de contratos de fletamento por viaje merece mencionar, cuya naturaleza consensual, permite a las partes estipular libremente las condiciones de la contratación, razón por la cual, designar y acordar un determinado buque, significa que las partes han ejercido ese acuerdo de voluntades, para determinar la identificación de la nave, con la cual se realizará el viaje[31].

La identificación del buque, su nombre, así como los elementos que lo individualizan, están en todos los contratos de fletamento por viaje, y en aquellos contemplados en las diferentes pólizas-tipo de reconocimiento internacional. A título de ejemplo, encontramos la *Uniform General Charter, Code Name* GENCON 94[32], catalogada como la póliza de fletamento más usada a nivel internacional, en lo respecta a fletamento por viaje de carácter general para todo tipo de mercados, tráficos y muchos tipos de mercancías. Este tipo de contrato, incluye una casilla *(Box)* en su Parte I, en la cual, fletante y fletador acuerdan identificar con el nombre específico el buque fletado, así como, los demás elementos de individualización del buque, pudiendo el fletador sobre este particular, ejercer la libertad de aceptar el buque, bien sea al celebrar el contrato o en momento posterior, acordando las partes una fórmula que les permita la designación el buque a realizar el viaje (*ship to be nominated).* Sobre este particular, conviene señalar a Gabaldón García y Ruiz Soroa[33] *"solo en caso de que la póliza se haya pactado expresamente el derecho de sustituir el buque por otro similar, podrá el naviero presentar la carga un buque distinto del contratado".*

[31] Importante lo que señala Olga María Dos Santos, Ob. Cit., p. 74, cuando cita a Werner Goldschmidt. *Sistema y Filosofía del Derecho Internacional Privado.* Segunda Edición. Ediciones Jurídicas Europa-América. Buenos Aires. 1954 p.80, *quien define la expresión "autonomía de voluntad de las partes" como derecho de éstas a someter su contrato a una legislación que ellas mismas, también contractualmente determinan. Apunta Dos Santos, respecto a Goldschmidt, que distingue este autor entre la que denomina "autonomía del derecho material", entendida como aquella que de un derecho privado confiere a las partes dentro del "ius dispositivum", y la "autonomía del Derecho Internacional Privado", que describe como la concebida por un Derecho conflictual determinado, mediante la cual, pueden las partes escoger la totalidad de un Derecho privado determinado, compuesto este último de ius cogens y de ius dispositivum.*

[32] GENCON 94, *Standard General Voyage Charter Party, Explanatory Notes,* Bimco Documents, s.a.

[33] José Luis Gabaldón García, José María Ruiz Soroa, *Manual...* Ob. Cit., p.p. 424-425.

En resumen, en las pólizas de fletamento, las partes pueden acordar que la identidad exacta del buque puede ser determinada con posterioridad al perfeccionamiento del contrato de fletamento. Por ello, el nombre e identificación de la nave, es una información y dato esencial para las partes, por entenderse este tipo de modalidad contractual como *ut supra* mencioné *intuito navis,* y como consecuencia en las distintas legislaciones, el nombre es considerado como una condición indispensable, que su incumplimiento da derecho a la resolución del contrato. Con fundamento a esto, coincidimos con María Gómez Prieto[34] cuando afirma "*la relevancia del buque en este negocio jurídico determina, incluso que, si el fletante pone a disposición del fletador otro distinto del indicado en la póliza, este puede resolver el contrato, salvo que se haya incluido una cláusula de sustitución de aquel*". En tales casos, la designación del buque estará sujeta a la aprobación del fletador, e inclusive podría tener cabida a personas distintas a las partes como los compradores de la carga o destinatarios de la misma.

VII. NACIONALIDAD. REGISTRO E IMPORTANCIA DEL PABELLÓN

El tema de la nacionalidad del buque, está estrechamente relacionada con el pabellón o su bandera, y este dato, reviste de importancia por los efectos que se pueden derivar por el uso de un buque en fletamento con una u otra bandera o pabellón. Al respecto, importante señalar el contenido que sobre este asunto tiene el Convenio de las Naciones Unidas sobre el Derecho del Mar de 1992, el cual estipula, que cada Estado establecerá los requisitos necesarios para conceder nacionalidad a los buques y su inscripción en un registro de su territorio, para que tengan el derecho a enarbolar su pabellón. Por otro lado, para el caso venezolano, por lo que respecta a los buques mercantes de nacionalidad venezolana, la Ley de Marinas y Actividades Conexas[35] en su Capítulo VIII. De la Patente de Navegación, Licencias y Permisos Especiales, establece, los requisitos dentro de los cuales, luego de revisar toda la

[34] María Teresa Gómez Prieto, *El Contrato de Volumen COA,* Ob. Cit., p. 45.

[35] Venezuela, *Ley de Marinas y Actividades Conexas*, publica en Gaceta Oficial No. 6.153, de 18 de noviembre de 2014, Art. 133.

documentación del buque, el Presidente del Instituto Nacional de los Espacios Acuáticos (INEA) o el Capitán de Puerto según sea el caso, expedirá la Patente de Navegación, cuyo documento acredita la nacionalidad venezolana del buque y lo autoriza a navegar bajo bandera venezolana, y en ella, se indicará el nombre del buque y el número de su matrícula, el nombre de la persona natural o jurídica a cuyo favor aparece inscrito el buque, los arqueos y las principales características del mismo, lo que acredita con su inscripción en el Registro Naval Venezolano, el vínculo de nacionalidad con el Estado venezolano en todo lo que respecta a los derechos y obligaciones. Por otro lado, cabe mencionar lo establecido por el Código de Derecho Internacional Privado, en su artículo 274: *"La nacionalidad de las naves se prueba con la patente de navegación y la certificación del registro, y tiene el pabellón como signo distintivo aparente"*[36]. En este sentido, la autorización para navegar y enarbolar pabellón distintivo corresponde a cada Estado, así como la determinación de las exigencias legales y documentarias para cada buque que lleve su registro. Para Venezuela, se consideran buques nacionales, todos aquellos inscritos en el Registro Naval Venezolano (RENAVE).

Uno de los elementos sobre el estudio del estatuto jurídico del buque, recae en la nacionalidad del buque, como mecanismo destinado a vincularlo con un Estado en concreto, es decir, que entre el buque y un Estado debe existir una relación auténtica o un lazo autentico (*genuine link),* el cual, determina esa vinculación que le concede su nacionalidad y por ende enarbolar un pabellón[37]. En este sentido, los buques poseerán la nacionalidad del Estado cuyo pabellón estén autorizados a enarbolar. Los efectos que esto trae, vienen dados en función de temas tan complejos como, por ejemplo: (i) la sujeción del buque al derecho aplicable; (ii) las funciones de control y vigilancia de un Estado a los

---

[36] Código de Derecho Internacional Privado (Código de Bustamante), La Habana, 20 de febrero de 1928, p.33.

[37] Convención de las Naciones Unidas sobre el Derecho del Mar. Art. 91.: *1. Cada Estado establecerá los requisitos necesarios para conceder su nacionalidad a los buques, para su inscripción en un registro en su territorio y para que tengan el derecho de enarbolar su pabellón. Los 69 buques poseerán la nacionalidad del Estado cuyo pabellón estén autorizados a enarbolar. Ha de existir una relación auténtica entre el Estado y el buque. 2. Cada Estado expedirá los documentos pertinentes a los buques a que haya concedido el derecho a enarbolar su pabellón.*

buques que enarbolen su pabellón; (iii) el vínculo de la nacionalidad para la solución de conflictos de leyes que surjan con ocasión a la explotación comercial del buque; (iv) determinar la disciplina penal aplicable a los hechos ocasionados a bordo; entre otros.

Suscribiendo la importancia que merece esta característica fundamental del buque como elemento real, en cuanto a su nacionalidad en materia de fletamento por viaje, merece señalar algunas situaciones que impactan la ejecución de estos contratos con relación a la nacionalidad de un buque. Existen temas muy complejos sobre este particular que ameritan su revisión. Ejemplo de ello, podemos citar lo que señala Ruiz Soroa-Zabaleta-González[38], respecto al pabellón de un buque *"En Derecho Inglés el pabellón no siempre es una condición. Lo es por ejemplo en tiempo de guerra, cuando la nacionalidad del buque puede ser de relevancia esencial para la ejecución del contrato, o en tiempo de paz si la nacionalidad resulta esencial, bien para determinar las leyes a que el contrato queda sometido, bien por ser sustancial para el cumplimiento del contrato (piénsese en un buque cuyo país esté sometido a boicot o simplemente en un tráfico en que existan convenios sobre reparto de espacios)"*.

Por otro lado, se conoce internacionalmente el alcance que plantea la nacionalidad, causada por los múltiples criterios que tienen distintos Estados al momento de determinar los requisitos legales, técnicos y administrativos para el registro de un buque a su pabellón. Existen muchas referencias de países que ofrecen sus registros y banderas con escasos controles de índole técnico y para lo que respecta a la gente de mar, los cuales, han sido identificados internacionalmente como países de banderas de conveniencia. Con fundamento a esto, bien señala Ignacio Arroyo[39] *"las banderas de conveniencia ofrecen refugio a buques que quizá no superarían los controles técnicos y de tripulación exigidos en otros países"*. El término "*Banderas de Conveniencia*",[40] se le

---

[38] José María Ruiz Soroa, José Luis Zabaleta González, *Manual de Derecho del Transporte Marítimo,* Ob. Cit., p.p. 176-177.

[39] Ignacio Arroyo, *Curso de Derecho Marítimo,* Ob. Cit., p. 343.

[40] Peter R. Brodie, *Dictionary of Shipping Terms,* Ob. Cit., p.105. *"Registration of a ship in a country whose tax on the profits of trading ships is low or whose requirements concerning manning or maintenance are not stringent"*.

atribuye aquellos registros que facilitan la inscripción de sus buques a cualquier armador o propietario, independientemente de su domicilio y nacionalidad, ofreciendo anonimato en ciertos casos, así como, la libertad de ser el buque náuticamente operado con tripulación de múltiples nacionalidades, entre otros aspectos de índole fiscal sobre las operaciones del mismo.

De lo expuesto, conviene hacer entonces varias precisiones: (i) la nacionalidad del buque constituye un elemento esencial para la valoración del mismo que se está contratando o designando para un viaje en particular; (ii) representa un indicador para el fletador conocer el ámbito de los controles e inspecciones que ha sido sujeto el buque según puerto de registro; (iii) el grado de seguridad, cumplimiento de distintos Convenios Internacionales emitidos por la Organización Marítima Internacional (OMI) por parte del Estado Rector del Puerto o Autoridades Acuáticas respectivas; (iv) que el fletador pueda identificar previa designación del buque, posibles problemas o situaciones que afecten la neutralidad del mismo en tiempos de conflictos políticos o riesgos asociados a conmociones civiles, militares o beligerantes, bloqueos o requisas que afecten el viaje o peor aún que la mercancía quede retenida o bloqueada en puerto de carga o descarga. Para estos casos, la mayoría de las pólizas de fletamento por viaje, en especial las emitidas por BIMCO[41], proveen una cláusula especial[42] o cláusulas especiales para supuestos de guerras o situaciones similares en la ejecución de los contratos de fletamento, y (v), no puede el armador por razones

---

[41] *The Baltic and International Maritime Council*, con sede en Copenhague, Dinamarca, es una organización que maneja importantes materias de interés del transporte marítimo y es una referencia internacional en el manejo y desarrollo de documentos marítimos en el ámbito internacional.

[42] La cláusula VOYWAR 2004, es recomendada por BIMCO para ser usadas especialmente en contratos de fletamento por viaje. Vid. Lo referente a los riesgos de Guerra en BIMCO CLAUSE VOYWAR *"War Risks": shall include any war (whether actual or threatened), act of war, civil war, hostilities, revolution, rebellion, civil commotion, warlike operations, the laying of mines (whether actual or reported), acts of piracy, acts of terrorists, acts of hostility or malicious damage, blockades (whether imposed against all vessels or imposed selectively against vessels of certain flags or ownership, or against certain cargoes or crews or otherwise howsoever), by any person, body, terrorist or political group, or the Government of any state whatsoever, which, in the reasonable judgement of the Master and/or the Owners, may be dangerous or are likely to be or to become dangerous to the Vessel, her cargo, crew or other persons on board the Vessel".*

inherentes a la nacionalidad del buque, designar o presentar un buque con un pabellón distinto al acordado tanto en las fases de negociación como el designado al cierre de la misma.

VIII. CLASE. VALORES TÉCNICOS DE NAVEGABILIDAD Y SEGURIDAD

La clase de un buque reviste de una marcada repercusión dentro del contrato de fletamento por viaje y su utilidad dentro de este contrato, representa la exigencia de que un buque debe ostentar de una determinada clasificación, la cual, le permita al fletador, tener información confiable sobre el estado del buque y las condiciones de seguridad que garanticen llevar a cabo el viaje pactado. Al respecto, existen una serie de entidades u organizaciones privadas, eminentemente técnicas, que se han dedicado al servicio profesional para evaluar esas condiciones de un buque y realizar lo que internacionalmente se conoce como su clasificación o clase, esto, con el fin de dar al buque una categoría que permita conocer su valor y sus condiciones en cuanto a elementos relevantes como lo son: la construcción, navegabilidad y seguridad, cuyos detalles técnicos se describen con el otorgamiento del respectivo certificado de clasificación[43] en virtud de velar por aspectos técnicos del buque, que inciden en su seguridad, mantenimiento y navegabilidad.

Ese proceso de otorgarle a un buque su valor técnico o su categoría, corresponde a las llamadas sociedades de clasificación, cuya principal función es realizar labores de inspección y control técnico, según parámetros y criterios de conformidad a sus reglamentos respectivos. La importancia de esas labores de inspección, están enfocadas a la revisión correspondiente de los aspectos técnicos que tienen que ver específicamente con: su navegabilidad, su edad, material de construcción, si ha tenido algún tipo de incidente o accidente que afecte o haya afectado la nave, reparaciones efectuadas, estado y condición del casco, entre otros elementos de construcción y seguridad. Con fundamento al valor de la significación sobre este punto, merece hacer referencia lo que señala

---

[43] Peter Brodie, *Dictionary of Shipping Term*, Ob. Cit., p. 64. "*Document which denotes that a ship has passed a classification society inspection. It is issued and signed by the classification society. An existing certificate is endorsed by the classification society. This is a prerequisite for the ship to get insurance and hence trade.*

María Teresa Gómez[44] cuando indica: *"que el recurso a la certificación es admitido universalmente por su enorme utilidad y, de hecho, se ha impuesto de tal manera en el tráfico marítimo que un buque no clasificado difícilmente tomará parte en el mismo"*.

Esos factores técnicos y de seguridad que influyen en la valoración de los buques hacen que la nave sea objeto de permanentes inspecciones y estimaciones que determinan su valor técnico y económico, los cuales son representados en: (i) los mercados de compra venta de buques (tanto de buques nuevos de astilleros y de segunda mano), (ii) los seguros y (iii), los fletes a nivel internacional. Con base a esto, es conveniente hacer énfasis sobre el alcance de estas valoraciones y la significación de las múltiples transacciones de fletamento que en los mercados internacionales se cierran diariamente[45], por lo cual, es necesario e importante se conozcan las actividades que realizan estas sociedades de clasificación, además de los sistemas adoptados y aceptados universalmente por ellas, que en definitiva, permiten acceder al fletador del conocimiento en un momento determinado, del valor y las condiciones físicas y de seguridad que tenga una nave en particular. Por ello, la mayoría de las pólizas tipo contemplan la indicación de la clase del buque[46] como condición contractual, cuyo cumplimiento representa un interés genuino del fletador, de manera que la exigencia de que el buque esté en clase, es una condición que se acuerda en cada contrato en particular *so pena* de resolver el mismo, cuando el buque técnicamente no presenta el grado de garantía a los efectos del cumplimiento de las obligaciones del fletante en función del fletamento pactado[47].

A pesar de que la obtención del certificado de clasificación es voluntaria, respectos aquellos reglamentarios exigidos por la normativa

44 María Teresa Gómez Prieto. *Las Sociedades de Clasificación de Buques,* A.D.M. Vol. XI, 1993, p.309.

45 Vid. *The Baltic Exchange*, con sede en Londres, es una organización de miembros de la industria marítima y un proveedor de información sobre el mercado de fletes para el comercio y la liquidación de contratos físicos y de derivados.

46 Parte I de las pólizas-tipo OREVOY, cas. 7; CENTROCON cl.1; FERTIVOY 88 cas. 8; SHELLVOY cas. 5; ABASTANKVOY cas. A. en la Póliza Tipo GENCON no se encuentra recogida en la póliza, pero las partes incorporan generalmente cláusulas adicionales (*Riders Clauses)*, en la cual hacen referencia de este importante dato de la nave.

47 En este sentido *vid.* Maximiliano Navas Garatea, *La Navegabilidad del Buque en el Derecho Marítimo Internacional,* Eusko Jaurlaritza, Servicio Central de Publicaciones del Gobierno

del pabellón que enarbola un buque; es interés del fletador, conocer y exigir que el buque objeto del contrato tenga su condición de clase emitida por una sociedad de prestigio y reconocimiento internacional. Para el fletador, esta clasificación emitida por una sociedad reconocida, genera un grado de satisfacción que se traduce en conocer que el buque que está fletando tiene valores técnicos de navegabilidad y seguridad como elementos esenciales que aportan grados de credibilidad al momento de poner el fletante el buque a disposición del fletador en puerto de carga, siendo conocido en la práctica comercial, que en algunas pólizas-tipo y acuerdos entre fletantes y fletadores, prevén incluso como condición obligatoria, que el buque debe ostentar, la más alta categoría emitida por una sociedad de clasificación reconocida. Sin embargo, han existido situaciones que han cuestionado el valor de las condiciones de un buque, por lo que hace necesario, que el fletante deba en todo momento ejercitar, además de su debida diligencia, garantizar el estado del mismo, para asegurar que el buque dado en fletamento cumpla con sus condiciones de navegabilidad[48]. Por ello, el peso que asumen las sociedades de clasificación en relación a los posibles perjuicios sufridos por fletadores o terceros, representan asuntos muy complejos y debatidos por la doctrina y abundantes trabajos que se han generado en los últimos años, en especial para el tratamiento y análisis del dramático y lamentable caso "*Prestige*[49] que generó serias implicaciones y daños a las costas gallegas.

Vasco, Victoria-Gasteiz, 2013, p. 202, quien comenta: *"el grado de confianza, la seguridad y la idoneidad técnica del buque y de sus distintos elementos, son aptitudes que la nave habrá de poseer para poder confirmar que éste es navegable respecto a sus aspectos generales y de construcción más técnicos, pues una de las áreas más importantes dentro del concepto de navegabilidad es la relacionada con la seguridad y fiabilidad técnica del buque en sí mismo."* Agrega este autor, *"la clasificación implicará un grado de seguridad del barco, de fiabilidad para el transporte o para el uso al que finalmente se destine y de eficacia para el servicio particular para el que haya sido autorizado administrativamente".*

48 Vid. James J. Buckley, *The Business of Shipping,* Ob. Cit., p. 63. *"it is important to note that the possession of a document from classification society certifying the structural soundness of the vessel does not, in itself, serve as conclusive evidence that the ship is seaworthy. Recent events in the maritime world have shown that often ships are allowed to deteriorate seriously during the five-year life of the classification certificate.*

49 Vid. José Luis Goñi Etrchevers, *La Responsabilidad de las Sociedades de Clasificación: el Caso Prestige como paradigma,* O.C. en libro *Estudios de Derecho Marítimo,* Garcia-Pita y Lastres y otros, Editorial Aranzadi (Thomson Reuters Limited), Navarra, España, 2012.

Las sociedades de clasificación viéndolas desde el punto de vista de su profesionalismo y solvencia, podemos decir, que venden principalmente confianza. Por ello, forma parte del debate y discusiones a nivel marítimo, que no todas las sociedades de clasificación gozan de tal privilegio y prestigio internacional. Dentro de las sociedades más reconocidas internacionalmente podemos citar: la sociedad inglesa *Lloyd's Register;* la sociedad francesa *Bureau Veritas;* la sociedad norteamericana *American Bureau of Shipping*, y la alemana *Germanischer Lloyd.* Existen otras de relevancia internacional, principalmente vinculadas a los mercados de su país de origen. Entre ellas, tenemos, la sociedad coreana *Korean Register of Shipping;* la japonesa *Nipon Kaiji Kyokai,* la sociedad noruega *Det Norke Veritas;* la sociedad italiana *Registro Navale Italiano;* la sociedad griega *Hellenic Register* y la sociedad asiática, *China Clasification Society.*[50]

En resumen, estas sociedades con la denominación de clase que emiten a través de sus certificados de clasificación, hacen referencia a una serie de símbolos para identificar el grado de conformidad de un buque a través de la implementación de sus reglas y parámetros o criterios técnicos. Estos símbolos tienen una importancia en el ámbito marítimo internacional y señalan, entre otras cosas, si un determinado buque tiene su clasificación y como la determinan o clasifican. Por ejemplo, podemos mencionar, los más utilizados que otorgan la más alta clasificación, así tenemos: la *Lloyd's Register* con su símbolo o marcas o anotaciones identificado: +100 A1 o B.S.; la *American Bureau of Shipping* tiene como símbolo +A1; la *Bureau Veritas,* tiene 1 3/3 E+; y la *Germanischer Lloyd* tiene +100 A4.[51]

Esta información por lo que respecta a las sociedades de clasificación y el impacto que estas tienen sobre las condiciones que deben tener los buques ofrecidos en los mercados de fletamento por viaje a nivel

---

[50] Vid. *The International Association of Classification Societies* (IACS), en web: www.iacs.org.uk

[51] Ejemplo de esto tenemos: + o la cruz de Malta, significa que el buque ha sido construido bajo la supervisión de una sociedad de clasificación; para el 100, significa que el casco de acero puede durar cien años navegando; y la nomenclatura A1, significa que el casco, la maquinaria, los sistemas y el equipo cumplen los requisitos de las reglas de *Lloyd's Register of Shipping.*

internacional, refieren y hacen saber que cada buque está en un proceso continuo de revisión y adaptación a las innovaciones tecnológicas relacionadas a su construcción, navegabilidad y seguridad. Por ello, esa valoración representa el grado de conformidad de un buque, además que el mismo se encuentra en adecuadas condiciones técnicas, y apto para el tráfico al que estará destinado. Resultan interesantes los comentarios de Pulido Begines[52] tras afirmar con respecto a la aptitud de la nave y el valor jurídico del certificado de clase, que: *"la navegabilidad del buque (seaworthiness) se refiere a la obligación legal que pesa sobre el naviero, en el contrato de fletamento y en el de transporte en régimen de conocimiento, de poner a disposición del fletador o cargador un buque apto por todos los conceptos para realizar el viaje contratado.* Igualmente señala Pulido *"la clase de un buque es un concepto que opera en la esfera del contrato de clasificación que liga a la sociedad clasificadora con el naviero o el astillero, y se refiere a la evaluación de la capacidad estructural y mecánica del buque para un uso o servicio particular, de conformidad con las normas y reglamentos establecidos y hechos públicos por la sociedad de clasificación."* En consecuencia, resulta importante acotar, que esa relación de las sociedades de clasificación con sus principales clientes (armadores de buques mercantes y los astilleros que los construyen), constituyen una relación importante que consiste esencialmente, en la emisión de informes técnicos sobre el estado de conservación de un buque y maquinaria, entre otros elementos importantes para su funcionalidad y operatividad.

Finalmente, podemos afirmar, que la clase representa un elemento significativo en lo que respecta a las obligaciones del fletante, específicamente, la de poner el buque a disposición del fletador en contrato de fletamento por viaje. Esta obligación como afirmamos en este punto, está relacionada con el estado de navegabilidad y condiciones del buque, donde el término de navegabilidad comprende entre otras cosas, las condiciones de su casco, su grado de seguridad, que hacen del buque en fletamento sea apto para realizar el viaje pactado. Por tales razones, una información incorrecta por parte de alguna sociedad de

[52] Juan Luis Pulido Begines, *Instituciones de Derecho de la Navegación Marítima,* Ed. Tecnos, 2009, p. 217.

clasificación respecto a las condiciones de una nave, puede traer como consecuencia, primeramente, la pérdida de credibilidad de esa sociedad de clasificación, y, por ende, perjuicios considerables, respecto a su reputación, donde el valor que está en riesgo y exposición, es el buque objeto principal y elemento real en los contratos de fletamento por viaje.

IX. PORTE. PESO Y VOLUMEN DEL BUQUE

La enciclopedia General del Mar[53] define como Porte de una nave al *"desplazamiento útil de un buque, o sea la diferencia entre el desplazamiento total o en carga y el desplazamiento en lastre, expresada en toneladas métricas"*. Con base a esta definición, podemos afirmar, que, cuando hablamos de porte de un buque, nos estamos refiriendo a todo lo relacionado con sus pesos y volúmenes, por ello, es de suma importancia, establecer claros criterios conceptuales sobre el significado y alcance de cada uno de estos factores, para el manejo de la información que todo fletante o fletador debe conocer respecto a estos datos al momento de negociar un fletamento.

Normalmente, cuando se describe un buque, es muy común decir, de cuantas toneladas es ese buque. Con base a esto, conviene hacer varias precisiones respecto a los diferentes significados que tiene la palabra "toneladas" cuando se refiere a los pesos de un determinado buque. Cuando tratamos temas tan técnicos como el de este punto, y lo que representa estos determinantes datos, para el fletante y fletador en un contrato de fletamento por viaje, el porte de una nave, reviste de relevante significación, ya que este puede expresar términos de peso, de volumen o todas juntas. Por ello, haciendo referencia sobre el porte en toneladas de un buque, es fundamental determinar, que dicho porte está relacionado directamente con las toneladas del buque respecto a sus pesos, y las toneladas del buque respecto a sus volúmenes.

Esta diferenciación del porte en toneladas de un buque está relacionada a: (i) las toneladas basadas en su peso, y (ii) las toneladas basadas en su volumen. Es por ello, que cuando nos referimos en primer lugar

[53] *Enciclopedia General del Mar,* Ediciones Garriga, Barcelona, Séptimo Volumen, Tercera Edición, España, 1982, p. 118.

a las toneladas respecto a su peso, podemos mencionar principalmente, que se refiere a su desplazamiento, así como también, otros factores fundamentales con relación a la información que se deriva de este dato, los cuales, se manejan en los mercados de fletes, generalmente para la descripción de algún buque en particular, en los distintos tráficos para la carga de los diferentes *commodities*[54]. Uno de estos factores es lo referente al peso muerto o *deadweight,* el cual, es importante a la hora de conocer la capacidad de carga de un buque y el significado que representa las líneas de carga (*loadlines*[55]) como factor fundamental en el manejo de la información de los pesos y desplazamientos de un buque. Esto es, la cantidad de toneladas que un buque puede cargar manteniéndose a flote, sin comprometer su estructura y su navegabilidad. Significativa referencia hace el *Institute of Charterer Shipbrokers (ISC)* de Londres, en su programa de adiestramiento *Dry Cargo Charteriring* cuando señala: "*In trading, dry cargo ships are frequently described in different ways. RO/RO tonnage might be referred to in terms of available lane-meters; for example, or a containership by number of "feu's" or "teu's" it is capable of handling. Depending upon the cargo, however, general cargo ships and bulk carrier might be described in terms of summer deadweight or grain capacity or, more probably in case of general cargo ships, in term of bale capacity*"[56].

Esa información respecto a la capacidad de carga de un buque, representa un dato de mucho valor para el fletador, puesto que dicho dato, da lectura al grado de utilización y aprovechamiento del buque, con ocasión a su función económica para un viaje en particular. Por

---

54 Alan E. Branch and David Branch, *Dictionary of Shipping. International Business Trade and Abbreviations,* Fifth Edition, Witherby Seamanship International, Livingstone, United Kingdom, 2008, p.66. "*A type of goods. Agricultural, mineral or other primary products and raw materials contracts*".

55 Jefferey Monroe, Robert Stewart, *Dictionary of Maritime and Transportation Terms,* Cornell Maritime Press, First ed., Centreville, Maryland, USA, 2005, p.252. *"A predeterminate distance bellow the main deck that a ship can be loaded, or the maximum draft it can load to. Load Lines are issue for tropical, summer and winter zones on the oceans of the word.* Vid. *Convenio Internacional sobre Líneas de Carga*, 1966, Organización Marítima Internacional (OMI), 2013.

56 Institute of Charterer Shipbrokers, *Dry Cargo Chartering,* Edinburgh, Escocia, UK, 2011, p.36.

todo esto, es imprescindible tener claros estos datos técnicos sobre el buque y sus desplazamientos, en el sentido, que deben estar precisos en el contrato de fletamento como importante información que describa, entre otras: la capacidad del buque y el término de peso muerto, así como también, la capacidad de porte de peso muerto de mercancía (*deadweight cargo capacity)* como información importante para el fletador, que sin duda, le dará una idea sobre la cantidad de mercancía que el buque podrá transportar durante su utilización, cuya incorrecta descripción de este dato en el contrato, podrá dar lugar, según los casos, no solo a las indemnizaciones que se deriven de ello, sino también, a la resolución del mismo. Por tales razones, a fin de proteger los intereses contractuales del fletador, se debe presentar un buque con el porte declarado en el contrato.

Sobre este punto, particular referencia lo que señala Boyd, Burrows y Foxton[57], en relación con las toneladas del buque y lo referente al peso muerto del mismo, cuando dicen: *"Where a charter contains a guarantee that the ship shall or can carry a certain number of tons dead weight, or is of a certain dead weight capacity, this, in the absence of indications to the contrary, is a guarantee of the abstract carrying capacity of the ship, without reference to any particular cargo proposed to be shipped".* En la práctica comercial y el derecho de formularios, en las pólizas tipo, específicamente, la GENCON 94, casilla 7, establece la indicación del peso muerto del buque, y es recomendación dentro de las negociaciones previas colocar adverbio de "más o menos" o "aproximadamente" con el objetivo de manejar los márgenes relativos a su capacidad. Como se afirma en la mayoría de la doctrina internacional que soporta este tema, se debe tener en cuenta que la descripción de un buque en cuanto a su capacidad hace referencia a una capacidad en abstracto, es decir, que esta afirmación no hace referencia a las mercancías que en concreto tiene pensado el fletador embarcar, que por razones relacionadas a su factor de estiba, pueden ser cargadas en mayor o menor cantidad que la designada como capacidad del buque en el contrato de fletamento. Cabe destacar lo que sostiene Eliseo Sierra Romero[58] sobre

---

[57] Boyd Stewart C, Andrew Burrons and Foxton, *Scrutton on Charterparties and Bill of of Lading*. Ob. Cit., p. 90.

[58] Eliseo Sierra Romero, *El Contrato de Fletamento por Viaje,* Ob. Cit., p.136.

esto cuando señala: *"cada tipo de mercancía presenta un específico coeficiente o factor de estiba, es decir, unas características de peso y volumen concreto que determinan la posibilidad efectiva de embarcar una mayor o menor cantidad en el buque".*

En segundo lugar, cuando nos referimos a las toncladas respecto a su volumen o con base él, nos estamos refiriendo a su capacidad interior en términos de su arqueo. La regulación internacional del tonelaje de un buque respecto a su volumen, está contenido en el Convenio Internacional sobre Arqueo de Buques de 1969[59], el cual, fue ratificado por Venezuela según Gaceta Oficial Extraordinaria No. 2.980, en fecha 06 de julio de 1982. El Convenio especifica el concepto de tonelaje, entendiendo como tal, a los efectos de esta regulación, la capacidad interior del buque, bien sea la capacidad total o la capacidad real que posee el mismo. El Convenio establece las maneras y base de cálculo para determinar el arqueo de un buque, definiendo importantes términos como son: (i) el arqueo bruto (*Gross Tonnage)* y (ii), el arqueo neto (*Net Tonnage),* los cuales, sus términos en inglés se abrevian como GT/NT, cuyos datos se encuentran identificados en las pólizas de fletamento por viaje como importante información para el fletador.

En cumplimiento de las regulaciones que establece este Convenio, corresponde a la Administración respectiva del pabellón que enarbola el buque, emitir el correspondiente certificado internacional de arqueo. En él, básicamente, se identifican las toneladas de registro bruto y de registro neto de cada buque en particular, siendo el primero (TRB), de acuerdo a lo que señala Heber Pereira[60], *"la capacidad interior completa del buque o el volumen de los espacios que existen bajo cubierta superior y de todos los espacios sobre ella*; y el segundo (TRN), *la capacidad disponible para la carga y el pasaje, o sea, que se deducen del arqueo total o bruto, los volúmenes ocupados por la maquinaria, doble fondos, tanques de combustibles, alojamiento para la tripulación y todos aquellos espacios relacionados con la navegación.* Estos datos son muy importantes en la práctica comercial de los contratos

---

59 Vid. *Convenio internacional sobre arqueo de buques de 1969,* Organización Marítima Internacional, (OMI).

60 Heber Pereira, *Teoría del Buque,* Fundación la Salle, Campus Margarita, 1984, p. 47.

de fletamento y de las obligaciones administrativas que se derivan del certificado de arqueo que ostenta un buque, que en lo relativo, a lo que respecta su arqueo bruto, este término es usado como base de cálculo para el pago de derechos y tarifas portuarias, determinar el pago de los servicios de pilotaje, remolcadores y lanchaje, y las tasas por el paso de canales de navegación y otros parajes. Por lo que respecta al arqueo neto, básicamente es usado como referencia para los cálculos comerciales de la determinación de los costes del flete, e importante interés para el fletador en la obtención de los datos de su capacidad de carga, con el fin de exigir al fletante su mayor compromiso respecto a las mercancías a transportar, entre otros.

En la práctica comercial y el derecho de formularios, en las pólizas tipo, específicamente, la GENCON 94, casilla 6, establece la indicación del arqueo como dato fundamental en este tipo de modalidad contractual. Su determinación declara la información de la capacidad del buque en términos de volumen y tener la base de cálculo para determinar costos importantes que asumen las partes en el contrato. La relevante información que este dato suministra va en función de esenciales aspectos del contrato de fletamento, como la indicación de la capacidad de carga del buque, donde las partes tienen el rol de tener en cuenta la descripción de la mercancía, con el fin de manejar los posibles problemas técnicos en las operaciones de carga, descarga y estiba, así como, otros que puedan afectar las condiciones del buque, además de conocer según este factor de estiba, el comportamiento de los calados del mismo respecto a sus líneas de carga permitidas y, las cantidades que según tipo de mercancías se puedan cargar en sus bodegas, considerando que en la práctica, se describen con mayor o menor medida, los detalles de la carga que muchas veces el fletador no conoce al momento de firmar la póliza y que tal situación, pudiera traer consecuencias negativas para él.

Con respecto a esto, conviene apuntar lo que señala Sierra Noguero[61]: *"el fletante cumplirá su obligación contractual presentando al fletador el buque con el porte prometido, con independencia de que el fletador pueda o no cargar la cantidad de mercancías inicialmente pensada. Por lo tanto, si el fletante cumple lo dispuesto en el certificado*

[61] Eliseo Sierra Noguero, *El Contrato de Fletamento por Viaje*. Ob. Cit., p. 137.

de arqueo y en la declaración de peso máximo que puede admitir el buque, el fletador no podrá resolver el contrato, cuando, por ejemplo, no pueda embarcar toda la mercancía prevista a causa de su voluminosidad". Situaciones como la descrita forman parte en la práctica de casos que ameritan atención y cuidado, por ello, cuerpos internacionales privados como BIMCO, hacen referencia y recomendaciones al uso apropiado de estos términos y condiciones para este tipo de contratos, con el objetivo de evitar informaciones erróneas y ambiguas que representan serios daños a las partes al desenvolvimiento del contrato como fin comercial.

En este sentido, la descripción de la carga por parte del fletador debe ser clara. Una vaga descripción de la mercancía en cuanto a su peso, volumen y presentación, podría producir serios inconvenientes en el resultado del fletamento. Finalmente, el peso y el volumen como datos fundamentales en la determinación de las toneladas que se refieren al buque, representan un valioso objeto de análisis y estudio, tomando en cuenta el buque como elemento real dentro del contrato de fletamento por viaje, que tanto fletante como fletador deben manejar para asumir sus compromisos y obligaciones como partes de este contrato.

X. CONDICIÓN DE NAVEGABILIDAD

Muchos han sido los trabajos que la doctrina nacional e internacional han aportado para atender este término, y las consecuencias que de él se derivan en el campo del transporte acuático. Partiendo de la más fundamental obligación de parte del fletante en proveer un buque que cumpla ciertas características esenciales descritas dentro del contrato, y que, además, reúna condiciones de navegabilidad al momento de ponerlo a disposición del fletador, genera una serie de exigencias para el mismo, que implica principalmente, garantizar al fletador un buque que reúna condiciones de flotabilidad, estanqueidad, capacidad y eficiencia para realizar el viaje acordado. Es decir, que el buque cumpla todos los requisitos técnicos, administrativos y personales que resultan indispensables para dar cumplimiento con el objeto del contrato.

Muchos han sido los conceptos que sobre esta figura se han dado y el alcance que de su definición se han escrito. En cualquier caso, resulta razonable citar la Enciclopedia General del Mar[62] que refiere al concepto de navegabilidad como *calidad o condición de navegable*. Esto nos lleva a señalar, que tratándose del estudio del buque como un elemento material de los contratos de fletamento o *charterparties,* debemos indicar, que cuando hablamos de navegabilidad, nos estamos refiriendo al cumplimiento de la obligación del fletante, de presentar un buque con calidad y condición. Ahora bien, ¿Qué significan o que abarcan los términos de calidad y condición para el fletador, respecto al buque que pretende fletar? La respuesta indicada sería: que el fletante para ofrecer un buque con calidad y condición, debe dar en principio garantía, de que su buque está en condiciones de navegabilidad en el momento de ponerlo a disposición del fletador, estando el mismo, estanco, fuerte y dispuesto a proceder con la carga y hacer el viaje acordado[63]. Respecto a esto, la doctrina ha aportado mucho en cuanto a la determinación y alcance de este término, en este sentido, Pulido Begines,[64] apunta por navegabilidad: *el estado, condición y cualidades del buque para la finalidad que se persigue con su uso, navegar, en las lógicas y mínimas condiciones de seguridad de bienes y personas que permitan hacer uso racional del mismo".*

Por otro lado, ha sido un valioso aporte el trabajo realizado por Maximiliano Navas Garatea,[65] en su obra La Navegabilidad del Buque en el Derecho Marítimo Internacional para la doctrina hispana e internacional, la cual recoge un análisis completo sobre esta figura del Derecho marítimo. Señala Navas Garatea sobre el alcance de la obligación: *"que un sector importante de la doctrina española opina que el concepto de navegabilidad es en sí mismo una institución central del Derecho del transporte marítimo de mercancías, de la que no es posible conocer con exactitud cuál es su alcance.* Al respecto apunta este autor: *"que en efecto la doctrina más autorizada considera que la*

---

62 *Enciclopedia General del Mar,* Ob. Cit., p. 262.

63 Vid. James J. Buckley, *The Business of Shipping,* Ob. Cit., p. 61. *"Underlying the terms and conditions in any charter party is the implied warranty of seaworthiness, which requires the ship to be fit to carry out the contract".*

64 Juan Luis Pulido Begines, *Curso de Derecho de la Navegación Marítima,* Tecnos, Madrid, 2015, p.219.

65 Maximiliano Navas Garatea. *La Navegabilidad del Buque en el Derecho Marítimo Internacional,* Ob. Cit., p. 85.

navegabilidad se configura como una obligación técnica que abarca muy amplios y complicados aspectos, por lo que resulta prácticamente imposible recogerla en una definición única y, menos aún, enumerar una relación uniforme de requisitos que permitan establecer su grado de cumplimiento".

Dicho lo anterior, conviene añadir que el término navegabilidad y el cumplimiento de la misma, representan una de las obligaciones del fletante más controversial y discutida dentro del Derecho marítimo[66]. Esta obligación, básicamente, consiste en poner un buque en buenas condiciones de navegar, con todas sus capacidades al comienzo y durante todo el viaje. Es decir, que el buque, debe estar apto para navegar y contar con los requisitos técnicos y administrativos respectivos para tales fines, y que esa condición de aptitud, conlleve que el buque está preparado y equipado para atender el viaje acordado. En este sentido, podemos añadir que el término navegabilidad contempla aspectos relevantes que están relacionados: (i) con la condición del buque desde el punto de vista técnico (*seaworthiness*); (ii) con la condición del buque respecto a sus condiciones para recibir y transportar la carga del fletador (*cargoworthiness)* y (iii), la condición del buque respecto al viaje pactado (*seaworthiness for the intended voyage),* los cuales, significan que el buque está bien equipado, tripulado, preparado y en listo en todos los conceptos para realizar el viaje pactado,[67] enfoque este, que para muchos autores, sobre este tema en particular, hacen una referencia sobre la obligación de navegabilidad desde un punto de vista dual, usando un sistema o modo de diferenciación para clasificar este término en absoluta o relativa, con el objetivo de precisar separadamente aspectos objetivos y subjetivos en relación con la navegabilidad como figura medular en los contratos de utilización de buques.

---

[66] Importante lo que apunta Maximiliano Navas Garatea. *La Navegabilidad del Buque en el Derecho Marítimo Internacional,* Ob. Cit. p. 95. "*Esta forma de entender la noción de navegabilidad ha hecho que en todos los países se ofrezca un concepto tendente a lo descriptivo, resaltando los aspectos más relevantes de la aptitud de un buque: desde los que se fijan en el punto de vista técnico-náutico (concepción náutica); a los que contemplan la aptitud del buque relativa al transporte de las mercancías y al concreto viaje proyectado (concepciones comerciales de la navegabilidad)".*

[67] Vid. The Concept of Seaworthiness. Gorton y Sandevarn, *Shipbrokering and Chartering Practice*, Second Edition, Lloyd of London Press Ltd, 1984, p. 146.

Con base a lo anteriormente descrito, y enfocándonos en nuestro tema principal, el estado de navegabilidad de un buque en el contrato de fletamento por viaje, configura una situación que plantea diversas cuestiones respecto a la garantía que debe dar el fletante al fletador. La exigencia de la navegabilidad de un buque puesto a disposición de un fletador, incluye varios factores técnicos, operativos y jurídicos que en su conjunto debe garantizar el fletante. Estos factores están relacionados entre otros, con la condición del casco, sus maquinarias, pertrechos, combustibles, dotación de oficiales y tripulantes competentes, documentación en regla que determinan su propiedad, operación y manejo del buque, así como, los documentos en regla que determinan su condición y cumplimiento de normas de pabellón, clasificación, último dique, entre otros. Pero, considerando lo significativo de este término o figura jurídica, es preciso indicar, el peso y alcance que adquiere las discusiones doctrinales que se han planteado sobre la navegabilidad como presupuesto mínimo para la ejecución del contrato.

En este sentido, el cumplimiento de los requisitos técnicos, administrativos y personales del buque y la posición del fletante de procurar que el mismo reúna las condiciones de navegabilidad (*seaworthiness)* exigida a todo buque, además de los medios necesarios para realizar el transporte de las mercancías (*cargoworthiness*), ha generado posiciones encontradas dentro del Derecho marítimo y la jurisprudencia internacional, en lo que respecta a la garantía de esa aptitud del buque para la navegación como capacidad técnica, al tanto, de ser considerada la navegabilidad como un término relativo, en el sentido, que no requiere una condición de perfección del buque, a pesar, de que muchas de las decisiones de las Cortes internacionales mantienen que la navegabilidad del buque debe ser absoluta, cuestión que ha sido debatida e interpretada, dando al fletante la opción de ejercer la debida diligencia para asegurar que el buque está en todo respecto navegable para prestar el viaje acordado. En este sentido, cabe señalar lo que apunta Rodríguez Gayán[68]: "*Por ello la determinación de la naturaleza y de la prestación característica del fletamento en sentido estricto (puesta a disposición de*

[68] Eloy Miguel Rodríguez Gayán, *Los Contratos Internacionales de Fletamento y Transporte Marítimo,* Editorial Eurolex, Madrid, España, 1999, p.p. 76-82.

un buque) y sus variedades, va resultar complicada". Específicamente, sobre la puesta a disposición del buque, igualmente señala: "*La puesta a disposición del buque puede considerarse como auténtica obligación contractual para la consecución del contrato, porque en ocasiones su incumplimiento produce la extinción del mismo, independientemente de que haya carga, descarga, transporte o no, porque todas estas condiciones no son determinadas para la perfección del fletamento"*.

En lo que respecta la navegabilidad en el Derecho venezolano, específicamente lo contemplado en la Ley de Comercio Marítimo, el artículo 178 establece: que el fletante entre otras obligaciones, debe presentar el buque en lugar y fecha estipulada, en condiciones de navegabilidad y con la documentación requerida para realizar las operaciones previstas en el contrato, efectuando con diligencia los viajes convenidos.[69] Sobre esto, importante posición aporta Belisario Capella,[70] cuando infiere en el análisis de la respectiva disposición: *"el fletante debe proporcionar un buque en estado de navegabilidad, prudencialmente armado, pertrechado, equipado y tripulado, con todos los componentes imprescindibles para resistir y soportar con seguridad los riesgos y peligros de la travesía y cumplir con las obligaciones acordadas en el contrato de fletamento respectivo. Esta obligación radica en hacer uso de la debida diligencia para colocar el buque en condiciones de navegabilidad antes que inicie el viaje o antes de recibir las mercancías que has de ser transportadas"*. De esto, se desprende y es opinión generalizada, que la condición de navegabilidad puede verse desde el punto de vista de lo que se conoce como navegabilidad absoluta o abstracta o *seaworthiness* y lo que se conoce como navegabilidad relativa o concreta o *cargoworthiness,* siendo la obligación del fletante procurar que el buque reúna tales condiciones[71]. En este sentido, la debida diligencia comprendería el presupuesto básico o mínimo imprescindible para la ejecución del

[69] *Ley de Comercio Marítimo.* Art. 178.

[70] Freddy Belisario Capella, "La Navegabilidad en los Contratos de Utilización del Buque", en *Revista de la Asociación Venezolana de Derecho Marítimo*, 2017, No. 12-1, p. 17.

[71] Freddy Belisario Capella, Ob. Cit., p. 17. Añade el autor que: *"lo expresado nos conduce a que en el fletante descansa la responsabilidad de cuidar y proteger la construcción flotante, ya que, en el supuesto que el buque se encuentre en condiciones de innavegabilidad, el fletador podrá resolver el contrato mediante comunicación por escrito al fletante.*

contrato. Sobre este punto, importante lo que apunta Gabaldón García y Ruiz Soroa[72] respecto a la garantía de navegabilidad del buque: *"Los textos legales más modernos han modificado esta tradicional dureza, transformando la garantía en una simple obligación de diligencia: el naviero está obligado a cuidar diligentemente la navegabilidad de su buque, pero no será responsable de los vicios ocultos que escapen a un cuidado e inspección razonablemente realizados"*.

No obstante, esta afirmación, el fletante debe responder por situaciones que pongan en duda la navegabilidad de su buque o su falta de navegabilidad, incluso cuando éste haya empleado la debida diligencia, *so pena* que el fletador pueda resolver el contrato. El derecho del fletador de resolver el contrato está contenido en el artículo 189 de la Ley de Comercio Marítimo.[73] Las consecuencias de la innavegabilidad en el Derecho venezolano, como en el *Common Law*, confiere la facultad al fletador de resolver el contrato, cuestión que implica que el fletador pueda cancelar el contrato y reclamar los daños y perjuicios. Por ello, es esencial que el buque esté estanco y fuerte para realizar el viaje acordado. Esto abarca, la garantía o, mejor dicho, el resultado de la debida diligencia respecto a las condiciones del buque en cuanto a: el cumplimiento de su obligación de ponerlo a disposición del fletador, la importancia que representa las condiciones que debe reunir el buque al momento de la carga y a la ejecución del viaje pactado. Por tales razones, el fletante no podría exonerarse de tales responsabilidades, si resulta que el buque objeto del contrato, carece de condiciones de navegabilidad para los propósitos del fletamento.

Las repercusiones legales que enfrentaría el fletante bajo estas circunstancias, llevarían al fletador a ejercer la resolución del contrato y reclamar daños y perjuicios e inclusive, cuando el fletante haya alegado haber ejercido la debida diligencia por procurar las condiciones de navegabilidad de su buque, si este no reúne tales condiciones. En este sentido, a pesar de las distintas posiciones doctrinales que expresan ciertas flexibilidades respecto el empleo de la debida diligencia como uso de medio adecuado, en todo caso, el fletante puede exonerarse, si evidencia que tales medios utilizados para garantizar las condiciones de

---

[72] José Gabaldon García, José María Ruiz Soroa, Ob. Cit., p. 432.

[73] Venezuela, *Ley de Comercio Marítimo,* Art. 180.

navegabilidad eran razonablemente apropiados. Apunta Sierra Noguero[74] respecto a esta afirmación: *"la práctica habitual es la de caracterizar la obligación del fletante como una obligación relativa, de modo que no garantiza, sino que sólo se compromete a ejercer la debida diligencia para presentar un buque en condiciones de navegabilidad.* Respecto a nuestra posición sobre la legislación venezolana, podemos afirmar, que el fletante no puede exonerarse si el buque al inicio del contrato o a la puesta de disposición del fletador, carecía de las condiciones de navegabilidad. Podemos inferir que la Ley de Comercio Marítimo, caracteriza la navegabilidad inicial como absoluta a pesar de las posiciones doctrinales sobre este particular. Es decir, que el fletante debe garantizar que el buque debe reunir las condiciones de navegabilidad, en el sentido, del cumplimiento de su obligación de presentar el buque en lugar y fecha estipulada, en condiciones de navegabilidad, equipado y con la documentación requerida para realizar las operaciones previstas en el contrato y mantenerlo así durante el o los viajes convenidos.[75]

Por lo que respecta al *common law*, el tema de la navegabilidad ha sido objeto de muchas decisiones judiciales en Cortes británicas y norteamericanas. Existe una obligación implícita de navegabilidad, inclusive si no existiera una disposición expresa en el *charter party* sobre la misma[76]. Es una obligación absoluta que el buque debe estar apto para los propósitos encomendados y el fletante debe probar el ejercicio de su debida diligencia para mantener su buque navegable o en condiciones de navegabilidad antes y después del viaje[77]. Sostiene Baatz[78] al respecto: *"Therefore more modern standard form charterparties*

---

74 Eliseo Sierra Noguero, *El Contrato de Fletamento por Viaje*. Ob. Cit., p. 142.

75 Venezuela, *Ley de Comercio Marítimo*. Art. 178.

76 Vid. Case *The Sylvias* (171 US 462), 1988, en libro de James J. Buckley, *The Business of Shipping*, Ob. Cit., p. 62. *"Justice Horace Gray said: "The test of seaworthiness is whether the vessel is reasonably fit to carry out which she has undertaken to transport".*

77 Maximiliano Navas Garatea, *La Navegabilidad del Buque en el Derecho Marítimo Internacional*, Ob. Cit., p. 93. En este sentido señala: "*Se afirma uniformemente por la jurisprudencia anglosajona que la noción de navegabilidad (seaworthiness) no es un término absoluto, sino relativo. Ha de ser considerado en relación al viaje a realizar, con el cargamento embarcado y con su estiba. Así, a menos que el buque no esté razonable o debidamente equipado y dotado o no sea razonablemente seguro para acondicionar la mercancía que se ha comprometido a transportar, deberá ser considerado navegable de manera absoluta".*

78 Ivonne Baatz, *Charterparties*, en libro *Maritime Law*, Maritime and Transportation Law Library, Informa Law, 4th Edition, 2018, p. 134.

expressly provide that the owner shall exercise due diligence to maintain the ship throughout the charter service. Igual referencia, se le atribuye al Derecho norteamericano, en el sentido, que el buque deber estar en condiciones de navegabilidad a la puesta de disposición al fletador. Esta condición también se modifica por requerimiento de la debida diligencia por parte del fletante.[79]

En este sentido, el fletador tiene el derecho de ejercer sus reclamos por incumplimiento del contrato por parte del fletante. El mismo *charter party,* en sus disposiciones relativas a la navegabilidad, expresa igualmente la solución, estipulando contractualmente el derecho del fletador de cancelar o resolver el contrato cuando ocurra una situación que ponga al buque fuera de condición respecto a su navegabilidad[80]. Es decir, que el fletante responderá cuando el buque no se encuentre apto para realizar el viaje pactado, aun ejerciendo su debida diligencia, respondiendo igualmente por culpa o negligencia por la falta de navegabilidad del buque. Sobre esto es importante resaltar, lo que sostiene gran parte de la doctrina internacional, al afirmar, que la finalidad de este tipo de contrato en función de la navegabilidad del buque, radica principalmente en: (i) la puesta a disposición de un buque para navegar y realizar uno o varios viajes acordados y (ii), que el buque debe reunir una función específica de transporte. Es decir, la primera en función de la navegabilidad de la nave desde el punto de vista abstracto, y la segunda relacionada a las condiciones navegabilidad respecto al buque y a su cargamento. Sobre este particular, dentro del derecho de formularios, las principales pólizas-tipo usualmente estipulan el derecho del fletador de resolver el contrato, si la nave no es puesta a su disposición en condiciones de aptitud respecto a la navegabilidad para el servicio requerido en el tiempo acordado, esto, como importante facultad del fletador en su cualidad de parte del referido contrato[81].

---

[79] Vid. Thomas J. Schoenbaum, *Admiralty and Maritime Law, Fourth* Ed., Thomson West, 2004, p. 690. *"The Ship also must be in a seaworthiness condition on delivery to the charterer. This is often modified by the due diligence requirement in the charter party or reinforced by language that the vessel is to be tight, staunch and strong and fitted for the service intended".*

[80] Vid. Pólizas-tipo utilizadas en tráficos marítimos emitidas por BIMCO (BIMCHEMOVOY 2008 y BPVOY

[81] En este sentido, merece citar a Juan Pablo Rodríguez Delgado, *El Contrato de Fletamento por Viaje*...Ob. Cit., p. 116. Respecto a lo señalado por *McFadden v Blue Star Line* (1905)

XI. REFERENCIA RESPECTO A LA CLASIFICACIÓN DE TÉRMINOS Y CATEGORÍAS CONTRACTUALES QUE RECAEN SOBRE BUQUE EN EL DERECHO INGLÉS

Dentro del estudio del buque como elemento real en el contrato de fletamento por viaje, la práctica internacional en el Derecho anglosajón ha utilizado una clasificación respecto a la descripción del mismo, que implica una serie de efectos legales que dan derecho al fletador, bien sea, a resolver el contrato o, reclamar indemnización por daños y perjuicios, en este último, sin que esto signifique la ruptura del contrato de fletamento. El Derecho anglosajón tiene como regla general el uso de términos dentro del contrato, que con ocasión a la descripción del buque o sus equipos y aparejos, son de gran importancia para las partes, ya que ellos, permiten en caso de incumplimientos obtener soluciones (*remedies*) efectivas, a través de la identificación de una serie de categorías que sirven para determinar, si el buque cumple o no con la descripción y especificaciones acordadas o algunas de las partes incumple con alguna disposición contractual. Estas categorías están conceptualizadas como: *conditions, warranties* o *innominate o intermediate terms*[82]. Estos términos bajo el Derecho inglés, generan una serie de efectos legales respecto al buque o algunos de los elementos de individualización, que pueden dar lugar a la resolución del contrato, por incumplimiento de parte del fletante de las condiciones del mismo, en relación con los elementos esenciales del contrato que deben cumplir, sus términos garantizados y/o los términos intermedios de relevancia variable. En este sentido, es importante señalar que el término resolución o rescisión le atribuye a las partes, en especial al fletador, el derecho de desistir de forma unilateral el cumplimiento del contrato de fletamento, si el fletante incumple sus obligaciones de contenido contractual.

1 KB 697, p. 703: *"the warranty of seaworthiness in the ordinary sense of that term, the warranty, that is, that the ship is fit to encounter the ordinary perils of the voyage, is a warranty only as to the condition of the vessel at a particular time, namely, the time of sailing; it is not a continuing warranty, in the sense warranty that she shall continue fit during the voyage".*

[82] Vid. Article 44. Categorization of Contractual Terms, Boyd Stewart C, y Andrew Burrons and Foxton, *Scrutton on Charterparties and Bill of lading*. Ob. Cit., p. 88.

Estos términos han sido establecidos por el *common law,* de acuerdo a la importancia comparativa y los efectos que se derivan de cada uno de ellos, en el sentido, que las partes pueden acordar cómo clasificar cada término cuando comiencen a negociar el contrato y para la vigencia del mismo. Esto representa gran utilidad, ya que las partes pueden considerar rápidamente cuales soluciones legales están disponibles en los supuestos que contravengan cualquiera estipulación del contrato. En este sentido, el incumplimiento de uno de los términos puede tener un efecto más grave en el contrato, que el incumplimiento de otro dentro del mismo, lo cual, hace necesario la importancia de identificar el alcance de cada uno de ellos, en función de los efectos que se generan para las partes dentro del contrato.

La categorización de cada uno de estos conceptos o clasificación de términos contractuales, específicamente determinan su alcance y aplicación, enfocados a términos de obligación, entendiéndose entonces, que, si un término determinado, un buque es clasificado con una categoría de *conditions*, significa que el fletante ha incumplido una obligación esencial e importante del contrato, dando derecho al fletador a resolver el mismo, o a su elección, reclamar los daños y perjuicios. Sierra Noguero,[83] respecto a esta categorización apunta: *"El pacto contractual que se considera como una [condition] del contrato exige su cumplimiento exacto, cualquier incumplimiento del mismo permite al acreedor, mediante la oportuna notificación a la parte incumplidora, liberarse de su respectiva obligación contractual. Y exigir los eventuales daños y perjuicios por el incumplimiento".* De acuerdo a los efectos que genera un incumplimiento de esta naturaleza, podemos decir, que una *conditions* es un término cuya falta va directamente a la raíz del contrato y por lo tanto, es capaz de rescindir el mismo.

Aspectos relevantes a la individualización del buque como: su nombre, nacionalidad, clasificación, puerto de registro, su información respecto a los pesos y sus volúmenes, capacidad de carga o transporte del buque, así como la declaración del fletante respecto a la ubicación del buque al momento de suscribir el contrato, podrían según el caso, representar condiciones que sean esenciales, cuyo incumplimiento

[83] Eliseo Sierra Noguero, *El Contrato de Fletamento por Viaje,* Ob. Cit., p. 117.

generaría al fletador a dar por terminado el contrato. En este sentido, podemos citar como ejemplo, que la determinación e identificación de un buque y la puesta a disposición del fletador de conformidad a las estipulaciones pactadas en el contrato, constituirían unas obligaciones esenciales (*conditions)* y el compromiso del fletante del cumplimiento de las condiciones acordadas, si tales circunstancias fueron pactadas como imprescindibles e invariables. Como punto importante, es conveniente señalar, que la jurisprudencia inglesa para algunos casos, ha valorado la existencia de tendencias favorables más flexibles respecto a los elementos de la individualización del buque, que han llevado a considerar algunos supuestos de incumplimiento como *innominate o intermediate terms,* término del cual, haremos referencia adelante.

El concepto de esta categorización (*conditions),* la podemos encontrar en STEWART C, Boyd; BURRONS Andrew and FOXTON,[84] los cuales, definen esta categoría como: *"If the promisor breaks a condition in any respect, however slight, the other party can, if he wishes, by intimation to the party in breach, elect to be released from performance of his further obligation under the contract, claiming damages for any loss he has suffered; although he can, if prefers, elect to maintain the contract in existence and content himself with proceeding for damages in respect of his loss."* El alcance y aplicación de este concepto nos lleva a inferir sobre la decisión que puede asumir el fletador, independientemente de la violación de algún término del contrato, de continuar vinculado con el mismo, pudiendo exigir solo lo que respecta la reclamación por daños y perjuicios a su elección. Es decir, que el incumplimiento por parte del fletante de alguna obligación con ocasión a algunos factores de la individualización del buque y su descripción en el contrato, que no demande aspectos fundamentales o de imprescindible importancia para el fletador, da derechos a este a compensaciones de daños y perjuicios, sin contemplar la ruptura contractual entre las partes, siempre y cuando así sea acordado.

Existen múltiples referencias jurisprudenciales en el Derecho inglés de esta categorización que amerita su observación, siendo necesa-

[84] Boyd Stewart C; Anrew Burrons, and Foxton, *Scrutton on Charterparties and Bill of lading,* Ob. Cit., p. 88.

rio que se examinen para su entendimiento, los casos de incumplimiento de contrato y las soluciones previstas (*remedies)* que puedan adoptar las partes, por cuanto un supuesto, puede según el caso, ser catalogado como una *contidions*, *warranties* o un *itermediate terms*. A pesar de que las *conditions* o *warranties* están plenamente categorizadas en el *common law*, es preciso tomar en cuenta la esencia y sustancia del contrato, al momento de ejercer un derecho de resolución del mismo o reclamar daños y perjuicios, cuando el caso puede ser clasificado como un *intermediate terms* u otro término distinto a este. En este sentido, relevante la referencia que hace Liang Zhao[85] respecto a la importancia de la interpretación de estos términos y sus efectos legales. Apunta Zhao: *"it is necessary to look out the surrounding circumstances and the parties' intention in a contract to decide the nature of the term.* Agrega Zhao: *"the test of condition is whether a term is so vital that a failure to perform it effects the substance of the contract."*. De esto podemos inferir, que, en los contratos de fletamento, la descripción del buque es fundamental, por lo que, la clasificación de estas categorías contractuales en el Derecho inglés, determinan para las partes, el alcance de las mismas, cuando se trate de una *conditions*, una *warranties* o un caso que clasifique como un *intermediate terms*. Múltiples casos se han manejado en las Cortes inglesas respecto a estas categorías de términos contractuales. Un ejemplo que forma parte de la individualización del buque, es su nombre o identidad (*name of the vessel)*. Al menos que el contrato estipule o confiera al fletante el derecho de sustituir un buque, si el contrato estipula un buque especifico y determinado y no otro, el fletador no está obligado a aceptar dicho buque ni cargar sus mercancías a bordo de él, inclusive si dicho buque cumple con especificaciones idénticas o parecidas, estando este facultado y en su pleno derecho de resolver el contrato.

Tal como fue explicado en el punto sobre la identidad del buque *ut supra,* el nombre del buque es una importante característica para el fletador, cuya sustitución podría afectar el resultado de sus propósitos,

---

[85] Liang Zhao, "Classification of Contractual Terms and Termination Clauses in English Law", en libro *Research handbook on Maritime Law and Regulation,* edited by Jason Chuah, Eduard Elgar Publishing Limited, Cheltenham, UK, 2019, p.190.

ya que un buque sustituido podría traer como consecuencias, serios inconvenientes que afectarían al fletador, al no estar el buque acorde a sus exigencias. Igual tratamiento, podría considerarse para tocar este tema, por ejemplo, los efectos de la bandera y nacionalidad del buque, que, por error o falsa información, podría afectar al fletador. Del mismo modo, una información equivocada respecto a las condiciones del mismo y de sus aparejos o grúas, así como, la falta de veracidad en cuanto a la capacidad de carga, la innavegabilidad del buque, entre otras situaciones que se puedan clasificarse como *conditions*, representan supuestos de incumplimientos de parte del fletante, incluyendo para algunos casos específicos, el tema de la velocidad y los resultados operativos y mecánicos de las maquinas, entre otros. En todo caso, bajo esta categoría o clasificación, la parte inocente puede rescindir el contrato, por lo general, independientemente del grado de pérdida o daño derivado de ese incumplimiento. Además, si la pérdida o los daños también han sido causados por el incumplimiento del término, la parte inocente puede reclamar dicha pérdida o daño.

En sentido amplio, una *conditions* forma parte del contrato, en el sentido que las partes determinan que es tan esencialmente relevante para tener la obligación de cumplirse exactamente como se ha pactado *so pena* de resolver el vínculo jurídico que los une. Por ello, en términos generales, si una de las partes no cumple una *conditions*, la otra parte puede perfectamente actuar como si el contrato no tuviera ya efectos legales. Es decir, se ejerce la facultad de resolución a favor de la parte perjudicada por incumplimiento de las obligaciones de la otra parte. En Derecho marítimo y en lo que respecta al estudio del buque como elemento real, esta categoría de término contractual produce múltiples efectos legales, específicamente teniendo la parte afectada o inocente la elección de terminar el contrato o demandar por daños. En todo caso, es importante que el tipo de daño que proviene de la violación de una *conditions* genere un incumpliendo que sea considerado una falta a los términos y condiciones esenciales del contrato. Importante de todo esto, es que el Derecho anglosajón contempla que, para que un término deba ser considerado una *conditions*, al menos debe cumplir con uno de los requisitos importantes que determinan su existencia. Entre estos requisitos están (i) que un término particular sea clasificado como *conditions* por una por decisión judicial previa; (ii) que el término puede sea prescrito por una disposición legal como *conditions,* y, (iii) que las partes hayan acordado expresamente o implícitamente que un término particular debe ser considerado una *conditions.*[86]

Por otro lado, respecto a la segunda categoría, si se califica un término determinado a un buque como una *warranties*, significa que su incumplimiento produciría solo el derecho a una indemnización, no legitimando al fletador a resolver el contrato, y solo podría entablar una acción por reclamación de daños y perjuicios, no la resolución del contrato. El alcance de esta categorización va en función de incumplimientos de menor significación que la doctrina y en la jurisprudencia anglosajona han denominado como garantías o términos garantizados (*warranties).*

Para el fletador quien ha tomado un buque en fletamento, enfrenta situaciones o posibilidades de disputas con el fletante sobre aspectos importantes del buque, situaciones que tienen que ver con el rendimiento del mismo para los propósitos que se destinan en el contrato. Factores como la clase del buque, entre otros que se derivan de la descripción del mismo y sus efectos en los contratos de fletamento por viaje, representarían supuestos relevantes de incumplimientos que estarían dentro de la clasificación de *warranties.* Por ello, es esencial que el fletante provea y tenga la obligación de asegurar un buque que permita la ejecución del contrato de conformidad con las necesidades del fletador y el contexto que permita a un determinado buque cumplir con el contrato.

El concepto de esta categorización (*warranties),* igualmente, la podemos encontrar en STEWART C, Boyd; BURRONS Andrew and FOXTON,[87] los cuales definen esta categoría como: *"if the promisor breaks a warranty in any respect, however serious, the other party does not have a right to be released from his further obligations, but has only the right recover damages."* El incumplimiento de un *warranties* implica básicamente, que el fletador puede demandar por daños, pero

---

[86] Vid, Nicholas Kouladis, *The Principles of Law Relating to International Trade",* Springer, USA, 2006. p.100.

[87] Boyd Stewart C; Anrew Burrons, and Foxton, *Scrutton on...* Ob. Cit., p. 88.

no puede rescindir el contrato. De hacerlo, podría estar inmerso en un riesgo de ser demandado por rescisión injustificada del contrato. Lo importante para entender estos términos contractuales, se manifiesta en el buque como elemento esencial de estos contratos, en el sentido, que, si su descripción es sometida a cambios que afecten al fletador, generaría un incumplimiento de contrato, estando el mismo en su derecho de resolver el mismo, si la esencia de tal incumplimiento afecta la raíz del contrato (*conditions)* o lo habilita solo reclamar daños por incumplimientos (*warranties)*. En todo caso, el fletador podría ejercer cualquier derecho de reclamar solo daños sin desvincularse del contrato. Por ello, importante entender la delimitación de estos términos y sus efectos para las partes, cuestión que en la práctica suele a presentar serios problemas a las mismas, ya que un término contractual podría ser categorizado como *conditions* aunque este podría ser realmente una *warranties* en el contrato, o entenderse, que una *warranties* sea realmente una *conditions* en el contrato, por la sencilla razón, de que no todos los términos en el contrato podrían tener el mismo peso o significación para las partes. En este sentido, importante referencia hace Zhao[88] cuando se refiere sobre este punto: "*From the statutory definition of warranty, it can be seen that a warranty is not as substantial as a condition, as it is only a collateral to the contract. In other words, breach of a warranty will not affect the main purpose of the contract. That is the reason why breach of warranty will not entitle the innocent party to terminate the contract.*" Es decir, que en todo caso, un incumplimiento dentro de la categoría de *warranties*, la solución (*remedy)* operaría solo en casos que en tales incumplimientos demande solo daños.

Respecto a la tercera categoría, los *intermediate terms,* **términos innominados o términos intermedios, se pueden considerar, como términos de un contrato que se encuentran entre una** *conditions* y una *warranties,* que al no poder determinarse o se pueda demostrar como una u otra, se vuelven innominados o intermedios, generando a una de las partes su beneficio completo del contrato, pudiendo la parte inocente rescindir el contrato o tener otras alternativas de solución. En

[88] Liang Zhao, "Classification of Contractual Terms and Termination Clauses in English Law", Ob. Cit., p. 192.

todo caso, si un término innominado no reviste de relevancia importancia, es decir, que su incumplimiento no afecta el contrato ni su esencia, la parte inocente no estaría bajo un supuesto de rescindir el contrato. En ese caso, la parte inocente solo podría demandar por daños y perjuicios, al menos, que tal incumpliendo sea considerado como una *conditions,* permitiendo a la parte afectada a rescindir el contrato o, como una *warranties,* eligiendo la parte afectada a reclamar daños.

Si un término determinado a un buque es clasificado como un *innominate o intermediate terms*, significa para la doctrina y jurisprudencia inglesa términos contractuales intermedios para tomar en cuenta aquellas descripciones del buque, que su categorización implicaría efectos legales resolutivos o no, los cuales recaen sobre un incumplimiento que afecte por ejemplo, el estado de navegabilidad de la nave, la obligación de iniciar el viaje con celeridad, como supuestos principalmente identificados por la doctrina y jurisprudencia inglesa con relación al buque. La obligación de disponer de un buque en condiciones de navegabilidad podría incumplirse por la presencia de defectos que podrían ser resueltos de manera rápida y sencilla, razón por la cual, esta violación, no es clasificada como una *conditions* o *warranties.* Sobre este punto, amerita citar lo que González-Lebrero[89] apunta: *"cabe añadir que dentro de esa doctrina y jurisprudencia se ha desarrollado otra figura, la de los intermediate terms (términos contractuales intermedios) que pueden surtir el efecto resolutorio de las conditions o el solo obligar a la parte culpable a indemnizar los daños y perjuicios sufridos por la otra parte (warranties), todo ello, sin reglas predeterminadas, lográndose el ajuste conceptual a través de la interpretación del contrato, independientemente que el fletante y fletador hayan calificado en la póliza de fletamento sus obligaciones como condiciones y garantías."* En todo caso, las Cortes examinarán los términos acordados y deberán determinar exactamente qué términos pretendían las partes regularan el contrato como *conditions, warranties* o *intermediate terms.* Igualmente, dichas Cortes han expresado la preferencia del uso de *intermediate terms,* en cuanto a los otros, principalmente, debido a la flexibilidad que estos permiten para decidir la solución (*remedy*) apropiada.

---

[89] Rodolfo González Lebrero, *Curso de* .... Ob. Cit., p. 384.

Importante sobre esta categoría, el contenido de las pólizas-tipo, las cuales deberán contener además de las condiciones libremente estipuladas, detalles sobre elementos que tienen que ver con el buque, de manera de determinar el grado de compromiso del fletante en cuanto a las condiciones del buque dado en fletamento. El concepto de esta categorización (*intermediate or innominate terms),* igualmente la podemos encontrar en el libro de STEWART C, Boyd; BURRONS Andrew and FOXTON,[90] los cuales definen esta categoría como: *"which are neither conditions nor warranties. When the obligation of this type is broken, the right of the promisee to treat himself as discharged depends on whether the breach is sufficiently serious to go to the root of the contract."* Dentro de esta categoría, cabe resaltar que un *intermediate terms* no es conceptualmente un supuesto de *conditions* o *warranties*, se trata específicamente de una categoría que da derecho a resolver el contrato cuando su incumplimiento afecte a la raíz del mismo. Los supuestos de *intermediate terms* son considerados como extremos contractuales, dentro de los cuales, las Cortes valoran sus efectos reales del incumplimiento por la dificultades que estos presentan y la importancia que da derecho a la parte afectada de liberarse de sus obligaciones contractuales, mediante la resolución del contrato o, buscar una solución que resuelva cualquier incumplimiento sin que afecte al mismo. Citamos nuevamente a Zhao,[91] quien perfectamente claro, define el alcance de este importante término contractual, cuando afirma: *"A term be classified as intermediate if it is capable a being breached either in trivial way, the remedy of which is claim of damages, or in a fundamental way so as to destroy the whole contract"*. En este sentido, si el incumplimiento es clasificado como un *intermediate terms*, la parte perjudicada puede rescindir el contrato, si las consecuencias reales y futuras de tal violación, pueden privarlo sustancialmente del beneficio de la totalidad de la contraprestación que negoció, en virtud de las condiciones acordadas en el contrato y sobre todo, en atención al buque objeto del mismo. Por ello, dependiendo de la gravedad del incumplimiento, pudiera la

---

[90] Boyd Stewart C; Anrew Burrons, and Foxton, *Scrutton on...* Ob. Cit., p. 88.

[91] Liang Zhao, "Classification of Contractual Terms and Termination Clauses in English Law", Ob. Cit., p. 193.

parte afectada, resolver el contrato y reclamar daños o, en su defecto y a su elección, solo reclamar daños.

Todas estas situaciones que pudieran traer como consecuencias una serie de efectos legales por incumplimiento de alguna de las partes, podemos señalar, que cuando se trata de contratos de fletamento por viaje, la descripción de un buque es un término mismo del contrato, el problema sería determinar, cuándo un incumplimiento se trata de una *conditions, warranties* o un *intermediate terms.* Cualquiera que sea el caso, cualquier incumplimiento de un término acordado, implicaría el incumplimiento del contrato mismo.[92]

En todo caso, cualquier duda que se derive de un incumplimiento de un *itermediate terms* en Derecho inglés, puede ser resuelto ejerciendo el derecho de una terminación rápida (*express termination right*), el cual, una vez acordada esa cláusula en el contrato, cualquiera de las partes puede ejercer su derecho de resolver el contrato, cuando una parte incumple cualquier obligación del mismo. Es decir, que la parte inocente, puede terminar anticipadamente el contrato, no importando si el término incumplido sea una *conditions*, una *warranties* o un *intermediate terms*. Efectos resolutivos en contratos de fletamento, son vinculantes a las obligaciones asumidas por el fletante, por ello, el Derecho inglés, regula múltiples situaciones por violaciones de tales obligaciones, que abarcan muchos supuestos con relación a este tipo de modalidad contractual, que van más allá del cumplimiento o no de algún término contractual con ocasión a la descripción del buque, que admiten en algunos casos la resolución del contrato, cuando la ejecución del mismo sobrevienen causas o eventos que afectan su interés comercial. En cualquier caso, si se ha incumplido un término, el contrato ha sido quebrantado; por lo tanto, se produce un incumplimiento del mismo, cuando se haya violado cualquier tipo de término contractual, independientemente de la significación del término que sea irrespetado o incumplido.

[92] Nicholas Kouladis, *The Principles of Law Relating to International Trade",* Springer, USA, 2006. p.103. *"In all cases (Conditions, Warranties and Intermediate Terms), where a term has been broken, the contract is said to have been "breached". Therefore, a "breach of contract" would result where any type of contractual term has been broken, irrespectively of the broken term's importance".*

XII. CONCLUSIONES

No hay duda de que el fletamento por viaje, es uno de los contratos de utilización de buques de marcada influencia dentro del tráfico *tramp,* cuya repercusión legal, técnica y económica en el ámbito internacional, ha puesto al buque como objeto fundamental, representando la referencia esencial como elemento real en esta modalidad contractual.

Muchas han sido las definiciones y tratamiento jurídico que se le han dado a la figura del buque, que ha sido necesario establecer su valor como elemento esencial y los efectos legales que de él se derivan, con el fin de encasillar su alcance legal como elemento real dentro del contrato. Por ello, la importancia que reviste el buque en esta modalidad, representa el núcleo para las partes, así como, el cumplimiento de una serie de obligaciones específicas por parte del armador/fletante en su relación contractual con el fletador.

Estas obligaciones respecto al buque, que hemos visto a través del trabajo aquí desarrollado, son fundamentales en relación con los contratos de utilización de naves, especialmente, en el contrato de fletamento por viaje, como instrumento directo y protagonista del hecho técnico de la navegación y, lo que ella representa desde el punto de vista comercial, donde vemos el buque, como uno de los más importantes elementos que forma parte de este contrato, así como, el objeto principal que constituye su eje central, especialmente en tráficos de navegación libre o *tramp*, para el transporte y movilización de grandes cargas homogéneas, además de su significación como complemento para las transacciones internacionales en materia de compra venta internacional.

Relevante posición ha tenido el ordenamiento jurídico tanto venezolano como extranjero, los cuales, reconocen el acuerdo de voluntades de crear vínculos jurídicos por medio de un contrato en particular, por ello, fue fundamental señalar que ciertas condiciones y requisitos en los negocios jurídicos distinguen supuestos de valor, que deben existir previo al contrato para su validez y existencia, los cuales, clasifican al buque como uno de los principales elementos reales en los contratos de fletamento.

En conclusión, el buque como centro principal de este trabajo, constituye y representa uno de esos elementos esenciales y principales de este contrato, cuyas condiciones y requisitos desde el punto de vista material, relativos a su individualización y las condiciones que este debe reunir, lo califican como un elemento esencial del contrato, sobre el cual, recaen las obligaciones contraídas por el fletante. Es decir, que el buque es el bien real y objeto principal, motivo por el cual, se crea, se celebra y da existencia al contrato de fletamento o *charterparty.*

XIII. REFERENCIAS BIBLIOGRÁFICAS

ÁLVAREZ LEDO, Tulio, *Derecho Marítimo,* Tomo I, Publicaciones Universidad Católica Andrés Bello, Caracas, Venezuela, 2011.

ARROYO MARTÍNEZ, Ignacio, *Curso de Derecho Marítimo,* J.M. Bosch Editor, Barcelona, España, 2001.

BAATZ, Yvonne, "Charterparties", en libro *Maritime Law,* Maritime and Transportation Law Library, Informa Law, 4th Edition, 2018.

BELISARIO CAPELLA, Freddy, *La Navegabilidad en los Contratos de Utilización del Buque,* en Revista de la Asociación Venezolana de Derecho Marítimo, Comité Marítimo Venezolano, Caracas, Venezuela, 2017.

BIMCO DOCUMENTS. "Gencon 94. Standard General Voyage Charter Party with Explanatory Notes". s.d. Copenhagen, Denmark.

BOY, Stewart, BURROWS Andrew and FOXTON, David, *Scrutton on Charterparties and Bill Of Lading,* Sweet and Maxwell Limited. London. 1996

BUCKLEY, James J. *The Business of Shipping.* Cornell Maritime Press, Eight Edition, Centreville, Maryland, USA, 2008.

BOLINAGA, Juan José, *La Interpretación de los Contratos Marítimos,* en Revista de la Asociación venezolana de Derecho Marítimo. No. 12, Caracas, 2017.

BRANCH, Alan E, *Elements of Shipping,* seventh edition, Chapman & Hall, Boundary Row, London, UK, 1996.

BRANCH, Alan E. and BRANCH, David, *Dictionary of Shipping. International Business Trade and Abbreviations,* Fifth Edition, Witherby Seamanship International, Livingstone, United Kingdom, 2008

BRODIE, Peter R, *Dictionary of Shipping Terms,* Fifth Edition, Informa Law. London, 2007.

Código de Derecho Internacional Privado (Código de Bustamante), La Habana, 20 de febrero de 1928.

Conferencia de las Naciones Unidas Sobre Comercio y Desarrollo (UNCTAD). *Informe Sobre Transporte Marítimo 2019.* Naciones Unidas, United Nations Publications, Nueva York, Estados Unidos de América, 2019.

COVA ARRIA, Luis, *Comercio Internacional incluyendo el Comercio Electrónico,* Academia de Ciencias Políticas y Sociales, Caracas, 2010.

CHOW, Daniel y SCHOENBAUM, Thomas. *International Business Transactions,* Aspen Publisher, 2005.

DOS SANTOS, Olga María, *Contratos Internacionales en el Ordenamiento Jurídico Venezolano,* Vadell Hermanos Editores, C.A., Caracas, 2000.

Forms of Approved Documents, The Baltic and International Maritime Council (BIMCO). The Baltic and International Maritime Council. Documentary Committee. Copenhagen, Dinamarca, 2004.

GABALDÓN GARCÍA, José Luis, RUÍZ SOROA, José María, *Manual de Derecho de la Navegación Marítima,* Segunda Edición, Marcial Pons Ediciones Jurídicas y Sociales, Madrid, España. 2002.

GÓMEZ PRIETO, María Teresa, *El Contrato de Volumen,* Eusko Jaurlaritzaren, Servicio de Publicaciones del Gobierno Vasco, Donostia-San Sebastián, España, 2008.

_____________, *Las Sociedades de Clasificación de Buques,* A.D.M. Vol. XI, 1993.

GONZÁLEZ-LEBRERO, Rodolfo, *Curso de Derecho de la Navegación,* Primera Edición, Eusko Jaurlaritzaren, Servicio Central de Publicaciones del Gobierno Vasco, Vitoria-Gasteiz España, 1998.

______________. *"Los Contratos de Utilización de Buques",* en libro *Contratos Sobre el Buque en el Derecho Español. Análisis Práctico,* Asociación Española de Derecho Marítimo, Editorial Dykinson, Madrid, 2018.

GOÑI ETRCHEVERS, José Luis, *La Responsabilidad de las Sociedades de Clasificación: el Caso Prestige como paradigma,* en libro *Estudios de Derecho Marítimo,* GARCIA-PITA y LASTRES y otros, Editorial Aranzadi, Thomson Reuters Limited, Navarra, España, 2012.

GORTONM, Lars, HILLENIUS, Patrick, IHRE, Rolf and SANDEVARN, Arne, *Shipbroking and Chartering Practice,* Liber Hermonds, First Edition, Malmo, Sweden, 1984.

_____, *Shipbroking and Chartering Practice,* Liber Hermonds, Sixth Edition, Malmo, Sweden, 2004.

Institute of Charterer Shipbrokers. *Dry Cargo Chartering*. Edition. Edinburgh, Escocia, United Kingdom, 2011.

KOULADIS, Nicholas, *The Principles of Law Relating to International Trade,* Springer, USA, 2006.

MARTÍNEZ-HIDALGO Y TERÁN, José María, *Enciclopedia General del Mar,* Cuarta Edición. Ediciones Garriga, S.A., Barcelona, España, 1982.

MONROE, Jefferey, STEWART, Robert, *Dictionary of Maritime and Transportation Terms,* Cornell Maritime Press, First edition, Centreville, Maryland, USA, 2005.

NACIONES UNIDAS. *Convención de las Naciones Unidas sobre el Derecho del Mar,* Montego Bay, *1992.*

_____, *Convenio Internacional sobre Arqueo de Buques de 1969,* Organización Marítima Internacional.

_____, *Convenio Internacional sobre Líneas de Carga, 1966,* Organización Marítima Internacional (OMI)

NAVAS GARATEA, Maximiliano, *La Navegabilidad del Buque en el Derecho Marítimo Internacional,* Eusko Jaurlaritza, Servicio Central de Publicaciones del Gobierno Vasco, Victoria-Gasteiz, 2013.

PEREIRA, Heber, *Teoría del Buque,* Fundación la Salle, Campus Margarita, Estado Nueva Esparta, 1984.

PULIDO BEGINES, Juan Luis, *Curso de Derecho de la Navegación marítima,* Ediciones Tecnos, Madrid, 2015.

_____, *Instituciones de Derecho de la Navegación Marítima,* Ediciones Tecnos, Madrid, 2009.

RODRÍGUEZ DELGADO, Juan Pablo, "El Contrato de Fletamento por Viaje, Contenido Obligacional" en *Contratos Sobre el Buque en el Derecho Español, Análisis Práctico,* Asociación Española de Derecho Marítimo, Editorial Dykinson, Madrid, 2018.

RODRÍGUEZ GAYÁN, Eloy Miguel, *Los Contratos Internacionales de Fletamento y Transporte Marítimo,* Editorial Eurolex, Madrid, España, 1999.

RUIZ SOROA, José María, ZABALETA SARASUA, S, GONZALEZ RODRIGUEZ, M, *Manual de Derecho del Transporte Marítimo,* Eusko Jaurlaritzaren, Servicio Central de Publicaciones del Gobierno Vasco, Vitoria-Gasteiz, España, 1997.

SIERRA NOGUERA. Eliseo, *El Contrato de Fletamento por Viaje*, Publicaciones del Real Colegio de España, Bolonia, 2002.

SCHOENBAUM, Thomas J., *Admiralty and Maritime Law,* Fourth Edition, Thomson West, U.S.A., 2004.

The International Association of Classification Societies (IACS), en web: www.iacs.org.uk

Venezuela. *Ley del Comercio Marítimo,* publicada en Gaceta Oficial No. 38.351, del 5 de Enero de 2006.

Venezuela. *Ley de Marinas y Actividades Conexas*, publica en Gaceta Oficial No. 6.153, del 18 de noviembre de 2014.

INTERNACIONALISMO Y UNIFICACIÓN DEL DERECHO MARÍTIMO

Unificación del derecho marítimo:
Ley aplicable a contratos marítimos internacionales.
México. Javier Rodríguez Melo

Is there a future for the unification of maritime law?
Suecia. Måns Jacobsson

International uniformity of maritime law.
Inglaterra. Patrick Griggs Cbe

UNIFICACIÓN DEL DERECHO MARÍTIMO: LEY APLICABLE A CONTRATOS MARÍTIMOS INTERNACIONALES

JAVIER RODRÍGUEZ MELO*

SUMARIO

INTRODUCCIÓN

En un mundo que evoluciona rápidamente, ha surgido un fenómeno caracterizado por integrar los Estados e individuos en comunidad internacional. Este fenómeno llamado globalización ha cambiado totalmente la manera de hacer las cosas en todos los sectores, y aunado al rápido avance de la tecnología, ha derrumbado las barreras que separaban a un Estado de otro, por lo que es cada vez más común que todo tipo de personas, tanto físicas como morales, quieran traspasar sus fronteras, ver más allá del Estado que los vio nacer, y llevar a cabo contratos y/o operaciones internacionales, incluyendo, pero sin limitar a los relacionados con el Derecho Marítimo, aunque es claro que en estas, al ser de naturaleza internacional, trae consigo mayores incertidumbres y riesgos que cuando se trata de un contrato con alguien de su mismo Estado.

El verdadero problema que concierne a los juristas alrededor del mundo está en lo que sucede cuando aplicamos la teoría general

* Miembro de la Asociación Mexicana de Derecho Marítimo, ha participado en diversos foros sobre Derecho Marítimo y Portuario organizados por la OEA, NAMEPA, así como coloquio del CMI. Cuenta con cursos en London School of Economics sobre *International Commercial Litigation and Arbitration*, Lloyd's Maritime Academy sobre *"Maritime Disputes & Arbitration"* y en Harvard University *"Contract Law"* actualmente trabaja en el Despacho Dentons-Lopez Velarde.

del contrato a nivel internacional, entre Estados con legislaciones totalmente distintas y surge un conflicto de leyes. Es ahí donde queda la interrogante sobre el por qué los contratos internacionales deben recibir un trato jurídicamente distinto de uno nacional, y es que se trata de un contrato que puede ser regido por dos o más leyes nacionales.

Esto se justifica por el simple hecho de que cada Estado es uno en sí mismo, con sus propias costumbres, tradiciones, cultura, forma de hacer las cosas y en la normativa aplicable a las obligaciones contractuales de una persona.

Por esto mismo, es menester analizar una situación que cada vez toma más importancia a nivel global, como es la aplicación del derecho extranjero en un Estado, las reglas específicas para conflicto de leyes que aplican para cada país, las normas internacionales más importantes en la materia y por qué en este mundo que tiende a la globalización se necesita la armonización de sistemas jurídicos para poder seguir desarrollándonos como sociedad y cuál sería la forma de llevarlo a cabo.

La razón fundamental para llevar a cabo dicha armonización es lograr esa seguridad jurídica que tanto ansiamos, en razón de que las disparidades legislativas que presentan tanto los órganos jurisdiccionales para resolver conflictos, como las partes para escoger la legislación más benéfica para la transacción que van a realizar.

Este trabajo tiene un enfoque especial hacia los casos de los contratos marítimos en razón a lo que la doctrina ha llamado el "*Particularismo del Derecho Marítimo*" que se explicará más adelante.

Por lo anterior, se divide en tres partes principales, siendo (i) una introductoria para definir conceptos fundamentales para una mejor comprensión del tema, (ii) una segunda, exponiendo los principios de la ley aplicable a un contrato internacional a través de la historia, para definir la Ley Aplicable o de conflicto internas, convencionales o comunitarias existentes en la legislación mexicana, (iii) los intentos de unificación del derecho contractual internacional, incluyendo un breve análisis de las principales Convenciones Internacionales, Costumbre Comercial Internacional y las llamadas Leyes Modelo, (iv) el Particularismo del Derecho Marítimo y (v) unificación del Derecho Marítimo.

CAPÍTULO I

I. El *derecho internacional privado,* se define como "*la ramificación de las ciencias jurídicas que en los casos en que existan varias legislaciones concurrentes o jurisdicciones aplicables, determina la ley competente para resolver el conflicto y el juzgador llamado a conocer de él*"[1], es decir, aquel sector del ordenamiento jurídico destinado a regular los problemas que suscitan las situaciones privadas internacionales, como pueden ser los límites en el espacio de la competencia legislativa de los Estados, cuando ha de aplicarse a relaciones jurídicas que puedan estar sometidas a más de una legislación, el tráfico internacional entre diferentes jurisdicciones, conflictos de leyes, nacionalidad de alguna de las partes contratantes, entre muchas otras que se presentan día tras día alrededor del mundo Es importante agregar que en estas llamadas "*situaciones privadas*", se incluyen las relaciones jurídicas en las que intervienen únicamente particulares o relaciones jurídicas en las que interviene algún conocido sujeto de Derecho Público, pero con carácter privado, es decir, sin el uso de la potestad de imperio del Estado.

Esta rama del Derecho tiene ciertas características fundamentales para una mejor comprensión del tema, como son:

1. Una naturaleza pública y estatal regulada internacional y constitucionalmente
    a. Esto es que es un Derecho nacional, en el sentido en que cada país dicta sus propias normas de Derecho Internacional privado y positivo, ya que podemos encontrar sus normas en disposiciones legales vigentes como lo son los Códigos Civiles.
2. Cuenta con un cierto contenido propio y exclusivo que puede abarcar diversos aspectos especializados pero que no los sujeta a ninguna especialidad.
    a. Esto refiere a su independencia.
3. Cuenta con un carácter autónomo e independiente como parte de la llamada Ciencia Jurídica.

---

[1] Fernando Albonico, *El derecho Internacional privado ante la jurisprudencia chilena,* Nascimento, Santiago, 1943. También puede consultarse el libro de Alberto Juan Pardo, *Derecho internacional privado. Parte general.* Depalma, Buenos Aires, 1976.

   a. Esto refiere a que es considerado una rama del derecho.
4. Es sumamente importante recalcar que tiene una importancia creciente.
   a. Lo anterior debido a la evolución del mundo y fenómenos que tienden a la globalización e intercomunicación.

Basado en los conceptos antes expuestos, podemos ver que al hablar de Derecho Internacional Privado hablamos de un ámbito de aplicación de la ley extraterritorial, por lo que surge la interrogante de lo que sucede cuando integramos la figura del contrato, antes definida, a un ámbito internacional, como sucede en el Derecho Marítimo. Es ahí donde entra el centro de estudio de esta breve tesina, la ley aplicable a los *contratos marítimos internacionales*.

Un *contrato* es internacional cuando las partes que se obligan por medio de ese acuerdo de voluntades vinculante tienen sede en diferentes países, es decir, que se encuentran sometidas a ordenamientos jurídicos distintos. Estos, por obvias razones merecen un trato jurídicamente distinto a los contratos nacionales, ya que pueden ser regidos por dos o más leyes nacionales.

Para ejemplificar, uno de los principales contratos internacionales que se celebra cada vez más hoy en día, debido al fenómeno de la globalización, es la compraventa internacional de mercancías.[2]

Analizando el ejemplo anteriormente expuesto, podemos afirmar que la compraventa nacional es igual a la compraventa internacional de mercancías en cuanto a su naturaleza contractual, sin embargo, si se pueden notar ciertas diferencias que pueden surgir por razón del transporte de las mercancías en cuestión, el paso por aduanas, entre otras. Pero las obligaciones a que se obligó tanto vendedor como comprador al dar su consentimiento mediante ese contrato son esencialmente las mismas que en una compraventa nacional.[3] Es importante hacer mención a que esas peculiaridades no modifican la naturaleza del contrato, ni su régimen principal.

---

[2] J. Adame Goddard & Instituto de Investigaciones Jurídicas de la UNAM. *El Derecho de los Contratos Internacionales.* Biblioteca Jurídica Virtual del Instituto de Investigaciones Jurídicas de la UNAM, 2017. Recuperado de https://archivos.juridicas.unam.mx/www/bjv/libros/6/2776/5.pdf

[3] Op. Cit, Jorge Adame Goddard.

CAPÍTULO II. LEY APLICABLE

II.1 Cuando las partes celebran un contrato internacional, surge esta cuestión sobre qué conjunto de normas o leyes es aplicable a ese acuerdo de voluntades, y es aplicable a los contratos internacionales de manera general, incluyendo pero sin limitar los contratos marítimos. Esto no es solo importante para el órgano jurisdiccional que pudiese resolver una disputa, si se diera el caso, sino que es también importante para las partes a la hora de planificar el acuerdo de voluntades mediante el cual se van a obligar y las leyes que van a regir sus obligaciones.

Este conflicto sobre la ley aplicable se puede dar en dos supuestos, (i) cuando las partes lo hayan pactado de tal o cual manera, o (ii) a falta de elección de la misma.

Por esta razón, y con el objetivo de evitar la posible incertidumbre que se genera debido a las diferencias jurídicas que existen entre Estados, aún en países pertenecientes al mismo grupo de legislaciones, es que el concepto de Principio de Autonomía de la Voluntad para determinar la ley aplicable se ha desarrollado.

El principio de autonomía de la voluntad es la suprema ley de los contratos, tanto en contratos nacionales como internacionales, e implica el reconocimiento de un poder de autorregular los propios objetivos e intereses que las partes desean, siendo esta la teoría general de los contratos en nuestro Derecho. Las partes son libres para crear derechos y obligaciones, siempre que sean lícitos y de objeto posible, esto incluye, aunque sin limitar, la libertad de escogimiento de una ley o jurisdicción extranjera a partir del contrato de que se trate. La autonomía por tanto es delegada, pues la norma faculta a las partes para originar libremente derechos y obligaciones.[4]

El maestro Spota, define la autonomía de la voluntad como "*el principio que confiere a la voluntad jurídica, la atribución de crear negocios jurídicos sin ultrapasar el ordenamiento coactivo, brindándoles su contenido y su eficacia jurídica*". En el campo del Derecho Internacional significa que las partes pueden elegir la ley que habrá de

---

[4] Sara L. Feldstein de Cárdenas, *Contratos internacionales*, Abeledo Perrot, Buenos Aires, 1995.

regir sus contratos internacionales, es decir, las partes deciden las reglas o normas jurídicas a las que quedarán sometidas sus obligaciones.

Es importante agregar que las partes solamente pueden ejercer esta autonomía de la voluntad contractual dentro de las limitaciones que establece el Derecho Internacional Privado de los países afectados en una determinada transacción, es decir, que no afecte el orden público de estos. Por esto, muchos Estados han otorgado efectos a la autonomía de los partidos, aunque es un concepto que todavía no se aplica en todas partes.

Lo anterior es notorio en nuestra legislación civil federal en los artículos 1794 y 1795, que dicen:

> *"Artículo 1794. Para la existencia del contrato se requiere:*
> *1. Consentimiento;*
> *2. Objeto que pueda ser materia del contrato."*[5]
> *Este artículo hace mención en su fracción segunda a que para que un contrato sea existente, el objeto del mismo debe poder ser materia del contrato, lo que señala que este es uno de los límites al principio de autonomía de la voluntad establecidos en la legislación mexicana.*
> *"Artículo 1795. El contrato puede ser invalidado:*
> *1. Por incapacidad legal de las partes o de una de ellas;*
> *2. Por vicios del consentimiento;*
> *3. Porque su objeto, o su motivo o fin sea ilícito;*
> *4. Porque el consentimiento no se haya manifestado en la forma que la ley establece."*[6]

Asimismo, el artículo subsecuente establece que si el objeto, fin o motivo determinante de la voluntad que llevó a las partes a la celebración contrato es ilícito, el contrato será invalidado, lo que confirma el argumento anteriormente expuesto sobre que el Principio de Autonomía de la Voluntad Contractual no es absoluto, sino que solamente se puede ejercer dentro de los límites establecidos por la ley y por lo tanto, esa autonomía es delegada.

---

[5] Cfr. Art. 1794, Código Civil Federal, texto vigente, 2020

[6] Op. Cit, Art. 1795

II.1.1 A finales del siglo del siglo pasado se desarrollaron dos corrientes o tendencias en cuanto a esta libertad contractual que se reconoce a las partes para la celebración de determinado contrato, la primera, una *teoría subjetiva,* que sostiene categóricamente que existe una total libertad para escoger la ley aplicable a dicho instrumento. Y la segunda, más conservadora, cuyo más reconocido defensor es el maestro Henri Batiffol que se trata de una propuesta de transición hacia esa completa libertad contractual que proponía ubicar la ley aplicable en relación a los elementos del contrato, es decir, la localización de las partes, destino de las mercaderías, lugar de entrega, lugar de prestación del servicio, entre otros.[7]

El Maestro Leonel Pereznieto Castro cita dos decisiones de la Corte de Casación Francesa de 1910 y 1952 que engloban las dos posibles situaciones a las que se puede enfrentar a la hora de determinar la ley aplicable a un contrato.[8]

Para los casos donde se ha pactado la legislación aplicable y jurisdicción competente para resolver, "*La ley aplicable a los contratos, sea en cuanto a su formación o sus efectos y condiciones, es aquella que las partes han adoptado.*"[9]

Caso contrario, cuando ésta no se pactó, "*...que a falta de declaración expresa de las partes, pasa a los jueces de fondo buscar conforme a la economía del contrato y las circunstancias de la causa, la ley que debe regir las relaciones de los contratantes.*[10]"

Existen diversas formas de solucionar el conflicto respecto de la determinación de la ley aplicable a los contratos internacionales en el derecho contemporáneo.

II.2 Antes de comenzar con las reglas aplicables, es menester señalar algunos antecedentes para una mejor comprensión de la evolución histórica del tema en cuestión.

II.2.1 En primer lugar, en civilizaciones antiguas como lo son los egipcios, griegos o romanos, se aplicaba un cierto sistema al que diversos autores atribuyen el nombre de sistema de pluralidad de leyes.

---

7 Henri Batiffol, y Paul Lagarde, *Droit International Privé,* t. II, 7a. ed., LGDJ, París, 1983.

8 Idem.

9 *Review Critique de Droit International Privé* (RCDIP), 1911, p. 395.

10 *Review Critique de Droit International Privé* (RCDIP), 1959, p. 708.

Este sistema consistía en aplicar una ley en razón de la calidad o situación de la persona. Surge debido a la situación beligerante constante de guerras y conquistas que vivían en esa época estos pueblos, siendo esto una fuente real del derecho[11] en ese preciso momento. Cuando un caso específico llegaba a un juez o tribunal competente, estos cuestionaban bajo qué ley vivían, que para ser determinado se tenía que analizar su estado jurídico.

En un mundo que tiende a la globalización y que a lo largo de la historia las diferentes razas o grupos étnicos se han ido mezclando, se volvió un sistema muy poco eficiente e impráctico por lo que se desarrolló un nuevo sistema basado en leyes objetivas de aplicación general a los habitantes de un lugar determinado.[12]

II.2.2 Lo anterior, aunado a la consolidación de nuevos Estados en aplicar las mismas normas jurídicas objetivas, sin distinción alguna a todas las personas que se encuentran en un territorio determinado derivó en un principio fundamental del Derecho Internacional Privado llamado *Lex Fori* o Ley del Foro, que es uno de los principios fundamentales hoy en día.

Este principio se fundamenta en una ideología territorialista de leyes, que de la mano de la consolidación de los Estados modernos tomó incluso más fuerza.[13]

II.2.3 Siguiendo cronológicamente el proceso de evolución de las leyes aplicables en materia de Derecho Internacional, posteriormente, de la evolución del pensamiento, nacieron cuatro diferentes escuelas, cada con distintas teorías al respecto.

La Escuela de los Glosadores (siglo XI), que surge en la Universidad de Bolonia, establece principios relativos a los ámbitos de aplicación de una ley como lo es *Lex Fori*, anteriormente definida, que defendía categóricamente que el ámbito de aplicación de la Ley se debe analizar en relación al espacio o territorio, donde el órgano jurisdiccional competente debe aplicar su propia ley, tanto adjetiva como sustantiva.[14]

---

[11] Cfr. E. García Máynez, *Introducción el Estudio del Derecho*, , Vol. 22, Fuentes del Derecho ed. Instituto de Investigaciones Jurídicas de la UNAM, 1974, pág 156.

[12] Op. Cit Henri Batiffol y Paul Lagarde.

[13] Idem.

[14] G. Board-Hervé Martin, & P. Balmand, *Las Escuelas Históricas*, 2nd ed.Akal Editor, 2004.

Surgió la Escuela de los PosGlosadores entre los siglos XIII y XIV, donde podemos ubicar a uno de los precursores del Derecho Internacional Privado moderno que tenemos hoy en día como es Bartolo de Sassoferrato, a quien se le atribuyen diversas aportaciones al derecho aplicable a los actos jurídicos, así como el principio de Derecho Internacional Privado *Locus Regit Actum*, que establece que la ley del lugar rige el acto.

Posteriormente surgió, la Escuela de los Jurisconsultos Consuetudinarios, en Francia alrededor del siglo XVI, la cual representada, entre otros, por Bertrand D`Argentre, sentó bases para el Derecho Internacional Privado moderno a través de métodos que utilizamos inclusive hasta el día de hoy, como son: [15]

(i) El método analítico y universal, el cual se basa en la idea de no limitar el derecho a un orden local, sino tomar en cuenta otras leyes que dado un determinado caso pudiesen ser aplicables, aunque sean leyes que provengan de otro estado, es decir, no se limita a la Ley del Foro, como se había venido haciendo.

(ii) El método dogmático, que establece la idea de la territorialidad, pero no en el sentido de aplicar únicamente la Lex Fori, sino en el contexto de los bienes inmuebles, del cual derivan diversos principios de que los bienes inmuebles se regirán por la ley del lugar de su ubicación. Por el contrario, las personas y los bienes muebles por la ley vigente en el lugar del domicilio del propietario.[16]

Por último, con ideas totalmente nacionalistas, contrario a la Escuela Francesa, se dio la Escuela Holandesa en el siglo XVII, desarrollada por diversos autores entre los que se encuentra Paul Voet, cuyas ideas se basan en tres principios fundamentales. (i) Lex Fori, es decir, la ley holandesa se aplica a toda persona, sin importar su nacionalidad, y a todo acto jurídico celebrado en dicho territorio. (ii) Se desarrolló el Principio de Comitas de Batiffol, para fundamentar la aplicación de una ley extranjera.[17] (iii) Asimismo, se encontraban abiertos a la idea de que

---

[15] Sara L. Feldstein de Cárdenas, *Derecho Internacional Privado.* Parte Especial, Universidad, Buenos Aires, 2000.

[16] B. Ancel, *Eléments d'histoire du droit international privé.* Panthéon-Assas, 2017.

[17] A. Remiro Brotons. "Henri Batiffol y la Doctrina Española de Derecho Internacional Privado". *Revista Española de Derecho Internacional Privado,* 37(2), 1985, 403–421. https://www.jstor.org/stable/44297324?seq=1

era necesaria la aplicación del derecho extranjero, si aplicase, en casos de comercio internacional y con el objetivo de proteger los derechos que persona alguna adquiriese en un Estado distinto. De esta idea deriva la teoría de la Protección de los Derechos Adquiridos.[18]

De los antecedentes expuestos, en la época moderna se han sistematizado y codificado las ideas y principios aportados, destacando tres principales corrientes, aplicadas en distintos lugares y/o temporalidades en la historia.

Primeramente, las llamadas *Teorías Supranacionalistas*, aplicadas hasta nuestros días por ejemplo en la Unión Europea. Esta consiste en que el Derecho Internacional Privado y todo lo que este engloba tiene una naturaleza supranacional en relación con las leyes de un Estado determinado, y por esto es que los Estados deben buscar la unificación del derecho o buscar estar vinculados por normas de carácter internacional (convenios o tratados), fuente por excelencia del Derecho Internacional, que incluso se han incorporado a legislaciones nacionales.

En segundo término, se desarrolló una teoría llamada *Teoría* Internista que establece que las normas relativas a Derecho Internacional Privado deben de adoptar un carácter nacional, es decir, deben ir subordinadas. a este ya que el derecho nace y se agota en el ámbito interno.[19]

Nuestra propia constitución integra esta teoría a nuestro sistema jurídico en el artículo 133 que dice: (subrayado y negritas es agregado propio

> *"Artículo 133. Esta Constitución, las leyes del Congreso de la Unión que emanen de ella y todos los tratados* ***que estén de acuerdo con la misma****, celebrados y que se celebren por el Presidente de la República, con aprobación del Senado, serán la Ley Suprema de toda la Unión. Los jueces de cada entidad federativa se arreglarán a dicha constitución, leyes y tratados, a pesar de las disposiciones en contrario que pueda haber en las Constituciones o leyes de las entidades federativas."*[20]

---

[18] Idem.

[19] Op, Cit. Remiro, Brotons, A.

[20] Cfr. Art. 133, Constitución Política de los Estados Unidos Mexicanos, 2020

Al analizar este artículo vigente de nuestra constitución, aunado a jurisprudencias de la Suprema Corte de Justicia de la Nación, es notoria la postura internista que invoca al obligar a que las normas internacionales de que México como Estado sea parte, para que sean consideradas como Ley Suprema de toda la Unión, tienen que ir de acuerdo a la misma, es decir, subordinado al derecho constitucional interno. Esto quiere decir que el derecho interno no se encuentra supeditado al derecho internacional, pero sí reconoce jerarquizadamente la existencia de este último.

Por último, se desarrolló una Teoría (Teoría Autónoma) que afirma que el Derecho Internacional Privado debe contener normas tanto internas como externas y de derecho comparado, que de acuerdo al portal de la Cámara de Diputados de la República, es una disciplina que confronta las semejanzas y las diferencias de los diversos sistemas jurídicos vigentes en el mundo con el propósito de comprender y mejorar el sistema jurídico de un determinado país.

II.3 Ordinariamente los código civiles u otras leyes, hablando de diferentes jurisdicciones, establecen reglas de conflicto para definir la ley aplicable, expuestas más adelante.

Para hablar de este tema es necesario distinguir la ley que es aplicable, ya que en cuanto a su forma, aplica la ley donde se perfecciona el contrato, en cuanto a la ejecución de una prestación, la ley del lugar donde ésta deba cumplirse, o en el caso de bienes inmuebles[21], la ley del lugar donde éste esté localizado, por lo tanto es necesario analizar las reglas del derecho aplicable en el estado de que se trate y/o normas internacionales aplicables.[22]

II.3.1 Las leyes aplicables modernas, consisten en una combinación de criterios que buscan soluciones justas, ante las diferentes situaciones jurídicas que se presentan, como lo es el conflicto de leyes en un contrato internacional. Una reforma trascendente en nuestro país en materia de las reglas de ley aplicable fue la que fue incorporada a nuestro Código Civil Federal el 7 de enero de 1988 donde se reforman los artículo 12 al 15 para quedar como siguen:

---

[21] Cfr. Art. 750, Código Civil Federal, texto vigente, 2020

[22] Manuel Albaladejo, *Compendio de derecho civil*, 3a. ed., Bosch, Barcelona, 1976.

> *"Artículo 12. Las leyes mexicanas rigen a todas las personas que se encuentren en la República, así como los actos y hechos ocurridos en su territorio o jurisdicción y aquéllos que se sometan a dichas leyes,* ***salvo cuando éstas prevean la aplicación de un derecho extranjero y salvo****, además, l****o previsto en los tratados y convenciones de que México sea parte.****"*[23] *(Negritas y subrayado es agregado propio.)*

En este artículo se observa el principio de territorialidad de las leyes, antes expuesto, sin embargo establece dos excepciones a la regla que incluyen el supuesto donde se prevea la posibilidad de un derecho extranjero o cuando un tratado o convención internacional del que México sea miembro prevea algo distinto. Esto nos lleva a la conclusión de que nuestra legislación deja abierta la posibilidad de aplicación de derechos de extranjeros.

> *"Artículo 13. La determinación del derecho aplicable se hará conforme a las siguientes reglas:*
> *1. Las* ***situaciones jurídicas válidamente creadas*** *en las entidades de la República o en un* ***Estado extranjero*** *conforme a su derecho, deberán ser reconocidas;*
> *2. El* ***estado y capacidad de las personas físicas*** *se rige por el derecho del lugar de su domicilio;*
> *3. La constitución, régimen y extinción de los* ***derechos reales*** *sobre inmuebles, así como los contratos de arrendamiento y de uso temporal de tales bienes, y los bienes muebles, se regirán por el derecho del lugar de su ubicación, aunque sus titulares sean extranjeros;*
> *4. La forma de los* ***actos jurídicos*** *se regirá por el derecho del lugar en que se celebren. Sin embargo, podrán sujetarse a las formas prescritas en este Código cuando el acto haya de tener efectos en el Distrito Federal o en la República tratándose de materia federal; y*
> *5. Salvo lo previsto en las fracciones anteriores, los efectos jurídicos de los actos y* ***contratos*** *se regirán por el derecho del lugar en donde deban ejecutarse, a menos de que las partes hubieran designado válidamente la aplicabilidad de otro derecho."*[24] *(Negritas y subrayado es agregado propio.)*

---

[23] Ibid. Código Civil Federal, Art. 12

[24] Op. Cit, Código Civil Federal, Art. 13

El artículo 13 del mismo ordenamiento tiene diversas cuestiones que resaltar. En primer término, nos otorga reglas específicas de aplicación, dependiendo del supuesto de que se trate, como es que el estado y capacidad de cualquier persona física se regirá por el derecho del lugar de su domicilio. Esto va de la mano de lo tipificado en el artículo 30, que define el domicilio legal de una persona física como *"...es el lugar donde la ley le fija su residencia para el ejercicio de sus derechos y el cumplimiento de sus obligaciones, aunque de hecho no esté allí presente."*

Cuando se trate de derechos reales[25] sobre bienes inmuebles, se aplicará la legislación del lugar de su ubicación, sin importar la nacionalidad de su propietario o titular.

Tratándose de la forma los actos jurídicos, aplica el principio antes expuesto de Bartolo de Sassoferrato, *Locus Regit Actum,* es decir, el lugar rige al acto. Por último, hablando de los efectos jurídicos de los actos y contratos se regirán por el derecho del lugar donde deban ejecutarse, es decir, la ley del foro, salvo que las partes hubiesen pactado la aplicabilidad de otro derecho bajo el Principio de Autonomía de la Voluntad Contractual.

En segundo lugar, la primer fracción reconoce situaciones jurídicas celebradas conforme a normas extranjeras, siempre y cuando estas se hayan creado conforme a su derecho, lo que lleva a concluir que toma una postura que tiende hacia la globalización por sobre el nacionalismo.

> *"Artículo 14. En la aplicación del* ***derecho extranjero*** *se observará lo siguiente:*
> *1. Se aplicará* ***como lo haría el juez extranjero correspondiente****, para lo cual el juez podrá allegarse la información necesaria acerca del texto, vigencia, sentido y alcance legal de dicho derecho;*
> *2. Se aplicará el* ***derecho sustantivo extranjero****, salvo cuando dadas las especiales circunstancias del caso, deban tomarse en cuenta, con carácter excepcional, las normas conflictuales de ese derecho, que hagan aplicables las normas sustantivas mexicanas o de un tercer estado;*

[25] Philippe Malinvaud, *Introduction à l'étude su droit,* 50 ed., Litec, París, 1990, p. 145. Derecho real es la facultad-correlativa de un deber general de respeto que una persona tiene de obtener directamente de una cosa, todas o parte de las ventajas que ésta es susceptible de producir.

*3. No será impedimento para la aplicación del derecho extranjero, que el derecho mexicano no prevea instituciones o procedimientos esenciales a la institución extranjera aplicable, si existen **instituciones o procedimientos análogos**;*
*4. Las **cuestiones** previas, preliminares o incidentales que puedan surgir con motivo de una cuestión principal, **no deberán resolverse necesariamente de acuerdo con el derecho que regule a esta última**; y*
*5. Cuando diversos aspectos de una misma relación jurídica estén regulados por diversos derechos, éstos **serán aplicados armónicamente**, procurando realizar las finalidades perseguidas por cada uno de tales derechos. Las dificultades causadas por la aplicación simultánea de tales derechos se resolverán tomando en cuenta las exigencias de la equidad en el caso concreto.*
Lo dispuesto en el presente artículo se observará cuando resultare aplicable el derecho de otra entidad de la Federación."[26] (Negritas y subrayado es agregado propio.)

Analizando este artículo, es menester recalcar que otorga reglas de procedimiento de aplicación del derecho extranjero, que se aplicarán de la forma en que lo haría un juez extranjero. Se aplicará el derecho SUSTANTIVO extranjero, es decir, el derecho aplicable al fondo, al deber ser, más no el derecho procesal o adjetivo extranjero.[27]

Vemos como nuestro propio código establece un mecanismo de protección o defensa para el supuesto en que el derecho mexicano no prevea la misma institución del derecho extranjero, tipificando la posibilidad de aplicar una institución o procedimiento similar.

Otro problema analizado por nuestros legisladores, fue el supuesto de que diversos aspectos de que la misma relación jurídica está regulada por diversos derechos de varios Estados, entonces estos se tendrán que resolver armónicamente, y en caso de dificultades deja a criterio del juzgador tomando en cuenta las circunstancias del caso concreto.[28]

---

[26] Op. Cit, Código Civil Federal, Art. 14

[27] E. García Máynez, E. *Introducción el Estudio del Derecho,* Fuentes del Derecho ed, Vol. 22. Instituto de Investigaciones Jurídicas de la UNAM, 1974. pág 156.

[28] Op. Cit, Código Civil Federal, Art. 15

"Artículo 15. No se aplicará el derecho extranjero:
1. Cuando artificiosamente se hayan evadido principios fundamentales del derecho mexicano, debiendo el juez determinar la intención fraudulenta de tal evasión; y
2. Cuando las disposiciones del derecho extranjero o el resultado de su aplicación sean contrarios a principios o instituciones fundamentales del orden público mexicano."

Asimismo, establece prohibiciones para la aplicación del derecho extranjero, donde se ve reflejado la Teoría Internista sobre Derecho Internacional que adopta nuestro país al subordinar las normas internacionales a los principios e instituciones fundamentales del orden público mexicano.

II.3.2 Asimismo, el Código Federal de Procedimientos Civiles permite la aplicación de las normas de Derecho Internacional, reglas especiales de aplicación a litigios internacionales como son diligenciación de notificaciones, recepción de pruebas, exhortos, cartas rogatorias u otros actos procedimentales que deban surtir efectos en el extranjero, así como el hecho de que el Libro cuarto se denomina "*De la Cooperación Procesal Internacional.*"[29]

Para ejemplificar lo anterior:

"Art.293-En caso de que hubieren que practicarse diligencias o aportarse pruebas de fuera del lugar del juicio, a petición del interesado se concederán los siguientes términos extraordinarios.

- *Dos meses si el lugar está comprendido dentro del territorio nacional;*
- *Cuatro meses si lo está en los Estados Unidos de Norteamérica, en Canadá o en las Antillas;*
- *Cinco meses si está comprendido en Centroamérica;*
- *Seis meses si estuviere en Europa o en la América del Sur, y*
- *Siete meses cuando esté situado en cualquiera otra parte."*[30]

[29] Cfr. Libro Cuarto "*De la Cooperación Procesal Internacional*", Código Federal de Procedimientos Civiles, texto vigente, 2020

[30] Op. Cit, Código Federal de Procedimientos Civiles, Art. 293

CAPÍTULO III. UNIFICACIÓN DEL DERECHO CONTRACTUAL INTERNACIONAL

III.1 La problemática que se tiene con los contratos internacionales, incluyendo pero sin limitar, los contratos marítimos internacionales, tiene dos soluciones posibles, (i) dar reglas para definir la ley a aplicable al contrato internacional, tema que fue expuesto anteriormente y (ii) el definir un régimen contractual aplicable con independencia del estado, nacionalidad o ubicación de las partes, que es para muchos la mejor solución, aunque requiere una ardua labor que requiere la unificación del derecho contractual internacional.[31]

En el trayecto hacia la unificación del derecho contractual internacional, los mejores esfuerzos se han concentrado en tres vías, (i) Convenciones internacionales, (ii) Usos y costumbres y (iii) las llamadas Leyes Modelo, que se expondrán a continuación.

III.2 Los sentimientos e ideologías nacionalistas son una de las razones detrás de que no se haya logrado esta unificación, sin embargo, organismos como la Conferencia de la Haya de Derecho Internacional Privado o la Conferencia Interamericana de Derecho Internacional Privado (CIDIP) que es parte de la Organización de Estados Americanos, relativo a la unificación del derecho sustantivo, y la promoción del arbitraje comercial internacional: el Instituto Internacional para la Unificación del Derecho Privado (UNIDROIT), la Comisión de Naciones Unidas para el Derecho Mercantil Internacional (UNCITRAL por sus siglas en Inglés),y la Cámara Internacional de Comercio (conocida ICC por sus siglas en Inglés) han logrado diversos avances a nivel global a ser expuestos a continuación.[32]

Es importante agregar por la simple naturaleza de una norma internacional, solo es aplicable a los países que la hayan firmado y ratificado. Ahora bien, procederemos a analizar los principales esfuerzos de unificación por medio de tratados o convenciones.[33]

III.2.1 Convención de la Haya sobre la Ley Aplicable a los Contratos de Compraventa Internacional de Mercaderías

[31] Op.Cit, Jorge Adame Goddard

[32] Idem.

[33] Op. Cit. Sara L. Feldstein de Cárdenas.

Esta Convención data de 1955 y está en vigor en Dinamarca, Finlandia, Italia, Noruega, Suecia, Suiza y Nigeria.

Establece que la ley aplicable al contrato internacional es la que las partes hayan elegido por cláusula expresa o se pueda inferir con claridad de las disposiciones del contrato.

A falta de cláusula expresa válidamente elegida por las partes, el contrato se regirá por la ley del país donde tiene su domicilio o está establecido el *vendedor*, si ahí recibió la orden de entregar las mercancías, o por la ley del lugar donde está establecido el *comprador*, si fue en ese lugar donde el vendedor recibió la orden de entregar las mercancías. Es decir, el contrato se regirá por la ley del lugar de perfeccionamiento del contrato.[34]

III.2.1.1 Convención sobre la Prescripción en Materia de Compraventa Internacional de Mercaderías[35].

De la mano de la Convención sobre la Ley a los Contratos de Compraventa Internacional de Mercaderías, va la Convención sobre la prescripción en la misma materia, ya que se deben analizar como un conjunto.

Ésta data de 1974 y se concertó en la Ciudad de Nueva York, sin embargo a principios de 1980 se concertó en Viena un Protocolo de enmienda sobre la prescripción de 1974. No fue hasta el primero de agosto de 1988 que ambos entraron en vigor.

III.2.2 Convención sobre la Ley Aplicable a las Obligaciones Contractuales (Roma) [36]

Entre los países que forman la Unión Europea, entró en vigor en 1980 en la Ciudad de Roma, Italia. Es usada por sus países miembros para resolver conflictos de Leyes.

Si bien, tal como es notorio con solo leer su nombre, esta Convención no se refiere expresamente a contratos internacionales, sino a obligaciones contractuales .

---

[34] Cfr. Convención de la Haya sobre la Ley Aplicable a los Contratos de Compraventa Internacional de Mercaderías, Recueprado de: https://www.uncitral.org/pdf/spanish/texts/sales/cisg/V1057000-CISG-s.pdf

[35] Cfr. Convención sobre la Prescripción en Materia de Compraventa Internacional de Mercaderías, texto vigente, 2020

[36] Cfr. Convenio de Roma de 1980 sobre la ley aplicable a las obligaciones contractuales, Recuperado de: https://eur-lex.europa.eu/LexUriServ/LexUriServ.do?uri=CELEX:41998A0126(02):ES:HTML

Como reglas de conflicto de leyes establece que rige la ley que las partes eligen expresamente (Principio de la Autonomía de la Voluntad Contractual) y a falta de elección el contrato se va a regir por la ley del país con el que tenga el vínculo más estrecho.

Ej. i) Se presume que el contrato tiene un *vínculo más estrecho* con el país donde está establecida, al momento del perfeccionamiento del contrato, la parte obligada a la prestación característica del contrato.

ii) Si el contrato tiene por objeto *derechos reales sobre inmuebles*, se presume que el vínculo más estrecho es con el país donde están ubicados los inmuebles, y

iii) Para el contrato de *transporte de mercancías* se presume el vínculo más estrecho es el país donde el transportista tiene su establecimiento principal, si dicho país es también el lugar de carga o descarga de las mercancías, o el lugar donde el cargador tiene su sede principal, en los demás casos.[37]

III.2.3 Convención Interamericana sobre Derecho Aplicable a los Contratos Internacionales[38]

Dicha convención data de 1994 y se aprobó en nuestro país, aunque únicamente México y Venezuela la han ratificado.

Como reglas de conflicto de leyes, al igual que la Convención de Roma, establece que regirá la ley que las partes elijan expresamente y a falta de elección el contrato se va a regir por la ley del país con el que tenga el vínculo más estrecho, que a diferencia de misma Convención expuesta en el punto anterior, no presume el país con el que se tendrá los vínculos más estrechos.

En este sentido también es trascendente el artículo 10 de la misma, que dice *"...cuando corresponda, las normas, las costumbres y los principios del derecho comercial internacional, así* como los usos y *prácticas comerciales de general aceptación...",* ya que incluye la costumbre y principios del derecho internacional para regir el contrato de que se trate.[39]

---

[37] Idem.

[38] Cfr. Art. 10, Convención Interamericana sobre Derecho Aplicable a los Contratos Internacionales, texto vigente, 2020

[39] Op. Cit. Art. 10

III.3 Costumbre Comercial Internacional o Lex Mercatoria

Esta segunda vía, de la costumbre comercial internacional o *Lex Mercatoria*, es el conjunto de normas, principios, usos, prácticas y costumbres que forman la regulación que los propios operadores económicos se han ido proporcionando a lo largo de los años y se ha recopilado con el objetivo de intentar la armonización de sistemas jurídicos distintos aunque no tengan el carácter vinculante para ningún Estado por su propia naturaleza ya que el objetivo con el que se han creado es el de servir como guías y no es hasta que, por mutuo acuerdo de las partes, adquieren ese carácter vinculante y obligatorio para esa relación jurídica contractual como norma jurídica individualizada.

III.3.1 Un claro ejemplo de esta recopilación es la que lleva a cabo la Cámara Internacional de Comercio relativo a modalidades de entrada de mercancías llamada "*International Commercial Terms*" ("*Incoterms*") que si bien no tiene carácter vinculante por su propia naturaleza, es una recopilación difundida y usada que define las obligaciones, responsabilidades y derechos tanto del comprador como del vendedor en comercio internacional, es decir, son reglas que son guías y que las partes adoptan como la ley que regirá su contrato total o parcialmente, por lo que es en ese preciso momento en que adquiere un carácter vinculante, como norma jurídica individualizada.[40]

III.3.2 En materia de Derecho Marítimo, como ejemplo tenemos las reglas de York Amberes para avería gruesa o común, que sin ser de observancia obligatoria, tienen un grado alto de aceptación internacional, y se incluyen en legislaciones nacionales como es el caso de México, que en el artículo 158 de la Ley de Navegación y Comercio Marítimo refiere a las mismas.

> *"Artículo 158.- Los actos y contribuciones relativos a la avería común se regirán, salvo pacto en contrario, por las* ***Reglas de York Amberes*** *vigentes al momento de la declaración de avería."*[41]

III.3.3 Es importante agregar que si bien estas reglas nacen de la recopilación de la costumbre comercial internacional, en la historia

---

[40] Incoterms® 2020. (2020, June 4). ICC - International Chamber of Commerce. Recuperado de: https://iccwbo.org/resources-for-business/incoterms-rules/incoterms-2020/

[41] Cfr. Art. 158 Ley de Navegación y Comercio Marítimo, texto vigente, 2020

encontramos casos que tuvieron tal éxito que los mismos Estados tomaron la decisión de que se convirtiera en una norma de carácter internacional y de aplicación general para todos los Estados.

El mejor ejemplo es el caso de las *Reglas de la Haya* de 1922, que por naturaleza no tenían un carácter vinculante, sino que las partes contratantes las elegían como ley suprema del instrumento contractual basado en el Principio de Autonomía de la Voluntad Contractual. Sin embargo, tal fue el éxito de dichas reglas que varios estados decidieron adoptarlas como parte de la legislación aplicable, lo que derivó en el "*Convenio Internacional para la Unificación de ciertas reglas de Transporte Marítimo mediante Conocimiento de Embarque*" del 25 de agosto de 1924, ahora si con carácter vinculante y de observancia obligatoria para los estados miembros.

En el año de 1968 se firma el protocolo de enmienda de dicha Convención que establece la revisión del concepto de unitización debido a la creación de los contenedores que creó un problema en el término de "Bulto-unidad" y un nuevo sistema de limitación de responsabilidad refiriéndose ahora a la unidad oro que posteriormente evolucionó en 1979 a Derecho Especial de Giro.

No fue sino hasta 1994 que México lo firmó, coincidiendo en tiempos con el 70 aniversario de dicha convención.

III.4 En materia contractual, diversos organismos internacionales han recogido los usos y costumbres de los contratos más usuales en Derecho Marítimo y han elaborado contratos tipo que se conocen con un nombre clave abreviado y que cubren infinidad de temas como lo son la Compraventa de Buques, Fletamento a Casco Desnudo, Fletamento por tiempo, Fletamento por Viaje, Fletamento de Espacio, entre otros, que en la práctica tienen una gran aceptación puesto que se negocia sobre la base de esos contratos tipo, siendo de especial importancia y trascendencia aquellos elaborados por la Conferencia del Bático (BIMCO).

Algunos de estos contratos tipo son los siguientes, BALTIME 1939 (2201), BARECON 2017, GENTIME GRAINCON, HEAVYCON, NAVEXCON, SCANCON, entre otros.[42]

[42] BIMCO contracts. (2020, June 18). BIMCO. https://www.bimco.org/contracts-and-clauses/bimco-contracts

III.5 En años recientes, el esfuerzo que procura la unificación del derecho contractual internacional lo ha intentado a través de cuerpos normativos llamados coloquialmente como "*Leyes Modelo*", como son los Principios sobre los Contratos Comerciales Internacionales, elaborados por el Instituto para la Unificación del Derecho Privado (UNIDROIT) que son reglas que pretenden ser aplicables para cualquier tipo de contrato de naturaleza internacional, aunque no tengan carácter vinculante, y pueden ser elegidas por acuerdo de las partes como reglas aplicables a un contrato internacional o que pueden ser posteriormente adoptadas por regulaciones nacionales a fin de que al adoptarse por varios estados para que la normativa en esta materia quede armonizada.

IV. UNIFICACIÓN DEL DERECHO MARÍTIMO

Una vez expuestas las reglas de carácter general en materia de conflicto de leyes en el ámbito internacional, es menester agregar que derivado del llamado "*particularismo del Derecho Marítimo*", motivo de arduos e interesantísimos debates entre grandes doctrinarios, es que se tienen que tomar en cuenta ciertas excepciones a las reglas antes definidas, así como instituciones que son propias del Derecho Marítimo, que desde su origen en la Edad Media, que derivó de la redacción de las costumbres seguidas en la navegación, ha tenido un carácter particular muy notable, que es notorio al momento de analizar instituciones propias del mismo como son la avería común, el préstamo a la gruesa, fortuna de mar, la copropiedad marítima, buena presa, el Derecho de Angaria o los privilegios marítimos, que otorgan el carácter de acreedor privilegiado, es decir, el derecho de ser preferido en el pago frente a otros acreedores incluyendo los derechos protegidos por un gravamen real, en ciertos supuestos por disposición de ley.[43]

Siendo una rama del derecho llena de excepciones, así como es necesaria la unificación del derecho contractual internacional, así también lo es la unificación de las instituciones propias del Derecho Marítimo.

Las partes firmantes de un contrato que sea regulado por el Derecho Marítimo, necesitan saber el régimen jurídico o ley aplicable para

[43] Cfr. Art. 92 Ley de Navegación y Comercio Marítimo, texto vigente, 2020

tener esa ansiada seguridad jurídica, sin importar el puerto de embarque, la ruta de navegación o el lugar de descarga.

Por esta razón es que la unificación del Derecho Marítimo facilita el comercio internacional y los conflictos de leyes que se pudiesen presentar.

En el trayecto hacia la unificación del Derecho Marítimo Internacional, los mejores esfuerzos tanto del Comité Marítimo Internacional como de Estados miembros, se han concentrado en la elaboración de diferentes Convenios Internacionales para regular instituciones propias de esta rama del Derecho, como son Convenios sobre Seguridad de la Vida de la Humana en el Mar, Contaminación, Abordaje, Limitación de Responsabilidad, Salvamento, Conocimiento de embarque, Derecho del Mar, entre otros.

A pesar de lo anterior, el uso de otras vías, como son acuerdos regionales (Ej. la Unión Europea), la recopilación de costumbre internacional y leyes modelo han sido grandes aportaciones en el camino hacia la tan ansiada uniformidad.

El principal problema que encontramos para una correcta unificación del Derecho Marítimo no es únicamente el relativo a la implementación mediante legislación nacional de los convenios que se pudiesen llegar a firmar, sino también el de la interpretación del mismo, por lo que esta unificación tiene que ir seguida de guías o reglas de interpretación de la ley.

CONCLUSIONES

Después de realizar un profundo estudio sobre la problemática que se tiene con los contratos internacionales, incluyendo pero sin limitar a los contratos marítimos, en cuanto a la ley aplicable, es posible concluir que en efecto se tienen dos soluciones posibles, (i) dar reglas para definir la ley a aplicable al contrato marítimo internacional y (ii) el definir un régimen contractual aplicable con independencia del estado, nacionalidad o ubicación de las partes, aunque requiere una ardua labor que requiere la unificación del Derecho Contractual y Marítimo Internacional, siendo esta la mejor solución posible, aunque la más complicada.

Existen varios factores a tomar en cuenta para analizar un caso y poder fundar y motivar adecuadamente la ley aplicable a un contrato marítimo internacional, sin embargo al analizar las diferentes convenciones internacionales aplicables, aunado a la doctrina presentada, son notorios diversos elementos comunes.

En primer lugar, la ley suprema de todo contrato es, tanto en la legislación nacional como en instrumentos internacionales, la voluntad de las partes. Por esto, basado en el Principio de la Autonomía de la Voluntad Contractual, las partes pueden pactar expresamente la legislación aplicable a su contrato, que puede ir desde someterse a la legislación de un Estado en concreto o a ciertas reglas como los Incoterms o en su momento las Reglas de la Haya.

Ahora bien, a falta de elección de las partes de someterse a determinada legislación es donde surge la verdadera materia de conflicto, y es ahí donde entran tanto los instrumentos internacionales y las normas nacionales como los principios fundamentales del Derecho Internacional aplicables, como lo son los principios de *Lex Fori, Locus Regis Actum o Lex Mercatoria.*

A fin de evitar conflictos de leyes, diversos Estados, como México, han tipificado ciertas reglas para solucionar conflictos de leyes como las establecidas en los artículo 12-15 de nuestro Código Civil Federal o en el Libro Cuarto de nuestro Código de Procedimientos Civiles, sin embargo, es notorio que aunque esto soluciona ciertos problemas en la materia, en realidad no otorga una garantía de seguridad jurídica a los sujetos que, sea por la razón que fuese, decidan contratar de forma internacional.

Esa seguridad jurídica se obtiene en el momento preciso en que se materializa un instrumento de naturaleza internacional que unifica una institución, sin embargo esa uniformidad del Derecho Marítimo y Contractual Internacional solo es aplicable en materia de la institución que se regule y en los Estados miembros de la misma.

Cuando se logre armonizar completamente los diversos sistemas jurídicos, es que se va a obtener una completa seguridad jurídica. Si bien ha habido algunos avances con ciertas convenciones internacionales, incluyendo pero sin limitar los convenios en materia de Derecho Marítimo aplicables en un territorio determinado, ninguno ha logrado el objetivo requerido a una mayor escala. Por esto, se han tenido que desarrollar otras maneras de perseguir este objetivo común, como lo es la recopilación de la costumbre internacional o las llamadas Leyes Modelo que si bien pudieran ser adoptadas por los Estados para su propia legislación nacional o por las partes como legislación aplicable a un contrato, tampoco han logrado lo esperado.

Derivado del particularismo del Derecho Marítimo, cuando se trata de los contratos u obligaciones derivadas de este, debemos tener siempre en cuenta que las reglas no son usualmente las del derecho común, sino que funcionan de acuerdo a instituciones especiales con reglas especiales.

Debido a que el mundo cada vez se globaliza más y se hace más accesible la interrelación de todos los países, resulta obsoleta la división de diferentes sistemas legislativos, ya que hasta estos mismos, en la actualidad, mediante diálogos transaccionales se han hecho concesiones recíprocas a través de tratados internacionales para lograr alcanzar una uniformidad en el Derecho Marítimo. Dicho en otros términos, la uniformidad que antes era un lujo ahora es una necesidad. Entonces aquella división de sistemas latinos, anglosajones, germánicos, musulmanas, a base de diálogos constantes han logrado la suscripción de normas internacionales en esta materia que uniforman las reglas.

Puedo afirmar contundentemente que como seres humanos tenemos un largo camino por recorrer hasta llegar a una completa unificación de estos sistemas, que es necesaria conforme va evolucionando un mundo que tiende a la globalización, por lo que tenemos que seguir caminando juntos a esta meta común.

Para finalizar, es meritorio citar a uno de los más destacados personajes del Comité Marítimo Internacional y a quien este homenaje está dedicado, que defiende la necesidad de la uniformidad del Derecho Marítimo como lo es el Dr. Luis Cova Arria, que en el artículo que escribió para el libro "*El Derecho Marítimo en los albores de la Tercera Década del Siglo XXI*" hace mención a una propuesta de Ley Modelo Iberoamericana de Derecho Marítimo, proyecto, con el cual coincido, que según sus palabras "*debe seguir impulsándose como mecanismo de solución a la falta de regulación uniforme en muchos nuestros países Iberoamericanos en los cuales continúan vigentes normas que regulan una realidad distinta a la actual, la de la navegación a vela y del tráfico como se realizaba entonces, siendo una imperiosa necesidad actualizar esa legislación y contemplar las nuevas modalidades del transporte. De ahí nuestro empeño en propulsar soluciones para lograr la tan necesaria unificación del Derecho Marítimo*".[44]

BIBLIOGRAFÍA

I. Legislación consultada:

CONSTITUCIÓN POLÍTICA DE LOS ESTADOS UNIDOS MEXICANOS, 90 edil, Porrúa, México, 2020.

CONVENCIÓN INTERAMERICANA SOBRE DERECHO APLICABLE A LOS CONTRATOS INTERNACIONALES, texto vigente, 2020.

CONVENCIÓN DE LA HAYA SOBRE LA LEY APLICABLE A LOS CONTRATOS DE COMPRAVENTA INTERNACIONAL DE MERCADERÍAS, texto vigente, 2020.

CONVENCIÓN SOBRE LA PRESCRIPCIÓN EN MATERIA DE COMPRAVENTA INTERNACIONAL DE MERCADERÍAS, texto vigente, 2020.

CONVENIO DE ROMA DE 1980 SOBRE LA LEY APLICABLE A LAS OBLIGACIONES CONTRACTUALES, texto vigente, 2020.

CÓDIGO CIVIL FEDERAL, texto vigente en México, 2020.

CÓDIGO FEDERAL DE PROCEDIMIENTOS CIVILES, texto vigente en México, 2020.

LEY DE NAVEGACIÓN Y COMERCIO MARÍTIMO, texto vigente en México, 2020.

II. Obras consultadas:

ALBALADEJO, Manuel, *Compendio de derecho civil*, 3a. ed., Barcelona, Bosch, 1976

ANCEL, B. *Eléments d'histoire du droit international privé*. Panthéon-Assas, 2017.

BATIFFOL, HENRI y LAGARDE, PAU, Droit International Privé, 7a. ed., LGDJ, t. II, París, 1983,

BOARD-HERVÉ MARTIN, G., & Balmand, P. *Las Escuelas Históricas*, 2nd ed.. Akal Editor, 2004.

---

[44] Luis Cova Arria, *El Derecho Marítimo en los Albores de la Tercera Década del Siglo XXI*, Primera Edición ed., Vol. 1. Editorial Porrúa. 2019.

BORJA SORIANO, M. *Teoría General de las Obligaciones.* 21st ed. Editorial Porrúa S.A. de C.V. Ciudad de México, 2019.

COVA ARRIA, Dr. L. C. A. *El Derecho Marítimo en los albores de la Tercera Década del Siglo XXI*, Primera Edición ed., Vol. 1. Editorial Porrúa, 2019.

FELDSTEIN DE CÁRDENAS, Sara L., *Contratos internacionales*, Buenos Aires, Abeledo Perrot, 1995.

GARCIA MÁYNEZ, E. *Introducción el Estudio del Derecho,* Fuentes del Derecho ed., Vol. 22. Instituto de Investigaciones Jurídicas de la UNAM, 1974.

III. Publicaciones periódicas consultadas:

ADAME GODDARD, J., & Instituto de Investigaciones Jurídicas de la UNAM. *El Derecho de los Contratos Internacionales*. Biblioteca Jurídica Virtual del Instituto de Investigaciones Jurídicas de la UNAM, 2017. Recuperado de https://archivos.juridicas.unam.mx/www/bjv/libros/6/2776/5.pdf

ALBONICO Y. Fernando, *El derecho Internacional privado ante la jurisprudencia chilena,* Nascimento, Santiago, 1943.

PARDO, Alberto Juan, *Derecho internacional privado.* Parte general. Buenos Aires. Depalma, 1976.

MALINVAUD, Philippe, *Introduction à l'étude su droit*, 50 ed., París, Litec, 1990.

REMIRO BROTONS, A. "Henri Batiffol y la Doctrina Española de Derecho Internacional Privado". *Revista Española de Derecho Internacional Privado,* 37(2), 1985. https://www.jstor.org/stable/44297324?seq=1

IV. Otras obras/fuentes consultadas:

ASALE, R. (2020, julio 1). contrato | Diccionario de la lengua española. Recuperado de https://dle.rae.es/contrato

BIMCO contracts. (2020, June 18). BIMCO. https://www.bimco.org/contracts-and-clauses/bimco-contracts

Incoterms® 2020. (2020, June 4). ICC - International Chamber of Commerce. Recuperado de: https://iccwbo.org/resources-for-business/incoterms-rules/incoterms-2020/

Review Critique de Droit International Privé (RCDIP)

IS THERE A FUTURE FOR THE UNIFICATION OF MARITIME LAW?

MÅNS JACOBSSON*

SUMMARY

In this article an overview is given of the work carried out since the beginning of the 20th century for the purpose of unifying maritime law, in particular through the adoption of international conventions. The need for new maritime law conventions is considered. The difficulties that will be encountered in the future to promote further unification in this field of law are discussed, and the role of soft law is analyzed. The problems arising in the context of the implementation of conventions into national law are considered. The author expresses the view that, in spite of the Resolutions adopted by the IMO Assembly pursuant to which new conventions and amendments to existing conventions should be considered only if there is a clear and well-documented compelling need, international maritime law will also in the future have to be developed and amended so as to meet the needs of society in a rapidly changing world.

* Former Director, International Oil Pollution Compensation Funds (1985-2006); Former Head of the Department for International Civil Law, Swedish Ministry of Justice; President of Chamber, Stockholm Court of Appeal, Sweden (ret.); Member of the Board of Governors, World Maritime University, Malmö (Sweden); Visiting Professor at the World Maritime University and at the Maritime Universities in Dalian and Shanghai (People's Republic of China); corresponding member of the Argentine Academia Nacional de Derecho y Ciencias Sociales; Doctor of Laws *Honoris Causa*.

INTRODUCTION

Already in ancient times it was recognized that uniform rules relating to shipping were important, since shipping is by its very nature international and does not stay within national borders. Many centuries BC steps to harmonize certain aspects of maritime law were taken in the Mediterranean region, and the *Rhodian Sea Law* (the *Lex Rhodia*) played an important role in that region from the 7th to the 12th centuries AC. The *Rôles d'Oléron* were widely applied in the Atlantic trade from the 13th century. The *Laws of Visby* were developed for the Baltic Sea area by the Hanseatic League in the 15th century. During the 18th century English law had a considerable unifying effect.

Systematic efforts to harmonize maritime law did not, however, commence until towards the end of the 19th century as a result of the establishment in 1897 of the Comité Maritime International (CMI), an international non-governmental organisation founded for the purpose of contributing to the unification of maritime law.

Dr. Luis Cova Arria has for many years been a very active participant in the work of the CMI, and he was in fact a member of the organisation's Executive Council from 1994 to 2002. His involvement in the efforts to unify maritime law is the reason for the choice of subject for this contribution to the *Libro Homenaje*.

UNIFICATION OF MARITIME LAW BY THE ADOPTION TREATIES

In 1910 two important international maritime law conventions were adopted, one relating to collision between vessels and the other concerning salvage. As a reaction to the *Titanic* disaster, the first Convention on the Safety of Life at Sea was adopted in 1914. Conventions relating to limitation of liability and bills of lading (the Hague Rules) were adopted in 1924.

The increased importance of international shipping after the Second World War has led to a proliferation of maritime treaties. The overarching treaty is the United Nations Convention on the Law of the Sea (UNCLOS), which contains important public law provisions relating to shipping matters. There are, however, no detailed provisions in UNCLOS concerning maritime law, nor regarding technical matters pertaining to shipping, and the development of such provisions are within the competence of United Nations specialized agencies. The leading role in this regard has been played by the International Maritime Organization (IMO), the United Nations agency for maritime affairs, but also other organisations within the United Nations system have developed international treaties relating to shipping.

IMO has been involved in the development of treaties on a multitude of subjects on both private and public law matters, such as the safety of life at sea, prevention of marine pollution, tonnage measurement, prevention of collisions, carriage of passengers, salvage, search and rescue, maritime mortgages and liens, limitation of liability, liability and compensation for marine pollution, removal of wrecks, intervention on the high seas in cases of pollution, suppression of unlawful acts against the safety of maritime navigation and fixed platforms on the continental shelf, and recycling of ships.

Many of these treaties were prepared by the IMO Legal Committee. A number of important conventions were however developed by other IMO Committees, namely the Maritime Safety Committee (MSC), the Marine Environment Protection Committee (MEPC) and the Facilitation Committee (FAL).

Some of the IMO treaties have been very successful in that they have a nearly universal membership, in particular the 1974 Convention on the Safety of Life at Sea (SOLAS) and the 1973 Convention for the Prevention of Pollution from Ships as amended by the 1978 Protocol thereto (MARPOL 73/78), which cover approximately 99 per cent of commercial shipping in tonnage.

On the other hand, many maritime law treaties have not achieved such universal adherence. Several treaties have not entered into force at all, and some that have entered into force have been ratified by only a limited number of States, or without the participation of a reasonable number of important States. Such treaties do not normally contribute significantly to the harmonization of maritime law.[1]

It should be noted that until the establishment of the Legal Committee of IMO in 1968, most maritime law conventions were drafted under the auspices of the CMI. The CMI has continued to make valuable contributions, in cooperation with the Legal Committee, to the elaboration of a number of treaty instruments also after 1968, for instance by carrying out preparatory work in relation to what became the 1976 Convention on Limitation of Liability for Maritime Claims (LLMC) and the 1989 Salvage Convention.[2]

For maritime lawyers two treaties elaborated by an organisation other than IMO are of particular interest, namely the 1978 Convention on the Carriage of Goods by Sea (the Hamburg Rules) and the 2008 Convention on Contracts for the International Carriage of Goods Wholly or Partially by Sea (the Rotterdam Rules), both developed by the United Nations Commission on International Trade Law (UNCITRAL).[3] An important treaty was prepared by the International Labour Organization (ILO), viz. the 2006 Maritime Labour Convention. The United Nations Conference on Trade and Development (UNCTAD) brought about Conventions on the code of conduct for liner conferences, on international multimodal transport (not in force), on conditions for the registration of ships (not in force), on maritime liens and mortgages, and on the arrest of ships.

Also the European Union has in recent years legislated in the field of maritime law, for instance on ship-source pollution and the introduction of penalties for pollution offences, on insurance of shipowners for maritime claims, and on liability of carriers of passengers by sea.[4]

---

1 Måns Jacobsson, To what extent do international treaties result in the uniformity of maritime law?, in *Journal of International Maritime Law*, Vol. 22, 2016, Issue 2, p. 94.

2 Stuart Hetherington, The CMI and the Panacea of Uniformity, *Tulane Maritime Law Journal*, Vol. 39, 2014, Issue No 1, p. 159.

3 The Hamburg Rules eventually entered into force but had attracted ratification by only a limited number of States. For this reason, UNCITRAL developed a new treaty on the same subject matter, the Rotterdam Rules (not yet in force).

4 Directive 2005/35/EC (amended by Directive 2009/123/EC), Directive 2009/20/EC and Regulation No 392/2009/EC, respectively.

POSSIBLE SUBJECTS FOR FUTURE NEW TREATIES OR AMENDMENTS OF EXISTING TREATIES

The treaty instruments developed under the auspices of IMO cover a vast variety of issues relating to shipping, and the treaties prepared by UNCITRAL, UNCTAD and ILO address a number of other shipping matters. The question is whether there are areas of maritime law not covered by these treaty instruments that merit efforts of unification in the form of new treaties and whether existing treaties need to be revised in the light of developments.

It should be noted that the IMO Assembly has adopted Resolutions emphasizing that new conventions and amendments to existing conventions should be considered only if there is a clear and well-documented compelling need.[5]

Since the treaty instruments emanating from the IMO Legal Committee cover most aspects of shipping falling within its competence, it is likely that the Committee will in the future not be involved in the preparations of new treaties to the same extent as in the past. There will in any event still be a need for an up-dating of the IMO conventions on civil liability, where the limitation amounts will have to be adjusted in order for the conventions to remain politically credible.

Such amendments could be adopted by means of the tacit acceptance procedure and would not need to go through the cumbersome procedure of a Diplomatic Conference followed by ratification of the States parties.[6] The Legal Committee has used this procedure for increasing the limitation amounts in the Conventions governing liability and compensation for pollution damage caused by tanker oil spills, that is the 1992 Civil Liability Convention (1992 CLC) and the 1992 Fund Convention,[7] and in the 1976 Convention on Limitation of Liability for

---

[5] IMO Resolutions A.500(XII) and A.998(25).

[6] Under the tacit acceptance procedure amendments to a convention are adopted by qualified majority by the competent IMO Committee. If the adopted amendment is not opposed by a certain number of States parties within a specified period of time, the amendment will enter into force on a given date for all States parties, including those that have lodged opposition to it.

[7] Resolutions LEG.1(82) and LEG.2(82).

Maritime Claims (LLMC).[8] This procedure may in the future be used also as regards the 2002 Athens Convention Relating to the Carriage of Passengers and Their Luggage by Sea and the 2010 Convention on Liability and Compensation for Damage in Connection with the Carriage of Hazardous and Noxious Substances by Sea (2010 HNS Convention), provided the latter convention enters into force.

The situation as regards treaties within the competence of other IMO Committees is slightly different in that these treaties mostly deal with technical matters, in particular SOLAS, MARPOL and the Convention on Facilitation of International Maritime Traffic (the FAL Convention). It is likely, therefore, that these treaties will need to be amended at regular intervals, in the light of the experience and the development in the shipping industry. Also such amendments could normally be adopted by application of the tacit acceptance procedure.

The scope for new maritime conventions covering matters falling within the competence of other inter-governmental organisations, such as UNCITRAL, UNCTAD and ILO, appears also to be fairly limited. It is likely that the European Union will continue to legislate on shipping matters, but the Regulations and Directives adopted by the EU will not, at least not directly, contribute to the global unification of maritime law.

It should be noted that the adoption of a new treaty will not always contribute to the unification of maritime law. This is due to the fact that an instrument is only binding on States that ratify it. Consequently, the result of the new instrument may be less, rather than more uniformity. The difficulties that arise when new conventions are developed are illustrated by the treaty instruments relating to the carriage of goods by sea, which is covered by the Hague Rules, the Hague-Visby Rules (i.e. the Hague Rules as amended by a Protocol of 1968 thereto) and the Hamburg Rules, and perhaps in a few years also by the Rotterdam Rules, all of them with different groups of States parties.

There are, however, two subjects for new conventions that have recently been considered by the IMO Legal Committee.

The first subject relates to liability and compensation for pollution damage resulting from offshore activities. Some States have very detailed legislation in this regard, e.g. Norway, the United Kingdom

---

8 Resolution LEG.5(99).

and the United States, and it has also been addressed by the European Union.[9] Most States have however no special legislation in this field. There is no international convention addressing this matter, unlike in case of ship-source pollution. [10]

This subject attracted interest as a result of the *Montara* incident in the Timor Sea off the coast of Western Australia in 2009 and the *Deepwater Horizon* incident in the Gulf of Mexico in 2010. The Legal Committee considered a proposal by Indonesia that IMO should develop a treaty on this matter. When the proposal was discussed in the Committee, it was argued that offshore activities were not part of IMO's mandate which was said to be confined to ship-source pollution. It was also suggested that spills from offshore rigs differed from ship-sourced spills, in that offshore exploration and exploitation activities were normally carried out on the continental shelf of States and were regulated by national law and bilateral and regional agreements, making the need for a uniform global regime questionable.[11] In 2012 the Committee decided not to embark on the elaboration of such a treaty regime, but to develop guidelines to assist States interested in preparing bilateral or regional arrangements.[12]

Having noted the position taken in IMO, the CMI took the view that it was conceivable that some other intergovernmental organisation could be interested in developing a convention on this subject. In

[9] Directive 2004/35/EC on environmental liability that applies to offshore operations and Directive 2013/30/EU on safety of offshore oil and gas operations.

[10] A regional convention on this subject for the Baltic and North Atlantic was adopted in London in 1977, the Convention on Civil Liability for Oil Pollution Damage Resulting from the Exploration for and Exploitation of Seabed Mineral Resources. However, this Convention never entered into force.

[11] It has been suggested that these were not the real reasons behind the Committee's decision. IMO's mandate had over the years been expanded significantly when there was a political will to do so. In addition, States that most strongly maintained that IMO was not the proper forum for the development of such a treaty were those with large or growing offshore industries that did not want such an international regime to be developed. See Rosalie Balkin, Is there a place for the regulation of offshore platforms within international maritime law – if not, then where?, in *CMI Yearbook 2014* p. 179 .

[12] In 2017 such a guidance document was prepared by Denmark and Indonesia (IMO doc. LEG104/14/2). That document did not include any substantive provisions on liability but rather contained a list of issues that ought to be considered when bilateral and regional agreements were developed.

2018 the CMI approached the United Nations Environment Programme (UNEP) suggesting that the development of such a treaty might be of interest to that organisation. It appears, however, that UNEP is not interested in this topic.

The CMI had noted the problems that arise when arrested ships are subject to judicial sale for enforcement of a judgment or arbitral award or for preservation of maritime claims without a final and enforceable judgment or award. For this reason, the CMI had prepared a draft treaty on recognition of foreign judicial sales of ships and submitted the draft to the Legal Committee.[13] In 2016 the Committee considered, against the background of the IMO Assembly Resolutions referred to above, that a compelling need for such a convention had not been established and decided, therefore, not to include the subject on its agenda.[14]

In view of the position taken by the Legal Committee, the CMI approached UNCITRAL suggesting that it might be interested in developing a convention on this topic. In June 2018 UNCITRAL decided to take up *Cross-border issues relating to the Judicial Sale of Ships* on its work programme as one of its two priority subjects,[15] and an UNCITRAL Working Group is reviewing the CMI draft.

Issues relating to shipping in the polar regions have been considered within IMO for many years, and the work on this subject resulted in the adoption of the Polar Code which entered into force on 1 January 2017.[16] The Code covers safety, design, construction, equipment, operations, manning, training, search and rescue and environmental protection matters relevant to ships operating in the waters surrounding the two poles. A number of issues that were raised during the preparatory work were, however, not dealt with in the Code, and on some points

---

[13] As a non-governmental organisation the CMI does not have the possibility to present itself formal proposals for matters to be included in the Committee's work programme. Its proposal was sponsored by the People's Republic of China and the Republic of Korea.

[14] IMO doc. LEG103/14, paragraph 11.15.

[15] Report of UNCITRAL on its 51st session, document A.73/17, paragraph 252.

[16] As for the development of the Polar Code see Turid Stemre, The IMO, the Polar Regions, and Global Ocean Governance: newly accessible maritime environments, in D Attard, R Balkin, D W Greig (eds), *The IMLI Treatise on Global Ocean Governance, Vol. III, IMO and Global Ocean Governance,* Chapter 10, Oxford University Press 2018.

the Code does not satisfy some Arctic States which consider that the standards set out therein are too low. Work to improve the Code is being carried out.[17] It can be expected that the Polar Code will have to be updated periodically to take into account developments and experiences in polar shipping. It is possible that amendments to several IMO treaties will be required.[18]

Important legal issues have arisen as a result of the emergence of unmanned ships. Several IMO Committees, including the Legal Committee, are at present carrying out extensive regulatory scoping exercises to establish the extent of the need to amend the regulatory framework to enable safe, secure and environmentally friendly operation of (in IMO terminology) Maritime Autonomous Surface Ships within the existing IMO instruments. This new maritime environment has also been considered within the CMI[19] and by the industries concerned.

A number of questions will have to be addressed to establish how the provisions in IMO instruments will have to be adapted to this new situation.[20] For instance, can craft without any crew on board be regarded as ships or vessels within the meaning of international conventions? Many provisions in international treaty instruments, although not explicitly requiring a master and a crew on board, make no sense with regard to unmanned vessels or at least give rise to difficulties of interpretation and application, for instance provisions relating to the role of the master, the manning of the vessels and the training of crews.

An important issue in the context of unmanned vessels is therefore how such provisions in treaty instruments such as SOLAS and the Convention on Standards of Training, Certification and Watchkeeping for Seafarers (STCW) should be interpreted and applied. For instance,

---

[17] Aldo Chircop, Peter G Pamel, Miriam Czarski, Canada's implementation of the Polar Code, *Journal of International Maritime Law*, Vol 24, 2018, Issue 6, p. 428; Erik Røsæg, Norway and the Polar Code, *Journal of International Maritime Law,* Vol. 24, 2018, Issue 6, p. 461

[18] Måns Jacobsson, What Challenges Lie Ahead for Maritime Law?, in *Maritime Law in Motion, WMU Studies in Maritime Affairs*, Vol. 8, 2020, section 5.1.

[19] Robert Veal and Michael Tsimplis, The integration of unmanned ships into *Lex Maritima, Lloyd's Maritime and Commercial Law Quarterly*, 2017 p. 303.

[20] Robert Veal and Henrik Ringbom, Unmanned ships and the international regulatory framework, *Journal of International Maritime Law* Vol. 23, 2017, Issue 2, p. 100.

unmanned ships would have difficulty in meeting the detailed requirements on watchkeeping in STCW. Another issue is how the international uniform standards on construction, equipment and seaworthiness should be applied to unmanned vessels. Problems will arise in the application to unmanned vessels of the concept of good seamanship and of provisions in the Convention on the International Regulations for Preventing Collisions at Sea (COLREG) concerning look-out requirements, collision avoidance, signaling and communications, as well as regarding the duty to render assistance to people in danger or distress. Problems will also arise as regards criminal and civil liability.

It is obvious that a global uniform approach to these issues is of great importance. A difficult question is which methods should be used for adapting the relevant international treaties to the new shipping environment involving unmanned craft.[21] The legal solutions will differ dependent on the level of autonomy of the ship in various respects, for instance as regards the level of manning, whether the bridge is unmanned permanently or periodically, the performance of watchkeeping, the organisation and location of any remote control function, and the control over navigational decisions.[22]

UNIFICATION OF MARITIME LAW THROUGH SOFT LAW

The adoption of treaties is not the only way to promote the unification of maritime law. In recent years less binding instruments have been frequently used, mainly in the form of IMO Assembly Resolutions, guidelines or recommendations. This approach is illustrated by the following examples from the IMO Legal Committee.

The Legal Committee developed, together with ILO, Guidelines on financial security in cases of abandonment of seafarers,[23]

[21] Sir Bernard Eder, Unmanned Vessels, Challenges Ahead, *Lloyd's Maritime and Commercial Law Quarterly* 2019 p. 47; Måns Jacobsson, What Challenges Lie Ahead for Maritime Law?, in *Maritime Law in Motion, WMU Studies in Maritime Affairs*, Vol. 8, 2020, section 5.2.

[22] Henrik Ringbom, Regulating autonomous ships – concepts, challenges and precedents, *Ocean Development & International Law Journal* 2019 p.1.

[23] IMO Resolution A.930(22).

Guidelines on shipowner responsibilities in respect of contractual claims for personal injury to or death of seafarers[24] and Guidelines on fair treatment of seafarers in the event of a maritime accident.[25] Furthermore, the Committee prepared Guidelines on the preservation and collection of evidence following an allegation of a serious crime having taken place on board a ship or following a report of a missing person from a ship, and personal and medical care of the persons affected.[26] Of great importance are the Guidelines on places of refuge.[27] The Committee prepared a draft Resolution on measures to prevent the fraudulent registration and fraudulent registries of ships that was adopted by the IMO Assembly in December 2019.[28]

Interpretative resolutions, recommendations and guidelines are of course less powerful tools for promoting uniformity than conventions since they are not legally binding on States. However, experience shows that formal resolutions adopted by the IMO bodies carry considerable weight, in particular due to the fact that decision-making in these bodies is traditionally based on the consensus principle

Contribution to uniformity could also be made by an international body examining difficult questions of interpretation of a particular convention, or addressing issues that have arisen after the adoption of a convention.

IMO Legal Committee has carried out important work in this regard. In 2006 the Committee prepared a proposed reservation to the Athens Convention relating to the carriage of passengers with respect to the difficulties in obtaining insurance cover for acts of terrorism.[29] In 2009 the Committee prepared a resolution on the issue of insurance certificates for bareboat chartered ships under the 2001 Convention on Civil Liability for Bunker Oil Pollution Damage (Bunkers Convention), which resulted in an important IMO Assembly Resolution on the

---

[24] IMO Resolution A.931(22).

[25] IMO Resolution LEG.3(91).

[26] IMO Resolution A.1091(28).

[27] IMO Resolution A.949(23).

[28] IMO Resolution A.1142(31).

[29] IMO Reservation and Guidelines for implementation of the Athens Convention, IMO doc. LEG.92/13, paragraph 5.30 and Annex 5.

subject.[30] In 2019 the Committee decided to consider the possible development of a unified interpretation of the test for breaking the shipowner's right to limitation of liability under the IMO liability conventions.[31]

Promotion of uniformity could also be accomplished by giving assistance to States in their process for ratification of conventions. The IMO Legal Committee has for instance, in co-operation with the International Oil Pollution Compensation Funds (IOPC Funds), been involved in the preparations for the entry into force of the 2010 HNS Convention.

Also the non-governmental sector could contribute to the promotion of the uniformity of maritime law outside international conventions. Important work in this regard has been carried out by the CMI.

An example is the York-Antwerp Rules on General Average. The first version of these Rules was adopted already in 1890, and they have since been revised a number of times. The CMI has for many years been the custodian of the York-Antwerp Rules. The most recent version of the Rules was adopted at a CMI Conference in New York in 2016. These Rules are widely used through incorporation by reference in contracts of carriage and have led to a remarkable measure of international uniformity in respect general average.

The CMI has also prepared Guidelines and model Rules on other maritime law subjects, namely Guidelines on oil pollution damage, Guidelines in respect of procedural rules relating to limitation of liability in maritime law, Uniform rules on seaway bills and Rules for electronic bills of lading.

---

[30] IMO Resolution A.1055(27). For details regarding the Bunkers Convention reference is made to Måns Jacobsson, Liability and Compensation for Ship-source Pollution, in D Attard, M Fitzmaurice, N Martínez Gutiérrez, R Hamza (eds), *The IMLI Manual on International Maritime Law, Volume III, Marine Environmental Law and Maritime Security Law*, Oxford University Press 2016 See also Måns Jacobsson, La Convención Bunker en vigor, in *Analisis de 10 años de vigencia de las leyes marítimas venezolanas*, Academia de Ciencias Políticas y Sociales, Universidad Central de Venezuela, Serie Eventos 28, 2012, p. 407

[31] LEG 106/16 paragraph 13.4.

IMPLEMENTATION, INTERPRETATION AND APPLICATION OF TREATIES

In order for the unifying purpose of a convention to be achieved, it is not sufficient that the convention enters into force, but it must also be implemented in the domestic law of the States parties and be interpreted and applied in a correct manner. Under the Vienna Convention on the Law of Treaties, treaties are to be interpreted in good faith, in accordance with the ordinary meaning to be given to the terms of the treaty in their context and in the light of its object and purpose (art. 31). A major problem is that national courts sometimes, wittingly or unwittingly, misinterpret or deliberately ignore the provisions of applicable conventions, to the detriment of unification.

There are two main methods for a State to implement treaties into national law, the monist system and the dualist system.[32]

Under the monist system, a treaty that has been ratified by the State and published in the *Official Gazette* applies directly as national law. This is the approach in many States with the European continental legal tradition, for instance Belgium, France, Greece, the Netherlands, Poland, Spain, Switzerland and Turkey,[33] as well as the Russian Federation and many States in Latin America and North Africa.[34]

In order for a treaty to become part of national law in a State that uses the dualist approach, it has to be implemented through a national statute reflecting the substantive provisions of the treaty. This approach is used by many States whose legal system is based on the common law tradition, e.g. Australia, Canada, Ghana. India, Malaysia, Nigeria,

---

[32] James Crawford, *Brownlie's Principles of Public Internatiional Law (*8th ed.), Oxford University Press 2012 p. 48-50, 57-59.

[33] The United States belongs to the group of States having a common law tradition but applies a mixture of the monist and dualist approaches. Under the United States Constitution (art. VI) treaties made under the authority of the United States shall be the supreme law of the land and judges in every state shall be bound by them, anything in the Constitution or laws of any state to the contrary notwithstanding. Nevertheless, treaties are sometimes dealt with according to the dualist approach requiring implementing legislation by statute whereas other treaties are applied directly.

[34] A prerequisite for the monist approach to be used is that the treaty is sufficiently precise for the courts to apply it, i.e. is self-executing.

Singapore and the United Kingdom, as well as Germany,[35] Israel, Japan, Malta, the People´s Republic of China, the Republic of Korea and the Nordic countries. The implementing legislation is normally drafted in accordance with the national legislative tradition of the country concerned, and this may unintentionally lead to substantive differences between the provisions of the Convention and the corresponding provisions in the implementing national statute. In some States belonging to this group the courts may be reluctant to make reference to the provisions of the Convention for the purpose of interpreting the national statute. The courts may be even more reluctant to use the preparatory work (*travaux préparatoires*), which led to the adoption of the Convention, as a source of interpretation of the relevant national statute.

Both the monist and the dualist approaches have disadvantages as regards the unification aspect. When the monist approach is used it is not normally necessary to draft a statutory instrument repeating the provisions of the Convention,[36] but there is a risk that conflicts between the treaty and other domestic statutes are not identified and resolved. Under the dualist approach the substantive content of the treaty will have to be reflected in a national statute. This may require a considerable amount of work, but in that context the legislator should consider how the treaty provisions relate to domestic law and take appropriate legislative action to resolve any conflict. It is not unusual, however, that such conflicts are overlooked or in any event not properly resolved. In both scenarios, these problems may be an obstacle to unification which is the purpose of the treaty in question.

The interpretation of treaties is largely in the hands of national courts, which may result in different interpretations between national jurisdictions. It is submitted that the only way to ensure a high level of uniformity in the interpretation and application of maritime law conventions would be to confer jurisdiction in respect of disputes under the treaties, at least as regards matters of principle, to an international court

[35] A special legislative act (Transformationsgesetz) is required for a treaty to become an integral part of German law.

[36] Also when the monist approach is used, it is often necessary to adopt supplementary provisions dealing with for example administrative and procedural issues.

or tribunal. This has been done in one particular field, namely the competence conferred pursuant to UNCLOS to the United Nations Tribunal on the Law of the Sea in Hamburg.[37] It is evident, however, that there is not normally a sufficient political will to go further down this road.

Supervision by international bodies could contribute to an improvement in the situation. Such supervision is often opposed, however, on the grounds that it would constitute an infringement of national sovereignty.

An example of such supervision is the IMO Member State Audit Scheme, which originally was voluntary but became mandatory from 1 January 2016. The Scheme is intended to provide an audited Member State with a comprehensive and objective assessment of how effectively it administers and implements the IMO instruments covered by the Scheme. The Scheme includes at present SOLAS, MARPOL 73/78, STCW, the Convention on Load Lines, the Convention on Tonnage Measurement of Ships and the Convention on the International Regulations for the Prevention of Collisions at Sea (COLREG), and the Scheme may in the future expand to cover also other IMO instruments. The Audit Scheme may contribute, in the medium and long term, to enhancing the proper implementation of the instruments falling under its scope.

The International Oil Pollution Compensation Funds (IOPC Funds) that administer the compensation regime relating to oil pollution from tankers established under the Civil Liability and Fund Conventions have, through decisions by their governing bodies composed of representatives of the governments of States parties, greatly contributed to a relatively high degree of uniform interpretation and application of the relevant treaties.[38] The governing bodies have repeatedly emphasized

[37] Another example of such an approach is the European Nuclear Energy Tribunal, established in 1960, which operates under the auspices of the Organisation for Economic Co-operation and Development (OECD). The purpose of the tribunal is to hear cases relating to disputes between States parties on the interpretation and application of the 1960 Paris Convention on Third Party Liability in the Field of Nuclear Energy. The tribunal has however never been seized with a case.

[38] For a detailed presentation of these regimes see Måns Jacobsson, Liability and Compensation for Ship-source Pollution, in D Attard, M Fitzmaurice, N Martínez Gutiérrez, R Hamza (eds), *The IMLI Manual on International Maritime Law, Volume III, Marine Environmental*

the importance of national courts in States parties giving due consideration to the decisions of 1971 and 1992 Funds on such matters.[39]

It is important to note that a large number of States with different legal traditions and on different levels of development have been able to agree, in the governing bodies of the Funds, on the interpretation of the Civil Liability and Fund Conventions, and in particular on the criteria for admissibility of compensation claims.[40] Although national courts have sometimes not accepted the Funds' interpretation of the Conventions or the Funds' application of these criteria, national courts have largely accepted the position taken by the Funds.[41]

A very similar system will be set up under the 2010 HNS Convention when it enters into force.[42]

CONCLUDING OBSERVATIONS

It should be recognized that there is a higher degree of international uniformity in maritime law than in most other field of law. This

Law and Maritime Security Law (Oxford University Press 2016). See also Måns Jacobsson, Los regímenes internacionales de responsabilidad e indemnizacíon de daños debidos a la contaminacíon marina, problemas politicos y legales, *Actas de la Academia Nacíonal de Derecho y Sciencias Sociales de Buenos Aires*, Numero 48, 2010.

39 1992 Fund Resolution No 8 on the interpretation and application of the 1992 Civil Liability Convention and the 1992 Fund Convention; doc. 92FUND/AC.1/A/ES.7/7, Annex.

40 As regards these criteria see the IOPC Funds' *Claims Manua*l (2019 edition), available on the IOPC Funds' website at www.iopcfunds.org. The Manual is a practical guide to presenting compensation claims and outlines the policy on the admissibility of claims developed by the Funds over the years.

41 In some cases judgments by national courts have given rise to concern, in particular as regards the interpretation of the definition of "pollution damage" in respect of environmental damage and other non-economic damage. See Måns Jacobsson, To what extent do international treaties result in the uniformity of maritime law?, in *Journal of International Maritime Law*, Vol. 22, 2016, Issue 2, at p. 100-106; Måns Jacobsson, Compensation for non-economic damage caused by pollution of the marine environment, *Journal of International Maritime Law*, Vol. 26, 2020, Issue 1.

42 Måns Jacobsson, Liability and Compensation for Ship-source Pollution, in D Attard, M Fitzmaurice, N Martínez Gutiérrez, R Hamza (eds*), The IMLI Manual on International Maritime Law, Volume III, Marine Environmental Law and Maritime Security Law* (Oxford University Press 2016), at p. 328; Måns Jacobsson, El Procolo de 2010 relativo al Convenio International sobre Responsibildad e Indemnizacíon de Daños en Relacíon con el Transporte Marítimo de Substancias Nocivas y Potencialmente Peligrosas, 1996 (Convenio SNP) – ?Se han eliminado les obstáculos para la entrada en vigor, *Revista de Estudios Marítimos*, Buenos Aires, No 58 2014 p. 19.

is largely due to the fact that the need for such uniformity has been generally accepted by the international community, in view of the importance of shipping for international trade and the problems that lack of uniformity may cause.

The preparation of maritime law conventions was in the past considered mainly a legal, technical matter and was to a large extent left to eminent lawyers. Nowadays the issues that will have to be addressed in this field of law are often of a more political nature, which makes it more difficult to reach broad agreements on the content of new conventions or amendments to existing conventions.

It should also be noted that today many more States participate in treaty negotiations than 50 years ago.[43] This is a very positive development, since States with different interests actively participate in the development of international maritime law. On the other hand, the increase in the number of negotiating States sometimes make the negotiations more difficult, because the States involved have different legal systems and traditions and are on different levels of economic development, and they have sometimes conflicting interests in relation to shipping.

For these reasons it is suggested that there may in the future be less scope than in the past for the adoption of new conventions in maritime law or of major amendments to existing conventions and that an increased emphasis will have to be placed on soft law in the form of interpretative resolutions, recommendations and guidelines. As mentioned above, soft law is obviously a less powerful tool than proper treaties, since soft law instruments are not legally binding on States or on national courts. It must be accepted, however, that when it comes to the promotion of the uniformity of maritime law, we are – as in most other areas of human life – not living in the perfect world.

The development in the maritime industries will, however, result in new issues arising that will necessitate major amendments to existing conventions, and sometimes also the elaboration of new conventions.

[43] The meeting of the Legal Committee in October 1970, the first meeting in which the author of this article participated, was attended by 27 States, of which only very few were developing countries. The Committee's 2019 meeting was attended by 90 States, of which well over half were developing countries.

Reference can be made to the legal problems discussed above as a result of the development of shipping in the polar regions and the emergence of unmanned ships.

In the context of the future unification of maritime law it is important that training is provided to all those who deal with shipping law – judges, ministry officials, other civil servants, and practicing lawyers – since this should contribute to a better understanding of treaties and of the relationship between treaties and domestic statutes, which could result in a more uniform interpretation and application of treaties. Technical assistance to developing countries so as to enable them to build up the necessary expertise on treaty matters is also important. The training given by institutions such as the World Maritime University (WMU) in Malmö (Sweden) and the IMO International Maritime Law Institute (IMLI) in Malta is of great value in this regard, as is the training given through the IMO Technical Co-operation Programme.

It should be emphasized that law is not – and should not be – static but should, and will, develop to take into account changes in society and in economic and social circumstances as well as technological developments and political priorities, so as to ensure that the law meets the requirements of modern society in a rapidly changing world. This applies equally to national laws and to international treaties, although it is much more difficult to amend international treaties than national laws. This is so because at the international level it is necessary to get a broad agreement between a large number of States on any new convention or any amendments to an existing convention, and States will often have to obtain parliamentary approval before ratification of the new or amended treaty can take place.

Shipping is by its very nature international and can operate efficiently only if its activities are governed by an internationally agreed legal framework that is implemented and applied correctly at the national level. Uniformity of maritime law will therefore be important also in the future. In order to make progress in this regard it is necessary that States are flexible and prepared to make compromises. Only if States are willing to do so will it be possible to maintain and strengthen uniformity so that maritime law can contribute to the fulfillment of IMO's motto of *safe, secure and efficient shipping on clean oceans.*

BIBLIOGRAPHY

BALKIN, Rosalie, Is there a place for the regulation of offshore platforms within international maritime law– if not, then where?, *CMI Yearbook 2014.*

CHIRCOP, Aldo, PAMEL. Peter G, CZARSKI, Miriam, Canada's implementation of the Polar Code, *Journal of International Maritime Law*, Vol 24, 2018, Issue 6.

CRAWFORD, James, *Brownlie's Principles of Public Internatiional Law (*8th ed.), Oxford University Press 2012.

EDER, Sir Bernard, Unmanned Vessels, Challenges Ahead, *Lloyd's Maritime and Commercial Law Quarterly* 2019.

EUROPEAN COMMUNITY, *Directive 2004/35/EC* on environmental liability with regard to the prevention and remedying environmental damage.

__________, *Directive 2005/35/EC* (amended by Directive 2009/123/EC) on ship-source pollution and on the introduction of penalties for infringements.

__________, *Directive 2009/20/EC* on the insurance of shipowners for maritime claims.

__________, *Regulation No 392/2009/EC* on the liability of carriers of passengers by sea in the event of accidents.

EUROPEAN UNION, *Directive 2013/30/EU* on safety of offshore oil and gas operations.

HETHERINGTON, Stuart, The CMI and the Panacea of Uniformity, *Tulane Maritime Law Journal*, Vol. 39, 2014 Issue No 1.

INTERNATIONAL MARITIME ORGANIZATION, *Assembly Resolution A.500(XII),* Objectives of the organisation in the 1980s.

__________, Assembly Resolution A.930(22*)*, Guidelines on provision of financial security in case of abandonment of seafarers.

__________, *Assembly Resolution A.931(22),* Guidelines on shipowners' responsibility in respect of contractual claims for personal injury to or death of seafarers.

__________, *Assembly Resolution A.949(23)*, Guidelines on places of refuge for ships in need of assistance.

__________, *Assembly Resolution A.998(25)*, Need for capacity building for the development and implementation of new and amendments to existing instruments.

__________, *Assembly Resolution A.1055(27),* Issue of bunkers certificate to ships that are also required to hold a CLC certificate.

_____, *Assembly Resolution A.1091(28),* Guidelines on preservation of evidence following an allegation of a serious crime having taken place on board a ship or following a report of a missing person from a ship and pastoral and medical care of persons affected.

__________, *Assembly Resolution A.1142(31),* Measurers to prevent the fraudulent registration and fraudulent registries of ships.

__________, *Legal Committee Resolutions LEG.1(82),* Adoption of amendments of the limitation amounts in the Protocol of 1992 to amend the International Convention on Civil Liability for Oil Pollution Damage, 1969.

__________, *Legal Committee Resolution LEG.2(82*), Adoption of amendments of the limits of compensation in the Protocol of 1992 to amend the International Convention on the Establishment of an International Fund for Compensation for Oil Pollution Damage, 1971.

__________, *Legal Committee Resolution LEG.3(91),* Guidelines on fair treatment of seafarers in the event of a maritime accident.

__________, *Legal Committee Resolution LEG.5(99),* 2012 Amendments to the Protocol of 1996 to amend the Convention on Limitation of Liability for Maritime Claims, 1976.

__________, *Legal Committee*, Reservation and Guidelines for implementation of the Athens Convention; doc. LEG.92/13, paragraph 5.30 and Annex 5.

__________, *doc. LEG103/14.*

__________, *doc. LEG104/14/2.*

__________, *doc. LEG106/16.*

INTERNATIONAL OIL POLLUTION COMPENSATION FUND 1992, *Resolution No 8* on the interpretation and application of the 1992 Civil Liability Convention and the 1992 Fund Convention; doc. 92FUND/AC.1/A/ES.7/7, Annex

__________, *Claims Manual*, 2019 edition, www.iopcfunds.org

JACOBSSON, Måns, Los regímenes internacionales de responsabilidad e indemnizacíon de daños debidos a la contaminacíon marina, problemas politicos y legales, *Actas de la Academia Nacíonal de Derecho y Sciencias Sociales de Buenos Aires*, Numero 48, 2010.

__________, La Convención Bunker en vigor, in *Analisis de 10 años de vigencia de las leyes marítimas venezolanas*, Academia de Ciencias Políticas y Sociales, Universidad Central de Venezuela, Serie Eventos 28, 2012.

__________, El Procolo de 2010 relativo al Convenio International sobre Responsibildad e Indemnizacíon de Daños en Relacíon con el Transporte Marítimo de Substancias Nocivas y Potencialmente Peligrosas, 1996 (Convenio SNP) – ?Se han eliminado les obstáculos para la entrada en vigor, *Revista de Estudios Marítimos*, Buenos Aires, No 58 2014.

__________, To what extent do international treaties result in the uniformity of maritime law?, *Journal of International Maritime Law*, Vol. 22, 2016 Issue 2.

__________, Liability and Compensation for Ship-source Pollution, in D Attard, M Fitzmaurice, N Martínez Gutiérrez, R Hamza (eds), *The IMLI Manual on International Maritime Law, Volume III, Marine Environmental Law and Maritime Security Law*, Oxford University Press 2016.

__________, What Challenges Lie Ahead for Maritime Law?, in *Maritime Law in Motion*, WMU Studies in Maritime Affairs, Vol 8, 2020.

__________, Compensation for non-economic damage caused by pollution of the marine environment, *Journal of Internationl Maritime Law*, Vol. 26, 2020 Issue 1

RINGBOM, Henrik, Regulating autonomous ships – concepts, challenhges and precedents, *Ocean Development & International Law Journal* 2019.

RØSÆG, Erik, Norway and the Polar Code, *Journal of International Maritime Law,* Vol. 24, Issue 6, 2018.

STEMRE, Turid, The IMO, the Polar Regions, and Global Ocean Governance: newly accessible maritime environments, in D Attard, R Balkin, D W Greig (eds), *The IMLI Treatise on Global Ocean Governance, Vol. III, IMO and Global Ocean Governance*, Chapter 10, Oxford University Press 2018.

VEAL, Robert, and TSIMPLIS, Michael, The integration of unmanned ships into *Lex Maritima, Lloyd's Maritime and Commercial Law Quarterly* 2017.

VEAL, Robert, and RINGBOM, Henrik, Unmanned ships and the international regulatory framework, *Journal of International Maritime Law* Vol. 23, 2017 Issue 2.

INTERNATIONAL UNIFORMITY OF MARITIME LAW

PATRICK GRIGGS CBE*

Nowhere is the potential for conflict of laws greater than in the maritime sector. Throughout the centuries attempts have been made to harmonise maritime law by way of codes, model laws and guidelines in order to simplify life for shipowners by ensuring that wherever they trade their ships the applicable law will be the same.

The Comité Maritime International is, according to its Constitution: 'a non-governmental international organisation, the object of which is to contribute by all appropriate means and activities to the unification of maritime law in all its aspects. To this end it shall promote the establishment of national associations of maritime law and shall co-operate with international organisations.'

The CMI has its headquarters in Antwerp in Belgium and came into existence in 1897. The Asociacion Venezolana de Derecho Maritimo was formed in 1977 and became the local branch of the CMI. Our good friend Luis Cova - Arria founded the Association and served as its first President retaining that role until April 1984. In total there are more than 50 national maritime law associations which each have active lives of their own and also support the work of CMI itself. Membership of national associations is open to all those involved in the national shipping industry and is not restricted to lawyers. What have these organisations achieved and how did they achieve it?

---

* Patrick Griggs was a Solicitor of the Supreme Court in England. He joined the well known London based maritime law firm of Ince & Co. in 1958. He became Senior Partner in 1989 and retired in 1994 to become Secretary and Treasurer of the British Maritime Law Association. In 1997 he was elected President of the Comite Maritime International (CMI) and retired from the role in 2004. Since then he has represented the CMI at IMO meetings. In 2005 he was appointed Commander of the Order of the British Empire for services to maritime industry. He holds an Honorary PhD in Maritime Law from the International Maritime Law Institute.

Historically, the CMI was the only international organisation concerned with the unification of international maritime law. Initially it was intended that the CMI should set out to produce a complete international maritime code covering every aspect of maritime law. This project was quickly abandoned and it was decided that an incremental approach to harmonisation would be essential. First, it would be necessary to identify a specific aspect of maritime law and then look to create uniformity in that area.

Then, as now, the method of work is simple. Once a topic has been identified an International Working Group (IWG) is appointed. In choosing who should serve on an IWG the Executive Council will ensure that appointees include non-lawyers with practical knowledge of the subject matter of the project. The first task of the IWG is to draft a questionnaire which is then sent to all National Maritime Law Associations in member states. The questionnaire is designed to obtain a summary of national laws relating to the aspect of law under discussions. Armed with the responses to the questionnaire the IWG drafts an instrument designed to harmonise the law - always with a view to the existing state of the law in member states.

The first draft instrument is then subjected to review by a CMI International Sub-committee (ISC). ISC meetings are open to delegates from all member states. Again, there will be non-lawyers attending ISC meetings – *"...the lawyer should hold the pen...the practical man should dictate the solutions..."*. Until 1967, once the instrument had been finalised, the Belgian Government would be asked to host an International Diplomatic Conference to be attended by government appointed delegates from all member states. This explains why, in the early years, most international maritime law conventions bear the prefix – Brussels.

We have this system to thank for the Collision and Salvage Conventions of 1910, the Hague and Hague-Visby Rules relating to the Carriage of Goods by Sea and the Conventions on Limitation of Liability of 1924-1957, the 1952 Arrest Convention and many, many others.

Thus it was that the CMI, supported by National Maritime Law Associations, was, for more than 50 years, the only international organisation concerned with unification of international maritime law. This remained the position until the *Torrey Canyon* incident of 1967. Following that major oil spill the IMO created a Legal Committee with the specific mission to devise a convention which would deal with issues of liability and compensation for pollution caused by spills from oil tankers.

At that time, CMI was already working on a draft oil pollution convention and it agreed to make its first draft and research material available to the Legal Committee. This led to the Civil Liability Convention of 1969 relating to Pollution from Tankers and then to the Fund Convention of 1971 which was largely based on the CMI draft.

Since the creation of the IMO Legal Committee the CMI has acted as a consultant to the Legal Committee and to other United Nations Inter-Governmental Organisations such as UNCTAD and UNCITRAL. It is currently working with UNCITRAL on a convention designed to ensure that the judicial sale of a ship in one jurisdiction will be recognised by the courts of all other member states. CMI is also taking a lead role in a ground-breaking exercise to deal with the problems created by the introduction of unmanned ships. This work involves close co-operation with both the IMO Legal Committee and the IMO Marine Safety Committee reflecting the fact that unmanned ships will create technical as well as legal problems.

It should also be mentioned that all national maritime law associations have a domestic role as consultants to their Governments on maritime law matters generally and the ratification and implementation of international maritime law conventions in particular.

Luis Cova – Arria served on the CMI Executive Council from 1994 to 2003. During that time and as the sole member of the Council from the South American Continent, his contributions to the work of the Council and of the CMI more generally was extremely valuable. Time in office at CMI is limited by its Constitution and opportunities must be offered to the next generation but that generation never forgets the hard work of its predecessors. Thank you Luis for all your contributions during your term of office and also for your support before and since.

Patrick Griggs CBE,
Past President, CMI.

COMERCIO EXTERIOR

El conocimiento de embarque electrónico.
México. Bernardo Melo Graf

Una aproximación a las ventas marítimas
en el comercio internacional.
Perú. José Antonio Pejovés Macedo

Los INCOTERMS 2020.
Venezuela. Luis Miguel Cova Pinto

La vinculación del compliance y las sanciones internacionales.
España. María Virginia Garrillo Marval

CONOCIMIENTOS DE EMBARQUE ELECTRÓNICO

BERNARDO MELO GRAF*

SUMARIO

1. INTRODUCCIÓN

El presente ensayo tiene por objeto el análisis de uno de los documentos más importantes y usados del derecho marítimo, como lo es el conocimiento de embarque, a través de conocer su naturaleza jurídica, su esencia y las partes que en él intervienen podremos dar el punto de partida para trasladar este vital documento a la vida digital que hoy por hoy es el rumbo que están tomado todas las cosas. En su momento, un documento que permitió agilizar el intercambio de mercancías entre lugares lejanos y produjo un dinamismo característico del comercio marítimo, hoy debe de ser una vez más evolucionado para adaptarse a los tiempo modernos y seguir fungiendo como el instrumento jurídico marítimo por excelencia.

2. CONCEPTO Y NATURALEZA JURÍDICA

Podemos definir el conocimiento de embarque una vez que se conoce la triple naturaleza jurídica del documento mismo, su escénica, la cual es integrada por tres partes, a) La primera de ellas es el contrato de

* Doctor en Derecho. México. Socio de Melo Abogados, firma de abogados especializada en asuntos marítimos. El Sr. Melo es vicepresidente de la Asociación Mexicana de Derecho Marítimo, Miembro Titular del Comité Marítimo Internacional, Vicepresidente suplente para México en el Instituto Iberoamericano de Derecho Marítimo, miembro activo del Ilustre y Nacional Colegio de Abogados de México. Es un orador frecuente en institutos y seminarios marítimos. El Sr. Melo obtuvo la licencia para practicar derecho en 2003 y también tiene una Maestría en Derecho Marítimo y un Doctorado, además ha sido profesor de asuntos marítimos, procesales y administrativos.

transporte de mercancías, por estar en el consignadas las cláusulas que regirán el acuerdo de voluntades para transportar las mercancías que en él se consignan; b) El recibo de mercancías abordo, en efecto, este documento también sirve como escrito o resguardo en que se declara haber recibido a bordo del buque las mercancías que son descritas en él; y c) El título representativo de mercancías, condición que adquiere del artículo 5 de la Ley de Títulos y Operaciones de Crédito, que nos dice que son títulos de crédito, los documentos necesarios para ejercitar el derecho literal que en ellos se consigna y por tanto en el conocimiento de embarque se consigna el derecho literal sobre las mercancías en él consignadas.

Por lo anterior, definiremos el conocimiento de embarque como el documento en el cual se contiene el acuerdo de voluntades para el transporte de mercancías por agua y que a su vez incluye la declaración de haber recibido a bordo del buque éstas, que son descritas en él y además incorpora el derecho literal sobre las mercancías en el consignadas para ser un título representativo de mercancías.

3. LA HAYA-VISBY

México en el año de 1993, al modificar y modernizar su legislación marítima, se le presentó la oportunidad de escoger entre las dos Convenciones que en ese momento existían, la una las Reglas de la Haya que existía desde setenta (70) años antes y la otra, las Reglas de Hamburgo que en ese momento aun no entraban en vigor. Para los efectos de llevar a cabo una elección atinada, se tomó en consideración el volumen de comercio exterior que tenía México con los diversos países del mundo y la legislación vigente en ellos. Obviamente, la balanza se inclinó en forma determinante respecto de las Reglas de La Haya-Visby y legislaciones afines (diversos COGSA) y en consecuencia la clara decisión fue en favor de ésta y por supuesto, dejando a un lado las Reglas de Hamburgo, decisión ésta basada en forma totalmente pragmática en función al volumen de comercio y por esa razón en el año de 1994 se adoptaron tanto el Convenio de La Haya como los protocolos de enmienda de Visby, incorporándolo a nuestra legislación, situación que siempre ha sido considerada como totalmente atinada por que unifica el marco jurídico de México con la gran mayoría de los países con quienes tiene un comercio significativo.

Como es ampliamente conocido en un documento de casi un siglo de existencia, el Convenio de referencia contiene los puntos básicos de la responsabilidad que se establece al llevar acabo el transporte marítimo mediante el documento que se comenta, es decir, el establecimiento de la responsabilidad del transportista, de inicio de la misma y terminación de la misma, las causales de exoneración relatadas en forma semejante a las legislaciones anglosajonas, la limitación de responsabilidad con las limitaciones y modalidades que ese establecen en el posterior protocolo de Visby que data de 1968 y protocolo sobre Derechos Especiales de Giro de 1979. Término de prescripción y presunciones legales respecto a la recepción de la carga, todos ellos contenidos y referidos además en el documento llamado conocimiento de embarque que ahora se analiza en este trabajo.

En ese orden de ideas, cabe mencionar que la costumbre de amparar ese transporte con ese tipo de documentos, por muchos siglos ha sido en la expedición del documento en papel, pero en la actualidad y dada la tendencia de utilizar medios electrónicos para sustituir documentos de papel, se viene imponiendo en forma determinante y por ello incluyo en este trabajo un análisis más completo de esta realidad.

4. HAMBURGO

Las Reglas de Hamburgo nacen ante la intención de hacer una revisión total, completa y determinante de las Reglas de la Haya y no una simple adecuación como se planteó en la década de los sesentas respecto de limitados aspectos de las Reglas de la Haya que desembocaron en el protocolo de Visby, pero algunos países pensaron que sería conveniente una modificación total y llevaron a cabo ésta creando lo que ahora se conoce como Reglas de Hamburgo y que básicamente contienen diferencias esenciales más favorables a la carga rompiendo un equilibrio tradicional entre los intereses de los cargadores y los transportistas. Por ejemplo, se duplicaba el término de prescripción de un año en las Reglas de la Haya a dos años en las Reglas de Hamburgo, se ampliaba el ámbito espacial de responsabilidad del transportista de bodega a bodega en lugar de la tradicional regla "*hook to hook*" (de gancho a gancho); además ampliaba el término para establecer la presunción de carga bien recibida a de 3 a 15 días para el aviso previo. Sin embargo lo más grave de todo es el revertir la carga de la prueba, en lugar de que el cargador tuviera que probar la culpa del transportista, se considera al transportista culpable salvo prueba en contrario, lo cual desde el punto de vista jurídico y en nuestro concepto resulta aberrante.

El tiempo ha dado la razón a la posición que México adoptó, es decir, conservando el equilibrio de las Reglas de la Haya en lugar de las pretensiones de las Reglas de Hamburgo y en la actualidad éstas han tenido ratificaciones en países cuyo comercio exterior es excesivamente pequeño en comparación con el resto del mundo. Todo ello dio lugar a que se iniciara un estudio tratando de establecer un nuevo régimen en el transporte marítimo que más adelante culmina con la firma de las Reglas de Rotterdam, documento que si bien es más completo, pero también más complejo y requiere para su posible adhesión un estudio comparativo del comercio exterior de los países y sus socios comerciales y su régimen jurídico, documento éste al que más adelante me referiré pero únicamente respecto al tema de este trabajo que es el conocimiento electrónico.

Hasta enero de 2019, las Reglas de Hamburgo han sido ratificadas por 34 países.

5. CONOCIMIENTOS DE EMBARQUE ELECTRÓNICOS

En el mundo se ha venido trabajando ya desde algún tiempo atrás en diversas formas de trasladar estos documentos a un formato electrónico, por el dinamismo que tiene y más porque el comercio es partidario de la rapidez que puede absorber de cualquier herramienta al alcance.

En el caso particular de México, se ha venido arando el camino para que esta transición suceda y por eso en la década de los 90´s la Aduana Mexicana empezó con un programa piloto para que los navieros o sus agentes entregaran la información contenida en los manifiestos de carga de los buques a esta dependencia, originalmente se presentaba en la ventanilla su versión en papel que además adjuntaba un pequeño disco de 5 1/4 y que más adelante redujo su tamaño a 3 1/2, también aumentando su rigidez. Del éxito de éste programa, se pudo continuar del puerto de Veracruz que fungió como programa piloto a toda la República Mexicana en forma obligatoria dejando su optabilidad, pero evolucionó a ser transmitido por medio de un enlace dedicado entre las Cámaras Gremiales como lo es la Asociación Nacional de Agentes Navieros quien a su vez recolectaba esa información de sus agremiados para retransmitirla por el canal dedicado de comunicaciones con el Centro Nacional de Procesamiento, entidad perteneciente al Servicio de Administración Tributaria que a su vez tiene en sus ramificaciones la Administración Aduanera del país.

Con más de dos décadas de movimientos enviados de esa forma, hoy es una realidad cotidiana para el negocio de agenciamiento y transporte marítimo.

Pero para conocer en realidad si el sistema jurídico Mexicano está listo para el desafío que presentan las nuevas tecnologías y las exigencias del comercio moderno, debemos pues entrar al estudio de diversas normas que nos darán la respuesta al porvenir de los novísimos conocimientos de embarque electrónico.

Como inicio debemos de ver, si bien ya fue expuesto al inicio de este trabajo que el conocimiento de embarque es un contrato de transporte de mercancías, ahora bien, debemos ahondar en que como todo contrato es un acuerdo de dos o más personas para producir o transferir obligaciones y derechos por tanto está sujeto a las reglas de las fuentes de las obligaciones contenidas en el Código Civil, en este especifico caso nos referiremos al Código Civil Federal ya que la Constitución Política de los Estados Unidos Mexicanos le da el carácter de Federal a las controversias de Derecho Marítimo y así mismo la Ley de Navegación y Comercio Marítimos, pero regresando al Código en cita, su artículo 1803 nos dice como es que tiene que ser el consentimiento en los acuerdos de voluntades, pero para mayor precisión se cita textualmente a continuación.

> *"Artículo 1803.- El consentimiento puede ser expreso o tácito, para ello se estará a lo siguiente:*
> *I.- Será expreso cuando* ***la voluntad se manifiesta*** *verbalmente, por escrito,* ***por medios electrónicos, ópticos o por cualquier otra tecnología****, o por signos inequívocos, y*

II.- El tácito resultará de hechos o de actos que lo presupongan o que autoricen a presumirlo, excepto en los casos en que por ley o por convenio la voluntad deba manifestarse expresamente."

Este artículo, fue reformado y publicado en el Diario Oficial de la Federación el 29 de Mayo de 2000, para incluir que la manifestación de voluntad podría ser por medios electrónicos lo cual sienta las bases para pasar de un documento de papel a uno en el mundo digital.

Por su parte, la legislación comercial, más específicamente el Código de Comercio, fue reformada en agosto del años 2003 para adicionar la regulación sobre el comercio electrónico que a su vez fue reestructurada en mayo del 2000 para dar paso a una dinámica diferente hasta entonces, pero que tendrá un mayor auge en la época post pandemia que vivimos, pero regresando al análisis del Código de Comercio, en su artículo 89 nos dice:

"Artículo 89.- ...
Las actividades reguladas por este Título se someterán en su interpretación y aplicación a los principios de neutralidad tecnológica, autonomía de la voluntad, compatibilidad internacional y equivalencia funcional del Mensaje de Datos en relación con la información documentada en medios no electrónicos y de ***la Firma Electrónica en relación con la firma autógrafa****.*
En los ***actos de comercio*** *y en la formación de los mismos* ***podrán emplearse los medios electrónicos, ópticos o cualquier otra tecnología****. Para efecto del presente Código, se deberán tomar en cuenta las siguientes definiciones:"*

En este ordenamiento se introduce el concepto de firma electrónica para dar prueba inequívoca de la manifestación de la voluntad, claro sin dejar a un lado la Ley de Firma Electrónica que rige a la materia y de la cual nos dice que los datos en forma electrónica consignados en un Mensaje de Datos, o adjuntados o lógicamente asociados al mismo por cualquier tecnología, que son utilizados para identificar al Firmante en relación con el Mensaje de Datos e indicar que el Firmante aprueba la información contenida en el Mensaje de Datos, y que produce los mismos efectos jurídicos que la firma autógrafa, siendo admisible como prueba en juicio.

Ahora que sabemos que es compatible la legislación actual con esta forma de comunicación, debemos de hacernos otra pregunta, ¿Cuál es el origen de los datos o documentos electrónicos? Y para ello podemos encontrar dos a saber, que son la digitalización y el mensaje de datos. Pero ello ¿qué diferencia tiene? Podríamos preguntarnos inicialmente y por eso entraremos en este punto a continuación.

El primero de ellos es la digitalización, la cual podemos concebir como la migración de documentos impresos a mensaje de datos, de acuerdo con lo dispuesto en la norma oficial mexicana sobre digitalización y conservación de mensajes de datos que para tal efecto emite la Secretaría.

Mientras que la segunda, ósea el mensaje de datos, es la información generada, enviada, recibida o archivada por medios electrónicos, ópticos o cualquier otra tecnología.

Es decir, la diferencia estriba principalmente en el origen de los datos, unos, los primeros nacen en el mundo físico pero pasan al punto digital, mientras que los segundos tienen su inicio de vida en el haber binario de las maquinas.

Además de lo anterior, no debemos perder de vista que en esa triple naturaleza que ostenta el conocimiento embarque lo vemos como un título representativo de mercancías, es decir, que quien tenga el título mismo tendrá el derecho consignado en él y es así como lo consagra el artículo 19 transcrito a continuación:

> *"Artículo 19.- Los títulos representativos de mercancías, atribuyen a su poseedor legítimo, el derecho exclusivo a disponer de las mercancías que en ellos se mencionen.*
>
> *La reivindicación de las mercancías representadas por los títulos a que este artículo se refiere, sólo podrá hacerse mediante la reivindicación del título mismo, conforme a las normas aplicables al afecto."*

En efecto, este precepto de la Ley de Títulos y Obligaciones de Crédito nos indica que solo se podrá hacer valer el derecho sobre las mercancías reivindicando el título respectivo.

La pregunta que surge es ¿Cómo puedo reivindicar un título electrónico? Y la respuesta es simple, como vimos antes la firma puede ser autógrafa, electrónica o electrónica avanzada, por lo que la sola presentación del documento en que conste la firma digital, que normalmente contiene el día, hora, minuto y segundo en que se firmó, además de los elementos inequívocos de identificación de la persona que otorgó su consentimiento al suscribir el documento. Al tener la firma puede estarse seguro del origen del documento y de la misma manera en que normalmente se han venido expidiendo, es costumbre poner la leyenda "*El presente conocimiento se expide por triplicado y una vez ejecutado cualquiera de los tres quedan los subsecuentes sin valor*", por lo que se presenta y se firma nuevamente para dejar constancia del momento exacto de su reivindicación que deja sin efectos cualquier otra pieza de datos que pudiera surgir posteriormente.

6.- OTROS DOCUMENTOS DEL TRANSPORTE MARÍTIMO

No podemos pasar por alto que si bien este trabajo tiene como elemento central el conocimiento de embarque, que es el documento más importante sin lugar a dudas en el transporte marítimo, también existen otros documentos que se utilizan en la mecánica del comercio internacional, pero debiendo insistir en que ninguno de ellos tiene ni los alcances, ni la importancia del conocimiento de embarque.

El "*Booking Note*" o reserva de espacio para una carga que únicamente genera la obligación para el cargador de entregar la carga pactada para un determinado buque y transporte, generando también la obligación reciproca del transportista de tener espacio suficiente en el buque y fecha prevista para la carga reservada. Desde luego no se trata, ni tiene las características del documento conocido como conocimiento de embarque, sino únicamente un compromiso para entregar cierta carga para ser transportada y su contraprestación, la obligación del transportista de realizar a futuro el transporte pactado en la forma y términos convenidos. Carece de las características de ser un recibo de mercancías o de tener el carácter de título representativo de las mismas como lo tiene el conocimiento mismo y aun cuando se pueden manejar también en forma electrónica, el tener naturaleza jurídica diferente, tendría que tener un tratamiento diverso ya sea en papel o en forma electrónica.

El documento de recibido para embarque sea o no en papel o en forma electrónica tiene una situación semejante, puesto que no reúne las características del conocimiento de embarque pero sí establece derechos y obligaciones reciprocas y por ello podría también ser manejado como un documento en papel o en forma electrónica, pero guardando siempre la naturaleza jurídica que el mismo con relación a las obligaciones que genera y que son substancialmente diferentes a las del conocimiento de embarque.

El llamado recibo del capitán (*mate's receipt*) que al final de cuentas no es sino el documento probatorio de la entrega parcial de una mercadería que junto con otros semejantes constituyen la totalidad de una carga a ser transportada, no tiene las características que pudiera tener el conocimiento de embarque pero puede también, dentro de su modalidad ser manejado tanto en forma electrónica como en papel, siempre y cuando no se altere su naturaleza.

7. CONCLUSIONES

Podemos concluir varios puntos, el primero de ellos, que aun cuando un ordenamiento sea añejo como lo son las Reglas de La Haya y sus protocolos de Visby, como fue una verdadera obra de arte jurídica su valía trasciende los tiempos y permite seguir siendo usada de la misma forma que otros ordenamientos de igual importancia, solo para poner un ejemplo, el Código Napoleónico que sirvió de modelo para la legislación vigente en México.

También podemos concluir que México y su sistema legar se encuentran hoy por hoy preparados para recibir esta nueva manera de contener contratos y para ello se deberá de estar atento a lo que se discuta en el Grupo de Trabajo del Comité Marítimo Internacional, así como otras voces internacionales como fuentes del Derecho Internacional.

UNA APROXIMACIÓN A LAS VENTAS MARÍTIMAS EN EL COMERCIO INTERNACIONAL

José Antonio Pejovés Macedo*

---

* Profesor de Derecho Marítimo y de Historia General del Derecho en la Facultad de Derecho de la Universidad de Lima e investigador del Instituto de Investigación Científica (IDIC) de la misma casa de estudios.
Árbitro del Centro de Arbitraje de la Cámara de Comercio de Lima.
Consultor en asuntos marítimos de la Conferencia de las Naciones Unidas sobre Comercio y Desarrollo (UNCTAD), de la Comisión Interamericana de Puertos de la Organización de los Estados Americanos (OEA), y de la Comisión Oceanográfica Intergubernamental de la UNESCO.
Coautor del proyecto de la Ley de Navegación y Comercio Marítimo del Perú, elaborado por un Grupo de Trabajo creado en el marco de la Ley N° 26595, y de varios proyectos normativos marítimos en el Perú.
Autor de varias publicaciones, entre ellas los libros: *Derecho Marítimo, 25 Ensayos* (Cultural Cuzco, Lima, 2007) y *El Tribunal del Consulado de Lima, antecedentes del Arbitraje Comercial y Marítimo en el Perú* (Fondo Editorial de la Universidad de Lima, Lima, 2018).
Coordinador y coautor de la obra colectiva *Derecho Portuario* Fondo Editorial de la Universidad de Lima, Lima, 2014).
Socio del Estudio Pejovés en Lima, firma dedicada al comercio exterior, transporte marítimo, arbitraje, gestión portuaria y contratación mercantil.

Unificación de ciertas Reglas en Materia de Conocimientos de Embarque, conocido como las Reglas de La Haya. c. El Convenio de las Naciones Unidas sobre el Transporte Marítimo de Mercancías, conocido como las Reglas de Hamburgo. 2.3.2. Herramientas de carácter contractual (*soft law*) y autorregulación. a. Los *Incoterms 2020* de la CCI. b. Los formularios que contienen conocimientos de embarque –*bills of lading*–. c. Las *Institute Cargo Clauses de 2009* de la *International Underwriters Association* (IUA). d. Las UCP 600 de la CCI. III. Bibliografía.

PRESENTACIÓN

Estas primeras palabras son de agradecimiento a la invitación que me ha dirigido la Academia de Ciencias Políticas y Sociales, para participar en esta obra colectiva que rinde merecido homenaje a Luis Cova Arria, notable jurista y académico. Conocí a Luis en Lima en 2001 cuando visitó esta ciudad para ofrecer una conferencia sobre comercio electrónico en la Universidad Nacional Mayor de San Marcos, la Decana de América, fundada en 1551 Desde entonces tengo el honor de contar con su amistad, de compartir amigos comunes y de haber coincidido en algunos eventos académicos relacionados con nuestra disciplina, el Derecho marítimo. Somos coautores de al menos cuatro obras colectivas: *Estudios de Derecho Marítimo en Homenaje al Doctor José Domingo Ray* (Lexis Nexis, Buenos Aires, 2005); *Derecho Portuario* (Fondo Editorial de la Universidad de Lima, Lima, 2014); *Estudios de Derecho Marítimo, Libro en Homenaje a la Memoria de Carlos A. Matheus* (Asociación Venezolana de Derecho Marítimo, Caracas, 2015); y *Libro Conmemorativo de los Doscientos Años de Creación de la Corte de Almirantazgo en Venezuela* (Asociación Venezolana de Derecho Marítimo et al., Caracas, 2019). Naturalmente, como muchos maritimistas en Venezuela y el mundo, he aprendido mucho de él.

Este trabajo aborda el tema de las ventas marítimas en el comercio internacional. Son capítulos de una investigación auspiciada por el Instituto de Investigación Científica (IDIC) de la Universidad de Lima, que se realiza gracias a un concurso llevado a cabo a comienzos de 2020. El trabajo de investigación que se titula *Ventas marítimas en el comercio internacional: confluencia de la compraventa, el transporte marítimo, el seguro de carga y el crédito documentario*, se extenderá hasta marzo de 2021.

Estimé oportuno participar en este tributo al Académico, con un aporte académico de mi parte, que tengo la esperanza complazca al homenajeado y a los lectores de este libro.

I. PLANTEAMIENTO DEL PROBLEMA. ESTUDIO SOBRE LAS VENTAS MARÍTIMAS, SU VINCULACIÓN CON EL COMERCIO INTERNACIONAL Y LA INEXISTENCIA DE REGULACIÓN INTERNACIONAL

1.1. Planteamiento del problema

Con la finalidad de formular el problema de esta investigación –la hipótesis-, es oportuno poner en contexto algunos aspectos. En las ventas marítimas confluyen al menos cuatro contratos; no existe una regulación internacional específica sobre las ventas marítimas ni tampoco están normadas en leyes o reglamentos nacionales.

En efecto, es un dato sobradamente conocido, que desde principios del siglo XX al menos, en las transacciones mercantiles internacionales, es decir en el intercambio comercial de mercancías entre sujetos cuyos establecimientos están localizados en países distintos, se presenta la confluencia de al menos cuatros contratos, a saber: el contrato de compraventa, el contrato de transporte, el contrato de crédito documentario y el contrato de seguro de la carga. Sin embargo, como se sabe, desde siglos atrás al menos confluyeron las compraventas y el transporte marítimo.

De estas relaciones jurídicas contractuales que concurren y que están vinculadas funcionalmente en los intercambios comerciales, resulta que el contrato principal es el de compraventa, el cual como se mencionó precedentemente tiene como una especie a la venta marítima, con la precisión de que no todos los contratos de compraventa constituyen una venta marítima, pues puede ocurrir que la transacción mercantil se complemente con un trayecto no vinculado con el tráfico marítimo, en el que las mercancías objeto del intercambio se desplacen por otros modos de transporte como el aéreo o el terrestre.

Los otros contratos mencionados son accesorios, pues sin el cierre de la compraventa como acto principal de comercio, no habría necesidad de contratar el medio de transporte, ni el seguro que cubra eventuales daños a la carga trasladada, ni el crédito documentario estrictamente necesario para garantizar el pago cuando se trata de compraventas internacionales. Es cierto que la confluencia de los cuatro contratos antes citados, se da principalmente en operaciones de comercio exterior, y es poco frecuente que se celebren ventas marítimas que no estén respaldadas por seguros de carga y cartas de crédito.

Si bien es cierto cada contrato es autónomo y se ven involucradas distintas empresas -vendedores (exportadores-), compradores (importadores, líneas navieras, compañías de seguros, bancos, entre otras-; tenemos que esas relaciones jurídicas involucradas tienen sus propios marcos jurídicos y sus propios "canales de interpretación"; sin embargo, es cierto también que se presenta una interdependencia que podría conllevar a la aplicación de distintos cuerpos normativos, desde convenios internacionales y leyes nacionales, hasta *Lex mercatoria*[1] que contiene prácticas difundidas globalmente en calidad de *soft law*[2].

Las ventas marítimas no se encuentran regulas en ningún instrumento internacional vinculante. La Convención de las Naciones

[1] La definición de *Lex mercatoria*, no es unívoca, los especialistas que se han ocupado del tema la han abordado desde diferentes ángulos, en relación con el Derecho mercantil y con el Derecho del comercio internacional. Personalmente considero que la *Lex mercatoria* es la autorregulación puesta en práctica por los sujetos que intervienen en los intercambios transfronterizos donde el comercio marítimo es relevante, esta autorregulación consiste en usos y costumbres recogidos en reglas, códigos, formularios o pólizas; adoptados y utilizados internacionalmente para facilitar las transacciones y el transporte. Sobre el particular, Faya (2004) menciona que "Goldman ve la *lex mercatoria* de acuerdo a sus fuentes, o sea, como un conjunto de principios generales y reglas de uso y costumbre elaboradas o referentes al contexto del comercio internacional, que nacen de manera espontánea, y sin referencia a un sistema legal nacional en particular. En la doctrina, es más fuerte la definición de la *lex*, atendiendo a sus fuentes. La idea es asociar a la *lex mercatoria* con reglas que básicamente; (i) nacen de la práctica, bajo el contexto internacional, (ii) no derivan de un sistema legal particular, y (iii) aplican a operaciones transnacionales. Diferentes definiciones de *lex* han sido propuestas en este sentido, como las siguientes: (i) "un conjunto de principios generales, y de costumbres espontáneamente referidas a o elaboradas bajo el marco del comercio internacional, sin referencia a un sistema nacional de derecho específico", (ii) "un cuerpo de leyes autónomo creado por la comunidad internacional de los comerciantes", (iii) "un fenómeno de reglas uniformes al servicio de las necesidades básicas del comercio internacional y la cooperación económica" (p. 48). En esta cita, Alejando Faya, hace alusión a un ensayo de L.J. Mustill, titulado "La nueva la *Lex mercatoria*" que se publicó en una obra colectiva. Lord Mustill resolvió varios casos marítimos en las cortes inglesas, entre otros el célebre caso *The Nagasaki Spirit*.

[2] Se conoce como *soft law* –"derecho flexible"–, a normas que no son de aplicación obligatoria, que las personas pueden emplear voluntariamente en sus relaciones jurídicas. Se opone al *hard law*, que sí es vinculante.

Unidas sobre los Contratos de Compraventa Internacional de Mercaderías –CNUCCIM- (Viena, 1980), de la que el Perú es parte, no contiene ningún apartado sobre la materia, sin embargo, dicho instrumento internacional sí recoge algunas normas sobre ventas con transporte. Las ventas marítimas tampoco se encuentran normadas en ninguna ley o reglamento integrante del ordenamiento jurídico peruano.

Frente a la falta de regulación especial en el plano normativo internacional y nacional, las ventas marítimas sí están consideradas en los Términos de Comercio Internacional –*Incoterms*- de la Cámara de Comercio Internacional (CCI), desde su primera versión de 1936 hasta la última revisión vigente desde el 1 de enero de 2020. Como se sabe los *Incoterms* son reglas muy utilizadas en las ventas de plaza a plaza, se insertan en los contratos de compraventa internacional y su finalidad es regular las obligaciones y derechos de las partes así como precisar la distribución de riesgos y gastos entre ellas. Como se sabe los *Incoterms* forman parte de prácticas difundidas globalmente, integrantes de la nueva *Lex mercatoria.*

Junto la confluencia de contratos antes señalada, se presenta también una confluencia de instrumentos del llamado Derecho uniforme del comercio internacional y del Derecho marítimo uniforme, instrumentos normativos con fuerza vinculante -*hard law*-; como la referida CNUCCIM, o el Convenio de las Naciones Unidas sobre el Transporte Marítimo de Mercancías de 1978 -mejor conocido como las Reglas de Hamburgo- o el Convenio Internacional para la Unificación de ciertas Reglas en Materia de Conocimientos de Embarque de 1924 -mejor conocido como las Reglas de La Haya-, por citar algunos; con herramientas de carácter contractual de la nueva *Lex mercatoria* como los referidos *Incoterms,* las Reglas y Usos Uniformes relativos a los Créditos Documentarios (UCP 600) de la CCI aplicables a las cartas de crédito, o las pólizas o formularios utilizados para documentar contratos de utilización de buques elaborados por organismos internacionales no gubernamentales, por mencionar algunos instrumentos del *soft law.*

Una parte importante en la formulación del problema de esta investigación consiste en analizar los instrumentos normativos internacionales vinculantes y las herramientas de carácter contractual, que se aplican en los contratos confluyentes, pues algunos de ellos no serían adecuados a las exigencias actuales del comercio internacional. Por ejemplo, resulta sintomático que en 2008 bajo el impulso de la UNCITRAL, se aprobara un instrumento internacional -las Reglas de Rotterdam, aún no en vigor- que busca reemplazar los convenios internacionales vigentes sobre transporte marítimo internacional; y es sabido que las Reglas de La Haya, que el Perú incorporó en 1964, no convienen a los intereses de países cargadores como el nuestro.

El problema de investigación radica en analizar la falta de regulación existente en la normativa internacional –vinculante- en materia de ventas marítimas; qué impacto tiene esa falta de regulación en el comercio internacional y cómo repercute en el Perú.

1.2. Estudio sobre la venta marítima: antecedentes, evolución y definición

Según diversos estudios publicados, se calcula que aproximadamente entre el ochenta y noventa por ciento del comercio mundial se transporta por medio de buques, es decir por el modo marítimo. Esta realidad del transporte vinculada con el traslado de mercancías en el tráfico internacional, se debe fundamentalmente al hecho de la eficiencia de los buques, pues éstos son los vehículos con mayor capacidad para trasladar grandes volúmenes y toneladas de carga en largas distancias y a menores costos[3].

Los acuerdos comerciales internacionales que contienen pactos de apertura de mercados y de supresión o disminución de aranceles[4], han

---

3 Los buques modernos tienen dimensiones colosales, que han ido aumentando con el paso del tiempo, fenómeno que se conoce como el *gigantismo de los buques*. En alusión al tráfico de carga contenedorizada, que está relacionado con los servicios regulares que trasladan mercancías homogéneas consolidadas en los recipientes conocidos como contenedores; tenemos que el buque portacontenedores más grande del mundo en la actualidad es el "HMM Algeciras" en funciones desde el 27 de abril de 2020, operado por Hyundai Merchant Marine, que tiene 400 metros de eslora –longitud-, 61 metros de manga –ancho-, 33.20 metros de puntal –altura- y puede transportar nominalmente 23,964 TEU –contenedores de 20 pies-.

4 Según la página web *acuerdoscomerciales.gob.pe*, del Ministerio de Comercio Exterior y Turismo, visitada el 8 de mayo de 2020, el Perú tiene suscritos y vigentes veintidós acuerdos comerciales: Organización Mundial del Comercio (OMC), Foro de Cooperación Económica Asia-Pacífico (APEC), Canadá, Corea Sur, Unión Europea, Honduras, Comunidad Andina, Chile, Singapur, Tailandia, Costa Rica, Australia, Mercado Común del Sur (MERCOSUR), México, China, Japón, Venezuela, Cuba, Estados Unidos, Asociación Europea de Libre Comercio (EFTA), Panamá y Alianza del Pacífico.

tenido como efecto directo una mayor intensidad en las transacciones mercantiles -compraventa internacional- y por consiguiente un notable aumento en el tráfico marítimo y portuario.

a. Antecedentes y evolución del comercio marítimo

La evolución del comercio marítimo históricamente ha ido anudada a la evolución del Derecho mercantil y del Derecho marítimo. Sobre este punto la doctrina mercantil y marítima se ha ocupado bastante. En la mayoría de los tratados y manuales sobre estas disciplinas, encontramos capítulos que exponen el dato histórico.

Desde la época del Mediterráneo clásico, las instituciones mercantiles han gobernado en todas sus riberas la actividad comercial, financiera y de transporte con independencia e incluso la indiferencia de las diversas soberanías ejercitadas –valga la expresión aparecida mucho más tarde- sobre los lugares de aplicación. Hasta tal extremo que constituye un lugar común afirmar que Roma careció de Derecho mercantil sin detrimento, no obstante, de la disciplina jurídica de la enorme actividad comercial que el Imperio generó: Nuestro Derecho estaba, sin duda suplido, por la *lex mercatoria* y es que, desde los tiempos clásicos en el Mediterráneo, las muy diversas instituciones jurídico-mercantiles vienen facilitando el comercio y los intercambios. (Illescas, 2005, p. 80)

Desde la antigüedad, el comercio internacional, es decir las transacciones mercantiles realizadas por mercaderes domiciliados en dos Estados distantes, estaba ligado a la utilización de buques –galeras explotadas por el *exercitor navis* en Roma, y posteriormente el *senyor de la nau* medieval que explotaba naos o bajeles, por citar algunos- para el traslado de las mercancías entre los puertos, desde los que luego eran transportadas a almacenes, ferias o tiendas para la realización de las compraventas locales. En esta línea, Ray (1996) recuerda que "*... la explotación marítima se realizaba mediante una estrecha vinculación entre el titular del buque y el de las mercaderías transportadas (...) En la edad media, si el propietario del buque no era de las mercancías, se formalizaba una asociación entre los titulares del buque y de la carga, distribuyéndose los beneficios obtenidos por las ventas de los productos transportados, en el puerto de destino*" (pp. 413-414).

De esas relaciones entre navieros o titulares de buques, y embarcadores o titulares de la carga, surgieron una serie de relaciones jurídicas en Europa, que resultan ser los antecedentes en algunos casos de los contratos de colaboración empresarial y de las sociedades mercantiles de nuestros tiempos. Ray (1996) señala que en la edad media "*Nacieron así instituciones en el Mediterráneo y en el Norte de Europa, especialmente en el Báltico, como la comanda, la colonna y la societas maris en el Sur y figuras similares en el Norte, especialmente las escandinavas (...) Tiempo después se produce una disociación entre la explotación del negocio marítimo y el del comercio de ultramar, con la consiguiente contraposición de intereses*" (p. 414). Esta aproximación histórica sobre el comercio marítimo es desarrollada con mayor abundamiento por el profesor Ray en su obra *Derecho de la Navegación*, concretamente en el tomo II.

En el mismo derrotero de la aproximación histórica al comercio marítimo, en tanto antecedente de la venta marítima, Garrigues (1987) sostiene:

En el periodo antiguo era dueño de la nave quien compraba las mercaderías para lucrarse con su reventa y reanudar en compras sucesivas la misma especulación. Una misma persona es, pues, propietario del buque, cargador y capitán. Más tarde el propietario del buque se limita a obtener ganancia mediante el transporte de las mercancías.

En la edad media la industria marítima se caracteriza, según Wagner, por el doble hecho de la sustitución del trabajo de esclavos por el trabajo libre y de la explotación individual por la explotación bajo forma social. Este último rasgo es el dominante a lo largo de la Edad Media: la forma corporativa o asociativa dota a la empresa marítima de vida propia, y facilita la distribución personal de sus grandes riesgos. Los tipos fundamentales de empresa social marítima son en aquella época la *colonna* y la *commienda.* De la primera poseemos amplias referencias en las fuentes españolas (Ordenanza de Jaime I de Aragón, de 1258, y Consulado del Mar, capítulos I, IV, V, VIII, XVI, XIX, XXIII, XXVII, XXX, XXXIII, XXXVII, XLI, y XLVII). Consistía en un contrato que pactaba el propietario del buque (*patronus*) o el representante de los propietarios con el capitán (*nauclerus*), los cargadores o capitalistas (*colonnistas*) y la tripulación, con el fin de distribuirse todos los beneficios de la explotación. La tripulación no participaba de las pérdidas. Se llamaba *colonna* porque el *patronus,* antes de comenzar el viaje, debía redactar una lista (*columna*) en la que figuraba la participación de cada uno de los interesados, llamados por eso *colonnistas*.

La figura de la *commenda* nos es ya conocida como forma originaria de la cuenta en participación y de la sociedad comanditaria. En todas las formas históricas de este contrato (*collegantia* o *rogadia* en Venecia, *implicita* en Génova) domina el elemento de depósito de cosas, sean mercancías, sea dinero, sea la propia nave como elementos capitalistas de la industria (v. Consulado, cap. 217). (p. 197)

En los tiempos modernos, la disociación entre las actividades mercantiles del empresario naviero y del empresario dedicado al comercio exterior -es decir el importador y exportador de bienes-, resulta evidente pues se trata de negocios diferentes y perfectamente distinguibles, y se manifiesta con la contraposición de intereses, básicamente centrados en el precio del flete, que es la contraprestación que paga el titular de la carga al naviero o porteador por el transporte de mercancías; así como también en lo relativo a la distribución de costos y riesgos asociados al transporte –la expedición marítima- y la logística, y en lo concerniente a la responsabilidad civil del porteador por los daños a la carga durante el transporte, cuestión ésta que se refleja en el tráfico marítimo y en las negociaciones que han conllevado a la adopción de instrumentos internacionales que norman el transporte marítimo internacional de mercancías, como se analiza más adelante, y también en la adopción de normas nacionales sobre el particular[5].

La venta marítima, como una especie de la compraventa, se entiende como una forma de intercambio comercial a distancia, cuyos orígenes se remontan a la segunda mitad del siglo XIX en paralelo a la irrupción de innovaciones tecnológicas en la navegación marítima, como lo fue en el siglo antepasado el cambio del sistema de propulsión de los buques, que pasaron de la conjunción del viento y el velamen a los motores, y en la segunda mitad del siglo XX, el invento y uso masificado de los contenedores. Estas poderosas innovaciones verdaderamente

[5] El caso de la reciente dación en el Perú del Decreto Legislativo N° 1492, que aprueba disposiciones para la reactivación, continuidad y eficiencia de las operaciones vinculadas a la cadena logística de comercio exterior, y la denuncia las Reglas de La Haya.

disruptivas en el sector marítimo, a las que se les sumaron otras innovaciones no tecnológicas pero asimismo relevantes, como las nuevas formas de organización empresarial en la industria marítima[6] y la presencia de nuevos operadores[7] inmersos en operaciones comerciales contenidas en relaciones jurídicas sofisticadas, y posteriormente la suscripción de acuerdos comerciales entre países o bloques de países, como fue señalado anteriormente, tuvieron un impacto en el incremento del comercio mundial y consecuentemente en el tráfico marítimo y portuario.

b. Aproximación a la definición y clasificación de venta marítima

Una aproximación a la definición de la venta marítima, que como se ha mencionado anteriormente constituye una especie de compraventa, permite ubicar este tipo de relaciones jurídicas con precisión en el contexto de las transacciones mercantiles internacionales. En este orden de ideas "*Las ventas marítimas pertenecen a las categorías de las ventas de plaza a plaza y se caracterizan por la incidencia del transporte marítimo, accesoria o substancialmente, en el régimen de derechos y obligaciones de las partes*" (Górriz, 1999, p.337). Esta definición de Carlos Górriz López, como él mismo refiere, es desarrollada por el profesor Aurelio Menéndez[8]; posteriormente, en el mismo sentido por el profesor Ignacio Arroyo[9].

En el mismo sentido, Ripert (1954) señala que "*Se llama venta marítima, la venta comercial de mercancías que son enviadas del vendedor al adquiriente por mar. Son por consecuencia, ventas en las cuales entra en consideración el transporte marítimo efectuado con la mercancía vendida*" (p. 247).

---

[6] Como son por ejemplo los contratos de agenciamiento marítimo, o los contratos de colaboración empresarial entre empresas navieras, que se manifiestan en las llamadas *alianzas*, que han reemplazado a las *conferencias marítimas* venidas a menos y prácticamente desaparecidas por la adopción en distintos de leyes sobre libre competencia.

[7] Por citar solamente algunos de estos operadores: agentes marítimos –en algunos sistemas llamado consignatarios de buques-, agentes de carga –llamados también transitarios o *freight forwarders*-, operadores de transporte multimodal, los corredores de buques –*ship brokers*-o los llamados *non vessel operating common carrier* (nvocc).

[8] Aurelio Menéndez, 1955.

[9] Ignacio Arroyo, 2001.

El desplazamiento de las mercancías como efecto del transporte marítimo de las mismas, hay que ponerlo en relieve, en relación con la obligación de entrega y la distribución de riesgos por daños y gastos generados por las mercancías (Górriz, 1999) y (Arroyo, 2001).

La venta marítima está vinculada con el Derecho marítimo, porque su especialidad radica en el hecho técnico de la navegación por agua. Si bien es cierto el transporte de mercancías cada vez es más de "puerta a puerta" que de "*puerto a puerto*", debido principalmente al uso masificado de los contenedores[10] y al crecimiento del multimodalismo o del llamado transporte "*parcialmente marítimo*", expresión ésta última en sintonía con las Reglas de Rotterdam; se tiene que las *ventas marítimas* conservan su especialidad y su gravitación sobre aquellos intercambios comerciales que utilizan otros modos de transporte. En este orden de ideas, como lo señala Arroyo (2001) "*las ventas marítimas continúan manteniendo su especialidad, como lo demuestra el hecho de que fórmulas típicas de las ventas marítimas se estén aplicando a transacciones realizadas con otros modos de transporte*" (p. 656). En este orden de ideas, resalta el hecho de que en las transacciones mercantiles internacionales, se estén usando términos de comercio internacional (*Incoterms*) –sobre los que trataremos más adelante- propios del modo marítimo para ventas en las que se utilizan otros modos de transporte como el aéreo o el terrestre.

Las ventas marítimas además de tener como notas distintivas: la venta de bienes de plaza a plaza -a distancia-, y como núcleo el traslado de las mercancías por medio de buques -transporte marítimo- y su entrega al destinatario; tiene también como elemento de distinción el relativo al entrecruzamiento o confluencia de al menos cuatro contratos: compraventa, transporte marítimo, crédito documentario y seguro de la carga.

Es una característica también de la venta marítima, su falta de regulación al no encontrarse normada a pesar de su importancia para el comercio global, por ningún instrumento internacional; así también

[10] Kaj Pineus, como lo recuerda Palacio (2001), define al contenedor como "... *un recipiente cerrado, pero no necesariamente con llave, de forma, medidas y construcción variables, repetidamente usado para el transporte de cargas a granel en unidades demasiado grandes para ser manipuladas a mano, o para el transporte de cargamento general, integrado en un conjunto unitario, que hace necesaria su manipulación mecánica*" (p.24).

adolece de disciplina normativa en la legislación nacional, al no estar regulada en nuestro caso, por el Código Civil de 1984 o por el vetusto Código de Comercio de 1902.

Una última característica no menos relevante, es la estrecha relación de las ventas marítimas con los Incoterms. En esta línea Górriz (1999) sostiene, sin que pueda afirmarse que se han operados cambios a esta afirmación en los últimos veinte años que "*Las ventas marítimas más importantes en la actualidad son cuatro: franco al costado del buque (Free Alongside Ship o F.A.S.), franco a bordo (Free on Board o F.O.B.), coste y flete (Cost and freight o C.A.F.) y coste, seguro y flete (Cost, Insurance and Freight o C.I.F.)*" (p. 339).

Con relación a cómo se clasifican las ventas marítimas, Arroyo (2001) señala que "*En función de la persona a la que se confían las mercancías, las ventas se clasifican en ventas directas o indirectas*" (p.663). En las ventas directas el vendedor -exportador- pone los bienes a disposición del comprador –importador- en el puerto de destino, bien sea el buque o sobre el muelle; y en las ventas indirectas, el vendedor confía los bienes o mercancías al porteador –la empresa naviera- o los sitúa en el buque, de modo que cuando cumple esa actividad conforme lo estipulado en el contrato y la legislación aplicable, se entiende que ha cumplido con su obligación de entrega (Arroyo, 2001). Sobre estos aspectos, nos referiremos más adelante con mayor detalle.

c. Vinculación de las ventas marítimas con el comercio internacional

Resulta evidente la vinculación cercana que existe entre las ventas marítimas y el comercio internacional, por el hecho antes señalado de que aproximadamente el noventa por ciento del comercio mundial se moviliza por medio de buques. Este dato es determinante para sostener que es indiscutible la estrecha relación entre la compraventa internacional y el transporte marítimo, y es precisamente el contrato de compraventa internacional con transporte, del que el contrato de venta marítima es una especie, la relación jurídica principal en los intercambios comerciales entre partes domiciliadas en plazas localizadas en países distintos.

Como bien sostienen Fernández et al. (2013) "*Uno de los rasgos esenciales del tráfico mercantil es la circulación de valores patrimoniales pues la actividad comercial comporta una acción mediadora en el desplazamiento de cosas, derechos o servicios de un titular a otro. En este contexto el contrato de compraventa es el más frecuente de cuantos se generan en las relaciones mercantiles, pudiendo considerarse como el prototipo de los contratos*" (pp. 359-360). Para efectos de esta investigación, la circulación o desplazamiento de bienes o mercancías, objetos de contratos de compraventa, como se ha venido señalando, es la que atañe a las transportadas en buques contratados por empresarios que ejercen su actividad empresarial en dos Estados distintos y distantes, y que están vinculados por una operación de comercio exterior en la que confluyen al menos cuatros contratos autónomos, dos de ellos el de compraventa y el de transporte marítimo.

Una de las características distintivas del contrato de compraventa internacional, como se ha apuntado, es el hecho que se trata de un acto jurídico celebrado entre personas distantes. En esta línea, Alba (2012) señala que "*El vendedor y el comprador se hallarán separados por una cierta distancia física, y dicha separación tiene una serie de implicaciones en sus relaciones. Lo que a nosotros nos interesa es esto último, pues puede afirmarse con carácter general que en estos contratos será necesario desplazar la mercancía de un lugar a otro*" (p. 377).

El desplazamiento de bienes entre puertos y almacenes distantes, se manifiesta en dos tipos de contratos de compraventa, distinguibles a su vez precisamente por el desplazamiento de las mercancías, que se ven reflejados, como se verá más adelante en la CNUCCIM de1980: contratos que no implican el transporte de mercancías, y contratos que sí implican el transporte de las mercancías –v.gr. ventas marítimas-, tipo contractual que se desarrolla y analiza en esta investigación.

La venta marítima que analizamos en esta investigación, es una especie de compraventa, que desde la óptica de las operaciones comerciales transfronterizas en las que los bienes son trasladados por medio de buques, vendría a tener mejor ubicación como un tipo especial de compraventa internacional.

d. Inexistencia de regulación internacional y nacional específica para las ventas marítimas

Conviene destacar que las ventas marítimas, no tienen una regulación internacional específica ni tampoco están normadas en leyes nacionales, como pueden ser los códigos de comercio que contienen partes dedicadas a la navegación y el comercio marítimo –v.gr. el Libro III del Código de Comercio de 1902[11]-, o las leyes de navegación marítima como cuerpos legales especiales en materia de transporte marítimo, fletamento y, otras instituciones de Derecho marítimo.

En el plano internacional la CNUCCIM de 1980, de la que el Perú es parte, no contiene ningún apartado sobre la materia, sin embargo, dicho instrumento internacional como se mencionó precedentemente, sí recoge algunas normas sobre ventas con transporte.

En el Perú y en varios ordenamientos jurídicos del sistema continental *–civil law-*, además de la carencia de regulación específica de las ventas marítimas en cuerpos legales comerciales y marítimos como los señalados, tampoco existe una regulación especial de esta especie de contrato de compraventa en el Código Civil de 1984, que como se sabe norma la compraventa en el Título I de la Sección segunda del Libro VII titulado Fuente de las Obligaciones.

Frente a la falta de regulación especial en el plano normativo internacional y nacional, las ventas marítimas si están consideradas en los *Incoterms* de la Cámara de Comercio Internacional (CCI), desde su primera versión de 1936 hasta la última la última revisión que es de 2020. Como se sabe los *Incoterms* son reglas muy utilizadas en las ventas de plaza a plaza, se insertan en los contratos de compraventa internacional y su finalidad es regular las obligaciones y derechos de las partes así como precisar la distribución de riesgos y gastos entre ellas. Los *Incoterms* son una expresión más de la llamada nueva *Lex mercatoria,* no están recogidos en leyes o convenios internacionales, pero su uso está muy extendido en el comercio internacional.

---

[11] El anacrónico Libro III del Código de Comercio peruano, cuya derogación y reemplazo por una Ley de navegación marítima moderna, venimos planteando, personalmente desde hace más de veinte años. Véase: Pejovés Macedo, 1998, 1999a, 1999b, 2007 y s. f.

Los *Incoterms 2020*, vigentes desde el 1 de enero de 2020, contienen once (11) términos propuestos y su clasificación los distingue entre términos utilizables para cualquier modo de transporte -inclusive el transporte multimodal e intermodal-, y los términos clásicos relacionados con el transporte marítimo y por consiguiente utilizados en las *ventas marítimas.* Los cuatro (4) términos exclusivamente marítimos son: *Free Alongside Ship* (FAS), *Free on Board* (FOB), *Cost and Freight* (CFR) y *Cost, Insurance and Freight* (CIF); y los otros siete (7) términos: *Ex -Works* (EXW), *Free Carrier* (FCA), *Carriage Paid To* (CPT), *Carriage and Insurance Paid To* (CIP), *Delivered At Place* (DAP), *Delivered at Place Unloaded* (DPU) y *Delivered Duty Paid* (DDP), son polivalentes, en el sentido como se indicó anteriormente, de que pueden ser utilizados para compraventas de bienes que se tengan que desplazar por cualquier medio de transporte.

II. LA CONFLUENCIA Y LA VINCULACIÓN FUNCIONAL DE LOS CONTRATOS INTERNACIONALES DE COMPRAVENTA, TRANSPORTE MARÍTIMO DE MERCANCÍAS, SEGURO DE LA CARGA Y CRÉDITO DOCUMENTARIO

Como se indicó al inicio del capítulo anterior, en las ventas marítimas confluyen al menos cuatro contratos, autónomos y distinguibles: el contrato de compraventa, el contrato de transporte marítimo, el contrato de seguro de la carga y el contrato crédito documentario.

Estas transacciones transfronterizas, suponen la vinculación de las relaciones jurídicas mencionadas, y la aplicación de normas y prácticas –usos y costumbres- internacionales. En este sentido, es ineludible referirse a la presencia de un Derecho mercantil y un Derecho marítimo conectados con la globalización o también llamada mundialización. De allí la aspiración de contar con normas uniformes que se apliquen a las relaciones jurídicas de operadores domiciliados en distintos países, que tienen ordenamientos legales diferentes relacionados muchas veces incluso con sistemas jurídicos también distintos como son el *common law* y el romano-germánico o continental. Como bien apunta Illescas (2005) "*Ante todo, las normas jurídicas aplicables han de resultar uniformes:*

un mismo contrato internacional ha de tener la misma disciplina cualquiera que sea el país en el que se celebre y se cumpla, una misma discrepancia contractual ha de tener la misma solución cualquiera que sea el Estado en el que se suscite y resuelva. Esta característica es la llamada uniformidad y constituye el requisito básico del derecho comercial de la globalización" (p. 82).

La uniformidad de las normas, tantas veces proclamada por la doctrina que aborda el Derecho del comercio internacional y el Derecho marítimo, es un asunto que no es propio de nuestros tiempos; los comerciantes medievales espontáneamente se autorregularon mediante estatutos que recogían los usos y costumbres de la época y que conformaron la tantas veces repetida *Lex mercatoria.* Los mercaderes crearon por necesidad su propio *Ius mercatorum*, distinto del Derecho común y del Derecho canónico[12].

2.1. Los contratos internacionales

En estricto sentido, cuando nos referimos a los contratos que abordamos en esta investigación, estamos hablando de contratos internacionales, es decir relaciones jurídicas transnacionales que importan la conexión no solo de empresarios domiciliados en países distintos sino también la concurrencia de sistemas jurídicos diferentes y eventualmente jurisdicciones de solución de controversias localizadas en un Estado en el que solo una de las partes domicilia, o en algunos casos localizada en un tercer Estado ajeno a las partes.

Es oportuno recordar en este sentido que "*Un contrato internacional es un acuerdo libre de voluntades, a título oneroso, destinado a*

[12] Sobre la antigua uniformidad del Derecho aplicable al comercio, Fernández (2001) refiriéndose al hecho que la *Lex mercatoria*, resolvía las cuestiones propias del comercio internacional, sostiene que *"... la práctica de las grandes ferias había dado lugar a un Derecho de carácter universal aplicable a las relaciones mercantiles y nacido de los usos comunes de los participantes en el comercio internacional. Al efecto surgieron normas similares de ciudad a ciudad que dieron origen a un Derecho formado por costumbres y prácticas de una clase social, la de los comerciantes, que existía en todas las ciudades, con la misma mentalidad y necesidades. Un Derecho que era, por consiguiente, uniforme para todos los comerciantes de distintas ciudades al margen de ciertas diferencias locales muy concretas, y que tuvo una incidencia en toda la Cristiandad, desde las ciudades portuarias del Mediterráneo, al mar Báltico, pasando por la costa atlántica, incluyendo Inglaterra (anglice Law Merchant)"* (p. 88).

transferir bienes o servicios entre sujetos domiciliados en Estados diferentes, que realicen una tradición real de dichas especies o derechos del territorio de un Estado al territorio de otro, o que pacten desde Estados diferentes, o que la tradición se ejecute en territorio distinto a aquel de donde surgió la obligación" (Sierralta, 1991, p. 90).

2.2. La confluencia y la vinculación funcional de los contratos internacionales

La venta marítima que analizamos en esta investigación habría que ubicarla, como se ha mencionado antes, como una especie o tipo de compraventa internacional, por el dato de las transacciones transfronterizas, que nos instalan ante una relación jurídica internacional.

De las relaciones jurídicas contractuales concurrentes y vinculadas funcionalmente en las transacciones mercantiles internacionales, la doctrina que se ha ocupado del tema es pacífica al sostener que el contrato principal es el de compraventa, que en una operación en la que las partes –comprador y vendedor- están domiciliadas en Estados diferentes, adquiere una connotación *internaciona*l, específicamente lo concerniente a las normas aplicables al contrato, que como se ha señalado no encuentran en los códigos civiles nacionales el marco adecuado por tratarse de relaciones jurídicas transnacionales.

Los otros contratos, es decir: el contrato de transporte marítimo, el contrato de seguro de carga y el contrato de crédito documentario, son accesorios en relación con el carácter principal del contrato de compraventa internacional. Sin el perfeccionamiento de la compraventa como relación jurídica principal del comercio transfronterizo, no se encadenarían el resto de los contratos autónomos antes mencionados. La existencia del acto jurídico nuclear de la compraventa internacional, gatilla la necesidad de celebrar los contratos accesorios, así el de transporte marítimo para trasladar las mercancías del puerto de origen al de destino y eventualmente conectar con otro medio de transporte; o el contrato de seguro de carga que cubra eventuales daños a los bienes durante su traslado y hasta su entrega en destino; y el contrato de crédito documentario necesario para el pago por parte del comprador –importador– de los productos adquiridos.

En este orden de ideas, en relación con la relevancia del contrato de compraventa por su carácter principal o básico y la accesoriedad del resto de contratos confluyentes, que están a su "*servicio*" o lo "*condicionan*", Pendón (2013) expresa que:

Conviene empezar este apartado recordando que el contrato básico ("*original*") del comercio es la compraventa. Comerciar es esencialmente "*comprar para vender*". El negocio del comerciante consiste en la obtención del lucro que deriva de la diferencia de valor de la mercancía entre su "*lugar de origen*" (o "*expedición*", donde la adquiere o la produce el comerciante) y el lugar de su venta (o "*destino*"). Ese incremento del valor se manifiesta entonces gracias al transporte, que permite poner la mercancía a disposición de sus "*destinatarios finales*" (cada operación sucesiva de reventa designa nuevos destinatarios, hasta que la mercancía llega "*idealmente*" al destinatario último). Otros muchos contratos y relaciones contribuyen y posibilitan la actividad comercial. Se encuentran "*al servicio*" de la compraventa y se han ido conformando en buena medida en paralelo a ese contrato "*principal*". Por ello el depósito, el seguro, las operaciones portuarias, parte de las operaciones bancarias, etc., coinciden en sus orígenes y deben su configuración actual al comercio, en particular al comercio marítimo. Con frecuencia, el verdadero sentido de los contratos mercantiles sólo se aprecia cuando se analiza cada uno de los que confluyen en la relación no en forma separada, sino como operación que exige ser valorada en su conjunto. Se estudian entonces las relaciones, las influencias y los intereses que necesariamente se establecen entre los contratos y los sujetos que participan en una misma operación. Mal puede entenderse el significado último de un contrato cuando se separa de aquellas relaciones a las que sirve o junto a las que ha surgido como una actividad "*instrumental*". Por ello, el estudio de una operación de compraventa internacional no debe analizarse solo desde la perspectiva del contrato básico, esto es, el contrato de compraventa; sino que debe tenerse también presente el resto de las relaciones y contratos que "*condicionan*" aquél, pues el régimen de estos otros obedece en buena medida la satisfacción de las necesidades que impone el comercio y, con él, la compraventa. (pp. 26-27)

La confluencia de los contratos de compraventa, de transporte marítimo, de seguro de carga y de crédito documentario, se hace patente como se viene mostrando, en el tráfico comercial internacional, en el que normalmente los contratos de compraventa celebrados que tienen un trayecto marítimo, es decir, las ventas marítimas, por cuestiones relacionadas con la seguridad jurídica que toda transacción exige, están acompañadas por los contratos de seguro de carga y de crédito documentario, que conforman el grupo de contratos accesorios que analizaremos en este trabajo. Es cierto que Pendón menciona además de estas relaciones jurídicas, otras relaciones vinculadas con las operaciones portuarias y el depósito de mercancías, que también concurren por el hecho de que los buques en los que se transportan los bienes utilizan los terminales portuarios en las operaciones de carga, estiba y desestiba y descarga de mercancías; operaciones que muchas veces estas se ven complementadas con el almacenamiento o depósito de los bienes, en los propios terminales portuarios o en almacenes extraportuarios que forman parte de la cadena logística de suministro.

Otros autores como es el caso de Ostoja (1973), identifican y le dan relevancia –al menos en las compraventas FOB- a dos contratos: compraventa y transporte marítimo, en esta línea señala que "*Se afirma que confluyen cuando menos dos contratos pues muy a menudo se da el caso de que la operación de compraventa está financiada por un crédito documentario el mismo que implicará nuevas relaciones contractuales*" (p. 106).

En el mismo contexto y resaltando las relaciones para el intercambio transfronterizo de mercancías que constituyen las operaciones mercantiles internacionales más antiguas -compraventa y transporte marítimo- que pueden remontarse sin hipérbole al Medioevo, Alba (2012) señala que "*dichas transacciones definen uno de los clusters contractuales anteriormente aludidos: el más anciano de ellos, constituido por la terna que conforman el contrato de compraventa, como contrato principal, el contrato de transporte y el contrato de crédito documentario (u otros contratos para la financiación o la intermediación en el pago), y la que probablemente podríamos unir también el contrato de seguro (de mercancías)*" (p. 374).

En las relaciones jurídicas confluyentes, de cada contrato autónomo naturalmente surgen derechos y obligaciones de las partes vinculadas por ellos, en sus distintas posiciones: vendedor –exportador–, comprador –importador-, transportista, embarcador, asegurador, asegurado, o garante financiero. En alusión a estas relaciones, sin aludir al contrato de seguro de carga, Ray (1996) afirma que "*Las compraventas marítimas, los términos del contrato, el tipo y las condiciones del transporte elegido, el lugar de entrega de las mercaderías, tanto en origen como en destino, los documentos que cubren el negocio y la intervención de bancos intermediarios o financistas se encuentran en relación con los derechos y obligaciones que asumen las partes involucradas y las personas que deben efectuar el transporte*" (p.417).

Esta investigación se circunscribe a los contratos internacionales confluyentes señalados en la introducción de este apartado y no aborda los contratos de servicios portuarios, como los de estiba o depósito, relaciones jurídicas que en oportunidades están ligadas a los contratos de transporte marítimo y que finalmente se celebran y ejecutan en algún puerto integrante de un sistema portuario nacional.

2.3. Presentación de los convenios internacionales y de las prácticas globales reflejadas en las herramientas de carácter contractual, vinculados con los contratos confluyentes

Los contratos confluyentes de compraventa, transporte marítimo, seguro de la carga y crédito documentario, están contemplados en instrumentos internacionales vinculantes de los que el Perú es parte o lo ha sido hasta fecha muy reciente, como ocurre con la compraventa internacional y el transporte marítimo[13]; y algunas cuestiones también están recogidas en prácticas globales –de alcance internacional- reflejadas en instrumentos contractuales de uso muy difundido internacionalmente, que configuran como *soft law* y paradigmas de lo que se conoce como nueva *Lex mercatoria*, es el caso *v.gr.* de los *Incoterms* y de los UCP 600 de la CCI.

Es válido afirmar que la exigencia del comercio internacional, particularmente de los sujetos que intervienen en los intercambios mercantiles transfronterizos, conllevó a la formulación de instrumentos

[13] El Perú en mayo de 2020 denunció el Convenio Internacional para la Unificación de ciertas Reglas en Materia de Conocimiento de Embarque –Reglas de La Haya-, como se desarrolla más adelante.

internacionales, en forma de tratados vinculantes para los Estados parte y también en expresiones, como se anotó antes, de un *soft law* bastante difundido internacionalmente.

Los mercados cada vez más globalizados, sobre todo en los últimos treinta años, generaron el surgimiento de un Derecho uniforme convencional, que tiene carta de ciudadanía tanto en la regulación del comercio internacional como en la del transporte marítimo y actividades y situaciones conexas.

Sobre la formación del Derecho mercantil internacional, Alba (2012) sostiene:

El Derecho mercantil internacional, y en su seno especialmente el Derecho uniforme sobre contratos, ha mostrado durante décadas una estructura sistemática y evolución que podríamos describir como granular. Los contratos o las figuras que han generado inquietud a nivel internacional, y que han venido disfrutando de una normativa uniforme, han sido objeto de convenios internacionales lógicamente negociados de forma autónoma, centrándose cada uno en la materia en cada caso regulada. La forma de legislar en este campo ha estado determinada en buena medida por las necesidades del mercado tal como han sido percibidas por el legislador, frecuentemente con ayuda de la industria interesada. Ha sido el mercado el que, cuando hablamos de contratos internacionales, e incluso de otros aspectos del Derecho mercantil, ha impulsado en función de sus de sus añoranzas la confección y negociación de instrumentos que han ido progresivamente cubriendo las materias en las que la procedencia y necesidad de una normativa uniforme iban siendo sentidas, y ello tanto a través de instrumentos normativos y con fuerza vinculante, y como mediante herramientas de carácter contractual. (pp. 371-372)

En la misma línea y solo aludiendo al contrato de principal de la confluencia de relaciones jurídicas, la compraventa, la necesidad de regulación internacional bien sea a través del *hard law* o del *soft law*, es imprescindible porque se requiere de un marco legal que sustente los contratos internacionales, toda vez que surge la complicación no poco frecuente de que las legislaciones del vendedor y del comprador sean diferentes, y esto se evidencia en el proceso de formación del contrato que exige prolijidad en la negociación de las condiciones de pago, condiciones de entrega, distribución de riegos y costos asociados a la relación, y respecto de los derechos, obligaciones y responsabilidades de las partes involucradas (Fernández et al., 2013).

La lista de instrumentos puede ser extensa, conforme se acoplen o excluyan algunos según el criterio empleado, y no se pretende en esta investigación hacer siquiera una lista abierta, sino presentar aquellos instrumentos vinculados con los contratos confluyentes, que sirven de sustento y de referencia normativa a las relaciones jurídicas sometidas a este estudio. Estos instrumentos integran el Derecho mercantil internacional y el Derecho marítimo.

2.3.1. Convenios Internacionales relacionados con los contratos confluyentes (*hard law*)

Los convenios internacionales vinculantes que se mencionan en esta parte, son los que regulan los contratos de compraventa internacional y de transporte marítimo internacional de mercancías, pues de los contratos confluyentes analizados en esta investigación, son los que disponen de una normativa *hard law*.

Incluso antes de la apertura de mercados, que aceleró el comercio internacional desde la década de 1990, ya se había registrado un impulso internacional en la búsqueda de la uniformidad mediante instrumentos sustantivos. Esa apertura supuso la libre circulación de bienes y servicios y se materializó en acuerdos comerciales y en procesos de integración más sofisticados, en los que liberación comercial es unos de sus componentes. El aumento del tráfico comercial, generó un incremento de las relaciones jurídicas y naturalmente de las controversias, es por esta razón que la aspiración a uniformar las normas concernientes al comercio internacional y al transporte marítimo, toma un nuevo impulso como un método más eficaz para resolver los conflictos de leyes que el ofrecido por el Derecho internacional privado.

En este orden de ideas, conviene recordar que el Derecho mercantil codificado, cuyos orígenes se remontan al siglo XIX y el Derecho internacional privado, no ofrecieron un marco legal suficiente, para el desenvolvimiento de las relaciones jurídicas internacionales vinculadas con el comercio transfronterizo. De allí la tendencia marcada hacia la unificación del Derecho mercantil internacional que produce lo que Rafael Illescas en distintos trabajos refiere como el *Derecho uniforme del comercio internacional*, al que habría que agregar la difusión transnacional que tiene el *Derecho uniforme marítimo*, tanto en el plano mercantil, como en el laboral y en el técnico[14].

Los convenios internacionales que se mencionan en este estudio, son tratados conforme lo dispone la Convención de Viena sobre el Derecho de los Tratados (1969), en el sentido que son acuerdos internacionales celebrados por escrito entre Estados y regidos por el derecho internacional.

Nos referimos a tres instrumentos internacionales: la Convención de las Naciones Unidas sobre los Contratos de Compraventa Internacional de Mercaderías (Viena, 1980), el Convenio Internacional para la Unificación de ciertas Reglas en Materia de Conocimientos de Embarque, conocido como las Reglas de La Haya (Bruselas, 1924)[15], y Convenio de las Naciones Unidas sobre el Transporte Marítimo de Mercancías, conocido como las Reglas de Hamburgo (Hamburgo, 1978).

Durante el desarrollo de esta investigación, el 12 de mayo de 2020 se publicó el Decreto Supremo N° 012-2020-RE, mediante el cual el Estado peruano denuncia el Convenio para la Unificación de ciertas Reglas en Materia de Conocimientos de Embarque, acto que de acuerdo con lo estipulado en el artículo 15° de este instrumento producirá efecto, un año después de haber llegado la notificación a poder del Gobierno belga. Como resulta imposible que tras la denuncia de las Reglas de La Haya el Perú quede con un vació normativo en la regulación del transporte marítimo internacional de mercancías, todo indica que en los próximos meses se debe estar depositando el instrumento de adhesión del referido Convenio de las Naciones Unidas sobre el Transporte Marítimo de Mercancías, de 1978.

---

[14] Me refiero a los distintos tipos de convenios internacionales marítimos. Los convenios mercantiles, son aquellos formulados en la actualidad por la UNCITRAL y la UNCTAD; los convenios laborales por la Organización Internacional del Trabajo (OIT); y los instrumentos técnicos por la Organización Marítima Internacional (OMI).

[15] Las Reglas de La Haya desde su adopción y entrada en vigor, han tenido dos protocolos de enmienda: el que se conoce como Visby de 1968 y el de los Derechos Especiales de Giro (DEG) de 1979, ambos aprobados en Brusleas. El Perú no es parte de estos instrumentos.

a. La Convención de las Naciones Unidas sobre los Contratos de Compraventa Internacional de Mercaderías (CNUCCIM)

La CNUCCIM fue formulada por Comisión de las Naciones Unidas para el Derecho Mercantil Internacional -UNCITRAL, por sus siglas en inglés- y adoptada el 11 de abril de 1980 en Viena. Este instrumento se aplica a los contratos de compraventa de mercaderías entre partes que tengan sus establecimientos en Estados diferentes.

La finalidad de la CNUCCIM es prever un régimen moderno, uniforme y equitativo para los contratos de compraventa internacional de mercancías, por lo que contribuye en forma notable a dar seguridad jurídica a los intercambios comerciales transfronterizos y a reducir los gastos de las operaciones.

La CNUCCIM entró en vigor el 1 de enero de 1988 y al mes de mayo de 2020, tiene 93 Estados parte. El Perú adhirió a este instrumento el 25 de marzo de 1999 mediante el Decreto Supremo N° 011-99-RE y está vigente en el país desde el 1 de abril de 2000.

b. El Convenio Internacional para la Unificación de ciertas Reglas en Materia de Conocimientos de Embarque, conocido como las Reglas de La Haya

El Convenio Internacional para la Unificación de ciertas Reglas en Materia de Conocimientos de Embarque, mejor conocido como Las Reglas de La Haya, se adoptó en 1924 en Bruselas, con la finalidad de normar principalmente los riesgos y responsabilidades derivados del contrato de transporte marítimo internacional de mercancías, documentado mediante un conocimiento de embarque *–bill of lading-*. La aprobación de este instrumento, vino precedida de una reacción a las cláusulas de exoneración de responsabilidad que los navieros insertaban en los contratos de transporte.

La gestación de las Reglas de La Haya, se inició en 1921 en una conferencia patrocinada por la *International Law Assocіaction* en La Haya, donde se aprobaron un conjunto de reglas para ser aplicadas al transporte marítimo que habían venido negociando desde algunos años antes. Luego fue crucial la intervención del Comité Marítimo

Internacional en la elaboración del Convenio que finalmente fue aprobado el 25 de agosto de 1924.

Las Reglas de La Haya entraron en vigor el 2 de junio de 1931, al mes de mayo de 2020, tiene 76 Estados parte. Este Convenio fue aprobado mediante la Resolución Suprema N° 687 de 1964, se depositó el instrumento de adhesión ante el Gobierno belga el 29 de octubre de 1964 y entró en vigencia para el Perú el 26 de abril de 1965.

Como se indicó anteriormente, el Perú denunció las Reglas de La Haya mediante Decreto Supremo N° 012-2020-RE, y no incorporó en ningún momento los dos protocolos de enmienda de las Reglas de La Haya, que fueron aprobados en 1968 y 1979.

c. El Convenio de las Naciones Unidas sobre el Transporte Marítimo de Mercancías, conocido como las Reglas de Hamburgo

El Convenio de las Naciones Unidas sobre el Transporte Marítimo de Mercancías de, mejor conocido como las Reglas de Hamburgo, formulado por UNCITRAL y por la Conferencia de las Naciones Unidas sobre Comercio y Desarrollo (UNCTAD, por sus siglas en inglés), se adoptó en la ciudad portuaria de Hamburgo el 31 de marzo de 1978.

Las Reglas de Hamburgo se aplican a todos los contratos de transporte marítimo entre dos Estados diferentes, y fueron aprobadas con el objeto de reemplazar a las Reglas de La Haya-Visby. Este instrumento internacional entró en vigor el 1 de noviembre de 1992 y al mes de mayo de 2020, tiene 34 Estados parte.

Tras la denuncia hecha por el Estado peruano de las Reglas de La Haya, es probable que se produzca antes de mayo de 2021 la adhesión del Perú a las Reglas de Hamburgo, a efecto de disponer de normas que regulen el transporte marítimo internacional de mercancías.

2.3.2. Herramientas de carácter contractual (*soft law*) y autorregulación

Los instrumentos de carácter contractual de la nueva *Lex mercatoria*, que como expresión de *soft law* son comúnmente utilizados en los contratos confluyentes, para efectos de los alcances de esta investigación, son principalmente: los *Incoterms 2020* de la CCI; los formularios que contienen conocimientos de embarque *–bills of lading-* utilizados para documentar contratos de transporte marítimo, elaborados por organizaciones internacionales no gubernamentales como el Consejo Marítimo Internacional y del Báltico (BIMCO); Las *Institute Cargo Clauses* de 2009 de la *International Underwriters Association* (IUA) aprobadas también por la *Lloyd's Market Association,* y utilizadas en los contratos de seguro de mercancías o carga; y las Reglas y Usos Uniformes relativos a los Créditos Documentarios (UCP 600) de la CCI aplicables a las cartas de crédito.

La adopción y uso de herramientas de carácter contractual, responde a una autorregulación de los empresarios, como operadores que interactúan en el comercio internacional. Este *orden espontáneo* en términos hayekianos, como se advirtió precedentemente, viene del Medioevo, cuando emergió el Derecho mercantil en el Mediterráneo, creado por la clase de los mercaderes quienes adoptaron normas flexibles basadas en usos y costumbres, y un sistema también flexible alejado de los formalismos escolásticos para resolver sus controversias. Como bien señala Fernández (2001) *"... la flexibilización como tendencia general del Derecho encuentra una primera manifestación en el ámbito de los procedimientos de producción normativa. Estos procedimientos se ablandan para permitir un desarrollo más abierto del Derecho del comercio internacional y gracias a la armonización conseguida a través de ellos cabe aspirar a la reducción de las contradicciones existentes entre los distintos sistemas jurídicos y a que los Estados se animen a realizar esfuerzos en la perspectiva de la internacionalización*" (p. 145).

La autorregulación del mercado por parte de las personas vinculadas por el comercio transnacional, cuenta con el concurso de organismos internacionales no gubernamentales como la CCI y otros más que se mencionan en esta investigación, entidades que formulan esta moderna *Lex mercatoria* basada en usos y costumbres mercantiles.

En esta línea, una característica de la autorregulación impulsada por los empresarios es el repliegue del Estado como proponente de normas de aplicación obligatoria y la irrupción de gremios de empresarios con una presencia global o por lo menos con una capacidad para proyectar internacionalmente sus herramientas de carácter contractual. En este contexto Fernández et al. (2013) sostienen:

> *" ... la sociedad de comerciantes, a través de sus asociaciones manifiesta una tendencia a orientar el mercado en ciertas direcciones concretas fomentando nuevos tipos de prácticas mercantiles, señaladamente en las transacciones transfronterizas. Surge así una suerte de soft law al margen de la normativa estatal (...) Dichas asociaciones poseen un sentido muy arraigado de los intereses que deben defender y ello se proyecta en la elaboración de una serie de instrumentos reguladores de importantes operaciones de comercio internacional, cuya finalidad es asegurar un mínimo de seguridad en el orden al régimen jurídico aplicable a los actos que las partes en tales operaciones desean realizar. (pp. 54-55)".*

Es conveniente señalar que estas herramientas de la nueva *Lex mercatoria*, como se aprecia, constituyen prácticas mercantiles con solera, es decir, usos y costumbres que muchos años conviven con las relaciones jurídicas que se estudian en esta investigación. No debe perderse de vista que el viejo Código de comercio peruano de 1902, en su artículo 2°, estipula:

> *"Los actos de comercio, sean o no comerciantes los que los ejecuten, y estén o no especificados en este Código, se regirán por las disposiciones contenidas en él; en su defecto, por los usos del comercio observados generalmente en cada plaza; y a falta de ambas reglas, por las del Derecho común.*
> *Serán reputados actos de comercio, los comprendidos en este Código y cualesquiera otros de naturaleza análoga".*

La referida norma del Código de Comercio peruano contenida en el artículo 2°, relativa a la prelación de las fuentes del Derecho, es copia textual de similar norma y artículo del Código de Comercio español de 1885. En alusión a la interpretación de la prelación de las fuentes del Derecho, respecto del Código de Comercio español, es pertinente y extensiva al Derecho mercantil peruano, lo dicho por Fernando Sánchez Calero y que apunta Pancorbo (2009) en el sentido que "*Existe una especialidad en nuestro ordenamiento que hace que nos ocupemos de las fuentes del Derecho mercantil, y es que a las relaciones mercantiles se aplica en primer término la ley mercantil, y después, la costumbre mercantil, y a falta de ambas entra en juego el Derecho común (vid. art. 2 C.Co.). Lo que quiere decir que, frente a la prelación general de fuentes establecidas en el Código Civil (ley, costumbre y principios generales), en las relaciones mercantiles prevalece la costumbre o el uso mercantil o el uso mercantil sobre la ley común*" (pp. 358-359). La prevalencia de la prelación de las fuentes del Derecho mercantil, y el reconocimiento expreso a los usos y costumbres de los empresarios, sobre la prelación reconocida por el Derecho civil, es una manifestación del principio *lex specialis derogat generalis*.

a. Los *Incoterms 2020* de la CCI

Los Términos de Comercio Internacional, conocidos mundialmente por el acrónimo en inglés: *Incoterms*, fueron creados por la CCI en 1936 con el objeto de precisar las obligaciones de las partes en un contrato de compraventa internacional, mediante el establecimiento de cláusulas que permiten establecer con claridad en esta relación, quién asume determinados costos y del mismo modo cuál de las partes soporta determinados riesgos, todos relacionados con la compraventa.

Esta herramienta contractual, que no constituye un cuerpo de normas internacionales vinculantes, ofrece seguridad jurídica y predictibilidad a las transacciones mercantiles transnacionales. Su uso a nivel internacional es muy difundido, con lo que configura una práctica bastante extendida, al extremo que es difícil encontrar contratos de compraventa internacional que no contengan *Incoterms* insertados como cláusulas.

Desde la primera versión publicada por la CCI en 1936, se han dado revisiones posteriores que han conducido a la aprobación y difusión de los *Incoterms* de 1953, 1967, 1976, 1980, 1990, 2000, 2010 y 2020.

Los *Incoterms* 2020 entraron en vigencia –en realidad su uso, en tanto no se trata de tratado vinculante-, el 1 de enero de 2020, y sobre ellos basaremos las partes de ese trabajo que se refieran a su aplicación en las ventas marítimas.

b. Los formularios que contienen conocimientos de embarque *–bills of lading-*

El uso de formularios-tipo o pólizas para documentar los distintos contratos de utilización de buques, como los contratos de transporte marítimo de mercancías y de fletamento –en sus diversas modalidades-, es una práctica también muy extendida internacionalmente.

Organismos internacionales no gubernamentales, como el Consejo Marítimo Internacional y del Báltico (BIMCO, por sus siglas en inglés) o la Federación de Asociaciones Nacionales de Corredores de Buques y Agentes (FONASBA, por sus siglas en inglés), redactan este tipo de formularios, entre ellos, los conocimientos de embarque *–bills of lading-* que instrumentalizan contratos de transporte marítimo.

Un modelo de conocimiento de embarque tipo, utilizado en el transporte marítimo internacional, es el *Conlinebill* elaborado por BIMCO, que desde su creación en 1950 ha tenido varias modificaciones siendo la última versión la de 2016.

c. Las *Institute Cargo Clauses* de 2009 de la *International Underwriters Association* (IUA)

La cobertura de los seguros marítimos, ante los riesgos de la navegación marítima, registra una pluralidad de intereses: buques -casco y maquinarias-, fletes, mercancías -carga o facultades- y responsabilidad. Es la noción del riesgo de la navegación marítima, entendido éste como la posibilidad de realización de un evento dañoso para el interés del asegurado, el elemento fundamental que califica el seguro marítimo.

Los distintos ordenamientos jurídicos de los países, regulan el seguro marítimo, en códigos de comercio, leyes de navegación o leyes especiales de seguros. Es un uso o práctica internacional, que el contrato se documente en pólizas impresas que contienen las condiciones generales, a las que se incorporan las condiciones particulares mediante el sistema del "*engrapado*" según las cláusulas del Instituto de

Aseguradores de Londres –*Institute of London Underwriters* (ILU)- para mercancías (*Marine Policy Form, Institute Cargo Clauses*), y para buques (*Marine Policy Form, Institute Time Hull Clauses).* Estas condiciones particulares contenidas en las pólizas o formularios tipo, se basan en los principios jurídicos del seguro marítimo inglés, que fueron desarrollándose y aplicándose por sus tribunales a lo largo de los siglos XVIII y XIX y quedaron codificados en la célebre *Marine Insurance Act* de 1906.

El ILU en la actualidad ha sido sustituido por la *International Underwriters Association* (IUA). Con relación al *seguro de mercancías*, al que nos referimos en esta investigación, la IUA el 1 de enero de 2009 entregó la última versión de las *Institute Cargo Clauses,* aprobadas también por la *Lloyd's Market Association.* Las *Institute Cargo Clauses,* incluyen un pacto de sujeción a la ley y práctica inglesa, si bien siguen con fidelidad los modelos precedentes, específicamente las cláusulas para la carga de 1982 del ILU, muestran la influencia de los aportes de los informe elaborados por la UNCTAD, al estar predispuestas en tres versiones diferentes: "*A*", "*B*" y "*C*", cuyo contenido coincide tanto en el plano sustantivo como en el formal, pero que difieren en cuanto al grado de cobertura de los riesgos que respectivamente ofrecen.

d. Las UCP 600 de la CCI

Las Reglas y Usos Uniformes relativos a los Créditos Documentarios (UCP 600) de la CCI, constituyen también un instrumento de la moderna *Lex mercatoria*, cuyo uso es muy frecuente en las operaciones de compraventa internacional y naturalmente en las ventas marítimas.

Las UCP 600, son la principal herramienta de *soft law* relacionada con los créditos documentarios y consisten en una compilación de usos, que permiten que las partes puedan regular el nacimiento y extinción de los créditos documentarios.

La primera versión de las UCP se dio en 1933 con la aparición de la UCP 82. Como ocurre con los *Incoterms*, las UCP ha sido objeto de revisión por especialistas de la CCI; a la UCP 22, siguieron las publicaciones 151 de 1951, 222 de 1962, 290 de 1974, 400 de 1983 y 500 de 1994; esta última reemplazada por la UCP 600 aprobada por la

Comisión Bancaria de la CCI el 25 de octubre de 2006 y vigente desde el 1 de julio de 2007.

III. BIBLIOGRAFÍA

ALBA, M. "Aspectos funcionales de las Reglas de Rotterdam: transacciones comerciales, compraventa, garantías y control de las mercancías de tránsito". En *Las Reglas de Rotterdam y la práctica comercial internacional* (Illescas R. y Alba, M.). Editorial Civitas. Madrid, 2012.

ARROYO, I. *Curso de derecho marítimo*. J.M Bosch Editor. Barcelona, 2001.

FAYA, A. "La nueva lex mercatoria: naturaleza y alcances". En *Jurídica, Anuario del Departamento de Derecho de la Universidad Iberoamericana*, N° 34. Universidad Iberoamericana. México, 2004.

FERNÁNDEZ, J.C. "Teoría y praxis en la codificación del derecho de los negocios internacionales". En *Cursos de derecho internacional y relaciones internacionales de Vitoria Gasteiz*. Servicio Editorial de la Universidad del País Vasco. Bilbao 2001.

FERNÁNDEZ, J.C., Arenas, R. y DE MIGUEL, P. *Derecho de los negocios internacionales*. Iustel. Madrid, 2013.

GARRIGUES, J. *Derecho mercantil,* t. V. Editorial Temis. Bogotá, 1987.

GÓRRIZ, C.. "Las ventas marítimas en la jurisprudencia española". En *Anuario de derecho marítimo,* vol. XVI. Fotojae S.A. Barcelona, 1999.

ILLESCAS, R. "Derecho mercantil y globalización". *En Anuario de la Facultad de Derecho de la Universidad Autónoma de Madrid*, N° 9. Universidad Autónoma de Madrid. Madrid, 2005.

OSTOJA, A. "Compraventas marítimas internacionales: contratos f.o.b. y c.i.f." En *Derecho*, N° 31. Pontificia Universidad Católica del Perú. Lima, 1973.

PANCORBO, L. "Los usos del comercio en el sistema de fuentes del derecho mercantil". En *Revista General de Legislación y Jurisprudencia*, N° 2, III época. Editorial Reus. Madrid 2009.

PENDÓN, M. Incoterms 2010. Algunas novedades de la nueva versión. En *Estudios de derecho del comercio internacional en homenaje a Juan Manuel Gómez Porrúa* (Dirs.: Jiménez, G. y DÍAZ, A.. Marcial Pons. Madrid, 2013.

RAY J. "Navegación y comercio exterior". En *Revista de la Facultad de Ciencias Jurídicas y Políticas*, N° 99. Universidad Central de Venezuela. Caracas, 1996.

RIPERT, G. *Derecho marítimo.* Tipográfica Editora Argentina. Buenos Aires, 1954.

SIERRALTA, A. *Contratos de comercio internacional.* Fondo Editorial de la Pontificia Universidad Católica del Perú. Lima, 1991.

Lima, junio de 2020.

LOS INCOTERMS 2020

LUIS MIGUEL COVA PINTO*

INTROITO

Durante mi tiempo estudiando la licenciatura en Derecho en la Universidad Católica Andrés Bello, cada vez que pasaban la asistencia en la primera clase de una nueva materia, una situación se repetía con bastante frecuencia. Cuando el profesor llegaba a mi nombre en la lista, siempre me preguntaban si era familiar del Dr. Luis Cova Arria. Al responder que sí, notaba la admiración en los ojos del profesor por mi abuelo, lo cual me llenaba de orgullo, y me dotaba de una inspiración de por lo menos ser una cuarta parte del ser humano que es él.

Desde pequeño, mi abuelo siempre ha sido mi mentor, mi inspiración, es el que me ha enseñado cómo se debe comportar un caballero, cómo afrontar los problemas que trae la vida y, sobre todo, quien me ha inculcado el amor que siempre hay que tener por la familia, junto con mi querida abuela Moraima. Fue quien me inspiró a estudiar Derecho, incluso cuando nunca me dijo que quería que lo hiciera. Yo quería ser como él, e incluso hoy en día, sigo teniendo su figura como guía en mi vida.

Durante los cuatro años que trabajé como pasante con mi abuelo en su Despacho, Luis Cova Arria & Asociados, me enseñó todos los

* Abogado, graduado de la Universidad Católica "*Andrés Bello*", Caracas, Venezuela (2017). Especialista en Derecho de la Empresa por la Universidad Anáhuac México. Actualmente cursando una Maestría en Derecho Corporativo por la misma Universidad. Trabajó en Luis Cova Arria & Asociados, Badell & Grau y GHM Abogados.

pormenores de lo que es trabajar en el mundo de las leyes, a la vez que me dotó de herramientas que aún hoy en día, cuando intento abrirme camino en el mundo laboral de un nuevo país, me son de suma utilidad.

Es imposible plasmar en tan cortas líneas el amor y la admiración que tengo por mi abuelo, pero valga el intento de mostrarle, en este merecido homenaje que le realizan sus pares y colegas, lo mucho que le agradezco todo lo que él, junto con mi abuela, me han dado en esta vida.

1. LOS "*INCOTERMS*" 2020

El primero de enero de este año, 2020, entraron en vigencia los nuevos términos comerciales para la compraventa y transporte internacional de mercaderías: las reglas *Incoterms 2020,* aprobados por la Cámara de Comercio Internacional (ICC, en inglés).

Los *incoterms* (acrónimo en inglés que refiere a "términos del comercio internacional") nacieron en 1936, como una manera de unificar definiciones en el ámbito del comercio internacional, estandarizando parámetros del intercambio de bienes entre contrapartes de todo el mundo, e identificando riesgos, alcances y responsabilidad entre compradores y vendedores desde que una mercadería sale de su punto de producción hasta que llega al punto de consumo.

2. QUE SON LOS "*INCOTERMS*" ¿PARA QUÉ SE USAN?

Los *incoterms* son una serie de normas aceptadas y reconocimiento internacional que establecen los derechos y obligaciones de comprador y vendedor en los intercambios comerciales que indican las condiciones de una compraventa de mercancías. Desde su creación los *incoterms* se revisan periódicamente para adaptarse a realidad del momento y a los cambios que experimenta el comercio internacional.

Es así, como en las compra ventas internacional de mercancía, en la mayoría de los casos, encontramos unas abreviaturas de tres letras, como FCA (*Free Carrier*/ Libre transportista), DAP (*Delivered* At Place/ Entregado en un punto), CIP (*Carriage and Insurance Paid*/ Transporte y seguro pagados hasta), etc., que pueden parecer al profano como de lo más esotéricas. Este último comprobará que mientras en una de estas transacciones una mercancía se vende "*CIP*" – Puerto Cabello, en otra, semejante por sus disposiciones generales, el mismo producto se compra "*DAP*" – Puerto Cabello, no logrando entender en que pueden diferenciarse estas operaciones, una de la otra. Es a estas breves fórmulas, de tres letras, a las que se refiere la expresión "*INCOTERMS*".

Los *incoterms*, términos de tres letras cada uno, son de gran importancia en los contratos de compraventa internacional de mercancías. Las partes podrán resolver esa cuestión en su contrato mediante una estipulación expresa al respecto o remitiendo a alguna cláusula comercial como sería, por ejemplo, alguna de las cláusulas incoterms. La remisión a cualquiera de esas cláusulas excluiría la aplicación de toda disposición en contrario de la Convención de las Naciones Unidas sobre los Contratos de Compraventa Internacional de Mercaderías (conocida como "*CISG*" por sus iniciales en inglés)[1]. Sin embargo, para el caso frecuente en que el contrato no haya previsto nada al respecto, la CISG ofrece un juego completo de reglas supletorias.

La Cámara de Comercio Internacional (CCI) (o ICC: International Chamber of Commerce) se ha encargado desde 1936 (con revisiones en 1945, 1953, 1967, 1976, 1980, 1990, 2000, 2010 y 2020) de la elaboración y actualización de estos términos, de acuerdo con los cambios que va experimentando el comercio internacional. Actualmente están en vigor los *incoterms* 2020 (desde el 1 de enero de 2020). Sin que ello signifique que los anteriores *incoterms* hayan dejado de usarse por lo que siempre se debe señalar la regla del *incoterm* y el año de la versión.

Los comerciantes han ido adquiriendo poco a poco la costumbre de referirse a las diversas formas de compraventas definidas por los usos mediante unas abreviaturas que a veces se reducirán a simples siglas de tres letras, y, en lugar de describir un tipo de venta enumerando con precisión las respectivas obligaciones de las partes, se dirá simplemente, que se trata de una venta "*CIP*", término comercial de empleo mucho más cómodo.

Estos "*términos comerciales*" tienen una doble función. En primer lugar, son un método de identificación, mediante una denominación

---

[1] «*Texto de la Convención de las Naciones Unidas sobre los contratos de compraventa internacional de mercaderías, firmado en Viena el 11/04/1980*».

común. Esto evita largas discusiones y permite que las futuras partes contratantes delimiten la operación proyectada mediante el empleo de una corta fórmula. Con esto, los "*términos comerciales*" responden a la necesidad de rapidez que predomina en las transacciones comerciales, necesidad todavía más imperiosa, al tratarse del comercio internacional. En efecto, es difícil imaginar la celebración de una compraventa mediante un intercambio de correos electrónicos e, incluso, hoy en día, con un simple intercambio de mensajes de *whatsapp*, si las partes tuviesen que hacer una exposición exhaustiva de las normas usuales cuya aplicación quieren estipular.

Desde otro punto de vista, "*los términos comerciales*" tienen una función de incorporación por referencia, basta con que las partes se refieran a ellos, para que, automáticamente, se encuentren incorporadas al contrato todas las cláusulas que determinen las obligaciones que, en virtud de los usos, están comprendidas, de un modo característico, dentro del tipo de venta designado normalmente por el término empleado. Esto contribuye, en gran medida, a que se dé un contenido prácticamente idéntico a aquellos contratos que se refieren a una misma categoría de compraventa.

Esta doble limitación no debe dar lugar a falsas interpretaciones, ni permitir que los términos comerciales se equiparen a las otras cláusulas del contrato de compraventa. No se trataría más que de una grave confusión, originada por el hecho de que, muy frecuentemente, aquellos son conocidos con el nombre de cláusulas de "*precio-entrega*", "*de riesgos*" o "*de gastos*", o en la práctica comercial americana, con el de cláusulas de "*precio*" o de "*cotización de precio*". Esta dudosa terminología, se contenta con resaltar en cada caso uno de los elementos que forman parte del conjunto que constituyen las reglas cuya aplicación viene determinada por el empleo de cada uno de los términos comerciales.

Toda venta, por lo demás, plantea problemas relacionados con los riesgos, los gastos, la entrega y el precio. Y la inserción en un contrato, de uno de los términos comerciales solucionará estas diferentes cuestiones.

Las reglas de los *Incoterms* se han venido utilizado tradicionalmente en los contratos de venta internacional cuando las mercancías pasan entre las fronteras nacionales. Sin embargo, en diversos lugares del mundo los bloque comerciales como la Unión Europea, la Comunidad Andina de Naciones, el Mercosur, por una parte y, por la otra la disposición de los Estados Unidos para utilizar las reglas de los Incoterms en el comercio nacional, en lugar de los términos del Código de Comercio Uniforme, ha hecho que en la reciente versión de los *Incoterms-2020*, lo cual ya había indicado la versión de 2010, se reconozca que los términos estarán disponibles para su aplicación en los contratos de venta internacional y nacional.

3. EL ORIGEN DE LOS "*INCOTERMS*"

El origen de los *Incoterms* está íntimamente ligada a los estudios realizados, en el campo del derecho comparado, por la Cámara de Comercio Internacional de París (CCI) sobre los "*términos comerciales*". Los trabajos preparatorios se iniciaron a raíz del primer Congreso de la CCI celebrado en París en 1920. Hoy puede decirse que su interpretación es mundialmente conocida y utilizada.

La primera publicación completa de los "*términos comerciales*" se hizo en 1928. La publicación recogía seis términos, así como la interpretación de los mismos, aunque en ella había una serie de incertidumbres y contradicciones por el hecho de haberse tratado de sintetizar los usos de más de treinta países. A partir de ese momento, se impuso la idea de elaborar un conjunto de reglas internacionales que fijasen de un modo unitario las obligaciones que habían de recaer sobre las partes conforme al término comercial usado, y designándose con estos términos, las compraventas que se celebran normalmente en el tráfico internacional.

A partir de 1936, la CCI pudo poner a disposición de los comerciantes internacionales una reglamentación uniforme completa: los "*INCOTERMS*" habían visto la luz.

Pero diez años más tarde, se preparó una nueva versión de los "*Incoterms*" que fue presentada en el Congreso que la CCI celebró en Viena en el año 1953. El texto revisado tuvo más suerte que la edición original, puesto que fue adoptado por unanimidad. En esa oportunidad, se estableció que, en lo sucesivo, los "*Incoterms*" deberían ser publicados con el título de "*Incoterms 1953*", para evitar cualquier confusión con la reglamentación precedente que, a partir de entonces, se conocería con el nombre de "*Incoterms 1936*". Con posterioridad y, en forma periódica, la CCI ha venido actualizando estas normas contractuales, aceptadas mundialmente, con el fin de adecuarlas al desarrollo del comercio internacional. La última versión vigente es la del año 2020, producto de los trabajos iniciados por la CCI para la revisión de los Incoterms-2010, a fin de mantenerlos al día con el desarrollo mundial y la globalización y para seguir la costumbre de hacerle cada diez años una revisión. Esa última versión entró en vigor en enero del 2020, con el nombre de "*INCOTERMS-2020*".[2]

En los Incoterms-2020, la CCI tomó en cuenta los cambios habidos en el comercio internacional, desde la última versión del año 2010, a modo de reflejar esos cambios. Para ello, los Incoterms-2010, fueron previamente revisados por un selecto grupo de trabajo, compuesto por representantes de varios países, cuyos proyectos iniciales fueron presentados a la red de comités nacionales de la CCI, siendo los comentarios de estos comités incorporados en el texto final de la versión del 2020.

Las reglas Incoterms 2020 han introducido algunos cambios significativos en relación a la versión anterior que fue la del año 2010. Estos cambios se han realizado para adaptarse a los nuevos usos de la logística internacional, las comunicaciones vía Internet y los procedimientos de seguridad que se han instaurado en las fronteras de los países:

En esta nueva versión, Se establecen dos niveles de seguros diferentes; ICC-C para CIF e ICC-A para CIP. - En la edición 2020 se estipula que en la regla FCA Puerto, el vendedor podrá exigir al comprador una copia de un conocimiento de embarque (*Bill of lading*) con una anotación a bordo, como prueba de entrega. - Se permite la documentación electrónica y se potencia su uso. - Desaparece DAT - Aparece DPU - Se amplían las notas aclaratorias previas a cada regla.

Con respecto al ámbito internacional y nacional, si bien los *Incoterms* tienen su razón de ser en las particularidades del comercio internacional, en la versión del año 2020 se hace referencia a su uso

[2] Véase la página web: https://iccwbo.org/publication/incoterms-2020-introduction/

también para el comercio nacional. Este nuevo enfoque en cuanto al ámbito se justifica sobre todo porque existen zonas de integración económica (como es el caso de la Unión Europea, del Mercosur o de la Comunidad Andina) que pueden llegar a tener la consideración de mercado "*nacional*" al haberse suprimido las aduanas, aunque el uso de los Incoterms sigue estando plenamente justificado por las diferentes alternativas que hay en cuanto a medios de transporte y lugares de entrega.

4. LA NATURALEZA JURÍDICA DE LOS "*INCOTERMS*".

Los *"Incoterms",* no son una convención internacional; ni le es otorgada la fuerza de ley por ninguna legislación alguna, siendo fruto de la autonomía de la voluntad de las partes contratantes, siendo éste por excelencia el principio fundamental de la compraventa en los diferentes ordenamientos jurídicos nacionales. Este principio ha permitido el desarrollo de los usos comerciales, y estos a su vez, más que las reglas promulgadas por las legislaciones, nacionales o internacionales, son los que han ido determinando progresivamente la mayor parte de las obligaciones que recaen sobre las partes en el contrato de compraventa.

Los "*Incoterms*" son cláusulas contractuales que, en forma facultativa, incorporan las partes a sus contratos. En efecto, las partes que quieran someter su contrato a las disposiciones de esta reglamentación internacional, deberán estipular expresamente una cláusula con este fin.

Esta incorporación por referencia alcanza solamente a las obligaciones tipo del vendedor y del comprador, quedando fuera las estipulaciones específicas que complementarán el contenido del contrato. Por otro lado, las cuestiones que sean de la competencia del derecho general de obligaciones, tampoco estarán sometidas a esta reglamentación común aplicable al contrato por haberse utilizado un determinado término comercial; será el derecho nacional aplicable en cada caso el que regule este tema, al menos por lo que respecta a sus disposiciones imperativas.

Sin embargo, este aspecto contractual y facultativo no es la única característica de los "*Incoterms*". Como se mencionado, esta reglamentación internacional no es otra cosa que una recopilación, mejorada de los usos utilizados, empleados reiteradamente en las compraventas internacionales. Y esta simetría creciente entre los *"Incoterms"* y los usos tiene un efecto reflejo, por el cual los usos se han amoldado a aquellos. De allí que haya muchos contratos-tipo y las condiciones generales de compraventa que, siendo antes fuente principal de los usos, ahora se remiten a los *"Incoterms"*. En conclusión, los *"Incoterms"* constituyen una adopción clara de la nueva *lex mercatoria* internacional en materia de compraventa.

A los *"Incoterms"*, como reflejo de esa nueva *lex mercatoria*, en materia de compraventa, se le ha dado el valor de costumbre normativa e interpretativa en los contratos de compraventa internacional.

Sin embargo, a pesar de ser considerada una costumbre normativa, es recomendable que las partes que quieran beneficiarse de la reglamentación que ofrecen los *"Incoterms"*, estipulen expresamente en sus contratos su aplicación.

5. EL OBJETIVO Y FINALIDAD DE LOS "*INCOTERMS*"

El objetivo fundamental de los *"Incoterms"* consiste en establecer criterios definidos sobre la distribución de los gastos y la transmisión de los riesgos entre la parte compradora y la parte vendedora en un contrato de compraventa internacional.

Los *"Incoterms"*, son de aceptación voluntaria por las partes, o sea, no son un esquema jurídico obligatorio. Su principal ventaja consiste en haber simplificado mediante denominaciones normalizadas un cúmulo de condiciones que tienen que cumplir las dos partes contratantes. Gracias a esta armonización o estandarización, la parte compradora y la parte vendedora saben perfectamente a qué atenerse.

Además de las estipulaciones propias de cada regla incoterms, un contrato de compraventa internacional de mercancías puede admitir otras condiciones adicionales. Estos casos se deben establecer cuidadosamente porque los incoterms están redactados con gran armonía y recogen la práctica de infinitas experiencias comerciales internacionales.

Los Incoterms se aplican únicamente en las compraventas de mercancías, no en las de servicios ya que éstos son intangibles, en los que no se utiliza la logística del transporte.

Los incoterms regulan cuatro aspectos básicos del contrato de compraventa internacional: la entrega de mercancías, la transmisión de riesgos, la distribución de gastos y los trámites de documentos aduaneros.

La entrega de las mercancías: es la primera de las obligaciones del vendedor. La entrega puede ser directa, cuando el incoterm define que la mercancía se entregue al comprador, son los términos "*E*" y los términos "*D*"; o indirecta, cuando la mercancía se entrega a un intermediario del comprador, un transportista o un transitario, son los términos "*F*" y los términos "*C*".

La transmisión de los riesgos: es un aspecto esencial de los Incoterms y no se debe confundir con la transmisión de la propiedad, que queda regulada por la ley que rige el contrato. El concepto fundamental se basa en que los riesgos, y en la mayoría de los casos, también los gastos, se transmiten en el punto geográfico y en el momento cronológico que definen el contrato y la regla Incoterms establecida. El punto geográfico puede ser la fábrica, el muelle, el interior del buque, etc.; mientras que el momento cronológico está definido por el plazo de entrega de la mercancía. La superposición de ambos requisitos produce automáticamente la transmisión de los riesgos y de los gastos. Por ejemplo, en una entrega CFR (*Free Alongside Ship*, Franco al costado del buque), acordada en Puerto Cabello, entre el 1 y el 15 de octubre, si la mercancía queda depositada el 27 de septiembre y se siniestra el 28, los riesgos son por cuenta del vendedor; en cambio, si se siniestra el 2 de octubre, los riesgos son por cuenta del comprador, aunque el barco contratado por el comprador no haya llegado.

La distribución de los gastos: lo habitual es que el vendedor corra con los gastos estrictamente precisos para poner la mercancía en condiciones de entrega y que el comprador corra con los demás gastos. Existen cuatro casos, los términos "*C*", en que el vendedor asume el pago de los gastos de transporte (y el seguro, en su caso) hasta el destino, a pesar de que la transmisión de los riesgos es en origen; esto se debe a usos tradicionales del transporte marítimo que permiten la compraventa de las mercancías mientras el barco está navegando, ya que la carga cambia de propietario con el traspaso del conocimiento de embarque.

Los trámites de documentos aduaneros: en general, la exportación es responsabilidad del vendedor; sólo existe un incoterm sin despacho aduanero de exportación: EXW (*Ex Works,* En fábrica), donde el comprador es responsable de la exportación y suele contratar los servicios de un transitario o un agente de aduanas en el país de expedición de la mercancía, que gestione la exportación. Los restantes *incoterms* son «con despacho»; es decir, la exportación es responsabilidad del vendedor, que algunas veces se ocupa también de la importación en el país de destino; por ejemplo, DDP (*Delivered Duty Paid*, Entregada derechos pagados).

La finalidad de "*Incoterms*" es establecer un conjunto de reglas internacionales para la interpretación de los términos comerciales más utilizados en las transacciones internacionales. La intención es la de proporcionar reglas de carácter uniforme para evitar en lo posible la incertidumbre ocasionada por las múltiples interpretaciones dadas a los términos en los diferentes países. Tres principios fundamentales guían a los "*Incoterms*", a saber:

- Primero, las reglas pretenden definir las obligaciones de las partes.
- Segundo, las reglas adoptan las prácticas más generalizadas en el comercio internacional, con el fin de que puedan ser adoptadas por la mayoría de los países; y
- Tercero, las reglas establecen el principio de que el precio estipulado en el contrato, basado en los "*Incoterms*", determinará las obligaciones mínimas del vendedor, dejando a las partes que estipulen en su contrato, si lo desean, otras obligaciones además de las previstas en las reglas.

6. LAS INNOVACIONES DE LOS "*INCOTERMS*" 2020

Como hemos mencionado, desde el 1 de enero de 2020 entraron en vigencia los nuevos incoterms 2020. Estos son más accesibles y fáciles de usar, al tiempo que incluyen notas explicativas más detalladas con gráficos que ilustran fácilmente, en cada caso, las responsabilidades de los compradores y los vendedores. Además, los términos se pueden encontrar en la aplicación oficial para celulares, y se incorporan una explicación más detallada sobre cómo elegir la regla Incoterms más apropiada en función de la operación comercial de que se trate, o cómo un contrato de compraventa puede interactuar con otros contratos necesarios para su ejecución (transporte de las mercancías, etc.), de modo que los negocios funcionen para todos, y las partes comprendan sus responsabilidades, evitando malentendidos costosos. Las reglas forman el lenguaje de las transacciones de ventas internacionales y ayudan a generar confianza en el de comercio internacional, pues aclaran las dudas que generaban los aspectos confusos de los Incoterms 2010, siendo su cambio principal la eliminación del Incoterm **DAT** (entrega en terminal) que pasa a reemplazarse por **DPU** (entrega en lugar sin descarga).

En fin, las innovaciones de los Incoterms 2020, son las siguientes:

Se sustituye el incoterm ***DAT*** (*Delivered at Terminal*), que desaparece, por ***DPU*** (*Delivered at Place Unloaded*). No es solo un cambio de nombre, ya que las obligaciones y responsabilidades son las mismas, pero el nuevo nombre DPU permite pactar la entrega en cualquier lugar, no necesariamente en un terminal.

Se establecen nuevas condiciones en la contratación del seguro para los incoterms *CIF y CIP*.

Para el transporte marítimo bajo el *incoterm FCA*, el comprador podrá pedir a la naviera o a su agente que emita el BL con la anotación "*on board*" para el vendedor.

7. CATEGORIZACIÓN DE LOS "*INCOTERMS*" 2020

El orden de "*Incoterms*" no es arbitrario, ya que se pasa de un tipo de venta a otra, según los grupos adoptados por los "*Incoterms*", en forma tal que las obligaciones del vendedor van aumentando mientras van disminuyendo las del comprador. Eso permite a las partes, escoger uno de estos términos comerciales que reparten sus obligaciones correlativas, en función de la situación del mercado.

Los *incoterms* se dividen en cuatro categorías: ***E, F, C, D.***

Término en E: *EXW*

El vendedor pone las mercancías a disposición del comprador en los propios locales del vendedor; esto es, una entrega directa a la salida.

Términos en F: *FCA, FAS y FOB*

Al vendedor se le encarga que entregue la mercancía a un medio de transporte elegido y pagado por el comprador; Esto es, una entrega indirecta sin pago del transporte principal por el vendedor.

Términos en C: *CFR, CIF, CPT y CIP*

El vendedor contrata el transporte, pero sin asumir el riesgo de pérdida o daño de la mercancía o de costes adicionales por los hechos acaecidos después de la carga y despacho; esto es, una entrega indirecta con pago del transporte principal por el Vendedor.

Términos en D: *DPU, DAP y DDP*

El vendedor soporta todos los gastos y riesgos necesarios para llevar la mercancía al país de destino; esto es una entrega directa a la llegada. Los costes y los riesgos se transmiten en el mismo punto, como los términos en E y los términos en F.

Los términos en D no se proponen cuando el pago de la transacción se realiza a través de un crédito documentario, básicamente porque las entidades financieras no lo aceptan.

DAP es una regla *Incoterms* polivalente "*flexible*" y se puede usar en cualquier medio de transporte y en la combinación de todos ellos.

8. ESTRUCTURA DE LOS "INCOTERMS" 2020.

La estructura de los *"Incoterms*" 2020, es la siguiente:

***EXW Ex Works*/ En fábrica**

El vendedor/exportador pone la mercancía a disposición del comprador en sus propios almacenes, únicamente se ocupa del embalaje de la misma.

El comprador/importador, por tanto, es quien asume todos los gastos y responsabilidades desde que la mercancía cruza almacén, antes de cargarla. El seguro no es obligatorio, pero de contratarse lo asumiría el comprador ya que es quién asume el riesgo.

Este incoterm no debe utilizarse si el vendedor entrega la mercancía en otro lugar que no sean sus instalaciones.

***FCA Free Carrier*/ Libre transportista**

El vendedor entrega la mercancía en un punto acordado y asume costes y riesgos hasta la entrega de la mercancía en ese punto convenido, incluidos los costes del despacho de exportación. Así las cosas, el vendedor se ocupa del transporte interior y de las gestiones aduaneras de exportación, excepto si el lugar designado son las instalaciones del vendedor (FCA almacén), en cuyo caso la mercancía se entrega en dicho punto cargada en los medios de transporte dispuestos por el comprador asumiendo el coste el comprador.

El comprador asume los gastos desde la carga a bordo hasta la descarga, incluido el seguro si se contratara por ser quién asume el riesgo cuando se carga la mercancía en el primer medio de transporte.

La novedad del FCA respecto a los *incoterms* de 2010 es que cuando se trate de transporte marítimo el comprador puede indicar a su transportista que emita un B/L (*Bill of Landing*/ Carta de Embarque), al vendedor con la especificación *"on board"* (a bordo), como justificante de la entrega de la mercancía para facilitar la operativa de los créditos documentarios y que se abone así el crédito al vendedor como garantía del Banco pero que no es parte en el contrato de transporte.

***FAS Free Alongside Ship*/ Libre al costado del buque**

El vendedor entrega la mercancía en el muelle de carga del puerto de origen y asume los gastos hasta la entrega, así como los trámites aduaneros de exportación.

El comprador gestiona la carga a bordo, estiba, flete y demás gastos hasta entrega en destino, incluido el despacho de importación y el seguro si se contratara ya que no es obligatorio. Además, asume los riesgos una vez la mercancía está en el muelle de carga antes de cargarse en el buque.

Este *incoterm* solo es válido para el transporte marítimo y se emplea generalmente para mercancías especiales que tienen unas necesidades de carga particulares, no es habitual para carga paletizada o en contenedores.

***FOB Free On Board/* Libre a bordo**

El vendedor asume los gastos hasta la subida a bordo de la mercancía, momento en el que transmite también los riesgos, así como el despacho de exportación y gastos en origen. También se encarga de contratar el transporte si bien este corre por cuenta del comprador.

El comprador se encarga de los costes del flete, descarga, trámites de importación y entrega en destino, así como del seguro si lo quisiera contratar. La transmisión de riesgos tiene lugar cuando la mercancía está a bordo.

Este *incoterm* solo se utiliza para transporte marítimo y no debe emplearse para mercancías en contenedores ya que la responsabilidad se transmite cuando la mercancía se carga a bordo del buque (la mercancía está físicamente tocando el suelo del buque), pero los contenedores no se cargan en cuanto llegan a la terminal, por tanto, si la mercancía sufriera algún daño mientras está en el contenedor sería muy difícil establecer cuando sucedió.

***CFR Cost and Freight/* Coste y flete**

El vendedor se hace cargo de todos los costes hasta que la mercancía llega al puerto de destino, incluido el despacho de exportación, los gastos en origen, el flete y generalmente los gastos de descarga.

El comprador se ocupa de los trámites de la importación y el transporte hasta el destino. También asume el riesgo en el momento en que la mercancía está a bordo, por lo que, aunque no es obligatorio, suele contratar seguro.

Este *incoterm* solo se emplea en transporte marítimo.

***CIF Cost, Insurance and Freight/* Coste, seguro y flete**

El vendedor asume como en *CFR* todos los gastos hasta la llegada al puerto de destino incluyendo despacho de exportación, gastos en origen, flete y generalmente descarga, pero además originariamente debe contratar un seguro, aunque el riesgo se transfiera al comprador una vez la mercancía esté cargada a bordo.

El comprador es quien asume los gastos de importación y el transporte hasta destino.

La novedad de este *incoterm* en la versión 2020 hace referencia las coberturas del seguro que debe contratar el vendedor apuntando que deben ser las mismas que las proporcionadas por las Cláusulas C de las *Institute Cargo Clauses*, es decir el seguro debe cubrir hasta la llegada a puerto de destino. Es un *incoterm* que solo se utiliza para el transporte marítimo. Es un *incoterm* muy utilizado ya que determina el valor en aduana.

***CPT Carriage Paid To/* Transporte pagado hasta**

El vendedor asume los gastos hasta la entrega de la mercancía en el lugar convenido, es decir, se encarga de todos los gastos en origen, el despacho de exportación el transporte principal y generalmente, gastos en destino.

El comprador asume los trámites de importación, el seguro si lo contratara, ya que no es obligatorio. El riesgo pasa al comprador una vez se carga la mercancía al primer medio de transporte contratado por el vendedor.

Este *incoterm* es válido para cualquier medio de transporte.

***CIP Carriage and Insurance Paid/* Transporte y seguro pagados hasta**

El vendedor corre con los gastos hasta la entrega en el lugar convenido en destino, es decir, los gastos en origen, despacho de exportación, flete y, además, el seguro, que es obligatorio.

El importador se encarga de los trámites de importación y la entrega a destino y asume el riesgo cuando se carga la mercancía en el primer medio de transporte.

La novedad en este *incoterm* respecto a los *incoterms* de 2010 reside de nuevo en las coberturas del seguro, en este caso, el seguro además de obligatorio debe contener las mismas coberturas que las proporcionadas por las Cláusulas A de las *Institute Cargo Clause*, la mercancía debe estar asegurada hasta la entrega al transportista en destino.

***DPU Delivered at place Unloaded/* Entregada en lugar descargada**

El vendedor asume los costes y riesgos originados en origen, embalaje, carga, despacho de exportación, flete, descarga en destino y entrega en el punto acordado.

El comprador asume los tramites del despacho de importación.

Este *incoterm* es de nueva creación y sustituye a DAT, en realidad lo que hace es ampliar las opciones de entrega ya que DAT indicaba que la entrega debía realizarse en la terminal, ahora con DPU la entrega pueda realizarse en otro lugar acordado, además de la terminal.

***DAP Delivered At Place/* Entregado en un punto**

El vendedor asume todos los gastos y riesgos de la operación salvo el despacho de importación y descarga en destino, es decir todos los gastos en origen, flete y transporte interior.

El comprador únicamente debe ocuparse del despacho de importación y de la descarga.

Este *incoterm* es válido para todos los medios de transporte, el seguro no es obligatorio, pero si se contratará, los gastos los asumiría el vendedor.

***DDP Delivered Duty Paid/* Entregado con derechos pagados**

El vendedor asume todos los gastos y riesgos desde el embalaje y verificación en sus almacenes hasta la entrega en el destino final, incluidos los despachos de exportación e importación, flete y seguro si se contratara.

El comprador solo debe recibir la mercancía y generalmente descargarla, aunque puede ocuparse también el vendedor.

Este incoterm es justo el opuesto a EXW, el vendedor asume todos los gastos y riesgos

9. A MODO DE CONCLUSIONES

El método adoptado por los "*Incoterms*" para regular las compraventas, es el de respetar la autonomía de la voluntad de las partes, tratándose de atenerse, en la mayor medida posible, al método que los contratantes hubiesen normalmente utilizado para fijar sus respectivas obligaciones en el contrato, por medio de cláusulas específicas. A ello se debe, el haber utilizado una terminología simple, adoptada a la materialidad de los hechos más que a la de los conceptos jurídicos, lo cual contribuye, en gran medida, a dar a las reglas claridad y precisión.

Por otra parte, la reglamentación de los *Incoterms* no regula la forma de pago por parte del comprador, únicamente establece una relación de gastos por transporte. Cuando el pago se realiza mediante crédito documentario, los *Incoterms* más favorables son aquellos en los que el vendedor gestiona el documento de transporte principal como es el caso de los *Incoterms* en "*C*" (CPT, CFR, CIP y CIF) ya que, normalmente, será necesario presentar este documento para cobrar el crédito documentario.

Finalmente, y, con este corto comentario sobre los nuevos *Incoterms* 2020, hemos querido rendir homenaje a mi abuelo, quien trató el mismo tema en su libro sobre el Comercio Internacional, incluyendo el Comercio Electrónico, en el año 2012, oportunidad en la cual estaban vigentes los Incoterms 2010.

Luis Miguel Cova Pinto
Ciudad de México, 31 de Julio de 2020

LA VINCULACIÓN DEL *COMPLIANCE* Y LAS SANCIONES INTERNACIONALES

MARÍA VIRGINIA GARRILLO MARVAL*

SUMARIO

INTRODUCCIÓN

El presente libro homenaje representa un merecido reconocimiento al inmenso legado académico, profesional y personal que el Dr. Luis Cova Arria, nos ha transmitido a quienes hemos tenido el privilegio de ser sus alumnos y discípulos.

La brillante trayectoria del homenajeado expresa su compromiso no sólo con el estudio e investigación del Derecho y en concreto con la especialidad de Derecho Marítimo y el Comercio Exterior, sino fundamentalmente con la consolidación en Venezuela de una comunidad de profesionales con altos principios éticos, sentido de excelencia y visión innovadora, para aplicar en los ámbitos laborales donde se desenvuelvan, lo cual es resultado del elevado nivel de formación práctica y doctrinal, recibida en los espacios académicos liderados por el Dr. Cova Arria.

Por tanto, mi deseo es que a través del presente artículo pueda en alguna manera retribuir todas las experiencias y aprendizajes obtenidos, gracias a los conocimientos transmitidos por el Dr. Cova Arria, colaborando en la consolidación de entornos de discusión y análisis de los temas de interés, relacionados con el entorno marítimo y comercial internacional actual.

* Abogada corporativa especialista en Compliance y Comercio Internacional. Experta en Prevención de Blanqueo de Capitales y Financiación del Terrorismo (2018-2019 INBLAC-Madrid, España), Máster de Compliance Officer Universidad Complutense de Madrid (2016-2017, Madrid España); Estudios en contratos mercantiles (2015, Sao Paulo Brasil), Postgrado de Derecho de la Navegación y Comercio Exterior (2008-2012, Caracas, Venezuela), Licenciatura en Derecho, Universidad del Zulia (2002-2007, Maracaibo Venezuela).

ARTÍCULO

En el contexto global actual la especialidad de Cumplimiento o en su denominación anglosajona *Compliance*, se ha convertido en un requisito ineludible para la participación de las empresas en el comercio internacional. En principio, podemos definir el *Compliance* de la siguiente manera: a) En primer lugar la definición de *Compliance* Regulatorio, asociado al cumplimiento de las regulaciones (leyes, reglamentos, etc) establecidas por las autoridades gubernamentales, que imponen a las organizaciones obligaciones,[1] en materia de lucha contra la corrupción, prácticas contables y financieras, protección de la información confidencial, prácticas de mercado y competencia, etc. y b) un segundo ámbito denominado *Compliance* Corporativo, vinculado con los principios, valores y reglas de conducta empresarial que las organizaciones establecen para sus miembros, basándose en una Cultura de Integridad,[2] incluyendo la gestión de los riesgos operativos y legales a los que se expone,[3] a través de mecanismos de control internos, tales como políticas y procedimientos.

Así pues, antes de entrar a analizar la relación entre Cumplimiento y las Sanciones internacionales, es relevante comentar el inicio del *Compliance*, comprendiendo su evolución hasta la actualidad. Su inicio se remonta a finales de los años sesenta en los Estados Unidos, motivado por los distintos escándalos de corrupción empresarial que fueron detectados en compañías estadounidenses, que sostenían relaciones de negocios en países en vías de desarrollo. En ese sentido, la Comisión de Bolsa y de Valores de los Estados Unidos (SEC *U. S. Securities and Exchange Commission*) inicia una serie de investigaciones a múltiples empresas norteamericanas, que admitieron haber sobornado a altos funcionarios públicos extranjeros para obtener ventajas inapropiadas y efectuar pagos de facilitación, para acelerar o agilizar los trámites y gestiones realizadas por las autoridades gubernamentales.

---

1 Matt Kelly, *"What is Corporate Compliance and How Does It Impact Business?"* 20 de Noviembre de 2019. Disponible en; , https://www.ganintegrity.com/blog/what-is-corporate-compliance/ consultado el 07 de julio de 2020.

2 Idem.

3 *World Compliance Association "Acerca del Compliance"*.Disponible en http://www.worldcomplianceassociation.com/que-es-compliance.php ; consultado el 07 de julio de 2020

En ese contexto histórico, el gobierno estadounidense establece la Ley de Prácticas Corruptas en el Extranjero (por sus siglas en inglés FCPA- *Foreign Corrupt Practices Act*),[4] la cual tiene como propósito exigir que los empresarios de nacionalidad estadounidense o con vínculos con la jurisdicción de los Estados Unidos, actúen éticamente al sostener negocios en el extranjero.[5] En ese sentido, la característica más llamativa de esta normativa es su ámbito extraterritorial, la cual aplica a las empresas y sujetos de nacionalidad estadounidenses y aquellas entidades y sujetos de nacionalidad extranjera que se vinculen con los Estados Unidos dentro y fuera de su territorio.[6]

Así mismo, en el transcurso del tiempo distintas organizaciones no gubernamentales internacionales como la Organización para la Cooperación y el Desarrollo Económicos (OCDE) con la Convención para Combatir el Cohecho de Servidores Públicos Extranjeros en Transacciones Comerciales Internacionales del 21 de Noviembre de 1997 y la Organización de las Naciones Unidas (ONU) con la Convención de las Naciones Unidas contra la Corrupción del 31 de Octubre de 2003, han establecido regulaciones vinculadas con *Compliance*.

Igualmente, en los Estados Unidos fue promulgada la Ley *Sarbanes-Oxley Act* en el año 2002, como respuesta a los grandes escándalos corporativos relacionados con las empresas Enron, WorldCom, etc .Esta normativa está enfocada en regular las prácticas contables y de auditoria de las compañías, que cotizan en la bolsa de valores de Nueva York, buscando prevenir el fraude y la bancarrota y promoviendo la transparencia financiera, protegiendo a los inversionistas. Esta legislación constituyó otro hito importante, dentro del entorno regulatorio de *Compliance* a nivel mundial.

---

4 Infolaft, Anticorrupción, Fraude y LA/FT *"Fcpa: 40 años de lucha contra la corrupción"*. Disponible en https://www.infolaft.com/fcpa-40-anos-de-lucha-contra-la-corrupcion/ consultado el 07 de julio de 2020.

5 Idem.

6 Demelsa Benito Sánchez, "La lucha contra la corrupción transnacional: El papel de la Foreign Corrupt Practices Act", en *Revista Paradigma, Ribeirão Preto-SP*, a. XXIII, ,v. 27, n. 3 , p. 16-42, set/dez 2018 ISSN 2318-8650 Disponible en: revistas.unaerp.br consultado en fecha 28 de julio de 2020.

Así pues, dentro del conjunto de áreas de especialidad de *Compliance* surge el *Compliance* del Comercio Exterior, conocido en algunas jurisdicciones latinoamericanas-como la mexicana como *Compliance* Aduanero[7], o en su definición anglosajona *Trade Compliance,* entendida como el conjunto de regulaciones internas y externas en materia de importaciones y exportaciones de bienes (tangibles e intangibles) a nivel internacional[8]. Estas regulaciones incluyen además la clasificación arancelaria, licencias requeridas, valoración aduanera, etc. El incumplimiento de estas exigencias expone a los intervinientes a sanciones administrativas, penales, multas y costes adicionales a nivel nacional e internacional, los cuales repercuten directamente en el desenvolvimiento de las actividades comerciales.[9]

Con relación al *Trade Compliance* destacan las sanciones internacionales, entendidas como medidas coercitivas que no implican el uso de la fuerza y se expresan como instrumentos de naturaleza económica y diplomática, que tienen por propósito el garantizar y proteger la seguridad y paz internacional. Las sanciones internacionales pueden provenir de organizaciones no gubernamentales y países, entre las que pueden mencionarse:

-Sanciones internacionales de la Organización de las Naciones Unidas, de acuerdo a lo dispuesto en la Carta de la ONU[10]:

a. **Sanciones Financieras**: en esta modalidad destacan por ejemplo el embargo de armas.

---

[7] Estrategia Aduanera *"Procesos esenciales para el cumplimiento aduanero",* 31 de octubre de 2019 Disponible en https://www.estrategiaaduanera.mx/procesos-esenciales-para-el-cumplimiento-aduanero-2/, consultado el 9 de julio de 2020.

[8] Tom Reynolds "What You Need To Know About Trade Compliance For Your Business" *Export Solutions.* Disponible en https://www.exportsolutionsinc.com/resources/blog/what-is-trade-compliance/, consultado el 10 de julio de 2020.

[9] *David Weedmark* "The Definition of Trade Compliance" Biz Fluent, 27 de septiembre de 2019. Disponible en https://bizfluent.com/facts-6905981-definition-trade-compliance.html, consultado el 10 de julio de 2020.

[10] Ministerio de Asuntos Exteriores, Unión Europea y Cooperación "Sanciones internacionales". Disponible en https://www.tesoro.es/sites/default/files/sanciones_financieras_internacionales._cuestiones_generales_yprocedimientos_especiales_en_materia_de_no_proliferacion_4.pdf, consultado el 20 de julio de 2020.

b. Sanciones a Individuos: las cuales van dirigidas contra determinadas personas, restringiéndoles la movilidad o tránsito entre países y la congelación de sus activos[11].

Asimismo, las medidas establecidas por las Naciones Unidas pueden incluir otras modalidades de sanciones dirigidas a: La No Proliferación de Armas Nucleares, la Lucha contra el Terrorismo, la Resolución de Conflictos y el apoyo de Regímenes Democráticos[12].

-Sanciones internacionales de la Unión Europea (UE):

La Unión Europea también dispone de regulaciones en materia de medidas restrictivas, dentro de su Política Exterior y de Seguridad Común (PESC), que de acuerdo al Tratado de la Unión Europea se aplican para la protección de sus intereses y objetivos en el extranjero. En ese sentido, las sanciones impuestas por la Unión Europea se clasifican en las siguientes categorías[13]:

a. Medidas de Trasposición: entendidas como aquellas que se imponen como trasposición a las establecidas en el marco de las Naciones Unidas;

b. Medidas Adicionales: adoptadas como complemento para ampliar las establecidas por el Consejo de Seguridad de las Naciones Unidas;

c. Medidas Autónomas: referidas a aquellas que son tomadas por la Unión Europea de manera independiente.

Adicionalmente, encontramos la imposición de medidas coercitivas por jurisdicciones específicas como es el caso de los Estados Unidos, a través de su Oficina de Control de Activos Estadounidense (OFAC-*Office of Foreign Assets Control),* adscrita al Departamento de Estado y que opera a través de la Oficina de Terrorismo e Inteligencia Financiera. A través de la OFAC el gobierno estadounidense, impone

[11] Ministerio de Asuntos Exteriores , Unión Europea y Cooperación "Sanciones internacionales. Disponible enhttps://www.tesoro.es/sites/default/files/sanciones_financieras_internacionales._cuestiones_generales_y procedimientos_especiales_en_materia_de_no_proliferacion_4.pdf, consultado el 20 de julio de 2020.

[12] Idem.

[13] Idem.

sanciones económicas y comerciales a países y sujetos individuales asociados a sistemas de gobierno que reconocen como regímenes no democráticos, asociados al terrorismo, tráfico de estupefacientes, proliferación de armas de destrucción masiva y otras actividades que puedan atentar contra la seguridad nacional, la política exterior o el sistema financiero estadounidense[14]. Por tanto, las categorías de medidas coercitivas impuestas por los Estados Unidos en algunos casos están basadas en las impuestas por las Naciones Unidas u otros organizaciones internacionales y tiene un alcance multilateral, involucrando la cooperación con los gobiernos aliados de los Estados Unidos.

Así pues, las medidas establecidas por la OFAC son las siguientes:

a. **Programas de Sanciones Generales:** Las cuales van dirigidas contra países, sus ciudadanos y empresas y prohíben cualquier transacción con ellos. En este caso, destacan las sanciones impuestas a Cuba, Corea, Irán, Corea del Norte, etc.
b. **Programas de Sanciones Específicas:** Las cuales prohíben realizar transacciones con sujetos y entidades concretas que se encuentren en determinados países o que el gobierno estadounidense asuma que estén involucrados con actividades terroristas, proliferación de armas de destrucción masiva o narcotráfico.
c. **Programa de Personas Especialmente Designadas (SDN *Specially Designated Nationals*):** Con respecto a esta modalidad de sanciones la OFAC publica una lista de individuos y entidades que sea nacionales o empresas constituidas, controladas, o actúen en nombre y representación de países sancionados por los Estados Unidos. En este sentido, los ciudadanos norteamericanos, los residentes y las compañías en los Estados Unidos donde se encuentren, deben cumplir estrictamente con estas medidas y tienen prohibido realizar transacciones o sostener relaciones de negocios con estos sujetos o entidades, pudiendo ser objeto de sanciones penales y multas.

[14] U.S Department of the Treasury "Terrorism and Financial Intelligence" Office of Foreign Assets Control (OFAC)". Disponible en https://www.treasury.gov/about/organizational-structure/offices/pages/office-of-foreign-assets-control.aspx, consultado el 12 de julio de 2020.

Con respecto, a los riesgos derivados de la vinculación de *Compliance* y sanciones internacionales, los expertos los categorizan de la siguiente manera[15]:

i. **Riesgos Financieros:** que pueden materializarse a través de costes adicionales, intereses, multas o penalidades;
ii. **Riesgos de Negocios:** al interrumpir la continuidad del negocio, afectar la entrega de las mercancías en el tiempo planificado o que la cadena de suministro no tenga la capacidad de cumplir los compromisos a nivel internacional, impactando sobre la competitividad de la compañía y generando pérdidas de mercado;
iii. **Riesgo Reputacional:** e impacto en medios de comunicación, debido al incumplimiento de los programas de sanciones, lo cual es de relevancia para los intereses de los accionistas y grupos con los que se relaciona la organización;
iv. **Riesgos a nivel de organización:** derivado de la responsabilidad penal que puede materializarse en el personal de la compañía.

Todos estos riesgos en conjunto pueden eventualmente tener impacto en las ganancias, posición ante los competidores, e incluso afectar el valor de la acción de la compañía en el mercado bursátil. Por esto, es importante enfocarse en concientizar a los miembros de la organización estableciendo un Programa de Cumplimiento de Sanciones sólido, con seguimiento y auditoria periódica que incluya la incorporación de profesionales especializados, como parte de la estrategia integral en la mitigación de riesgos asociados al Comercio Internacional.[16]

Ahora bien, dentro de la diversidad de sanciones internacionales que imponen organizaciones o países, ¿ por qué es tan importante la gestión de los riesgos asociados, desde el punto de vista de *Trade Compliance*?, ¿cuál es el impacto que dichas sanciones tienen en el

---

[15] Financier Worldwide Magazine, "Global trade and customs" Disponible: https://www.financierworldwide.com/roundtable-global-trade-and-customs#.XyCayJ4zbIU consultado en fecha 28 de julio de 2020.

[16] Idem.

entorno comercial mundial? En ese sentido, de acuerdo a informes publicados por consultoras en el año 2019, en los últimos cinco años se ha incrementado en un 37% el número de empresas sancionadas por la OFAC como consecuencia de infringir las restricciones establecidas por dicha autoridad, lo que representó casi 1.300 Millones de dólares en multas impuestas[17]. Otro aspecto destacado en el informe, es que en el transporte internacional de buques las sanciones se incrementaron en un 164% en el 2019 con respecto al año anterior, reflejando el elevado nivel de escrutinio que la OFAC aplica, a los intercambios comerciales de mercancías, en cualquier modalidad de transporte a nivel mundial

Por tanto, el cumplimiento normativo relacionado con programas de sanciones internacionales se ha incrementado de manera exponencial en los últimos años, al ser exigido tanto por las autoridades internacionales, como por las entidades bancarias que financian las transacciones mercantiles, incluyendo también a los transportistas de mercancías y otros intervinientes en el entorno comercial, pues todos ellos están interesados en detectar oportunamente cualquier irregularidad asociada a sujetos o entidades sancionadas, o actividades sospechosas con respecto al vendedor, el comprador, o los bienes y servicios involucrados, que puedan exponerlos a riesgos de multas, sanciones penales e incluso impactar la continuidad del negocio.[18]

Así pues, ¿qué medidas preventivas debería aplicar una compañía que se encuentra por ejemplo en América Latina, y desee expandir su negocio a nivel internacional, considerando el riesgo asociado a las sanciones internacionales? Con respecto a este asunto, podemos mencionar el acuerdo publicado recientemente en 2020 por la OFAC, con la compañía Essentra FZE Company Limited. Dicha entidad es fabricante de filtros y componentes para cigarrillos y se encuentra localizada en los Emiratos Árabes Unidos, y aceptó pagar 665.112 dólares por la responsabilidad derivada del incumplimiento, de las disposiciones del Programa de Sanciones de la OFAC contra Corea del Norte.

---

[17] Accuity "The Impact of Sanctions on International Trade". Disponible en https://accuity.com/resources/the-impact-of-sanctions-on-international-trade/, consultado el 25 de julio de 2020.

[18] Idem.

La compañía en cuestión exportó filtros de cigarrillos hacia Corea de Norte, a través de una red de empresas en China y otras jurisdicciones, utilizando prácticas fraudulentas y recibiendo los pagos correspondientes en las cuentas bancarias de Essentra FZE, en las sucursales en el extranjero de entidades bancarias estadounidense[19]. Como parte del acuerdo alcanzado, la compañía se comprometió en la implementación de una serie de medidas de *Compliance*, durante al menos cinco años a partir de la fecha de ejecución del mismo, con el propósito de mitigar la recurrencia de los riesgos que generaron la responsabilidad de Essentra FZE[20].

Dichas medidas de mitigación de *Compliance* están basadas en lo publicado por el Departamento del Tesoro de los Estados Unidos en mayo de 2019, en un documento denominado *A Framework for OFAC Compliance Commitments*[21], el cual promueve que las organizaciones sujetas a la jurisdicción norteamericana, así como aquellas compañías extranjeras que sostengan negocio con ese país, en su territorio, con sus ciudadanos o que involucren bienes o servicios estadounidenses, deberán aplicar una gestión de riesgos desarrollando, implementando y continuamente actualizando un Programa Cumplimiento de Sanciones (SCP por sus siglas en inglés *Sanctions Compliance Program*), considerando su contexto y características como organización, que necesariamente debe incluir al menos cinco de los siguientes elementos esenciales, de los Programas de Cumplimiento de Sanciones[22]. Así tenemos:

---

19 Department of Treasury "OFAC Settles with Essentra FZE Company Limited with Respect to Potential Civil Liability for Apparent Violations of the North Korea Sanctions Regulations". Disponible https://www.treasury.gov/resource-center/sanctions/OFAC-Enforcement/Pages/20200716_33.aspx

20 Department of Treasury, "Settlement Agreeement". Disponible en:https://www.treasury.gov/resource-center/sanctions/CivPen/Documents/20200716_essentra_fze_settlement.pdf consultado en fecha 28 de julio de 2020.

21 The FCPA Blog "More compliance guidance from OFAC, via an enforcement action" 20 de julio de 2020. Disponible en https://fcpablog.com/2020/07/20/more-compliance-guidance-from-ofac-via-an-enforcement-action/, consultado el 24 de julio de 2020.

22 Department of Treasury, "A Framework for OFAC Compliance Commitments". Disponible en: https://www.treasury.gov/resource-center/sanctions/Documents/framework_ofac_cc.pdf consultado en fecha 24 de julio de 2020.

a. Compromiso de la Organización

El compromiso de los líderes de la organización es la base y factor más relevante para la efectividad de los Programas de Cumplimiento de Sanciones, para incrementar su legitimidad y promover su aplicación entre los miembros de la compañía, promoviendo una Cultura de Integridad en toda su estructura.

b. Análisis de Riesgos

Los riesgos de sanciones son las vulnerabilidades que si no son consideradas o apropiadamente gestionadas pueden generar incumplimientos a las regulaciones de la OFAC, e impactar en la continuidad del negocio y la reputación corporativa. Este ejercicio de revisión e identificación de riesgos, debe realizarse de manera continua continuo, con el propósito de identificar las áreas de mayor riesgo. Ahora bien, el análisis de riesgos debe ser "*un traje a la medida*" para cada organización, aportando una visión integral de la misma y logrando detectar las áreas que potencialmente puedan directa o indirectamente involucrar a la compañía con sujetos, países y/o entidades restringidas o con prohibiciones de la OFAC. Es decir, este proceso de revisión, debería enfocarse en los siguientes aspectos:

i. Clientes, proveedores, y terceros con quienes la compañía se vincula;
ii. Los productos y servicios ofrecidos, incluyendo el origen de los mismos y su vinculación con sistemas financieros y comerciales;
iii. La ubicación geográfica de la compañía y los terceros con quienes interactúa. El análisis de riesgos enfocado en las sanciones internacionales es determinante en los procesos de fusiones y adquisiciones corporativas, especialmente para aquellos escenarios que involucren compañías o empresas extranjeras.

c. Controles Internos

Un Programa de Cumplimiento de Sanciones efectivo debe necesariamente contener controles internos que incluyan políticas y procedimientos a fin de detectar, analizar, escalar, informar (en los casos que aplique) y documentar aquellas actividades, que pudieran estar prohibidas por las regulaciones de la OFAC.

El objetivo de los controles internos es definir los procesos específicos para el cumplimiento de la normativa de la OFAC y mitigar los riesgos detectados, identificando la causa raíz que genera los incumplimientos e implementando los planes de acción para remediarlas, junto con auditorías internas y externas periódicas dentro del SCP.

Así pues, debido a la naturaleza dinámica y cambiante de las sanciones internacionales impuestas por Estados Unidos el Programa de Cumplimiento de Sanciones, necesariamente deberá incluir lo siguiente:

i. Mantener actualizada la lista de Personas Especialmente Designadas ("*SDN List*" por sus siglas en inglés) y el listado de Identificaciones de Sectores Sancionados (*"SSI List"*, por sus siglas en inglés) y otros listados de sanciones.
ii. Estar en conocimiento de las actualizaciones o nuevos programas de sanciones de países, gobiernos y regiones, establecidos en las leyes, órdenes ejecutivas y regulaciones publicadas por la OFAC.
iii. Tener conocimiento acerca de la emisión de licencias generales, que son aquellas expedidas por la OFAC para autorizar ciertas actividades incluidas en programas de sanciones.

d. Auditoría y Seguimiento

La revisión periódica del SCP es determinante para detectar las inconsistencias o vulnerabilidades que puedan surgir, en las actividades del día a día del negocio, siendo responsabilidad de la organización el actualizar y mejorar el Programa de Cumplimiento de Sanciones. Las auditorias que se realicen pueden realizarse acerca de un aspecto específico del SCP, o a nivel de toda la organización.

e. Capacitación

Un programa efectivo de capacitación es un elemento determinante, para la eficacia del SCP. El contenido de la formación debe enfocarse en todos los miembros de la organización (directivos, altos ejecutivos, empleados), realizarse en un periodo de tiempo específico (al menos anualmente) y deberá contener:

i. Capacitación ajustada a los roles y responsabilidades de los miembros de la organización;
ii. Comunicación de manera efectiva las responsabilidades de los empleados, con respecto al cumplimiento de las sanciones internacionales.[23]

Asimismo, la OFAC comenta en el documento *A Framework for OFAC Compliance Commitments*, que se considerará como eventual elemento de atenuación de la posible responsabilidad, que la organización tenga implementado su Programa de Cumplimiento de Sanciones antes de que se materialice el incumplimiento. Este beneficio se incrementará, si se comprueba que se han implementado medidas de mitigación, para reducir los riesgos detectados.[24]

Por otro lado, también se incluye en dicho documento las posibles causas primarias o deficiencias, que pudieran generar las violaciones a las disposiciones de los Programas de Cumplimiento de Sanciones. En ese sentido, se hace referencia a un listado meramente enunciativo de cuáles son las acciones que pueden generar alertas dentro del SCP[25], entre las que se encuentran:

1. Ausencia de un Programa de Cumplimiento de Sanciones;
2. Errores en la interpretación de la aplicación de las regulaciones de la OFAC;
3. Facilitar transacciones con Sujetos que no se vinculan con la jurisdicción norteamericana (incluyendo a través o por sus filiales o subsidiarias en el extranjero);
4. Exportaciones o Re-exportación de bienes, tecnología o servicios provenientes con los Estados Unidos y con destino a Países o Sujetos sancionados por la OFAC;

[23] Department of Treasury, "A Framework for OFAC Compliance Commitments" Disponible en: https://www.treasury.gov/resource-center/sanctions/Documents/framework_ofac_cc.pdf consultado en fecha 24 de julio de 2020.

[24] Idem.

[25] Idem.

5. Utilización del Sistema Financiero Estadounidense para transacciones comerciales incluyendo países y sujetos sancionados por la OFAC;
6. Fallas en las herramientas tecnológicas para la detección de sanciones;
7. Debida Diligencia inapropiada para Consumidores/Clientes;
8. Descentralización de la función de *Compliance* e inconsistencias en la aplicación del SCP;
9. Uso de modalidades de pago y prácticas comerciales no estandarizadas;
10. Responsabilidad Individual (empleados, gerentes, ejecutivos, etc)

c. Por otra parte, dentro de los aspectos que se encuentran vinculados con el Programa de Cumplimiento de Sanciones uno de los más relevantes es el denominado Control de Exportaciones o *Export Control*, por su denominación en inglés. Esta materia está directamente relacionada con los intereses de seguridad nacional de los países, al vincularse con el movimiento de bienes sensibles o que pueden tener un doble uso, es decir, que pueden ser utilizados para fines civiles o militares, lo cual hace altamente riesgosa su exportación. Así pues, las organizaciones deben conocer exactamente quién será el destinatario final de los productos que exportan y el uso que darán a los mismos. En ese sentido, existen listados publicados por los países donde se identifican los bienes de doble uso para que su movimiento internacional no se vincule con países o sujetos[26] sancionados. Este análisis exhaustivo debe iniciar con las siguientes preguntas básicas: ¿cuál es el bien o producto?, ¿qué destino tiene el bien o producto?, ¿cuál es el país de destino del bien o producto?, ¿quién es el cliente?, ¿cuál es el uso que dará el cliente al bien o producto? Así pues, el control exhaustivo de las exportaciones deben realizarlo las compañías sin importar el tamaño o complejidad de las mismas, pues la exposición al riesgo de sanciones,

---

[26] Financier Worldwide Magazine, "Global trade and customs". Disponible en: https://www.financierworldwide.com/roundtable-global-trade-and-customs#.XyCayJ4zbIU consultado en fecha 29 de julio de 2020.

multas, interrupciones del negocio e impacto en la reputación corporativa, no discrimina la modalidad de organización de la cual se trate.

En tal sentido, un ejemplo real de la relevancia del Control de Exportaciones dentro del Programa de Cumplimiento de Sanciones, son las consecuencias derivadas de la guerra comercial sostenida actualmente entre los Estados Unidos y China. Esta situación, que tuvo como punto de partida el incremento de aranceles por parte de la administración estadounidense a China se ha agudizado desde finales del año 2019, teniendo impacto en la estabilidad de la economía mundial y las relaciones de negocios. De acuerdo al informe emitido por la Conferencia de las Naciones Unidas sobre el Comercio y el Desarrollo (UNCTAD)[27] los principales afectados han sido los empresarios de Estados Unidos junto a los consumidores, al incrementarse los precios de los bienes y servicios, pero el impacto también se ha extendido sobre el sector de manufactura de China, generando pérdidas por un valor de 35.000 mil millones de dólares, y el sector de equipos tecnológicos y comunicaciones, al reducirse en un 55% las importaciones de esos productos desde los Estados Unidos.

Ahora bien, aun cuando este enfrentamiento comercial también ha beneficiado a otras economías, como la de los países pertenecientes a la Unión Europea (cerca de 2.700 millones de dólares) o México en América Latina (aproximadamente 3.500 millones de dólares) quienes han asumido las desviaciones de las exportaciones chinas, la UNCTAD advierte que esta situación comprometerá aún más la estabilidad de la economía mundial y crecimiento a futuro.[28]

Así pues, desde cada una de las jurisdicciones involucradas en este enfrentamiento mercantil se han establecido listados de empresas, categorizadas como riesgosas o contrarias a los intereses nacionales de los Estados Unidos y China. Desde el punto de vista estadounidense, se ha definido la lista de entidades (*Entity List*, por su denominación en inglés) que identifica sujetos específicos (personas naturales y personas

[27] Noticias Onu "En la guerra comercial entre Estados Unidos y China, los dos pierden y México gana". Disponible: https://news.un.org/es/story/2019/11/1464941 consultado en fecha 29 de julio de 2020.

[28] Idem.

jurídicas) incluyendo negocios, individuos, autoridades gubernamentales, institutos de investigación y organizaciones privadas que puedan estar involucradas en actividades que hayan demostrado ir en contra de la política exterior y de seguridad estadounidense[29]. Este listado incluido dentro del Reglamento de Administración de Exportación (*Export Administration Regulations* por su denominación en inglés) y administrado por la Oficina de Industria y Seguridad de los Estados Unidos, establece requisitos muy estrictos para la obtención de licencias y limita su disponibilidad para exportar, reexportar o transferir bienes para las personas y compañías incluidas en este listado.

Con respecto a la postura de China, su Ministerio de Comercio anunció en 2019 la creación de un Listado de Empresas No Confiables. Esta lista ha sido entendida como una retaliación ejercida contra la medida antes descrita, ejercida por los Estados Unidos. Este documento emitido por las autoridades chinas tiene como propósito identificar a las empresas extranjeras, organizaciones o individuos que se considera que puedan atentar con los intereses de los consumidores chinos. Así pues, el gobierno chino ha publicado cuatro elementos que se consideran determinantes, para incluir a un sujeto (persona natural o entidad jurídica) en dicho listado:

- Si la entidad ha bloqueado o restringido, el suministro o ha ejercido acciones discriminatorias contra empresas chinas;
- Si la entidad ha ejercido acciones con propósito no comerciales, violando las reglas y principios de las economías de mercado;
- Si se ha causado graves daños, a una compañía china o sector de la industria;
- Si las acciones de la entidad ha generado una amenaza real o potencial, a los intereses de seguridad nacional de China.[30]

d. Por tanto, si una compañía extranjera, organización o individuo se encuentra en alguno de estos elementos y está incluido en el listado,

---

[29] Mondaq, "China: The US-China Trade War: The War Of The Lists And How It Could Affect Your Company" disponible en https://www.mondaq.com/china/export-controls-trade-investment-sanctions/947060/the-us-china-trade-war-the-war-of-the-lists-and-how-it-could-affect-your-company- consultado el 29 de julio de 2020.

[30] Idem.

puede eventualmente ser objeto de investigaciones, de sanciones legales, administrativas y civiles, e incluso restricciones de mercado, de acuerdo a las regulaciones correspondientes.

e. En consecuencia, las compañías estadounidenses y chinas y aquellas provenientes de otras jurisdicciones deben afrontar grandes retos comerciales, regulatorios y legales en esta "*guerra de listas*", incrementando las complejidades para las relaciones de negocios en los mercados económicos globales y reforzando la importancia de la gestión efectiva del Programa de Cumplimiento de Sanciones.

Por otro lado, con respecto al análisis integral del impacto del incumplimiento de las sanciones internacionales no sólo es fundamental la implementación efectiva de un SCP y sus elementos, sino también el designar un líder en la gestión del riesgo de *Trade Compliance*, el cual puede definirse a través de una estructura colegiada donde participen distintos miembros de distintas áreas dentro de la organización (cadena de suministro, operaciones y logística), o a través de la figura del Director de Comercio Exterior (*Trade Compliance Director*), quien será el responsable de liderar la estrategia de gestión de los riesgos relacionados y quien deberá contar con conocimientos técnicos, así como también habilidades sociales o "*soft skills*" relacionadas con: adaptación al cambio, habilidad de comunicación y, flexibilidad[31].

Con todo esto, una vez analizada la relación de Compliance con las sanciones internacionales, su importancia para las organizaciones con intereses de negocios globales y la relevancia de contar con un Programa de Cumplimiento de Sanciones para gestionar los riesgos asociados, se considera apropiado comentar las recomendaciones a futuro esta materia y cuáles son los riesgos más relevantes, a los que se expondrán las empresas en este contexto mundial.

En ese sentido, con respecto a las recomendaciones los especialistas comentan que es importante actualizar la visión tradicional del *Trade Compliance* como una imposición externa proveniente de las autoridades, renovándola hacia un enfoque global del negocio, que permita blindar a la organización y proteger su reputación corporativa como

[31] Export Compliance Manager "Trade compliance: this year's must-buy" Disponible en https://www.bpeglobal.com/news/export-compliance.php,consultado el 29 de julio de 2020

el activo para valioso que posee. Las compañías deben ser capaces de resguardar su reputación como empresa ante los grupos de interés con quienes interactúa (autoridades, competidores, clientes, consumidores, etc.).[32]

Por otro lado, con relación a los principales riesgos de *Trade Compliance* a los que se expondrán las organizaciones en un futuro próximo, pueden destacarse: a) la interacción con mercados donde la corrupción y la ausencia de buenas prácticas empresariales es elevada; b) el incremento en el control de las exportaciones de productos de doble uso o tecnología; c) las fallas en el filtrado de los intervinientes en las transacciones, pudiendo involucrarse con sujetos o países que pudieran estar afectados por sanciones internacionales[33], y d) el aumento en la complejidad de las relaciones comerciales con países emergentes, por estar afectados con restricciones o prohibiciones comerciales y financieras, al tener impuestas sanciones en materia de violación de los Derechos Humanos, lo cual expande el ámbito de las temáticas de las sanciones más allá de las actividades terroristas, proliferación de armas de destrucción masiva y narcotráfico. Por tanto, las compañías que establezcan un Programa de Cumplimiento de Sanciones deberán incluir una visión integral de los riesgos, considerando aspectos regulatorios, económicos, de negocio y reputacionales, a fin de establecer un programa sólido y realmente efectivo, frente a los retos que deben afrontar en el entorno comercial mundial.

---

[32] Financier Worldwide Magazine, "Global trade and customs"..Disponible en: https://www.financierworldwide.com/roundtable-global-trade-and-customs#.XyCayJ4zbIU consultado en fecha 29 de julio de 2020.

[33] Idem.

DERECHO CONSTITUCIONAL

Cuatro temas álgidos de la constitución venezolana de 1999.
Venezuela. Hildegard Rondón de Sansó

CUATRO TEMAS ÁLGIDOS DE LA CONSTITUCIÓN VENEZOLANA DE 1999

HILDEGARD RONDÓN DE SANSÓ*

SUMARIO

I. La figura del referendo en la Constitución venezolana de 1999. • Referendo revocatorio en el régimen de los estados. • II. Del referendo revocatorio. • Revocación del mandato en los órganos colegiados. • De la sentencia del 25 de agosto de 2003 de la Sala Constitucional. • III. De la Asamblea Nacional Constituyente. • Comparación entre enmienda, reforma y Asamblea Nacional Constituyente en la Constitución de 1999. • Asamblea Constituyente y Principio de Participación. • Definición de Asamblea Nacional Constituyente. • Críticas a la ubicación de la norma relativa a la Asamblea Nacional Constituyente. • Procedimiento para la conformación de la Asamblea Nacional Constituyente. • Los límites de la Asamblea Nacional Constituyente. • IV. Régimen de los Estados de Excepción. • Medidas para atender a los estados de excepción. • Disposiciones comunes a todos los estados de excepción. • Tipología de los estados de Excepción. • El estado de emergencia económica. • Estado de conmoción interior y exterior. • De las medidas nominadas o típicas que pueden operar en un estado de excepción. • La limitación del derecho de huelga en los servicios públicos. • Régimen penal

---

* Doctora en Derecho de la Universidad Central de Venezuela, mención *Summa Cum Laude*. Doctora en Jurisprudencia (110 y *laude*), de la "Universita´degli Studi di Roma," (hoy denominada La Sapienza). Especialista en Derecho Industrial, Derecho Administrativo y Derecho Procesal Civil, con estudios bajo la guía, de Tulio Ascarelli; Masimo Severo Giannini y Antonio Segni respectivamente. Ganadora del primer lugar del concurso para jueces establecido en Venezuela para constituir al Tribunal de la Carrera Administrativa y designada Presidenta del mismo. Juez de la Corte Primera de lo Contencioso Administrativo y de la Sala Político Administrativa del Tribunal Supremo de Justicia. Magistrada representante del Bloque Hispano de la Organización Internacional el Trabajo (OIT) en el Tribunal Administrativo de las Naciones Unidas. Profesor Titular de la Universidad Central de Venezuela, en virtud de una carrera iniciada desde la base. Autora de alrededor de cien obras jurídicas de variada índole (tratados, estudios, monografías, artículos). En esta lista se encuentra el "Sistema Contencioso Administrativo de la Carrera Administrativa que obtuvo varios premios nacionales y asimismo, la obra "Ab imis Fundamentis" Tratado de la Constitución Venezolana de 1999, tomos I, II y III. Individuo de Número de la Academia de Ciencias Políticas y Sociales de Venezuela, Sillón N° 16 y Presidente de dicho organismo, previo agotamiento de todos los cargos. Académica Honoraria de la Real Academia de Jurisprudencia y Legislación de Madrid, España y de la Academia Nacional de Derecho y Ciencias Sociales de Córdoba, Argentina. Articulista de opinión en varios periódicos.

de emergencia. • Régimen jurisdiccional militar. • Controles sobre los estados de excepción. • Vicisitudes de la Ley Orgánica sobre Estados de Excepción del 14 de diciembre de 2000. • V. El *habeas data* en la Constitución venezolana. • El uso del término "*data*" en español. • Alcance de la noción de "*datos*". • El derecho a la información. • De la inviolabilidad de la comunicación. • Derecho a la información informática. • Bibliografía.

En agosto de 2004 publiqué un libro con el tema indicado en el epígrafe, considerando que, lo que paso a enunciar, son las materias más delicadas que la Constitución de 1999 ofrece: los Referenda (consultivo, aprobatorio, derogatorio y revocatorio de mandatos electorales); la Asamblea Nacional Constituyente; los Estados de Excepción y el Habeas Data, las cuales vamos a desarrollar en el orden en que fueron enunciados.

I. LA FIGURA DEL REFERENDO EN LA CONSTITUCIÓN VENEZOLANA DE 1999.

La figura genérica del referéndum, con varias de sus modalidades, se encuentra consagrada en la Constitución vigente como una de las manifestaciones de un derecho político, al efecto, del **derecho de participación política**. La institución como tal, constituyó una novedad en nuestro sistema constitucional. En efecto, la Constitución de 1961 no ofrecía de ella ninguna regulación expresa, mencionando al referendo tan solo al aludir al tema de la Reforma General de la Constitución, señalando que, una vez sancionado dicho texto, debía ser sometida a dicha consulta popular.

El aludido **principio de participación** ha sido considerado por los redactores de la Constitución y por los analistas del sistema, como la característica fundamental del texto vigente. Es así como aparece constantemente desde el propio Preámbulo y adquiere su máximo desarrollo en los artículos relativos a los derechos políticos. Cuando el artículo 5 de la Constitución establece el principio fundamental que la rige, que es el relativo a que la soberanía reside intransferiblemente en el pueblo, está consagrando en forma indubitable el principio de participación y estableciendo como regla que el mismo es el que inspira cualquier interpretación constitucional.

Las formas típicas del referendo, si se atiende a su naturaleza y efectos está en tres modalidades básicas: el **referendo consultivo**, el **referendo decisorio** y el **referendo revocatorio**.

A través del **consultivo** se establece la vía para sondear cuál es el criterio mayoritario en grupos a los cuales se propone una cuestión determinada. La naturaleza de "*opinión*" de los sujetos consultados, le da un carácter no vinculante al resultado de este proceso refrendario.

El referendo **decisorio** implica una consulta popular para asumir una decisión relacionada con una cuestión de interés colectivo, en la cual, se requiere contar con las fuerzas mayoritarias y, es por ello que, es una consulta con carácter vinculante. Puede versar sobre la aprobación de una norma, sobre la derogación de un acto legislativo, sobre la designación de un sujeto para una tarea específica, o bien, sobre la aceptación o rechazo de un sistema.

El referéndum **revocatorio** se destina a poner fin al mandato del titular de un órgano electoral designado, siendo su carácter obligatorio.

Vamos a ilustrar con un cuadro esquemático las tres formas fundamentales de consulta refrendaria.

	Consultivo	Decisorio	Revocatorio
OBJETO	Tema de especial importancia para el grupo consultado.	Materias específicas, competencia de un órgano autoritario.	Rescisión del mandato otorgado por vía electoral a un funcionario.
CARÁCTER	No vinculante	Vinculante	Vinculante
MATERIAS	**Temas políticos**: Centralización, Descentralización, Monocameralismo, Bicameralismo, etc. **Temas éticos-filosóficos**: aborto, eutanasia, liberalización del tráfico de estupefacientes, pena de muerte, aceptación del divorcio	Aprobación de normas. Derogación de normas. Concentración de tratados.	Revocación de cargos electorales
"RATIO"	Necesidad de los órganos que asumen las decisiones fundamentales (Ejecutivo, Legislativo) de consultar la voluntad popular.	Delegación de la competencia específica de un órgano decisorio (Ejecutivo, Legislativo en la comunidad.	Voluntad revocatoria (dirigido a poner fin a una situación creada por el propio revocante).

El referendo consultivo está expresamente previsto en la Constitución para que opere tanto en el ámbito nacional (referendo consultivo nacional) como en el local (referendo consultivo parroquial, municipal y estadal).

El referendo consultivo nacional versa sobre las materias de trascendencia para el Estado: que interesan a todos los venezolanos y que afectan a la totalidad de la población (como ejemplo de ello puede señalarse la apertura petrolera; la pena de muerte; la libre aceptación del aborto; el reconocimiento de la eutanasia). La iniciativa corresponde al Poder Ejecutivo, al Legislativo o bien, a la actuación popular. Su eficacia no es vinculante y el procedimiento estuvo regulado por la Ley Orgánica del Sufragio y Participación Política, que fuera derogada en fecha 12-08-2009, sin que una nueva normativa pasara a sustituirla.

El **referendo consultivo** versa sobre las materias de trascendencia bien parroquial, municipal o estadal, por lo cual, **la iniciativa** corresponde a la Junta Parroquial, al Concejo Municipal o al Concejo Legislativo; al Alcalde; al Gobernador. **La iniciativa popular** es de no menos del 10% del total de los electores inscritos en la circunscripción correspondiente.

El **referendo aprobatorio** en el texto constitucional persigue la aprobación de determinados proyectos normativos que cursan ante la Asamblea Nacional y están pendientes de obtener la sanción de dicho organismo y el "*ejecútese*" del Ejecutivo Nacional. El objeto del referendo aprobatorio puede ser: a- Los proyectos de ley en discusión por la Asamblea Nacional y b.- los tratados, convenios u acuerdos internacionales que pudieran comprometer la soberanía nacional o transferir competencias a órganos supranacionales.

La institución del referendo aprobatorio es muy reciente, por lo cual, no se han resuelto aún muchos de los problemas que el mismo plantea.

El **referendo abrogatorio o derogatorio** es un mecanismo de consulta popular destinado a obtener la derogación de determinadas normas. Según el objeto sobre el cual recae la solicitud de derogación se distingue entre: referendo abrogatorio de leyes y referendo abrogatorio de decretos con fuerza de ley. El primero tiene como objeto "*las leyes formales*", esto es, las dictadas por la Asamblea Nacional, mediante el procedimiento constitucionalmente previsto para ello, esto es: iniciación, discusión, sanción, promulgación y publicación. Todas las categorías de leyes formales están incluidas como objeto de la consulta, por lo cual comprende a las leyes orgánicas, a las leyes especiales y a las leyes aprobatorias de otros actos jurídicos, tales como las leyes aprobatorias de los contratos.

La abrogación de las normas puede ser total o parcial y no puede recaer sobre las siguientes leyes: las leyes del presupuesto; las que modifiquen impuestos; las de crédito público; las de amnistía; las que protejan, garanticen o desarrollen derechos humanos y, las que aprueben tratados internacionales.

¿Cuál es el motivo en el cual se podría fundamentar la convocatoria a la abrogación? La respuesta es que el pueblo es dueño de sus motivaciones, por lo cual es libre de hacer la solicitud de convocatoria sin expresar los criterios que lo animan que serán valederos, salvo aquellos que versan sobre las materias que no pueden abrogarse por tal vía.

La iniciativa corresponde al Presidente de la República en Consejo de Ministros o al 10% por lo menos de los inscritos en el Registro Civil Electoral pero el quórum de concurrencia es del 40% de los electores inscritos en dicho registro.

¿Desde qué momento puede solicitarse del Consejo Nacional Electoral la convocatoria para el referendo abrogatorio? ¿Es necesario que la ley haya concluido su formación y llegado a su etapa de eficacia, o es posible intentar su derogación antes de que esta última haya sido adquirida?

Las posibilidades son al efecto las siguientes:

1. La ley ha sido sancionada por la Asamblea Nacional, pero no ha sido promulgada por el Ejecutivo;
2 La ley ha sido promulgada pero no ha sido publicada;
3. La ley ha sido publicada pero ha sido objeto de recurso de nulidad ante la Sala Constitucional;
4. La ley ha sido publicada pero está sometida a una *vacatio legis* que suspende su entrada en vigencia en forma total o parcial.

Estimamos que el único caso en que es posible el referendo abrogatorio es en el último mencionado, esto es, una ley que debe haber sido publicada aun cuando haya sido sometida a una condición o a un término suspensivo. En las hipótesis 1 y 2 se trata de una ley que no ha cumplido el *íter* para su formación.

El pronunciamiento de la Sala puede ser anulatorio, lo cual posee un efecto más intenso que la derogación, ya que esta última tiene eficacia ex nunc, solo hacia el futuro, en cuanto que la anulación puede tener eficacia *ex tunc*, esto es, hacia el pasado.

Por lo que atañe al **referendo abrogatorio de decretos con fuerza de ley,** es decir, los que se dictan fundados en una ley habilitante, pero que tienen rango y fuerza de ley formal, la iniciativa corresponde al 5% de los electores inscritos en el Registro Civil y Electoral y, el quórum de aprobación es del 40% de los electores.

Con respecto al límite aplicable a los dos tipos de referenda abrogatorio, es que no podrá hacerse más de uno en cada período constitucional para la misma materia. No se tomó en cuenta la diferencia entre ambos tipos de referendo, ya que en el revocatorio de mandato el mismo intenta que cese en sus funciones un funcionario que ha sido designado por elección popular y no se permite la convocatoria de un nuevo referendo en el mismo período constitucional cuando la anterior ha sido infructuosa.

Diferente es la situación de las **normas sometidas a referendo abrogatorio** por cuanto la convocatoria de la consulta está destinada a manifestar la inconformidad de la población electoral con la norma, **no en contra de su constitucionalidad**. Efectuado el rechazo del referendo abrogatorio, el mismo nada tiene que ver con la duración del período constitucional ya que las normas son dictadas para tener una permanencia indefinida en el tiempo. De lo anterior deriva que el referendo rechazado no debería poder reproponerse en ningún tiempo mientras la norma no sea modificada. Con respecto a los decretos con fuerza de ley no se estableció ningún límite para la solicitud de abrogación, pero, por analogía, podría aplicarse a la abrogación de los decretos con fuerza de ley, las limitaciones que rigen para las leyes formales.

Por lo que respecta al referendo revocatorio, los cargos sometidos al mismo son todos los de elección popular, es decir que, entre ellos figuran los siguientes: los de diputados a la Asamblea Nacional; Presidente de la República; Gobernadores, Diputados a los Consejos Legislativos; Alcaldes; Concejales de Cabildo Metropolitano y Concejales de los Cabildos Distritales. La ley puede establecer otros destinos públicos que pueden ser cubiertos por el sufragio, como es el nombramiento de las autoridades académicas, de las universidades nacionales. Asimismo, los estatutos de algunas entidades pueden exigir tal vía para las designaciones de sus directivos, con respecto a lo cual cabe preguntarse si ello los somete a la eventualidad de una revocatoria mediante referendo.

La **iniciativa del referendo** señala que corresponde a un número no menor del 20% de los electores inscritos en la correspondiente circunscripción y, la **oportunidad** para promoverlo, es el transcurso de, por lo menos, la mitad del período para el cual fue elegido el funcionario.

Para que el referendo sea válido es necesario que haya concurrido al mismo, por lo menos, el 25% de los electores inscritos. Por lo que respecta al quórum necesario para la revocatoria del mandato, se exige un número igual o superior a los votos obtenidos para la elección de los funcionarios objeto de la solicitud de revocatoria, siempre y cuando la votación favorable a la revocatoria, sea superior a la que se opone a ello. La anterior determinación se basa en la sujeción o adaptación del sistema, al principio democrático de la mayoría.

Si se diesen las dos condiciones anteriores relativas al quórum, se considerará revocado el mandato y, se procederá a cubrir la falta absoluta, conforme a la Constitución.

La Constitución contiene un límite a la solicitud de referendo revocatorio y, es el admitir una sola solicitud de revocación del mandato durante el período constitucional para el cual el funcionario fue electo.

Referendo revocatorio en el régimen de los estados.

No hay un dispositivo específico para el referendo de los gobernadores, pero la jurisprudencia ha llenado las lagunas o contradicciones más graves, tanto en el régimen de los estados como en el de los municipios.

Hay una sentencia reguladora de la materia de la Sala Constitucional de fecha 5 de julio de 2002, relativa a un recurso de interpretación referente a la posibilidad de convocatoria del mandato de los gobernadores y de sus inmediatas consecuencias jurídicas.

Una vez señaladas algunas peculiaridades resaltantes de las figuras que vamos a enunciar, pasamos a hablar de cada una de ellas en forma específica:

II. DEL REFERENDO REVOCATORIO

El artículo 72 de la Constitución establece los supuestos del referéndum revocatorio, señalando los funcionarios sujetos al mismo; la oportunidad para solicitar la revocatoria del funcionario; el quórum exigido para la celebración del referéndum y para la validez del resultado; la revocación del mandato en los órganos colegiados y, las limitaciones para su celebración.

Los órganos del Poder Electoral en todas las materias en general y en lo que atañe a los referenda, sólo deben atender a los asuntos conflictivos o no, de los órganos y a las situaciones constitucionalmente reguladas.

La normativa refrendaria, al haber penetrado en la forma en que lo hizo en la Constitución de 1999, se erigió en principio rector de todas las situaciones derivadas de los comicios, tanto en sede pública como privada, debiendo dilucidarse los conflictos que los mismos planteen, por la vía de los tribunales competentes por la materia (laborales, civiles, mercantiles, etc.).

Por lo que atañe a la materia del quórum hay que distinguir entre el quórum establecido para formular las solicitudes de convocatoria al referéndum y el quórum exigido para que se produzca la revocatoria del mandato.

Al respecto, una sentencia de la Sala Constitucional de fecha 5 de junio de 2002, al pronunciarse sobre un recurso de interpretación relativo al artículo 72 *ejusdem*, señaló con respecto al quórum para el referendo revocatorio que, el establecido por el constituyente, tuvo como propósito que se demostrase fehacientemente la veracidad de los resultados obtenidos para que no hubiese duda sobre la pérdida de popularidad del funcionario que deviene en ilegítimo y, la desaprobación de su gestión.

La sentencia de la Sala Constitucional estableció el carácter vinculante solo en las disposiciones que ella califica expresamente como tales.

Revocación del mandato en los órganos colegiados

El artículo 72 de la Constitución indica que la revocatoria del mandato para los cuerpos colegiados se realizará de acuerdo con lo que establezca la ley y, por su parte, el artículo 61 de la resolución 030925-465 del Consejo Nacional Electoral, indica que cuando se trate de cuerpos colegiados, el número de votos que se considerará para los efectos de la revocatoria será para los elegidos nominalmente el que obtuvo el funcionario y, para los elegidos por listas, el número de votos de la misma. Durante el período para el cual fue elegido el funcionario no podrá hacerse más de una solicitud de revocación del mandato.

De la sentencia del 25 de agosto de 2003 de la Sala Constitucional

La sentencia de la Sala Constitucional indicada en el epígrafe es la fuente que justifica la actuación del Consejo Nacional Electoral. En dicho texto se señala que corresponde al Poder Electoral toda la normativa reglamentaria de los procesos electorales y de los referendos, así como de las condiciones demostrativas de la autenticidad de los peticionarios.

El Consejo Electoral se sintió así libre de dictar algunas normas sobre el régimen de los referendos revocatorios, los cuales mencionaremos simplemente como es el caso de la Resolución 0309254645, que señala las fuentes que han de regir dichos procesos cuando se refieran a los mandatos de los cargos públicos de elección popular.

El procedimiento para la realización del referendo revocatorio se desarrolla a través de las siguientes fases:

Fase 1: **Participación** del inicio del procedimiento de convocatoria del referendo revocatorio;
Fase 2: **Recepción** de la participación;
Fase 3: Resolución de **admisión** del inicio del procedimiento;
Fase 4: **Designación de los observadores en la recolección de firmas** y entrega de las planillas;
Fase 5: **Recolección de firmas;**
Fase 6: **Consignación de las planillas** con las firmas;
Fase 7: **Verificación de los datos**;
Fase 8: Aprobación del **informe de validación**;

Fase 9: **Publicación de los resultados** del proceso de validación. Reparos;
Fase 10: **Convocatoria** a la celebración del referendo;
Fase 11: **Celebración del referendo**;
Fase 12: **Acto de votación**;
Fase 13: **Acto de escrutinio**. Levantamiento del acta de escrutinio;
Fase 14: **Totalización** las actas de escrutinio;
Fase 15**: Proclamación** de los resultados;
Fase 16: **Recursos** posibles contra los actos de la administración electoral.

Es necesario señalar que todos los procedimientos[1] y actuaciones referentes al referendo revocatorio fueron objeto de normativas específicas por parte del Consejo Nacional Electoral y, de su correspondiente interpretación, por parte del tribunal constitucional.

III. DE LA ASAMBLEA NACIONAL CONSTITUYENTE

Hemos antes señalado que la Constitución de 1999 es la primera y quizás única en toda América que, en forma expresa, regula la existencia de una Asamblea Nacional Constituyente dentro de las formas de modificación de las constituciones vigentes. Asimismo, hay que hacer notar que los argumentos en contra y a favor de esta figura son innumerables y constituyen capítulos enteros de las obras de Derecho Constitucional y de los escritos políticos.

En la tantas veces citada obra "*Los Cuatro tema Álgidos de la Constitución Venezolana de 1999*" se exponen con detalle las "*explicaciones que el constituyente*" nos da de la razón y regulación de la nueva figura incorporada al texto fundamental. Es así como en la Exposición de Motivos de la Constitución en su Título IX aparecen una serie de señalamientos al respecto[2].

---

[1] Todo lo relativo a los procedimientos aludidos en el texto se encuentra minuciosamente detallado en Rondón de Sansó, Hildegard "Cuatro temas álgidos de la Constitución venezolana de 1999", editorial ExLibris, 2004, páginas 90 a la 106. Igualmente es expuesto en detalle el conflicto entre la Sala Constitucional del Tribunal Supremo de Justicia y la Sala Electoral de dicho organismo relativa a las planillas utilizadas en el referendo revocatorio. Páginas de la 114 a la 143.

[2] Rondón de Sansó, Hildegard, ob. Cit., p 158 a la 161.

Comparación entre enmienda, reforma y Asamblea Nacional Constituyente en la Constitución de 1999

	Enmienda	Reforma	Asamblea Nacional
OBJETO	Adición o modificación de uno o varios artículos de la Constitución sin alterar su estructura fundamental.	Revisión parcial de la Constitución y la sustitución de una o varias de sus normas que no modifiquen la estructura y principios fundamentales.	a. Transformar el Estado. b. Crear un nuevo ordenamiento jurídico. c. Redactar una nueva Constitución.
INICIATIVA PARA LA CONVOCATORIA	a. Popular: 15% de los ciudadanos inscritos en el Registro Civil y Electoral. b. Legislativa: 30% de los integrantes de la Asamblea Nacional. c. Ejecutiva: Presidente de la República en Consejo de Ministros.	a. Popular: 15% de los ciudadanos inscritos en el Registro Civil y Electoral. b. Legislativa: 30% de los integrantes de la Asamblea Nacional. c. Ejecutiva: Presidente de la República en Consejo de Ministros.	a. Popular: 15% de los ciudadanos inscritos en el Registro Civil y Electoral. b. Legislativa: 30% de los integrantes de la Asamblea Nacional. c. Ejecutiva: Presidente de la República en Consejo de Ministros. d. Municipal: Consejos Municipales en cabildo, mediante el voto de las 2/3 partes de los mismos.
PROCEDIMIENTOS	a. Si la iniciativa fue de la Asamblea Nacional, requiere de la aprobación de ésta por la mayoría de sus integrantes. b. Se discute en la Asamblea Nacional según el procedimiento establecido para la formación de las leyes. c. El Poder Electoral someterá a referendo las enmiendas a los treinta días siguientes a su recepción formal. d. El referendo aprobatorio se somete a las normas de tal procedimiento contenidas en el art. 73 de la Constitución, relativas al referendo aprobatorio de leyes. e. Las enmiendas serán numeradas consecutivamente y se publicarán a continuación de la Constitución sin alterar su texto, pero anotando al pie del artículo o artículos enmendados, la referencia del número y fecha de la enmienda que lo modificó.	a. El proyecto de reforma tendrá una primera discusión en el período de sesiones correspondiente a la presentación del mismo. b Una segunda discusión por títulos o capítulos, según fuere el caso. c. Una tercera y última discusión, artículo por artículo. d. La Asamblea Nacional aprobará el proco de reforma constitucional, en un plazo no mayor de dos años contados a partir de la fecha en la cual conoció y aprobó su solicitud. e. El proyecto de reforma se considerará aprobado con el voto de las 2/3 partes de los integrantes de la Asamblea Nacional. f. El proyecto de reforma aprobado por la Asamblea, se someterá a referendo dentro de los treinta días siguientes a su sanción. g. El referendo se pronunciará en conjunto sobre la reforma, pero podrá votarse separadamente hasta una tercera parte de ella, si así lo aprobase un número no menor de 1/3 parte de la Asamblea Nacional, o si, en la iniciativa de reforma, así lo hubiere solicitado el Presidente de la República o un número no menor del 5% de los electores inscritos en el Registro Civil y Electoral. h. Se declarará aprobada la reforma constitucional si el número de votos afirmativos es superior al número de votos negativos. i. La iniciativa de reforma constitucional que no sea aprobada, no podrá presentarse de nuevo en un mismo período constitucional a la Asamblea Nacional. j. El Presidente de la República deberá promulgar las enmiendas y reformas dentro de los diez días siguientes a su aprobación.	No existe procedimiento previsto para la conformación de la Asamblea Nacional Constituyente, ni para la elaboración por su parte de un nuevo texto constitucional. Resalta el hecho de que la Constitución no exigió la aprobación por referendo ni la convocatoria de la Asamblea, ni la aprobación del texto constitucional que resulta aprobado.

Asamblea Constituyente y Principio de Participación

El artículo 347 de nuestra Constitución vigente, identifica a la Asamblea Nacional Constituyente con el Poder Constituyente originario, cuyo depositario es el pueblo. Como es sabido, el principio de participación opera en lo político y en lo social y económico. En el plano de lo político el artículo 62 ejusdem señala como manifestaciones del mismo el derecho de actuar libremente en los asuntos públicos en forma directa o por medio de representantes elegidos. Este derecho se plantea como elegibilidad activa que es un derecho que poseen todos los venezolanos que han cumplidos 18 años y que no están sujetos a interdicción civil o inhabilitación política y, la elegibilidad pasiva en virtud de la cual se puede ser designado mediante elección popular, lo cual corresponde a todos los venezolanos, siempre y cuando no hubiesen sido condenados por delitos cometidos durante el ejercicio de sus funcione y otros que afecten al patrimonio público.

Manifestación del principio de participación es la exigencia periódica de la rendición de cuentas de los funcionarios ante los electores, tal como lo señala el artículo 66 de la Constitución que, exige que tales cuentas públicas sean transparentes.

El derecho de participación también opera en lo social y económico, enunciando el artículo 70 *ejusdem*, que las modalidades de tal participación son las instancias de atención ciudadana; la autogestión; la cogestión; las cooperativas en todas sus formas, incluyendo las de carácter financiero; las cajas de ahorro; las empresas comunitarias, y demás formas asociativas guiadas por los valores de la mutua cooperación y la solidaridad.

Definición de Asamblea Nacional Constituyente

La Asamblea Nacional Constituyente es un organismo colegiado conformado por sujetos elegidos en forma expresa para integrarla, mediante el sufragio universal, directo y secreto, y que tiene por objeto, establecer las bases fundamentales de un Estado.

Críticas a la ubicación de la norma relativa a la Asamblea Nacional Constituyente

Las críticas fundamentales que nos merece el régimen de la Asamblea Nacional Constituyente contenida en la Constitución son en realidad objeto permanente del presente estudio y por ello aparecen en forma constante en el mismo. En la oportunidad actual nos vamos a limitar a señalar los puntos críticos más resaltantes.

1. La regulación de la Asamblea Nacional Constituyente se encuentra en el Título IX de la Constitución, que se denomina "*De la Reforma Constitucional*", en el cual se regulan además la **enmienda** y la **reforma.**

La ubicación es incongruente, por cuanto, si bien la enmienda y la reforma son vías para modificar el texto constitucional; no así lo es la Asamblea Nacional Constituyente, que presupone su derogatoria, extinción y sustitución por un nuevo texto.

2 La incongruencia de la regulación se hace más evidente en el hecho de que la enmienda –que es la modificación más sencilla y puntual de la Constitución-, presenta una multiplicidad de requisitos y la necesidad de la aprobación mediante referendo, exigencias éstas que no están presentes en el régimen de la Asamblea Nacional Constituyente, a pesar de la gravedad de su objetivo.

3. Otra incongruencia del texto constitucional está e designar (art.347) a la Asamblea Nacional Constituyente como Poder Constituyente Originario cuando es sabido que, **originario es el que crea la norma**; por lo cual el sólo hecho de su previsión constitucional, le quita tal carácter.

Procedimiento para la conformación de la Asamblea Nacional Constituyente

La Constitución de 1999 no prevé un procedimiento expreso, como si lo hace con las otras modalidades de la reforma. La razón de la falta de regulación estaría en el antes señalado carácter **originario** que se le atribuye. Otra razón no apreciada por el constituyente es que la Constitución no podía establecer un procedimiento para regular lo que estaba destinado a arrasar con toda normativa vigente.

Los límites de la Asamblea Nacional Constituyente

El artículo 350 de la Constitución señala como límites de los poderes de la Asamblea Nacional Constituyente la necesidad de la sumisión del régimen que la misma establecía y de la normación que de ella derive, a "*los valores, principios y garantías democráticas*", así como, al "*respeto de los derechos humanos*". Es decir que el constituyente tiene la facultad de transformar el Estado, crear un nuevo ordenamiento jurídico y redactar una nueva Constitución, pero en ninguna de estas actuaciones puede establecer un régimen, crear una autoridad o dictar unas normas que contraríen los valores, principios y garantías democráticos o limiten los derechos humanos. Este límite tiene un alcance muy extenso por cuanto, obliga al constituyente a someterse a los valores que están expresados en el Preámbulo de la Constitución, y que constituyen en consecuencia, el sustento de la normativa que debería ser derogada.

Los valores o principios fundamentales que no podrían ser derogados por la Asamblea Nacional Constituyente, según nuestro criterio, son:

a. Fundamento político ideológico de la República (libertad, igualdad, justicia y paz internacional)
b. Los derechos irrenunciables de la nación (independencia, libertad, soberanía, inmunidad, integridad territorial y autodeterminación nacional).
c. Los principios rectores del Estado que son: el ser un Estado democrático y social de derecho y de justicia; el ser un Estado que propicia como valores superiores de sus ordenamientos jurídicos y de su actuación, la vida, la libertad, la justicia, la igualdad, la solidaridad, la democracia, la responsabilidad social y, en general, la preeminencia de los derechos humanos, la ética y el pluralismo político.
d. Los fines esenciales del Estado que son la defensa y el desarrollo de la persona y el respeto de su dignidad, el ejercicio democrático de la voluntad popular, la construcción de una sociedad justa y amante de la paz, la promoción de la prosperidad y bienestar del pueblo y la garantía del cumplimiento de los principios derechos y deberes reconocidos y consagrados en la Constitución.

IV. RÉGIMEN DE LOS ESTADOS DE EXCEPCIÓN

La vigente Constitución de 1999, a diferencia de su antecesora, la de 1961, utiliza la expresión **estados de excepción** para intitular con ella uno de los dos capítulos de su Título VIII al cual denominara "De *la protección de la Constitución*". El Constituyente consideró que bajo el ámbito que el citado Título VIII abarca, debía colocarse el régimen de la **Justicia Constitucional**, asignada esencialmente a la Sala Constitucional del Tribunal Supremo de Justicia, porque ella es la tutora de uno de los principios sobre los cuales se rige el Texto Fundamental, que es el de su inviolabilidad. El hecho de que el régimen de los estados de excepción se cobije también con el antes mencionado título de "Protección de la Constitución", deriva del hecho de que **el mismo tiene como objetivo protegerla de las circunstancias que no pueden combatirse con los medios normales que se atribuyen a los órganos de los poderes públicos**. Es decir, que las disposiciones sobre los estados de excepción configuran **una normativa reguladora de las situaciones de anormalidad para tutelar durante las mismas la vigencia y sobrevivencia de la Constitución.**

Según el artículo 337 de la Constitución vigente, los estados de excepción son las circunstancias de orden social, económico, político, natural o ecológico que afectan gravemente la seguridad de la nación, de las instituciones y de los ciudadanos, con respecto a las cuales resultan insuficientes las facultades que poseen los órganos del poder público para hacerles frente. Esta definición recoge los siguientes elementos conceptuales:

a. Los estados de excepción son circunstancias de variada índole: derivados del hombre, de la naturaleza o de los fenómenos socioeconómicos.
b. Las circunstancias que conforman los estados de excepción pueden afectar la **seguridad de la nación, de las instituciones o de los ciudadanos**
c. Los hechos que determinan el estado excepcional no pueden combatirse con las facultades de las cuales **normalmente** dispone el poder público para actuar en las situaciones habituales en las que se desarrolla la vida colectiva e institucional.

Por lo anterior, los conceptos que entran en juego para definir en estado de excepción son los siguientes:

La **heterogeneidad** que alude a las circunstancias determinantes de los estados de excepción. Así, la noción no se limita a los hechos bélicos o políticos-militares, como se estimó durante mucho tiempo al punto que se entendía como sinónimo de estado de excepción las alteraciones que se sufrieran en estos campos (sublevaciones civiles o militares, asonadas, intentos de golpe de estados, descubrimiento de focos conspirativos, la presencia de tropas extranjeras en el territorio nacional). Igualmente se colocaban en tal concepto la actuación de grupos subversivo contra el orden gubernativo y, así mismo las crisis en el seno de los poderes públicos.

Hoy en día a estas figuras tradicionales hay que agregar nuevas modalidades que no implican la presencia de un enemigo identificable, sino que los actos dañinos derivan de sujetos u organizaciones que se mueven en las sombras y que utilizan como recurso básico el elemento sorpresa, como es el caso de los movimientos guerrilleros, tanto urbanos como rurales. La figura del "*terrorismo*" se ubica dentro de este mismo concepto lo cual incluye los grupos descontentos con los regímenes dentro de los cuales operan, lo cual se manifiesta mediante la agresión a instalaciones en general. Sus cabecillas ponen en acto operativos esporádicos y sorpresivos que obligan a las autoridades a mantenerse un permanente estado de prevención. El terrorismo es, en la actualidad, uno de los flagelos más poderosos contra la humanidad porque sus blancos son fundamentalmente los grupos civiles, sin distinción de edad o condición. Históricamente la figura siempre ha estado presente, pero hoy aparece potenciada por el uso de las altas tecnologías utilizadas por los terroristas. Los grupos terroristas obedecen a posiciones radicales en el ámbito político, religioso pero también se constituyen con mercenarios.

La ampliación que modernamente ha tenido el concepto de estado de excepción, hace que hoy en día se incluyan como tales a los fenómenos y eventos de la naturaleza, como terremotos, maremotos, erupciones volcánicas, inundaciones, sequías, lluvias torrenciales, fuertes alteraciones climáticas. Igualmente se incluyen los disturbios derivados del orden social como lo son las crisis económicas grave; las inmigraciones o emigraciones masivas; la difusión de doctrina filosófica religiosa o políticas de tesis que fomentan la destrucción de las instituciones y divulgan las modalidades para su ejecución material.

Se pueden incluir en estos mismos conceptos a los **bloqueo de la información** por parte de los medios de comunicación que está destinado a manipular las noticias y adaptarla a sus intereses, impidiendo que el público se entere de los hechos reales. Aquí debemos señalar que este bloqueo se expresa muchas veces bajo la forma de propaganda fascista o de totalitarismo ideológico.

Finalmente vamos a incluir dentro de los estados de excepción a los procesos nocivos a la salud de las poblaciones, entre las que figuran las epidemias; la aparición de formas endémicas de gran mortalidad; la propagación de enfermedades contagiosas de alto riesgo; el crecimiento desmesurado de la mortalidad infantil.

La segunda característica de los estados de excepción es la **irresistibilidad** de los fenómenos, esto es la incapacidad de atender debidamente a las necesidades que surgen de los hechos excepcionales, con los medios disponibles durante los períodos de normalidad. La irresistibilidad puede derivar de las **carencias de facultades** para combatir los hechos pero también de la **inoperancia** de los medios o recursos para atenderlo.

La tercera característica está en la **lesividad** de los hechos, esto es, la producción o inminencia de producción de daños a las personas, a las cosas o las instituciones derivadas directa o indirectamente de las circunstancias que conforman el estado de excepción. Cuando se habla de daño el mismo implica tanto el daño material como el que se encuentra en el orden inmaterial, como es el caso del daño psicológico que se produce por el temor de enfermedades o peligros o por la inducción al odio irracional contra persona o instituciones.

Medidas para atender a los estados de excepción

Las medidas de excepción son las facultades y los medios con los cuales se atiende a los estados de excepción, para que los mismos no afecten la vida institucional y se produzca el regreso lo antes posible a la normalidad. Cuando se habla de "*facultades*" se trata de los poderes que se le otorgan al Jefe de Estado para que regule la situación surgida y señale cuáles serán los organismos encargados de la regulación. Los "*medios*" son los instrumentos prácticos aplicados a cada caso planteado que van a impedir que la situación se agudice y, asimismo van a acelerar el regreso a la normalidad. La primera de las facultades es el poder de incidir sobre la **reserva legal** y ello es el origen de la mayoría de las actuaciones, tales como: el ejercicio de un severo poder sancionador o disciplinario y la aplicación de medidas en el campo fiscal y en el presupuestario. Por lo que atañe a los medios, los mismos están constituidos por los recursos de los cuales se dispone para atender a la situación extraordinaria que pueden ser: humanos, financieros y recursos naturales.

Indudablemente que la parte más importante del régimen de los estados de excepción es el de las medidas para atenderlos que, en cierto modo, versan sobre la restricción de garantías constitucionales. En efecto, recordemos que la Constitución de 1999 eliminó la noción de "*suspensión de garantías constitucionales*" por considerar que la suspensión es el levantamiento o eliminación de la eficacia de la garantía en forma temporal, con lo cual se señalaba que, al imposibilitar su satisfacción se está tocando el derecho mismo que ella tutela. Es por esta razón que se consideró que, no siendo el derecho el objeto de la suspensión, sino la garantía, cuando esta se suspende no puede tal medida acordarse en forma que colida con el núcleo de la facultad que protege. De allí que la suspensión absoluta e indeterminada no se consideraba admisible. La normativa vigente se refiere solo a la restricción de la garantía, poniendo fin a la polémica que estaba planteada sobre el objeto de la medida (derecho o garantía) y sobre la forma en que opera.

En nuestro criterio la diferencia no es sustantiva, sino que es una cuestión de grados, en forma tal que, **suspender**, es hacer ineficaz el derecho; en cuanto que **restringir** es producir esa misma ineficacia, pero en forma parcial y limitada en el tiempo, en el espacio, en el modo, en el objeto.

El artículo 337 de la Constitución deja a salvo las garantías que se refieren a los derechos a la vida, la prohibición de incomunicación o tortura; el derecho al debido proceso, el derecho a la información y los demás derechos humanos intangibles. A su vez, el artículo 7 de la Ley Orgánica sobre Estados de Excepción amplia el enunciado del citado artículo 337 con respecto a las garantías que no puede restringirse al señalar lo siguiente *"No podrán ser restringidas, de conformidad con lo establecido en los artículos 339 de la Constitución de República Bolivariana de Venezuela, 4,2 del Pacto Internacional de Derechos Civiles y Políticos y 27,2 de la Convención Americana sobre*

Derechos Humanos, las garantías de los derechos a: 1.- La vida; 2.- El reconocimiento a la personalidad jurídica; 3.- La protección de la familia; 4.- La igualdad ante la ley; 5.- La nacionalidad; 6.- La libertad personal y la prohibición de práctica de desaparición forzada de personas; 7.- La integridad personal física, psíquica y moral; 8.- No ser sometido a esclavitud o servidumbre; 9.- La libertad de pensamiento, conciencia y religión; 10.- La legalidad y la irretroactividad de las leyes, especialmente de las leyes penales; 11.- El debido proceso; 12.- El amparo constitucional; 13.- La participación, el sufragio y el acceso a la función pública; 14.- La información".

No puede dejar de señalarse con respecto al problema de determinar que la medida recae sobre un derecho o de una garantía que, si se estima que el derecho es el núcleo de la facultad, y la garantía es la forma de tutelar su ejercicio, caemos en un terreno de conceptos imprecisos. En efecto, las garantías jurisdiccionales son la tutela de los derechos a los cuales se destinan, mediante el ejercicio de las acciones correspondientes; pero ellas mismas también pueden ser tuteladas por esta vía.

Una última consideración en la materia que ha sido objeto de nuestro examen es el del **contenido** de las medidas de excepción. Al efecto, el mismo, no es enunciado -ni siquiera a título de ejemplo- en la Constitución del 99, a diferencia de la constitución del 61 que menciona una serie de formas de actuación cuando regula en el artículo 244 las llamadas medidas de alta policía, indicando como tales la detención o confinamiento de los indiciados. En el presente estudio el contenido de las medidas de excepción será expuesto en oportunidad en que analicemos cada una de las figuras que conforman los tipos posibles que la Constitución prevé y que la ley especial desarrolla (estado de emergencia económica, de conmoción interna y de conmoción exterior).

En el texto en que desarrollamos la materia en toda su amplitud, hacemos un estudio desde las páginas 201 a la 208 de las garantías constitucionales previstas en la Norma Fundamental el cual concluye con el examen de la reserva legal que es la garantía fundamental que se restringe cuando se dicta un decreto de excepción. En la obra indicada en las páginas 208 a 210 se analiza la situación de la reserva legal en los estados de excepción.

Disposiciones comunes a todos los estados de excepción

La Ley sobre Estados de Excepción indica una serie de reglas comunes a todos los estados de excepción que podemos enunciar clasificándolas por lo que atañe a su objeto en la siguiente forma:

1. Disposiciones relativas a las facultades del Presidente de la República;
2. Disposiciones relativas a las personas naturales o jurídicas ante la vigencia declarada de los estados de excepción.
3. Contenido de las medidas que pueden ser decretadas (artículo 19, 20)
4. Rango y eficacia de los decretos que declaren los estados de excepción.

Tipología de los estados de Excepción

El artículo 338 de la Constitución enuncia como tipología de los estados de excepción los siguientes supuestos: **el estado de alarma, el estado de emergencia económica, el estado de conmoción interior y el estado de conmoción exterior.**

Por lo que respecta al **estado de alarma**, podrá declararse su existencia en los casos en que se produzcan calamidades públicas de cualquier género que pongan seriamente en peligro la seguridad de la nación de sus ciudadanos o de sus instituciones. El artículo 8 de la Ley Orgánica sobre Estados de Excepción, indica como motivo del estado de alarma los siguientes hechos: catástrofes, calamidades públicas u otros acontecimientos similares.

El estado de emergencia económica

La Ley Orgánica sobre Estados de Excepción señala que el estado de emergencia económica opera "*cuando se susciten circunstancias extraordinarias que afectan gravemente la vida económica de la Nación*". La redacción de la ley no ilustra sobre los motivos que pueden determinar la declaratoria de emergencia económica. Por lo que respecta al grado de virulencia de la circunstancias aludida por la norma se deja al Presidente de la República la apreciación de la identidad del daño que se mide no solo por los perjuicios, sino por la gravedad de sus repercusiones.

Estado de conmoción interior y exterior

El estado de conmoción y exterior se produce cando existe un conflicto interno que pone en peligro la seguridad de la nación, de sus ciudadanos y sus instituciones. La conmoción interior no es otra cosa que la grave alteración del orden interno, concepto que es definido por el artículo 18 de la Ley Orgánica de Seguridad de la Nación en la siguiente forma: "*El Estado garantiza la preservación del orden interno, entendido éste como el estado en el cual se administra justicia y se consolidan los valores y principios consagrados en la Constitución y las leyes, mediante las previsiones y acciones que aseguren el cumplimiento de los deberes y el disfrute de los derechos y garantías por parte de los ciudadanos y ciudadanas*".

De las medidas nominadas o típicas que pueden operar en un estado de excepción

La normativa rectora de los estados de excepción no puede señalar taxativamente todas las medidas que pueden adoptarse en cada caso específico, razón por la cual se otorga al Presidente de la República en Consejo de Ministros un gran poder discrecional para determinar lo que se considere más adecuado, oportuno y conveniente en cada situación concreta. Ahora bien, hay algunas medidas, que por haber sido designadas a título de ejemplo por el legislador pueden ser llamadas como **medidas nominadas o medidas típicas** constituidas por las siguientes: La movilización; el empleo de la fuerza armada para coadyuvar en el control y funcionamiento de los servicios públicos o de las empresas básicas del estado para la vida económica; la requisición; la restricción del derecho de huelga; el régimen penal de emergencia; el régimen jurisdiccional militar

La movilización: Es de conformidad con el artículo 28 de la Ley Orgánica de Seguridad de la Nación "*el conjunto de previsiones y acciones preparatorias y ejecutivas destinadas a organiza el potencial existente y convertirlo en poder nacional, abarcando todos los*

sectores de la Nación tanto público como privada, para ser más efectiva, armónica y oportuna la transición de una situación ordinaria a otra extraordinaria".

La anterior medida corresponde acordarla al Presidente de la República, en su condición de Comandante en Jefe de la Fuerza Armada Nacional, así como dirigir su realización. Ahora bien, el artículo 30 ejusdem, señala que, en esta última tarea será asistido por el Consejo de Defensa de la Nación, Ministerios y demás organismos involucrados. Al efecto, los aludidos por la norma son los encargados de la elaboración y ejecución de los planes de movilización de acuerdo con las directrices emanadas del Presidente de la República.

Los gastos a que dé lugar la movilización se considerarán inherentes a la seguridad y defensa de la nación y se adoptarán las medidas para adecuar el presupuesto de gastos a las circunstancias de excepción.

Empleo de la Fuerza Armada en los servicios Públicos: El artículo 32 de la Ley Orgánica de Seguridad de Nación establece: "*El Presidente o Presidenta de la República podrá disponer el empleo de la Fuerza Armada Nacional para coadyuvar en el control y funcionamiento de los servicios públicos o de las empresas básicas del Estado para la vida económico-social de la República. Igualmente, podrá ordenar que el personal de tales servicios o empresas quede sometido temporalmente al régimen militar, si se hubiere decretado el estado de excepción*". Lo anterior quiere significar que el Presidente de la República puede establecer los medios para controlar las medidas en los servicios públicos e incluso pasar al personal de los mismos al régimen militar.

La requisición: Es una medida cautelar de seguridad de naturaleza tanto penal como administrativa que recae sobre los bienes de un sujeto. La Ley Orgánica de Seguridad de la Nación señala que: decretada la movilización, el Presidente de la República puede ordenar la requisición de los bienes necesarios para la defensa nacional de acuerdo con lo establecido en el reglamento respectivo.

La requisición puede entonces ser definida como un medio de traslación coactiva de la posesión de los bienes de un sujeto por causa de defensa nacional. No se trata de una confiscación, figura está que implica la traslación coactiva de la propiedad de los bienes de sujetos incursos en responsabilidad frente al Estado. En efecto, la requisición sólo recae sobre la posesión; la requisición es una medida de naturaleza cautelar o provisoria que no se aplica como castigo o pena, sino para atender fines superiores del Estado. El carácter de la requisición es en consecuencia temporal.

La limitación del derecho de huelga en los servicios públicos

La vigente Ley Orgánica del Trabajo en el momento que se reguló la materia de los estados de excepción y que luego fue derogada, establecía una serie de disposiciones, entre ellas el derecho a huelga sin que mediase la declaración de emergencia. Otras previsiones de la mencionada Ley Orgánica del Trabajo, limitaban igualmente el derecho cuando el mismo fuese ejercido sobre servicios públicos y la paralización de labores pudiese causar perjuicios irremediables a la población o a las instituciones.

Régimen penal de emergencia

Hay algunos delitos que pueden tipificarse durante la emergencia ya que derivan del desacato de las consecuencias de la declaratoria que ha sido efectuada. Estos delitos son los siguientes:

1. Negativa al llamamiento de movilización. El supuesto de hecho del tipo delictual, es el rechazo del sujeto, efectuado en cualquier forma, de atender el requerimiento contenido en el decreto de movilización, bien sea en la relación militar interna, o bien, en la destinación a la prestación de los servicios públicos. La sanción es de prisión de 1 a 3 años.
2. Negativa a preparación o ejecución de defensa civil. Este delito se tipifica por los hechos indicados, salvo la exclusión que derive por razón de tratados, y da lugar a la pena de prisión de 1 a 3 años.
3. Organización de paros o huelgas, cuya sanción es de prisión de 3 a 6 años.

Régimen jurisdiccional militar

El régimen jurisdiccional militar presupone la declaratoria de emergencia y la existencia de un decreto de movilización. Al establecerse este régimen, los delitos de emergencia son de la competencia de los tribunales militares y su enjuiciamiento se realiza por el procedimiento extraordinario previsto en el Código Orgánico de Justicia Militar. Al efecto, dicho Código regula en los artículos del 56 al 60, lo que denomina "*El Régimen de los Tribunales Militares en Tiempo de Guerra*", puntualizando lo siguiente:

1. Que se entenderá que hay estado de guerra cuando se haya producido su expresa declaración; cuando sin que exista la declaración, la misma esté presente de hecho; en caso de restricción de garantías constitucionales se aplicará el régimen especial que dicha norma regula.
2. En tiempos de guerra funcionarán los tribunales de tiempo de paz cuando fuere posible, y lo permitan las necesidades de la guerra, pero éstos se sujetarán al procedimiento extraordinario que el Código de Justicia Militar prevé.
3. De importancia en el régimen establecido en el Código de Justicia Militar y que podrá ser aplicado declarada la emergencia, es la norma del artículo 355 que señala, que en caso de represalias ordenadas por el Ejecutivo, los hechos punibles cometidos en la ejecución de dichas represalias, no tendrán el carácter de infracciones y por consiguiente, no habrá lugar a penas de ningún género.
4. Con respecto a la autoridad que ha de efectuar el enjuiciamiento, la competencia corresponde al Consejo de Guerra que sesionará en forma continua.
5. Asimismo, la Ley Orgánica de Seguridad de la Nación establece (segundo aparte del artículo 32) que se podrá ordenar: "*que el personal de los servicios públicos o empresas del Estado quede sometido temporalmente al régimen militar, si se hubiere decretado el estado de excepción*".

Controles sobre los estados de excepción

Los decretos relativos a los estados de excepción están sometidos a: a. Controles internos que son los que derivan de los organismos del Estado venezolano; y, b.- controles internacionales.

Por lo que atañe a los controles internos, los mismos se efectúan por diferentes órganos: por la Asamblea Nacional que es el llamado **control parlamentario**; por la **jurisdicción constitucional**; que es el que deriva de la Sala Constitucional del Tribunal Supremo de Justicia. Asimismo, por parte de los jueces que posean competencia en materia de **amparo constitucional**.

Por lo que atañe a los controles internacionales, la Convención Americana de Derechos Humanos de la Organización de Estados Americanos (OEA) establece en su artículo 27, así como en el Pacto Internacional de Derechos Civiles en su artículo 4 párrafo 3° exigen a los Estados miembros de la indicada organización que, en caso de "*suspensión de garantías*" constitucionales, deben informar inmediatamente, por conducto de la Secretaria General de la OEA, cuáles son las disposiciones cuya aplicación ha sido "*suspendida*"[3], los motivos que la haya suscitado y, posteriormente, la fecha de cese de la medida.

Por su parte, la Convención de San José que opera en la Corte Interamericana de Derechos Humanos establece en su artículo 27 las siguientes reglas relativas a las situaciones de excepción:

1. En caso de guerra o peligro que amenace la independencia o seguridad del estado, éste podrá adoptar disposiciones en la medida y por el tiempo limitados a las exigencias de la situación, pudiendo suspender las obligaciones contraídas en virtud de la Convención cuando las mismas no sean incompatibles con las restantes obligaciones que impone el Derecho Internacional y sin que la medida entrañe discriminación fundada en motivos de raza, color, sexo, idioma, religión u origen social.

---

[3] Es menester tener presente que la Constitución venezolana eliminó la "*suspensión de las garantías constitucionales*" dejando solo la figura de la restricción, con lo cual debemos asimilar la exigencia de la normativa internacional al objeto existente en el derecho venezolano que es la de la "*suspensión*", pero siempre, en todo caso, sería conveniente que en la comunicación a los organismos internacionales le fuese hecha la presente aclaratoria.

2. La facultad antes acordada no se extiende a la "*suspensión*" de los siguientes derechos: a.- el derecho al reconocimiento de la personalidad jurídica, b.- el derecho a la vida; c.- el derecho a la integridad personal; d.- la prohibición de la esclavitud y servidumbre; e.- principio de legalidad y de retroactividad; f.- la libertad de conciencia y religión; g.- protección a la familia: derecho al nombre; derecho del niño; derecho a la nacionalidad; y derechos políticos, sí como de las garantías judiciales indispensables para la protección de tales derechos.

Con relación a estas normas la Corte Interamericana de Derechos Humanos ha señalado lo siguiente: "*Dentro de los principios que informan el sistema interamericano, la suspensión de garantías carece de toda legitimidad cuando se utiliza para atentar contra el sistema democrático que dispone límites infranqueables en cuanto a la vigilancia constante de ciertos derechos esenciales de la persona*". Igualmente ha establecido la Corte Interamericana de Derechos Humanos que la garantía del Hábeas Corpus, del amparo y del debido proceso legal no puede ser suspendido en caso de emergencia.

Vicisitudes de la Ley Orgánica sobre Estados de Excepción del 14 de diciembre de 2000

La Ley Orgánica sobre Estados de Excepción no llegó nunca a entrar en vigencia: por una parte recibió un veto presidencial contra dos de sus artículos y por otra, un recurso de inconstitucionalidad interpuesto en su contra ante la Sala Constitucional del Tribunal Supremo de Justicia que no fuera objeto de sentencia.

Con relación a este recurso, el mismo fie ejercido el 11 de abril de 2002 en contra de sus artículos 16 y 27. El primero de los artículos citados señala que "*decretado el estado de excepción, el Presidente de la República podrá delegar su ejecución total o parcialmente en los gobernadores, alcaldes, comandantes de guarnición o cualquier otra autoridad debidamente constituida que el Ejecutivo Nacional decida*".

Por lo que respecta al artículo 27 antes citado el mismo es del tenor siguiente: "*el decreto que declare el estado de excepción, la solicitud de prorroga o aumento del número de garantías restringidas, será aprobado por la mayoría absoluta de los diputados presentes en sesión especial que se realizará sin previa convocatoria dentro de las 48 horas de haberse dictado dicho decreto.*

Si por caso fortuito fuerza mayor la Asamblea Nacional no se pronunciare dentro de los ocho días continuos siguientes a la recepción del decreto, este se entenderá aprobado".

V. EL *HABEAS DATA* EN LA CONSTITUCIÓN VENEZOLANA

Se ha dicho que el habeas data es una garantía surgida de los recientes factores históricos. Ante todo vamos a determinar el origen constitucional del habeas data recordando que el mismo no es mencionado como tal en el artículo 28 de la Constitución del 99, aun cuando en la Exposición de Motivos sí se hace una especial referencia al mismo, señalándose al efecto lo siguiente: "*se reconoce por vez primera en el constitucionalismo venezolano, el habeas data o el derecho de las personas de acceso a la información que sobre sí mismas o sobre sus bienes consten en registro oficiales o privados con las excepciones que establezca la ley*". De inmediato la exposición de motivos señala que "*el habeas data incluye el derecho de las personas de conocer el uso que se haga de tales registros y su finalidad, y de solicitar ante el tribunal competente su actualización, rectificación, o destrucción, si fuesen erróneos o afectasen ilegítimamente sus derechos*".

Los tratadistas en la materia estiman que el *habeas data* contemplado en el artículo 28 de la Constitución, es una verdadera y propia garantía constitucional. Hay que preguntarse qué diferencia hay entre un derecho y una garantía. La diferencia radica en que el derecho es una pretensión específica, en cuanto que la garantía puede abarcar múltiples derechos como es el caso del amparo en general que cubre a la totalidad de los derechos constitucionales, así como el del *habeas corpus* que protege el derecho a la vida y el derecho a la seguridad personal. La garantía es el medio constitucionalmente establecido para ofrecer la tutela del derecho, noción ésta que acepta la presencia de dos diferentes modalidades en su consagración en el Texto constitucional. En efecto: la de las garantías generales de todos los derechos que son las contenidas en el Capítulo I del Título III (De los Deberes, Derechos y Garantías) y las garantías específicas de algunos derechos que se encuentran a lo largo del texto constitucional en la oportunidad en que el mismo se les consagra como es el caso del régimen de expropiación como garantía de la propiedad y de la cesión forzosa de los bienes. Por lo que atañe al grupo de las garantías generales, las mismas pueden clasificarse en jurisdiccionales, que son las que operan en juicio y no jurisdiccionales, que actúan independientemente de la existencia de una situación procesal.

El *habeas data* aparece en el capítulo en el cual están enunciadas las garantías y se configura como una garantía jurisdiccional por cuanto constituye una norma de amparo que se denomina así porque el hecho previsto deriva de la evidencia de que se trata de un documento, dato o registro requerido que puede ser entregado a su titular.

Sostenemos la idea de que el habeas data es un amparo con el cual se tutela la facultad de acceder a la información y otros derechos conexos, lo cual se basa no solo en la ubicación de la norma que lo consagra, sino también, al procedimiento que debería seguirse para obtenerse la satisfacción de la pretensión. Las características son las mismas del amparo, esto es, debe ser oral, público, breve, gratuito, y no sujeto a formalidades.

El artículo 28 constitucional, consagra fundamentalmente el derecho a obtener información sobre los propios datos, así como aquellos relativos a nuestros bienes y, estipula las consecuencias que derivan de tal reconocimiento como lo son: el derecho a conocer el uso que se hace de nuestros datos; el derecho de obtener su actualización; su rectificación e incluso, su destrucción en el caso de constituir datos erróneos.

El procedimiento del amparo constitucional podrá aplicarse en la tutela del derecho de acceso a la información sobre los datos propios de un sujeto, con sus características de su sumariedad y brevedad, así como a las pretensiones que puedan derivar del mismo (actualización, modificación, e incluso la destrucción de los datos).

Con el artículo 28 ejusdem el constituyente estaba consagrando un derecho específico, el derecho de obtener información sobre todo aquello que concierna a un sujeto y a la satisfacción de las pretensiones que de ello derivan. El artículo aludido da lugar a una garantía para la protección de ese derecho específico, que es la vía jurisdiccional.

El uso del término "*data*" en español.

Cada día es más frecuente la utilización del término "*data*" en español como sustitutivo o traducción del término "***datos***". En realidad se está utilizando directamente la forma que tienen los anglosajones de designar a los datos (Data). El uso en cuestión debe rechazarse, por cuanto nuestra lengua tiene un vocablo específico que es el "***dato***" que según la Real Academia Española es el "*antecedente necesario para llegar al conocimiento exacto de una cosa o para deducir las consecuencias legítimas de un hecho*". Igualmente en otra acepción significa documento, testimonio, fundamento. La palabra data tiene otro significado en castellano que se refiere al lugar o tiempo en que sucede una cosa.

El error que se incurre en el uso de término "*data*" para aludir a los datos, viene de su origen latino. En efecto, "*datum*" es el dato, el elemento que sirve para la formación de un conocimiento. El plural de dato en latín es "*data*", existiendo como existe su equivalente en castellano en la palabra "*datos*". El hecho de que esté presente en nuestra lengua un término específico es lo que lleva a rechazar el uso del vocablo "data" para lucir tanto al "dato" como a los "*datos*".

Alcance de la noción de "*datos*"

En los momentos actuales, ante la duda que plantea el objeto del *habeas data*, estimamos que el mismo claramente se destina a dos diferentes hipótesis que son: los registros públicos sobre datos personales y las recopilaciones privadas sobre la misma materia, esto es, sobre informaciones que se refieren a las personas o a sus bienes.

El derecho a la información

El *habeas data* no solo ampara el derecho a obtener información, sino que indirectamente *tutela otros derechos como lo son el derecho a la intimidad, el derecho a la identidad, el derecho al nombre, el derecho al honor y la reputación, el derecho a la propiedad (cuando la información alude a los bienes del sujeto); el derecho a la propiedad intelectual, si versa sobre bienes inmateriales destinados a la ciencia o al arte. El derecho a la información alude a una trilogía de situaciones: a.- a la inviolabilidad de la comunicación; b.- al derecho de informar; c.- al derecho de ser informado.*

De la inviolabilidad de la comunicación

Esta facultad está protegida como un derecho civil en el artículo 48 de la Constitución que establece "*se garantiza el secreto e inviolabilidad de las comunicaciones privadas en todas sus formas. No podrán ser interferidas sino por orden de un tribunal competente, con el cumplimiento de las disposiciones legales y preservándose el secreto de lo privado que no guarde relación con el correspondiente proceso*".

La inviolabilidad de la comunicación pertenece a la categoría de las llamadas libertades públicas y era originariamente enunciada como inviolabilidad de la correspondencia; pero al surgir formas más novedosas y más usuales de comunicación el núcleo originario de la tutela pasó a expresarse en una forma genérica, sin aludir al medio mediante el cual se realiza (por correo, telégrafo, electrónica o por cualquier otra vía).

El derecho a informar está contenido en el artículo 57 de la Constitución que consagra el derecho de expresión que señala: "*toda persona tiene derecho a expresar libremente sus pensamientos, sus ideas u opiniones de viva voz, por escrito o mediante cualquier otra forma de expresión y de hacer uso para ello de cualquier medio de comunicación y difusión sin que pueda establecerse censura. Quien haga uso de este derecho asume plena responsabilidad por todo lo expresado. No se permite el anonimato, ni la propaganda de guerra, ni los mensajes discriminatorios, ni los que promuevan a intolerancia religiosa*".

El derecho a ser informado. Aparece en varios artículos de la Constitución. Así, en el artículo 44 ordinal 2° en el cual se señala que toda persona detenida tiene derecho a comunicarse de inmediato con sus familiares, abogado o persona de su confianza y éstos a su vez **tienen el derecho a ser informados del lugar** donde se encuentra la persona detenida, a ser notificados inmediatamente de los motivos de la detención, y a que dejen constancia escrita en el expediente sobre el estado físico y psíquico de la persona detenida, ya sea por sí mismo o con el auxilio de especialistas.

El contenido del derecho a la comunicación que contempla el artículo 44 ejusdem en su ordinal 2°, alude esencialmente a la condición de las personas detenidas en vista de la imputación que se le hubiese hecho de la comisión de un delito. Esta condición se desglosa en las facultades y cargas que vamos a enunciar con la advertencia de que las dos primeras son facultades y la última es una carga de la autoridad. Los enunciados de la norma son: a.- el derecho del detenido a comunicarse con sus familiares y abogados; b.- el derecho de los familiares y abogados del detenido de ser informados del lugar donde se encuentre; c.- la carga de la autoridad competente de llevar un registro público de toda detención realizada que comprenda la identidad de la persona detenida, el lugar, hora, condiciones y funcionarios que la practicaron.

Los artículos 51, 56, 58 y 143 de la Constitución son tajantes sobre el derecho de obtener información. Así el artículo 5 consagra el derecho de petición, que como bien sabemos, contiene el derecho de toda persona de representar o dirigir peticiones ante las autoridades y recibir respuestas.

El artículo 56 habla del derecho de inscripción en el Registro Civil que debe ser gratuito y faculta a obtener documentos públicos que comprueben su identidad biológica. El artículo 143 alude al derecho de los administrados a obtener información sobre los casos en los cuales se encuentran comprometidos. La norma señala que los ciudadanos tienen derecho a ser informados oportuna y verazmente por la Administración Pública sobre el estado de las actuaciones en que estén directamente interesadas y a conocer las resoluciones que se adoptan sobre el particular. Asimismo, tienen acceso a los archivos y registros administrativos, sin perjuicio de los límites aceptables dentro de una sociedad democrática en materias relativas a la seguridad interior y a la intimidad.

El artículo 58 consagra el derecho a la información al cual denomina "*derecho de comunicación*" y se refiere a la facultad de recibir información. El artículo señala: "*la comunicación es libre y plural y comporta los derechos y responsabilidad que indica la ley, Toda persona tiene derecho a la información oportuna, veraz e imparcial, sin censura, de acuerdo con los principios de esta Constitución, así como la réplica y rectificación cuando se vea afectada directamente por informaciones inexactas y agraviantes*".

El artículo 60, en su único aparte, configura un límite expreso al derecho a la información informática al señalar: "*la ley limitara el uso de la informática para garantizar el honor y la intimidad personal de los ciudadanos y el pleno ejercicio de sus derechos*".

Finalmente, el artículo 108 establece los fines específicos de los medios de comunicación social tanto públicos como privados, señalando: "*los medios de comunicación social, públicos y privados deben contribuir a la formación ciudadana. El Estado garantizara servicios públicos de radio, televisión y redes de bibliotecas y de informática, con el fin de permitir el acceso universal a la información. Los centros educativos deben incorporar el conocimiento y aplicación de las nuevas tecnologías, de sus innovaciones según los requisitos que establezca la ley*".

Derecho a la información informática

El derecho a la información adquiere, a raíz y, con relación a los medios de la llamada **revolución informática**, características tan especiales que hay quien estima que conforma una figura autónoma cuando opera en tal ámbito, denominándose **derecho a la información digital**.

La revolución informática implicó ventajas y peligros como todo acontecimiento de tal índole, estableciendo nuevas modalidades y exigencias en el derecho a la información. Es así como en el **ciberespacio,** -mundo virtual que, tiene repercusiones en el mundo real-, circulan múltiples datos sobre las personas. En efecto, para recibir servicios es necesario suministrar al prestador los datos que el mismo exige antes de crear su relación con el usuario. El prestador de servicios que, generalmente es el Estado, o un ente estatal, llega a poseer en virtud de las circunstancias aludidas, una concentración creciente de conocimientos sobre los ciudadanos cuyos sustentos materiales reposan en sus archivos y ficheros, o bien, en sus expedientes administrativos. Está libre circulación de información produce conflictos entre los sujetos que las poseen y aquellos sobre los cuales la misma versan, ¿Cuáles son los derechos comprometidos en esta confrontación? Los más cercanos son los relativos a la **imagen, a la identidad y al honor**; pero hay otros que también pueden quedar afectados como lo son el derecho de propiedad sobre bienes personales y mercantiles y sobre secretos industriales, así como sobre el derecho de autor. Justamente para atender a los eventuales conflictos que surge como vía de protección: el habeas data, es designado como **amparo informático**.

En la Constitución vigente están previstas dos modalidades del habeas data: a) el ***habeas data* personal** llamado también **propio** por la doctrina y b) el ***habeas data* colectivo o impropio.** La diferencia entre ambos tipos, radica en la legitimidad del actor que, en el habeas data individual ha de ser la persona sobre la cual recae la información; en cuanto que, en el habeas data colectivo, puede hacerse valer la representación de la colectividad como interés colectivo o difuso, de conformidad con el artículo 26 de la Constitución.

BIBLIOGRAFÍA

ABAD YUPANQUI, Samuel "Habeas Data y conflictos entre órganos constitucionales", en *Lecturas sobre telas constitucionales*, N° 10. Comisión Andina de Juristas. Lima, 1994.

AYALA CORAO, Carlos M "La inseguridad Jurídica ocasionada por las Regulaciones Militares a las Garantías Constitucionales Suspendidas". *Revista de Derecho Público* N° 37, enero-marzo de 1989.

BARBOZA MOREIRA, José Carlos "O habeas data brasileira e sua lei regulamentadora", en *Liber Americarum.* Corte Interamericana de Derechos Humanos, volumen II, San José de Costa Rica, 1998.

CASAL H, Jesús María "Los estados de excepción en la Constitución de 1999" en *Revista de Derecho Constitucional*, N° 1 (septiembre-diciembre). Editorial Sherwood. Caracas, 1999

GALLARDO, Alexander "Algunas consideraciones en torno a los decretos números 241 del 27 de junio de 1994 y del 22 de julio de 1994, mediante los cuales se suspendieron las garantías en todo el territorio nacional" en *Revista de Derecho Público* N° 67-68 (julio-diciembre). Editorial Jurídica Venezolana. Caracas, 1996.

RONDÓN DE SANSÓ, Hildegard "Derechos y Libertades públicas y restricciones o suspensión de garantías constitucionales" en *Revista de Derecho Administrativo* N° 2 (enero-abril). Editorial Sherwood. Caracas 1998.

DERECHO ADMINISTRATIVO

Apuntes para la caracterización del procedimiento administrativo
como una categoría del derecho público global.
Venezuela. Armando Rodríguez

APUNTES PARA LA CARACTERIZACIÓN DEL PROCEDIMIENTO ADMINISTRATIVO COMO UNA CATEGORÍA DEL DERECHO PÚBLICO GLOBAL

Armando Rodríguez García*

SUMARIO

INTRODUCCIÓN

Por medio de las siguientes líneas nos proponemos adelantar algunas reflexiones que, con carácter preliminar, han servido para montar unos trazos argumentales básicos dirigidos a delinear la idea de catalogar al procedimiento administrativo como una categoría atinente al Derecho Público Global.

Es un hecho indiscutible que el reconocimiento y la aplicación de esta figura de carácter jurídico-formal se manifiesta como un componente común en los ordenamientos positivos de los países occidentales.

* Profesor de la Universidad Central de Venezuela. Director de Estudios de Postgrado en Ciencias Jurídicas y Políticas de la Universidad Central de Venezuela. Abogado y Doctor en Derecho por la Universidad Central de Venezuela. Postgrado en Urbanismo (Instituto de Estudios de Administración Local. Madrid). Integrante del Seminario de Profesores de la Primera Cátedra de Derecho Administrativo a cargo de D. Eduardo García de Enterría. Universidad Complutense Madrid (1970-1972).
Ha sido Director del Instituto de Derecho Público, Jefe de la Cátedra de Derecho Administrativo, Jefe del Departamento de Derecho Público y Miembro del Consejo Técnico del Instituto de Urbanismo en Universidad Central de Venezuela. Profesor en diversas Universidades y del Instituto Nacional de Administración Pública (INAP España).
E-mail: arroga1@gmail.com.

Ello ocurre bajo la proyección regular de ciertas premisas, tales como: el empleo de perfiles uniformes en su concepción, el anclaje a soportes idénticos en sus fundamentos, la aplicación de técnicas equivalentes en su práctica y el trasfondo de objetivos similares en cuanto a su finalidad. Pero, por otro lado, como parte de ese frondoso elenco de detalles comunes, se deben reflejar, de igual forma, las carencias, desviaciones, vicios y perturbaciones que, por sus efectos negativos, se manifiestan como verdaderas patologías, frente a las cuales es factible identificar y proponer fórmulas correctivas y tratamientos que también resultan ser similares o comunes, dejando a salvo -claro está- las peculiaridades que como tales corresponden a cada ambiente nacional en particular.

En resumen, podemos avanzar comentando que una revisión de los elementos teóricos y prácticos más destacados del procedimiento administrativo, abre la oportunidad de encontrar aspectos de base, así como factores propios de su estructura y funcionalidad que posibilitan su comprensión en condiciones de uniformidad, o cuando menos de similitud, dentro de un amplio espectro de ordenamientos jurídico positivos que comprende a los países iberoamericanos.

El paisaje global dentro del cual entendemos es factible y conveniente proyectar esta perspectiva sobre la figura del procedimiento administrativo conduce a subrayar un enfoque con matices diferentes a los que se aplican usualmente en las aproximaciones determinadas por el empleo de las técnicas propias de los estudios de derecho comparado, pues apunta a un blanco distinto del que viene dado por los contrastes, diferencias o coincidencias regulatorias específicas recogidas en ordenamientos positivos, aun cuando los datos obtenidos o derivados de esas muestras sirven como factor de verificación y respaldo a las hipótesis de análisis en curso.

En esta oportunidad la diana a la que se dirige la investigación se delimita mediante el ejercicio consistente en confirmar la existencia de elementos de base que resultan comunes o uniformes en materia de procedimientos administrativos, al igual que pueden serlo, en sus líneas maestras, las soluciones regulatorias y las fórmulas operativas, con los detalles que determinan a cada particularidad. Pero igualmente se explora y se identifica, como objetivo, la presencia común de las principales dificultades y los vicios de más usual presencia, que perturban al sistema de elaboración y aplicación de las decisiones de las Administraciones públicas, lo que impacta, sin lugar a dudas, el entorno de las relaciones jurídicas a través de las cuales se despliegan sus complejas tareas.

A los efectos de avanzar en la ejecución de la tarea propuesta, se parte de una revisión preliminar de nociones que vienen a ser fundamentales para el trayecto metodológico, como los son, los datos que nos aporta el lenguaje, en cuanto al alance general y las acepciones técnicas del vocablo, para entrar de inmediato en una visión básica del procedimiento desde la óptica que aporta su perspectiva técnica, haciendo abstracción del campo de aplicación al que pueda servir, para encarar, seguidamente, las notas distintivas del procedimiento en el entorno de la administración en general, como actividad de gestión, y más particularmente, la figura del procedimiento en las manifestaciones de actuación del Estado, destacando lo pertinente en la función de la administración pública, es decir, lo que identificamos como procedimiento *administrativo*, con la finalidad de destacar su particular naturaleza técnica y jurídica, lo que nos coloca de lleno en el espacio del Derecho administrativo y, por consecuencia, en la posibilidad de dirigir el enfoque hacia los predios del Derecho Público Global.

Así se da paso a la revisión de los datos que, de ordinario, sirven para caracterizar la figura del procedimiento administrativo, siempre bajo la óptica de que se trata de una referencia a la categoría general, teniendo presente la necesaria existencia de procedimientos específicos o especiales que atienden a la materia para la cual se diseñan, lo que confirma su naturaleza adjetiva, la característica de apoyo instrumental que lo identifica, a lo cual se incorpora el componente jurídico, que resalta el espacio de los principios.

Todo ello apunta a destacar la valoración del enfoque propuesto, por la economía y eficiencia de su contenido.

1. ALGUNOS DATOS DE PARTIDA

A los efectos de alcanzar los fines propuestos, tomamos como punto de partida la consideración preliminar del procedimiento administrativo desde la perspectiva de su sentido utilitario elemental, básico;

esto es, entendiéndolo como un factor esencial y necesario dentro de la función administrativa del Estado, tal como sucede en el espectro de la gestión administrativa de cualquier tipo, en tanto un procedimiento no es más que una formula lógica dispuesta para agrupar y organizar en un orden determinado los diferentes pasos requeridos para la construcción, expresión y aplicación de las decisiones que corresponde tomar a los agentes encargados de cumplir esas tareas de gestión. De este modo, la idea básica que se nos aparece como contacto inicial con la noción de procedimiento se contrae a mostrarnos ese protocolo necesario, que comporta una diversidad de pasos, trámites y actuaciones estructurados de manera secuencial, y dispuestos de esa forma predeterminada para arribar a la producción de una específica decisión que, como consecuencia de su adecuado cumplimiento, viene a ser la expresión fidedigna de la voluntad del sujeto actor.

1.1. Los datos del lenguaje

En este orden de ideas apelamos inicialmente a la referencia derivada del lenguaje común, con lo cual tenemos que, el vocablo ***procedimiento*** remite a los significados de: "*acción de proceder*" o "*método de ejecutar una cosa*"; pero, adicionalmente - y como una acepción técnica que se aproxima al campo del Derecho - se atribuye a la misma voz, el significado de "*actuaciones por trámites judiciales o administrativos*"[1]. Haciendo seguimiento a la remisión propuesta en la primera de las acepciones registradas ("*acción de proceder*"), vemos que el término "*proceder*" admite, a su vez, varios significados, dentro de los cuales interesa destacar (a los fines del objetivo perseguido en este momento), en primer lugar, el sentido del vocablo como verbo intransitivo: "*ir en realidad o figuradamente algunas personas o cosas unas tras otras guardando cierto orden*"; luego, otra acepción se expresa como "*obtenerse, nacer u originarse una cosa de otra, física o moralmente* [2].

En síntesis, a partir de esta breve pesquisa lingüística de corte básico y alcance general, se puede concluir sin mayor dificultad, que toda

---

1 Real Academia Española, *Diccionario de la Lengua Española.* Vigésima Primera edición: Madrid, 1992. Pág. 1671.

2 *Ibidem.* Pág. 1670.-

decisión, todo acto volitivo, viene a ser el resultado de un proceso de elaboración desplegado a través de un determinado cauce o *procedimiento* - en tanto se trata de una *acción de proceder* -, de la prosecución lineal de uno o varios elementos que le anteceden secuencialmente, los cuales se conjugan atendiendo a un orden preciso, para con ello lograr el producto definitivo que se procura obtener.

1.2. El sentido técnico y jurídico

Tal proceso, necesariamente montado sobre su secuencia lógica, alcanza y se aplica, por igual, a la conducta que observan los individuos, las personas físicas, como a la actuación que cumplen las estructuras u organizaciones, tal como sucede con la Administración pública. Sin embargo, es claro que, en el caso de las personas físicas, la sola expresión de lo deseado, la simple manifestación de voluntad, recoge, en un único acto, todo el proceso de construcción de la decisión, sin necesidad de exteriorizarlo o marcarlo en sus fases, elementos o etapas, en forma pormenorizada, discriminando sus componentes, pues hacemos una imputación implícita al camino seguido para construir la decisión, con lo cual, ese proceso en sí, no resulta un elemento que amerite ser destacado. Por el contrario, en el caso de las estructuras complejas, esto es, en el supuesto de las organizaciones, el asunto es diferente, pues la verificación del protocolo formal requerido para construir la decisión se erige como un dato relevante para dotar de verosimilitud a lo decidido, y con ello, admitir su adecuada imputación al sujeto que lo expresa.

Es de esta manera como - en el espectro específico de la gestión administrativa - el tema del procedimiento requerido para construir y aplicar las decisiones, adquiere una dimensión que sobrepasa los parámetros meramente técnicos y se inscribe inexcusablemente en el campo jurídico. Pero además, en lo que toca a la función administrativa del Estado, el tema ocupa una posición más destacada aún, como consecuencia de la concepción del Estado de Derecho como inexcusable marco de actuación para todas las manifestaciones de ejercicio del poder público y, en particular, por la vigencia del principio de legalidad, como singular pauta de actuación para la Administración pública y como elemento de orden estratégico, en la vertebración doctrinaria, en la elaboración normativa y en la aplicación práctica del Derecho administrativo que la rige. Ciertamente, con la noción de Estado de Derecho y con el advenimiento del constitucionalismo, todas las funciones del Estado, sin excepción, quedan sujetas a algún procedimiento, en términos jurídico formales; tal como lo afirma el Profesor Antonio Moles: "... *En el Estado de régimen constitucional, todas las funciones están procedimentadas; es decir, sujetas a un procedimiento. Así, existe el procedimiento legislativo ...de la misma manera existió desde hace largo tiempo el procedimiento judicial o jurisdiccional, como más recientemente existe también el procedimiento administrativo...*"[3].

Ahora bien, en tanto el asunto se centra en la determinación de un protocolo que debe seguir la Administración pública como tarea preparatoria para alcanzar válidamente la producción de sus decisiones, la materia atrae un importante contingente de componentes y efectos jurídicos, por lo cual, las normas regulatorias del procedimiento administrativo vienen a ser un dato esencial y un punto de referencia primario para el conocimiento y la adecuada comprensión del sistema positivo concreto en el cual se inserta esa categoría, a partir de lo cual se pueden conocer sus particularidades, pero además, se abre la oportunidad de aplicar el método de análisis comparado.

En ese sentido resulta oportuno precisar que si bien se hace referencia a la figura del procedimiento administrativo, en singular, como una categoría única, éste se manifiesta siempre mediante una pluralidad de expresiones concretas, es decir, a través de una gama más o menos amplia -pero en todo caso diversa- de procedimientos específicos que atienden a la finalidad concreta para la cual existen, confirmándose de esta forma la naturaleza esencialmente instrumental de la institución, por lo cual, su diseño debe conjugar componentes de eficiencia junto con la preservación de los principios de orden jurídico, como son la seguridad y certeza, la preservación del cumplimiento de objetivos de interés general, y junto a ello, el debido respeto a los derechos y las situaciones atinentes a los sujetos involucrados.

---

[3] Véase, Antonio Moles Caubet, "Introducción al Procedimiento Administrativo". En: *El Procedimiento Administrativo.* Colección Archivo de Derecho Público y Ciencias de la Administración Vol. IV (1980.1981). Instituto de Derecho Público. Universidad Central de Venezuela. Caracas, 1983, pág. 15.

Retomando el empleo de la valoración terminológica, ahora asociada al constructo científico, encontramos que en el "*Diccionario del español jurídico*", editado por el Consejo General del Poder Judicial en colaboración con la Real Academia Española se recoge la voz *procedimiento administrativo*, tomando como apoyo doctrinario referencial a la obra del profesor González Navarro[4], para asignarle este significado: "*Sistema lineal de tramites seriados, concatenados y jurídicamente regulados que, con o sin intervención de otras personas, se desarrolla por órganos que ejercen funciones ejecutivas de cualquier nivel (estatal, regional, local, etc.), sirviéndoles de cauce formal obligatorio para producir, modificar, extinguir o ejecutar, en el ámbito de su competencia, una disposición final válida, eficaz y fundada en derecho, con el carácter de acto o reglamento administrativo*"[5].

En resumen destacamos como la nota que alude a la regulación jurídico normativa se constituye en un parámetro referencial básico, un dato fundamental para la existencia del procedimiento administrativo, lo que aporta singular relevancia en cuanto a la valoración de la pulcritud de su presencia y el alcance de sus efectos, al tiempo que impone acotar en sus justas dimensiones el valor de los componentes técnicos y tecnológicos, en tanto expresión de su funcionalismo como soporte mecánico.

1.3. La adecuada proporción del factor tecnológico: el procedimiento administrativo no es un algoritmo.

Aun cuando el procedimiento administrativo es un elemento instrumental y, en consecuencia, se comporta como una noción esencialmente técnica atendiendo a su naturaleza, y por supuesto, también en cuanto a su aplicación práctica, es claro que, su comprensión y su sentido no se agotan en la formula instrumental como respuesta automática, o en la simple elaboración de una reacción mecánica, de un condicionamiento reflejo. No podemos dejar de considerar que la gestión administrativa

---

[4] Francisco González Navarro, *Derecho administrativo español.* Vol. 3. Eunsa. Pamplona, 1997.

[5] Véase, RAE / Consejo General del Poder Judicial. *Diccionario del español jurídico,* en web: <<dej.rae.es>>

implica, en su núcleo operativo, un inexcusable ejercicio analítico y de racionalidad, porque comporta la apreciación de los hechos y circunstancias que se hacen presentes en cada ocasión, para requerir decisión, la ponderación de los elementos puestos en juego y las facultades y potestades disponibles, al igual que deben medirse las consecuencias de lo que se ha de decidir, y junto a ello, debe incluirse la interpretación de los referentes normativos que contemplan el supuesto de hecho a resolver y que determinan las facultades para decidir en el entorno de las condiciones vigentes, que siempre serán diferentes en modo y tiempo.

Por todo ello, la decisión administrativa no puede reducirse a respuestas mecánicas o actos reflejos, carentes de evaluación de las circunstancias específicas que corresponden a cada caso. La administración no se reduce a ser una actuación ciega, no es ir aplicando mecánicamente normas, artículos e instructivos, sin análisis, evaluación y reflexión; se trata de cumplir objetivos de eficacia, y con ello desplegar la capacidad de mejorar su propia actuación.

Es por eso que mediante el adecuado empleo de la inteligencia humana no procede sustituir la actividad desplegada por los agentes y decisores públicos en su interrelación con los ciudadanos con el instrumental virtual de la inteligencia artificial, ni entender que el procedimiento administrativo pueda concebirse como un algoritmo. Esto significaría dar a la parte el valor del todo.

En los tiempos que corren es usual encontrar adeptos a entender las novedades que ofrecen las tecnologías - primordialmente las tecnologías de la información y la comunicación (TICs) -, como la manifestación irreversible de un cambio radical e integral que impone el surgimiento de una nueva realidad sustitutiva de todo lo anterior, con lo cual se asigna a las diferentes expresiones de estos avances da la técnica una valoración extrema, capaz de generar una transformación total en el espectro de lo jurídico, en el mundo del Derecho, llegando incluso, a plantearse el reemplazo de las normas y otras categorías jurídicas por los algoritmos, con lo cual, el espacio de la concepción regulatoria, su interpretación y su aplicación deviene ocupado por una actividad robótica propia del dominio de la inteligencia artificial, lo que, además de la prontitud de respuesta, aportaría la ventaja de la más absoluta pulcritud en la decisión, pues la mente artificial o virtual no se vería interferida por los vicios que pueden atacar a la imperfecta condición humana.

Dentro de un contexto de ese tenor, para algunos podría hacerse atractivo entender el orden secuencial procedimiento administrativo equiparándolo a un algoritmo, en tanto éste hace referencia a un conjunto de operaciones sistemáticas que permite hacer un cálculo y hallar la solución eficaz de un tipo de problemas, lo que se perfila con mayor detalle en la noción de algoritmo que nos brinda el profesor Ricardo Peña, al entenderlo como el "conjunto de reglas que aplicadas a unos datos de entrada apropiados, resuelven un problema de un numero finito de pasos elementales"[6]. De esta manera se apunta a ofrecer una suerte de sublime sensación de alcanzar la solución infalible, mágica y universal, pues solo basta con formular adecuadamente la ecuación y contar con las reglas predeterminadas para obtener el resultado perfecto mediante la reducción de toda clase de asunto a una cuestión de términos binarios.

En efecto, el espacio de la gestión administrativa pública está atado al principio de legalidad, al cumplimiento de los principios y disposiciones normativas que integran el orden jurídico, al tiempo que le corresponde aplicar ese ordenamiento, como tarea, como función. Entonces, corresponde admitir que, precisamente, el carácter abstracto - y por ello, general – de la norma jurídica, unido al frondoso volumen y variabilidad de los supuestos prácticos que la dinámica social presenta para la decisión de los agentes de la Administración pública, aleja este tema del campo de la solución binaria y refuerza la hegemonía de la apreciación analítica, la proporcionalidad y con ello, de la racionalidad jurídica, para optar por la solución no solo ajustada a derecho, sino además, adecuada, justa y eficiente. La norma jurídica es abstracta, porque no es posible cubrir anticipadamente la totalidad de los supuestos que se puedan presentar, transformando lo virtual en real, y de allí la necesidad de verificación del supuesto de hecho y de interpretación del presupuesto normativo. Por poner un ejemplo derivado de la nefasta realidad de la pandemia (Covid-19) que en la actualidad afecta a la humanidad entera, basta considerar la norma que contemple el confinamiento de

[6] Véase, Ricardo Peña Martí, *De Euclides a Java, la historia de los algoritmos y de los lenguajes de programación.* Nivola Libros y Ediciones. Madrid, 2006.

quien resulta infectado con el virus, y la diferente aplicación que pueda tener, si esa persona tiene a su cargo a una persona dependiente por estado de salud, o un menor, etc., para graduar su alcance, a partir del ejercicio de interpretación normativa, que es una capacidad asociada al aprendizaje de la disciplina jurídica y no de la informática.

Pues bien, como hemos dicho, no se puede confundir el procedimiento con los instrumentos tecnológicos de apoyo, como los elementos informáticos que, a pesar de su incuestionable utilidad, no pasan de ser unas herramientas, no ajenas a falencias y defectos, y en todo caso, carentes de la sabiduría y la sensibilidad humana que se requieren para actuar en función de la atención al ser humano, que es en definitiva, el único sentido y razón de ser de la administración pública, atendiendo al principio de centralidad del ser humano y al carácter servicial que operan como sus soportes lógicos y teleológicos.

En definitiva, a nuestro juicio, es indudable que el ser humano posee una capacidad más amplia para comprender diversos contextos y ponderar o adaptar respuestas a sus requerimientos, que lo que podamos asignar o reconocer en el entorno de la inteligencia artificial.

2. CARACTERÍSTICAS DEFINITORIAS Y PATOLOGÍAS COMUNES

Apuntando a catalogar el procedimiento administrativo como una categoría con entidad y vocación de globalidad en el ámbito del Derecho administrativo, consideramos que es oportuno y adecuado poner de relieve algunos datos que operan como características uniformes en los diferentes ordenamientos jurídicos, al igual que se pueden destacar ciertas fallas o vicios, es decir, ciertas patologías que guardan un marcado patrón de similitud o uniformidad en el reconocimiento y correspondiente tratamiento contemplado en los diferentes ordenamientos.

2.1. Categoría única con pluralidad de expresión

En el ambiente académico y en el medio forense de los países de occidente es usual hablar del Procedimiento Administrativo, entendiéndolo como categoría o institución única y singular del Derecho administrativo. Sin embargo, también es usual entender que esa expresión designada en singular, abarca o comprende una multiplicidad de procedimientos - en plural -, pues encierra en su significación a una diversidad necesaria de procedimientos específicos o especiales que aparecen como parte de su contexto integral, con la cualidad de pieza clave en la armazón científica de la disciplina y soporte instrumental de uso constante, ininterrumpido en el tiempo y globalizado en el espacio.

Esta obvia realidad obedece a la lógica razonable que se impone en atención a la existencia de un patrón básico limitado a los referentes fundamentales, pero que no permite agotar todas las particularidades que demandan los distintos y variados asuntos que deben tramitarse, y cuya adecuada tramitación exige unos protocolos particularizados en sus aristas específicas para alcanzar los términos de eficiencia a los que apunta el instrumento desde el punto de vista conceptual. Entonces, desde la perspectiva del derecho positivo la tendencia generalizada se ha desarrollado mediante la fórmula que permite satisfacer los requerimientos propios de las pautas básicas que admiten la *uniformidad*, mediante la existencia de una ley que postula, con alcance general, el esquema del procedimiento tipo así como el cuadro de instrumentos jurídicos básicos para asegurar la existencia del procedimiento como una garantía jurídica, en sí mismo, abriendo espacio para la regulación de las particularidades procedimentales pertinentes, que vienen a ser desarrolladas mediante cuerpos normativos diferentes, incluso, dejando algún espacio a dispositivos de rango sub legal, mediante los cuales se alcanza a completar el esquema regulatorio integral, dentro del marco general y básico. De esta manera se construye una suerte de sistema regulatorio, que se aloja, a fines metodológicos, en al Derecho administrativo formal, en tanto se estructura como un sistema normativo de carácter adjetivo, dispuesto para dar respuesta a las exigencias sustantivas propias del Derecho administrativo, en el cual se inserta como una unidad sistémica integral, y sin cuyos anclajes y referencias, aquellas particularidades formales o adjetivas carecen de sentido en sí mismas, y por consiguiente, no pueden ser cabalmente comprendidas y eficientemente manejadas.[7]

---

[7] En este sentido puede consultarse: José Araujo Juárez, *Principios Generales del Derecho Administrativo Formal*. Vadell Hermanos Editores. Valencia, Venezuela. 1989

A través de la plataforma que configura el ordenamiento jurídico positivo - en la cual se ubican las normas destinadas a regular los procedimientos administrativos -, se hacen presentes, bien de manera expresa y directa o bien en forma subyacente, pero en cualquier caso, con indiscutible presencia y dominio estructural básico, los principios jurídicos que inspiran y sirven de articulación esencial a la institución, dándole la trascendencia que la caracteriza. En consecuencia, los principios vienen a ser los factores determinantes del régimen jurídico aplicable al procedimiento administrativo (a los procedimientos administrativos), frente a los cuales quedan subordinados aquellos otros elementos accesorios, coyunturales o de detalle, en razón de lo cual se reafirma la condición de sistema, en el entendido de que las diferentes piezas que componen actúan con diferentes grados de protagonismo y exhiben diversos niveles de jerarquía en cuanto al funcionamiento de los grupos normativos aplicables en cada ocasión.

En este sentido, haciendo abstracción de las disposiciones atinentes al procedimiento administrativo que ostentan rango constitucional y por ello tienen carácter normativo superior, regularmente se ubican en la legislación de carácter general, las disposiciones atinentes a la preservación de los derechos y garantías de los sujetos que se vinculan con la Administración destinada a decidir conforme a un determinado procedimiento, que puede ser un particular u otra Administración (derecho a ser oído, derecho de acceso al expediente, derecho a la defensa, etc.); igualmente aparecen las pautas aplicables a la estructura misma del procedimiento (formas de iniciación, fases y etapas, tramitaciones, resolución, notificación y ejecución de lo decidido) y los requerimientos de orden formal que deben cumplirse para adelantar las tramitaciones; otros elementos regularmente contemplados con alcance general son los vicios que pueden atacar a las decisiones de la Administración, con indicación de su alcance y consecuencias, así como los recursos o modalidades de impugnación o convalidación de las decisiones o conductas contrarias a las regulaciones del procedimiento.

En resumen, un denominador común o, cuando menos, una manifestación usual de esta categoría en los distintos países, se manifiesta en su consideración como una categoría unitaria (el procedimiento administrativo) que, sin embargo, se expresa en una multiplicidad de procedimientos específicos (o especiales), regulados en función de los perfiles del asunto (ej. primero o segundo grado de decisión) o las particularidades impuestas por la cuestión sustantiva a la cual atienden como protocolo o cauce formal para la construcción de decisiones (sancionatorio, de fomento, urbanístico, educación, cultos, propiedad, aduana, inmigración, transporte y tránsito, forestal, ambiental, fiscal, funcionarial, económico, sanitario, etc.). Todo ello aumenta en su complejidad en función de la incorporación de nuevas modalidades de atención y nuevas materia incorporadas en el espacio de atención directa o indirecta de las distintas administraciones, a lo que se añade la inclusión de ámbitos supranacionales de decisión que en alguna medida influyen sobre el panorama general de los procedimientos y sus consecuencias.

Esta situación, al ser concretada en los ordenamientos positivos, se refleja en la existencia de disposiciones contenidas en un cuerpo legal de aplicación general, común y de carácter fundamental o principista, y luego las regulaciones legales dictadas para los procedimientos especiales, con las particularidades pertinentes, pero siempre encajando en el marco referencial común, todo lo cual queda arropado por las normas de rango constitucional aplicables a la materia.

2.2. Formalidad regulada con normas de rango legal

De lo dicho antes se deduce que, en síntesis, el procedimiento administrativo es una exigencia técnica con trascendencia jurídica inexcusable, que impone el encauzamiento del ejercicio de las potestades asignadas a los órganos o agentes de la administración para relacionarse con aquellos sujetos a los que se dirige su actuación, con quienes, en consecuencia, viene a resultar vinculada, en atención al cumplimiento efectivo de las tareas que concretizan su función.

En tal sentido se observa que la potestad es un presupuesto necesario de la relación jurídico administrativa, pues ésta ocurre en razón de la existencia y aplicación de aquella, por lo que la potestad también es presupuesto de su instrumento auxiliar, del procedimiento requerido para ponerla en práctica, y en este sentido se destaca que es el soporte que legitima no solo el contenido o sustancia de las decisiones mediante las cuales se manifiesta, sino también la manera, la forma o el cauce que corresponde seguir para construir y expresar aquellas decisiones, y en consecuencia, el procedimiento quedará igualmente sometido a la técnica de su formalización mediante normas, afianzando de esa manera las cualidades de certeza y seguridad jurídica que lo impregnan.

En efecto, percibimos que en el núcleo de este punto de la cuestión subyace un factor propio del orden lógico que acompaña a la técnica, el cual se pone claramente de manifiesto en la conveniencia de contar con un conjunto de parámetros que confiera adecuados niveles de estabilidad y publicidad en cuanto al contenido que determine los pasos y trámites a cumplir para el diseño y la construcción de la voluntad del agente administrativo, en condiciones de validez jurídica.

Pero como se observa, no es una situación que se reduce a la sumisión litúrgica a las formalidades, como una manera de ampliar la resonancia de la solemnidad de la decisión y sus trámites de formulación; antes bien, se trata de configurar una garantía para el público, para el destinatario de la función administrativa, en términos genéricos, así como para la misma Administración, por cuanto se reduce el espectro que daría pie a dictar decisiones precipitadas, arbitrarias y mal fundamentadas.

En este sentido, la regulación legal del procedimiento administrativo comporta el resguardo de garantías de los sujetos que se relacionan con la Administración, y con ello se apunta a la protección de derechos y situaciones jurídicas subjetivas, pero además se procura atender al funcionamiento cabal del sistema de actuación de la Administración pública, todo lo cual redunda, en definitiva, en beneficio del interés colectivo.

De allí que resulte prácticamente una constante el reconocimiento de las normas fundamentales reguladoras del procedimiento administrativo, como una materia de reserva legal, es decir, una materia reservada a la Ley formal, como expresión de la voluntad general, para de esta forma salvaguardar el rango de protección que como garantía amerita, a través de su adecuado tratamiento normativo[8]. A su vez, en atención a la

[8] Así, el artículo 156, 32 de la Constitución venezolana contempla como asunto de la competencia del Poder Público Nacional, la legislación en materia de procedimientos, lo que asegura la reserva al rango de normas de derivación directa de la Constitución y de alcance nacional, es decir, de aplicación uniforme a toda la población.

multiplicidad de procedimientos administrativos especiales y sus regulaciones específicas, el asunto viene a ser tratado usualmente mediante la configuración de grupos normativos que incluyen, además de la ley general, las disposiciones recogidas en leyes especiales e inclusive en dispositivos de carácter reglamentario.

Desde el ángulo que permite este punto de mira se alcanza a percibir la asociación existente entre las pautas sobre las cuales se diseñan los protocolos propios del procedimiento y los elementos de organización que predominan en las estructuras de las administraciones públicas, en las cuales puede aparecer un perfil con marcada preponderancia de órganos colegiados de dirección y decisión (Consejos, Comisiones, Comités), o bien, mediante el predominio de estructuras montadas primordialmente sobre órganos unipersonales y relaciones internas de fuerte o débil carga jerárquica, lo que apunta a la posibilidad de formas más breves de decisión. De esta forma, es evidente que el esquema organizativo dominante, en uno u otro caso, impacta la posibilidad de opciones de procedimiento con modos de actuación que no son idénticos, que no pueden reducirse a una única fórmula en cuanto a lapsos, plazos, consultas internas, y en general, trámites de resolución, tal como puede observarse, por vía de ejemplo, en las diferencias que, en este sentido, ofrece el entorno organizativo de una Universidad en contraste con la realidad que aporta un Ministerio, un Ayuntamiento o un Cuerpo de Seguridad Pública.

En síntesis, otra de las características comunes que se atribuye a la figura del procedimiento administrativo con carácter uniforme, razón por lo cual sirve para conducir a catalogarlo como una categoría atinente al Derecho Público Global se expresa en la necesidad de su regulación normativa, unida al hecho de que ésta se realice a través de disposiciones de rango legal.

Esta circunstancia obedece, entre otras motivaciones, a la función de garantía que cumple el procedimiento, y que se manifiesta con distinto alcance en función de los sujetos que intervengan en la relación jurídico administrativa en la cual se haga presente de manera concreta, punto éste que, a nuestro juicio, tiene singular interés en aquellos casos en los cuales el vínculo jurídico se establece entre distintas Administraciones, lo que se aprecia cada vez más como un supuesto usual en la práctica, con alcances de significativo interés y particular atractivo para la investigación científica, pero también para la práctica forense y el ejercicio de la función jurisdiccional en este campo.

En efecto, la afirmación de que la relación jurídico administrativa se reduce a la que ocurre entre la Administración y los particulares, porque son estos los únicos destinatarios de la función administrativa, al punto que se circunscribe el alcance del Derecho administrativo al que rige las relaciones entre la Administración pública y los ciudadanos o particulares, ha venido siendo una fórmula repetida con marcada regularidad, al punto de convertirse prácticamente en una expresión ritual, no sujeta a reflexión aunque, sin embargo, no recoge el alcance real de lo que se pretende identificar, puesto que son múltiples, diversas y altamente trascendentes, las relaciones existentes entre Administraciones públicas, que marcan un terreno de indudable alcance para el Derecho administrativo, con aristas destacadas en atención a la prospección y reforzamiento conceptual de la disciplina, pero además, en cuanto a la efectividad práctica para las condiciones de desenvolvimiento de la función administrativa y sus efectos sobre el bienestar de la colectividad.

Desde luego, la perspectiva del punto indicado no constituye un asunto de interés inmediato al tema que ocupa estas líneas, sin embargo, la figura del procedimiento administrativo no escapa a este enfoque. Ciertamente, basta reconocer la existencia de relaciones jurídico administrativas en las cuales los sujetos que se vinculan son Administraciones públicas, para descubrir la trascendencia práctica y el interés teórico que presenta este supuesto, pues, si bien la posible contraposición entre el ejercicio de las potestades públicas y los derechos y garantías singulares de los ciudadanos, constituye un asunto de marcada importancia y valoración para la concepción y efectiva presencia del Estado de Derecho, la Democracia y para las limitaciones al ejercicio del poder, tal valoración se proyecta en intensidad práctica y atractivo intelectual cuando se pueden contraponer posiciones que resguardan intereses colectivos, pues se trata de sujetos que actúan, por igual, en función de esa legitimidad que aporta el interés público o colectivo, tal como podría suceder - y de hecho sucede - entre entidades territoriales (estructuras de la Administración nacional y estructuras de administraciones estadal, autonómica, provincial o local) o entre alguna de éstas y cualquiera de las posibles entidades funcionales existentes en la estructura general del Estado, como sucede, por ejemplo con las Universidades públicas, desde luego, en aquellos supuestos en los que se excluye la relación de jerarquía.

En todos estos espacios, la figura del procedimicnto administrativo y la consagración legal de sus pautas y principios básicos, como consecuencia del valor garantista que representa para el sujeto destinatario de la función administrativa, llega a recoger la aceptación, defensa y protección de principios que entendemos como valores globales de la Humanidad, aproximándose progresivamente al entorno de los Derechos Humanos, lo que apuntala su perfil como categoría de Derecho Público Global, mediante la inserción de dichos principios y pautas en instrumentos de alcance y aplicabilidad supranacional, como sucede con el Tratado de Lisboa a los efectos del ámbito de la Unión Europea y la Carta Iberoamericana de los Derechos y Deberes del Ciudadano en relación con la Administración Pública.

2.3. Similitud de patologías y respuestas

Otros aspectos que convocan a la consideración del procedimiento administrativo como una categoría jurídica susceptible de caracterizarse en el territorio del Derecho Público Global, atienden a los trastornos que pueden atacarla y a los elementos que se diseñan usualmente para prevenir su ocurrencia, es decir, en un sentido profiláctico, o bien, para tratar su presencia, esto es, en términos terapéuticos, para eliminar, subsanar o reducir sus efectos negativos, desde luego, todo ello, en el entorno que corresponde al ámbito jurídico, aunque no debemos perder de vista que el alcance y la eficiencia del Derecho administrativo, en tanto disciplina que tiene como objeto central de atención la realidad concreta de la Administración pública, no puede considerarse en sus justas proporciones y alcances sin incorporar la valoración de los aspectos propios de la gerencia, de las ciencias de la administración, en tanto es ese el instrumental indispensable para la realización práctica de la función administrativa del Estado en todas y cada una de sus manifestaciones.

De entrada puede decirse que la figura del procedimiento administrativo reviste un nivel de importancia tal, que hasta su ausencia, en el sentido de que no se aplique en el caso concreto, configura una situación patológica de primea línea, por configurar una abierta situación de contrariedad a derecho, generando lo que se identifica como vías de hecho, es decir, la actuación de los agentes de la administración sin recurrir a la aplicación del procedimiento prescrito, lo que implica arbitrariedad, ilegitimidad, contrariedad a derecho, y eventualmente, la lesión de derechos o situaciones jurídicas subjetivas que pueden llegar a generar la procedencia de reclamo por responsabilidad del Estado o de los funcionarios a quienes pueda imputarse la infracción.

Pero aún sin llegar a esa situación extrema en la circunstancia que determine un caso concreto, la abstención u omisión, o inclusive la ocurrencia del simple silencio para producir la respuesta debida - que puede jugar como una opción válida, aunque no deseable en cuanto a la gestión de los asuntos públicos -, constituyen manifestaciones conductuales usualmente entendidas como rechazables o reprochables y, en consecuencia, contempladas como supuestos de hecho susceptibles de revisión y control de conformidad con las pautas recogidas en los diversos ordenamientos positivos.

De esta manera tenemos que, el reconocimiento empírico sobre la ocurrencia real de tales supuestos conduce al diseño y a la consecuente aplicación de algunos mecanismos de control sobre las conductas de administración, entendiendo que esos comportamientos se reflejan en una falta total, o cuando menos, un insuficiente nivel de la diligencia debida para la consecución de los objetivos de gestión, a cuyos fines se establecen los procedimientos administrativos aplicables, por lo que, en definitiva, se vincula esta categoría con el principio de la buena administración y con las buenas prácticas administrativas.

En resumen, resulta claro que la procrastinación, postergación, posposición, omisión o negativa a producir la respuesta debida, por parte de los agentes de la Administración pública, es una conducta considerada como reprochable por los ordenamientos positivos en forma generalizada, por lo que se nos aparece como un dato de uniformidad que apuntala la consideración del procedimiento administrativo y su entorno como una categoría uniforme, por ser homologable en el espectro global.

Es pertinente y oportuno observar, como un rasgo complementario del dato en comento que, en tales casos, no se controla específicamente la legalidad de un acto de la administración, sino una conducta indebida, que atenta contra la eficacia de la función administrativa y la legalidad general que la vincula, como principio, en cuanto al cumplimiento general de sus objetivos, sin que ello excluya la posibilidad de causar lesiones individualizables en aquellos sujetos que resulten directamente afectados por esa conducta de silencio, omisión o abstención, y los correspondientes reclamos[9].

Por otra parte, el supuesto en consideración ofrece aspectos de particular interés, por cuanto aparece estrechamente asociado con el derecho de petición que alcanza el calado de un derecho humano fundamental y la consecuente consagración de la garantía de su protección[10].

Al lado de estos supuestos aparecen los vicios propios que pueden afectar la validez del procedimiento o de la decisión que se produzca a través del mismo, con lo cual se abre espacio a los mecanismos de orden correctivo para la restitución del orden jurídico quebrantado, que suelen tener distinta intensidad y alcance, atendiendo a la magnitud y reversibilidad o posibilidad de convalidar o no el vicio producido a través de la infracción.

En todos estos casos encontramos, como una constante, la existencia de previsiones similares en los distintos ordenamientos positivos, siendo el esquema básico la posibilidad de proceder de oficio, esto es,

---

9 Al respecto véase: Armando Rodríguez García, " La inactividad del Estado como objeto de la pretensión del administrado". En: *Ensayos de Derecho Administrativo. Homenaje a Nectario Andrade Labarca.* Tribunal Supremo de Justicia. Colección Libros Homenaje. N° 13. Caracas, 2004

10 En el caso venezolano, por ejemplo, el artículo 51 de la Constitución vigente, contempla el derecho de petición en estos términos: " *Toda persona tiene el derecho de representar o dirigir peticiones ante cualquier autoridad, funcionario público o funcionaria pública sobre los asuntos que sean de la competencia de éstos o éstas, y de obtener oportuna y adecuada respuesta. Quienes violen este derecho serán sancionados o sancionadas conforme a la ley, pudiendo ser destituidos o destituidas del cargo respectivo*".
De su parte, en el artículo 31 del mismo texto constitucional se reconoce y extiende el ejercicio de este derecho al ámbito supranacional, de este modo: "*Toda persona tiene derecho, en los términos establecidos por los tratados, pactos y convenciones sobre derechos humanos ratificados por la República, a dirigir peticiones o quejas antes los organismos internacionales creados para tales fines, con el objeto de solicitar el amparo a sus derechos humanos...*"

por iniciativa de la propia administración, bien sea de la misma unidad donde se ha generado la irregular situación, o en sede de una unidad superior o simplemente distinta, mediante la aplicación de los mecanismos de control interno expresados mediante las técnicas de jerarquía o la tutela administrativa, en atención a la fórmula de organización que prive en el caso concreto de cada aparato administrativo actuante, unido a la solución específica que dibujen las normas aplicables.

Pero también se aprecia como una constante la fórmula de actuación mediante respuesta a petición de parte interesada, en cuyo caso lo usual es la figura del recurso administrativo, dispuesto a favor del sujeto cuyos derechos o intereses personales resulten lesionados por la indebida decisión, actuación o falta de actuación de la administración, que involucra los aspectos relativos al procedimiento administrativo.

Del mismo modo, el sistema de respuestas frente a las patologías asociadas a los procedimientos administrativos ofrece como una constante, en los distintos ordenamientos positivos, las modalidades de control jurisdiccional, cuya ampliación progresiva y sostenida alcanza no solo a los actos administrativos, en cuyo caso podría resultar incorporado el procedimiento como objeto del control, sino a las conductas de la administración, como dijimos antes, lo que abarca directamente los supuestos de abstención o negativa.

Junto a estos supuestos de manifestaciones patológicas que afectan la figura del procedimiento administrativo en cuanto a las distorsiones en su aplicación o en relación con la conducta debida y la falta de actuación de los agentes de la administración, aparecen otras expresiones que podríamos calificar como déficits, fallas y patologías crónicas o sistémicas, por su alcance y efectos, entre las cuales se menciona, por su generalización y por la propensión, igualmente generalizada, a producir correctivos, el tema de la complejidad de los procedimientos y la correlativa tendencia a la simplificación de los mismos a través de la aplicación de diferentes mecanismos correctivos, frente a lo que parece ser una modelación nefasta de las administraciones que las orienta a perturbar la eficiencia en lugar de facilitar su obtención.

En términos generales se aprecia comúnmente un cierto grado de insatisfacción en cuanto a los términos en que se encuentran regulados los procedimientos administrativos, lo que viene acompañado - también de forma usual - por la insatisfacción sobre los umbrales de eficiencia que exhiben las administraciones públicas. Esto se percibe, y en muchos casos se manifiesta abiertamente mediante diferentes medios, más o menos formales; lo podemos comprobar, sin mayor, dificultad con una simple reflexión personal como usuarios de los servicios de la administración, de cualquier administración.

Las fórmulas empleadas para responder a estas deficiencias y las demandas por su corrección han sido diversas, y puede decirse que se han convertido en una rutina constante y sostenida en el tiempo, con mayor o menor nivel de éxito.

En definitiva, el tema está indisolublemente vinculado con el carácter dinámico de la función administrativa, las transformaciones en los elementos operativos y la elevación constante en los niveles de calidad de vida de las personas, por lo que en definitiva, lo inteligente y práctico es que debe admitirse como una manifestación de evolución sobre la cual debe ser igualmente constante y sostenida la capacidad de análisis y adaptación de las distintas estructuras de la administración.

3. EPÍLOGO

A través de las breves notas que recogen los párrafos anteriores se intenta dejar montado, en trazos gruesos y mediante anotaciones construidas con carácter preliminar, un punto de partida sobre la posibilidad de caracterizar al procedimiento administrativo como una categoría ubicable en el terreno del Derecho Público Global, lo que se propone como pie de apoyo para emprender un trayecto que debe ser más detenido en su ritmo y más prolongado en su extensión, en cuanto a la mayor agudeza de imagen que amerita el planteamiento en sus perfiles conceptuales, pero también, en lo atinente a las consecuencias que derivan de su presencia.

De esta manera se busca apuntalar un criterio que realce el significado del procedimiento administrativo, atendiendo a su particular trascendencia y a sus matices definitorios propios, y con ello, propender a entenderlo metodológicamente separado de la figura del acto administrativo para permitir un horizonte de presencia más amplio, frondoso y robusto en su consideración. Con ello se apunta, entre otros objetivos, a superar la limitada concepción que acompaña su aparición como "*apéndice del acto administrativo, referido en concreto a su aspecto formal*", tal como lo indica el profesor José Ignacio Hernández[11], y tal como se presenta por medio del enfoque usualmente adoptado en la metodología de enseñanza que se utiliza para el dictado de la disciplina.

Con la confianza que inspira pisar sobre huellas seguras, podemos entender que el procedimiento administrativo tiene la entidad de ser un sólido punto de encuentro, de operar como un atractivo y eficaz *meeting point* que permite revisar la complejidad institucional a la que nos asomamos al entrar en contacto con las realidades de la Administración pública, la gestión de los asuntos colectivos y el Derecho administrativo que se ocupa de sus manifestaciones organizativas y funcionales con trascendencia jurídica, lo que magistralmente pone de relieve Meilán cuando advierte sobre la "*inquieta esencia del Derecho administrativo*", y nos enseña que "*... Construir solo a partir de los textos legales es tanto como renunciar a comprender cabalmente su sentido*"[12], pues en definitiva, se trata de un Derecho que se fundamenta sobre las perspectivas principalistas y sus cualidades precursoras.

Precisamente atendiendo a la ineludible presencia de los principios en la construcción y comprensión del Derecho administrativo y la inexcusable consideración de los mismos a los efectos de su empleo, Cassagne, destaca que "*...Los principios fundamentales del procedimiento administrativo cumplen funciones relacionadas con trascendentes valores que anidan en el Estado de Derecho. Hacen, en primer lugar, a la tutela administrativa efectiva en cuanto a la defensa de los derechos del particular antes y durante el trámite de procedimiento. De otra parte, aseguran la sumisión de la Administración a la ley y al derecho y contribuyen decisivamente, a la eficacia de la Administración Pública, al afianzar la unidad del procedimiento administrativo, evitando formula-*

[11] Véase, José Ignacio Hernández, "El objeto del Procedimiento Administrativo y el concepto del Derecho administrativo". En . Alejandro Canónico Sarabia (Coordinador). *Visión actual de los procedimientos administrativos. III Congreso de Derecho Administrativo. Margarita 2011.* Centro de Adiestramiento Jurídico (CAJO) / Editorial Jurídica Venezolana. Caracas, 2011. Pág. 73 y ss.

[12] José Luis Meilán Gil, *El proceso de definición del Derecho administrativo.* Escuela Nacional de Administración Pública. Madrid, 1967.

ciones dispersas a través de procedimientos especiales. Por último, no hay que perder de vista la triple función que cumplen - como todo principio general - en el sentido de servir de fundamento, interpretación e integración del ordenamiento jurídico..."[13].

Adicionalmente, el procedimiento administrativo se acompaña y proyecta valores de trascendencia supranacional que interesan intensamente a la sociedad contemporánea, en particular, la democracia y la buena administración, en tanto representan expresiones de reconocimiento a la dignidad del ser humano, conjuntamente con el efecto sobre le elevación de los niveles de vida y la convivencia, en general.

Tal es el criterio que aporta Javier Barnés al expresar que "*podríamos decir que el procedimiento administrativo tiene implicaciones con el principio democrático en dos grandes supuestos: cuando el procedimiento administrativo sirve como herramienta para aplicar la ley a cada caso, de un lado, y, de otro, cuando el procedimiento administrativo se utiliza para completar lo que la ley ha establecido. Lo primero se produce en particular cuando la ley ha predeterminado la solución y mediante el procedimiento se persigue el acierto en la decisión, esto es, garantizar que se cumple la voluntad democrática expresada en la ley (si procede o no otorgar una licencia o imponer una sanción, por ejemplo), el segundo, en cambio, tiene lugar cuando la ley deja un amplio espacio a la Administración para que resuelva (como en el caso del planeamiento urbanístico) y le confía a un procedimiento participativo el desarrollo material o sustantivo de la ley (la creación de ciudad)*" (...) "*La primera y más clara relación entre el procedimiento y el principio democrático se da, pues, cuando el procedimiento administrativo constituye el instrumento por excelencia que posee la Administración para llevar a efecto lo que la ley - expresión de la voluntad general - haya establecido para cada caso* "[14].

Finalmente, la cualidad que añade su generalización en condiciones de profunda similitud en los diversos ordenamientos jurídicos permite

---

[13] Juan Carlos Cassagne, *Los grandes principios del Derecho Público (constitucional y administrativo).* Editorial Reus. Madrid, 2016. Pág. 429.

[14] Ver: Javier Barnés, "Buena administración, principio democrático y procedimiento administrativo". En *Revista Digital de Derecho Administrativo.* N° 21. Primer Semestre 2019. Pág. 81.

entender las particularidades de la institución mediante un lenguaje común, sin dificultad, y con ello, conocer las dificultades que acompañan su aplicación, al igual que las soluciones puestas en práctica.

Pero más que eso, la similitud permite profundizar el intercambio para procurar el mejoramiento en la cultura jurídica a través de todas sus manifestaciones, para el mejoramiento funcionarial, para la formación ciudadana y para el ámbito profesional y académico, todo ello en favor de las personas y sus condiciones de vida, a cuyos fines es factible el aporte que se produzca en espacios de formulación de *soft law*.

DERECHO CIVIL
Y DERECHO INTERNACIONAL PRIVADO

La prohibición del pacto comisorio en el Código Civil venezolano.
Venezuela. Enrique Urdaneta Fontiveros

La responsabilidad civil de los profesionales.
Venezuela. José Getulio Salaverría Lander

Eficacia en Venezuela del cambio voluntario de nombre civil
según el derecho inglés.
Venezuela. Eugenio Hernández-Bretón

LA PROHIBICIÓN DEL PACTO COMISORIO EN EL CÓDIGO CIVIL VENEZOLANO

ENRIQUE URDANETA FONTIVEROS*

SUMARIO

* Profesor Titular de Derecho Civil en la Facultad de Derecho de la Universidad Católica Andrés Bello (Caracas). Individuo de Número de la Academia de Ciencias Políticas y Sociales.

I. EL PACTO COMISORIO

A. Consideraciones generales

Las garantías reales sujetan determinados bienes del deudor o de un tercero al cumplimiento de la obligación de manera tal que, en caso de incumplimiento, el acreedor podrá trabar ejecución sobre dichos bienes para aplicar su valor de realización a la satisfacción de su crédito, independientemente de la persona que tuviera la propiedad o tenencia de los bienes sobre los cuales recae la garantía. Si el deudor no cumple con la obligación principal, el acreedor está facultado para ejecutar judicialmente la cosa constituida en garantía lo que significa, en último término, su venta en pública subasta para aplicar el precio que se obtenga en el remate a la satisfacción de la deuda. Todo ello sin perjuicio de que si el precio obtenido no resulta suficiente para cobrar el importe de su crédito, el acreedor haga efectiva la responsabilidad genérica y universal del artículo 1.863 del Código Civil y trabe ejecución sobre el patrimonio restante del deudor[1].

El destino natural de toda garantía real cuando no ha sido pagado el derecho de crédito es la ejecución judicial del bien que garantiza ese derecho, de modo que este pueda ser satisfecho con lo que se obtenga de aquella (*ius distrahendi*). El acreedor que tiene una garantía real, en caso de falta de pago de la obligación garantizada, tiene derecho al valor de la cosa que garantiza su crédito o a una parte de él, pero no a la cosa misma. Otra forma diferente de satisfacción del crédito sería lo que podría denominarse una *autoejecución*, que consistiría en la apropiación (comiso) por el acreedor del bien dado en garantía, práctica que se encuentra prohibida por los artículos 1.844, 1.858 y 1.878 del Código Civil y 542 del Código de Comercio[2].

---

[1] Jacques Mestre/Emmanuel Putman/Marc Billau, "Droit Commun des Sûretés Réells. Théorie Générale", en Jacques Ghestin, *Traité de Droit Civil,* L.G.D.J., París, 1996. pp. 8-10; Dominique Legeais, *Droit des Sûretés et Garanties du Crédit,* 13ª edición, L.G.D.J., París, 2019. pp. 315-318; Encarus Roca Trías, "Rasgos básicos de la regulación española en materia de negocios de garantía", en *Tratado de Garantías en la Contratación Mercantil,* coordinado por Ubaldo Nieto Carol y José Ignacio Bonet Sánchez, Tomo I (Parte General y Garantías Personales), Civitas, Madrid, 1997. pp. 144-145.

[2] Fernando Reglero Campos, "El pacto comisorio", en *Garantías Reales Mobiliarias en Europa,* coordinado por María Elena Larroba y Joan Marsal, Marcial Pons-Ediciones Jurídicas y Sociales, Madrid-Barcelona, 2006. p. 253.

B. Concepto

En términos generales, puede decirse que el pacto comisorio es aquel por el cual acreedor y deudor convienen que en caso de incumplimiento de la obligación principal, el acreedor queda facultado para apropiarse de la cosa dada en garantía, dando así por satisfecho su crédito[3]. En razón de su estipulación, las partes convienen que el acreedor podrá quedarse con la cosa objeto de la garantía real si el deudor no realiza la prestación prometida en el tiempo pactado. El pacto comisorio está prohibido por la ley en materia de prenda, hipoteca y anticresis; y, por tanto, carece de validez. La prohibición del pacto comisorio constituye un principio rector de nuestro sistema de garantías reales que obedece a exigencias de orden público que gobiernan la materia[4].

El rasgo distintivo del pacto comisorio es su carácter condicional, pues en él siempre hay una condición, que consiste en que el deudor deje de pagar lo que deba al vencimiento del plazo. Además, su estipulación transforma el contrato de prenda. hipoteca o anticresis en una venta condicional, en la cual la cosa vendida es el bien objeto de una garantía; el precio, el monto de lo adeudado por el deudor, y la condición, el hecho de que este no pague oportunamente la deuda[5]. Por consiguiente, para que se entienda estipulado un pacto comisorio, es necesario que en la estipulación figure de una manera u otra la condición "*si el deudor no*

---

[3] Esta es en esencia la definición acogida por casi todos los autores. Al respecto, véase: C. Massimo Bianca, Voz "Patto Commissorio", en *Novissimo Digesto Italiano*, bajo la dirección de Antonio Azara y Ernesto Eula, Vol. XII, UTET, Turín, 1965. p. 714; Laurent Aynès/ Pierre Crocq con el concurso de Agustin Aynès, "Droit des Sûretés", en Phillipe Malaurie y Laurent Aynès, *Droit Civil*, L.G.D.J., París, 2019. p. 328; Ramón Durán Rivacoba, *La Propiedad en Garantía. Prohibición del pacto comisorio.* Editorial Aranzadi, Pamplona, 1998. p. 68.

[4] Al respecto, en relación con el ordenamiento francés anterior a la Reforma del Código Civil de 2006 sobre las garantías, sustancialmente equivalente al nuestro sobre la materia, véase: Michel Cabrillac/Christian Mouly, *Droit de Sûretés,* 2ª edición, Editorial Litec, París, 1993. pp. 395-396. En la doctrina nacional, Aguilar Gorrondona incluye la prohibición del pacto comisorio entre "las normas comunes de las garantías reales" (José Luis Aguilar Gorrondona, *Derecho Civil IV. Contratos y Garantías*, 11ª edición, Universidad Católica Andrés Bello, Caracas, 2000. pp. 57-59).

[5] C. Massimo Bianca, ob. cit., p. 14; Vincenzo Locajono, *Il patto commissorio nei contratti di garanzia,* Giuffrè, Milán, 1952. pp. 22, especialmente, la nota 5 y la jurisprudencia de la Casación italiana ahí citada.

paga la obligación al vencimiento el acreedor podrá hacerse dueño de la cosa" por el precio prefijado y que es lo adeudado al acreedor[6].

Tampoco pueden los sujetos de la relación obligatoria convenir, al menos en principio, que en caso de incumplimiento de la obligación principal, el acreedor podrá disponer de la cosa dada en prenda o hipoteca sin ejecutarla judicialmente, esto es, disponer de ella al margen de los procedimientos legalmente establecidos para la ejecución de la garantía[7]. La exigencia legal de la ejecución judicial de la prenda y de la hipoteca trae consigo que carezca igualmente de validez el pacto por el cual se convenga que el acreedor podrá disponer a su arbitrio de la garantía real enajenándola sin sujetarse a los trámites previstos en la ley, en caso de incumplimiento de la obligación garantizada[8]. Con mayor razón le está prohibido al acreedor, como se dijo, apropiarse de la cosa constituida en garantía en caso de inejecución o retardo.

En sentido estricto, por tanto, se entiende por pacto comisorio el convenio en virtud del cual el acreedor queda facultado para hacerse propietario del bien constituido en garantía o disponer de ella sin ejecutarla judicialmente, en defecto de pago al vencimiento de la obligación principal[9]. Así entendido, el pacto comisorio engloba tanto los aspectos directamente apropiatorios de la cosa constituida en garantía, como los de su ejecución fuera de los estrictos cauces previstos en la ley.

---

6 Manuel Somarriva Undurraga, *Tratado de las Cauciones,* Editorial Nascimento, Santiago de Chile, 1980. p. 432.

7 José Enrique Bustos Pueche, "Teoría general sobre los derechos reales de garantía con especial atención al pacto comisorio", en *Anuario de Derecho Civil,* Tomo XLIII, fascículo II, abril-junio 1990, Centro de publicaciones del Ministerio de Justicia, Madrid, 1990. pp. 550-551.

8 Es la cláusula llamada de *voie parée* (de vía que apareja ejecución) cuya nulidad consagró el artículo 2.078 del Código Napoleón. Al respecto, véase: Louis Josserand, *Derecho Civil,* Tomo II, Vol. II (Contratos), traducción castellana de Santiago Conchillos y Monterola, Bosch y Cia. Editores, Buenos Aires, 1950. p. 456; Henri y Leon Mazeaud/Jean Mazeaud, *Lecciones de Derecho Civil,* Parte Tercera, Volumen I (Garantías), traducción castellana de Luis Alcalá-Zamora y Castillo, Ediciones Jurídicas Europa-América, Buenos Aires, 1962. pp. 113-114.

9 G. Baudry-Lacantinerie/P. de Loynes "Du nantissement, des privilèges & hipothèques et de l'expropriation forcée", Tome I, en *Traité Théorique et Pratique de Droit Civil*, Vol. XXII, 2ª edición, París, 1899. p. 124. En la doctrina nacional, véase: José Luis Aguilar Gorrondona, ob. cit., pp. 58-59: María Candelaria Domínguez Guillén; Voz "Pacto Comisorio", en *Diccionario de Derecho Civil*, Liven editores, Caracas, 2009. p. 122.

II. LA PROHIBICIÓN DEL PACTO COMISORIO. EVOLUCIÓN HISTÓRICA Y LEGISLACIÓN COMPARADA

A. Antecedentes históricos

Para la cabal comprensión de la prohibición del pacto comisorio resulta indispensable conocer – al menos a grandes rasgos – sus antecedentes y evolución histórica[10].

En el *Derecho romano*, en una primera etapa de la evolución histórica de los derechos de garantía, el deudor, por medio de la fiducia *cum creditore*, garantizaba el cumplimiento de la obligación transmitiendo al acreedor (por la *mancipatio* o la *in iure cessio*) la posesión y la propiedad de una cosa (*mancipi*) de valor más elevado al de la suma de dinero recibida. Pagada la deuda, el *tradens* podía exigir la restitución de la cosa con una acción personal (la *actio fiduciae*)[11]. En la fiducia *cum creditore*, la transferencia de la propiedad de la cosa al acreedor derivaba de la naturaleza misma del contrato (*naturalia negotii*), pero no era un elemento esencial, ya que cabía pactar otro modo de satisfacción, el *ius vendendi,* que le daba al fiduciario el derecho de vender la cosa, cobrarse la deuda y devolver al deudor el sobrante (*superfluum* o *hyperocha*). El *ius vendendi* constituye el origen de los actuales modos de ejecución de las garantías reales.

Desaparecido el contrato de fiducia, se utilizó el contrato de prenda para alcanzar los mismos fines de garantía, pero sin que se produjera la transmisión de la propiedad. Cuando ya la propiedad no se transfería automáticamente al acreedor por la celebración del contrato, dicha transferencia podía convenirse en virtud de una cláusula añadida en la que con diversas formas se establecía expresamente que, en caso de falta de pago al vencimiento, el acreedor podía apropiarse de la cosa, es decir, convertirse en propietario de la misma, por el importe del crédito,

---

[10] Para un examen de los antecedentes históricos de la prohibición del pacto comisorio, véase: Vincenzo Locajono, ob. cit., pp. 1-19; Manuel Ignacio Feliú Rey, *La prohibición del pacto comisorio y la opción en garantía,* Editorial Civitas, Madrid, 1995. pp. 33-47; Núria Ginés Castellet, *La enajenación de bienes inmuebles con fines de garantía,* Fundación Beneficentia et Peritia Iuris, Madrid, 2004. pp. 424-451.

[11] En atención al carácter personal de la *actio fiduciae,* el deudor quedaba expuesto a una posible enajenación de la cosa por parte del acreedor.

o podía vendérsela a otro. Esta cláusula, especialmente cuando revestía la primera modalidad, se conoció con el nombre de *lex commissoria*[12]. En un primer momento adoptó la forma de un pacto mediante el cual el deudor prometía al acreedor cederle la cosa entregada en garantía, en caso de incumplimiento. Posteriormente para asegurar aún más los derechos del acreedor, las partes pactaban que en defecto de cumplimiento la cosa quedaba vendida a su favor. En este sentido, se puede definir la *lex commissoria* como la cláusula en virtud de la cual si el deudor no pagaba a tiempo, el acreedor conservaba la cosa en su patrimonio, cobrándose de esta manera el crédito no satisfecho.

En el *Derecho romano quiritario y clásico*, la *lex commissoria* empleada en la prenda era frecuente en la práctica y su licitud estaba fuera de discusión. La moral utilitaria prevaleciente en la época no veía con malos ojos que la prenda, aun de valor muy superior al importe de la deuda, pasara en caso de incumplimiento en plena propiedad al acreedor, perdiendo el deudor el exceso de valor de la cosa sobre la cuantía del débito (*superfluum* o *hyperocha*).

En cambio, en el *Derecho romano post–clásico*, por el creciente influjo de la moral cristiana en la renovación del mundo romano y sobre todo una vez que se introdujo el derecho de venta de la cosa pignorada (*pactum de vendendo o de distrahendo)* que permitía al acreedor vender la cosa y pagarse con el precio pero restituyendo el remanente, se puso de relieve que el comiso por el acreedor de la cosa pignorada en caso de falta de pago podría acarrear un grave perjuicio, incluso la ruina del deudor, ya que este se veía privado completamente de la cosa, aun en el caso relativamente frecuente de que su valor fuera muy superior al monto del crédito que garantizaba.

Debido a esto el emperador Constantino, mediante edicto, terminó por prohibir la *lex commissoria* en el *pignus* en el año 326. Este edicto se explica además porque a través del pacto comisorio se encubrían en

---

[12] En Roma el pacto comisorio como institución jurídica recibió el nombre de *lex commissoria* y no el de *pactum*. Cabe hacer notar que *lex* en esta locución es sinónimo de *pactum* y significa una convención establecida entre las partes y, por consiguiente, obligatoria entre ellas. Como señala Roca Sastre la expresión *pactum de lex* commissoria encierra una verdadera redundancia ya que *pactum* y *lex* vienen a tener el mismo significado. Al respecto,véase: Ramón Roca Sastre, *Derecho Hipotecario*, Tomo V, Bosch Casa Editorial, Barcelona, 1978. p. 793, nota 1.

la práctica intereses ilegales, pues el valor del bien comisado solía ser muy superior al del crédito garantizado. La influencia creciente de la Iglesia en aquella época, que venía condenando el mutuo con interés como contrario a la moral, y la repulsa general al cobro de intereses o *usura* en el préstamo, fueron razones adicionales que llevaron a la prohibición del pacto comisorio en el Derecho romano.

El edicto de Constantino fue recogido por el Código teodosiano que sancionó idéntica norma y pasó después al Código justinianeo. Justiniano, sin embargo, toleró el *pacto marciano* por el cual el acreedor quedaba facultado para adquirir la cosa pignorada o hipotecada *"al justo precio"*[13].

En la *Alta Edad Media*, la caída del Imperio y las invasiones germánicas trajeron consigo la reaparición de la fiducia en su forma germánica que consistía en la transmisión de la propiedad para garantizar el pago de una deuda, reservándose el transmitente un derecho real a recuperar la cosa vendida en caso de que restituyera la cantidad adeudada. Este hecho, unido a la general decadencia de los estudios jurídicos, se afirma, dio lugar a la reaparición de la licitud del pacto comisorio.

En el *Derecho intermedio*, la gran influencia del Derecho canónico sirvió no solo para restablecer la prohibición del pacto comisorio sino para reforzarla mediante la prohibición de la usura. El Papa Inocencio III, en una célebre decisión del año 1198, reafirma que el pacto comisorio es *in pignoribus improbatum*. El Papa Gregorio IX le dedica un fragmento en las Decretales para prohibirlo totalmente. Quedó así restablecida la prohibición del pacto comisorio que se mantuvo en la época del renacimiento del Derecho romano aun cuando se consagraron algunas excepciones como, por ejemplo, la de los hebreos del Piamonte, a quienes se autorizaba para imponer tal cláusula.

En el *Derecho moderno* se incorporó la prohibición del pacto comisorio en la generalidad de los Códigos. Baste citar entre ellos al Código Civil francés de 1804 (art. 2.078); el Código Civil alemán (B.G.B.) de 1900 (§ 1.149 y 1.229); el Código Civil suizo de 1.907 (art. 894); los Códigos italianos de 1865 (arts. 1.884 y 1.894) y 1942 (art. 2.744); y el Código Civil español de 1889 (arts. 1.859 y 1.884).

---

[13] Digesto, XX, I, 16, 9.

En muchos Códigos civiles hispanoamericanos se introdujo igualmente la prohibición del pacto comisorio. Baste citar entre ellos al argentino de 1869, (art. 3.222), chileno (art. 2.397), peruano de 1864 (art. 1.066), colombiano (art. 2.422) uruguayo (art. 2.338), costarricense (art. 421) y venezolano (arts. 1.844, 1.858 y 1.878).

Sin embargo, siguiendo las tendencias más modernas del derecho de las garantías reales, en la legislación civil de algunos países se ha eliminado la prohibición del pacto comisorio como, por ejemplo, en la Reforma del Código Civil Francés sobre el Derecho de Garantías de 2006 que eliminó la interdicción del pacto comisorio para la prenda (art. 2.348) y para la hipoteca (art. 2.459); en el Código Civil y Comercial argentino promulgado el 7 de octubre de 2014 cuyo artículo 2.229 faculta al acreedor para adjudicarse la cosa dada en prenda por la estimación que de ella haga un experto al vencimiento de la deuda. En el Perú, la Ley de Garantías Mobiliarias de 2006 derogó el artículo 1.066 del Código Civil peruano que prohibía el pacto comisorio en la prenda y autorizó a las partes a pactar la forma de ejecución de la garantía mobiliaria, conforme a las disposiciones establecidas en la ley. En Colombia, la Ley de Garantías Mobiliarias de 2013 derogó los artículos 2.422 (inciso 2º) del Código Civil y 1.203 del Código de Comercio que prohibían el pacto comisorio y estableció un mecanismo de pago directo con los bienes dados en garantía por el valor del avalúo realizado por un perito escogido por sorteo, debiéndose realizar el avalúo en el momento de la entrega o apropiación del bien por el acreedor.

B. Legislación comparada

1. Derecho francés

En el *Derecho histórico francés*, Robert Pothier sostiene que rigió la prohibición del pacto comisorio como un instrumento para impedir la usura y por esa vía la prohibición de esa figura negocial pasó al Código Napoleón. Sin embargo, en el antiguo Derecho francés se facultaba a las partes a convenir que la cosa dada en prenda pasara al acreedor según estimación a ser realizada por expertos después del vencimiento del plazo establecido para el pago de la deuda (*pacto marciano*)[14].

[14] Marcelo Planiol/Jorge Ripert, *Tratado Práctico de Derecho Civil Francés,* Tomo XII (Garantías Reales), traducción castellana de Mario Díaz Cruz, Cultural, Habana, 1946. p. 120.

El *Código Napoleón de 1804* prohibió el pacto comisorio en la prenda. En efecto, de acuerdo con el artículo 2.078 del *Code "toda cláusula que faculte al acreedor para apropiarse de la prenda o para disponer de ella sin las formalidades legales es nula"*. De acuerdo con la prescripción legal, el acreedor pignoraticio en caso de incumplimiento tenía que dirigirse a un tribunal para pedirle que ordenara la venta de la prenda en pública subasta o que la misma le fuese adjudicada en pago de la deuda, hasta donde alcanzara su valor, según tasación hecha por peritos. No podían, por tanto, las partes, según el artículo 2.078, convenir que el acreedor pudiera vender privadamente la prenda ni acordar que estaría dispensado de solicitar que se dictase sentencia (cláusula de *voie parée*)[15].

La doctrina francesa admite pacíficamente que el fundamento de la prohibición del pacto comisorio en el *Code* se encuentra en la falta de libertad del deudor que ante la necesidad del crédito conviene en conceder a su acreedor la facultad de apropiarse de la prenda o de disponer de ella libremente en caso de falta de pago[16].

La prohibición era de aplicación estricta a la prenda (art. 2.078) y la anticresis (art. 2.088), quedando al margen la hipoteca. La jurisprudencia interpretando estrictamente la prohibición negó su aplicación a la hipoteca[17].

La doctrina y la jurisprudencia francesas admitieron la validez del pacto *ex intervallo*, esto es, el convenido después del contrato de prenda, ya que una vez acordado el préstamo había que suponer que la presión del acreedor no era ya tan temible. Sin embargo, el pacto sucesivo carecía de validez cuando constituía la simple ejecución de un arreglo concluido desde el momento de la constitución de la prenda[18].

---

15 Louis Josserand, ob. cit., II, p. 456.

16 Ambrosio Colin/Henri Capitant, *Curso Elemental de Derecho Civil,* Tomo V, traducción castellana por la redacción de la Revista General de Legislación y Jurisprudencia, Instituto Editorial Reus, Madrid, 1955. p. 91.

17 Al respecto, véase: Michel Cabrillac/Christian Mouly, ob. cit., p. 406.

18 G. Baudry-Lacantinerie/P. de Loynes, ob. cit., I, pp. 130-131; Georges Ripert/Jean Boulanger, *Tratado de Derecho Civil, según el Tratado de Planiol,* traducción castellana de Delia García, Tomo IV (Las Obligaciones) (Primera Parte), La Ley, Buenos Aires, 1965. pp. 691-692.

El encubrimiento del pacto comisorio bajo fórmulas de compraventa con pacto de retro en garantía se consideró como un claro supuesto de simulación y fraude, demostrable de ordinario por presunciones[19].

La prohibición del pacto comisorio se consideró siempre de orden público, por lo que su estipulación estaba sancionada con la nulidad absoluta. Pero la sanción que recogió el *Code* fue la de la nulidad parcial dejando el acto incólume, salvo la cláusula comisoria. Es decir, se tenía por no puesto el pacto[20].

La Reforma del Código Civil francés de 2006, a que se contrae la Ordenanza (*Ordonnonce*) N° 2.006–346 del 23 de marzo del 2006 contentiva de la reforma del derecho de garantías, incorporó como Libro IV del *Code* una reglamentación completa de las garantías que consagró cambios importantes y novedosos respecto de las disposiciones del Código Napoleón sobre la materia[21].

La modificación más importante fue la eliminación de la prohibición del pacto comisorio tanto para la prenda (art. 2.348) como para la hipoteca (art. 2.459), permitiendo a las partes convenir, ya sea en el momento de la constitución de la garantía o con posterioridad, que en caso de incumplimiento de la obligación principal, el acreedor se convierta en dueño de la cosa dada en garantía al precio determinado en el mercado de valores, si se trata de créditos o papeles bursátiles, o por el precio fijado por expertos. La reforma del Código Civil francés autoriza pues a convenir el pacto comisorio bajo la modalidad de *pacto*

---

19 Louis Josserand, ob. cit., II, pp. 108-109.

20 Henry y Leon Mazeaud/Jean Mazeaud, ob. cit., I, p. 114.

21 Al respecto, véase: *Ordonnance* n° 2006-346 du 23 *mars 2006 relative aux sûretés*. Disponible en https://www.legifrance.gouv.fr/affichTexte.do?cidTexte=JORFTEXT000000639090, consultado en fecha 12 de mayo de 2020. Para un examen de los principales cambios e innovaciones del Derecho de las garantías en Francia introducidos por la referida ordenanza, véase: Dominique Legeais, ob. cit., pp. 321-334; Olivier Deshayes, "La reforma del derecho de las garantías en Francia", en *Nuevas tendencias en el derecho privado y reforma del Código Civil francés,* coordinado por José Annicchiarico Villagrán, Sheraldine Pinto Oliveros y Pedro J. Saghy Cadenas, Editorial Jurídica Venezolana-Association Henri Capitant des amis de la culture juridique française, Caracas, 2015. pp. 143-152; Carlos de Cores, "El impacto de la globalización (4), Una perspectiva latinoamericana de la reforma francesa de las garantías reales mobiliarias", en Carlos de Cores/Enrico Gabrielli, *El nuevo derecho de las garantías reales. Estudio comparado de las recientes tendencias en materia de garantías reales mobiliarias,* Editorial Temis-Editorial Ubijus-Zavalia, Bogotá-México D.F., Buenos Aires, 2008. pp. 279-323.

marciano. El valor de los bienes dados en garantía será determinado por peritos, nombrados de común acuerdo por las partes o judicialmente, de modo que si el valor de la cosa determinado el día de su atribución o transferencia al acreedor es superior al monto de la obligación garantizada, la diferencia corresponderá al deudor. Es decir, el acreedor puede hacerse atribuir el bien dado en garantía, pero a un valor que debe ser determinado por expertos o peritos, no de antemano sino al día de la transferencia o atribución de la cosa dada en garantía al acreedor. Si el bien hipotecado es la residencia familiar principal del deudor, se mantiene la prohibición del pacto comisorio (art. 2.459 *in fine*)[22].

2. Derecho italiano

El *Código Civil italiano de 1865* consagró la prohibición del pacto comisorio en la prenda en los siguientes términos: *"El acreedor no puede disponer de la prenda por falta de pago. Tiene sin embargo, el derecho de hacer ordenar judicialmente que la prenda se le asigne en pago y hasta la concurrencia de la deuda según estimación que se haga por peritos, o bien que se venda en remate. Es nulo cualquier pacto que autorice al acreedor a apropiarse de la cosa recibida en prenda"* (art. 1.884). Para la anticresis, el artículo (1.894) estableció, igualmente, la prohibición quedando, al igual que en el Código Napoleón, la hipoteca al margen de la prohibición legal[23].

Un sector de la doctrina italiana sostuvo que tales disposiciones prohibitivas eran excepcionales y que no podía extenderse su aplicación al préstamo hipotecario ni, en general, a la enajenación de un bien inmueble con fines de garantía (*pacto comisorio autónomo*). Otros autores, en cambio, sostuvieron que la nulidad del pacto comisorio era

---

[22] Para un examen del régimen del pacto comisorio bajo la Ordenanza N° 2006-346 de fecha 23 de marzo de 2006, véase: Aynès y Pierre Crocq, con el concurso de Agustin Aynès, ob. cit., pp. 327-330.

[23] A diferencia de lo ocurrido en Francia, el tema del pacto comisorio se ha convertido en un clásico de la literatura jurídica en Italia. Al respecto, véase: Franco Anelli, *L'alienazione in funzione di garanzia*, Giuffrè, Milán, 1996, *passim*. Antes de la promulgación del *Codice* de 1942, el régimen legal del pacto comisorio era sustancialmente idéntico al que consagraba el Código Napoleón. Ello dio lugar a grandes incertidumbres doctrinarias y jurisprudenciales por lo que respecta al alcance y límites de la prohibición legal, tal y como se examina poco más adelante en el texto.

un principio válido aplicable a todas las garantías reales. En el mismo sentido se orientó la opinión prevaleciente de la jurisprudencia italiana, tanto de instancia como de casación, hasta el año 1923.

No obstante, a partir de la célebre sentencia de las *Sezioni Unite* de fecha 28 de julio de 1923 que se pronunciaron por la validez de un pacto comisorio incluido en un contrato de préstamo hipotecario, la jurisprudencia italiana cambió de criterio, y al igual que la mayoría de los autores italianos, se mostró favorable a la interpretación estricta que debía hacerse de los artículos 1.884 y 1.894 del Código Civil italiano de 1865, los cuales no eran susceptibles de ser interpretados extensivamente ni aplicados por analogía a situaciones no previstas en el texto legal como, por ejemplo, la venta inmobiliaria con pacto de rescate con fines de garantía cuya validez fue admitida. Un sector de la doctrina italiana, no obstante, criticó severamente esta nueva orientación de la Casación italiana.

Posteriormente, mediante sentencia del 16 de abril de 1945, la Casación italiana cambió nuevamente de opinión y pretendió extender a un contrato de préstamo con garantía hipotecaria contraído bajo la vigencia del Código Civil italiano de 1865 la prohibición del pacto comisorio que ese código consagraba solo para la prenda y la anticresis.

Esta sentencia mereció la severa crítica de Pugliese, lo que a su vez influyó decisivamente en un nuevo y ulterior cambio de criterio por parte de la Casación italiana que en 1947 se pronunció definitivamente por una interpretación estricta que debía hacerse de los artículos 1.884 y 1.894 del Código Civil italiano de 1865 los cuales no podían aplicarse al mutuo hipotecario ni a la venta con pacto de rescate. En tal sentido la Casación rectificó su criterio del 16 de abril de 1945 y declaró que el artículo 2.744 del nuevo *Códice* italiano que consagró la prohibición del pacto comisorio en la hipoteca, tenía un carácter innovativo respecto de los artículos 1.884 y 1.894 del Código de 1865 y no un carácter interpretativo de esas disposiciones[24].

---

[24] Para un examen detallado de la posición de la doctrina y la jurisprudencia italianas respecto a la prohibición del pacto comisorio bajo el Código Civil italiano de 1865, además del trabajo de Giovanni Pugliese "Nulitá del patto commissorio e vendita con patto di riscatto", en *Giurisprudenza Cassazione Civile dell'Istituto Italiano Sudii Legislativi,* Tomo XVII, 1945,

El Código Civil italiano de 1942 (a diferencia del Código del 65 que, como el francés, no aludía al pacto comisorio en la hipoteca) sanciona la prohibición del pacto comisorio en dos artículos: uno, el 1.963, comprendido entre las normas que regulan la *anticresis*; y otro, el 2.744, que ha sido trasladado de las normas relativas a la prenda (que es donde lo recogía el Código del 1865) al capítulo de las disposiciones generales sobre la garantía patrimonial, y se refiere en concreto a la *hipoteca y a la prenda*; en ambos preceptos, con fórmulas sustancialmente idénticas, se consagra la nulidad del pacto por el cual se conviene que la propiedad del inmueble objeto de anticresis, o la cosa hipotecada o dada en prenda *"pase al acreedor en caso de falta de pago de la deuda en el término fijado"*.

La doctrina italiana todavía discute cuál es el fundamento de la prohibición legal, aunque la necesidad del deudor continúa siendo la más importante de las razones de fondo aportadas para prohibir el pacto comisorio[25]. De ahí que la gran mayoría de los autores italianos consideran válido el llamado *pacto marciano*, es decir, aquel por el cual se conviene entre deudor y acreedor que si al vencimiento de la obligación el primero no paga, la propiedad de la cosa sujeta en garantía pasará al acreedor previa justa estimación. Faltan aquí, se afirma, las razones de tutela del deudor puesto que no se dan en el pacto marciano las condiciones vejatorias e inicuas que normalmente sujetan al deudor en la estipulación del pacto comisorio[26].

I, pp. 156 y ss, puede consultarse a C. Massimo Bianca, *Il divieto del patto commissorio,* Ristampe della Scuola di specializzazione in diritto civile dell'Università di Camerino, a cargo de Pietro Pierlingieri, Edizioni scientifiche italiane, Nápoles-Roma, 2013. pp. 79-85. En la doctrina nacional, Mélich-Orsini también se refiere al planteamiento de la cuestión en la doctrina y la jurisprudencia italianas en su trabajo "Los verdaderos alcances de la prohibición del pacto comisorio en el Derecho venezolano y una errónea sentencia de la Corte Suprema de Justicia, en *Libro Homenaje al Doctor Eloy Lares Martínez,* Tomo II, Universidad Central de Venezuela, Caracas, 1984. pp. 1113-1118.

25 Al respecto, véase: Enzo Roppo, "La responsabilità patrimoniale del debitore", en *Trattato di Diritto Privato*, dirigido por Pietro Rescigno, Vol. XIX, UTET, Turín, 1985. p. 436; Domenico Barbero, *Sistema del Derecho Privado*, Vol. III, traducción al castellano de Santiago Sentis Melendo, Editorial Jurídica Europa-América, Buenos Aires, 1967. p. 186; Domenico Rubino, *La compravendita,* Giuffrè, Milán, 1971. p. 1025.

26 Vincenzo Locajono, ob. cit., p. 71-72, especialmente, la nota 25 y la doctrina italiana ahí citada; C. Massimo Bianca, *Il divieto del patto commissorio*... cit., pp. 218-223.

La cuestión de la aplicación de la prohibición del pacto comisorio a la transmisión de la propiedad con fines de garantía (*pacto comisorio autónomo*) ha sido objeto de viva discusión en la doctrina y la jurisprudencia italianas.

Un sector doctrinal, atendiendo al momento en que se produce el efecto traslativo, opina que no incurren en la prohibición del artículo 2.744 del *Codice* los convenios en los cuales el traspaso es inmediato y el incumplimiento determina solamente la consolidación de la propiedad de la cosa en manos del acreedor (venta con pacto de retro o venta con condición resolutoria, en garantía), pero sí los tipos de venta con fines de garantía en los cuales la transmisión de la propiedad de la cosa se condiciona al incumplimiento del deudor (venta sujeta a condición suspensiva, promesa de venta)[27]. Otros autores, en cambio, sostienen que la prohibición del pacto comisorio se aplica igualmente a la venta con *patto di riscatto* como a la venta con *patto di retrovendendo* realizadas con fines de garantía[28].

La jurisprudencia italiana, por su parte, ha sido oscilante. Al principio la Casación italiana en la mayoría de sus decisiones se mostró partidaria del carácter excepcional de la prohibición legal y sostuvo que el artículo 2.744 del *Codice* no podía ser objeto de interpretación extensiva ni de aplicación analógica. Sin embargo, en algunas sentencias la Casación se apartó de esta línea tradicional, al dejar sentado que una venta sometida a condición resolutoria, o con pacto de rescate (con efectos reales) o de retroventa (con efectos obligatorios) podía incurrir en ilicitud por contravención a la regla prohibitiva del pacto comisorio, si era celebrada con fines de garantía. Esto dio lugar a una etapa de incertidumbre y desconcierto en la que se fueron alternando las decisiones en uno y otro sentido[29].

---

[27] Angelo Luminoso, "La vendita con riscatto. Arts. 1500-1509", en *Commentario Codice Civile,* dirigido por Pietro Schlesinger, Giuffrè, Milán, 1987. pp. 239 y 247. Michele Sesta resume el estado de la cuestión en *Le garanzie atipiche,* CEDAM, Padua, 1988. pp. 27-36.

[28] Enzo Roppo, ob. cit., pp. 441-444. Por su parte, Oberto citado por Anelli afirma que la compraventa en garantía constituye un capítulo del fraude a la ley, aunque sea con efecto transmisivo inmediato y sujeta a condición resolutoria. En cambio, en la compraventa con pacto de retro con el deudor hay simulación ya que no hay precio, sino deuda previa (Franco Anelli, *L'alienazione in funzione di garanzia,* Giuffrè, Milán, 1996. p. 13-14).

[29] Resume el estado de la cuestión Angelo Sesta, ob. cit., p. 103.

Para resolver esta discrepancia de opiniones entre las diferentes secciones simples de la Casación en torno a la admisibilidad de la enajenación en garantía, en 1989 las *Sezioni Unite* tomaron cartas en el asunto a través de dos decisiones (Nos. 1611 y 1907 de fechas 3 y 21 de abril de 1989, respectivamente). La intervención de las *Sezioni Unite* sirvió para consagrar el cambio de opinión registrado en la Corte de manera que, según la Casación en sesión plenaria, el contrato por el cual deudor y acreedor convienen la venta de un bien propiedad del primero a la que se añade un pacto de rescate o de retroventa para la hipótesis de que el deudor pague la deuda en un determinado plazo es nulo por fraude a la prohibición del pacto comisorio. La prohibición del pacto comisorio comprende, por ende, tanto las ventas en garantía bajo condición suspensiva como aquellas otras bajo condición resolutoria (como son las ventas con pacto de rescate o de retroventa a favor del deudor). Este es el criterio jurisprudencial prevaleciente en la actualidad[30] y la posición adoptada por la gran mayoría de los autores italianos[31].

Por último, se admite que la violación de la prohibición legal acarrea como consecuencia la nulidad absoluta del pacto comisorio. Pero la nulidad es parcial, solo afecta la cláusula y no afecta el resto del contrato (generalmente, un préstamo) salvo que la misma sea determinante del consentimiento de todo el contrato en el sentido de que este no

---

[30] Al respecto, véase: Francesco Galgano, *El negocio jurídico,* traducción al castellano por Francisco de P. Blasco Gascó y Lorenzo Prats Albentosa, Tirant lo blanch, Valencia, 1992. p. 449, especialmente, la nota 20 y la jurisprudencia de la Casación italiana ahí citada.

[31] Al respecto, véase: Franco Anelli, ob. cit., p. 13. A esa conclusión llegan algunos autores como Bianca y Andrioli. Según estos autores, la interpretación literal del texto legal que prohíbe el pacto comisorio es totalmente desatendible y carece de fundamento (C. Massimo Bianca, *Il divieto del patto commissorio...* cit., pp. 177 y ss; Virgilio Andrioli, "Divieto del patto commissorio", en *Commentario del Codice Civile*, a cargo de Antonio Scialoja y Giuseppe Branca, Libro Sesto, *Tutela dei diritti,* Zanichelli-Soc. Ed. del Foro Romano, Boloña-Roma, 1954. pp. 49 y ss). Otros autores como Roppo y Carnevali sostienen que los pactos comisorios autónomos (como los implícitos en una enajenación en garantía) incurren en la prohibición legal ya que sus efectos son equivalentes a los típicos (Enzo Roppo, ob. cit., p. 435; Ugo Carnevali, Voz "Patto commissorio," en *Enciclopedia del Diritto*, bajo la dirección inicial de Francesco Calasso, Vol. XXXII, Giuffrè, Milán, 1982. p. 502). Como señala Carpino "bien directamente, analógicamente, acudiendo a la simulación, al fraude a la ley o al negocio indirecto, la conclusión es la aplicación de la prohibición" (Bruneto Carpino, "La vendita con patto di riscatto", en *Trattato di Diritto Privato (Della Compravendita)*, dirigido por Pietro Rescigno, Vol. XI, UTET, Turín, 1984. p. 277).

se habría celebrado sin la cláusula comisoria, en cuyo caso la nulidad es total[32].

3. Derecho español

El artículo 1.859 del Código Civil español establece que no puede el acreedor apropiarse de las cosas pignoradas o hipotecadas, ni tampoco disponer de ellas. El artículo 1.884 prescribe que el acreedor no adquiere la propiedad del inmueble dado en anticresis por falta de pago de la deuda sancionando que "*todo pacto en contrario será nulo*". Se admite que la nulidad, a pesar de solo estar consagrada para la anticresis, se aplica igualmente a la prenda y a la hipoteca[33].

La prohibición del pacto comisorio tiene un alcance general. Se considera prohibido sea cual fuere la obligación garantizada, la cosa o derecho dado en garantía o el negocio bajo el que queda oculto. Empero, se afirma que la prohibición aun cuando con ese carácter general, debe ser interpretada en sus justos términos[34].

El fundamento de la prohibición del pacto comisorio, se afirma, no solo obedece a la protección del deudor, sino también a la de sus acreedores, que tienen como garantía de sus créditos el resto del patrimonio no afectado, y a quienes debe aprovechar el mayor valor de la cosa dada en garantía. Por lo cual, se admite que la prohibición del pacto comisorio no debe alcanzar aquellos acuerdos en los cuales se convenga que en caso de falta de pago, el acreedor podrá adquirir la cosa, siempre que el precio no se identifique con el valor de la deuda, sino que se fije mediante mecanismos de tasación de carácter objetivo, sin que sea, claro está, admisible la fijación del precio por las partes. Pero sí se extiende

[32] Virgilio Andrioli, ob. cit., p. 53; Lelio Barbiera, "Responsabilità patrimoniale. Disposizioni generali. Arts. 2740-2744", en *Il Codigo Civile. Commentario*, dirigido por Pietro Schlesinger, Giuffrè, Milán, 1991. p. 267.

[33] Manuel Albaladejo, *Derecho Civil III,* Vol. III, (Derecho de Bienes), 9ª edición, Edisofer, Madrid, 2004. pp. 702-704; Vicente Guilarte Zapatero "Comentario a los artículos 1822 a 1896 del Código Civil", en *Comentarios al Código Civil y Compilaciones Forales*, dirigidos por Manuel Albaladejo, Tomo XXIII, Editorial Revista de Derecho Privado, Madrid, 1990. pp. 457-459; Celestino Mas Alcaraz, "El pacto comisorio", en *Estudios de Derecho Privado*, bajo la dirección de Antonio de la E. Martínez-Radío, Vol. II, Editorial Revista de Derecho Privado, Madrid, 1965. pp. 61-62.

[34] Fernando Reglero Campos, ob. cit., p. 260.

al pacto *ex intervallo*, esto es, aquel que las partes convienen una vez que se ha celebrado el contrato y constituido la garantía, pero antes del vencimiento del crédito, puesto que el peligro de ese pacto para los demás acreedores es evidente[35].

La nulidad del pacto comisorio no afecta a la garantía constituida (*utile per inutile non vitiatur*)[36].

La mayoría de los autores españoles sostienen que el llamado pacto comisorio autónomo o impropio debe quedar comprendido en el radio de acción de la norma que prohíbe el pacto comisorio[37]. Se afirma que no resulta fundado defender que, dado que el Código Civil solo trata de la prohibición del pacto comisorio al referirse a los contratos típicos de garantía real, la prohibición únicamente se aplica a estos[38]. El reconocimiento de esta tesis brindaría al acreedor un medio fácil de eludir la prohibición legal[39].

En el Derecho español la aprobación del Real Decreto Ley 5/2005 sobre garantías financieras introdujo innovaciones importantes en esta materia permitiendo la apropiación directa por parte del acreedor del bien aportado en garantía (dinero, valores o instrumentos financieros), así como la ejecución directa de la garantía en caso de incumplimiento, siempre y cuando las partes así lo hayan convenido en el acuerdo de garantía financiera y hayan acordado las modalidades de valoración, debiendo ésta ajustarse al valor actual de mercado, respecto a los valores e instrumentos financieros que sean objeto de cotización[40].

---

35 Luis Díez-Picazo y Antonio Gullón, *Sistema de Derecho Civil,* Vol. III, (Derecho de cosas y Derecho inmobiliario registral), 6ª edición, Tecnos, Madrid, 1977. pp. 498-499.

36 Celestino Mas Alcaraz, ob. cit., p. 71.

37 José Enrique Bustos Pueche, ob. cit., pp. 567-568; Ramón Durán Rivacoba, *La propiedad en garantía. Prohibición del pacto comisorio,* Editorial Aranzadi, Pamplona, 1998. p. 68; Núria Ginés Castellet, ob. cit., p. 456.

38 Bruno Rodriguez Rosado, *Fiducia y pacto de retro en garantía*, Marcial Pons, Madrid-Barcelona, 1998. p. 182.

39 Celestino Mas Alcaraz, ob. cit., p. 72.

40 Para un examen de los aspectos más novedosos del Real Decreto Ley 5/2005 sobre garantías financieras, véase: Fernando Reglero Campos, ob. cit., pp. 264-266.

III. CONSAGRACIÓN DE LA PROHIBICIÓN DEL PACTO COMISORIO EN EL CÓDIGO CIVIL VENEZOLANO

Los artículos 1.844, 1.858 y 1.878 del Código Civil consagran la prohibición del pacto comisorio en la prenda, anticresis e hipoteca[41] en los siguientes términos:

> *"Artículo 1.844: El acreedor no podrá apropiarse la cosa recibida en prenda ni disponer de ella, aunque así se hubiere estipulado; pero cuando haya llegado el tiempo en que deba pagársele tendrá derecho a hacerla vender judicialmente.*
> *Podrá admitirse al acreedor a la licitación de la prenda que se remate.*
> *Artículo 1.858: Es nula de pleno derecho toda convención que autorice al acreedor a apropiarse el inmueble, caso de no serle pagada la deuda.*
> *Artículo 1.878: El acreedor no se hace propietario del inmueble hipotecado por la sola falta de pago en el término convenido. Cualquiera estipulación en contrario es nula."*

El artículo 542 del Código de Comercio aplicable a la prenda mercantil, por su parte, reitera dicha prohibición cuando prescribe:

> *"Artículo 542: Es nula toda cláusula que autorice al acreedor para apropiarse la prenda, o para disponer de ella en otra forma que la prescrita en las precedentes disposiciones."*

De acuerdo con estas disposiciones, no puede el acreedor apropiarse de las cosas pignoradas, hipotecadas o dadas en anticresis. Todo pacto en contrario es nulo.

---

[41] En nuestra legislación civil el antecedente remoto de la prohibición del pacto comisorio en la prenda se encuentra en el texto del artículo 1.671 del Código Civil de 1867 que se inspiró directamente en el artículo 1.775 del Proyecto de Código Civil para España de Don Florencio García Goyena. El texto actual de la prohibición del pacto comisorio en la prenda y en la anticresis es sustancialmente idéntico al que consagraban nuestros Códigos Civiles de 1873 (arts. 1.778 y 1.789); 1880 (arts. 1.779 y 1.790); 1896 (arts. 1.819 y 1.839); 1904 (arts. 1.827 y 1.838); 1916 (arts. 1.921 y 1.932); 1922 (arts. 1.921 y 1.932); y 1942 (arts. 1.848 y 1.858). La prohibición del pacto comisorio en la hipoteca se introdujo expresamente por primera vez en el Código Civil de 1942 (artículo 1.878), disposición ésta que se inspiró en el art. 2.744 del Código Civil italiano de 1942 y que tampoco fue objeto de modificación en la Ley de Reforma Parcial del Código Civil de 1982.

Cae bajo el campo de aplicación de la prohibición legal el convenio por el cual acreedor y deudor convengan que, en defecto de pago al vencimiento, el acreedor se convertirá de pleno derecho en propietario de la cosa dada en garantía (*pacto comisorio real*), o el pacto por el cual las partes convengan quc, en caso de vencimiento de la deuda y falta de pago de la misma, el deudor se compromete a transferir la cosa al acreedor (*pacto comisorio obligatorio*).

No es lícito que las partes convengan anticipadamente que llegado el vencimiento de la deuda el acreedor pueda optar entre quedarse en pago con la propiedad de la cosa dada en garantía o exigir el cumplimiento de la deuda.

Pero ese no es el único límite. Los artículos 1.844 del Código Civil y 542 del Código de Comercio prohíben igualmente que las partes convengan que, vencida la deuda y a falta de pago, el acreedor lleve a cabo por su cuenta la ejecución de la prenda. El artículo 666 del Código del Procedimiento Civil reitera esta prohibición cuando establece que:

> *"Sin perjuicio de lo previsto en leyes especiales la ejecución de prenda se llevará a cabo conforme al procedimiento establecido en este Capítulo..."*

En los mismos términos, el artículo 660 del Código de Procedimiento Civil al referirse a la ejecución de la hipoteca establece que la misma se hará conforme al procedimiento previsto en los artículos 661 y siguientes del Código de Procedimiento Civil. Sería, por tanto, igualmente nula la cláusula según la cual las partes convengan de antemano que si el deudor no cumple la obligación principal, la venta de la cosa dada en garantía real tendrá lugar amistosamente sin intervención judicial.[42] Era la cláusula de *voie parée* (cláusula que lleva aparejada ejecución) cuya estipulación prohibía el artículo 2.078 del Código Napoleón de 1804. Como principio de carácter general, no puede, por tanto, el acreedor llevar a cabo por su cuenta la ejecución de la garantía.

Esta prohibición del *ius vendendi* privado dirigida a impedir el fraude producido por un acreedor que vende la cosa sobre la cual recae

---

[42] Como se idica poco más adelante, una excepción a esta regla está consagrada para la hipoteca naval en el artículo 143 de la Ley de Comercio Marítimo.

la garantía real por bajo precio, se ha confundido a menudo con la prohibición del pacto comisorio, a lo que ha contribuido que ambas limitaciones estén establecidas en el artículo 1.844 del Código Civil. Pero en realidad, la prohibición de que el acreedor pueda apropiarse de las cosas dadas en garantía responde a la interdicción del pacto comisorio; la de que pueda disponer de ellas, a la prohibición de convenir anticipadamente en la ejecución privada de las garantías[43].

De manera que las precitadas disposiciones legales sirven para fijar, desde un punto de vista negativo, las facultades que el derecho real de garantía concede al acreedor, prescribiendo que este carece de la facultad de apropiación y de disposición de la cosa, fundamentalmente porque ello excede de la función que corresponde a la prenda, hipoteca o anticresis que no otorgan de por sí tal poder de disposición, puesto que a lo único que facultan al acreedor es a instar judicialmente su venta con el fin de que su producto se aplique al cumplimiento de la obligación.

IV. CLASES DE PACTO COMISORIO

La doctrina ha distinguido diversas clases de pacto comisorio desde diversos puntos de vista, a saber:

A. Pacto comisorio real y pacto comisorio obligatorio

Por su eficacia, el pacto comisorio puede ser real u obligatorio según que la propiedad de la cosa pase o deba ser transferida, respectivamente, al acreedor en caso de incumplimiento del deudor.

El alcance del pacto se configura con efecto real cuando las partes acuerdan que la propiedad del objeto se transferirá de pleno derecho al acreedor cuando la deuda no haya sido pagada en el plazo establecido; pero puede configurárselo también con eficacia obligatoria, en el sentido de que el deudor adquiera, por medio del pacto, la *obligación de transferir*[44].

---

[43] C. Massimo Bianca, *Il divieto del patto commissorio...* cit., p. 188; Bruno Rodríguez Rosado, ob. cit., p. 211.

[44] El Código Civil alemán al consagrar la prohibición del pacto comisorio en la prenda extiende la prohibición tanto al pacto comisorio real como al pacto comisorio obligatorio. (§ 1.229).

En atención a la *ratio* de la prohibición, la doctrina y la jurisprudencia italianas consideran nulo no solo el pacto comisorio real, sino también el obligatorio por el cual el deudor se comprometería a transferir la cosa al acreedor en caso de vencimiento de la deuda y falta de pago de la misma[45]. En la doctrina española se afirma que admitirlo "*sería tanto como reconocer el medio de circunvenir la prohibición legal*"[46]. Ese mismo criterio debe seguirse en nuestro ordenamiento.

B. Pacto comisorio *ab initio* y pacto comisorio *ex intervallo*

Por el tiempo de su conclusión, la doctrina distingue entre pacto comisorio *ab initio* y pacto comisorio *ex intervallo*. El pacto comisorio *ab initio o in continenti* es aquel que las partes introducen en el convenio mismo de prenda o hipoteca, o en una convención anterior o simultánea a la constitución de la garantía. En cambio, el pacto comisario *ex intervallo* es aquel que las partes acuerdan después de la constitución de la garantía y antes del vencimiento del crédito.

Con anterioridad a la Reforma del Código Civil francés de 2006 que eliminó la prohibición del pacto comisorio, ya la doctrina y la jurisprudencia francesas admitían la licitud del pacto *ex intervallo* debido a que una vez concertado el contrato de garantía, la presión del acreedor sobre el deudor no es tan temible; por lo cual, se reconocía la validez de esos pactos si se concluían después de la constitución de la prenda o de la hipoteca[47].

En cambio, la doctrina alemana considera que el pacto comisorio solo puede concluirse válidamente "*si ya ha vencido*" la hipoteca o la prenda, es decir, que la prohibición alcanza también al pacto comisorio

---

[45] Domenico Barbero, ob. cit., III, p. 186; especialmente, la nota 95 y la jurisprudencia de los tribunales italianos ahí citada; C. Massimo Bianca, Voz *Patto Commisorio*... cit., p. 716, especialmente, la nota 136 y la jurisprudencia de los tribunales italianos ahí citada; Ugo Carnevali, ob. cit., p. 505.

[46] Celestino Mas Alcaraz, ob. cit., p. 62. En el mismo sentido, véase: Ramón Durán Rivacoba, ob. cit., p. 244-248.

[47] Al respecto, véase: Antonio Colin/Henri Capitant, ob. cit., V, pp. 91-92; G. Baudry-Lacontinerie/P. de Loynes, ob. cit., I, p. 130; Marcelo Planiol/Jorge Ripert, ob. cit., XII, p. 120; Louis Josserand, ob., cit., II, p. 120; Henry y Leon Mazeaud/Jean Mazeaud, ob. cit., I, p. 115; Laurent Aynès/Pierre Crocq con el concurso de Agustin Aynès, ob. cit., pp. 327-328, especialmente, la nota 127 y la jurisprudencia de la Casación francesa ahí citada.

ex intervallo[48]. En la doctrina española, la mayoría de los autores tampoco admite la licitud del pacto comisorio convenido después de la constitución de la garantía y antes del vencimiento del crédito ya que "*el peligro ínsito en su estipulación para los acreedores es manifiesto*"[49].

Asimismo, el Código italiano de 1942 (arts. 1.963 y 2.744) sanciona la nulidad del pacto comisorio, aunque sea posterior a la celebración del contrato de anticresis o a la constitución de la hipoteca o de la prenda.

Esta solución de la nulidad del pacto comisorio *ex intervallo* es la que debe aplicarse en el Derecho venezolano por las siguientes razones: 1) Por un lado, la explicación de la doctrina francesa no es del todo satisfactoria. Aun después de concedido el préstamo y constituida la garantía, el deudor podría ser impulsado a consentir en el pacto por el temor de no poder devolver el préstamo, o para que su acreedor convenga en aplazar el vencimiento de la deuda; 2) Si la ley prohíbe que se convenga alguna cosa en un contrato, no puede permitir que mientras este subsista pueda ser alterado en la materia sobre la que recae una prohibición, a menos que el legislador claramente haya limitado la disposición prohibitiva al momento mismo de la celebración del contrato; 3) Habida cuenta de los términos generales empleados por el legislador para consagrar la prohibición del pacto comisorio, no corresponde al intérprete distinguir entre el pacto comisorio *ab initio* y el *ex intervallo* para postular la nulidad del primero y la validez del segundo; y 4) La solución contraria permitiría burlar la prohibición sin mayor dificultad pues muy fácilmente cabe introducirse el pacto comisorio después de la constitución de la garantía con fraude[50].

---

48 Al respecto, véase: Martin Wolff, "Derecho Civil (Derecho de Cosas)", Vol. I, traducción castellana con anotaciones de Blas Pérez González y José Alguer, 3ª edición, en Ludwig Enneccerus/Theodor Kipp/Martín Wolff, *Tratado de Derecho Civil*, Tomo III, Bosch, Barcelona, 1971. pp. 275-276.

49 Luis Díez-Picazo/Antonio Gullón, ob. cit., III, p. 499. En el mismo sentido, véase: José A. Álvarez Caperochipi, *Curso de Derechos Reales*, 1ª edición, Civitas, Madrid, 1987. p. 114; Núria Ginés Castellet, ob. cit., p. 495; Celestino Mas Alcaraz, ob. cit., p. 63; Domingo Irurzun Goicoa, "La cláusula resolutoria y el pacto comisorio", en *Estudios de Derecho Privado* bajo la dirección de Antonio de la E. Martínez Radío, Vol. II, Editorial de Derecho Privado, Madrid, 1975. p. 43.

50 En la doctrina nacional, Sanojo se pronuncia en contra de la licitud del pacto comisorio *ex intervallo.* Al respecto, véase: Luis Sanojo, *Instituciones de Derecho Civil Venezolano,* Tomo IV, Imprenta Nacional, Caracas, 1973. p. 247.

C. Pacto comisorio propio y pacto comisorio impropio

Según que el pacto comisorio tenga o no por objeto la adquisición de lo dado en prenda, hipoteca o anticresis, se distingue entre pacto comisorio en sentido propio y pacto comisorio en sentido impropio.

El pacto comisorio en sentido propio es aquel que atribuye al acreedor el derecho de apropiarse de lo dado en prenda, hipoteca o anticresis en caso de incumplimiento de la obligación. El pacto comisorio propio es accesorio ya que depende de la existencia de un contrato de prenda, hipoteca o anticresis. Es el supuesto normal o típico de pacto comisorio.

El pacto comisorio en sentido impropio o pacto comisorio autónomo es aquel por el cual las partes convienen que, en caso de incumplimiento de la obligación, el acreedor tendrá el derecho de apropiarse de una cosa determinada del deudor sobre la cual no existe ninguna garantía prendaria, hipotecaria o anticrética. El pacto comisorio impropio funciona como una garantía autónoma, es decir, independiente de un contrato de garantía típico (hipoteca, prenda o anticresis). Por ejemplo, en un préstamo se conviene que, incumplida la obligación, el prestamista hará suya una cosa determinada del deudor sobre la cual el acreedor no tiene una prenda o hipoteca constituida a su favor. Se utiliza una cosa como garantía al margen de los contratos reales típicos de garantía[51].

Si bien los supuestos de pacto comisorio contemplados en la ley son los que acceden a un contrato de prenda, hipoteca o anticresis, la mayoría de la doctrina y de la jurisprudencia extranjera modernas consideran que no son estos los únicos casos comprendidos en la prohibición[52].

---

[51] La doctrina italiana es la que más extensamente ha analizado el tema del denominado pacto comisorio autónomo y contribuido a perfilar su fisonomía. Al respecto, véase: Franco Anelli, ob. cit., pp. 26 y ss; Ugo Carnevali, ob. cit., p. 435; Enzo Roppo, ob. cit., p. 535. En relación con la caracterización del pacto comisorio autónomo como contrato atípico de garantía en la doctrina española, véase: Núria Ginés Castellet, ob. cit., pp. 455-459; José Enrique Bustos Pueche, ob. cit., pp. 567-568; Celestino Mas Alcaraz, ob. cit., pp. 72 y ss.

[52] En la doctrina italiana, la mayoría de los autores sostienen que los pactos comisorios autónomos incurren en la prohibición legal puesto que son equivalentes a los típicos. En tal sentido, Bianca afirma que "la jurisprudencia y la doctrina virtualmente unánimes no vacilan en declarar que el pacto comisorio prohibido puede no acceder a la prenda, hipoteca o anticresis, sino que puede quedar estipulado en un préstamo con garantía inmobiliaria o en una atribución condicional de la propiedad con fines de garantía." (C. Mássimo Bianca, Voz *Patto commissorio...* cit., p. 514). Por su parte, Anelli (ob. cit., p. 27) afirma que en Italia

Las razones por las cuales se acepta que el pago comisorio impropio o autónomo debe quedar igualmente incluido dentro del radio de acción de la prohibición legal son las siguientes: 1) Apenas se cuentan casos de estipulaciones comisorias en la prenda, hipoteca o anticresis por la categórica declaración de invalidez de las mismas, siendo el pacto comisorio autónomo la hipótesis de mayor recurrencia en la práctica[53]; 2) Las disposiciones del Código Civil que consagran la prohibición del pacto comisorio (arts. 1.844, 1.858 y 1.878) son por su naturaleza *normas materiales* que impiden la obtención de un determinado resultado cualquiera que sea el medio utilizado para obtenerlo[54]. La prohibición legal lo que quiere es impedir el resultado, sea uno u otro el medio empleado para conseguirlo. Por lo cual, se le niega eficacia a aquellos negocios que si bien no están prohibidos directamente producen bajo otra forma el mismo resultado objetivo o fin práctico que es precisamente el que la ley trata de impedir; 3) Limitar la prohibición del pacto comisorio en caso de prenda, hipoteca y anticresis por ser los supuestos legales en que tal prohibición se halla prevista, parece un simplismo: es obvio que sólo puede *tipificarse* la prohibición en los casos de derechos reales de garantía típicos; además, carecería de sentido la existencia de prohibición semejante, si se dejase a la voluntad de los particulares la creación de otros derechos de garantía que pudiesen eludir la prohibición.[55]

La doctrina nacional, por su parte, admite que la prohibición del pacto comisorio constituye una norma común aplicable a las garantías reales[56]. Se trata de un principio rector de nuestro sistema de garantías reales que obedece a exigencias de orden público en la materia[57]. Por

---

la extensión de la prohibición a los supuestos de pacto comisorio autónomo es pacifica y no ha encontrado significativa resistencia. Similares señalamientos hace Carnevali (ob. cit., p. 502).

53 Al respecto, en la doctirna italiana, véase: Bianca, *Ibíd.* p. 715; Carnevali, Ídem; Anelli, Ídem. En la doctrina española, véase: Ramón Durán Rivacoba, ob. cit., p. 121.

54 Al respecto, véase: Carnevali, Ídem; Mauro Bussani, *Il problema del patto commissorio,* Giappichelli, Turín, 2000. p. 234.

55 Sixto Sánchez Lorenzo, *Garantías reales en el comercio internacional (Reserva de dominio, venta en garantía y leasing)*, Civitas, Madrid, 1993. p. 166.

56 Al respecto, véase: José Luis Aguilar Gorrondona, ob. cit., pp. 57-59.

57 En este mismo sentido, aunque para el ordenamiento francés anterior a la reforma del Derecho de garantías de 2006, véase: Michel Cabrillac/Christian Mouly, ob. cit., pp. 395-396.

consiguiente, las precitadas disposiciones legales no son sino manifestaciones particulares de un principio general según el cual carece de validez toda cláusula que faculte al acreedor para apropiarse o disponer de la garantía, en caso de no serle pagada la deuda[58].

El pacto comisorio no puede, por tanto, acceder a otras garantías reales típicas, por ejemplo, una prenda sin desplazamiento de la posesión o una hipoteca mobiliaria. Tampoco puede el comiso convenirse como una garantía autónoma al margen de la prenda, hipoteca o anticresis como, por ejemplo, por medio de una promesa de venta en garantía del prestamista, o cuando el deudor le concede a su acreedor una opción de compra para que llegado el vencimiento de la deuda pueda ejercerla sobre un bien del patrimonio del deudor, si este no le restituye la cantidad adeudada, o mediante la utilización de otras modalidades de *enajenación en garantía*[59].

Los pactos comisorios autónomos incurren en la prohibición legal puesto que son equivalentes a los típicos. No puede sostenerse que el ordenamiento permita la existencia de cláusulas de comiso adjuntas a otras garantías típicas o atípicas[60]. Por consiguiente, el pacto comisorio impropio o autónomo debe quedar comprendido dentro del campo de aplicación de las disposiciones que prohíben el pacto comisorio. Tanto más en los ordenamientos como el nuestro donde los derechos reales de garantía constituyen un *numerus clausus*. Aun admitiendo,

---

58 En la doctrina italiana, Mirabelli citado por Locajono (ob. cit., p. 96, nota 43) expresa que la prohibición del pacto comisorio en la prenda y la anticresis (se refiere al Código Civil italiano de 1865 que, como se dijo, no establecía la prohibición para la hipoteca), no constituye una excepción, sino más bien la afirmación de un principio general aplicable igualmente a los casos no contemplados expresamente en el texto legal.

59 En términos generales, puede decirse que *la enajenación en garantía* consiste en la transmisión de la propiedad o de la titularidad de un derecho en garantía de una relación obligatoria principal. Mediante la enajenación en garantía, las partes para garantizar el cumplimiento de una obligación utilizan un instrumento jurídico (la transmisión de la titularidad de la propiedad o derecho) que no es uno de los previstos típicamente por el ordenamiento jurídico para obtener un resultado de garantía. La enajenación en garantía significa que el acreedor se garantiza con la propiedad del deudor que pasa a manos de aquél con eficacia *erga omnes*. El Derecho venezolano permite determinadas transferencias de la propiedad en garantía, no obstante la prohibición legal del pacto comisorio, como el fideicomiso, la prenda de créditos la prenda irregular, las arras y la cesión de créditos.

60 Vincenzo Locajono, ob. cit., p. 96; Ramón Durán Rivacoba, ob. cit., p. 120.

gratia arguendi, la posibilidad de que los particulares pudieran crear derechos reales de garantía atípicos, lo que negamos, la creación de una garantía atípica no podría servir de base para eludir los principios fundamentales o las reglas consustanciales del sistema de garantías típicas como son las normas relativas a la preferencia para el pago de los créditos, el principio de la *par conditio creditorum* y la prohibición del pacto comisorio[61].

D. Pactos comisorios indirectos y simulados

Debido a la prohibición legal, en la práctica, los pactos comisorios no se encuentran estipulados de manera evidente y se presentan cada vez con mayor frecuencia bajo formas indirectas o simuladas. Como se examina poco más adelante, tampoco puede admitirse la validez de las fórmulas mediante las cuales se obtienen indirectamente los efectos propios del pacto comisorio a través de la utilización de otros negocios jurídicos (típicos o atípicos) en función de garantía (venta *sub retro* en garantía, fiducia *cum creditore*), o de forma disimulada empleando la apariencia de otras figuras lícitas que el propósito de las partes desnaturalizan apartándolas de su función. Por ejemplo, cuando las partes enmascaran la operación bajo el disfraz de una venta con pacto de retro en la cual, en realidad, el falso comprador no es más que un prestamista y, con gran frecuencia, un usurero. Los denominados pactos comisorios ocultos, por tanto, tampoco serían admisibles por aplicación de la teoría general del fraude a la ley o de la simulación en los negocios jurídicos[62]. De ahí que si en un caso concreto puede demostrarse que una aparente

[61] En el mismo sentido, aunque para el ordenamiento español, véase: Fernando Reglero Campos, ob. cit., p. 285.

[62] Al respecto, Locajono (ob.cit., pp. 99-127) se refiere al pacto comisorio oculto para describir el pacto comisorio que se oculta detrás de otros negocios formalmente válidos. Ferrara, por su parte, al referirse al contrato fraudulento empleado para revestir de licitud al pacto comisorio, expresa: "El juez ha de aplicar la ley, no a la letra, sino según su contenido espiritual, por lo que debe negarse eficacia a aquellos negocios que, si bien no prohibidos directamente, producen bajo otra forma, los mismos resultados. Todos los actos fraudulentos en el sentido técnico de la palabra, son contrarios a la ley, porque el medio legal empelado cae siempre bajo la prohibición, que lo que quiere es impedir el resultado económico, sea uno u otro el medio empleado para conseguirlo." (Francisco Ferrara, *La simulación de los negocios jurídicos*, traducción de la 5ª edición por Rafael Atard y Juan A. de la Puente, Revista de Derecho Privado, Madrid, 1926. p. 100, especialmente, la nota 2).

venta *sub retro* cumple la función de constitución de una garantía, para el pago de una deuda que encubre un pacto comisorio, procede declarar la nulidad del contrato.

V. FUNDAMENTO DE LA PROHIBICIÓN

Son variadas las explicaciones que se han dado, como fundamento o razón de ser de la prohibición del pacto comisorio. Como se examina poco más adelante, la *ratio* o justificación de la prohibición legal ciertamente puede y debe contribuir a la correcta interpretación de la normativa sobre la materia.

Veamos las más importantes teorías sobre el fundamento de la aludida prohibición.

A. Negocio inmoral

Algunos autores consideran que el pacto comisorio se prohíbe por ser un negocio inmoral, contrario a las buenas costumbres y por envolver de ordinario un pacto usurario.

Ciertamente, la razón más antigua para la prohibición del pacto comisorio se basaba en consideraciones morales. En efecto, el origen de la proscripción está ligado a la prohibición del préstamo de dinero retribuido y a la represión de la usura. El pacto comisorio se veía como un camino indirecto, primero, para burlar la retribución de los préstamos y, luego, el cobro de intereses por encima de los establecidos en las leyes, con lo cual se facilitaban las prácticas usurarias[63]. Pero en la actualidad dado que la usura cuenta con una regulación expresa en la generalidad de los ordenamientos, la prohibición se fundamentó en los principios de tutela de la parte contratante más débil (el deudor), tutela de los restantes acreedores y no enriquecimiento injusto y, más recientemente, en la noción de protección del interés general y del principio de proporcionalidad en las garantías, tal y como se examina a continuación.

Pero adicionalmente la fundamentación de la prohibición en la naturaleza usuraria del pacto enfrenta graves dificultades por tratarse de

[63] La caracterización del pacto comisorio como negocio usurario o medio que facilita la usura es común en la doctrina francesa. Al respecto, véase: Ambrosio Colin/H. Capitant, ob. cit., V, p. 91; Michel Cabrillac/Christian Mouly, ob. cit., p. 406.

una prohibición de carácter general y abstracto, al margen de las particulares circunstancias del caso concreto[64].

B. Tutela del deudor

Según algunos autores, el motivo determinante de la prohibición es la tutela de la voluntad del deudor[65]. La razón de ser de la prohibición radica, a grandes rasgos, en la falta de libertad del deudor que, ante la necesidad del crédito, acuerda conceder al acreedor la facultad de apropiarse o de disponer libremente del objeto que se le ofrece de garantía[66]. Se trata, en definitiva, de preservar la libertad del deudor para que el negocio resulte realmente expresión de su voluntad al evitar que su estado de necesidad económica (*soffocatio debitoris*) desvíe el negocio de préstamo de los fines que le son propios[67]. La ley quiere socorrer al deudor que, apremiado por la necesidad, podría fácilmente en el momento del préstamo conceder a su acreedor la facultad de apropiarse de la garantía por un crédito inferior a ella, ilusionándose tal vez con rescatarla antes del vencimiento[68]. Si el pacto comisorio y la cláusula de *voie parée* para la venta están prohibidos, es por temerse que el deudor, constreñido a pedir prestado se pliegue a las condiciones que se le impongan[69].

En fin, la causa de la nulidad del pacto comisorio estriba en que su estipulación hace del préstamo algo oneroso y lesivo para el deudor, que es la parte más débil y por tanto más vulnerable al momento de determinarse el contenido del contrato.

A esta teoría se la formulan las siguientes críticas: 1) La presunción se establece en favor de la libertad de los contratantes, no de su

---

64 C. Massimo Bianca, Voz *Patto Commissorio*... cit., p. 717.

65 Biagio Brugi, *Instituciones de Derecho Civil,* traducción al castellano, Ediciones Olejnik, Santiago, 2018. p. 423; De Luca, Breglia y Guidi, citados por Vincenzo Locajono, ob. cit., p. 23; José María Manresa y Navarro, *Comentarios al Código Civil Español,* Tomo IV, Editorial Reus, Madrid, 1931. p. 981.

66 G. Baudry-Lacantinerie/P. De Loynes, ob. cit., I, pp. 125-126.

67 José Mélich-Orsini, ob. cit., pp. 1107-1108.

68 César Vivante, "Del Contrato de Seguro, De la Prenda, Del Depósito en los Almacenes Generales", Vol. II, en Botafflio. Rocco y Vivante, *Derecho Comercial,* Tomo 15, traducción castellana de Santiago Sentís Melendo, Ediar Editores, Buenos Aires, 1952. p. 258.

69 Louis Jossearand, ob. cit., II, p. 456; Henri y Leon Mazeaud/Jean Mazeaud, ob. cit., I, p. 115.

ausencia. Lo que se presume en todo contrato es la validez del consentimiento y que el mismo ha sido prestado libre y espontáneamente, sin coacción, y no lo contrario. Si los sujetos gozan de plena capacidad de obrar, no tiene fundamento jurídico presumir de manera absoluta que el deudor haya actuado siempre bajo el influjo de una angustiosa necesidad económica. Salvo prueba en contrario, el deudor se reputa que consiente libremente en el contrato; 2) Si se admite que el deudor actuó coaccionado para aceptar el pacto comisorio, no se comprende por qué no se extiende dicha coacción a la totalidad de la relación jurídica, que comprende tanto el contrato de garantía como la obligación garantizada. Si el acto de coacción se ejerce sobre el deudor al momento de convenir en el pacto comisorio, hay que suponer que esté también presente a la hora de concluir otras condiciones del préstamo y de la garantía. Entonces no se ve por qué mientras el pacto comisorio se tiene directamente por no puesto, las otras cláusulas del contrato se reputan libremente consentidas. O el deudor contrató en estado de necesidad económica o no. En el primer caso, la invalidez del consentimiento debe predicarse no solo respecto de una cláusula, en fin de cuentas accesoria, sino de toda la relación jurídica. Sin embargo, nadie que sepamos ha sostenido esta conclusión que sería la lógica; 3) Si el fundamento de la prohibición fuera la invalidez del consentimiento por no haber sido libremente manifestado, el pacto comisorio estaría afectado de nulidad relativa y no absoluta (Código Civil, artículos 1.146 y 1.150) correspondiéndole al propio deudor la decisión de impugnar o no la cláusula pues nadie mejor que él sabe si actuó libremente o no; 4) Por último, si se comprobase la libre manifestación del consentimiento del deudor, habría que admitir la validez del pacto comisorio[70].

C. Tutela de los acreedores

Según un sector de la doctrina, el fundamento de la prohibición del pacto comisorio es la protección de los restantes acreedores y el respeto al principio *par conditio creditorum*. La interdicción del pacto comisorio, se afirma, obedece a la protección de los acreedores a quienes debe

---

[70] Al respecto, véase: Enzo Roppo, ob. cit., p. 436; José Enrique Bustos Pueche, ob. cit., pp. 561-562.

aprovechar el mayor valor de la cosa dada en garantía. Se dice que los acreedores restantes del deudor tienen derecho sobre el valor residual de la cosa constituida en garantía, cuando el valor de ésta es superior al monto de la obligación garantizada, derecho este que perderían en caso de adjudicación total al acreedor. La *ratio* de la norma prohibitiva del pacto comisorio se encuentra pues en la defensa de la efectividad del principio *par conditio creditorum*, que quedaría alterado al sustraerse a la común garantía de los restantes acreedores el posible sobrante o valor residual de la cosa previamente ofrecida en garantía[71].

A esta teoría se le hacen las siguientes críticas: 1) La protección de los eventuales acreedores resulta desproporcionada con el perjuicio meramente eventual que el pacto comisorio pudiera acarrearles; 2) No es cierto que los restantes acreedores tengan, por el solo hecho de serlo, un derecho sobre el valor residual de la cosa constituida en garantía; el único derecho que tienen es la satisfacción de su crédito, sin que proceda realizar atribuciones o afectaciones concretas del patrimonio del deudor, a modo de *ius ad rem* respecto de los créditos (vencidos o no) de su restantes acreedores[72]; 3) Para la defensa de los intereses de los acreedores, el recurso que el ordenamiento pone a su disposición en estos casos es la acción pauliana o revocatoria, recurso este que se podría ejercer incluso contra el pacto comisorio en el supuesto caso de que este fuera admisible y, en todo caso, la fundamentación es insuficiente ya que no explica la nulidad del pacto cuando el deudor posee un patrimonio suficiente para satisfacer holgadamente a todos sus acreedores[73]; 4) Si bien esta fundamentación pudiera encontrar apoyo en el Derecho italiano donde la prohibición del pacto comisorio se encuentra ubicada en el artículo 2.744 del *Codice*, es decir, entre las "*Disposiciones Generales*" del Título III (Libro Sexto), que trata "*De la responsabilidad patrimonial, de las causas de prelación y de la conservación de la garantía patrimonial*"; la situación no es la misma en nuestro ordenamiento donde los artículos 1.844, 1.858 y 1.878 no tienen la misma ubicación

[71] Francesco Carnelutti, "Note sul patto commissorio", en *Rivista del Diritto Commerciale e del Diritto Generale delle Obbligazioni,* bajo la dirección de A. Straffa y C. Vivante, Vol. XIV, parte seconda, Vallardi, Milán, 1916. p. 890.

[72] Manuel Ignacio Feliú Rey, ob. cit., p. 83.

[73] Vincenzo Locajono, ob. cit., p. 28.

sistemática, sino que se encuentran consagrados respecto de la prenda, anticresis e hipoteca[74].

D. Tutela del deudor y de los restantes acreedores

Algunos sostienen que la *ratio* de la prohibición es evitar que la situación de necesidad económica del deudor le lleve a permitir que el acreedor se apropie de un bien que cuyo valor excede al de la deuda, en perjuicio tanto del propio deudor como del resto de los acreedores, a los cuales no les quedaría en ningún caso la posibilidad de satisfacer sus créditos sobre ese bien[75].

A esta teoría se le hacen las siguientes críticas: 1) Si el fundamento de la norma que prohíbe el pacto comisorio fuera la protección de ambos intereses, su estipulación quedaría sin justificación en los casos en los cuales no se produce daño a los acreedores (sea porque no los haya, o porque el deudor es solvente), o al deudor, (porque no hay desequilibrio entre el valor del bien objeto del pacto comisorio y el de la deuda); 2) En todo caso si esa fuera la fundamentación de la interdicción legal del pacto comisorio, la sanción que su estipulación acarrearía debería ser la nulidad relativa y no la nulidad absoluta[76].

E. Enriquecimiento injusto

Un sector de la doctrina justifica la prohibición del pacto comisorio por la necesidad de evitar el peligro de un injusto e inmoral enriquecimiento del acreedor. El acreedor se enriquece injustamente a costa del deudor por la apropiación de un bien cuyo valor excede al del crédito garantizado.[77] El monto de este enriquecimiento sin causa es el

---

[74] Al respecto, véase: José Melich-Orisini, ob. cit., p. 1112.

[75] Ugo Carnevali, ob. cit., p. 500; Vincenzo Locajono, ob. cit., pp. 36 y ss; Angelo Luminoso. ob. cit., p. 240, especialmente, la nota 543 y los autores ahí citados.

[76] Al respecto, véase: C. Massimo Bianca, *Il divieto del patto commissorio…* cit., pp. 215-216.

[77] Anibal Dominici, *Comentarios al Código Civil Venezolano*, Tomo IV, Tipografía Universal, Caracas, 1905. p. 267. La jurisprudencia de nuestros tribunales fundamenta la prohibición legal en la necesidad de evitar el enriquecimiento del acreedor, pues generalmente la garantía supera el valor de la obligación garantizada. Al respecto, véase: Juzgado Superior Agrario de la Circunscripción Judicial del Estado Zulia, sentencia No. 539, de fecha 23 de noviembre de 2011. Disponible en https://app.vlex.com/#/search/jurisdiction:VE/%22pacto+comisorio%22/p2/WW/vid/334143930, consultado en fecha 12 de mayo de 2020;

superfluum o la *hyperocha*, es decir, la diferencia de valor existente entre el precio justo de la cosa y el monto del crédito garantizado. De esa diferencia, se afirma, queda injustamente privado el deudor en beneficio del acreedor; por lo cual, esta teoría se vincula con la de la tutela económica del deudor antes examinada[78].

A esta teoría se le hacen las siguientes críticas: 1) Si esa fuera la fundamentación de la prohibición legal, deberían quedar fuera de la prohibición todos aquellos casos en los cuales no exista diferencia entre el valor del bien dado en garantía y el monto del crédito y esto no es así: la invalidez del pacto no depende de la efectiva desproporción entre la deuda garantizada y el valor del bien objeto de la garantía[79]; 2) No se entiende por qué se sanciona con la nulidad el pacto comisorio con la justificación de evitar un enriquecimiento del acreedor y, en cambio, se permite y se consideran lícitas otras prácticas que son, o por lo menos pueden ser, igualmente favorables al acreedor, tales como una novación de la obligación que perjudique al deudor en favor de la parte acreedora, la admisión de la cláusula penal o de la dación en pago[80]; 3) Por último, si esa fuera la razón de la interdicción del pacto comisorio, debería sancionarse su estipulación con la nulidad relativa o anulabilidad, pero no con la nulidad absoluta[81].

F. Protección del interés general

Ante las deficiencias de las teorías que fundamentan la prohibición del pacto comisorio en la protección de un interés particular (sea del deudor o de los demás acreedores), surge una nueva posición de acuerdo con la cual la sanción obedece a la protección del interés general que no puede permitir que se deje en manos de los acreedores la facultad de apropiarse de los bienes que los deudores dieron en garantía para satisfacer las deudas incumplidas. Con la prohibición del comiso

Juzgado Superior Noveno en lo Civil, Mercantil, Tránsito y Bancario de la Circunscripción Judicial del Área Metropolitana de Caracas, sentencia de fecha 8 de febrero de 2017. Disponible en https://app.vlex.com/#/search/jurisdiction:VE/%22pacto+comisorio%22/WW/vid/785571721, consultado en fecha 12 de mayo de 2020.

[78] Mauro Bussani (ob. cit., p. 215) da cuenta de esta teoría.

[79] Franco Anelli, ob. cit., p. 50; Angelo Luminoso, ob. cit., p. 239.

[80] Núria Ginés Castellet, ob. cit., pp. 463-4.

[81] Franco Anelli, ob. cit., p. 50.

se salvaguarda el interés general y la buena marcha de las relaciones económicas y comerciales de la colectividad en general[82]. Al ser el pacto comisorio una práctica individualmente perniciosa, si se generaliza pueden alterarse las bases del sistema económico (orden público económico).

Ciertamente, las teorías que justifican la existencia de la interdicción del pacto comisorio en la protección de intereses privados no se compadecen con la sanción de nulidad absoluta que acarrea la infracción de la prescripción legal. Entonces se afirma que la sanción del pacto comisorio no tiene que ver tanto con la singular situación de abuso que pueda traer consigo su estipulación en un caso concreto, sino con la necesidad de evitar la propagación de un pacto en atención a los graves inconvenientes sociales y económicos que el mismo acarrea. De admitirse su licitud, se convertiría en una cláusula de estilo en reemplazo de las tradicionales formas de garantía real. En la doctrina italiana, Bianca afirma que una posible justificación de la prohibición legal es precaver el peligro social que acarrearía la generalización de una convención como el pacto comisorio, altamente lesiva por su idoneidad para crear graves inconvenientes como, por ejemplo, el fenómeno de la usura[83].

Exponente de esta corriente de opinión en la doctrina nacional es el autor Francisco López Herrera cuando afirma que el pacto comisorio constituye un supuesto "*de causa ilícita del contrato por subvertir el orden económico de la sociedad*". La nulidad absoluta del pacto tiende "*a evitar la usura y el agiotismo*". Cuando se estipula en una convención que "*el acreedor se hace propietario del inmueble dado en prenda o del inmueble hipotecado en su garantía, por la sola falta de pago del capital en el término convenido (artículos 1.844 y 1.878)... es evidente el atropello que uno de los contratantes quiere hacer al otro; desde este punto de vista solo intereses privados están en juego. Pero el asunto repercute gravemente en los intereses generales de la Sociedad y por eso se impone la sanción de nulidad absoluta*"[84].

---

[82] C. Massimo Bianca, *Il divieto del patto commissorio...* cit., p. 216; C Massimo Bianca, Voz *Patto Commissorio...* cit. pp. 717-718.

[83] C. Massimo Bianca, *Il divieto del patto commissorio...* cit., p. 218.

[84] Francisco López Herrera, *La nulidad de los contratos en la legislación civil venezolana,* Empresa El Cojo, Caracas, 1952. pp. 186-188.

A la teoría que fundamenta la existencia de la prohibición legal del pacto comisorio en un interés general se le critica que sigue sin explicar el motivo de fondo por el cual el legislador considera el pacto tan perjudicial y dañino que opta por prohibir totalmente su estipulación tratando de evitar su difusión, aun en presencia de otros recursos con los que cuentan el deudor y los acreedores para la tutela de sus intereses. No se alcanza a comprender cómo un acto de autonomía privada puede considerarse opuesto a un interés público y, por ello, nulo, solo en consideración a su potencial difusión en gran escala, sin que se identifique más precisamente el carácter de antijuricidad de la convención[85].

No obstante, resulta claro que, si se admitiera el pacto comisorio, ello podría alterar profundamente la concepción de las garantías reales que impera en nuestro ordenamiento, ya que muy probablemente el actual sistema de ejecución del crédito quedaría sustituido por el más sencillo de autoejecución del acreedor a través del mecanismo de la apropiación directa del bien.

G. Ejecución privada

La prohibición del pacto comisorio, según algunos autores, obedece principalmente a la necesidad de seguir un procedimiento judicial para la ejecución forzosa de las garantías reales. La prohibición del pacto comisorio no es sino una expresión del principio general que prohíbe la autotutela o autosatisfacción del acreedor. De acuerdo con esta teoría, los particulares no pueden disponer del procedimiento para la ejecución de las garantías a través de la adopción de regímenes que conduzcan a la apropiación por el acreedor de las cosas dadas en garantía[86]. El fundamento de la prohibición, se afirma, se encuentra en el Derecho procesal que rechaza la posibilidad de la ejecución privada de las obligaciones[87]. El pacto comisorio implica derogar el procedimiento legalmente previsto para la ejecución forzosa de las garantías reales,

---

[85] Franco Anelli, ob. cit., p. 56; Mauro Bussani ob. cit., p. 236; Angelo Luminoso, ob. cit., p. 240.

[86] José Enrique Bustos Pueche, ob. cit., pp. 563-564; Domingo Irurzun Goicoa, ob. cit., p. 37.

[87] Emilio Betti, "Su gli oneri e limiti dell'autonomia privata in tema di garanzia e modificazione di obbligazioni", en *Rivista del Diritto Commerciale e del Diritto Generale delle Obbligazioni,* dirigida por A. Straffa y C. Vivante, Vol. II, Vallardi, Milán, 1931. pp. 705-706.

sea porque se prescinde de todo procedimiento y el acreedor hace suya la cosa apropiándose de ella, sea porque dicha ejecución se realiza mediante otro procedimiento especialmente convenido entre acreedor y deudor, pero diferente del previsto por la ley.

A la teoría que fundamenta la interdicción del pacto comisorio en la ilicitud de la ejecución privada y en la prohibición de la autotutela se le formulan las siguientes críticas: 1) Supone una visión excesivamente procesalista de las garantías reales[88]. Olvida que dichas garantías no son simples instituciones procesales. La garantía real es algo más que una forma de ejecución forzosa del crédito. Esta teoría pone el énfasis en la función satisfactoria de la garantía, pero no en su función fundamental que es asegurar el cumplimiento de la obligación. Lo esencial de la garantía, se afirma, es asegurar el cumplimiento, no remediar el incumplimiento[89]. En la gran mayoría de los casos, lo normal es que el deudor habrá cumplido y no habrá necesidad de ejecutar la garantía y, sin embargo, el acreedor sí habrá estado garantizado durante toda la vida de la relación obligatoria desde su nacimiento hasta su extinción. De modo que esta teoría desfigura lo esencial del vínculo de garantía poniendo el acento sobre un aspecto secundario de la garantía convirtiéndolo en principal; 2) El principio de la inderogable intervención del Estado en la ejecución forzosa de las obligaciones a través de los tribunales de justicia no tiene carácter absoluto. Existen en nuestro ordenamiento fórmulas negociales pacíficamente admitidas mediante las cuales los particulares pueden hacer efectiva la responsabilidad patrimonial del deudor y obtener la satisfacción del crédito mediante el bien objeto de la garantía, sin necesidad de acudir a los tribunales. Como ejemplos de formas de satisfacción convencional del crédito, puede mencionarse la cesión de bienes a los acreedores *ex* artículo 1.935 del Código Civil (*infra*, N° VI,A,1,a), la prenda irregular, la *datio in solutum* (*infra*, N° VI,a,1), y también el pacto marciano, por cuanto su licitud se fundamenta en la

[88] Ramón María Roca Sastre, ob. cit., IV, pp. 20 y ss; Manuel Ignacio Feliú Rey, ob. cit., pp. 71-78.

[89] Domenico Barbero, ob. cit., III, p. 181.

[90] Franco Anelli, ob. cit., pp. 52-54; Mauro Bussani ob. cit., pp. 230-232; Ugo Carnevali, ob., cit., p. 501.

ratio de la prohibición legal (*infra,* N° VI,B,1)[90]. Por consiguiente, esta teoría implica el olvido de los supuestos de satisfacción del crédito al margen de los procedimientos judiciales, o la misma posibilidad de ejecución cuando la garantía consiste en una prenda irregular; 3) Si la *ratio* de la prohibición fuera impedir la ejecución privada del patrimonio del deudor, no se explicaría por qué la norma ha sido consagrada a propósito de la prenda, hipoteca y anticresis y no se encuentra ubicada, como en Italia, entre las normas que regulan la responsabilidad patrimonial o la ejecución forzosa de las obligaciones[91]; y 4) En todo caso, la admisión del pacto comisorio nunca podrá entenderse como una renuncia a la vía judicial, pues siempre existe la posibilidad de acudir a los tribunales en razón de lo dispuesto en el artículo 26 de la Constitución.

Por último, cabe hacer notar que los procedimientos judiciales de ejecución forzosa de las garantías se establecen para la efectiva salvaguarda de otros principios que ya hemos examinado (tutela del deudor, tutela de los demás acreedores, no enriquecimiento injusto, proporcionalidad, etc.); por lo cual, en el fondo, no son sino la consagración formal de dichos otros principios[92]. Entonces basar el fundamento de una prohibición como lo es el pacto comisorio en otra prohibición como la autotutela no es del todo satisfactorio, precisamente porque esa otra prohibición de autotutela procesal encuentra, a su vez, su razón de ser en otras razones que son las que en definitiva sirven de base y justifican la existencia de ambas prohibiciones.

H. Protección del principio de proporcionalidad en las garantías

Según un sector de la doctrina, a través de la prohibición del pacto comisorio se busca preservar el principio de proporcionalidad en las

[91] Adolfo Wegmann Stockebrand, "Algunas consideraciones sobre la prohibición del pacto comisorio y del pacto marciano", en *Revista Chilena de Derecho Privado*, N° 13, diciembre 2009, p. 119. Disponible en https://dialnet.unirioja.es/servlet/articulo?codigo=3266150, consultado en fecha 12 de mayo de 2020. Cabe hacer notar que incluso respecto al ordenamiento italiano, Bianca, al rechazar la teoría que pretende fundamentar la prohibición del pacto comisorio en razones de orden procesal, afirma que no existe un principio general que consagre la inderogabilidad del procedimiento judicial o que impida la sujeción convencional del deudor al poder de autosatisfacción del acreedor (C. Massimo, Bianca, Voz *Patto commissorio...* cit., p. 217). Igualmente, en la doctrina italiana, Roppo (ob. cit., p. 437) y Carnevali (ob. cit., p. 500) se pronuncian en contra del criterio procesalista de la prohibición.

[92] Ramón Durán Rivacoba., ob. cit., p. 102.

garantías. A través de la ejecución de las garantías reales, se afirma, no se puede obtener más de lo que se lograría mediante el cumplimiento exacto de la obligación garantizada, porque la garantía *stricto sensu* nada añade al contenido de la relación obligatoria; tan solo aumenta la probabilidad de obtener el pago del crédito garantizado. En el campo de las garantías, el principio de proporcionalidad exige que exista una correspondencia de la medida de la responsabilidad con la cuantía de la deuda (incrementada, en su caso, por el daño efectivamente causado por el incumplimiento). La prohibición del pacto comisorio se explica por "*la vigencia del principio de adecuación entre la cuantía de lo que se debe y la determinación de los bienes que constituyen el objeto de la responsabilidad*" y el riesgo implícito de quiebra de dicho principio a través de las practicas comisorias[93].

Exponente de esta corriente de opinión en la doctrina italiana es el autor Carnevalli quien afirma que la prohibición del pacto comisorio no es más que la manifestación concreta de un principio general según el cual la sujeción del patrimonio del deudor, o del fiador, o del valor de una cosa concreta al poder de agresión del acreedor se circunscribe a la cuantía de la deuda y no puede exceder nunca de esta, lo que se quebrantaría por un pacto como el comisorio[94].

A esta teoría se le critica que se admite la validez de acuerdos que derogan el principio de proporcionalidad. Si no fuera así ¿cómo se explicaría la validez de una dación en pago desfavorable al deudor o de una cláusula penal?

A nuestro modo de ver, esta teoría aporta explicaciones útiles para fundamentar la prohibición del pacto comisorio.

En primer lugar, conviene recordar que los derechos reales de garantía confieren al acreedor el derecho de ejecutar una cosa con derecho a cobrarse preferentemente de su precio el crédito garantizado. El acreedor en cuyo favor se constituye una garantía real tiene derecho al

---

[93] En la doctrina italiana, véase: Claudio Varrone, *Il trasferimento de la propietá a scopo di garanzia,* Jovene, Nápoles, 1968. p. 59. En la doctrina española, véase: Núria Ginés Castellet, ob. cit., pp. 486-491.

[94] Para Carnevali, el pacto comisorio quebranta el principio de la *commisura* de la sujeción del patrimonio del deudor al monto de la deuda, lo que hace que tenga causa ilícita por contrariar un principio de orden público económico (Ugo Carnevali, ob. cit., p. 501).

valor de la cosa o a una parte de él, pero no a la cosa misma[95]. Admitir el pacto comisorio destruiría el sentido de la garantía que siempre implica la conversión de la cosa en dinero para satisfacer la deuda y revertir el eventual sobrante al deudor. Como en razón del pacto comisorio el acreedor tendría un poder de apropiación y disposición directa sobre el bien objeto de la garantía, su admisibilidad supondría desnaturalizar los derechos reales de garantía[96].

Pero adicionalmente, por su carácter accesorio, el derecho real de garantía con que cuenta un determinado acreedor no puede ir más allá de lo que requiera la satisfacción de su crédito; por lo cual, la extensión del derecho del acreedor a cuyo favor se ha constituido una garantía real se circunscribe a obtener la prestación prometida o su equivalente pecuniario más la eventual reparación de los daños y perjuicios. A través de la ejecución de la garantía real, no se puede obtener más de lo que se lograría mediante el cumplimiento exacto de la obligación garantizada[97]. Nuestro sistema de garantías reales no permite que se aplique la totalidad del valor de un bien que constituye el asiento de la garantía a la extinción de una deuda con independencia de cuál sea el monto de esta última.

Por último, la prohibición del pacto comisorio en las garantías no choca con la admisibilidad de la dación en pago, porque esta última es un convenio esencialmente distinto del contrato de garantía. La dación

---

[95] Al respecto, véase: G. P. Chironi, *Trattato dei privilegi, della ipoteche e del pegno*, Vol. I (Parte Generale), Fratelli Bocca, Milán-Turín-Roma, 1918. pp. 353-4.

[96] Vincenzo Locajono, ob. cit., p. 23.

[97] En la doctrina francesa, Crocq afirma que la ausencia de aprovechamiento forma parte de la esencia misma de la idea de garantía (*sûreté*) (Pierre Crocq, *Proprieté et garantie,* L.G.D.J., París, 1995, pp. 222-223). En la doctrina española, Roca Trias al referirse a los principios rectores de las garantías expresa que "el acreedor no debe obtener más o algo distinto de lo que ha pactado, es decir, la prestación obligada, más los intereses, pactados o los legales, más la correspondiente indemnización de los perjuicios cuando se haya producido un incumplimiento de la obligación y esta indemnización se haya previsto como incluida en la garantía" (Encarus Roca Trías, ob. cit., pp. 156-157). En la misma dirección pero siguiendo otra línea argumental, en la doctrina italiana, Montel afirma que "la garantía nada agrega al contenido de la relación obligatoria cuya ejecución garantiza ya que solo aumenta la probabilidad de que la obligación sea cumplida, es decir, la llamada seguridad de la propia obligación" (Alberto Montel, Voz "Garanzia (diritti reali di)", en *Novissimo Digesto Italiano*, dirigido por Antonio Azara y Ernesto Eula, Vol. XII, UTET, Turín, 1961. p. 744).

en pago está dirigida a extinguir una deuda, no a garantizarla y, por tanto, queda fuera del ámbito de la responsabilidad patrimonial universal y sus límites derivados. En la dación en pago la transferencia del dominio de la cosa dada en pago al acreedor obedece a una *causa solvendi* y no a una causa de garantía (*infra,* N° VI,A,1,a). La dación en pago es un contrato solutorio y no un contrato de garantía[98]. Por su parte, la cláusula penal es igualmente una figura extraña al ámbito propio de las garantías reales que, por su naturaleza y el régimen que la rige, está destinada a cumplir no solo una función resarcitoria sino sobre todo una función compulsiva y que cuenta con sus específicos medios de control[99].

En fin, la razón principal de la prohibición del pacto comisorio es la desproporción que se genera entre el monto de lo debido y el valor de la pérdida que sufre el deudor por el hecho de que el acreedor se apropie de la cosa objeto de la garantía. Por consiguiente, como se indica poco más adelante, la prohibición del pacto comisorio no debería alcanzar a aquellos pactos de adquisición que invistan al negocio de una evidente e indudable conmutatividad (*infra,* N° VI,B,1).

VI. EXTENSIÓN DE LA PROHIBICIÓN

La doctrina se ha planteado el alcance de la prohibición incluida en los artículos 1.844, 1.858 y 1.878 del Código Civil. ¿Se puede admitir la validez del pacto bajo ciertas condiciones? ¿Es lícito que en algún caso se convenga que el acreedor haga suya la cosa dada en garantía en razón del incumplimiento de la obligación principal?

La doctrina se refiere a algunos supuestos que no constituyen pacto comisorio y examina otros que ofrecen mayor duda para pronunciarse a favor o en contra de su validez.

A. Supuestos que no constituyen pacto comisorio

De entrada, conviene tener en cuenta que hay que descartar ciertos supuestos que no constituyen de ningún modo el pacto prohibido. La

---

98 Al respecto, véase: Domenico Barbero, ob. cit., III, pp. 53 y 188.

99 Con respecto a las funciones compulsiva e indemnizatoria que cumple la cláusula penal en nuestra legislación civil, véase lo que expongo en mi trabajo *La cláusula penal en el Código Civil venezolano*, Academia de Ciencias Políticas y Sociales, Serie Estudios, N° 99, Caracas, 2011. pp. 30-40.

interdicción del pacto comisorio no debe llevar a la consecuencia inadmisible de que el deudor nunca pueda celebrar convenios particulares con su acreedor como, por ejemplo, una dación en pago, o la venta de la cosa dada en prenda o hipoteca, dejando a salvo, claro está, la acción pauliana o revocatoria de tales actos que puedan interponer los restantes acreedores *ex* artículos 1.279 y 1.280 del Código Civil, cuando los mismos se hayan llevado a cabo en fraude de sus derechos.

1. Dación en pago

a) Principio general

La doctrina admite de forma prácticamente unánime la validez del pacto en virtud del cual el acreedor y el deudor, después de vencida y no pagada la obligación principal, convienen en que este le dé en pago a aquel la cosa constituida en garantía, extinguiéndose así la obligación entre ambos[100].

La nulidad del pacto comisorio no excluye la posibilidad y licitud de la dación en pago, aunque tenga por objeto la misma cosa hipotecada o dada en prenda. Lo que está prohibido es el pacto que contemple la transmisión de la cosa al acreedor para el caso de incumplimiento, mientras subsista la relación obligatoria. No puede, por tanto, el deudor de antemano asumir la obligación de dejar la cosa dada en prenda o hipotecada en propiedad al acreedor en el caso de incumplimiento. En cambio, no está prohibido el acuerdo de transmisión de la cosa al acreedor a cambio de la extinción de su crédito (*datio in solutum*). Lo primero constituye un pacto comisorio y está prohibido; lo segundo, en cambio, es un contrato solutorio (no una apropiación), que implica igualmente el consentimiento del deudor y cuya celebración está permitida[101].

Aun los autores que fundamentan la prohibición del pacto comisorio en la necesidad de seguir las formalidades procesales para la ejecución forzosa de las obligaciones y la imposibilidad de autosatisfacción,

---

[100] Manuel Albaladejo, ob. cit., III, p. 706; Luis Díez-Picazo/Antonio Gullón, ob. cit., III, p. 698; Vicente Guilarte Zapatero, ob. cit., p. 461. En la doctrina nacional, véase: José Luis Aguilar Gorrondona, ob. cit., p. 78.

[101] Domenico Barbero, ob. cit., III, p. 188; Celestino Mas Alcaraz, ob. cit., pp. 63-64.

admiten la licitud de la adjudicación de la cosa dada en garantía *en pago* o *para el pago* de la deuda. Ambas modalidades, se afirma, son lícitas porque la adjudicación no es una forma de ejecución forzosa de la garantía[102]. Las partes no ejecutan la garantía sino que convienen en un modo de pago perfectamente lícito como es la adjudicación de la cosa en pago o para el pago de la obligación.

La dación en pago de la prenda o de la hipoteca, ya lo hemos dicho, obedece a una pura *causa solvendi*, no a una causa de garantía. Se trata, por tanto, de un negocio esencialmente diferente del negocio de garantía, por el cual el acreedor y el deudor simplemente convienen en un medio solutorio distinto del pago. Una vez vencida y hecha exigible la obligación, la eficacia del convenio es indiscutible debido a que el deudor ha tenido la posibilidad de no convenir en el pacto en cuestión y soportar la venta judicial de la garantía mediante pública subasta para aplicar el precio que se obtenga en el remate a la satisfacción del crédito a través de los correspondientes procedimientos de ejecución[103]. En efecto, nadie obliga al deudor a convenir en la dación en pago. El hecho de que el acreedor vaya a ejecutar el bien sujeto a la garantía no es ni puede considerarse como una circunstancia que implique el aprovechamiento de una situación angustiosa del deudor. Lo único que hace el acreedor (o el propio deudor) es ofrecer un medio solutorio distinto del pago que el deudor (o el acreedor) podrá aceptar o no.[104]

b) Dación en pago sometida a la condición suspensiva del incumplimiento

La dación en pago está admitida en nuestro ordenamiento y su licitud está fuera de discusión, aunque tenga por objeto el bien dado en garantía al acreedor. El problema se presenta cuando se utiliza esta figura de manera impropia como un sistema de garantía, en cuyo caso podría incurrirse en la prohibición del pacto comisorio. Tal sería el caso del

---

102 José Enrique Bustos Pueche, ob. cit., p. 565.

103 Fernando Reglero Campos, ob. cit., p. 268.

104 Al respecto véase Juzgado de Primera Instancia Agraria de la Región Agraria del Estado Lara, sentencia de fecha 21 de octubre de 2004. Disponible en https://app.vlex.com/#/search/jurisdiction:VE/%22pacto+comisorio%22/p9/WW/vid/302372902, consultado en fecha 12 de mayo de 2020.

deudor que, al contraer la obligación o mientras esta todavía no ha vencido, da en pago anticipado una cosa al acreedor, sujeto a la condición suspensiva del incumplimiento de aquella obligación, en cuyo caso hay que presumir que el negocio no se efectúa *causa solvendi* sino que tiene una causa de garantía. El convenio en tal caso se celebra para asegurar el cumplimiento de la obligación primitiva y cumple una función de garantía. En efecto, el carácter extintivo de la obligación que supone la dación en pago no se compadece con una eficacia del negocio subordinada al incumplimiento de la obligación garantizada[105].

Como afirma Luminoso, si el deudor atribuye a su acreedor un bien de su propiedad a condición de que la obligación no sea pagada a su vencimiento, el deudor quedaría vinculado por una enajenación con efecto diferido (y eventual) asegurando de manera inmediata al acreedor el derecho de satisfacerse con el bien en la eventualidad del incumplimiento lo que coincide plenamente con el efecto de la cláusula comisoria prohibida[106].

Pero hay algo más. La dación en pago cuando tiene por objeto la transmisión de la propiedad u otro derecho es un contrato real y no meramente consensual, es decir, la satisfacción del acreedor y la extinción de la obligación con efectos liberatorios para el deudor no ocurre sino una vez que haya sido ejecutada la prestación diferente, es decir, cuando efectivamente se lleva a cabo la transmisión de la propiedad u otro derecho[107]. Por lo cual, mientras la transferencia de la propiedad

---

[105] C. Massimo Bianca, *Il divieto del patto commissorio...* cit., p. 108. En la doctrina nacional, Pedro Alid Zoppi afirma que "no hay ni puede haber dación en pago condicional... cualquier modalidad que no implique una transferencia, pura y simple, de la propiedad o derecho que tiene el deudor, no es dación en pago porque el pago es el cumplimiento de una obligación y que tiende a extinguirla y, en su caso, la dación cumple la misma función. Cualquier modalidad constituye un contrato o acuerdo distinto, pero no una dación en pago. Si no hay transferencia y, por ende, liberación total, puede estarse en presencia de una novación, de un cambio en la índole de la obligación, del otorgamiento de garantías, pero no de una verdadera dación en pago." (Pedro Alid Zoppi,"La dación en pago", en *Actualidad jurídica,* año 1, N° 2, Caracas, marzo-abril, 1989. pp. 8-9).

[106] Angelo Luminoso, ob. cit., p. 200.

[107] En el sentido de que la dación en pago es un contrato real, véase: Domenico Barbero, ob. cit., p. 44. En sentido contrario, véase: Francesco Messineo, *Manual de Derecho Civil y Comercial,* traducción de Santiago Sentis Melendo, Tomo IV (Derecho de las Obligaciones. Parte General), Ediciones jurídicas Europa-América, Buenos Aires, 1971. p. 204. En la doctrina nacional, Domínguez Guillén expresa que "la dación en pago precisa como

no tenga lugar, hay solamente un convenio dirigido a hacer posible la prestación en lugar de cumplimiento. Ese pacto coincide parcialmente con una novación objetiva, pero no sería una *datio in solutum* excluida *per se* del campo de aplicación de las disposiciones que prohíben el pacto comisorio.

Por el contrario, si la dación en pago del bien tiene lugar cuando el crédito está vencido, la transmisión a favor del acreedor no puede ser en garantía, salvo que el pago hubiera sido prorrogado, porque va contra toda lógica la idea de la constitución de una garantía para un crédito ya vencido y exigible[108].

En fin, una dación en pago de la prenda o de la cosa hipotecada convenida entre el acreedor y el deudor después del vencimiento de la obligación garantizada no cae bajo el campo de aplicación de la prohibición del pacto comisorio, siempre y cuando su eficacia no quede sujeta al incumplimiento de la obligación principal (la cual, por hipótesis, en tal caso, habría sido objeto de una prórroga).

c) Dación en pago sometida a la condición resolutoria del cumplimiento

La doctrina extranjera discute la validez de una dación en pago sometida a una condición resolutoria que le permita al deudor recuperar lo que hubiere dado en pago al acreedor mediante la ejecución de la obligación primitiva extinguida.

Según algunos autores, en tal caso la relación obligatoria sigue viva, aunque sea virtualmente ya que su extinción puede quedar sin

---

requisito necesario el cumplimiento de la nueva prestación". De ahí que entre sus elementos o requisitos se indiquen "la realización efectiva de la nueva prestación, esto es, el cumplimiento de la prestación subrogada". (María Candelaria Domínguez Guillén, *Curso de Derecho Civil III Obligaciones*, Revista Venezolana de Legislación y Jurisprudencia, Caracas, 2017. pp. 402-403). Sea como fuere, si hay transmisión de un bien antes del vencimiento de la obligación y esta, no obstante, sigue viva no cabe admitir la existencia de una dación en pago porque, por definición, la obligación se habría extinguido ya. Si no se ha realizado todavía la transmisión, pero ha sido convenida antes del vencimiento de la obligación para el caso de incumplimiento de la misma, parece difícil concluir que el negocio tenga una pura *causa solvendi* o de pago, precisamente porque se está contemplando la posibilidad de incumplimiento de la obligación primitiva la cual, por tanto, es la única que aún subsiste y queda en pie.

[108] Núria Ginés Castellet, ob. cit., p. 66.

efecto mediante el cumplimiento[109]. Otros autores, después de destacar la singularidad que reviste esa "*condición*". sostienen que una *datio in solutum* resolutoriamente condicionada al cumplimiento en especie de la obligación primitiva no constituye una dación en pago sino una enajenación en garantía que encubre un pacto comisorio autónomo[110]. Nos parece razonable esta posición. El convenio por el cual el deudor acuerde con su acreedor una dación en pago de la prenda o de la hipoteca sujeta a la condición resolutoria que le permita al deudor dejar sin efecto la dación y recuperar la cosa dada en pago mediante la ejecución de la prestación que conformaba el objeto de la obligación primitiva extinguida, permite presumir el propósito de evadir la aplicación de las disposiciones que prohíben el pacto comisorio.

2. Venta

La prohibición del pacto comisorio no impide que el deudor venda a su acreedor la cosa dada en prenda o hipotecada. Por consiguiente, la venta de la prenda o hipoteca hecha al mismo acreedor prendario o hipotecario, sea antes o después del vencimiento del término de la obligación garantizada, no se incluye en la prohibición del pacto comisorio[111].

De acuerdo con la ley "*es nula toda cláusula que autorice al acreedor a apropiarse de la prenda*" (Código de Comercio, art. 542) y "*es nula de pleno derecho toda convención que autorice al acreedor a apropiarse el inmueble, caso de no serle pagada la deuda*" (Código Civil, art. 1.858).

La expresión toda cláusula o convención "*que autorice*" al acreedor a apropiarse o a disponer de la garantía, indica con claridad que se refiere a aquellos casos en los cuales se le da de antemano el derecho al acreedor para apropiarse o disponer de la garantía, de tal manera que al

---

109 Ramón Durán Rivacoba, ob. cit., p. 210.

110 Angelo Luminoso, ob. cit., p. 260.

111 César Vivante, ob. cit., II, p. 259; C. Aubry/C. Rau, *Cours de Droit Civil Français*, Tomo IV, 5ª edición, Marchal et Billard, París, 1907. p. 712, especialmente, la nota 10; F. Laurent, *Principios de Derecho Civil,* traducción castellana, Tomo 28, 2ª edición, Habana, 1920. pp. 546-547, especialmente, la nota 2 y la jurisprudencia de la Corte de Casación belga ahí citada. En la doctrina nacional, véase: José Luis Aguilar Gorrondona, ob. cit., pp. 78-79; Aníbal Dominici, ob. cit., IV, p. 267.

apropiársela o enajenarla el acreedor hace uso de una facultad que previamente le correspondía en virtud de una convención o cláusula que la ley prohíbe. La ley condena la ejecución de un acto que se verifica en virtud de una cláusula o convenio anterior. Con relación a la venta de la cosa dada en garantía que haga el deudor al acreedor, solo se la prohíbe cuando el contrato deriva de una cláusula o convención anterior.[112] La prohibición no se refiere pues al contrato de venta, sino a la cláusula o convención en virtud de la cual aquel se celebró. El texto legal no condena la venta en sí misma, sino que la rechaza porque dicha venta se está ejecutando en virtud de existir una convención o cláusula anterior que la permitía[113].

Asimismo, de acuerdo con el artículo 1.878 *ejusdem* es nula "*cualquier estipulación*" en virtud de la cual "*el acreedor se hace propietario de la cosa hipotecada por la sola falta de pago de la obligación garantizada*". El alcance de la prohibición legal, por tanto, no puede ser otro que prohibir el pacto comisorio con su característica de *condicional* que transforma la prenda o hipoteca en una venta también condicional sujeta a la falta de pago de la obligación en el término convenido[114] (*supra*, Nº I,B).

De acuerdo con sus términos, la prohibición legal presupone que el acto o contrato en virtud del cual el acreedor se apropia del inmueble deriva de una estipulación anterior y que la adjudicación se hace sin la voluntad del deudor. Nada de eso pasa en la venta del bien dado en garantía que haga el deudor a su acreedor, porque dicha venta no tiene su origen en una estipulación preexistente y al momento de su celebración es consentida libremente por el deudor[115]. Lo que la ley rechaza, se insiste, es el acto que, celebrado en virtud de estipulaciones preexistentes,

---

[112] Como se dijo, una excepción a esta regla está consagrada para la hipoteca naval en el artículo 143 de la Ley de Comercio Marítimo según el cual: "El acreedor hipotecario puede proceder a la venta directa del buque hipotecado en la forma pactada al constituirse la obligación, en caso de incumplimiento del deudor hipotecario".

[113] Henri De Page, *Traité Elementarie de Droit Civil Belge*, Tomo VI (Les Biens- Déuxieme partie/Les Sûretés-Première partie), Bruylant, Bruxelles, 1953, p. 1092; Marcelo Planiol/ Jorge Ripert, ob. cit., XII, p. 119-120.

[114] Vincenzo Locajono, ob. cit., p. 22.

[115] Manuel Somarriva Undurraga, ob. cit., pp. 433-434; Adolfo Wegmann Stockebrand, ob. cit., p. 108.

le confiere al acreedor la propiedad del inmueble, sea que dicha estipulación se convenga al momento de constituirse la prenda o hipoteca, o con posterioridad. Pero cuando la venta de la prenda o del inmueble hipotecado no es un acto que se celebra para dar cumplimiento a una cláusula ya convenida, dicha venta no se encuentra comprendida dentro del supuesto de hecho de la prohibición legal, de acuerdo con los términos en que la misma se encuentra formulada.

Adquirir un bien por medio de una venta no es lo mismo que apropiarse de él. Son supuestos distintos porque en el primer caso se celebra un negocio jurídico diferente, no existe un verdadero pacto comisorio al faltar la atribución al acreedor de una facultad de apropiarse de la cosa al vencimiento de la deuda.

Lo que la ley prohíbe es que la propiedad de la cosa dada en garantía pase directa e inmediatamente al acreedor, si el deudor no paga la obligación al vencimiento, o que el deudor se hubiere obligado de antemano a transferírsela a su acreedor en esa eventualidad, o que en tal caso este disponga libremente de la prenda o de la hipoteca. Pero la venta de la prenda o de la hipoteca que haga el deudor a su acreedor antes o después de ser exigible la obligación principal (y que no se condicione al impago de la deuda), no cae bajo el campo de aplicación de la prohibición legal. De ahí que sea válida la venta sin fraude hecha por el deudor al acreedor de la cosa dada en garantía, incluso si se conviene que el precio de la venta sea el monto de la deuda garantizada con la prenda o la hipoteca[116]. Así lo ha dejado establecido la jurisprudencia de nuestros tribunales[117].

Por otra parte, de acuerdo con lo dispuesto en el artículo 1.143 del Código Civil, pueden contratar todas las personas que no sean declaradas incapaces por la ley. La ley contempla incapacidades especiales para el contrato de venta en los artículos 1.481 y 1.482 del Código Civil. Estas disposiciones no establecen prohibición ni limitación alguna respecto de la venta de los bienes dados en prenda o hipoteca y, por

[116] G. Baudry-Lacantinerie/P. de Loynes, ob. cit., I, pp. 121-131; José Luis Aguilar Gorrondona, ob. cit., pp. 78-79.

[117] Sentencia de la Sala Civil de la Corte Federal y de Casación de fecha 30 de mayo de 1940, consultada en *Jurisprudencia de la Corte Federal y de Casación (en Sala Civil), 1824-1949* del doctor José Enrique Machado, Tomo II, p. 40.

tanto, es obvio que dichas ventas pueden realizarse libremente por parte del deudor a favor del acreedor prendario o hipotecario, estipulándose el precio que tengan por conveniente. Los artículos 1.844 y 1.878 del Código Civil se refieren únicamente a la apropiación o a los actos de disposición de la prenda o de la hipoteca efectuados por el acreedor, pero no a la enajenación, como es la venta, que el deudor haga a su acreedor. Estas disposiciones al prohibir al acreedor que se apropie o disponga de las cosas pignoradas o hipotecadas por el solo hecho del incumplimiento del deudor no le prohíben al deudor que las venda a su acreedor.

A pesar de la existencia del gravamen prendario o hipotecario, el dueño del bien dado en garantía puede enajenarlo a su antojo. De donde resulta que puede venderlo y desde luego venderlo al propio acreedor ya que ninguna disposición legal lo incapacita para ello. La autonomía de la voluntad autoriza para que el deudor pueda vender la cosa dada en prenda o hipotecada a su acreedor, pues no hay norma que sancione dicho acto ejecutado en uso de la facultad que tiene el deudor de disponer libremente de sus bienes[118].

En fin, como el deudor constituyente de la prenda o hipoteca puede libremente enajenar el bien constituido en garantía, puede perfectamente vendérselo a su acreedor, siempre y cuando no lo haga en cumplimiento de una estipulación prohibida por los artículos 1.844 y 1.878 del Código Civil.

B. Supuestos de tipificación dudosa

1. Pacto marciano

El pacto marciano es aquel por el cual se conviene que el acreedor adquiere en caso de incumplimiento del deudor el derecho a apropiarse de la cosa dada en garantía, previa su justa estimación y devolución al deudor de la diferencia entre el valor del bien y el importe de la deuda.

En Roma se admitió la validez del pacto en virtud del cual si el deudor no pagaba, la propiedad de la cosa dada en garantía pasaba al

[118] Edgardo Villasmil Portilla, *Algunas garantías civiles,* Pontificia Universidad Javeriana-Grupo Editorial Ibañez, Bogotá, 2013. p. 78.

acreedor, previa justa estimación. Se consideró válido este pacto ya que respetaba el principio de proporcionalidad entre el valor de lo debido y el valor del bien objeto de la garantía[119].

La cuestión de la licitud del pacto marciano está estrechamente ligada al fundamento de la interdicción legal del pacto comisorio. Según cuál sea la razón de ser de la prohibición legal, el pacto marciano podrá o no considerarse lícito y admisible.

Si la *ratio* de la prohibición legal es la protección de los intereses del deudor y de los restantes acreedores, el pacto marciano debería admitirse si el precio por el cual el acreedor se hace propietario de la garantía se forma de una manera objetiva como, por ejemplo, por estimación pericial o en función de índices también objetivos como, por ejemplo, los de un determinado mercado etc. Es evidente que de esta manera se salvaguardan los intereses del deudor y de los terceros acreedores y no se producen los peligros que trata de precaver la prohibición del pacto comisorio. El pacto marciano evita que el acreedor se apropie de una cosa de valor superior al del crédito, prevaliéndose de la situación de necesidad del deudor. No existe pues enriquecimiento injusto del acreedor y la usura queda erradicada[120].

En cambio, si el fundamento de la prohibición es la inderogabilidad de los procedimientos de ejecución forzosa de las obligaciones, el pacto marciano no tendría cabida, puesto que mediante su estipulación lo que se pretende es la ejecución forzosa privada de una obligación que no es admisible[121].

---

119 El pacto recibe el nombre del autor de la cita contenida en el Digesto: *Potest ita fieri pignoris, datio hypothecare, ut si intra certum tempus non sit soluta pecunia, iure emptoris possideat rem iusto pretio tunc aestimandum: hoc enim casu videtur quodammodo conditionalis esse venditio* (Marciano, Digesto, II, I, 16, 9).

120 La doctrina italiana admite pacíficamente la licitud del pacto marciano. Al respecto, por todos, véase: C. Massimo Bianca: Voz *Patto Commissorio...* cit., p. 718; Ugo Carnevali: ob. cit., p. 505; Vincenzo Locajono: ob. cit., p. 79. En España, la generalidad de los autores se pronuncia por la validez de este pacto. Al respecto, por todos, véase: Celestino Mas Alcaraz: ob. cit., p. 75; Manuel Feliú Rey: ob. cit., p. 95; María Cruz Moreno: ob. cit., p. 71. Díez-Picazo y Gullón, por su parte, después de señalar las razones de la validez del pacto marciano, expresan: "Además, no parece justo obligar al acreedor a iniciar procedimientos legales que en el fondo conducen a la misma finalidad, cual es la fijación objetiva de un precio" (ob. cit., III, p. 498). En la doctrina nacional, Sanojo admite la licitud del pacto marciano (ob. cit., IV, pp. 247-248). Lo hace también Anibal Dominici (ob. cit., IV, p. 267).

121 Al respecto, véase: José Enrique Bustos Pueche, ob. cit., p. 566.

Como indicamos poco antes, la razón de ser de la prohibición legal se encuentra en la salvaguarda del principio de proporcionalidad en las garantías (*supra,* Nº V,H). El fundamento de la prohibición del pacto comisorio es la desproporción que se puede originar entre el monto de lo debido y la pérdida que experimenta el deudor por el hecho de que el acreedor se apropie de la cosa dada en garantía. Por consiguiente, en la medida en que se preserve la correspondencia entre el valor efectivo del bien dado en garantía tras el incumplimiento y el monto del crédito, no parece que existan razones para prohibir semejante pacto. De donde resulta que, en tanto y en cuanto se respete dicha proporcionalidad y se conserve la conmutatividad entre las prestaciones, el pacto debería ser lícito.

La doctrina nacional y extranjera sostienen que la licitud del pacto marciano requiere que se cumplan las siguientes condiciones: 1) Que el bien del cual se haga propietario el acreedor en defecto de pago sea estimado por un tercero al hacerse exigible la obligación y no antes. La razón es fácil de entender: si se permitiera la validez de un pacto marciano con valoración de la cosa en el momento de constituirse la garantía, con toda probabilidad se presentarían de nuevo los peligros que se entendían superados por un pacto de esta naturaleza puesto que, por un lado, el deudor, apremiado por una situación económica de necesidad (*soffocatio debitoris*), podría llegar a aceptar un precio inferior al real y, por el otro, aunque el valor atribuido a la cosa fuera justo en el momento en que se apreció, las alteraciones que suele experimentar el precio de los bienes podrían producir el desequilibrio en la relación entre el valor de la cosa dada en garantía y el monto de la obligación garantizada; y 2) Que el acreedor restituya al deudor una suma igual a la diferencia entre el valor del bien calculado en forma objetiva y la cuantía de la deuda impagada (*superfluum*)[122]. Como en la generalidad de los casos el valor de las cosas dadas en prenda o hipoteca es bastante superior al monto de la obligación garantizada, si la diferencia quedara en beneficio del acreedor se produciría un enriquecimiento injusto de

---

122 Al respecto, véase: C. Massimo Bianca: Voz *Patto Commissorio...* cit., p. 718 e *Il divieto del patto commissorio...* cit., p. 175; Ugo Carnevali: ob. cit., p. 505: Vincenzo Locajono: ob. cit., pp. 75-78; Manuel Albaladejo: ob. cit., III, p. 705; Fernando Reglero Campos: ob. cit., pp. 261-263.

este último en perjuicio del deudor, que quedaría privado del *superfluum*, y de los restantes acreedores.

En resumidas cuentas, es válido el pacto por el que se establece que el acreedor, si el deudor incumple, haga suyo el bien garantizado por lo que valga realmente y, en su caso, con abono de la eventual diferencia en más al deudor.

La diferencia entre el pacto marciano y un pacto comisorio común que *ad casum* no viola el principio de proporcionalidad porque se da la equivalencia entre el valor del bien y el valor del crédito garantizado estriba en que mientras en el segundo caso el respeto al principio de proporcionalidad es enteramente casual, en el primero ese respeto viene asumido estructuralmente como contenido mismo del contrato, es decir, como "*fin jurídico inmediato*" del propio pacto, constituyendo el objeto de un derecho del deudor[123].

De este modo, la admisión del pacto marciano supondría una excepción al carácter absoluto de la prohibición del pacto comisorio.

2. Pacto comisorio *ex intervallo*

Mayor controversia suscita el pacto comisorio *ex intervallo,* es decir, aquel convenido con posterioridad a la concesión del crédito, pero antes de su vencimiento.

Por lo que respecta al Derecho comparado, en Italia, Suiza y Portugal este pacto se encuentra especialmente proscrito.

En Francia, antes de la Reforma del Código Civil francés de 2006 que eliminó la prohibición del pacto comisorio, la jurisprudencia admitió la licitud del referido pacto, basándose en que la prohibición del *Code* solo se refería literalmente a la inclusión de una cláusula expresa en el documento por el que se constituye la prenda. En el mismo sentido se pronunció un sector mayoritario de la doctrina afirmando, además, que la validez del pacto comisorio *ex intervallo* estaba justificada por el hecho de que faltaba la *ratio* de la prohibición, dado que el deudor, una vez obtenido el crédito, no se encontraba ya en una posición de inferioridad frente al acreedor. Sin embargo, otros autores sostuvieron que, aun después de concedido el préstamo y constituida la garantía, el

123 C. Massimo Bianca, Voz *Patto Commissorio*... cit., p. 718.

deudor se encontraba sujeto al acreedor que podía imponerle el pacto como condición para extender el plazo del crédito o ante la inminencia de la exigibilidad de la deuda. Por lo cual, en su criterio, la razón para prohibir el pacto comisorio *ex intervallo* era bajo el régimen del *Code* evidente[124].

El B.G.B. alemán solo admite el pacto comisorio que se estipule con posterioridad al vencimiento del crédito[125]. En España, mientras algunos autores admiten el pacto comisorio *ex intervallo* convenido antes del incumplimiento, otros lo rechazan por las mismas razones que fundamentan la proscripción del pacto comisorio en general[126].

Por lo que al Derecho venezolano concierne, no es admisible el pacto comisorio *ex intervallo* por las siguientes razones: 1) La prohibición legal contenida en los artículos 1.844, y 1.878 del Código Civil está formulada con carácter general; por consiguiente, comprende tanto el pacto comisorio que acompaña al otorgamiento del crédito o a la constitución de la garantía, como el que se concluye después del nacimiento de la obligación garantizada. Como el legislador no ha hecho ninguna distinción respecto de la oportunidad en que se conviene la estipulación comisoria, tampoco corresponde hacerla al intérprete; 2) La *ratio* de la prohibición legal persiste incluso cuando la garantía real y el pacto comisorio que la acompaña se constituyen con posterioridad al nacimiento de la relación obligatoria[127]; 3) Si la ley prohíbe que las

---

124 A favor de la validez del pacto *ex intervallo*, véase: G. Baudry-Lacantinerie/P. de Loynes, ob. cit., I, p. 130, especialmente, la nota 1 y la jurisprudencia de los tribunales franceses ahí citada; Ambrosio Colin/Henri Capitant, ob. cit., V, pp. 91-92 y la jurisprudencia de los tribunales franceses ahí citada; Louis Josserand, ob. cit., pp. 456-457, especialmente, la nota 19 y la jurisprudencia de los tribunales franceses ahí citada; Marcelo Planiol/Jorge Ripert, ob. cit., XII, p. 120, especialmente, la nota 1 y la jurisprudencia de los tribunales franceses ahí citada; Henri y Jean Mazeaud/Jean Mazeaud, ob. cit., I, p. 115 y la jurisprudencia de los tribunales franceses ahí citada. En contra del acuerdo se pronunciaron Troplong, Pont y Guillouard, citados por Baudry-Lacantinerie/P. de Loynes, ob. cit., I, p. 130, nota 2.

125 § 1228 y 1229.

126 En la doctrina española, a favor de la validez del pacto *ex intervallo,* véase: Manuel Albaladejo, ob. cit., III, p. 706; Fernando Reglero Campos, ob. cit., p. 267. A favor de la nulidad del pacto, véase: Luis Díez-Picazo/Antonio Gullón, ob. cit., III, p. 479; Celestino Mas Alcaraz, ob. cit., p. 63; José Enrique Bustos Pueche, ob. cit., p. 566.

127 En la doctrina nacional, Sanojo sostiene que el pacto comisorio convenido después del otorgamiento del crédito es igualmente nulo puesto que el acreedor puede fácilmente imponérselo al deudor quien consentirá en su estipulación por el temor de no poder devolver el préstamo en la fecha de su vencimiento (Luis Sanojo, ob. cit., IV, pp. 246-247).

partes convengan algo en un contrato, no puede permitir que mientras este subsista pueda ser modificado en la materia sobre la cual versa la prohibición, salvo que el legislador haya limitado claramente el precepto prohibitivo al momento mismo de la celebración del contrato; y 4) La aceptación de la tesis contraria permitiría burlar fácilmente la prohibición legal puesto que le bastaría a las partes convenir en la apropiación de la garantía por parte del acreedor con posterioridad al contrato sin cumplir con las exigencias de la ley.

En resumidas cuentas, en nuestro sistema legal no cabe admitir la cláusula comisoria prohibida, independientemente de que las partes la acuerden en el momento de la celebración del contrato o de la constitución de la garantía, o con posterioridad antes de ser exigible la obligación principal. (*supra*, N° IV,B).

3. Pacto comisorio con el tercero constituyente de la prenda o la hipoteca

Según algunos, siendo el fundamento de la prohibición del pacto comisorio la protección de los intereses del deudor que ante la imperiosa necesidad en que se encuentra (*soffocatio debitoris*) se ve obligado a consentir en la estipulación comisoria, es más difícil justificar la aplicación de la prohibición legal cuando la garantía la constituye un tercero[128].

Sin embargo, en nuestro concepto, tampoco es lícita la estipulación comisoria incorporada en una prenda o hipoteca constituida por un tercero en vez del deudor. El texto legal prohíbe al acreedor apropiarse de la prenda o de la hipoteca o disponer de ella a su arbitrio en caso de no serle pagada la deuda, independientemente de que la prenda o la hipoteca haya sido constituida por el deudor o por un tercero. La negación de las facultades de apropiación y disposición por parte del acreedor, ya lo hemos dicho, deriva de la propia naturaleza de la prenda y la hipoteca[129].

---

[128] A favor de la exclusión de la prohibición legal cuando la garantía es constituida por un tercero, en la doctrina italiana, véase: Franco Anelli, ob. cit., pp. 436-437, especialmente, la nota 228 y la jurisprudencia de los tribunales italianos ahí citada.

[129] En ese sentido se pronunció la Casación italiana mediante sentencia N° 1787 en fecha 23 de febrero de 1983. Al respecto, véase: Michele Sesta, ob. cit., p. 540.

4. Pacto comisorio con el fiador

Es la convención celebrada por el fiador y el deudor mediante la cual este se obliga, en caso de incumplimiento de la obligación principal, a transferir a aquel la propiedad de la cosa dada en prenda o hipoteca, en pago del crédito satisfecho por el fiador.

La doctrina discute la validez del pacto por el cual se estipula la apropiación de la prenda en favor del fiador.

Algunos autores consideran que el pacto es lícito por no ser en rigor un pacto comisorio, dado que no se celebra entre el acreedor y el deudor[130]. Según otros, el pacto es ilícito no solo por la identidad de *ratio* sino, además, porque de acuerdo con la ley el fiador se subroga en la posición del acreedor (Código Civil, artículo 1.300, ordinal 3º), considerándose entonces al fiador como un acreedor verdadero y propio del deudor[131]. A nuestro modo de ver, esa es la posición más razonable ya que el fiador en razón del pago pasa a ocupar el lugar del antiguo acreedor y, por tanto, su crédito goza de las garantías que estaban incorporadas al primitivo crédito, pero siempre con las limitaciones propias respecto de las facultades de apropiación y disposición de la cosa entregada en garantía que tenía el primitivo acreedor satisfecho.

5. Prenda irregular

Contrariamente a lo que ocurre en la prenda regular cuyo objeto son bienes muebles fungibles que permanecen en propiedad de quien los ha entregado en garantía, en la llamada *prenda irregular* lo que se entrega en garantía de un crédito son cantidades de dinero u otras cosas fungibles no individualizadas. La propiedad de dichos bienes pasa al acreedor; por tanto, no rige la prohibición del pacto comisorio. Si el deudor cumple, la obligación del acreedor prendario es restituir el equivalente de lo recibido en bienes de la misma especie y calidad (*tantundem eiusdem generis*). Si el deudor no cumple, opera la compensación

---

130 En tal sentido, véase: Jorge Giorgi, *Teoría de las Obligaciones en el Derecho Moderno*, Vol. III, traducción al castellano por la redacción de la Revista General de Legislación y Jurisprudencia, Reus, Madrid, 1920, p. 341; Troplong citado por Giorgi (*Ídem*). En la doctrina nacional, véase: Luis Sanojo, ob. cit., IV, p. 249.

131 En tal sentido, véase: Vincenzo Locajono, ob. cit., pp. 91-94.

legal entre la deuda y la obligación de restituir la prenda sin que se requiera ningún otro tipo de trámite para cobrar la garantía, ya que el constituyente de la prenda se desprendió de su propiedad al celebrar el contrato. De ahí que para la denominada prenda irregular no rige la prohibición del pacto comisorio[132].

6. Fiducia *cum creditore*

a) Noción

La fiducia *cum creditore* es un negocio jurídico en virtud del cual una persona (fiduciante) transmite en plena propiedad un determinado bien o derecho a otra distinta (fiduciario) para garantizarle el pago de una deuda, con la obligación por parte de ésta de transmitirlo a su anterior propietario cuando la obligación asegurada se haya cumplido (*pactum fiduciae*)[133]. En la fiducia *cum creditore* el deudor transmite la propiedad (u otro derecho) en garantía de un crédito. Es, por tanto, una enajenación de un bien o derecho con fin de garantía. El adquirente puede reclamar el crédito porque no pierde la condición de acreedor.

En la fiducia *cum creditore* se dan dos aspectos: una transmisión real unida a la promesa obligacional del fiduciario de retransmitir al fiduciante cuando se extinga el crédito. Por lo que respecta a la causa de las obligaciones de cada una de las partes de la fiducia, la causa de la transmisión no es otra que la obligación del fiduciario de retransmitir la propiedad. El fiduciante transmite la propiedad de la cosa porque a la vez le surge un crédito sobre la cosa transmitida; y por ello no se produce un empobrecimiento injustificado, ya que de su patrimonio sale un bien, pero surge un crédito. A su vez, la causa de la obligación del fiduciario de retransmitir es la transmisión que ha realizado el fiduciante. Existen, por tanto, dos prestaciones, transmisión y obligación de

---

[132] C. Massimo Bianca, Voz *Patto Commissorio...* cit., p. 718; Ugo Carnevali, ob. cit., p. 505; Enzo Roppo, ob. cit., p. 437; José Luis Aguilar Gorrondona, ob. cit., p. 69; Arturo Dalmartello, Voz "Pegno irregolari", en *Novissimo Digesto Italiano*, dirigido por Antonio Azara/ Ernesto Eula, Vol. VI, UTET, Turín, 1968, p. 711.

[133] Esta es en esencia la definición recogida por casi todos los autores. Al respecto, en la doctrina italiana, por todos, véase: Francesco Galgano, ob. cit., p. 446. En la doctrina española, por todos, véase: Joaquín Garrigues Díaz-Cañabate: *Negocios fiduciarios en Derecho mercantil*, Civitas, Madrid, 1981. p. 21.

retransmitir, y el cumplimiento de cada una de ellas actúa como causa de la otra. Y por lo que respecta a la causa del contrato de fiducia, como en la fiducia *cum creditore,* el deudor transmite la propiedad (o derecho) en garantía de un crédito, la causa es la causa *fiduciae,* con todas las discusiones que ello acarrea[134].

b) Caracterización

Con frecuencia los autores señalan que en el negocio fiduciario (y en la fiducia *cum creditore*) lo que existe son dos negocios jurídicos, uno "*real*" y otro "*personal*". Gracias al primero una persona transfiere a otra la propiedad u otro derecho y mediante el segundo el adquirente queda limitado en su señorío sobre el derecho transferido porque asume la obligación de proceder con él de una manera determinada por intereses que en todo o en parte no son los suyos[135]. En la fiducia *cum creditore* el fiduciario se encuentra limitado en su dominio por el deber que asume de retransmitir la propiedad al fiduciante cuando este le pague el

[134] En la doctrina italiana, Betti señala que el *pactum fiduciae* actúa como causa encubierta del negocio de disposicón abstracto y entiende que la causa *fiduciae* del negocio obligatorio limita la posición del fiduciario y le asigna una causa idónea para justificarla que puede ser de garantía, custodia o administración (Emilio Betti, *Teoria general del negocio jurídico,* traducción al español de A. Martin Pérez, Revista de Derecho Privado, Madrid, 1959, pp. 228-229). Cariota Ferrara considera que la causa *fiduciae* no sería nunca idónea para justificar el traspaso de la propiedad (Luigi Cariota Ferrara, *El negocio jurídico,* traducción al castellano de Manuel Albaladejo, Ediciones Olejnik, Santiago de Chile, 2019, pp. 228-229). Galgano, en cambio, admite la transmisión de la propiedad fundamentada en la causa *fiduciae* (Franceso Galgano, *Ibíd.* pp. 447-448). En la doctrina española, Garrigues sostiene que la causa *fiduciae* es transmisora de la propiedad entre otras razones porque, como la ley no limita el número de negocios jurídicos de efecto real, los negocios fiduciarios tienen eficacia transmisiva del dominio cuando no involucran un fraude a la ley (*Ibíd.* pp. 40-42). Igualmente en la doctrina española mantienen la eficacia transmisiva de la causa *fiduciae*, entre otros, Bruno Rodríguez Rosado (ob. cit., p. 127); Navarro Martorell y Carlos Fernández citados por Cristina Fuenteseca (ob. cit., pp. 68-69). Otros autores como Federico de Castro y Bravo, *El negocio jurídico*, Civitas, Madrid, 1985. pp. 406-409, 419-420 y José Puig Brutau, *Compendio de Derecho Civil,* Vol. II, Bosch, Barcelona, 1997. p. 306, niegan la eficacia transmisiva de la causa *fiduciae,* posición mantenida igualmente por Núria Ginés Castellet, ob. cit., pp. 572-574. Por su parte, Reglero Campos (ob. cit., p. 276) considera que la causa *fiduciae* solo tiene efectos traslativos cuando no esconde un pacto comisorio, lo que hay que determinar caso por caso.

[135] Francisco Ferrara, ob. cit., pp. 83-84; José Castán Tobeñas, *Derecho Civil Español Común y Foral*, Tomo I (Introducción y Parte General), 15ª edición, Reus, Madrid, 2007. p. 675.

crédito debido. El negocio se basa en la *fides* o confianza depositada en el fiduciario en cuanto a que en su dominio sobre la cosa se comportará de manera tal de poder satisfacer el interés del fiduciante en la readquisición de la propiedad.

Esta manera de presentar lo que es la fiducia *cum creditore* ciertamente tiene valor pedagógico y muestra claramente dos de sus elementos esenciales: la transferencia (por supuesto efectiva) de un derecho y la obligación del adquirente de no actuar como un titular cualquiera del derecho transferido sino de acuerdo con las limitaciones establecidas por el enajenante a favor de sí mismo o de un tercero, todo en el buen entendido de que estas obligaciones solo son obligaciones en el sentido de aspectos pasivos de la relación obligatoria y no cargas o gravámenes de carácter real.

Pero en realidad y de acuerdo con la voluntad de las partes, no coexisten en la fiducia *cum creditore* dos negocios jurídicos sino que los señalados como dos negocios en realidad son queridos como un todo. Las partes quieren el negocio fiduciario en su totalidad[136]. Como se indica poco más adelante, la observación tiene importancia a la hora de examinar si los negocios jurídicos fiduciarios entre vivos en general y la fiducia *cum creditore* en particular, son admisibles o no lo son en los ordenamientos como el nuestro que, en principio, rechazan los negocios abstractos. Así pues, en vez de hablarse de dos negocios jurídicos distintos debería hablarse en la fiducia *cum creditore* de dos elementos diferentes, pero que forman parte de un negocio único[137].

La fiducia *cum creditore* se caracteriza pues por la existencia de un contrato complejo integrado por dos elementos interdependientes; uno real, de transmisión plena del dominio con su correspondiente atribución patrimonial eficaz *erga omnes* y otro obligacional válido entre las partes, que constriñe al adquirente a utilizar el derecho adquirido de manera que no impida la readquisición del bien o derecho por el fiduciante y a indemnizarle los daños y perjuicios en caso de

---

[136] En la doctrina nacional, véase: Roberto Goldschmidt, "Trust, fiducia y simulación", en *Estudios de Derecho Comparado,* Universidad Central de Venezuela, Publicaciones de la Facultad de Derecho (Tomo XXII), Caracas, 1958. p. 388, con cita de Grassetti.

[137] En la doctrina española, Juan B. Jordano Barrea, *El negocio fiduciario,* Bosch, Barcelona, 1959. p. 138, califica al negocio fiduciario como un negocio real obligatorio único.

incumplimiento, sirviendo de causa al contrato unificado la *causa fiduciae* que presta soporte a todo el negocio[138].

Ciertamente, si se analizan los negocios fiduciarios como dos negocios jurídicos (uno "*real*" y otro "*personal*") y además para realizar el primero se recurre a la celebración de un negocio jurídico nominado como pudiera ser la venta, prosperaría la argumentación contra la admisibilidad del contrato fiduciario en razón del elemento "*causa*" porque evidentemente esa llamada venta en garantía carecería de la causa propia de las ventas sin que cambiara la situación la afirmación de que esa venta tiene una causa *fiduciae*. Por eso hay que recordar que en la fiducia *cum creditore* no hay sino un negocio unitario que debe ser valorado globalmente. El negocio fiduciario de que tratamos, conforme a la voluntad de las partes, es uno solo, ha sido querido como una totalidad o unidad; de donde fácilmente se deduce que es necesariamente un contrato innominado en el cual por ese mismo carácter no existe dificultad de admitir que contiene una causa (la causa *fiduciae*) porque no hay ninguna necesidad de que su causa sea igual a la causa de los demás contratos de su tipo (del tipo a que deben su *nomen*)[139].

La fiducia *cum creditore* es un negocio único con una causa propia y singular que consiste en proporcionar al crédito concedido una seguridad específica de garantía mediante la transmisión de la propiedad. Y por lo que respecta a su eficacia transmisiva, como en nuestro ordenamiento el número de títulos o causas suficientes para transmitir la propiedad u otro derecho real no es un *numerus clausus* (*infra*, Nº VI,B,6,d) limitado a los negocios jurídicos que tengan una causa

[138] En la doctrina española, Garrigues admite la llamada teoría del doble efecto de la fiducia *cum creditore* y afirma que "la causa *fiduciae* identificada con la finalidad de mandato o de garantía, visible en el negocio obligatorio, es la que constituye la causa de ese negocio complejo que llamamos fiduciario" (Joaquín Garrigues, ob. cit., p. 40). Afirma, asimismo, que la limitación finalista de los poderes del fiduciario es meramente obligacional y no influye en el aspecto transmisivo del negocio sino que su infracción "impone al fiduciario la obligación de reparar los daños causados por su conducta desleal, dejando intacta la validez de la transmisión real operada" (*Ibíd.* p. 20).

[139] En tal sentido, Juan B. Jordano Barrea, ob. cit., p. 118, caracteriza la causa *fiduciae* como una *causa atípica* consistente en "el juego de una prestación o atribución patrimonial frente a la promesa obligacional del fiduciario de servirse de la *res fiduciaria* conforme a lo pactado y de restituir, al fiduciante o a un tercero, la misma cosa o derecho recibidos".

credendi, donandi o solvendi, sino que a éstas pueden añadirse otras, la causa *fiduciae* bien puede justificar la transmisión del dominio, siempre y cuando ello no comporte violación de disposiciones imperativas o prohibitivas de la ley, como son las normas que prohíben el pacto comisorio (*infra*, Nº VI,B,6,e).

c) Base legal

Llegados a este punto, caben las siguientes consideraciones sobre la licitud de los negocios fiduciarios en general y de la fiducia *cum creditore* en particular en nuestro ordenamiento, para evitar ulteriores confusiones.

1) La fiducia *cum creditore* es un negocio fiduciario[140] lícito al amparo del principio de la autonomía de la voluntad que rige en el Derecho privado venezolano.

Es precisamente la vigencia de ese principio de la autonomía de la voluntad la razón por la cual en el Derecho venezolano nunca existió la regla de que sea necesario que un precepto legal y mucho menos un precepto legal expreso, explícito, directo y específico consagre la licitud de la celebración de una clase determinada de negocios jurídicos para que pueda admitirse la licitud de esa celebración.

En nuestro Derecho privado, la regla es la autonomía de la voluntad y la excepción es que la voluntad de los particulares no pueda

---

[140] Se entiende por *negocio fiduciario* "la transmisión de un derecho para un fin económico que no exige tal transmisión, por ejemplo, transmisión de la propiedad para fines de administración o para asegurar un crédito, cesión de un crédito o endoso pleno de una letra para su cobranza... El efecto jurídico querido no se halla, pues, en armonía con el fin económico propuesto, sino que excede del mismo. Ahora bien, es realmente querido y por esta nota el negocio fiduciario se distingue del simulado con el que a veces ha sido confundido. El fiduciario... debe convertirse en propietario de la cosa transmitida, en acreedor del crédito cedido o endosado, pero desde el punto de vista económico debe, no obstante, conducirse meramente como un administrador, un acreedor pignoraticio, un mandatario, etc., esto es debe tener la cosa o el crédito únicamente en los términos de la 'confianza' depositada en él" (Ludwig Enneccerus, "Derecho Civil (Parte General)", Vol. II. traducción castellana de la 39ª edición alemana, en Ludwig Enneccerus/Theodor Kipp/Martín Wolff, *Tratado de Derecho Civil,* Tomo I, Bosch, Barcelona, 1935. pp. 81-84). Como afirma Francesco Messineo (ob. cit., II, p. 454): "Es de la esencia de la *fiducia cum creditore* la 'excedencia' del medio técnico sobre la finalidad práctica que se quiere conseguir (se transfiere la propiedad de una cosa, siendo así que bastaría dar la cosa en prenda... por lo demás, esa *excedencia* se presta a un abuso de la *fiducia* por parte del fiduciario)".

producir determinados efectos jurídicos[141]. Por consiguiente, si no se viola una disposición legal que exprese una norma imperativa en sentido estricto ni se vulneran el orden público o las buenas costumbres, lo que corresponde aplicar es el principio de la autonomía de la voluntad. Por ende, para los negocios fiduciarios en general y la fiducia *cum creditore* en particular, no es necesario buscar y hallar un texto legal que admita la validez de dichos negocios para concluir que son lícitos en Derecho, sino que sería necesario toparse con una disposición legal prohibitiva que niegue esa validez o con la evidencia de una violación del orden público o de las buenas costumbres para poder negar esa licitud[142].

2) Ni la Ley de Fideicomisos ni ninguna otra cierra la posibilidad de que por acto entre vivos se celebren negocios fiduciarios que no constituyen fideicomisos en el sentido de la ley de la materia; que no se rigen por ella y que no por ello son ilícitos[143]. Sin embargo, ello no significa que todos y cada uno de esos posibles negocios fiduciarios entre vivos son válidos, como tampoco son indiscriminadamente válidos todos los contratos no fiduciarios. Desde luego, en algunos casos el negocio fiduciario puede ser también ilícito o dar lugar a hipótesis de

---

141 Al respecto, véase: José Mélich-Orsini, *Doctrina General del Contrato*, 5ª edición, 1era reimpresión, Academia de Ciencias Políticas y Sociales, Serie Estudios, No. 61, Caracas, 2012. pp. 20-21).

142 En el mismo sentido, con respecto al ordenamiento español, José Castán Tobeñas, ob. cit., I, p. 579, afirma: "En el código patrio, si bien no se contemplan los negocios fiduciarios, ningún precepto hay que se oponga al reconocimiento y validez de los mismos."

143 La prueba más elocuente quizás de que la Ley de Fideicomisos no pretendió absorber el negocio fiduciario ni el negocio fiduciario entre vivos es paradójicamente el silencio; la Ley prácticamente constituye la aprobación del Proyecto del doctor Roberto Goldschmidt y este en la Exposición de Motivos correspondiente, a sabiendas de la existencia del negocio fiduciario moderno, a sabiendas de su aceptación en algunos países del "derecho continental" especialmente por parte de la jurisprudencia y en la convicción de que el llamado dominio fiduciario de algunos códigos, el negocio fiduciario y el fideicomiso moderno son instituciones diferentes entre sí (Roberto Goldschmidt, "Proyecto de Ley de Fideicomisos con su Exposición de Motivos", en *Publicaciones del Colegio de Abogados del Distrito Federal*, N° 3, Empresa El Cojo, Caracas, 1956. p. 10), sin embargo, en ningún momento, afirma ni sugiere que el Proyecto pretenda introducir la novedad de prohibir esos negocios jurídicos fiduciarios entre vivos hasta entonces posibles y lícitos, no sometidos a ninguna ley especial de la materia (porque esta no existía), para no dejar sino la posibilidad de constituir fideicomisos regidos por la Ley de Fideicomisos.

fraude, pero solo en tales casos el mismo no es válido[144] pero esta solución particular no perjudica la validez general del negocio fiduciario cuando el mismo se proponga realizar intereses merecedores de tutela y no sea ilícito[145].

d) Fiducia cum *creditore* y principio del *numerus clausus* de los derechos reales

Algunos autores extranjeros han objetado a la admisibilidad de la fiducia *cum creditore* que la misma conduce a crear una clase de derecho de propiedad distinta de la prevista por la ley y que ello es contrario al orden público porque en el Derecho moderno el orden público requiere que los derechos reales constituyan un *numerus clausus*[146].

Pero este argumento no puede acogerse porque lo cierto es que el adquirente (el fiduciario) no se hace titular de un derecho de propiedad jurídicamente diferente de los demás derechos de propiedad sino que toda la diferencia existente radica en que en la relación jurídica creada por el negocio fiduciario se han añadido a la transferencia de la propiedad, ciertas relaciones obligatorias (del ámbito de los derechos de crédito) que crean limitaciones a los efectos de aquella transmisión. La fiducia *cum creditore* no transmite al fiduciario un derecho real especial, una titularidad intermedia no catalogada ni descrita legalmente, sino la

[144] En el mismo sentido, con respecto al ordenamiento italiano, Messineo, después de enumerar una serie de finalidades para las cuales se emplea el negocio fiduciario, seguidamente añade que: "el negocio fiduciario *puede también ser ilícito, o dar lugar a hipótesis de fraude* (cfr. 8845 y 108, n. 6). En tales casos, *pero solo en tales casos,* el mismo *no es válido.* (Francesco Messineo, ob. cit., II, p. 453) (cursivas del autor). En el mismo sentido, en la doctrina española, véase: José Castán y Tobeñas, ob. cit., I, pp. 678 y 680.

[145] Francesco Messineo, *Ídem.*

[146] En la doctrina francesa, véase lo que al respecto expone Pierre Crocq (ob. cit., pp. 85-87). En la doctrina española, Cristina Fuenteseca (ob. cit., pp. 225-226) afirma que la fiducia *cum creditore* como negocio de garantía parte del reconocimiento de la libertad de constitución de derechos reales atípicos de garantía por los particulares, lo que no sería factible si el respectivo ordenamiento consagrara un *numerus clausus* de derechos reales de garantía tal y como lo sostienen para el Derecho español autores como Díez-Picazo, *Fundamentos de Derecho Civil Patrimonial*, Vol. III, 5ª edición, Civitas-Thomson Reuters, Madrid, 2008. pp. 225-226 y Bustos Pueche (ob. cit., p. 567). En el mismo sentido, Sánchez Lorenzo afirma que "en otros muchos sistemas, la eficacia de la venta en garantía (fiducia *cum creditore*) se resiente al enfrentarse a los principios opuestos de *numerus clausus* de derechos reales y de inexistencia de privilegios *sine lege* (Sixto Sánchez Lorenzo, ob. cit., p. 164).

propiedad en sentido pleno, si bien limitada por un derecho personal de readquisición. En nuestro ordenamiento no existe la propiedad fiduciaria en los términos que tal concepto ha sido definido legislativamente en otros ordenamientos como, por ejemplo, en la República Argentina, sino un dominio pleno en cabeza del fiduciario[147]. Así pues, si la fiducia *cum creditore* rompe algún *numerus clausus* no sería el *numerus clausus* de los derechos reales sino el número de los títulos suficientes para transferir el dominio o para justificar la transferencia siendo así que en el Derecho moderno ese *numerus* no es *numerus clausus* como sí lo es el número de los derechos reales[148]. La fiducia *cum creditore* es, ya lo hemos dicho, un contrato innominado o atípico que no se encuentra regulado en el Derecho venezolano, pero su efecto no es crear un derecho real atípico, sino transmitir uno típico como es la propiedad. Se trata de un contrato innominado que los particulares pueden celebrar conforme al principio de la autonomía de la voluntad consagrado en el artículo 1.140 del Código Civil, pero que transmite un derecho real típico. Por tanto, no existe obstáculo a la admisión de esta figura ni siquiera en un sistema de *numerus clausus* de derechos reales, puesto que el efecto que produce es la transmisión de un derecho real tan típico como la propiedad. Solo si se tratase de un *numerus clausus* de contratos con efectos reales, cosa que nadie ha sugerido, se podría concluir que la fiducia *cum creditore* no tendría cabida en nuestro derecho.

e) Fiducia *cum creditore* y prohibición del pacto comisorio

El deudor para procurarle al acreedor la más fácil satisfacción de su derecho de crédito, como se dijo atrás, puede transferirle un bien (o derecho) en lugar de constituir a su favor una garantía real por el dinero recibido (por ejemplo, *ex mutuo*), siempre y cuando al hacerlo no viole

[147] Roberto Goldschmidt, "El fideicomiso en la reciente legislación venezolana", en *Estudios de Derecho Comparado*, Universidad Central de Venezuela, Publicaciones de la Facultad de Derecho (Tomo XXII), Caracas, 1958. p. 406; Alfredo Morles Hernández, "El fideicomiso de garantía del derecho venezolano", en *Homenaje a Aníbal Dominici*, Ediciones Liber, Caracas, 2008. p. 468.

[148] Roberto Goldschmidt, *Trust, fiducia y simulación,* ob. cit., p. 389. En el mismo sentido, en la doctrina francesa, véase: Pierre Crocq, ob. cit., pp. 85-87.

ninguna disposición en cuya observancia estén interesados el orden público o las buenas costumbres[149]. Desde esta perspectiva el único límite se halla en la prohibición del pacto comisorio.

Como indicamos poco antes, el pacto comisorio implica que, llegado el vencimiento del crédito garantizado, el acreedor tenga la posibilidad de elegir entre reclamar el pago de la deuda o apropiarse de un bien dado en garantía por el deudor, dando con esto por extinguida la relación crediticia (*supra,* N° III).

Desde la perspectiva del pacto comisorio existen dos tipos de negocios fiduciarios: fiducia con pacto comisorio y fiducia sin pacto comisorio.

e.1. Fiducia con pacto comisorio

En el contrato de fiducia la transmisión inicial de la propiedad no tiene carácter comisorio, ya que es una transmisión revocable por el fiduciante cuando este pague la deuda; lo que tiene carácter comisorio es que la transmisión se convierta en irrevocable por voluntad del acreedor, que se hace propietario definitivo de la cosa. Lo prohibido mediante la interdicción legal del pacto comisorio no es que se transmita la propiedad con una determinada finalidad como, por ejemplo, asegurar el pago de una deuda; lo prohibido es que lo dado en garantía se convierta, por la sola voluntad del acreedor, en pago de su crédito.

Entonces ¿cómo se configura el pacto comisorio en la fiducia *cum creditore*?

---

[149] Es la posición que mantiene un sector de la doctrina española y la orientación de la jurisprudencia del Tribunal Supremo español (*supra*, nota 134). En Italia, como indicamos con anterioridad, la mayoría de los autores niega que la causa *fiduciae* sea una causa idónea para transmitir el dominio lo que comporta la inadmisibilidad de la transmisión de la titularidad fiduciaria de un inmueble del deudor al acreedor como medio de garantía, o bien consideran que la fiducia *cum creditore* constituye un pacto comisorio autónomo al cual se le aplica la prohibición legal. Al respecto, véase: Franco Anelli, ob. cit., p. 27; C. Massimo Bianca, Voz *Patto Commissorio...* cit., p. 714; Ugo Carnevali, ob. cit., p. 502. Sin embargo, en la doctrina italiana moderna no han faltado voces que se apartan de esta orientación. Así, Fulvio Giglioti, *Il divieto del patto commissorio,* Giuffrè, Milán, 1999. pp. 219-220 quien pone de relieve el contrasentido que significa postular la nulidad de la fiducia *cum creditore* cuando a otros institutos que cumplen similares funciones de crédito y de garantía no se les aplica una sanción tan severa.

El modo normal de configurar un pacto comisorio es el siguiente: el deudor transmite la propiedad de un bien (generalmente un inmueble) en garantía, mediante un documento público de compraventa, a la que se añade normalmente un documento privado o un acuerdo puramente verbal en el cual se indica que la transmisión lo es solo en garantía, que no existe verdadera compraventa, y que el adquirente se compromete a retransmitir cuando se extinga la deuda. Hasta aquí todo corresponde con un contrato de fiducia. Ese es el negocio que responde a la voluntad de las partes ya que la venta es simulada; pero en el acuerdo privado se indica que, si no se paga la deuda en un plazo, el acreedor puede dar por extinguido su crédito y la obligación de retransmitir, quedándose de modo definitivo con la propiedad del bien entregado.

Tal pacto constituye un pacto comisorio prohibido por la ley. Como indicamos en su oportunidad, no es admisible que a través de un negocio atípico como es la fiducia pueda tener eficacia el comiso (*supra*, Nº IV,C). Y en este caso la tiene puesto que el acreedor garantizado con una garantía fiduciaria puede optar entre exigir el pago del crédito o quedarse en pago con el bien transmitido para asegurar el pago de la deuda[150].

En tal caso, cuando se celebra una fiducia con esta cláusula comisoria se debe aplicar la regla *utile per inutile non vitiatur* y, por consiguiente, se le dará validez a la fiducia pero no a la cláusula comisoria y el deudor podrá recuperar la propiedad pagando la deuda[151].

e2. Fiducia sin pacto comisorio

Pero la fiducia puede no incluir un pacto comisorio. No habrá pacto comisorio en aquellos contratos de fiducia en los que el acreedor fiduciario no tenga la facultad de apropiarse de la garantía en pago de la deuda, es decir, de hacerla definitivamente suya en caso de incumplimiento[152]. Se trata de un negocio en el cual la propiedad se transmite

[150] Bruno Rodríguez Rosado: ob. cit., pp. 203-206.

[151] Vicente Guilarte Zapatero, ob. cit., p. 369; Celestino Mas Alcaraz, ob. cit., p. 71.

[152] Bruno Rodríguez Rosado: ob. cit., pp. 210-214. En contra, Ramón Durán Rivacoba (ob. cit., pp. 137-141) considera que el negocio fiduciario lleva inherente el pacto comisorio. La jurisprudencia del Tribunal Supremo español, por su parte, se ha orientado por una interpretación restrictiva del contenido de la fiducia *cum creditore* compatible con la prohibición

al acreedor en garantía, pero en el que el fiduciario adquiere una propiedad revocable, de modo que cuando se produzca el pago, deberá retransmitir la cosa al fiduciante.

El fiduciario, en caso de incumplimiento de la obligación, tendría derecho a retener la cosa (*ius retinendi*). El enajenante podría siempre mediante una acción personal contra el fiduciario recuperar la cosa cuando pague la deuda aun fuera del plazo establecido. El acreedor fiduciario no podrá apropiarse definitivamente del bien (mediante la consolidación del dominio) en concepto de pago de la deuda porque ello supondría la violación de la norma que prohíbe el pacto comisorio aplicable a todas las garantías reales[153].

El acreedor fiduciario para el cobro de su crédito no tendría más derechos de los que tiene cualquier acreedor por el hecho de serlo *ex* artículo 1.864 del Código Civil. No puede reconocérsele el *ius distrahendi* propio de la garantía prendaria e hipotecaria, puesto que ello equivaldría a admitir que los particulares pudieran libremente crear nuevos casos de créditos preferentes, siendo esta una materia reservada a la ley[154].

7. Compraventa con pacto de retro

a) Consideraciones generales

La compraventa con pacto de retro, o retracto convencional en la terminología del Código Civil, le permite al vendedor que ha transmitido la propiedad de la cosa recuperarla devolviendo el precio y reembolsando al comprador los gastos estipulados en la ley (Código Civil, artículo 1.534)[155]. La venta con pacto de retro permite así al propietario

---

del pacto comisorio, confiriéndole al fiduciario derechos muy semejantes a los del acreedor prendario. Al respecto, véase: Sixto Sánchez Lorenzo, ob. cit., p. 167, especialmente, la nota 23 y la jurisprudencia del Tribunal Supremo español ahí citada.

153 Bruno Rodríguez Rosado, *Ibíd.* p. 210.

154 Núria Ginés Castellet, ob. cit., pp. 588-589. En contra, Bruno Rodríguez Rosado (*Ibíd.* p. 213) y José Puig Brutau, ob. cit., II, pp. 306-307 consideran que en caso de incumplimiento por parte del fiduciante, el fiduciario podrá proceder conforme al procedimiento previsto para la ejecución de las garantías reales.

155 Para un examen de los caracteres esenciales y los elementos estructurales del retracto convencional en nuestro Código Civil, véase mi trabajo *El retracto convencional y el retracto legal (según el Código Civil venezolano),* Ediciones Liber, Caracas, 2016. pp. 15-75.

de una cosa procurarse el dinero que requiere mediante su enajenación, pero reservándose la posibilidad de retomar la cosa vendida si así lo desea.

A veces se celebra una compraventa con pacto de retro en la cual el vendedor simplemente busca desprenderse de manera no definitiva de la propiedad de la cosa vendida, con la intención de poder recuperarla en el futuro y sin tener el deseo o la necesidad de obtener dinero como, por ejemplo, cuando una persona vende su vivienda porque cambia de lugar de residencia por uno u otro motivo, pero conserva la esperanza de volver a su lugar de origen. Otras veces, quien necesita dinero y tiene un bien mueble o inmueble, pero no encuentra quien le pague por él su justo precio, ni quien se lo reciba en garantía, puede optar por venderlo "*provisionalmente*" para obtener los recursos que requiere reservándose la facultad de recuperarlo cuando cambien las condiciones económicas, sin que por ello haya que concluir que el contrato responde a una función jurídica de obtención de crédito (en el sentido técnico–jurídico de la expresión) con garantía ni que, por tanto, la operación equivalga a un préstamo con un pacto comisorio encubierto.

Sin embargo, ocurre con frecuencia que las partes recurren a esta figura para ocultar un préstamo (generalmente usurario) y para eludir la aplicación de las normas de orden público que prohíben el pacto comisorio, enmascarando la verdadera operación bajo el disfraz de una supuesta venta con pacto de retro que se aparta así de su función. El mecanismo que se emplea es generalmente el siguiente: el acreedor entrega una cantidad de dinero al deudor y formalmente se hace o encubre esta entrega como precio de una compraventa. El acreedor aparece formalmente como comprador existiendo en el contrato un pacto de recompra a favor del deudor cuando este devuelve el crédito o préstamo, es decir, cuando cumple la obligación debida. De esta forma el vendedor con pacto de retro es un prestatario y el comprador, un prestamista. La cosa se "*vende*" por el prestatario al prestamista por un precio equivalente al monto del préstamo, conviniéndose el pacto de retro que le permitiría al prestatario recuperar la cosa dentro de un plazo – la duración del préstamo – mediante la devolución del "*precio*", incrementado con los intereses, o sin incrementar, cuando ello no es necesario porque en el contrato se hizo figurar una suma superior a la realmente recibida por el prestatario. Se ha burlado de esta forma la disposición legal que prohíbe el pacto comisorio con el agravante de que el prestamista no se convierte en propietario al vencimiento, porque la ley se lo prohíbe; pero se convierte en propietario con anterioridad, esto es, desde el día del préstamo encubierto mediante una venta con pacto de retro[156].

b) Compraventa con pacto de retro y venta *sub retro* en garantía de una deuda

La doctrina examina las interrelaciones entre la compra venta con pacto de retro genuina o auténtica y la compraventa *sub retro* celebrada para garantizar el pago de una deuda[157] y los criterios para discernir cuando se está en presencia de una u otra.

Para separar la verdadera compraventa con pacto de retro de la que solo es un mecanismo para garantizar un préstamo o una operación de financiamiento con pacto comisorio, se afirma, hay que atenerse a la verdadera *causa* del negocio. Estaremos en presencia de una compraventa con pacto de retro cuando el contrato responde a la función económico–social típica de la compraventa, esto es, a un intercambio – aunque sea no definitivo – de la propiedad de una cosa a cambio de un precio, en un perfecto juego de prestación y contraprestación. En la compraventa con pacto de retro el vendedor transmite la propiedad y el comprador paga un precio. Precio y cosa vendida actúan como objeto del contrato y, de forma recíproca, como causa de la obligación de la otra parte. Existen, por tanto, como en toda compraventa, dos prestaciones que determinan una perfecta bilateralidad e intercambio y que se justifican mutuamente desde el punto de vista causal[158]. En cambio,

---

[156] Esta situación ya había sido advertida por la doctrina clásica francesa. Al respecto, por todos, véase: Louis Josserand, ob. cit., II, pp. 108-109. La doctrina nacional también ha puesto de manifiesto los peligros que entraña la venta con pacto de retracto porque con frecuencia se ha utilizado para eludir la aplicación de normas de orden público como las disposiciones relativas a la usura y la prohibición legal del pacto comisorio. Al respecto, véase: José Luis Aguilar Gorrondona, ob. cit., pp. 278-279; Enrique Urdaneta Fontiveros, *Ibid.* pp. 24-27.

[157] La cuestión reviste particular complejidad, como lo pone de relieve la abundante doctrina extranjera sobre la materia. En la doctrina italiana, el autor Franco Anelli, a quien seguimos ampliamente en este punto, ha examinado con gran profundidad y extensión la materia.

[158] Franco Anelli, ob. cit., pp. 110-117 y 135-141.

la causa de la venta *sub retro* en garantía es proporcionar seguridad al crédito[159]. Como existe una relación crediticia entre las partes, estamos en el terreno de la causa *credendi* de los préstamos y la "*venta*" sirve de satisfacción instrumental al interés crediticio del acreedor. Se trata, por tanto, de un negocio de garantía encubierto, sin que exista correspectividad entre crédito y garantía ni se establezca una relación de interdependencia entre las prestaciones[160].

Cuando la razón inmediata o el fin inmediato perseguido al contratar sea adquirir la propiedad siquiera provisional de la cosa a cambio de un precio estaremos ante una compraventa, aunque el motivo subjetivo que impulsa a la parte vendedora a celebrar el contrato sea el deseo o la necesidad de obtener liquidez. En cambio, cuando mediante la celebración del contrato no se persigue efectuar un intercambio de propiedad contra precio, sino un intercambio entre dinero (presente) que entrega el comprador–prestamista a título de precio y dinero (futuro) que deberá entregar el vendedor–prestatario, estaremos en presencia de un contrato de crédito garantizado mediante una transmisión de la propiedad sometida a condición resolutoria. En tal caso difícilmente podrá calificarse como precio la entrega de dinero realizada por el "*comprador*" y

---

159 Conviene tener en cuenta que la venta con pacto de retro en función de garantía y la fiducia *cum creditore* son figuras diferentes. En la venta con pacto de retro en función de garantía hay un precio ficticio que, en realidad, responde a un préstamo, cuya devolución más los intereses queda garantizada con la propiedad transmitida al "comprador", siempre y cuando el "vendedor" (prestatario) reintegre el "precio recibido" dentro del plazo. Aunque el vendedor no queda obligado a devolver el "precio", el comprador adquiere irrevocablemente la propiedad de la "cosa vendida *sub retro*" si el vendedor no lo hace dentro del plazo establecido. Además, el vendedor tiene un derecho real a recuperar la cosa ejercible *erga omnes*. En cambio, en la fiducia *cum creditore* el fiduciante, como se dijo, transmite la titularidad de un bien y el fiduciario se obliga a retransmitírsela; si bien se condiciona la devolución al pago de la deuda por parte del fiduciante. Se combinan, por tanto, una transmisión real y una promesa simplemente obligacional de recuperar (*supra,* N° VI,B,6,a y b). El prestamista no adquiere definitivamente la propiedad por falta de pago del capital prestado, teniendo siempre el prestatario el derecho personal de recuperar la cosa transmitida cuando pague la deuda. Pero como puede fácilmente apreciarse, ambas figuras son modalidades de enajenación en función de garantía para el pago de una deuda. Al respecto, véase: Ramón Durán Rivacoba, ob. cit., p. 181, especialmente, la nota 115 y la jurisprudencia de los tribunales españoles ahí citada; Núria Ginés Castellet, ob.cit., pp. 117-119; Bruno Rodriguez Rosado, ob. cit., pp. 158-160, especialmente, la nota 98 y la jurisprudencia de los tribunales españoles ahí citada.

160 Franco Anelli, ob. cit., p. 143; Angelo Luminoso, ob. cit. pp. 252-253.

la transferencia resoluble del dominio que comporta la venta con pacto de retro habrá sido convenida como una garantía accesoria del deber de restitución derivado del préstamo, y no como correspectivo de la entrega del "*precio*"[161]. Por consiguiente, no estaremos en presencia de una verdadera venta con pacto de retro sino que la misma, o bien simula un préstamo con garantía y encubre un pacto comisorio, o bien constituye un contrato en fraude a las disposiciones legales que prohíben el pacto comisorio (*infra*, Nº VI,B,7,c y d).

Así, en los casos de venta con pacto de retro en los que el vendedor busca la obtención de una cantidad de dinero, deben diferenciarse dos hipótesis distintas, que vendrán determinadas por la naturaleza de la prestación del "*comprador*" y, en consecuencia, por el carácter de la prestación que debe ejecutar el "*vendedor*" para recuperar el bien enajenado. Es decir, si existe o no un verdadero precio. O dicho en otras palabras, si esa prestación del "*vendedor*" consiste verdaderamente en la devolución del precio en las condiciones previstas por el artículo 1.534 del Código Civil o, por el contrario, si esa prestación no es más que un restitución al "*comprador*" de una cantidad dada en préstamo. En el primer caso estaremos ante una verdadera venta con pacto de retro, mientras que en el segundo estaremos ante una modalidad de venta en garantía que encubre un contrato de préstamo con pacto comisorio, o que se celebra para eludir la prohibición legal[162].

La doctrina italiana se ha encargado de señalar que en la compraventa con pacto de retro pura, la compraventa es la única relación jurídica obligatoria que existe entre las partes. En cambio, cuando se la celebra con una función de garantía, se requiere que exista un débito preexistente o simultáneo del "*vendedor*" frente al "*comprador*", de manera que se pueda establecer una conexión funcional entre el contrato de "*compraventa*" (en su calidad de negocio traslativo) y la relación obligatoria[163]. De lo que resulta que un presupuesto fundamental de la venta con pacto de retro en función de garantía es la existencia de una relación de deuda, anterior o coetánea, del "*vendedor*" respecto

---

[161] Franco Anelli, *Ibíd.* p. 150.

[162] Fernando Reglero Campos, ob. cit., p. 271.

[163] Franco Anelli, ob. cit., p. 118; Angelo Luminoso, ob. cit., pp. 248-249.

del "*comprador*". El elemento fundamental para reconocer un pacto comisorio encubierto será, por tanto, el nexo directo entre la operación por medio de la cual se transmite el objeto vendido y la existencia de una relación previa o simultánea con las obligaciones contraídas a que responde.

Tal y como lo ha dejado establecido la Casación italiana mediante sentencia del 11 de agosto de 1982, "*para que una venta con pacto de retro pueda estimarse simulada, en cuanto disimulando un pacto comisorio, es necesaria la concurrencia de una obligación, preexistente o contemporánea, del vendedor, que tenga por objeto la restitución por parte de este de una determinada suma al comprador y, por tanto, siempre que no resulte la existencia de un débito del vendedor frente al comprador, que deba extinguirse en el plazo del retracto, debe excluirse que en lugar de la venta las partes hayan querido poner en marcha un pacto comisorio, que presupone precisamente la existencia de una obligación cuyo incumplimiento determinará el paso de la cosa a propiedad del acreedor*"[164].

Pero si existe una relación crediticia previa o simultanea entre las partes, saltan a la vista las prevenciones que una venta con pacto de retro entre los mismos sujetos trae consigo. A juicio de la doctrina italiana, la compraventa con pacto de retro en esas condiciones salvaguarda la satisfacción de un crédito cuyo monto sustituye al precio. Además, se afirma, la garantía que supone la transferencia del bien resolutoriamente condicionada al pago de la deuda priva de la ejecución a los demás acreedores; por lo cual, encubre un pacto comisorio prohibido por la ley[165]. En esa dirección la Casación italiana en sentencia de fecha 3 de noviembre de 1984 declaró que "*la relación entre la compraventa y el mutuo hace nulo el negocio, pues la causa es ilícita y diverge de la propia de la compraventa; se simula para conseguir evitar la prohibición del pacto comisorio*"[166]. La doctrina y la práctica judicial italianas

164 Al respecto, véase: Michele Sesta, ob. cit., pp. 146-147 en donde se transcribe parcialmente la sentencia de la Casación italiana a la que nos referimos en el texto. En la misma dirección Ugo Carnevali, ob. cit., p. 504 expresa: "Por otra parte, es evidente que, faltando un crédito garantizado, no puede hablarse de 'función' de garantía en sentido jurídico".

165 Así lo afirman Barbiera, Dalmazo y Magnani citados por Franco Anelli, ob. cit., p. 248.

166 Al respecto, véase: Franco Anelli, *Ibíd.* p. 249.

ponen de manifiesto que en tales casos se suele operar sobre la base de la simulación y el fraude[167] (*supra,* Nº II,B,2).

Conviene recordar, en relación con este punto, que la venta con pacto de retro está prevista en nuestro ordenamiento como un contrato de intercambio entre cosa y precio y no como un vehículo para garantizar la restitución de un préstamo. Por esa razón, de acuerdo con el Código Civil "*es nula la obligación de rescatar que se imponga al vendedor*" (art. 1.534 *in fine*). El comprador *sub retro,* por tanto, no puede reclamar la devolución del dinero entregado. El vendedor se reserva el derecho de recuperar la cosa devolviendo el precio, pero el comprador no se reserva el derecho de exigir ese pago, devolviendo la cosa. El vendedor está facultado para recuperar el objeto vendido reintegrando el precio, pero no tiene ninguna obligación de hacerlo ya que no es un deudor, al que el comprador le pueda exigir la restitución del precio[168].

Por ello en la generalidad de los casos las partes se cuidarán de ocultar la relación obligatoria relativa a la restitución del dinero entregado por el adquirente que no se incluirá en el contrato de compraventa *sub retro* sino que se estipulará en un documento privado complementario de la compraventa, o mediante la aceptación de letras de cambio por el enajenante a favor del adquirente por el importe de la deuda de restitución del precio, o simplemente se asumirá esa obligación en un pacto verbal.

Desde luego, si de los hechos queda claramente establecido (y ese será el caso si hay un documento privado que así lo compruebe, o si se han emitido letras de cambio) que el vendedor no se había reservado simplemente el derecho de retomar la propiedad de lo vendido, sino que había contraído la obligación de hacerlo devolviendo el precio recibido, en ese caso no puede hablarse de una genuina venta *sub retro* de acuerdo con la ley y podrá fácilmente concluirse que con ese nombre se trata de establecer una garantía mediante la transferencia de la propiedad que vulnera la prohibición del pacto comisorio establecida en el Código Civil.

---

[167] C. Massimo Bianca, Voz *Patto Commissorio*... cit., p. 718. Concluye el eminente civilista que la retroventa tiene otro fin que la garantía y mezclar ambos conceptos supone una transgresión a la prohibición legal del pacto comisorio (Ídem.).

[168] Enrique Urdaneta Fontiveros, ob. cit., pp. 22-23.

Además, se afirma que un elemento de capital importancia que permite distinguir entre una verdadera venta con pacto de retro y una enajenación convenida para garantizar un préstamo es que, en la auténtica venta con pacto de retro la transferencia de la propiedad del bien constituye un efecto principal del contrato. En cambio, en la venta *sub retro* con fines de garantía que encubre un préstamo con pacto comisorio dicha transferencia no es más que un efecto secundario y eventual, porque el verdadero objetivo perseguido por las partes es asegurar y lograr la satisfacción del interés crediticio del acreedor[169]. Dicho en otras palabras, mientras en la genuina compraventa *sub retro* la transmisión del dominio reviste carácter principal, en la enajenación que disimula un pacto comisorio en garantía, dicha transferencia reviste carácter accesorio y constituye un medio de satisfacción secundaria del crédito garantizado[170].

c) Características de las operaciones ficticias de venta *sub retro*

Como se comprende fácilmente, el problema que se plantea es cómo determinar si el contrato sometido a la consideración del juez disimula la existencia de un contrato de préstamo con una estipulación comisoria enmascarada bajo una compraventa con pacto de retro.

La doctrina señala como características de las operaciones ficticias de venta *sub retro* las siguientes: 1) La existencia de una relación de deuda, anterior o contemporánea del vendedor respecto del comprador. Como se dijo, el indicio capital para reconocer un pacto comisorio encubierto será la conexión directa entre la operación de transmisión del objeto y la existencia de una relación previa o concomitante, con obligaciones contraídas a que responde; 2) El precio vil en relación al valor real de la cosa. Con ello se busca la constitución de una garantía que procure, en caso de falta de pago, la transmisión irregular de una propiedad cuyo precio verdadero es muy superior al pagado; 3) La estipulación de intereses que induce a pensar que, en realidad, estamos ante un préstamo con garantía y no frente a una compraventa, puesto que,

---

169 Angelo Luminoso, ob. cit., p. 249.
170 Franco Anelli, ob. cit., pp. 125 y ss.

de otro modo, no se comprende que el precio produzca intereses; 4) El inmediato arrendamiento de la cosa al vendedor, generalmente a un precio elevado y que seguramente esconde los intereses del préstamo; 5) El mantenimiento del vendedor en la posesión de la cosa, de manera que la transmisión del dominio (si es que realmente la hay) se perfecciona a través del *constitutum possessorium*; 6) La asunción de todos los gastos de la transmisión y de todos los tributos, cargas y riesgos inherentes a la propiedad del bien a cargo del vendedor; 7) Las declaraciones, expresiones y frases utilizadas por las partes. 8) La prórroga del plazo dentro del cual debía originalmente ejercitarse el derecho de retracto; 9) La prohibición al comprador de disponer de la cosa, o de alterarla o transformarla; 10) La obligación del vendedor de contratar un seguro sobre la cosa objeto de la venta con pacto de retro; 11) La frecuencia de compras bajo esta modalidad efectuadas por una misma persona, lo que hace presumir que se trata de un usurero que oculta sus operaciones ilegales; y 12) En general, todo aquello que no suele ordenarse en una compraventa ordinaria en la que el vendedor se reserva el derecho de retracto[171].

Los hechos o circunstancias anteriores son pues indicios o presunciones *hominis* que permitirán al juez *ex* artículos 1.394 y 1.399 del Código Civil encontrar cuál fue la verdadera intención de los contratantes. En la generalidad de los casos, la concurrencia de uno o de varios de esos indicios, puede estimarse prueba suficiente para detectar la presencia de una operación de préstamo con un pacto comisorio enmascarado bajo una compraventa con pacto de retro.[172]

---

171 Franco Anelli, *Ibíd.* pp. 150-152; Angelo Luminoso, ob. cit., pp. 262-266; Michele Sesta, ob. cit., pp. 149-153; Ramón Durán Rivacoba, ob. cit., pp. 182-184; Núria Ginés Castellet, ob. cit., pp. 125-129; José Luis Aguilar Gorrondona, ob. cit., pp. 178-279; Enrique Urdaneta Fontiveros, ob. cit., p. 27.

172 Al respecto, véase: Sala Constitucional del Tribunal Supremo de Justicia, sentencia No. 431, de fecha 13 de marzo de 2007 y Sala de Casación Civil del Tribunal Supremo de Justicia, sentencia No. 427, de fecha 14 de octubre de 2010, citadas ambas en sentencia No. RC.000889 de la Sala de Casación Civil del Tribunal Supremo de Justicia, de fecha 9 de diciembre de 2016. Disponible en https://vlexvenezuela.com/vid/sonia-franci-benedetti-ramirez-655480193, consultado en fecha 12 de mayo de 2020; Sala de Casación Civil del Tribunal Supremo de Justicia, sentencia No. RC.000484, de fecha 3 de agosto de 2016. Disponible en https://app.vlex.com/#vid/jose-naza-rodriguez-linarez-646722721, consultado en fecha 12 de mayo de 2020; Sala de Casación Civil del Tribunal Supremo de Justicia,

Corresponderá, en definitiva, a los jueces apreciar el verdadero sentido del negocio realizado por las partes según las circunstancias y efectuar la calificación correspondiente. La calificación jurídica de la operación dependerá fundamentalmente de la verdadera intención de las partes, tomándose en cuenta, en especial, los hechos que la demuestren o la hagan presumir, conforme a lo antes expuesto[173].

d) Contrato fraudulento

En nuestro concepto, la nulidad de la compraventa con pacto de retro en garantía pertenece al capítulo del *fraude a la ley*. Se trata de un contrato fraudulento mediante el cual se procura eludir la prohibición del pacto comisorio contenida en los artículos 1.844 y 1.878 del Código Civil. Así lo ha dejado establecido la jurisprudencia de nuestros tribunales.[174]

De acuerdo con los principios generales, cuando la celebración del contrato constituye un medio para eludir la aplicación de una norma imperativa de carácter prohibitivo, el mismo adolece de causa ilícita y es, por ende, absolutamente nulo[175]. Lo que está prohibido hacer direc-

---

sentencia No. RC.000148, de fecha 6 de marzo de 2012. Disponible en https://vlexvenezuela.com/vid/representaciones-dorta-garc-francisco-pino-356216786, consultado en fecha 12 de mayo de 2020.

173 Enrique Urdaneta Fontiveros, *Ídem*.

174 Al respecto, véase: Sala Constitucional del Tribunal Supremo de Justicia, sentencia No. 431, de fecha 13 de marzo de 2007, parcialmente transcrita en sentencia del Juzgado Superior Agrario de la Circunscripción Judicial del Estado Zulia, No. 539, de fecha 23 de noviembre de 2011. Disponible en https://app.vlex.com/#/search/jurisdiction:VE/%22pacto+comisorio%22/p2/WW/vid/334143930, consultado en fecha 12 de mayo de 2020; Sala de Casación Civil del Tribunal Supremo de Justicia, sentencia No. 292, de fecha 22 de junio de 2003, parcialmente transcrita en sentencia No. RC.000889 de la misma Sala, de fecha 9 de diciembre de 2016. Disponible en https://vlexvenezuela.com/vid/sonia-franci-benedetti-ramirez-655480193, consultado en fecha 12 de mayo de 2020; Juzgado Superior Noveno en lo Civil, Mercantil, Tránsito y Bancario de la Circunscripción Judicial del Área Metropolitana de Caracas, sentencia de fecha 8 de febrero de 2017, parcialmente transcrita en sentencia de la Sala de Casación Civil del Tribunal Supremo de Justicia No. RC.000534, de fecha 4 de agosto de 2017. Disponible en http://historico.tsj.gob.ve/decisiones/scc/agosto/202014-RC.000534-4817-2017-17-265.HTML, consultado en fecha 15 de enero de 2020.

175 El artículo 1.344 del vigente Código Civil italiano dice: "Se reputa asimismo ilícita la causa cuando el contrato constituya el medio para eludir la aplicación de una norma imperativa." Cuando esa disposición declara "se reputa ilícita" la causa del contrato que tienda a eludir la norma imperativa, admite que no se trata de una ilicitud efectiva de la causa, sino de una

tamente tampoco ha de poderse hacer por vía indirecta, si no se quiere premiar el fraude dirigido a hacer fracasar la ordenación legal[176].

De ahí que si en un caso concreto, las partes han utilizado la compraventa con pacto de retro como una enajenación en garantía para asegurar el pago de una deuda y evadir la prohibición legal del pacto comisorio, los tribunales de justicia podrán perfectamente declarar el carácter fraudulento del acto así realizado, indicando claramente cada uno de los elementos del fraude (*fraus legis*) y explicando las causas que justifiquen su decisión[177]. La venta *sub retro* se habrá configurado en tal caso como un contrato fraudulento. Se trata de un negocio realmente querido por las partes, sólo que el mismo se ha celebrado para eludir las disposiciones legales que prohíben el pacto comisorio y es, por tanto, absolutamente nulo por causa ilícita.

En todo caso, vale la pena destacar que a veces la propia ley presume la existencia del fraude como sucede en el artículo 848 del Código Civil según el cual:

> *"Las disposiciones testamentarias en favor de las personas incapaces, designadas en los artículos 841, 844, 845, 846 y 847 son nulas, aunque se las haya simulado bajo la forma de un contrato oneroso, o se haya otorgado bajo nombre de personas interpuestas.*

---

causa que se supone ilícita en atención al resultado (elusión de la norma) a que el contrato tendería si pudiese conseguirlo. Al respecto, véase: Francesco Messineo, *Doctrina General del Contrato,* traducción de R. O. Fontanarrosa, S. Sentis Melendo y M. Volterra, Tomo I, Ediciones Jurídicas Europa-América, Buenos Aires, 1952. pp. 505 y 507.

176 José Puig Brutau, ob. cit., II, p. 310.

177 Puede discutirse si el contrato fraudulento es nulo independientemente de que los contratantes hayan tenido el ánimo de defraudar, por tratarse de evitar el resultado objetivo del fraude, o si ha de concurrir dicho ánimo o intención fraudulenta. En realidad, como afirma Puig Brutau, solo en casos muy excepcionales ignorarán los contratantes el carácter ilícito del fin que persiguen. (*Ibíd.* p. 308). Pero adicionalmente cabe hacer notar que en el negocio en fraude a la prohibición legal del pacto comisorio únicamente sería relevante el ánimo de defraudar del acreedor, ya que solo a él interesa que quede eludida la norma. En efecto, a diferencia de otros negocios en fraude a la ley (como, por ejemplo, la compraventa entre cónyuges para eludir la prohibición legal de las donaciones entre los esposos) en los cuales un interés común impulsa a las partes a defraudar la ley, en el caso que nos ocupa al deudor más bien le interesa que el fraude a la ley sea descubierto e impugnado (Rotondi citado por Vincenzo Locajono, ob. cit., p. 101).

Se reputan personas interpuestas, al padre, la madre, los descendientes y el cónyuge de la persona incapaz."

Otras veces la existencia del fraude puede fundamentarse en un conjunto de hechos graves, precisos y concordantes que permitan al órgano jurisdiccional competente presumir legítimamente que en el caso concreto se ha utilizado una compraventa con pacto de retro para burlar la disposición legal que prohíbe el pacto comisorio o para sustraerse a sus efectos, puesto que la presunción es un medio de prueba autorizado por la ley (Código Civil artículos 1.394 y 1.399).

Pero otras veces las partes recurren a la celebración de una compra venta *sub retro* simulada para eludir la prohibición del pacto comisorio. Ahora bien, si en un caso concreto puede demostrarse que una aparente venta *sub retro*[178] tiene la finalidad de ocultar un mutuo garantizado con prenda o hipoteca con pacto comisorio prohibido, procede igualmente declarar la nulidad del contrato por causa ilícita[179]. Como al acuerdo simulatorio se suma en tal caso un acuerdo fraudulento podemos hablar de una *simulación fraudulenta*, que postula la intención no solo de ocultar la verdadera realidad del negocio disimulado, sino además la intención de utilizar el contrato para eludir la aplicación de la norma

---

[178] Según algunos la venta *sub retro* con fines de garantía es un *negocio indirecto* que, sin dejar de ser una compraventa, sirve para llevar a cabo en la intención de las partes una finalidad crediticia y garantizadora. En tal caso se tratará, ciertamente, de un negocio real y no de un negocio aparente. Aun así la compraventa con pacto de retro en garantía no escaparía a la sanción de nulidad si se la ha llevado a cabo en fraude a la ley. Al respecto, véase: Francesco Messineo, *Manual de Derecho Civil y Comercial,* ob. cit., II, pp. 457-458.

[179] Francesco Messineo, *Doctrina General del Contrato*… cit., I, pp. 505-507; José Luis Aguilar Gorrondona, ob. cit., p. 278. De acuerdo con la jurisprudencia de nuestros tribunales, la venta con pacto de retracto que esconde un préstamo hipotecario, pactada para burlar la prohibición del pacto comisorio, es un contrato nulo por ilicitud de la causa. Al respecto, véase: Sala de Casación Civil del Tribunal Supremo de Justicia, sentencia No. 02, de fecha 17 de febrero de 2000 y sentencia No. 292, de fecha 22 de junio del 2003, ambas citadas en sentencia No. 889 de la Sala de Casación Civil del Tribunal Supremo de Justicia, de fecha 9 de diciembre de 2016. Disponible en https://app.vlex.com/#vid/sonia-franci-benedetti-ramirez-655480193, consultado en fecha 12 de mayo de 2020; Juzgado Superior Noveno en lo Civil, Mercantil, Tránsito y Bancario de la Circunscripción Judicial del Área Metropolitana de Caracas, sentencia de fecha 8 de febrero de 2017. Disponible en https://app.vlex.com/#/search/jurisdiction:VE/%22pacto+comisorio%22/WW/vid/785571721, consultado en fecha 12 de mayo de 2020.

imperativa que prohíbe el pacto comisorio[180]. En virtud de tal declaración de nulidad deberán cesar los efectos de la venta con pacto de retro y procederá la nulidad de la actuación realizada para eludir la prohibición legal del pacto comisorio.

En razón de la declaración de nulidad de la compraventa con pacto de retro en garantía, el acreedor "*comprador*" no podrá consolidar el dominio de la cosa transmitida en garantía debiendo restituírsela al deudor "*vendedor*", quedando el deudor obligado a pagar el capital del préstamo más los intereses y otros gastos[181] (*infra*, Nº VII)

---

180 Al respecto, véase: José Mélich-Orsini, *Doctrina General del Contrato*, ob. cit., p. 840; Eloy Maduro Luyando, *Curso de Obligaciones Derecho Civil III*, 2ª edición, Universidad Católica Andrés Bello, Caracas, 1972. p. 581; Sheraldine Pinto Oliveros, "Apuntes sobre la simulación en el Derecho comparado y venezolano", en *Libro Homenaje al Profesor Eugenio Hernández-Bretón*, Tomo III, Academia de Ciencias Políticas y Sociales-Editorial Jurídica Venezolana, Caracas, 2019. pp. 2363-2365. En la doctrina italiana, Ferrara considera que como la simulación no es un medio de eludir la ley sino de ocultar su violación, no cabe hablar de simulación fraudulenta sino, en cualquier caso, de simulación ilícita (ob. cit., pp. 99-101). Otros autores, en cambio, sostienen que la simulación relativa puede dar vida a un contrato fraudulento. No se ve por qué, se afirma, para defraudar la ley no puede utilizarse la simulación. La simulación puede ser empleada para disfrazar la violación de la ley. Las partes muchas veces se valen de un contrato aparente para eludir la aplicación de una prohibición legal. De ahí que el contrato simulado puede ser fraudulento (Vincenzo Locajono, ob. cit., pp. 102-105). En el caso que nos ocupa, continúa Locajono, las partes suelen fingir que convienen una venta *sub retro* utilizando esta figura con la finalidad de constitución de garantía para eludir la aplicación de las disposiciones legales que prohíben el pacto comisorio, en cuyo caso su intención no es celebrar un contrato de compraventa sino un mutuo garantizado con prenda o hipoteca con pacto comisorio (*Ídem*). Efectivamente, se dan en este caso todos los elementos de la simulación, a saber: 1) un acuerdo de las partes de celebrar un contrato distinto del que declaran celebrar; 2) un contrato aparente o ficticio (la compraventa con pacto de retro); y 3) un contrato verdadero o secreto que responde a la voluntad real de los contratantes (préstamo con garantía y pacto comisorio). Estamos pues ante un supuesto de simulación relativa que adquiere una fisonomía propia porque el acuerdo simulatorio se combina con un acuerdo fraudulento para eludir la aplicación de la ley, tal y como se indica en el texto. Desde luego, en tal caso, la simulación relativa reviste un carácter particular porque la misma se combina con la intención del acreedor de eludir la aplicación de la prohibición legal. El fraude a la ley es la figura principal y cuasi absorbente del negocio; la simulación no es más que el medio empleado para llevar a cabo aquel, siendo por tanto el negocio absolutamente nulo por causa ilícita. Declarada la nulidad, la compraventa *sub retro* no producirá sus efectos porque no corresponderá a la voluntad real de las partes y el pacto comisorio será nulo por causa ilícita.

181 Ugo Carnevali, ob. cit., p. 172.

8. Compraventa sometida a la condición suspensiva del incumplimiento de la deuda

La figura de la compraventa suspensivamente condicionada al impago de una deuda por parte del vendedor ha sido calificada como un pacto comisorio autónomo (*supra*, N°IV,C). En este contrato el comprador y el vendedor acuerdan que el primero entrega al segundo una cantidad de dinero, y celebran un contrato de compraventa sobre un bien del vendedor, suspensivamente condicionado a la falta de restitución de esa cantidad; de modo que el comprador, en caso de no producirse la devolución del dinero, adquirirá irrevocablemente la propiedad de un bien del vendedor, actuando como precio la cantidad que adelantó.

La operación se traduce en una compraventa sometida a condición suspensiva cuyo evento condicionante es precisamente la insatisfacción del crédito que tiene el comprador frente al vendedor. Si se produce la restitución por el deudor de la cantidad anticipada por el acreedor, la condición es fallida y la compraventa no produce sus efectos. Pero ante un incumplimiento de la obligación, la condición se cumple y la compraventa despliega su eficacia, adquiriendo el comprador sin más la propiedad del bien de su deudor.

Aunque ambos constituyen modalidades de la enajenación con fin de garantía, este contrato se distingue de la fiducia *cum creditore* por el hecho de que el vendedor conserva la propiedad hasta que se produzca el incumplimiento. Además, en caso de que la venta adquiera plena eficacia por el cumplimiento de la condición, la propiedad se transmite al acreedor en pago por el "*precio*" recibido.

La doctrina y la jurisprudencia italiana y española más modernas consideran que una convención de esas características constituye una violación de la prohibición del pacto comisorio[182] y, por ende, se halla

[182] En la doctrina italiana, Franco Anelli, ob. cit., pp. 27-29, afirma que la solución favorable a la extensión de la prohibición legal a esta hipótesis es pacífica, lo que puede corroborarse en C. Massimo Bianca, Voz *Patto Commissorio*... cit., p. 714; Ugo Carnevali, ob. cit., p. 502; Michele Sesta, ob., cit., p. 27-29. La Casación italiana en sentencias recientes se ha pronunciado igualmente por una interpretación extensiva del art. 2.744 del *Codice* que consagra la prohibición del pacto comisorio ya que no se trata de una norma excepcional sino más bien todo lo contrario, en cuanto refleja "un principio común a numerosas instituciones". La Casación italiana no ha vacilado en declarar en forma inequívoca que "la prohibición

proscrita por la ley por las siguientes razones: En primer lugar, la compraventa está vinculada causalmente con una relación crediticia entre las mismas partes: para que los contratantes puedan garantizar el crédito mediante una venta suspensivamente condicionada al incumplimiento, se requiere la existencia de un crédito entre las partes. Pero adicionalmente el carácter garantista de la operación es evidente. En efecto, por la eficacia suspensiva de la condición, la transmisión de la propiedad se produce en el momento de la no restitución de la cantidad adeudada. Como la transferencia de la propiedad y el pago del precio quedan en suspenso hasta el vencimiento de la obligación garantizada, producido el incumplimiento, las consecuencias respecto al comprador–acreedor son la adquisición de la propiedad y la extinción del crédito por compensación; y respecto al vendedor–deudor, el pago de la deuda a través de la transferencia de un bien. El acreedor se hace propietario de la cosa "*vendida*" por el incumplimiento. De lo que resulta que hay, en definitiva, una venta en garantía que encubre un pacto comisorio prohibido; o si se quiere, una cláusula comisoria que surge en relación con una garantía oculta como la venta en garantía. Ese mismo criterio debe seguirse en nuestro ordenamiento.

Ante el incumplimiento del deudor de restituir la cantidad entregada por el acreedor, las partes pueden haber convenido que este mantenga su posición de acreedor en cuyo caso podrá escoger entre reclamar la restitución de la cantidad anticipada al "*vendedor*" o quedarse con la cosa "*vendida*". Pero los contratantes pueden haber acordado que

---

del pacto comisorio comprende tanto las ventas en garantía bajo condición suspensiva, como las ventas con pacto de rescate, de retroventa y de retrocompra". Al respecto, véanse las sentencias de la Casación italiana reseñadas en Giovanni Valcavi, "De la prohibición del pacto comisorio, la venta con garantía y el negocio fiduciario" en *Textos jurídicos de Derecho Civil*, s/f, p. 253. Disponible en http://www.fondazionegiovannivalcavi.it/espanol/derecho-civil/De-la-prohibicion-del-pacto-comisorio.pdf, consultado en fecha 11 de mayo 2020. La doctrina española entiende en su mayoría que la compraventa en garantía bajo condición suspensiva del impago de la deuda es un supuesto que cae bajo el campo de aplicación de la prohibición legal. Al respecto, véase: José Enrique Bustos Pueche, ob. cit., pp. 567-568; Ramón Durán Rivacoba, ob. cit., p. 68; Núria Ginés Castellet, ob. cit., pp. 135-139; Vicente Guilarte Zapatero, ob. cit., pp. 460-461, aunque la jurisprudencia del Tribunal Supremo español ha sido oscilante. Al respecto, véase: Bruno Rodríguez Rosado, ob. cit., pp. 195-197, especialmente, las notas 19 y 20 y las sentencias del Tribunal Supremo español ahí reseñadas.

en esa eventualidad el deudor quede en libertad de restituir o no la cantidad entregada en cuyo caso, de optar por no devolverla, el acreedor no podrá reclamar el dinero anticipado conformándose con adquirir el bien del "*vendedor*", porque así quedó acordado.

En el primer caso, es evidente que ese acuerdo constituye una garantía implícita (atípica, según algunos) que atenta contra la prohibición del pacto comisorio.

En el segundo caso, si el acreedor ha renunciado a su derecho a reclamar la deuda y pasa a ser propietario del bien, no ha faltado quien ha sostenido que, en tal caso, como no hay crédito tampoco hay garantía; el dinero adelantado por el acreedor se ha transformado en precio y el contrato es, por tanto, una compraventa. En efecto, si el vendedor (deudor) no lleva a cabo la devolución del dinero recibido, se afirma, lo que se perfecciona es una compraventa puesto que la transmisión de la propiedad se produce a cambio de un precio constituido por el dinero adelantado por el comprador y no restituido por el vendedor[183].

Esta opinión no es compartida por otro sector de la doctrina que, con mayor fundamentación, sostiene que si las partes han convenido que al final de la relación crediticia operará la compensación del crédito con la deuda del precio, hay que concluir que el precio de la compraventa no es más que el monto de la deuda insatisfecha que habría tenido que devolver el vendedor y cuyo incumplimiento, en razón de una estipulación previa, determina que se produzca la transferencia de la propiedad del bien de manos del vendedor a manos del comprador. La venta al igual que la compra, en tal caso, en razón de lo acordado por las partes, no produce sus efectos sino en el momento de la no restitución del préstamo y *medio tempore* el bien cumple una función práctica de garantía de lo adeudado. El contrato de compraventa suspensivamente condicionado al impago de una deuda le imprime a la venta un fin primordial de garantía y a la adquisición de la propiedad por el acreedor un carácter comisorio[184].

Esa modalidad de venta en garantía constituye, por tanto, igualmente un caso de cláusula comisoria prohibida. El carácter comisorio

[183] Bruno Rodríguez Rosado, Ídem.
[184] Núria Ginés Castellet, ob. cit., pp. 135-139.

del traspaso de la propiedad sometido a la condición suspensiva del incumplimiento es manifiesto cuando se estipula que al final de la relación crediticia, el crédito se compensará con la deuda del precio. En efecto, mediante esta operación, afirma la Casación italiana, se sustrae en forma preventiva el bien a la facultad de disposición del propietario deudor transformándolo en una especie de prenda no técnica del acreedor de cara a cumplir su función de garantía para la satisfacción del crédito[185].

La Casación italiana ha sostenido que existe en ese caso "*una manifiesta divergencia entre el objetivo práctico de garantía perseguido por ambas partes y la causa típica de la venta*", hecho ante el cual ha de juzgarse dicha venta como simulada. La compraventa sometida a la condición suspensiva del incumplimiento de la deuda es una enajenación en garantía puesta en práctica mediante un negocio simulado de venta, con el objeto de asegurar de inmediato una función principal de garantía y, en caso de incumplimiento, una adquisición de la propiedad. Hay en definitiva la "*ausencia de un precio*" y la "*finalidad principal de garantía*", desde que el acreedor adquiere la propiedad cuando la compraventa condicional despliega sus efectos como resultado de la no restitución en su momento del monto de lo adeudado. Debido al carácter comisorio del negocio el mismo adolece de ilicitud[186].

Si las partes convienen que el comprador–acreedor devendrá propietario de la cosa objeto de la compraventa bajo condición suspensiva, cuando en el término previsto no obtenga de la otra parte la satisfacción de su propio crédito, hay que concluir que hay ausencia de precio y función de garantía, toda vez que el acreedor adquiere la propiedad tan solo como resultado de la no restitución del importe de su crédito. De lo que resulta que la compraventa no tiene *causa* pues el "*precio*" es ficticio y el bien objeto del negocio cumple la función económica y jurídica de la constitución de una garantía con pacto comisorio prohibido.

En resumidas cuentas, por las características propias de esta operación, puede razonablemente inferirse que mediante la misma lo que

---

185 Al respecto, véanse los criterios de la Casación italiana reseñados en Giovanni Valcavi, ob. cit., pp. 255 y 260-262.

186 Sentencia del Pleno del Tribunal Supremo italiano de fecha 16/11/89 parcialmente transcrita y comentada en Giovanni Valcavi, *Ibíd.*, pp. 255 y 260-262.

el "*vendedor*" persigue es obtener dinero prestado y lo que el "*comprador*" persigue es asegurarse, en caso de incumplimiento del préstamo, la obtención de un bien del deudor probablemente de valor muy superior al de la suma prestada. De ahí que es dable anticipar que la autoridad judicial a cuya consideración y decisión se someta la cuestión podrá razonablemente concluir que las disposiciones legales que prohíben el pacto comisorio resultan vulneradas mediante esta operación que encubre un contrato de préstamo con garantía comisoria.

9. Opción en garantía

En términos generales, la opción de compra es un contrato en virtud del cual el propietario de una cosa o derecho concede a otra persona, por tiempo fijo y bajo el cumplimiento de determinadas condiciones, la facultad exclusiva de adquirirla o transferirla a un tercero. Así lo ha dejado establecido la jurisprudencia de nuestros tribunales[187]. En razón de la opción de compra, una persona se compromete a vender a otro, bien para sí o para un tercero, una cosa determinada, siendo en realidad, el otorgante de la opción quien queda unilateralmente vinculado hasta tanto decida el optante.

Al referirse a este contrato, la doctrina y la jurisprudencia nacionales han dejado claramente establecido que la compraventa se reputa perfeccionada *"en el momento en que ocurre el ejercicio de la opción y tan solo en este momento ocurre el efecto traslativo de la propiedad, como consecuencia de la manifestación de voluntad del optante. Por ende, el beneficiario de una promesa u opción no necesita pedir la ejecución forzosa en especie mediante una demanda que procure el cumplimiento de una obligación de contratar (que conduciría al perfeccionamiento de la compraventa) sino que ya la venta se ha perfeccionado y tan solo*

[187] Al respecto, véase: Juzgado Superior Décimo en lo Civil y Mercantil de la Circunscripción Judicial del Distrito Federal y Estado Miranda, sentencia de fecha 24 de septiembre de 1975, caso C. Serres contra Inversiones Hinestrosa, C.A. y otros, en *Ramírez & Garay*, Tomo XLVIII, pp. 251-252. El mismo juzgado en sentencia de fecha 28 de abril de 1976 declaró que "la esencia del contrato de opción radica en la facultad que un contratante concede a otro de modo exclusivo para que dentro de cierto plazo decida, sin otra condición que su propio pensar, si quiere o no consumar el convenio concertado en la forma y condiciones estipuladas" (*Ramírez & Garay*, Tomo LII, pp. 247-251).

se necesita pedir el cumplimiento de las obligaciones del contrato ya perfeccionado (i.e. tradición de la cosa)"[188].

Por consiguiente, la transferencia de la propiedad se produce en virtud de la manifestación unilateral de voluntad del optante al ejercer la opción. En la opción no es necesario que el otorgante de la opción preste un nuevo consentimiento para que se produzca la transferencia de la propiedad, ya que el ejercicio de la opción dentro del plazo establecido perfecciona la venta y convierte al optante en propietario del bien obligando al anterior propietario al cumplimiento de la pactado y a otorgar el documento en el cual conste el contrato formado.

El problema surge cuando se utiliza la opción a modo de garantía para asegurar el cumplimiento de una obligación (*opción en garantía*).

La opción en garantía es el derecho de opción que el deudor concede al acreedor para que, transcurrido el plazo fijado para el pago de la deuda, pueda ejercerlo sobre un bien propiedad de aquel, por un precio que en la mayoría de los casos es el dinero entregado en préstamo. En tal caso, solo si hay incumplimiento por parte del deudor, el acreedor tiene la facultad de adquirir la propiedad de un bien del deudor por el precio que había entregado en préstamo, o no ejercer este derecho y exigir el crédito, puesto que mantiene la posición de acreedor; es un acreedor cuyo derecho de crédito se encuentra reforzado por un derecho de opción[189]. De lo que resulta que la opción de compra concedida al acreedor funciona como una garantía implícita para asegurar el pago de su crédito. En efecto, la opción en garantía supone una transmisión de la propiedad condicionada a la falta de pago de la deuda dentro de un plazo que, en razón de una estipulación previa, se pone en funcionamiento por la sola manifestación de voluntad del acreedor.

La facultad alternativa del acreedor de elegir, ante el incumplimiento del deudor, entre ejercer la acción personal para el cobro de la

---

[188] Luciano Lupini Bianchi, "El contrato preliminar de compraventa, su autonomía, función y ejecución forzosa", en *Derecho de las obligaciones en el nuevo milenio*, coordinadora Irene de Valera, Academia de Ciencias Políticas y Sociales-Asociación Venezolana de Derecho Privado, Caracas, 2007, pp. 227-228. En los mismos términos se pronunció la Sala Constitucional del Tribunal Supremo de Justicia mediante sentencia N° 878, de fecha 20 de julio de 2015. Disponible en https://vlexvenezuela.com/vid/sociedad-mercantil-panaderia-cesta-593327578, consultado en fecha 12 de mayo de 2020.

[189] Bruno Rodríguez Rosado, ob. cit., pp. 191-193.

deuda o hacer efectiva la garantía adquiriendo la propiedad del bien mediante el ejercicio de la opción, es realmente la misma facultad de elección que asiste al acreedor prendario o hipotecario mediando pacto comisorio: acudir a la vía (ejecutiva) ordinaria para el cobro de su crédito o hacer suyo el bien dado en garantía. En efecto, la opción en garantía le permite al acreedor, en caso de que se produzca el incumplimiento, hacer suyo de manera directa e inmediata un determinado bien del patrimonio del deudor sobre el cual no tenía una prenda o una hipoteca constituida a su favor.

Para facilitar el buen funcionamiento de este mecanismo de garantía se suele prever que si llegado el vencimiento de la deuda, hay incumplimiento por parte del deudor, el acreedor tendrá el derecho de adquirir el bien del deudor por un precio prefijado que será pagado por compensación con la deuda insatisfecha. Esta opción puede venir acompañada de un poder irrevocable, otorgado en interés común *ex* artículos 1.704 (ord. 1°) y 1.705 del Código Civil, a favor del propio optante o de una persona de su confianza, para que pueda disponer del bien sobre el cual recae la opción y otorgar los documentos requeridos para hacer constar la transferencia, en caso de que dicha opción sea ejercida.

Como puede fácilmente apreciarse, la utilización del contrato de opción para asegurar el cumplimiento de una obligación le permite a las partes convenir en la transferencia comisoria de la propiedad por el incumplimiento de la deuda. Admitir el empleo de una opción de compra ejercitable por el acreedor sobre un bien propiedad de su deudor en la eventualidad del impago de la deuda dentro del plazo establecido, equivaldría a legitimar la utilización de esta figura con funciones de pacto comisorio para eludir la aplicación de los artículos 1.844, 1.858 y 1.878 del Código Civil[190] (*supra,* N°IV,C).

Como indicamos en su oportunidad, la afectación de un bien o de determinados bienes al cumplimiento de la obligación que se logra mediante la constitución de una garantía real, crea para el acreedor un derecho de hacer vender judicialmente por separado bienes del deudor para cobrarse preferentemente su crédito con el producto de la venta.

[190] En el mismo sentido, respecto al ordenamiento español, véase: Ramón Durán Rivacoba, ob. cit., pp. 230-244 y la doctrina administrativa de la Dirección General de los Registros y del Notariado ahí citada.

Este *ius vendendi* es un rasgo característico de las garantías reales y se realiza a través de los procedimientos establecidos en el Código de Procedimiento Civil para la ejecución de prenda o la hipoteca. En efecto, la ejecución de la prenda, dice el artículo 666 del Código de Procedimiento Civil, se llevará a cabo conforme al procedimiento establecido en los artículos 666 y siguientes de dicho Código. Y el artículo 660 *ejusdem* establece que la ejecución de la hipoteca se llevará a cabo mediante el procedimiento previsto en los artículos 660 y siguientes.

La ley no permite que el acreedor se quede con la cosa entregada en garantía si el deudor no cumple. Las partes no pueden convenir que, en caso de incumplimiento, el acreedor se apropie de la garantía. El acreedor que disfruta de un derecho real de garantía, ya lo hemos dicho, tiene derecho al valor de la cosa o a una parte de él, pero no a la cosa misma. Es decir, lo que tiene el acreedor es el derecho de hacer vender judicialmente en pública subasta los bienes afectados al cumplimiento de la obligación para aplicar el precio que se obtenga en el remate a la satisfacción de su crédito, a través de los procedimientos de ejecución de las garantías reales establecidos en el Código de Procedimiento Civil. (*supra,* Nº I,B).

No es admisible, por tanto, que a través de una opción de compra consiga el acreedor que el derecho a la realización del valor de la cosa que le asiste en la ejecución de su derecho de crédito, se convierta en una adquisición comisoria a falta de pago de la deuda[191]. De admitirse esta posibilidad se desnaturalizaría lo que es una garantía real que implica la conversión de la cosa en dinero para satisfacer la deuda y revertir el sobrante al deudor.

Desde luego, para que quede comprobada la función de garantía cumplida por el negocio, se requiere que la opción se encuentre vinculada causalmente a otra relación obligatoria anterior, simultánea o

---

[191] Como afirma Vidal Martínez "la opción de compra articulada con fines de garantía, así como de subordinación de la eficacia de una compraventa al incumplimiento del deudor, adoptando la forma de condición suspensiva o resolutoria no constituyen figuras distintas de la aquí expresada, sino simples variantes, que tratan de eludir la prohibición del pacto comisorio que en estos casos, se ve –en nuestra opinión–, conculcada" (Jaime Vidal Martínez, *La venta en garantía* en *el Derecho civil común español. Estudio jurisprudencial y ensayo de construcción doctrinal,* Civitas, Madrid, 1990. pp. 208-209).

incluso posterior al otorgamiento de la opción, de modo que la adquisición de la propiedad de la cosa sea considerada por las partes como un medio de satisfacción secundaria del crédito que se pondrá en funcionamiento solo en caso de incumplimiento de la obligación principal. Es precisamente la relación de causalidad entre el derecho de opción concedido al acreedor y la obligación a cargo del deudor lo que evidencia que la finalidad de aquel derecho es permitir al acreedor insatisfecho la apropiación del bien en pago de su crédito.

Esta circunstancia aunada a la previsión del pago por compensación de créditos o del otorgamiento de un poder irrevocable a favor del optante o de persona de su confianza, son todos hechos o circunstancias que hacen posible dictaminar que el negocio tiene como causa o función servir de garantía de un crédito y que la opción fue pactada como una garantía que vulnera la prohibición del pacto comisorio. En efecto, en esas condiciones podrá perfectamente el juez concluir que la finalidad del derecho de opción fue posibilitar al acreedor insatisfecho la apropiación del bien de que se trate en pago de su crédito[192].

Descubierta su naturaleza de garantía real (implícita), el acuerdo debe regirse por las normas imperativas aplicables a las garantías reales. La opción en garantía cumple una finalidad principal de garantía que funciona precisamente como un pacto comisorio autónomo e independiente el cual, como tal, infringe la ley y debe, por tanto, ser declarado nulo. La opción en garantía concedida al acreedor como garantía implícita de su crédito está destinada a no producir efecto traslativo alguno; por lo cual, aunque el acreedor ejerza la opción, el deudor conserva la propiedad y el acreedor no deviene propietario. La opción disfraza una garantía comisoria y, por ello, el contrato es en su totalidad absolutamente nulo por causa ilícita, sin que quepa diferenciar entre partes del negocio que son válidas y otras que no lo son[193].

---

192 Manuel Ignacio Feliú Rey, ob. cit., pp. 153-159.

193 La nulidad de la operación en su conjunto (incluyendo asimismo a la relación obligatoria garantizada) es la posición que parece imponerse. Al respecto, véase: Núria Ginés Castellet, ob. cit., pp. 498-499, especialmente, la nota 1225 y la jurisprudencia del Tribunal Supremo español ahí citada.

10. Promesa de venta

La finalidad de garantía también puede conseguirse a través de otra figura: la promesa unilateral de venta que equivale entre nosotros a un pacto de opción. De manera que si, por ejemplo, el deudor promete al acreedor que, si se produce el incumplimiento de la obligación, le venderá un bien sobre el cual el acreedor no tiene constituida una prenda o hipoteca a su favor, cabe aplicar aquí lo indicado con anterioridad a propósito de la opción en garantía (*supra,* Nº VI,B,9).

Pero la promesa de venta puede presentarse bajo otra variante cuando el deudor constituye una prenda o una hipoteca a favor del acreedor, prometiéndole que si la obligación no se cumple le transferirá la propiedad de la cosa sobre la cual recae la garantía real. Por ejemplo, en un contrato de préstamo hipotecario se estipula que si el deudor no paga en el plazo de un año promete vender a su acreedor el inmueble hipotecado por un precio determinado con lo cual, si el deudor no paga la deuda al vencimiento, el acreedor podrá hacer suyo el bien dado en garantía para la satisfacción de su crédito.

La doctrina italiana se ha encargado de señalar que este convenio configura un *pacto comisorio obligatorio o de efectos obligatorios* (*supra,* Nº IV,A) cuyo supuesto más recurrente es el de un contrato preliminar o promesa de venta por el cual el deudor de una suma de dinero se obliga a estipular un contrato definitivo si en un determinado plazo no restituye el monto adeudado.

El pacto comisorio de efectos obligatorios se diferencia del pacto comisorio de efectos reales por la circunstancia de que en virtud de la estipulación de este último el acreedor hace suya la cosa sin más cuando la deuda no haya sido pagada en el plazo establecido. En cambio, en razón del pacto comisorio de efectos obligatorios, el deudor adquiere *la obligación de transferirle* al acreedor la propiedad de la cosa dada en garantía cuando el deudor al vencimiento del plazo establecido no haya pagado la deuda[194].

---

[194] Domenico Barbero, ob. cit., III, p. 186, especialmente, la nota 95 y la jurisprudencia de los tribunales italianos ahí citada; C. Massimo Bianca, *Il divieto del patto commissorio...* cit., p. 178, especialmente, la nota 136 y la jurisprudencia de la Casación italiana ahí citada.

La Casación italiana fundamenta la nulidad de la promesa de venta de la cosa dada en garantía (pacto comisorio de efectos obligatorios) en las siguientes razones: 1) la tutela de la libertad del consentimiento del deudor; 2) la protección de la *par conditio creditorum*; 3) el resultado económico perseguido; 4) la naturaleza material de la disposición legal que prohíbe el pacto comisorio; 5) que la prohibición legal aplica incluso para el pacto comisorio celebrado con posterioridad a la constitución de la prenda o hipoteca; y 6) que el efecto traslativo es postergado a un momento sucesivo y a un acto ulterior[195].

Como resulta claro que el pacto comisorio de efectos obligatorios acaba produciendo los mismos perjuicios que el pacto comisorio de efectos reales, esto es, permitir que el acreedor obtenga en razón de la ejecución de la garantía más de lo que obtendría mediante el cumplimiento de la obligación garantizada, haciendo suyo un bien del deudor de un valor superior al monto de su crédito, se concluye que la prohibición legal aplica igualmente al pacto comisorio de efectos obligatorios; por lo cual, dicho pacto es absolutamente nulo[196].

11. *Lease–back*

El *lease–back, retroleasing* o *leasing de retorno* es un contrato en virtud del cual una empresa vende un bien de su propiedad a una entidad financiera de *leasing*, la cual simultáneamente le concede en arrendamiento (*leasing*) la utilización del mismo bien, a cambio de una cuota o canon periódico, durante un plazo determinado al final del cual le otorga la opción de comprar el bien, previo pago del valor residual preestablecido, prorrogar el contrato o devolver el bien[197]. En la doctrina nacional, Morles Hernández lo incluye entre las modalidades del

195 Al respecto véase: Francesco Galgano, ob. cit., p. 344, especialmente, la nota 17 y la sentencia de la Casación italiana ahí citada.

196 En tal sentido se orientan la doctrina y la jurisprudencia italianas. Al respecto, véase: C. Massimo Bianca, Voz *Patto commissorio,...* cit., p. 716; Ugo Carnevali, ob. cit., p. 505; Michele Sesta, ob. cit., pp. 10-13. La doctrina española se orienta en la misma dirección. Al respecto, véase: Ramón Durán Rivacoba, ob. cit., p. 247, En contra, Manuel Ignacio Feliú Rey, ob. cit., p. 131.

197 Pascual Martínez Espín, "Venta y *lease back*", en *Tratado de la compraventa. Homenaje al profesor Rodrigo Bercovitz*, dirigido por Angelo Carrasco Perera, Tomo I, Editorial Aranzadi, Pamplona, 2013. p. 201.

leasing y afirma que el *lease–back* es la venta que hace un propietario de determinados equipos o maquinarias a una entidad financiera, procediendo simultáneamente a su readquisición por medio de un arrendamiento financiero[198]. En síntesis, mediante este negocio el propietario de bienes (normalmente equipos o maquinaria industrial), los transmite a una entidad financiera, que seguidamente los cede en arrendamiento financiero al transmitente con la correspondiente opción de compra.

En el *lease–back* el cliente mismo hace el papel de proveedor. Es decir, en esta figura del *lease–back,* el industrial o el propietario de bienes y equipos que requiere capital de trabajo se los vende a la entidad financiera de *leasing* la cual, acto seguido, se los arrienda existiendo la posibilidad del ejercicio de la opción de compra por parte del arrendatario. Mediante este negocio el industrial moviliza sus activos fijos para obtener capital de trabajo, pero con la ventaja de seguir utilizándolos para la misma finalidad productiva a la cual los tenía asignados desde un comienzo[199].

En la doctrina italiana, la mayoría de los autores consideran que el *lease–back* constituye un negocio cuya licitud en abstracto es admitida, pero que pueden presentarse en la práctica casos irregulares en los que la finalidad perseguida es garantizar una obligación; por lo cual, corresponde, en definitiva, al poder soberano de apreciación de los jueces de instancia reconocer los supuestos concretos en que la estructura del *lease–back* es utilizada con una función de garantía y, en su caso, para eludir la prohibición del pacto comisorio[200]. Se afirma que en su valoración el juzgador debe analizar caso por caso la equivalencia de las prestaciones surgidas del contrato[201].

En la doctrina española, que también se ha ocupado *in extenso* de este contrato, algunos autores consideran que el *lease–back* es una simple modalidad de arrendamiento financiero (*leasing*)[202]; en cambio,

---

198 Alfredo Morles Hernández, *La banca en el marco de la transición de sistemas económicos en Venezuela*, 2ª edición, Universidad Católica Andrés Bello-Universidad Monteávila, Caracas, 2016. p. 427.

199 Sergio Rodríguez Azuero, *Contratos bancarios. Su significación en América Latina*, 5ª edición, Legis, Bogotá, 2002. p. 290.

200 Franco Anelli, ob. cit., p. 467.

201 Giorgio De Nova, *Il contratto di leasing*, Giuffrè, Milán, 1995. p. 69.

202 Luis Rojo Ajuria, *Leasing mobiliario*, Ed. Tecnos, Madrid, 1987. pp. 33-34.

otros sostienen que se trata de un préstamo garantizado con la transmisión de la propiedad[203].

De acuerdo con la primera posición, el *lease–back* es un contrato autónomo que constituye una modalidad del *leasing*, debido a que en el *lease–back* se mantiene la estructura contractual básica mediante la celebración de dos contratos (compraventa y arrendamiento financiero). El contrato es válido al amparo del principio de la libertad de contratación consagrado en el Código Civil. La causa del contrato existe y es válida: como en el supuesto *leasing*, la causa del *lease–back* es el intercambio del uso de la cosa por un precio, a lo que se añade la opción de compra cuya causa es el intercambio del derecho de adquirir la cosa por un precio. Se afirma que no se trata, por tanto, de una operación crediticia con una garantía que encubre un pacto comisorio prohibido, sino de un arrendamiento de cosa y una opción de compra. La especialidad respecto al *leasing* tradicional estriba en que quien vende el bien a la sociedad de *leasing* es el mismo sujeto que lo usa en concepto de arrendatario financiero.

De acuerdo con la segunda posición, el *lease–back* esconde generalmente un préstamo cuya restitución se encuentra garantizada por el inmueble que la empresa de leasing adquirió del prestatario. Para determinar cuando el *lease–back* esconde un préstamo con la garantía de la propiedad del inmueble que la empresa de leasing adquirió del prestatario, hay que atender a los fines realmente perseguidos por los contratantes, es decir, será necesario examinar si la finalidad predominante es transmitir la propiedad del bien o asegurar la devolución de lo entregado. Existe auténtico *leasing*, se afirma, cuando se cumplen las siguientes condiciones: 1) el contrato cumple los requisitos del *leasing* previsto en la normativa financiera y fiscal aplicable; 2) el precio de la venta corresponde al valor real del bien; y 3) existe un equilibrio entre las prestaciones surgidas del contrato. Si falta alguno de estos requisitos no hay *leasing*, sino un préstamo garantizado con la propiedad del bien.

La diferencia entre ambas posiciones tiene importantes consecuencias por lo que respecta a la prohibición del pacto comisorio. En efecto, conforme a la primera posición, se sostiene que debido a que en

[203] Fernando Reglero Campos, ob. cit., p. 281; Sixto Sánchez Lorenzo, ob. cit., p. 209.

el *leasing* tradicional no existe pacto comisorio, tampoco lo hay en el *lease–back*. En cambio, de acuerdo con la segunda posición, el *lease–back* es contrario a la prohibición del pacto comisorio lo que determina la nulidad absoluta de aquellas cláusulas que prevén que, en caso de incumplimiento, se produce la resolución del contrato y la restitución del bien, que quedará definitivamente en manos del arrendador financiero[204].

Con respecto a la sanción de nulidad cuando el contrato encubre un préstamo garantizado con un pacto comisorio prohibido, según algunos la nulidad afecta toda la operación (venta y arrendamiento financiero), si bien otros autores consideran que la nulidad afecta únicamente al pacto comisorio.

Por nuestra parte estamos de acuerdo con la segunda posición. En la mayoría de los casos, el *lease–back* se presenta, bajo la apariencia de un arrendamiento financiero, como un préstamo garantizado con la transmisión de la propiedad o venta en garantía. La empresa financiera de *leasing* presta a otro una cantidad de dinero, quedando este último obligado a restituirlo, junto con los intereses en el plazo estipulado. La cuantía de los pagos mensuales y de la opción de compra se fijan en función del precio de "*venta*" (préstamo) y del tiempo de duración del contrato de arrendamiento financiero. El crédito de la empresa financiera de *leasing* se garantiza mediante la transmisión de la propiedad de un bien.

El *lease–back* no es una mera modalidad de *leasing*. Existen importantes diferencias que nos llevan a entender el *lease–back* como una venta en garantía del deudor–prestatario al acreedor–prestamista, con el fin de garantizar el crédito. Estas diferencias son las siguientes: 1) en el *lease–back* intervienen solo dos sujetos y no tres; 2) al *lease–back* le precede una compraventa del bien por parte del propietario–arrendatario financiero a la empresa de *leasing* lo que afecta la función económica del contrato. Si bien ambos contratos constituyen mecanismos de financiamiento tienen, no obstante, fines diferentes: en el *leasing* tradicional se financia la adquisición del propio bien que se cede en arrendamiento financiero. En cambio, en el *lease–back* la razón de ser

---

[204] Pascual Martínez Espín, ob. cit., pp. 202-206.

del contrato (*cur contraxit*) es recibir dinero a cambio de su restitución, no financiar directamente la adquisición del objeto. Si el *lease–back* fuera una simple modalidad del arrendamiento financiero, es evidente que lo relevante sería la necesidad de adquirir el bien concreto sobre el que se constituye y es obvio que no puede entenderse que tal necesidad exista, si el bien ya le pertenece a quien aparentemente se convierte en arrendatario del mismo con opción de compra. En fin, en el *lease–back* no se financia la adquisición de un bien sino a la empresa. Y ello incide en el objeto del contrato que no es solo conceder al usuario la utilización de un bien, como en el *leasing*, sino prestarle una cantidad de dinero. Debido a que no existe identidad causal entre el arrendamiento financiero y el *lease–back* o *retroleasing* no es posible su equiparación.

12. Fideicomiso de garantía

a) Noción

En razón del fideicomiso de garantía, se transmite al fiduciario la titularidad de ciertos bienes o derechos, para asegurar el cumplimiento de una obligación a cargo del fideicomitente. Constituye un contrato accesorio a otro principal que es la obligación garantizada.

En este tipo de fideicomiso, el fideicomitente transfiere al fiduciario uno o más bienes, muebles o inmuebles, para que respalden una o más obligaciones, de modo tal que en caso de incumplimiento, el fiduciario procede a la enajenación de los mismos y a pagar al acreedor en su carácter de beneficiario del fideicomiso[205].

En el fideicomiso de garantía, el deudor-fideicomitente transmite al fiduciario el dominio de los bienes o derechos que servirán para garantizar su deuda, conviniendo las partes que cuando el acreedor–beneficiario demuestre al fiduciario que la obligación no ha sido cumplida

---

[205] Esta es en esencia la definición acogida por casi todos los autores. Al respecto, véase: Sergio Rodríguez Azuero, *Negocios fiduciarios: Su significación en América Latina*, 2ª edición, Legis, Bogotá, 2017. pp. 490-491; Claudio M. Kiper/Silvio V. Lisoprawski, *Tratado de Fideicomiso,* LexisNexis-Depalma, Buenos Aires, 2003. pp. 464-465; Carlos Gilberto Villegas, *Las garantías del crédito*, Tomo II, 2ª edición, Rubinzal-Culzoni, Buenos Aires, 1998. pp. 35-36; Joaquín Rodríguez Rodríguez, *Curso de Derecho Mercantil*, Tomo II, Editorial Porrúa, México, 1992. p. 124; En la doctrina nacional, véase: Nicolás Vegas Rolando, *El fideicomiso en Venezuela*, Ediciones Magón, Caracas, 1979. pp. 62-63; Héctor Turuphial Cariello, *El fideicomiso*, Italgráfica, Caracas, 1999. pp. 245-246.

(en la forma como se establezca en el contrato), el fiduciario deberá proceder a la venta del bien o de los bienes o derechos fideicomitidos, mediante el procedimiento que se haya contemplado, y con el producto que obtenga, deducidos los gastos y su remuneración, le pague al acreedor el crédito garantizado y, si hubiere un excedente se lo retribuya al deudor–fideicomitente.

En razón del fideicomiso, el bien transmitido al fiduciario queda separado del patrimonio del deudor (fideicomitente) con lo cual se evita que pueda ser aprehendido por terceros acreedores. La titularidad del bien por el fiduciario garantiza así la satisfacción del crédito.

El fiduciario al recibir del acreedor la demostración del incumplimiento y la solicitud para que proceda a la venta de los bienes, lo notifica al fideicomitente deudor para que este en el plazo fijado en el acto constitutivo del fideicomiso, demuestre haber cumplido su obligación garantizada, o la cumpla si es que no lo hubiere hecho, bajo apercibimiento de enajenación.

La venta se realizará en forma privada o mediante pública subasta, según lo convenido por las partes.

Si el fideicomitente demuestra haber cumplido la obligación garantizada, el fiduciario deberá retransmitirle la propiedad de los bienes fideicomitidos.

b) Utilidad

El fidecomiso es un instrumento utilizado con frecuencia para garantizar el cumplimiento de una obligación. En lugar de constituir una hipoteca sobre uno o más inmuebles o una prenda sobre un bien mueble o bienes muebles determinados, al deudor le convendrá más constituir un fidecomiso. En ese caso, el deudor actuando como fideicomitente constituye un fideicomiso sobre bienes determinados que transfiere al fiduciario (una entidad bancaria o una empresa de seguros, no acreedora), en beneficio del acreedor (beneficiario), con el encargo de que al vencimiento de la obligación constate el pago o cancelación de la deuda y de lo contrario, proceda a la venta privada del bien y con el producto obtenido en dicha venta realice el pago de la deuda al acreedor-beneficiario.

Como el bien transferido al fiduciario queda separado del patrimonio del fideicomitente (deudor), el acreedor (beneficiario) queda protegido durante el plazo de la obligación por cuanto ese bien no podrá ser agredido por los acreedores del deudor.

De ese modo, se salvaguarda el interés crediticio del acreedor, ya que para la venta de los bienes fideicomitidos, no tendrá que someterse a los procedimientos ni recurrir a los gastos judiciales dirigidos al remate de esos bienes, sino que el fiduciario, en cumplimiento de la orden recibida del fideicomitente, procede a venderlos o liquidarlos con lo cual recibirá los fondos para satisfacer su crédito. Si hubiere un excedente el fiduciario, como se dijo, deberá restituirlo al fideicomitente o a la persona que este indique[206].

c) Objeciones

El fideicomiso de garantía ha sido objeto de las siguientes críticas: 1) Se dice que no es un fideicomiso permitido puesto que la Ley de Fideicomisos no lo menciona expresamente; 2) En el ámbito de los derechos reales, los contratantes no pueden modificar las disposiciones imperativas de la ley. En tal sentido, la ley prohíbe que el acreedor se apropie de las cosas objeto de la garantía (pacto comisorio) o disponga de ella de una forma distinta de la autorizada (Código Civil, artículos 1.844, 1.858 y 1.878). Además, en un sistema en el cual rige el principio del *numerus clausus* de derechos reales, los particulares no pueden crear otros derechos reales de garantía distintos de los previstos en la ley; 3) Se viola el derecho a la defensa que garantiza la Constitución ya que bien puede el acreedor indicarle al fiduciario que su deudor no cumplió y que debe proceder a la venta, sin que el deudor pueda demostrar lo contrario u oponer defensas que hagan improcedente el reclamo del acreedor; y 4) Tampoco pueden atribuirse al fiduciario, como se hace en el fideicomiso de garantía, facultades jurisdiccionales para proceder a la ejecución de la garantía[207].

---

206 Sergio Rodríguez Azuero, ob. cit., pp. 509-511; Carlos Gilberto Villegas, ob. cit., pp. 35-38; Rodolfo Batiza, *El Fideicomiso. Teoría y práctica*, Editorial Porrúa, México, 1980. pp. 145-146.

207 Para una exposición detallada de las críticas que se formulan al fideicomiso de garantía, véase: Leopoldo L. Peralta Mariscal, *Tratado de Derecho Hipotecario*, Tomo I, Rubinzal-Culzoni, Buenos Aires, 2007. pp. 85-145.

d) El fideicomiso de garantía en el Derecho venezolano

La Ley de Fideicomisos no menciona expresamente el fideicomiso de garantía. Pero es obvio que, al amparo del principio de la libertad de contratación, el fideicomiso puede constituirse para la consecución de cualquier fin lícito, lo que incluye su utilización para garantizar el cumplimiento de una obligación. Desde luego, como se indica poco más adelante, las disposiciones imperativas y prohibitivas de la ley limitan la libertad de los contratantes en el sentido de que existen disposiciones legales que no pueden ser modificadas por las partes en el acto del fideicomiso. Un límite al fideicomiso de garantía se halla en la prohibición del pacto comisorio. El fideicomiso de garantía tiene cabida en nuestra legislación, siempre y cuando no infrinja esa prohibición legal. De ahí que en nuestro ordenamiento el fideicomiso de garantía con las debidas cautelas puede ser utilizado –y, de hecho, lo es– para asegurar la ejecución de una obligación. Por lo demás, por las razones que se indican a continuación, las críticas que se le hacen al fideicomiso de garantía no tienen mayor fundamento. En efecto:

1) Para su utilización, no se requiere que la ley mencione el fideicomiso de garantía. De acuerdo con el principio de la autonomía de la voluntad que rige en nuestro ordenamiento, los particulares pueden libremente mediante su voluntad crear, modificar, regular, transmitir y extinguir sus relaciones jurídicas. Los límites de esa autonomía están determinados por las normas imperativas o prohibitivas, o sea, aquellas en cuya observancia están interesados al orden público o las buenas costumbres (Código Civil, artículo 6°). Dada la amplitud de las disposiciones de la Ley de Fideicomisos, el fideicomiso puede utilizarse para cualquier finalidad lícita, lo que incluye su empleo para asegurar el cumplimiento de una obligación. Las únicas limitaciones para el constituyente del fideicomiso son las que derivan del acatamiento de las disposiciones imperativas y prohibitivas de la ley. De ahí que el fideicomiso de garantía tiene cabida en nuestro ordenamiento siempre y cuando no lesione esas disposiciones. No es necesario que la ley establezca un elenco o lista de fideicomisos permitidos.

2) En razón del fideicomiso no se constituye sobre los bienes fideicomitidos un nuevo derecho real no previsto en el número cerrado de los

derechos reales. El fiduciario adquiere la propiedad, que es el derecho real más antiguo, sobre dichos bienes y tiene que proceder respecto de ellos en conformidad con las instrucciones que se especifican en el acto constitutivo del fideicomiso. El acreedor–beneficiario, por su parte, no tiene un derecho real de garantía sobre los bienes fideicomitidos sino un derecho personal contra el fiduciario para que este como propietario de dichos bienes realice sobre ellos determinados actos según las instrucciones impartidas en el acto constitutivo del fideicomiso. Al conformar los bienes fideicomitidos un patrimonio separado en poder de un tercero, dichos bienes escapan al poder de agresión de los acreedores del fideicomitente y del fiduciario[208]; por lo cual, constituyen una garantía en favor del acreedor sin que se requiera la constitución de un derecho real a su favor. El acreedor no tiene la propiedad ni derecho real alguno sobre los bienes fideicomitidos, solo tiene un derecho personal contra el fiduciario[209]. Quien adquiere el dominio es el fiduciario y la titularidad de la propiedad de los bienes fideicomitidos por parte del fiduciario está autorizada por el Código Civil y por la Ley de Fideicomisos.

3) El fideicomiso de garantía, al menos en principio, no infringe las disposiciones legales que prohíben el pacto comisorio el cual constituye un principio rector de las garantías reales (*supra*, N° IV,C). En efecto, el acreedor garantizado al satisfacer su crédito por medio del fideicomiso nada recibe proveniente del patrimonio del deudor sino del fiduciario. No se apropia aquel de nada que le pertenezca al deudor. El fiduciario no es un mandatario del fideicomitente. Es el propietario de los bienes fideicomitidos que dispone de bienes de su pertenencia en la esfera del patrimonio separado. No hay, por consiguiente, apropiación de los bienes del deudor por el acreedor porque los bienes no son del deudor[210].

Pero adicionalmente tampoco se apropia el acreedor del patrimonio fideicomitido. Habría pacto comisorio en aquellos fideicomisos de

---

[208] Roberto Goldschmidt, *Proyecto de Ley de Fideicomisos con su Exposición de Motivos...* cit., pp. 6 y 14.

[209] Roberto Goldschmidt, *El fideicomiso en la reciente legislación venezolana...* cit., pp. 406, 422 y 424; Claudio M. Kipper/Silvio V. Lisoprawski, ob. cit., p. 475.

[210] Poco más o menos en el mismo sentido, en la doctrina nacional, véase: Alfredo Morles Hernández, *El fideicomiso de garantía del derecho venezolano...* cit., pp. 465-466.

garantía en los cuales se establezca que en caso de incumplimiento del fideicomitente–deudor, los bienes o derechos fideicomitidos pasen sin más trámite al propio beneficiario–acreedor. Pero no en aquellos en los cuales el acreedor no se quede con la cosa o los bienes transmitidos al fiduciario, sino que este, como propietario de dichos bienes y de acuerdo con el documento constitutivo del fideicomiso, deba realizar la venta de los mismos, por un precio fijado según la estimación que efectúen unos peritos con arreglo a criterios objetivos que aseguren una valoración real de los bienes fideicomitidos, tras el incumplimiento de la obligación garantizada y no antes. Dicha venta salvaguarda el principio de proporcionalidad y el pacto es, por tanto, válido (*supra*, N° VI,B,1).

Ciertamente, en lugar de hacer la venta el juez, la hace el fiduciario. Ahora bien, como indicamos en su oportunidad, si el precio se forma de una manera objetiva como, por ejemplo, por estimación pericial o en función de índices objetivos como, por ejemplo, los de un determinado mercado, etc., los peligros que trata de evitar la prohibición del pacto comisorio no se producen. En definitiva, la licitud de la utilización del fideicomiso de garantía debe examinarse *ad casum*.

No habrá pacto comisorio cuando el incumplimiento de la obligación no conduzca a la apropiación por el acreedor de los bienes fideicomitidos por el valor de la deuda, sino que conceda al acreedor la facultad de adquirirlos por un valor estimado pericialmente por terceros al hacerse exigible la obligación (y no antes) (*supra*, N° VI,B,1), correspondiéndole al fideicomitente-deudor el remanente, si lo hubiere. Además, no es justo obligar al acreedor a iniciar procedimientos legales que, en definitiva, conducen a la misma finalidad, es decir, a la fijación objetiva de un precio[211].

Por último, conviene recordar que en el fideicomiso de garantía es un tercero (el fiduciario) el encargado de enajenar los bienes para que con su producto se haga el pago. No se puede afirmar, por tanto, que el acreedor puede disponer de los bienes objeto de garantía; este solo le exige al fiduciario que venda dichos bienes conforme a lo previsto en el convenio de fideicomiso[212].

---

211 Luis Díez-Picazo/Antonio Gullón, ob. cit., III, p. 498.

212 Al respecto, véase: Sergio Rodríguez Azuero, ob. cit., pp. 381 y 502.

4) La venta de los bienes fideicomitidos no constituye una ejecución forzosa de la garantía sino el cumplimiento de una obligación contractual. Al fiduciario se han transmitido los bienes fideicomitidos para que como propietario de dichos bienes proceda a su venta en caso de incumplimiento de la obligación principal y pague al acreedor con el producto de dicha venta. El fiduciario no es autoridad judicial que dispone la ejecución forzosa de la garantía. Él se limita a cumplir con la obligación que asumió frente al fideicomitente y el beneficiario, a saber, la venta de los bienes y el pago al acreedor. Y puede actuar de esta manera porque es el propietario de dichos bienes pudiendo, por tanto, disponer libremente de los mismos conforme a las disposiciones del acto constitutivo del fideicomiso. Cuando el fiduciario dispone de los bienes para pagarle al beneficiario no hace otra cosa que cumplir con el encargo fiduciario. El fiduciario no "*ejecuta*" la garantía en el sentido procesal del término, sino que cumple con lo que se convino en el acto del fideicomiso[213].

Por consiguiente, no es correcto afirmar que el fiduciario al enajenar los bienes fideicomitidos realiza un acto de autoridad en virtud del cual se introduce en el patrimonio del deudor y dispone de sus bienes para hacerlo cumplir coactivamente sus obligaciones; es el propio deudor quien como fideicomitente hace la afectación de sus bienes, transmitiendo su propiedad a la institución fiduciaria a la que encarga la realización del fin al cual los bienes son destinados, o sea, a ser vendidos o rematados y con su producto, efectuar el pago adeudado al acreedor beneficiario.

El fiduciario no tiene ninguna necesidad de ejecutar judicialmente los bienes, sino de realizarlos conforme a lo dispuesto en el contrato de fideicomiso. Por consiguiente, es incorrecto vincular el cumplimiento del acto constitutivo del fideicomiso con la función jurisdiccional de ejecución de los bienes del deudor en orden a la satisfacción del crédito.

5) Tampoco puede sostenerse que el fiduciario, al enajenar los bienes fideicomitidos según el procedimiento previsto en el contrato y entregar su producto al acreedor para la satisfacción de su crédito, lesione

[213] Carlos Gilberto Villegas, ob. cit., pp. 38-39.

al fideicomitente en su derecho a la defensa en juicio. El fideicomiso de garantía, como negocio que facilita el pago extrajudicial de la obligación, no afecta el debido proceso[214]. Como es bien sabido, esta garantía aplica para las actuaciones judiciales o administrativas (Constitución, artículo 49), ninguna de las cuales lleva a cabo el fiduciario cuando enajena los bienes fideicomitidos para satisfacer el derecho de crédito del acreedor beneficiario. Se trata de una actuación privada que adelanta el fiduciario, de acuerdo con las instrucciones que le ha impartido el fideicomitente[215]. Si no ha habido juicio, mal puede hablarse de lesión del derecho a la defensa. Desde luego, en caso de abuso, aprovechamiento o de cualquier otro incumplimiento del contrato de fideicomiso, siempre existe la posibilidad de acudir a los tribunales en razón de lo dispuesto en el artículo 26 de la Constitución.

En conclusión, como el fiduciario es propietario de las cosas o bienes recibidos, puede enajenarlos sin recurrir al procedimiento judicial. Es obvio que, al disponer en su carácter de dueño de los bienes transmitidos en garantía, el fiduciario tampoco viola el derecho de propiedad que protege la Constitución Nacional. No hay desapoderamiento alguno ya que el fideicomitente se desprendió voluntariamente de la cosa afectándola al destino del fideicomiso.

Esto tampoco significa hacerse justicia por sí mismo, pues simplemente se está actuando en la forma prevista y acordada por las partes.

VII. EFECTOS DEL PACTO COMISORIO

El pacto comisorio, como se dijo, es absolutamente nulo porque adolece de *causa ilícita*. Pero la nulidad no afecta todo el contrato, sino solo a la cláusula ilícita. La nulidad del pacto comisorio no afecta a la garantía constituida. La nulidad se limita exclusivamente al pacto comisorio (*utile per inutile non vitiatur*). La nulidad parcial se fundamenta en el tenor literal de los artículos 1.844, 1.858 y 1.878 del Código Civil y 542 del Código de Comercio, en el principio de la conservación del contrato (*favor negotii* o, al menos, *favor voluntatis*) reconocido por

[214] Sergio Rodríguez Azuero, ob. cit., pp. 381 y 502.

[215] Alfredo Morles Hernández, *El fideicomiso de garantía del derecho venezolano*... cit., p. 469.

nuestra jurisprudencia y en la propia naturaleza del contrato de garantía que puede existir válidamente sin la cláusula comisoria[216].

La nulidad total de la garantía, se afirma, sería una sanción excesiva para el acreedor. Como teniéndose por no puesta la cláusula se corrigen por completo los defectos de la relación jurídica, la nulidad parcial es la solución que se impone.

Ahora bien, se admite que otra sería la solución si la cláusula comisoria hubiera sido la causa determinante del acuerdo de las partes, de modo que el contrato de garantía no se hubiera celebrado sin el pacto comisorio. Si queda establecido que el pacto fue determinante del consentimiento, al punto que las partes hicieron depender de su estipulación la existencia misma de la garantía, la nulidad del pacto traerá consigo la nulidad de todo el contrato de garantía[217]. Como es de suponer que el acreedor preferirá quedarse con la garantía de la prenda, hipoteca o anticresis, antes que dejar de estar garantizado, la nulidad total del negocio de garantía solo procederá en casos excepcionales[218].

De ahí que, como principio de carácter general, al declararse la nulidad del pacto comisorio queda en pie la prenda, hipoteca o anticresis con todo su contenido, excepto la cláusula comisoria ilícita[219]. Una vez

---

[216] La doctrina es pacífica al respecto. Por todos, en la doctrina francesa, véase: Louis Josserand, ob. cit., II, p. 456; Henri y Leon Mazeaud/Jean Mazeaud, ob. cit., I, p. 114. En la doctrina italiana, por todos, véase: Vincenzo Locajono, ob. cit., pp. 40-41; Ugo Carnevali, ob. cit., p. 506. En la doctrina española, por todos, véase: Manuel Albaladejo, ob. cit., III, p. 705; Luis Díez-Picazo/Antonio Gullón, ob. cit., III, p. 499.

[217] Ídem.

[218] Ugo Carnevali, ob. cit., p. 506.

[219] En la doctrina nacional, José Luis Aguilar Gorrondona, ob. cit., p. 77 y Francisco López Herrera, ob. cit., p. 188 se pronuncian por la nulidad parcial. Por la nulidad de la cláusula contentiva del pacto comisorio en la prenda, hipoteca y anticresis se ha pronunciado igualmente la jurisprudencia de nuestros tribunales. Al respecto véase, Sala Constitucional del Tribunal Supremo de Justicia, sentencia No. 431, de fecha 13 de marzo de 2007, parcialmente transcrita en sentencia del Juzgado Superior Agrario de la Circunscripción Judicial del Estado Zulia, No. 539, de fecha 23 de noviembre de 2011. Disponible en https://app.vlex.com/#/search/jurisdiction:VE/%22pacto+comisorio%22/p2/WW/vid/334143930, consultado en fecha 12 de mayo de 2020; Juzgado Superior Noveno en lo Civil, Mercantil, Tránsito y Bancario de la Circunscripción Judicial del Área Metropolitana de Caracas, sentencia de fecha 8 de febrero de 2017. Disponible en https://app.vlex.com/#/search/jurisdiction:VE/%22pacto+comisorio%22/WW/vid/785571721, consultado en fecha 12 de mayo de 2020.

declarada la invalidez de la convención, la garantía deberá ejecutarse por el procedimiento legalmente establecido.

Todo lo antes expuesto es indiscutible en los casos de pacto comisorio que hemos llamado propios, típicos o en sentido estricto. En tales casos, como se dijo, la nulidad solo alcanza al pacto comisorio quedando íntegramente subsistente tanto el contrato principal (generalmente de préstamo), como el contrato accesorio de garantía. Pero *¿quid iuris* en los casos de pacto comisorio autónomo como, por ejemplo, la compraventa con pacto de retro en garantía, la compraventa sujeta a la condición suspensiva del incumplimiento o la opción en garantía que, como indicamos con anterioridad, quedan comprendidos dentro del campo de aplicación de la prohibición legal?

En estos casos, se admite que la prohibición del pacto comisorio impide la transmisión de la propiedad o la consolidación del dominio por parte del acreedor (comprador).

Según algunos autores, en los casos de pacto comisorio autónomo e independiente la nulidad abarcará la totalidad de la operación, incluyendo la obligación garantizada (generalmente un préstamo). Esto fundamentalmente por tres razones: 1) por la propia complejidad del negocio que hace sumamente difícil la consideración aislada de cada una de sus partes; 2) porque es dable suponer que en tales casos el acreedor no hubiera consentido en el préstamo sin la garantía implícita en la operación. En efecto, es la enajenación en garantía la que determina que se conceda el préstamo (deuda) constituyendo una contraprestación de esta concesión, por lo que el efecto de la invalidez incide en todo del negocio; y 3) como no existe una garantía típica a la cual accede, no es posible escindir el pacto comisorio del resto del negocio; por lo que la nulidad tiene que extenderse a la totalidad del convenio de garantía[220].

Como consecuencia de la nulidad se produce la restitución del deudor en la propiedad del bien dado en garantía y su obligación de pagar el capital del préstamo, más los intereses legales y otros gastos, deducción hecha de las cantidades satisfechas.

---

[220] Puede verse una referencia a esa posición y un examen crítico de la misma en Núria Ginés Castellet, ob. cit., pp. 497-500, especialmente, la nota 1293 donde se reseñan las sentencias del Tribunal Supremo español que se han hecho eco de esta tesis.

Según otros autores, en los casos de pacto comisorio autónomo, la nulidad de ambos negocios no beneficiaría en absoluto al vendedor quien se vería obligado a devolver el capital pagado; en cambio, el prestamista que trató de introducir el pacto ilícito, al fracasar en su intento, se beneficiará al deshacerse de la operación en su totalidad. Por lo cual, se afirma, hay que examinar las circunstancias particulares de cada caso de manera que si es posible separar el pacto comisorio inmanente a la enajenación en garantía dejando el resto intacto, la nulidad del pacto no traerá consigo la nulidad de toda la operación. Corresponderá en definitiva al juez resolver sobre la esencialidad o inescindibilidad o no del pacto comisorio, declarando la nulidad de todo el contrato en el primer supuesto; y solamente la del pacto, en el segundo[221].

Debido al grave obstáculo que se plantea con el pacto comisorio autónomo, algunos autores consideran que la nulidad parcial en este caso puede traer causa en la *excepctio doli* (excepción de dolo) del deudor a quien se protege con la ineficacia del pacto; por lo cual, la enajenación en función de garantía sería nula, pero dicha nulidad no alcanzará a la relación principal, generalmente de préstamo[222]. Otros autores consideran que, cuando media un pacto comisorio autónomo, la nulidad parcial del negocio es el remedio imprescindible para evitar el fraude a la ley[223].

Pueden pedir la declaración de nulidad todos los interesados. Por consiguiente, están legitimados para solicitarla el deudor y sus otros acreedores. Además, la nulidad puede – y debe – ser declarada de oficio por el Juez. Cabe por último que la haga valer el propio acreedor[224].

La acción para obtener la declaratoria de nulidad absoluta del pacto comisorio, así como la facultad o poder jurídico de oponerla como excepción, no prescribe nunca; es imprescriptible. Ello sin perjuicio

[221] Franco Anelli, ob. cit., pp. 434-439.

[222] Enzo Roppo, ob. cit., pp. 446-447.

[223] Federico de Castro y Bravo, ob. cit., pp. 494-495.

[224] Se podría pensar que permitir al acreedor aprovecharse de la nulidad, sería permitirle sacar provecho de su propia falta. Pero conviene recordar que la nulidad del pacto se establece para la protección del orden público. Por lo cual, hay que mirar la cuestión como si el contratante acreedor al atacar el pacto comisorio nulo, está tratando de salvaguardar ese interés superior y no como si pretende sacar provecho de su falta, aunque sea este su fin primordial.

de los efectos de la usucapión de la cosa transmitida al acreedor, como consecuencia del pacto comisorio consumado. Empero, el acreedor solo podrá adquirir la propiedad de la cosa en virtud de la usucapión veintenal prevista en el artículo 1.977 del Código Civil ya que carece de justo título[225].

Por último, en los casos de pacto comisorio encubierto o simulado bajo la apariencia de otro negocio jurídico, como existe una divergencia entre la voluntad interna y la voluntad declarada de las partes, su régimen será el que corresponde a la simulación de los negocios jurídicos[226].

---

225 Vincenzo Locajono, ob., cit., p. 45.

226 Ugo Carnevali, ob. cit., p. 506, José Enrique Bustos Pueche, ob. cit., pp. 571-572.

LA RESPONSABILIDAD CIVIL DE LOS PROFESIONALES

JOSÉ GETULIO SALAVERRÍA LANDER*

LUIS COVA ARRIA

En el año 1953, recién llegado a Caracas para continuar mis estudios de bachillerato, ingresé al Colegio La Salle Tienda Honda. Me desplazaba en autobús desde mi residencia, en las cercanías del Estadio Nacional, hoy Brígido Iriarte, llegando a la Iglesia de Santa Teresa y

* José Getulio Salaverria Lander, Abogado UCV 1960. Postgrado Derecho Civil. Universidad Salamanca. Diplomados UCAB. Socio principal Salaverría Ramos Romero & Asociados. Coordinador Jornadas Jurídicas Aníbal Dominici. Colaborador especial para el estado Anzoátegui Academia de Ciencias Políticas y Sociales. Coordinador diplomado Universidad Católica Andrés Bello y Asociación Civil Juan Manuel Cajigal. Árbitro Centro de Arbitraje Cámara de Comercio de Caracas y CEDCA.

luego caminaba hasta la sede del instituto educacional. También lo hacía Luis Cova Arria, pero éste se bajaba en La India, al lado del Colegio de Abogados de Caracas, por estudiar en el Liceo de Aplicación.

De vernos cada día nos hicimos amigos, naciendo una relación que ha perdurado en el tiempo. Son 67 años de contacto personal, profesional y familiar.

En 1955 inicié mis estudios de abogacía como alumno regular en la Universidad Central de Venezuela. Luis lo hizo en el año 1956. Obtuvimos el título de abogado en 1960 y 1961 respectivamente.

Como antes expresé, Luis y yo somos viejos amigos, primero como estudiantes, luego por nuestro largo trajinar en el duro y complicado ejercicio profesional.

En agosto de 2007, los Escritorios Luis Cova Arria & Asociados y Salaverría Ramos Romero & Asociados, organizamos las Jornadas Régimen Legal de los Hidrocarburos realizadas en Lechería. Conjuntamente con la Dra. Patricia Martínez de Fortoul, hoy su socia de Escritorio, presentamos el trabajo titulado "Responsabilidad civil derivada de derrames de hidrocarburos"; desde ese entonces surgió un interés especial enfocado hacia la determinación de la responsabilidad civil, contractual o extracontractual.

Los días 17 y 18 de junio de 2016, nuestra filial, Asociación Civil Juan Manuel Cajigal auspició las VII Jornadas Aníbal Dominici, en homenaje a Luis Cova Arria, denominadas Derecho de la Navegación. Aérea/Marítima, realizadas en Barcelona.

El 15 de mayo de 2012, la Junta Directiva de la Academia de Ciencias Políticas y Sociales me había designado como Colaborador Especial para el estado Anzoátegui. En ese entonces, Luis era su Vicepresidente y uno de los motores de mi postulación, junto con los Dres. Roman Duque Corredor, Eugenio Hernández Breton, Humberto Romero Muci y Luciano Lupini Bianchi. Tuve el honor de recibir en diciembre de 2013, mi credencial de manos de su Presidente, mi querido amigo Luis Cova Arria.

Como dije, tengo relaciones personales con Luis Cova Arria desde 1953, cuando me trasladé de Barcelona a Caracas. Me ayudó a integrarme a una vida cosmopolita totalmente desconocida para mí. Constituimos un grupo de amigos, algunos ya fallecidos: Oswaldo Padrón Amaré, Juan Tomás Santana Mujica, Fernando Padrón, William Ascanio; y, otros vivos: Carlos Eduardo Padrón Amaré, ex Consultor Jurídico de PDVSA y homenajeado en nuestras VIII Jornadas Aníbal Dominici; y, Juan Antonio Malpica Marciano. Sorpresas que da la vida. Juan Antonio Malpica se casó con Haydee Lander Grimaldi y de esta unión nació Juan Antonio hijo, casado con mi hija María Adelaida Salaverría Tellería, destacado maritimista, quien también escribe para este libro.

Para mí es un honor y un privilegio la invitación que recibí de la Academia de Ciencias Políticas y Sociales para participar en el Libro Homenaje por los 25 años de la Cátedra de Derecho de la Navegación y Comercio Exterior en la Universidad Central de Venezuela, en reconocimiento a la encomiable labor desempeñada por Luis Cova Arria. Felicito a la Academia de Ciencias Políticas y Sociales, presidida por el Dr. Humberto Romero Muci, por esta excelente iniciativa.

Para homenajear a mi amigo Luis Cova Arria, por el reconocimiento que la Academia de Ciencias Políticas y Sociales hace a su trayectoria profesional y académica, preparé el trabajo titulado "La Responsabilidad Civil de los Profesionales", haciendo especial referencia a la mala praxis en que puedan incurrir abogados, ingenieros y médicos.

Soy consciente que el tema a tratar dista mucho de la especialidad de Luis y del motivo del libro, así como de su actividad como especialista en Derecho de la Navegación y Comercio Exterior, reconocida no sólo a nivel nacional sino también internacional.

El trabajo lo he dividido en cinco capítulos: el primero, destinado al análisis de la responsabilidad civil en general; el segundo, a la responsabilidad civil de los profesionales; y, los tres siguientes, para tratar individualmente la responsabilidad civil del abogado, del ingeniero y del médico.

DE LA RESPONSABILIDAD CIVIL DE LOS PROFESIONALES

Como manifesté en las palabras que encabezan este trabajo, me referiré a la responsabilidad civil de los profesionales, en especial a los abogados, ingenieros y médicos. Este artículo está conformado por cinco capítulos: el primero, destinado a la responsabilidad civil en general; el segundo, a la responsabilidad civil de los profesionales; el tercero, cuarto y quinto, a la responsabilidad civil de los abogados, ingenieros y médicos.

CAPÍTULO I.

DE LA RESPONSABILIDAD CIVIL EN GENERAL

La responsabilidad civil surge como consecuencia, en el ámbito del derecho civil patrimonial. Todo daño debe ser reparado.

Bajo las reglas de la responsabilidad civil se intenta reparar el daño sufrido por la víctima, soportando el causante del daño la obligación de pagar una indemnización.

En un inicio la responsabilidad civil estaba fundada en la idea de culpa, de allí el principio *"sin culpa no hay responsabilidad"*. Con el tiempo se incorporó un nuevo elemento de gran importancia como lo es la teoría del riesgo creado, generándose así las dos concepciones: el sistema subjetivo de culpa; y, el objetivo basado en el riesgo creado.

El artículo 1185 del Código Civil Venezolano (CCV) regula la responsabilidad civil en general, es decir, tanto la contractual como la extracontractual, cuyo dispositivo establece:

> *"El que con intención, o por negligencia o por imprudencia, ha causado un daño a otro, está obligado a repararlo.*
>
> *Debe igualmente reparación quien haya causado un daño a otro, excediendo, en el ejercicio de su derecho, los límites fijados por la buena fe o por el objeto en vista del cual le ha sido conferido ese derecho."*

En opinión del magistrado del Tribunal Supremo de España, José Ramón Fernándiz Gabriel,[1] *"Esa responsabilidad, cuando se origina por haber causado un daño, implica que el sujeto agente viene obligado por ley a repararlo o a compensar a la víctima adecuadamente"*.

Para que pueda hablarse de responsabilidad civil es preciso una acción u omisión ilícita, la realidad y la constatación de un daño causado, la culpabilidad del sujeto agente y un nexo causal entre el primer y segundo requisito.

---

[1] José Ramón Fernándiz Gabriel, *La Responsabilidad Civil. Cuestiones Generales y su efecto reparador*. Editorial La Ley. Primera Edición. Madrid, 2010.

En criterio del catedrático Luis Díaz Picazo,[2] *"La responsabilidad civil significa la sujeción de quien vulnera un deber de conducta impuesto en interés de otro sujeto a la obligación de reparar el daño producido".*

Trigo Represas y López Mesa[3] citan al profesor Bustamante Alsina, para quien *"Ser civilmente responsable es estar obligado a reparar por medio de una indemnización, un perjuicio sufrido por otras personas. Es, en definitiva, la forma de dar cuenta a otro del daño que se le causara".*

Según Javier Tamayo Jaramillo[4], la responsabilidad civil: *"...engloba todos los comportamientos que por generar daños a terceros hacen recaer en cabeza del causante, la obligación de indemnizar".*

María Candelaria Domínguez Guillen[5], define la responsabilidad civil de la siguiente manera: *"...aquella institución jurídica destinada a proporcionar a quien ha sufrido un daño como consecuencia de la conducta, activa u omisiva, de otra persona, los mecanismos jurídicos necesarios para obtener su reparación o una compensación. La responsabilidad civil es la obligación de resarcir que pesa sobre el patrimonio que ha causado un hecho ilícito".*

De lo antes expresado concluimos que la obligación de indemnizar nace cuando alguien resulta perjudicado como consecuencia del incumplimiento de un deber jurídico preexistente, por obligaciones derivadas de un contrato; incumplimiento de obligaciones legales; por el delito; o la violación del deber de prudencia.

FUNDAMENTOS DE LA RESPONSABILIDAD CIVIL

La doctrina venezolana es conteste en sostener que el artículo 1.185 del CCV consagra un principio general del derecho, pues, es justo y lógico que quien ocasione un daño a otro lo repare.

---

[2] Luis Díaz Picazo. *Sistema de Derecho Civil*, Volumen II, 9° Edición, Editorial Tecnos (Grupo Anaya, S.A.), Madrid 2003, pág. 539.

[3] Félix A. Trigo Represas y Marcelo J. López Mesa, *Tratado de la Responsabilidad Civil*, Tomo I, 1° Re-impresión, Editorial La Ley, Buenos Aires, 2005, pág. 15-16.

[4] Javier Tamayo Jaramillo, *Tratado de la Responsabilidad Civil*, Tomo I, 2° Edición, Legis Editores, .S.A, Colombia, 2007, pág. 8

[5] María Candelaria Domínguez Guillen, *Curso de Derecho Civil III, De las Obligaciones*, Revista Venezolana de Legislación y Jurisprudencia, Caracas, 2017, pág. 634.

La profesora María Candelaria Dominguez Guillen[6] al referirse al fundamento de la responsabilidad civil expresa: *"La finalidad principal de la responsabilidad civil es la reparación del daño causado, de allí que se afirme que la responsabilidad civil pretende una finalidad fundamentalmente reparatoria, indemnizatoria, compensatoria o restitutoria... Pero también pudiera bien verse en ella un sentido preventivo que conduce a los ciudadanos a tener prudencia para evitar el compromiso de la responsabilidad. Tal sentido evasivo se asocia a uno de los fines fundamentales del derecho como medio para "prevenir" conflictos y no solo resolverlos".*

Nos adherimos al criterio del profesor Reglero Campos[7], quien sostiene que aquel que *"...pretenda de otro una reparación por los daños que éste le haya causado, debe fundamentar sus pretensiones en una razón suficiente que lo legitime para ello, pues de lo contrario su reclamación sería arbitraria y sería indigna de protección jurídica".*

Nos preguntamos: ¿Cuál sería esa razón suficiente?; ¿Por qué debe este agente reparar un determinado daño? A estas preguntas responde Trigo Represas y López Mesa, afirmando que la razón de la reparación descansa en lo siguiente: *"a. Un fundamento tradicional de índole subjetivo al actuar con negligencia; b. Una más moderna de naturaleza objetiva, como es la teoría del riesgo creado."*

ELEMENTOS DE LA RESPONSABILIDAD CIVIL

La mayoría de los autores, entre ellos venezolanos, sostienen que los elementos de la responsabilidad civil son el daño, la culpa y la relación de causalidad.

La profesora María Candelaria Domínguez Guillen,[8] sostiene que *"el hecho ilícito constituye una conducta antijurídica y culpable que causa un daño a otro"*, teniendo como elementos esenciales: *"Daño; Culpa; y, Relación de Causalidad".* [9]

---

6 *Ibíd.*, pág. 638.

7 Reglero Campos, *Tratado de Responsabilidad Civil*, Editorial Aranzadi, 5° Edición, Pamplona, España, 2014.

8 María Candelaria Domínguez Guillen, Obra citada, pág. 639.

9 Ídem.

El profesor Eloy Maduro Luyando,[10] afirma que los elementos de la responsabilidad civil son cuatro: *"1. Incumplimiento; 2. Los daños y perjuicios causados a un sujeto de derecho; 3. Una culpa o como afirman algunos autores, el carácter culposo del incumplimiento; 4. La relación de causalidad entre el incumplimiento culposo y el daño."*

En opinión de los profesores Felix Trigo Represas y Marcelo J. López Mesa, [11] para determinar la responsabilidad se debe atender a cuatro aspectos, por lo que afirman que *"son cuatro los elementos de la responsabilidad civil: El daño causado a otro; la existencia de un hecho que infringe un deber jurídico de conducta impuesto por el ordenamiento jurídico –antijuricidad o ilicitud-; relación de causalidad entre ese hecho y el daño mencionado supra; y, un factor de atribución de responsabilidad".*

Como dijimos los elementos del hecho ilícito son: el daño, la culpa y la relación de causalidad. Analicemos seguidamente cada uno de ellos.

El daño

Por daño se entiende toda disminución o pérdida que experimente una persona en su patrimonio, bien sea material o moral.

Existen diversas posiciones respecto a la clasificación del daño. Nosotros seguiremos la tradicional: Daño material o patrimonial; daño moral o no patrimonial.

El daño material es la pérdida o disminución de tipo económico que una persona sufre en su patrimonio; y, el moral, es el daño psíquico espiritual que afecta la parte moral de una persona.

A su vez el daño material se subdivide en daño emergente y lucro cesante. El primero, es la pérdida experimentada por la persona en su patrimonio, generado por el incumplimiento intencional o culposo de otra persona; por lo que respecta al segundo, es el no aumento del patrimonio por habérsele privado de un incremento que normalmente hubiere ingresado a su acervo patrimonial de no haber ocurrido el incumplimiento.

---

[10] Eloy Maduro Luyando, *Curso de Obligaciones*, UCAB, Manuales de Derecho, 1989, Capítulo 7.

[11] Félix Trigo Represas y Marcelo J. López Mesa, Obra citada, Tomo II, Págs. 272 y 289.

En criterio de Maduro Luyando,[12] para que el daño sea reparable deben cumplirse varios presupuestos:

"1. 1. Debe ser cierto;
2. Debe lesionar un derecho adquirido;
3. Debe ser determinado o determinable;
4. No debe haber sido reparado;
5. El daño debe ser personal a quien lo reclama."

El maestro francés Phillippe Le Tourneau,[13] nos dice: que *"En responsabilidad no hay acción sin perjuicio... el perjuicio debe ser probado por el demandante".*

Por lo que respecta a las características del perjuicio, expresa,[14] que *"el perjuicio reparable debería ser directo, actual, legítimo y cierto. El carácter directo se refiere en realidad al nexo de causalidad...".*

Este mismo autor al tratar la diversidad de perjuicios, expone[15] que *"el perjuicio patrimonial (o económico) es la lesión al patrimonio de la víctima, bien sea por un daño moral (ejemplo, lesión a la reputación de un comerciante), o, más comúnmente, por un daño material o corporal. La lesión sufrida solamente por el patrimonio conoce dos variedades. En primer lugar, el daño emergente, que es el corazón mismo del daño. Consiste en una disminución del patrimonio, sea como consecuencia de un desfallecimiento contractual o de un hecho delictual dañino. En segundo lugar, el lucro cesante, que es la desaparición, por el hecho del acto del responsable, de una esperanza legítima del beneficio".*

En criterio de María Candelaria Domínguez Guillen,[16] *"...la victima debe probar el daño, a saber, el perjuicio o lesión sufrida, pues no existe responsabilidad sin daño. El daño es todo menoscabo, perjuicio o deterioro que sufre una persona en su patrimonio o en su integridad, física o psíquica. La jurisprudencia insiste en que no existe responsabilidad cuando no se acredita la realidad del hecho dañoso".*

---

[12] Eloy Maduro Luyando, Obra citada, Capítulo VII, pág. 157.

[13] Philippe Le Tourneau, *La Responsabilidad Civil,* Traducción de Javier Tamayo Jaramillo, Editorial Legis, Primera Re-impresión, Año 2004, pág. 60.

[14] *Ibíd*, pág. 66.

[15] *Ibíd*, pág. 69.

[16] María Candelaria Domínguez Guillen, Obra citada, pág. 641.

La culpa

Es otro de los elementos de la responsabilidad civil. La doctrina es conteste que el incumplimiento debe ser culposo para que genere la obligación de reparar el daño causado.

Opina Maduro Luyando,[17] que *"El incumplimiento culposo es aquel que se deriva de la culpa del deudor y su naturaleza podemos sintetizarla en algunas características, a saber:*

> *1. Por culpa del deudor debe entenderse tal concepción en su significado más amplio, que comprende tanto los actos intencionales o dolosos del deudor como los actos propiamente culposos;*
> *2. El sistema de la apreciación de la culpa del deudor es en abstracto, comparándose con la conducta desarrollada por el deudor cuando incumple su obligación con la conducta que debe desplegar un ente abstracto colocado en las mismas circunstancias externas del deudor. Ese ente abstracto es el pater familiae;*
> *3. El deudor responde de su incumplimiento cuando éste se debe a cualquier grado de culpa...;*
> *4. En materia de incumplimiento culposo la prueba de la culpa corresponde al acreedor, a quien también corresponde demostrar el incumplimiento..."*.

Para María Candelaria Domínguez Guillen,[18] al referirse al tema, afirma que *"se precisa también la culpa del agente, de la cual la víctima tiene la carga de la prueba, en el sistema normal o general de la responsabilidad por hecho ilícito"*.

Más adelante, la citada autora, afirma[19] que *"la culpa supone la violación de un deber, la de actuar sin que ello fuese fuente de daños. Constituye un error en la conducta"*.

Debemos distinguir entre el dolo y la culpa. El primero, nos lo define el artículo 1.185 tantas veces citado: *"el que con intención"*; y, el segundo, al actuar con imprudencia, impericia o negligencia.

---

[17] Eloy Maduro Luyando, Obra citada, pág. 102.

[18] María Candelaria Domínguez Guillen, obra citada, pág. 642.

[19] Ídem.

Relación de causalidad

Para que el deudor quede obligado a reparar los daños y perjuicios es necesario que provengan del incumplimiento culposo de una obligación. No es suficiente con el daño y la culpabilidad sino que debe demostrarse que existe una relación directa entre el daño sufrido y la culpa del agente. Se trata de una relación causa-efecto entre la culpa del agente del daño y el daño experimentado por la víctima.

El profesor Le Tourneau[20], nos enseña que *"racionalmente la responsabilidad civil supone un nexo de causa-efecto entre el perjuicio y el hecho dañino. Este último debe haber sido la causa generadora del daño, así como la causa debe haber desempeñado un papel activo en la producción del daño"*.

Respecto a la prueba del daño afirma que [21] *"El nexo causal debe ser establecido por el demandante y constatado por los jueces de fondo ante quienes se ha interpuesto la acción en reparación... La prueba de relación de causa-efecto es difícil. En tanto que se trata de un hecho, esta relación se establece por todos los medios comprendidos entre ellos, las presunciones (graves, precisas y concordantes)"*.

Racionalmente la responsabilidad civil supone un nexo de causa-efecto entre el perjuicio y el hecho dañino, siendo éste último la causa generadora del daño.

Nuestra legislación

En nuestra opinión el fundamento de la responsabilidad civil tal como lo contempla el artículo 1.185 del CCV, es subjetivo, al establecer que el que con intención, o por negligencia o por imprudencia ha causado un daño a otro está obligado a repararlo.

De acuerdo al artículo citado, no hay responsabilidad sin culpa. Encontramos algunas disposiciones en nuestro Código Civil que atemperan la responsabilidad contemplada en el artículo 1.185, entre ellas la responsabilidad de los padres o el tutor, a falta de éstos, quienes son responsables del daño ocasionado por el hecho ilícito de los menores que habiten con ellos, a tenor de lo dispuesto en el artículo 1.190, pudiendo

---

[20] Philippe Le Tourneau, Obra citada, pág. 75.

[21] *Ibíd.* pág. 76.

liberarse de responsabilidad, si probaren que no fue posible impedir el daño.

De igual manera, aparece en los daños causados por animales, regulado en el artículo 1.192, salvo que el accidente se origine por falta de la víctima o culpa de un tercero.

Existe otra presunción de responsabilidad contemplada en el artículo 1.193, en la que se prevé la responsabilidad producida por la guarda de cosas. El presunto responsable puede liberarse de responsabilidad si lograre probar que se causó por falta de la víctima, hecho de un tercero, por causa fortuita o fuerza mayor.

Concluimos con Trigo Represas y López Mesa que la responsabilidad es subjetiva o por culpa, si el deber violado está constituido por una obligación de conducirse en la vida de forma adecuada y razonable para no causar daños a terceros; y, por lo que respecta a la responsabilidad objetiva o sin culpa, si el deber consiste en una obligación de resultado, como es el caso de la responsabilidad por la guarda de cosas o de animales.

CAPÍTULO II
RESPONSABILIDAD CIVIL DE LOS PROFESIONALES

La responsabilidad civil de los profesionales ha tenido un marcado incremento en los últimos tiempos. Con frecuencia vemos noticias en las que denuncian mala praxis por parte de los médicos; daños sufridos por personas que adquirieron propiedades inmobiliarias en edificios con defectos de construcción y riesgo de ruina; y, con menos relevancia, la responsabilidad civil de los abogados por haber actuado indebidamente en una causa.

Debemos empezar explicando el concepto de profesional, entendiéndose por éste la persona que ejerce una profesión o desempeña una actividad que constituye su principal fuente de ingresos.

En opinión de Trigo Represas y López Mesa,[22] la responsabilidad de los profesionales, *"Es toda actividad desarrollada en forma habitual, con autonomía técnica, que cuenta con una reglamentación, re-*

[22] Félix Trigo Represas y Marcelo J. López Mesa, Obra citada, Tomo II, pág. 276.

quiere una habilitación previa y se presume onerosa; pudiendo asimismo estar sujeta a colegiación y sometida a normas éticas y a potestades disciplinarias."

Los mismos autores[23] afirman que la responsabilidad profesional es aquella *"en el que incurre el que ejerce una profesión, al faltar a los deberes especiales que ésta le impone, requiriendo para su configuración, de los mismos elementos comunes a cualquier responsabilidad civil."*

Por su parte Esteban Javier Arias Cáu sostiene que [24]*"profesión significa el empleo, facultad u oficio que cada uno tiene y ejerce públicamente...y comprende toda actividad desarrollada públicamente, de modo habitual y como principal fuente de ingresos..."*

Para nosotros, profesional es la persona que tiene especiales conocimientos para ejecutar actividades con fines de lucro. Tan profesional es un jardinero, plomero, futbolista como lo es un médico, abogado o ingeniero.

¿La responsabilidad civil profesional es contractual o extracontractual?

Cuando ha existido un contrato entre el profesional y la víctima para la prestación de servicio por parte de aquel, la responsabilidad es contractual. Por el contrario, si no media un acuerdo de voluntades podemos afirmar que es extracontractual, como sería el caso de un médico que atiende una persona en una emergencia, sin ninguna relación previa.

¿La responsabilidad civil del profesional es de medio o de resultado?

A fin de determinar la responsabilidad de los profesionales debemos distinguir si la prestación del servicio comprende obligaciones de medio o de resultado.

---

23 Ídem.

24 Esteban Javier Arias Cáu, *"Algunas Reflexiones sobre la Responsabilidad en las profesionales liberales"*, Ed. Microjuris, Argentina, 2013. Disponible en: https://www.pensamientocivil.com.ar/system/files/algunas_reflexiones_sobre_la_responsabilidad_civil_en_las_profesiones_liberales.pdf

La obligación de medio es la que sólo impone aptitud o idoneidad para adoptar y cumplimentar, con empeño y dedicación, aquellas diligencias o medidas que habitualmente conducen a un resultado, pero sin asegurar la obtención del mismo; en tanto que obligación de resultado es la que compromete un objetivo determinado.

La importancia de esta distinción tiene vigencia en la fase probatoria de la reclamación. Si se trata de una obligación de resultado será suficiente alegar que no se logró el fin ofrecido y esperado, pudiendo el demandado excepcionarse si el incumplimiento se debió por caso fortuito o fuerza mayor. A su vez, si fuese una obligación de medio no es suficiente la no obtención del fin previsto, toda vez que no fue asegurado. En este caso corresponde a la víctima demostrar que el incumplimiento se originó por culpa del obligado, bien sea por impericia, imprudencia o negligencia, tal como lo establece el CCV en su artículo 1.185.

Serán objeto de comentarios en este trabajo la responsabilidad del médico y del abogado. Estos no deben asegurar el éxito de su gestión. Tan sólo pueden comprometerse a realizar las actividades con eficiencia y calidad de servicio.

Los médicos y abogados tienen cierta libertad para el cumplimiento de su prestación, debiendo guiarse por los dictados científicos de manera que si existen varios pueda elegir cualquiera de ellos, en el entendido que éste resulte el más indicado para lograr el objetivo propuesto.

Elementos de la responsabilidad civil profesional

Reproducimos lo dicho en el capítulo anterior. En nuestra opinión y en el de la gran mayoría de los autores, tres son los elementos indispensables para la responsabilidad civil profesional: El daño; la culpa; y, la relación de causalidad.

Recordemos que en opinión de Maduro Luyando, Trigo Represas y López Mesa, son cuatro: El daño causado a otro; la existencia de un hecho que infringe un deber jurídico de conducta impuesto por el ordenamiento jurídico; la relación de causalidad entre ese hecho y el daño; y, un factor de atribución de responsabilidad.

Nos abstendremos de comentar acerca de estos elementos por haberlo hecho con anterioridad.

¿Cuándo puede calificarse de culposa la actuación de un profesional?

Cuando se produce un resultado dañoso a consecuencia de una mala práctica profesional, se afirma que se ha infringido la Lex Artis.

Luis Martínez Calcerrada y Gómez[25] la define como *"aquel criterio valorativo de la corrección del concreto acto médico ejecutado por el profesional de la medicina, que tiene en cuenta las especiales características de su autor, de la profesión, de la complejidad y trascendencia vital del acto, y, en su caso, de la influencia de otros factores endógenos para calificar dicho acto médico de conforme o no con la técnica normal requerida, derivando de ello el acervo de exigencias o requisitos de legitimación o actuación lícita, de la correspondiente eficacia de los servicios puestos, y en particular, de la posible responsabilidad de su autor por la intervención o acto médico ejecutado..."*.

Si bien el autor se refiere en concreto a la mala praxis médica, puede aplicarse a todos los profesionales.

Se viola la Lex Artis cuando un profesional actúa con impericia, negligencia o imprudentemente.

Entendemos por impericia, la ausencia de conocimientos normales que toda profesión requiere. A su vez, negligencia es el descuido o falta de aplicación y diligencia en la ejecución de un acto. Y finalmente, imprudencia, es el obrar precipitadamente sin prever las consecuencias.

CAPÍTULO III
DE LA RESPONSABILIDAD CIVIL DEL ABOGADO

La palabra "abogado" deriva de la voz "*advocatus*", formada por la partícula ***ad*** y el participio ***vocatus***, que es "a su vez contracción de la frase *ad auxilium vocatus*, o sea: *"llamado para auxiliar", por cuanto entre los romanos, para los negocios que requerían conocimientos de leyes, cada cual llamaba en su socorro a quienes hacían un estudio particular del derecho"*.

---

[25] Luis Martínez Calcerrada y Gómez, *La Responsabilidad Civil, profesional y la lex artis ad hoc,* Anales de la Academia Matritense del Notariado, Tomo 37, 1998.

Así lo dicen los profesores Trigo Represas y López Mesa,[26] copiando lo expresado por el último de los mencionados, en su libro Responsabilidad Civil del Abogado.

Continúan dichos autores afirmando que *"Todo ello se corresponde, con bastante aproximación, con el concepto actual del "abogado", profesional al que se recurre en procura de consejo o asesoramiento, jurídico o legal, en materia negocial, y también de "ayuda" o de "defensa" para las contiendas judiciales en las que debaten intereses de la parte requirente".*

Según el Digesto citado por Trigo Represas y López Mesa,[27] *"El papel de un abogado es exponer ante el juez competente su deseo o de la demanda de un amigo, o bien combatir la pretensión de otro".*

Para otros tratadistas, también citados por Trigo Represas y López Mesa[28] como Dalloz, *"el abogado, designado en muchos textos legales con el nombre de defensor, es quien, después de haber obtenido el grado de licenciado en derecho, se encarga de defender ante los tribunales, oralmente o por escrito, el honor, la vida, y fortuna de los ciudadanos"*

La abogacía es una profesión cuya labor fundamental es la de aconsejar o asistir en asuntos jurídicos, defendiendo a quienes participan en procesos judiciales.

Mucho se ha discutido acerca de la función del abogado, unos afirman que son servidores del interés particular; otros por el contrario, sostienen que su labor es de interés social.

Afirman Trigo Represas y López Mesa[29] que *"el abogado aunque defiende un interés particular, trasciende en su acción ese interés privado, para servir en realidad al interés público de la justicia".*

Aunque el abogado patrocine los derechos de sus clientes, están también participando del interés social, cuando su labor está encaminada a lograr el bien común. La función social del abogado primordialmente es la de contribuir a una interacción social, a la armonía entre los miembros de la sociedad.

---

[26] Félix Trigo Represas y Marcelo J. López Mesa, Obra citada, pág. 498.

[27] *Ibíd*, pág. 504.

[28] Félix Trigo Represas y Marcelo J. López Mesa, Obra citada, pág. 505.

[29] Félix Trigo Represas y Marcelo J. López Mesa, Obra citada. pág. 507.

El abogado con su actuación, tiene una función social para coadyuvar con la justicia en la terminación o un arreglo mediante transacción de un conflicto judicial.

Los citados tratadistas traen la opinión de Bustamante Alsina,[30] quien afirma que *"El abogado es, cumpliendo esa función social, un elemento de pacificación en las relaciones humanas, preservando el orden jurídico mediante el acatamiento a las normas que su consejo lleva siempre consigo; mediante la solución directa de los conflictos creados con un sentido de justicia; mediante la actuación jurisdiccional que le permite poner por los medios técnicos del proceso el derecho de los justiciables"*.

Deberes del abogado

Múltiples son los deberes del abogado, el primero y fundamental es el deber de patrocinio y defensa; el deber de guardar el secreto profesional; el deber de mesura, decoro en su actuación tribunalicia; el deber de asesorar con diligencia y rectitud a su cliente, sin inducirlo a engaño.

En nuestra legislación los deberes del abogado nos vienen dados por el articulado de la Ley de Abogados y el Código de Ética Profesional del Abogado Venezolano.

El artículo 2 de la Ley de Abogados determina que *"El ejercicio de la abogacía impone dedicación al estudio de las disciplinas que impliquen la defensa del derecho, de la libertad y de la justicia..."*

Mientras que el artículo 15 de la mencionada ley, dispone que *"El abogado tiene el deber de ofrecer al cliente el concurso de la cultura y de la técnica que posee; aplicarlas con rectitud de conciencia y esmero en la defensa, ser prudente en el consejo, sereno en la acción y proceder con* ***lealtad****, colaborando con el juez, en el triunfo de la justicia."*

De acuerdo al artículo 2 del Código de Ética Profesional del Abogado Venezolano,[31] *"El abogado tendrá como norte de sus actos servir a la justicia, asegurar la libertad y el ministerio del Derecho."*

---

[30] *Ibíd.* pág. 508.

[31] Disponible en: https://pandectasdigital.blogspot.com/2016/08/codigo-de-etica-profesional-del-abogado.html

En cuanto a los deberes del abogado dispone el referido Código de Ética en su artículo 4: *"son deberes del abogado:*

> *1. Actuar con probidad, honradez, discreción, eficiencia, desinterés, veracidad y lealtad;*
> *(Omissis)".*

A su vez el artículo 5 de la citada normativa, establece que *"El honor de la abogacía es indivisible, la dignidad y el decoro han de caracterizar siempre la actuación del abogado. Lesiona el patrimonio moral de todo gremio, el abogado que incurre en una acción indigna.*

El artículo 20 del mismo cuerpo legal establece que *"La conducta del abogado deberá caracterizarse siempre por la honradez y la franqueza. No deberá aconsejar ni ejecutar actos que puedan calificarse de dolosos, hacer aseveraciones o negaciones falsas, citas inexactas, incompletas o maliciosas, ni realizar acto alguno que pueda entorpecer una eficaz y rápida administración de justicia".*

Por lo que respecta al comportamiento durante el proceso, el ejercicio de la profesión de abogado está regulado por los artículos 17 y 170 del Código de Procedimiento Civil (CPC), que serán objeto de comentarios en la sección destinada al fraude procesal.

¿La prestación de servicios del abogado es de medio o de resultado?

La obligación que normalmente los abogados asumen es de medio. No debe comprometerse el abogado a garantizar ganar un juicio. Su obligación consiste en aplicar sus conocimientos y habilidades para la consecución del fin propuesto.

Cuando la obligación del abogado consiste en llevar un juicio, la obtención del resultado positivo o negativo depende de muchos factores, no siendo siempre suficiente el empleo de la mayor diligencia. El abogado debe prestar su mejor concurso profesional para lograr el triunfo, sin asegurarlo.

También puede ser de resultado, cuando el abogado se compromete a redactar un contrato. Si incumple con su compromiso, y esta circunstancia causa daños al cliente, podría ser responsable por la indemnización de daños y perjuicios.

Ningún litigante puede asumir la obligación para garantizar las resultas de un proceso judicial el cual depende no solo de la habilidad y conocimiento del abogado actuante, sino de las defensas que pueda invocar la contraparte; la probanzas que cada una de las partes lleve al proceso; y la interpretación que el juez de a los elementos existentes en el expediente.

Naturaleza jurídica de la responsabilidad del abogado

En la doctrina se discute si se trata de una responsabilidad contractual o extracontractual. Todo depende de las características de la relación entre el abogado y su patrocinado. Por ejemplo: Cuando se trata de daños causados al propio cliente con el que ha celebrado un acuerdo, para la prestación de servicios profesionales, podríamos calificarla como contractual, toda vez que proviene de la inejecución de las obligaciones asumidas por el profesional de la abogacía.

Se presentan casos en los cuales de la actuación del abogado pueden derivar las dos responsabilidades, la contractual o la extracontractual. La primera, sería cuando el abogado incumple los términos del convenio para la prestación de servicio. Por ejemplo: No proponer la demanda. La extracontractual podría provenir cuando dentro del proceso el abogado no ejerce con la diligencia debida la defensa de su patrocinado.

Así, en caso que los servicios del abogado sean solicitados por el cliente y la prestación de los mismos surgen de un contrato, es obvio que la responsabilidad civil derivada de un incumplimiento nace por razón de la convención o acuerdo entre las partes y sus efectos se regirán por las reglas de la responsabilidad contractual.

En este orden de ideas se compenetra el autor venezolano José Melich Orsini para quien surge la necesidad de indagar sobre cuál es la naturaleza del contrato que liga a un abogado con su cliente, y al respecto afirma que no [32] "*es posible deducirlo a un puro contrato de mandato, pues aunque el abogado suele recibir de su cliente el <<encargo de ejecutar uno o más negocios por cuenta de su cliente>> (artículo 1684*

[32] José Melich Orsini, *La Responsabilidad Civil del Abogado, "Responsabilidad Civil Derecho de Daños"*. Instituciones de Derecho Privado. Editora Jurídica Grijley. Tomo V, pág. 95.

C.C.venez.), las relaciones entre el abogado y su cliente no suponen siempre que aquel deba realizar actos jurídicos (a veces solo es encargado de la redacción o hasta de la simple revisión de un documento, que el cliente puede o no utilizar); ni tampoco el solo hecho que el abogado haya acatado estrictamente las instrucciones de su mandante cuando su actividad profesional se desarrolle en conjunción con un mandato, libera al abogado de su responsabilidad como profesional".

Continua el autor citado [33] "*en el caso del abogado vinculado por un contrato de trabajo, el abogado vinculado por un contrato de mandato conserva un amplio ámbito de libertad frente a su cliente, que deriva de la obligatoriedad de cumplir con los ajustes necesarios o de abstenerse de cumplir las instrucciones de su cliente en obediencia a las insoslayables normativas que rigen su status profesional*".

Siguiendo con sus lucubraciones el Dr. Melich Orsini insiste en su indagación de cuál es entonces la naturaleza del contrato que celebra un abogado con su cliente, del cual surgen los deberes profesionales que, superpuestos a los que genera el contrato de trabajo, el mandato o de cualquier otra especie que el abogado mantenga simultáneamente con su cliente, permita calificar de "contractual" la responsabilidad civil del abogado frente a su patrocinado.

Luego de involucrarse en diversas disposiciones contenidas en el Código Civil derogado referentes a la figura del arrendamiento de servicios (locatio conductio operarum) concluye el Dr. Melich Orsini que en el vigente Código Civil Venezolano, apenas se distingue entre contrato de arrendamiento de cosas y contrato para la prestación de servicios y que en relación al tratamiento de éste último, solo se ha considerado lo relativo al contrato de trabajo, cuya disciplina refiere especialmente a la legislación laboral y que por tanto la inclinación predominante en la doctrina patria es calificar la relación que surge entre el abogado y su cliente, como un contrato de obra, ex artículo 1630 CCV que lo define como aquel mediante el cuál una parte se compromete a ejecutar determinado trabajo, por si o bajo su dirección, mediante un precio que la otra se obliga a satisfacer.

---

[33] Ídem.

Presupuestos de la responsabilidad civil del abogado

Si bien seguimos la tesis tradicional, daño, culpa y relación de causalidad, muchos autores, entre ellos Maduro Luyando; y, Trigo Represas y López Mesa, se inclinan por considerar que son cuatro los elementos de la responsabilidad civil.

Comentaremos seguidamente, de acuerdo a nuestra opinión, los elementos que pueden conformar la responsabilidad civil del abogado.

El daño

Para muchos uno de los cambios más importantes que ha experimentado la responsabilidad civil, lo constituye la transición del principio del hecho ilícito basado en la culpa al del hecho dañoso, centrado en el daño. El daño se ha convertido en el objeto fundamental de los estudios sobre la responsabilidad civil.

Un aspecto peculiar de la responsabilidad del abogado lo constituye la determinación de la extensión del daño indemnizable. Se ha expuesto que el resarcimiento puede consistir en la reparación de la pérdida de la oportunidad o posibilidad de éxito, dependiendo de las circunstancias del caso.

¿Cómo debe ser el daño para ser indemnizado?

Hay consenso en la doctrina que el daño resarcible es aquel que reúne las características de ser cierto, personal e ilícito o antijurídico.

El profesor Obdulio Velásquez Posada[34] trae la opinión del profesor Bustamante Alsina, para quien *"no es suficiente un daño cualquiera para que el autor se vea obligado a repararlo; este daño debe ser cierto, subsistente, personal del reclamante y afectar un interés legítimo del damnificado. Subsistente significa que el daño no debe haber desaparecido en el momento en que debe ser resarcido"*.

Como expresamos, uno de los elementos del daño es su certidumbre, siendo una condición necesaria para toda condenatoria. El juez llegará por el análisis de las pruebas a la convicción de que el daño existió, existe o existirá, produciendo una disminución patrimonial o moral en el perjudicado.

[34] Obdulio Velásquez Posada, *Responsabilidad Civil Extracontractual*, Editorial Temis, S.A. Primera Edición, Bogotá, pág. 233.

Velásquez Posada[35] copia la opinión de Zannoni, para quien *"...el daño debe ser real y efectivo, no meramente conjetural o hipotético"*.

El artículo 1.196 del CCV regula la obligación de reparación, la cual *"...se extiende a todo daño material o moral causado por el acto ilícito."*

La culpa

Debemos entender que en un inicio la responsabilidad civil provino de la culpa, como una actuación dolosa o culposa del agente.

Hoy, la responsabilidad objetiva es un hecho, proveniente de la teoría del ejercicio de actividades peligrosas. Así encontramos la responsabilidad por el hecho de otros, regulada por los artículos 1.190 (responsabilidad de los padres o tutores por los daños causados por los menores que habiten con ellos); 1.191 (los dueños y los principales o directores por el hecho ilícito de sus sirvientes y dependientes, en el ejercicio de sus funciones); 1.192 (la responsabilidad del dueño del animal por el daño que cause); y, el 1.193 (daño causado por cosas bajo la guarda).

La mejor definición de culpa, en opinión de Velásquez Posada[36], es la de los hermanos Mazeaud, para quienes:

"*La culpa cuasidelictual es un error de conducta tal, que no la habría cometido una persona cuidadosa situada en las mismas circunstancias que el autor del daño*".

La definición plasmada por los hermanos Mazeaud podría calificarse como la más precisa y ajustada al concepto de culpa que en su esencia se halla implícita en el tipo de comportamiento requerido a toda persona. Esta concepción -aparentemente universal- se encuentra igualmente presente en el sistema angloamericano fundado en la figura del *mínimum standard of conduct* (mínimo estándar de conducta), y con base en la concepción del *due diligence* (diligencia debida) que ha de esperarse de toda persona promedio, figura ésta totalmente contraria a la del *gross negligence* o negligencia crasa que generaría responsabilidad por culpa grave o gravísima.

[35] Obdulio Velásquez Posada, Obra citada, pág. 235.

[36] *Ibíd.* pág. 213.

Relación de causalidad

Para que proceda la indemnización, debe existir entre el comportamiento del profesional del derecho y el daño sufrido por el cliente, una relación causal, es decir, es la vinculación entre el actuar del abogado y el daño sufrido por el cliente.

Para Serra Domínguez citado por Trigo Represas y López Mesa,[37] *"La complejidad de la prueba de la relación de causalidad entre el incumplimiento y el daño causado al cliente se pone de relieve en la mayor parte de los supuestos en que la actividad comprometida por el abogado tiene naturaleza jurisdiccional".*

Es a cargo del reclamante probar la existencia de una relación causal entre la actuación del abogado y el daño que pueda haber sufrido; y, corresponde al abogado demostrar la inexistencia del vínculo causal, es decir, probar que el daño provino de otra causa ajena a la relación; por caso fortuito; por hecho de un tercero; o por el comportamiento de la propia víctima.

Del fraude procesal

El proceso judicial como instrumento para la realización de la justicia, ha sido claramente destinado a la solución de conflictos, a la composición de las controversias que se susciten entre los justiciables. De manera que cuando se acude ante los órganos jurisdiccionales debe ser para plantear una controversia seria y cierta, que al no haber sido compuesta por las partes, debe ser resuelta por el juez en un fallo definitivo. Debemos destacar que la Constitución Nacional de 1999 eleva a nivel constitucional la consagración del proceso como garantía, cuando en su artículo 257 consagra que el proceso constituye el instrumento fundamental para la realización de la justicia.

Las disposiciones legales que rigen el proceso establecen que las partes deben actuar con lealtad y probidad (artículo 17 CPC), teniendo como base el principio de la buena fe.

Como ya expresamos, el artículo 17 del CPC faculta al juez para tomar de oficio o a petición de parte, todas las medidas necesarias para

[37] Félix Trigo Represas y Marcelo J. López Mesa, Obra citada, pág. 526.

sancionar las faltas de lealtad y probidad en el proceso, las contrarias a la ética profesional, la colusión y el fraude procesal.

A su vez el artículo 170 del CPC establece los deberes de los abogados, quienes deben actuar en el proceso con lealtad y probidad, disponiendo que *"Las partes, sus apoderados y abogados asistentes, deben actuar en el proceso con lealtad y probidad"*.

El parágrafo único del citado artículo afirma que *"las partes y los terceros que actúen en el proceso con temeridad o mala fe son responsables por los daños y perjuicios que causaren"*.

Por último, precisa cuándo se ha actuado con temeridad o mala fe y ello surge porque:

> *"1. Deduzcan en el proceso pretensiones o defensas, principales o incidentales, manifiestamente infundadas;*
> *2. Maliciosamente alteren u omitan hechos esenciales a la causa;*
> *3. Obstaculicen de una manera ostensible y reiterada el desenvolvimiento normal del proceso."*

La situación actual del ejercicio de la profesión de abogacía nos ha enseñado que no siempre las partes actúan de buena fe, de manera que la finalidad es obtener resultados poco ortodoxos, ilícitos, defraudando de esta manera la ley. Este comportamiento es conocido como fraude procesal.

La profesora Mercedes Ugarte[38], en su tesis de grado sostiene que *"al respecto resulta oportuno señalar el siguiente análisis:*

El concepto de buena fe reviste una variedad de significados que giran alrededor de un núcleo ético-social. Así podemos, sin dificultad, destacar estos cinco significados corrientes:

> *Lealtad, honestidad, fidelidad...*
> *Confianza...*
> *Credulidad...*

---

[38] Mercedes Ugarte, "*La vía incidental: ¿El procedimiento judicial apropiado para sustanciar y decidir el fraude cometido en el proceso?*". Trabajo de grado para optar al título de especialista en Derecho Procesal UCAB, Año 2006. Disponible en: http://biblioteca2.ucab.edu.ve/anexos/biblioteca/marc/texto/AAQ7622.pdf

Errónea creencia o convicción respecto de una situación de hecho ligada al derecho...
Equidad."

El artículo 29 del Código de Ética Profesional del Abogado, al calificar la deslealtad, dispone que *"Constituye deslealtad e infracción de la ética profesional, celebrar arreglos con la contraparte a espaldas de su patrocinado"*.

Algunos autores entienden por fraude procesal, toda conducta ilegítima de una o varias personas, que comporta una incompatibilidad entre los fines perseguidos por la ley y los obtenidos por el fraude, con la finalidad de obtener un provecho en engaño de las partes que intervienen en un negocio jurídico, en perjuicio de un tercero o con la intención de sustraerse de los efectos legales de un acto jurídico.

Couture citado por la Dra. Mercedes Ugarte, al referirse al fraude procesal sostiene que [39] *"...es un negocio fraudulento realizado por medios procesales, es una noción que no ha tenido mayor aceptación, y además no siempre el proceso es utilizado para cometer un fraude sustancial, sino que se hace suficiente para cometer un fraude una actitud engañosa y ficticia con el firme propósito de engañar o perjudicar a otro, no para ocultar otro negocio jurídico.*

El fraude puede producirse:

a) En el proceso; y,

b) Con el proceso".

En sentencia de la Sala Constitucional del Tribunal Supremo de Justicia[40] con ponencia del magistrado Jesús Eduardo Cabrera, se analizó el alcance de la normativa contemplada en el artículo 17 del CPC, en lo que respecta al fraude procesal.

Afirma el ponente:

"Antes de la vigencia del actual Código de Procedimiento Civil, la cuestión del dolo procesal, entendido éste en sentido amplio (lo

---

[39] Mercedes Ugarte, *Ibíd.*

[40] Sala Constitucional del Tribunal Supremo de Justicia, Sentencia N° 908 de fecha 4 de agosto de 2000, Caso Amparo Constitucional Intana, C.A.Disponible en: http://historico.tsj.gob.ve/decisiones/scon/agosto/908-040800-00-1722.HTM

que abarca a la colusión, el fraude, la simulación y el abuso de derecho), carecía en las leyes de una declaratoria general que lo rechazara (apenas si el artículo 15 de la Ley de Abogados se refería al principio de lealtad procesal), pero una serie de disposiciones puntuales lo contemplaban y lo combatían, tales como las multas a las partes provenientes de la actividad procesal, la condena en costas al litigante temerario, y hasta la eximente de las mismas, en los casos en que el actor demandara sin motivo, y el demandado conviniese en la demanda (situación recogida en el Código de Procedimiento Civil en su artículo 282).

Pero a partir del vigente Código de Procedimiento Civil, en forma genérica y no puntual, el dolo procesal y sus efectos aparece recogido en el ordenamiento procesal, cuando el ordinal 1° del artículo 170 crea en las partes el deber de veracidad (exponer los hechos de acuerdo a la verdad), mientras que el artículo 17 al desarrollar el deber de lealtad y probidad en el proceso por parte de los litigantes, ordena la prevención de la colusión y el fraude procesal (máximo exponente del dolo procesal).

Aparece así, como categoría propia y muestra del dolo procesal (entendido en un sentido amplio), el fraude procesal, resultando impretermitible establecer, si éste sólo puede ser perseguido "con las medidas necesarias establecidas en la ley, tendentes a prevenir o a sancionar", lo que podía ser interpretado desde un punto de vista estricto: que su sanción se logra sólo con los medios prevenidos expresamente para obrar dentro del proceso, o si su interpretación debe ser más amplia, y el dolo en todas sus manifestaciones puede ser impedido y enervado con los medios sancionatorios generales, dispuestos en la ley.

A juicio de esta Sala, al crearse como categorías específicas la colusión y el fraude procesales, dentro de los principios o disposiciones fundamentales del Código de Procedimiento Civil que rigen el proceso, tales conductas deben ser interpretadas como reprimibles en forma general, independientemente de los correctivos específicos que aparecen en las leyes, ya que el legislador en lugar de perseguir actuaciones puntuales, como lo hizo hasta la vigencia del Código de Procedimiento Civil de 1916, ha establecido una declaración prohibitiva general, la que a su vez se conecta con la tuición del orden público y las buenas costumbres a cargo del juez en el proceso (artículo 11 del Código de Procedimiento Civil); y que en estos momentos también se conecta con el derecho a la tutela judicial efectiva, del cual deben gozar los que acceden a los órganos judiciales, al igual que a obtener de éstos una justicia idónea, transparente y eficaz (artículos 26 y 257 de la vigente Constitución). En consecuencia, el fraude procesal (dolo) puede ser atacado con el fin de hacerle perder sus efectos, sin necesidad de acudir a especiales supuestos de hecho señalados en la ley, para específicas situaciones, las cuales de todos modos siguen vigentes. (Omissis)

El fraude procesal puede ser definido como las maquinaciones y artificios realizados en el curso del proceso, o por medio de éste, destinados, mediante el engaño o la sorpresa en la buena fe de uno de los sujetos procesales, a impedir la eficaz administración de justicia, en beneficio propio o de un tercero y en perjuicio de parte o de tercero. Estas maquinaciones y artificios pueden ser realizados unilateralmente por un litigante, lo que constituye el dolo procesal stricto sensu, o por el concierto de dos o más sujetos procesales, caso en que surge la colusión; y pueden perseguir la utilización del proceso como instrumento ajeno a sus fines de dirimir controversias o de crear determinadas situaciones jurídicas (como ocurre en el proceso no contencioso), y mediante la apariencia procedimental lograr un efecto determinado; o perjudicar concretamente a una de las partes dentro del proceso, impidiendo se administre justicia correctamente.

El fraude puede consistir en el forjamiento de una inexistente litis entre partes, con el fin de crear un proceso dirigido a obtener fallos o medidas cautelares en detrimento de una de las partes, o de terceros ajenos al mismo, lo que constituye la simulación procesal; o puede nacer de la colusión de una persona, que actuando como demandante, se combine con otra u otras a quienes demanda como litisconsortes de la víctima del fraude, también demandada, y que procurarán al concurrir con ella en la causa, crear al verdadero codemandado situaciones de incertidumbre en relación con la fecha real de citación de todos los demandados; o asistir con él en el nombramiento de expertos, con el fin de privarlo de tal derecho; o sobreactuar en el juicio, en los actos probatorios, etc, hasta convertirlos en un caos. También -sin que con ello se agoten todas las posibilidades- puede nacer de la intervención de terceros (tercerías),

que de acuerdo con una de las partes, buscan entorpecer a la otra en su posición procesal.
Se está ante una actividad procesal real, que se patentiza, pero cuyos fines no son la resolución leal de una litis, sino perjudicar a uno de los litigantes o a los terceros (incluso ajenos a cualquier proceso), pudiéndose dar el caso que el actor convierta a los posibles testigos del demandado en codemandados, para evitar que puedan testimoniar a su favor en dicha causa. El fraude procesal puede tener lugar dentro de un proceso, o mediante la creación de varios juicios, en apariencia independientes, que se van desarrollando para formar con todos ellos una unidad fraudulenta, dirigida a que en una o varias causas la víctima quede indefensa o disminuida en su derecho, aunque los procesos aparezcan desligados entre sí, con diversas partes y objetos, que hasta podrían impedir su acumulación. Se trata de varias personas concertadas entre sí que demandan consecutiva o coetáneamente a otra, y que fingen oposición de intereses, o intereses distintos, pero que en realidad conforman una unidad de acción; fingimiento que igualmente puede ocurrir dentro de una causa, si el actor demanda junto a la víctima, a quienes se hallan en colusión con él."

El Juzgado Superior en lo Civil, Mercantil y del Tránsito de la Circunscripción Judicial del Estado Zulia, con sede en Cabimas, en sentencia del 30 de mayo de 2014, Expediente No. 2257-14-17[41] hace un excelente análisis del contenido y alcance del fraude procesal, de allí que consideremos de interés transcribirla parcialmente:

"Antes de resolver el asunto sometido en apelación ante esta Superior Instancia, se resulta de interés esbozar algunas consideraciones relacionadas con la figura del fraude procesal. En ese sentido, ante todo, se debe enfatizar que el proceso judicial debe ser entendido como el producto de la manifestación del interés de los justiciables en someter sus conflictos de intereses de relevancia jurídica - para los cuales se encuentran legitimados por una cuestión de identidad con el derecho sustancial a debatir - al conocimiento

[41] Juzgado Superior en lo Civil, Mercantil y del Tránsito de la Circunscripción Judicial del Estado Zulia, con sede en Cabimas, sentencia del 30 de mayo de 2014. Disponible en: http://zulia.tsj.gob.ve/DECISIONES/2014/MAYO/533-30-2257-14-17-54-14.HTML

de un árbitro representado por un órgano del Estado que tiene atribuida la potestad jurisdiccional.
En este orden de ideas, el órgano en quien reposa la potestad jurisdiccional de resolver los conflictos de intereses entre particulares o, entre éstos y el propio Estado, pueden hacer valer coercitivamente el derecho reconocido y expresado en una resolución judicial cuyo resultado es consecuencia del desarrollo de un ítems o actuaciones en las que se han garantizado todas las garantías o derechos fundamentales inherentes a dicha actividad procesal; en el entendido que esa sentencia debidamente fundada se ha de reputar como la única racional y razonablemente posible en derecho para alcanzar el principio axiológico primario de justicia.
(Omissis)"
(Omissis)
El fallo en comento trae la opinión de JIMÉNEZ RAMOS y BELLO, H. (2003, 33), resaltan:
"...Para nosotros, el fraude procesal consiste en todas aquellas maquinaciones, asechanzas arficiosas, ingenio o habilidad, de carácter engañosas, que configuran una conducta procesal artera, voluntaria y conciente, que sorprenden la buena fe de uno de los sujetos procesales, inclusive del operador de justicia, realizados en el decurso de un proceso –fraude endoprocesal- o con ocasión a éste, que no solo tiende a desnaturalizar el curso normal del proceso –aplicación de la ley y solución de conflictos- que incluso pueden cercenar el ejercicio del derecho de la defensa de alguna de las partes, en beneficio de alguna de ellas o de un tercero, sino que también tiende a ocasionar un daño o perjuicio a alguna de ellas o a algún tercero –dolo procesal-. ...".
(Omissis)
"... Constituye una realidad innegable dentro de la práctica forense y así ha sido reconocida por la jurisprudencia venezolana, el uso abusivo de la acción judicial, corrompiéndose el principio de Buena fe que debe guiar el proceso, que constituye como un medio para perjudicar a la otra parte e incluso a terceros, desviándolo de su fin natural, como lo es la justa composición se la litis. Dentro de estas conductas contrarias a la buena fe se encuentra el fraude procesal, por el cual se produce un resultado ilícito, contrario al ordenamiento jurídico, a través de medios lícitos (actos procesales). El proceso fraudulento desde este punto de vista, es decir,

desde la perspectiva del uso de un medio lícito para poder llevarse a cabo, resulta inatacable ya que no hay un vicio de carácter formal, se han cumplido los trámites legales, y en forma lícita se han seguido los procedimientos establecidos por ley, más el resultado que se manifestará en la sentencia no será el previsto para el caso determinado, sino el que tuvo en vista el ente defraudador. Como anteriormente se señaló, el objetivo primordial del fraude es eludir la ley, objetivo que se logra en el caso del fraude procesal a través de la institución del proceso. Por lo tanto, con el fraude procesal se atropella y quebranta la institución jurisdiccional misma, provocando consecuencias indeseables, como el error judicial que conlleva el dictamen de una sentencia injusta y contraria a derecho. Se dice que la resolución judicial resulta contraria a derecho, ya que materializa y proyecta fines o resultados contrarios a la ley, y por ende un perjuicio a la administración de justicia, e injusta por cuanto la resolución dictada es producto de haberse alterado la verdad legal, como de los hechos, y por ende es producto de un error del juez. ...".

Vemos pues que la normativa venezolana, contenida en el artículo 17 del CPC exige a las partes actuar con honestidad y probidad; y, el artículo 170 ejusdem nos enseña cuándo se actúa contrario a las disposiciones legales.

Hacemos especial mención a la sentencia de la Sala Constitucional del 20 de enero de 2005[42], no solo por el análisis que hace del fraude procesal, sino por la remisión del fallo al Colegio de Abogados a los cuales están adscritos los profesionales actuantes; y, a la Inspectoría General de Tribunales para establecer la responsabilidad del juez.

El ponente Dr. Jesús Eduardo Cabrera Romero, dejó sentado:

"En el caso de autos, considera la Sala que los abogados CP y JMM, actuaron en evidente confabulación para que prosperara sin ningún tipo de dificultad la pretensión del abogado intimante. Se está en presencia de una actividad procesal cuyo único fin era

---

42 Sala Constitucional del Tribunal Supremo de Justicia, sentencia N° 3375 del 4 de noviembre de 2005, Caso Amparo Constitucional Remavenca, Disponible en: http://historico.tsj.gob.ve/decisiones/scon/noviembre/3375-041105-05-1807.htm

perjudicar a la empresa demandada, pues de autos se evidencia, que el juicio fue llevado a espaldas de R, para que de esa manera, no existiera ningún tipo de contención. Es decir, que el abogado intimante y el supuesto apoderado judicial de la intimada, hicieron todo lo posible para impedir que R estuviera en conocimiento de la estimación e intimación que se llevaba a cabo, al extremo de pretender el abogado JMM, hacer ver mediante la presentación de una comunicación con sello, pero sin rubrica alguna, que la empresa demandada, sí estaba en conocimiento del juicio en su contra.

Para esta Sala, resultó evidente que el abogado JMM, respondía a los intereses del abogado CP. No puede olvidarse que en definitiva, fue éste último, quien le sustituyó el poder para representar a R, e igualmente solicitó que la empresa demandada fuera intimada en la persona del referido abogado, aún a sabiendas que el poder que le había sustituido no le otorgaba facultad para darse por intimado. Es decir, que el abogado CP, sustituyó el poder que le había sido conferido en una persona de su confianza, que le allanara el camino con el propósito de cobrar la totalidad de los honorarios profesionales estimados, burlando la buena fe del tribunal, quien sin verificar que el abogado JMM, carecía de facultad para darse por intimado, le dio plena validez a la misma. Lo anterior pone en evidencia que en el presente caso, se configuró un fraude procesal colusorio en perjuicio de la demandada, quien en este caso resultó ser la víctima de los abogados antes mencionados.

(Omissis)

DECISION

(Omissis)

*6) Remítase copia de la presente decisión al Colegio de Abogados de adscripción de los abogados **CP**, inscrito en el Inpreabogado bajo el N° 031 y **JMM**, inscrito en el Inpreabogado bajo el N° 76.768, a los fines de que investiguen los aspectos disciplinarios relativos a su actuación en los juicios antes descritos.*

*7) Remítase copia del presente fallo a la Inspectoría General de Tribunales, a los fines de que determine la responsabilidad disciplinaria del ciudadano **PVOA**, quien actuó como Juez Ejecutor de Medidas del Municipio Nirgua de la Circunscripción Judicial del Estado Yaracuy, al momento de la práctica de la medida de embargo ejecutivo."*

Es importante destacar el contenido de la sentencia del 20 de enero de 2005 en la que si bien la Sala Constitucional no responsabiliza, a los abogados confabulados, de los posibles daños y perjuicios que pudieren haber causado, ordena remitir el fallo al Colegio de Abogados a los cuales están adscritos los defraudadores para investigar su comportamiento y aplicar las sanciones disciplinarias a que hubiere lugar, independientemente de la posible acción civil por indemnización de daños y perjuicios.

Mala praxis del abogado

La Sala Constitucional en su sentencia del 20 de enero de 2005, cuando ordena oficiar al Colegio de Abogados y a la Inspectoría de Tribunales, es por consideras que tanto los abogados en ejercicio como el juez actuante en el proceso, se comportaron de tal forma que evidentemente violaron el principio consagrado en la Lex Artis, al haberse confabulado para defraudar a su cliente, que había conferido mandato a uno de ellos para representarlo en juicio.

La Lex Artis en opinión de Serra Domínguez, citado por Trigo Represas y López Mesa,[43] *"integra del modelo de pericia y diligencia que el profesional ha de adoptar en el cumplimiento de sus obligaciones, constituyendo el parámetro en atención al que ha de verificarse la ejecución de la prestación. El profesional se compromete a ejercer su profesión con la pericia que su arte requiere, empleando la técnica adecuada, en consecuencia, acomodando su prestación a la Lex Artis requerida".*

De acuerdo a esta definición la culpa del abogado se caracteriza por una actuación indebida que causa perjuicios al cliente, por deficiente dirección o por malos consejos dados por un profesional de la abogacía, es decir, el abogado debe actuar frente a su cliente como un buen padre de familia.

¿Qué es el buen padre de familia? El buen padre de familia es un buen ciudadano, o sea, una persona que actúa correctamente en sociedad, respetando las leyes y cumpliendo las normas sociales de convivencia, los derechos e intereses ajenos y evitando causar daños a los

[43] Félix Trigo Represas y Marcelo J. López Mesa, Obra citada, pág. 530.

demás, regulado por el artículo 1.270 del CCV, el cual rige el campo de las obligaciones contractuales y extracontractuales.

Por consiguiente, el parámetro del buen padre de familia se aplica, no sólo a la responsabilidad por hechos ilícitos, sino también a la responsabilidad por incumplimiento de obligaciones contractuales de medio. De modo que de los artículos 1185 y 1270, se deduce que la culpa (*latu sensu*) comprende el hecho de causar un daño intencionalmente (*dolo*), o por negligencia, impericia o imprudencia (*culpa strictu sensu*), cuyo autor tiene la obligación de reparar el perjuicio.

Hemos analizado con anterioridad la figura del fraude procesal. Nos preguntamos, ¿Si se lograre demostrar que una de las partes o ambas, dependiendo si el fraude procesal es unilateral o bilateral, incurrió en fraude procesal, podríamos calificar el comportamiento del abogado como mala praxis?

Cuando se produce un resultado dañoso como consecuencia de una práctica indebida, se afirma que se ha infringido la Lex Artis.

El incumplimiento del deber de actuación diligente, compromete la responsabilidad civil del abogado cuando por una actuación negligente, imprudente o por impericia le causa daño a su representado.

En nuestra opinión en todo caso de fraude procesal, sin lugar a dudas opera la mala praxis profesional, por lo que el abogado debe ser sancionado por los posibles daños y perjuicios que pudiere haber sufrido, por su mala conducta, su representado.

CAPÍTULO IV
DE LA RESPONSABILIDAD CIVIL DEL INGENIERO

Comúnmente se conoce como responsabilidad decenal, a la responsabilidad civil contractual derivada de los daños provocados por defectos en la construcción, de los cuales pueden ser responsables los constructores, promotores, arquitectos u otros profesionales que hayan participado en la obra.

El artículo 1.637 del CCV dispone que *"Si en el curso de diez años, a contar desde el día en que se ha terminado la construcción de un edificio o de una obra importante o considerable, uno u otra se arruinare en todo o en parte, o presentare evidente peligro de ruina por defecto de construcción o por vicio del suelo, el arquitecto y el empresario son responsables. La acción de indemnización debe intentarse dentro de dos años a contar desde el día que se ha verificado uno de los casos mencionados".*

Esta norma está concatenada con el artículo 1.185 *ejusdem* que regula la responsabilidad civil en general, al disponer que *"El que con intención, o por negligencia o por imprudencia, ha causado un daño a otro está obligado a repararlo".*

La responsabilidad civil del ingeniero también se encuentra regulada por la Ley Orgánica de Ordenación Urbanística en sus artículos 99, 100 y 101, los que establecen:

> *"Artículo 99.- La responsabilidad del ingeniero, del arquitecto, del urbanista y del empresario constructor frente al contratante de una obra, prevista en el artículo 1.637 del Código Civil y demás disposiciones sobre la materia, se mantiene de pleno derecho frente a los adquirientes del inmueble construido.*
> *Artículo 100.- Responden en los términos del artículo 1.637 del Código Civil y del artículo anterior: 1. Los profesionales según la actuación que hayan tenido como proyectistas o directores de la obra o certificantes de su calidad. 2. El promotor y toda persona que venda, después de terminada, una obra que haya construido o hecho construir. 3. Los bancos, los demás institutos de créditos y las Entidades de Ahorro y Préstamo, que financien cualquier obra de desarrollo urbanístico y de vivienda, de acuerdo a los términos del respectivo contrato. 4. Toda persona vinculada por relación de servicios o mandato al comitente de la obra, que haya actuado en forma económica o técnicamente asimilable a un contratista de obra.*
> *Artículo 101.- No es válida la cláusula que tenga por objeto excluir o limitar la responsabilidad, salvo lo dispuesto en el numeral 3 del artículo anterior. Sin embargo, la duración de la garantía será menor frente al dueño de la obra, cuando se haya indicado que se trata de una construcción provisional o de corta duración. La convención sólo será oponible a terceros adquirientes cuando conste en el documento de adquisición."*

En la misma Ley en sus artículos 86 y 87 trae las variables urbanas fundamentales, disponiendo que los organismos municipales controlan los proyectos de urbanizaciones y edificaciones, relacionados directamente con los artículos 60 y 61 del Reglamento de la Ley Orgánica de Ordenación Urbanística. Las disposiciones indicadas contemplan los sistemas de seguridad y protección ambiental y las previsiones derivadas de los estudios necesarios para determinar los riesgos geológicos y la factibilidad geológica del proyecto.

> *"Artículo 86.- A los efectos de esta ley se consideran variables urbanas fundamentales en el caso de las urbanizaciones: 1. El uso correspondiente. 2. El espacio requerido para la trama vial arterial y colectora. 3. La incorporación a la trama vial arterial y colectora. 4. Las restricciones por seguridad o por protección ambiental. 5. La densidad bruta de la población prevista en el plan. 6. La dotación, localización y accesibilidad de los equipamientos de acuerdo con las respectivas normas. 7. Las restricciones volumétricas.*
> *Artículo 87.- A los efectos de esta ley se consideran variables urbanas fundamentales en el caso de las edificaciones: 1. El uso previsto en la zonificación. 2. El retiro de frente y el acceso según lo previsto en el plan para las vías que colindan con el terreno. 3. La densidad bruta de población prevista en la zonificación. 4. El porcentaje de ubicación y el porcentaje de construcción previstos en la zonificación. 5. Los retiros laterales y de fondo previstos en la zonificación. 6. La altura prevista en la zonificación. 7. Las restricciones por seguridad o por protección ambiental. 8. Cualesquiera otras variables que los planes respectivos impongan a un determinado lote de terreno."*
> *"Artículo 60°- En el caso de las urbanizaciones, las variables urbanas fundamentales contempladas en el Artículo 86 de la Ley comprenderán los siguientes aspectos, a los cuales se extenderá la constatación de su cumplimiento:*
> *El uso correspondiente será el que asigne, en la esfera de su respectiva competencia, el Plan de Ordenación Urbanística, el Plan de Desarrollo Urbano Local, los Planes Especiales y el Esquema de Ordenamiento Sumario si éste fuera procedente.*
> *(Omissis)*

Las restricciones por seguridad o por protección ambiental comprenderán las regulaciones administrativas establecidas por los organismos competentes conforme a la Ley y que afecten la construcción de urbanizaciones en lo relativo a:
(Omissis)
La utilización de las franjas de terreno afectadas por los corredores de servicios públicos tales como poliductos de hidrocarburos, líneas de alta tensión eléctrica, troncales telefónicas y tuberías matrices de gas y agua.
(Omissis)
Las previsiones derivadas de los estudios necesarios para determinar los riesgos geológicos y la factibilidad geológica del proyecto de urbanización.
(Omissis)..."
"Artículo 61°- En el caso de las edificaciones, las variables urbanas fundamentales contempladas en el artículo 87 de la Ley comprenderán los siguientes aspectos, a los cuales se extenderá la constatación de su cumplimiento:
El uso previsto en la zonificación. (Omissis)
Las restricciones por seguridad o por protección ambiental comprenderán las regulaciones administrativas establecidas por los organismos competentes conforme a la Ley y que afecten la construcción de edificaciones...".

El artículo 16 de la Ley del Ejercicio de la Ingeniería, Arquitectura y profesiones afines, dice: *"En los diferentes aspectos del proyecto y de la ejecución de construcciones, instalaciones y trabajos, la participación de los profesionales debe quedar claramente determinada a los efectos de delimitar su responsabilidad".*

A su vez el artículo 6° del Reglamento Interno del Colegio de Ingenieros de Venezuela trae cuáles son los deberes de los miembros activos y dispone: *"...b) Cumplir las prescripciones legales que rige el ejercicio legal y la actuación gremial".*

El Código de Ética Profesional pauta que *"Se considerará contrario a la ética e incompatible con el digno ejercicio de la profesión para un miembro del Colegio de Ingenieros de Venezuela:*

> *(Omissis)*
> *2. Violar o permitir que se viole las leyes, ordenanzas y reglamentaciones relacionadas con el ejercicio profesional.*
> *(Omissis)*
> *4. Ofrecerse para el desempeño de especialidades y funciones para las cuales no tengan capacidad, preparación y experiencia razonable.*
> *(Omissis)*
> *9. Encargarse de obras, sin que se hayan efectuado todos los estudios técnicos indispensables para su correcta ejecución, o cuando para la realización de las mismas se hayan señalado plazos incompatibles con la buena práctica profesional"*

Es importante destacar que el artículo 1.637 del CCV hace referencia a la responsabilidad de los profesionales intervinientes en una obra si está en "*...peligro de ruina por defecto de construcción o por vicio del suelo,...*".

¿Qué se entiende por ruina?

En sentido estricto, ruina es la caída total o parcial de los materiales que conforman un edificio.

En la ruina están involucrados todos los defectos de la construcción, siendo por tanto todo deterioro importante en una edificación.

Por ruina se entiende una situación previsible de derrumbamiento total o parcial de un edificio que obliga al desalojo de sus habitantes.

El término ruina al que se refiere el artículo 1.637 CCV, es aquel que evidencia la destrucción total o parcial de una edificación, o presentare serios signos de deterioro o destrucción por defecto en la construcción o por vicio del suelo.

La Enciclopedia Jurídica OPUS define ruina:[44] "*Acción de caer o destruirse una cosa*" "*... La doctrina y la jurisprudencia atribuyen al término ruina un sentido mas amplio que el que tiene en el lenguaje ordinario. No solo se entiende por ruina la caída o destrucción de la obra sino también situaciones de menos gravedad que comprometen la seguridad de la obra o disminuyen su utilización de manera que su finalidad no puede lograrse o se realice imperfectamente*"

[44] Enciclopedia Jurídica OPUS, Ediciones Libra, Caracas, Venezuela, 1995.

Existen tres tipos de ruina:

Ruina funcional: El menoscabo de una edificación, que aunque no se vea afectada su solidez, la inutiliza para la finalidad que estaba prevista, convirtiéndola en inhabitable.

Ruina potencial: La que conlleva un alto peligro de derrumbamiento futuro o progresivo.

Ruina física: Derrumbamiento total o parcial de la edificación.

La ruina está relacionada con los defectos de construcción que exceden de las imperfecciones corrientes. A tenor de lo dispuesto en el artículo 1.637 CCV, ruina comprende además de la caída de la obra, el peligro cierto que pueda ocurrir.

¿Cuáles son los sujetos que conforman el contrato de obra?

El artículo 1.630 del CCV trae el concepto de contrato de obra y lo define así: *"...es aquel mediante el cual una parte se compromete a ejecutar determinado trabajo por sí o bajo su dirección, mediante un precio, que la otra se obliga a satisfacerle"*.

Esta norma está vinculada directamente con el artículo 1.637, el cual establece la responsabilidad decenal.

Veamos quiénes pueden ser los sujetos participantes en un contrato de obra del cual pueda derivar la responsabilidad decenal: a) El comitente, el dueño de la obra; b) El constructor, empresario, contratista o locador de obra material; c) El proyectista y d) El director de la obra o ingeniero residente.

La prueba del daño

Debe presumirse que la ruina que presenta una edificación proviene de un vicio en la construcción, en el suelo o en la calidad de los materiales utilizados. Por lo general, esta responsabilidad nace cuando un inmueble destinado a larga duración se derrumba o sufre daños que lo inhabilitan para su uso, antes del vencimiento de los diez años de ejecutada la obra.

Trigo Represas y López Mesa[45] traen la opinión de López de Zavalia, para quien se debe aplicar el: *"...sistema de cargas probatorias diná-*

[45] Félix Trigo Represas y Marcelo J. López Mesa, Obra citada, Tomo II, pág 612.

micas", de lo dispuesto en materia procesal sobre la distribución de los onus probandi, atento a que cada parte le corresponde la demostración de los hechos supuestos de las normas en la que funde su pretensión o defensa, y que el comitente no está habitualmente en condiciones de poder acreditar la causa del daño, mientras que los profesionales del arte de la construcción tienen a su alcance los elementos para probar en su caso las causales de liberación".

Es una tesis novedosa, según la cual, tiene la carga probatoria la parte que en mejores condiciones se encuentre para demostrar los hechos debatidos.

La teoría de la carga dinámica probatoria no está prevista en nuestro Código de Procedimiento Civil, pero sí en la Ley Orgánica Procesal del Trabajo (artículo 72).

La Sala de Casación Social del Tribunal Supremo de Justicia[46] ha establecido el régimen de distribución de la carga probatoria, para lo cual es determinante la forma en que el demandado de contestación a la demanda:

> *"...1) El demandado tiene la carga de probar la naturaleza de la relación que le unió al trabajador, cuando en la contestación de la demanda haya admitido la prestación de un servicio personal y no la califique de laboral...*
> *2) El demandante tiene la carga de probar la naturaleza de la relación que le unió con el patrono, cuando el demandado en la contestación haya negado la prestación de un servicio personal.*
> *3) Cuando el demandado no niegue la existencia de la relación laboral, se invertirá la carga de la prueba en lo que se refiere a los restantes alegatos contenidos en el libelo que tengan conexión con ésta...*
> *4) Se tendrán como admitidos aquellos hechos alegados por el demandante en su libelo, que el demandado no niegue o rechace expresamente en su contestación, aunado al hecho de que tampoco haya aportado a los autos, alguna prueba capaz de desvirtuar los alegatos del actor.*

[46] Sala de Casación Social del Tribunal Supremo de Justicia, sentencia N° 876 del 16 de octubre de 2017. Disponible en: http://historico.tsj.gob.ve/decisiones/scs/octubre/203808-0876-161017-2017-17-247.HTML

> *5) Se tendrán como admitidos aquellos hechos alegados por el demandante en su libelo, cuando el demandado no haya fundamentado el motivo del rechazo, aunado al hecho de que tampoco haya aportado a los autos en la oportunidad legal, alguna prueba capaz de desvirtuar los alegatos del actor...".*

Por lo que respecta a la aplicación de la teoría dinámica de la prueba, la Sala de Casación Civil en sentencia del 3 de mayo de 2016[47], resolvió:

> *"...Se debe asumir quien tiene la mejor posibilidad de acreditar la verdad de los hechos, lo que, a pesar de la existencia de las normas de carga probatoria, que deben desaplicarse al caso en concreto, obligan a desplegar la actividad procesal necesaria para probar el hecho en cuestión, por lo que cobra importancia el principio del equilibrio procesal de las partes (Artículo 15 del código adjetivo procesal) que involucra el deber de probar a quien mejor puede hacerlo, "favor probationis" o Teoría de las Cargas Probatorias Dinámicas, que hace recaer la carga de la prueba en quien se halla en mejor condición de aportarla, a los fines de obtener la verdad objetiva.*

Legitimación activa y legitimación pasiva

Pueden ser sujetos de la demanda por responsabilidad civil:

1. El constructor;
2. El proyectista;
3. El director de la obra o el ingeniero residente.

La doctrina se pronuncia mayoritariamente que esta responsabilidad es *insolidum*, es decir, pueden ser sujetos pasivos de la acción judicial todos. No obstante, consideramos que el afectado puede proponer la reclamación contra uno sólo de ellos y éste, si lo considerare pertinente, citar en garantía al otro.

En nuestra opinión no procede el litis consorcio pasivo necesario, sino el litis consorcio pasivo optativo.

---

[47] Sala de Casación Civil del Tribunal Supremo de Justicia, sentencia del 3 de mayo de 2016. Disponible en: http://historico.tsj.gob.ve/decisiones/scc/Mayo/187550-RC.000292-3516-2016-15-831.HTML

A su vez tiene cualidad activa el sujeto de la relación jurídica proveniente del contrato de obra; el adquirente del inmueble derruido.

CAPÍTULO V
DE LA RESPONSABILIDAD CIVIL DE LOS MÉDICOS

Larga ha sido la historia del ejercicio profesional de la medicina. En una época hacían las funciones curativas los shamanes, brujos y hechiceros. A éstos se les confería poder para sanar mediante la actuación divina o mágica.

Para los griegos la profesión médica tuvo características divinas.

En la época romana se castigaba al médico imperito, es decir, aquel que se apartaba de las reglas del arte de la medicina.

Actualmente vemos como han incrementado las demandas por mala praxis contra los médicos. Esto, en nuestra opinión, es consecuencia de la proliferación de personas no capacitadas que se ofrecen para atender y tratar a la persona que resulta afectada.

Guillermo Bordá, citado por Trigo Represas y López Mesa[48], atribuyó el fenómeno del crecimiento explosivo de la judicialización de la práctica médica a las siguientes causas:

> *"a. La desaparición del médico de cabecera, que antaño atendía a toda la familia de cualquier clase de dolencia; ...*
> *b. El elevado costo actual de la medicina ...*
> *c. El cambio de criterio jurídico para hacer lugar a una acción de daños, existiendo hoy una fuerte tendencia doctrinaria a considerar con severidad y aun con dureza, la actuación profesional de los galenos."*

Igualmente, los mencionados autores,[49] copian otra causal comentada por Bustamante Alsina que es *"d. La mala praxis es, en la mayoría de los casos, la consecuencia de la insuficiente capacitación de los egresados de la escuela médica"*.

---

[48] Félix Trigo Represas y Marcelo J. López Mesa, Obra citada, Tomo II, pág 302.
[49] *Ibíd.* pág. 303.

Trigo Represas y López Mesa[50] nos traen la opinión de Javier Plaza Penades, quien al abordar el tema manifiesta que *"Nuestro país ha experimentado en los últimos tiempos un cambio de mentalidad muy significativo en lo que se refiere a la concepción social de la actividad del médico y al grado o canon de calidad exigible en la prestación de los servicios sanitarios, puesto que desde la asunción de las negligencias médicas como una circunstancia inherente al riesgo de la vida y al hecho de someterse a cualquier intervención médico sanitaria, se ha pasado a un cuestionamiento, en ocasiones exagerado, de los resultados de las actuaciones y prestaciones médicas y sanitarias, fruto de una evolución a una sociedad cada vez más exigente con las condiciones de calidad en las que deben prestarse los servicios sanitarios y más proclive a exigir responsabilidades cuando realmente los servicios y prestaciones sanitarios no se han prestado con la debida calidad y diligencia profesional."*

¿Es de medio o de resultado la labor que debe realizar el médico?

Como ya dijimos, para determinar la responsabilidad del médico, debemos distinguir si comprende obligaciones de medio o de resultado.

Para Marcelo López Mesa, en su obra La Responsabilidad Civil Médica, citado por Trigo Represas y López Mesa,[51] *"...las obligaciones del médico son obligaciones de medio, liberándose éste con el aporte de su ciencia y poniendo todos los medios a su alcance para la curación del paciente, aun cuando ésta no se produzca por factores ajenos a su voluntad o ciencia. El médico no puede ser responsabilizado por daños imprevistos o por cursos causales imprevisibles. En materia de responsabilidad médica, como en cualquier supuesto de responsabilidad civil, donde no existe previsibilidad de resultado, no puede existir ni culpa, ni dolo y por ende, tampoco responsabilidad de índole subjetiva".*

Por su parte, Carlos Ignacio Jaramillo[52] sostiene que *"...la obligación que asume el médico, de ordinario es de medios y no de resultados,*

---

[50] *Ibíd*, pág. 305.

[51] Félix Trigo Represas y Marcelo J. López Mesa, Obra citada, Tomo II, pág. 305.

[52] Carlos Ignacio Jaramillo, *Responsabilidad Civil Médica*, 2° Edición, Grupo Editorial Ibañez, Bogotá, 2011, págs. 339-340.

en razón que se compromete a brindarle al paciente una esmerada y cuidadosa atención médica, en un todo de acuerdo con los avances y con los cánones de la ciencia médica, en la inteligencia que la curación o el buen suceso del tratamiento sugerido, no depende de su actuación o actividad, sino de una suerte de circunstancias e imponderables que, trascienden su querer y, le son enteramente ajenos".

Wladimir Monsalve Caballero y Daniela Navarro Reyes[53] analizan la determinación de la relación médico-paciente en cuanto a si las obligaciones son de medio o de resultado, y en tal sentido expresan que *"La labor del médico se centra en buscar la recuperación de la salud del paciente, sin asegurar, en principio, un resultado específico, ya que este se torna incierto por las innumerables situaciones imprevistas que se pueden generar en un caso clínico...".*

Más adelante, los referidos autores, afirman que *"...se avizora como regla general que la naturaleza de la obligación médica es de medio, lo que indica que el facultativo se obliga a utilizar en pro de sus pacientes, todos los conocimientos de su ciencia, habilidades médico científicas, sin que se pueda señalar como responsable del nefasto desenlace de la enfermedad o de la no curación".*

No obstante considerar, al igual que los profesores Monsalve y Navarro, que la obligación del médico es de medio, hay casos en que podríamos calificarla como obligación de resultado; y, en ese sentido los profesores Monsalve y Navarro[54] nos dicen: *"sin embargo, para ciertos supuestos la obligación del médico se vuelve de resultado, tratándose de aquellos casos en los cuales las personas no acuden a él por una alteración de la salud, sino que van en la búsqueda específica de un resultado, dado el avance de la ciencia y la tecnología. Así ocurre en las cirugías estéticas, las técnicas de esterilización como la vasectomía..., pues el médico se compromete a satisfacer los gustos de sus clientes, porque de no prometer un resultado óptimo, el paciente no se arriesgaría a someterse a un procedimiento quirúrgico o un tratamiento".*

---

[53] Wladimir Monsalve Caballero y Daniela Navarro Reyes, *El Consentimiento Informado en la Praxis Médica*, Primera Edición. Editorial U. Javeriana, Bogotá, 2014. pág. 218.

[54] *Ibíd.*, pág. 220.

Deberes del Médico

El artículo 24 de la Ley de Ejercicio de la Medicina[55] dispone que la conducta del médico *"...se regirá siempre por normas de probidad, justicia y dignidad. El respeto a la vida y a la persona humana constituirá el deber principal del médico..."*.

Todo médico se obliga a prestar sus servicios, en las siguientes situaciones, tal como lo dispone el artículo 26 de la citada ley,: *"1. Cuando se trate de un accidente o de cualquier otra emergencia; 2. Cuando no hubiere otro profesional en la localidad; y, 3. Cuando la solicitud de servicios provenga de un enfermo o enferma que está bajo su cuidado."*

El ejercicio de las ciencias de la salud estará a cargo de personas de reconocida moralidad, idoneidad comprobada y provista del título profesional correspondiente en dicha ciencia, conforme lo establece el artículo 58 de la Ley Orgánica de la Salud.[56]

El artículo 13 de la Ley del Ejercicio de la Medicina exige que *"Para la prestación idónea de sus servicios profesionales, el médico o médica debe encontrarse en condiciones psíquicas y somáticas satisfactorias, así como mantenerse informado o informada de los avances del conocimiento médico"*.

Como ya expresamos, la conducta del médico se regirá siempre por las normas de probidad, justicia y dignidad, previstas en el artículo 24 de la Ley del Ejercicio de la Medicina siendo que *"El respeto a la vida y a la persona humana constituirá, en toda circunstancia el deber principal del médico y médica"*.

Según el artículo 2 de la Ley del Ejercicio de la Medicina, se entiende por ejercicio de la medicina:

> *"...la prestación de atención médica preventiva-curativa a la población... mediante acciones encaminadas a la promoción de la salud, prevención de la enfermedad, reducción de los factores de riesgo, diagnóstico precoz, tratamiento oportuno..."*.

---

[55] Gaceta Oficial N° 39.823 del 19 de diciembre de 2011. Disponible en: https://www.notilogia.com/2015/08/ley-del-ejercicio-de-la-medicina.html

[56] Gaceta Oficial N° 36.579 del 11 de noviembre de 1998.

El médico –repetimos- a tenor de lo dispuesto en el artículo 24 de la Ley del Ejercicio de la Medicina, tantas veces mencionado, debe *"... asistir a sus pacientes atendiendo solo las exigencias de su salud, cualesquiera que sean las ideas religiosas o políticas y la situación social y económica de ellos o ellas".*

La Ley Orgánica de la Salud y el Código de Deontología Médica son la base para precisar el comportamiento de los médicos. Es de resaltar la coincidencia de la normativa legal y las regulaciones éticas. El comportamiento ético es un deber a cumplir por el médico.

El artículo 72 del Código de Deontología Médica contiene los derechos de los enfermos, destacando: "*1.- exigir de los médicos que lo asisten y de los demás integrantes de los equipos de salud, un elevado grado de competencia profesional,... 3.- Ser informado de la naturaleza de su padecimiento oportunamente, de los riesgos inherentes a la aplicación de los procedimientos y a conocer las posibles opciones; 4.-Recibir información necesaria para dar un consentimiento valido, previo a la aplicación de cualquier procedimiento, diagnostico o terapéutico;.....*".

El artículo 1 del referido código nos enseña que: "*El respeto a la vida, dignidad, y a la integridad de la persona humana, constituyen en todas las circunstancias el deber primordial del médico*".

Así como los médicos tienen deberes, los pacientes tienen obligaciones, reguladas por el artículo 73 del Código de Deontología Médico, entre ellas: "*.... 1.- Cumplir obedientemente las prescripciones del médico y no permitir se le persuada a tomar medicamentos sugeridos por profanos; 2.- Abstenerse de solicitar otra opinión profesional sin el consentimiento expreso de su médico tratante*".

Del consentimiento informado

El artículo 69 de la Ley Orgánica de la Salud concede a los pacientes derechos, entre los que encontramos uno de relevante importancia, como es *"...3. Recibir explicación en términos comprensibles en lo que concierne a su salud y al tratamiento de su enfermedad, a fin de que pueda dar su consentimiento informado ante las opciones diagnósticas y terapéuticas, a menos que se trate de intervención que suponga riesgo epidémico, de contagio de enfermedad severa, y en caso de extrema urgencia".*

El consentimiento informado y la información se han considerado, dentro del ordenamiento jurídico en general, deberes legales que deben estar presente en toda relación.

En las relaciones entre un profesional y su cliente o paciente, debe existir el intercambio de información necesaria para que el cliente o paciente esté en conocimiento de los pro y contra de las acciones a seguir, bien sea en un proceso judicial (para los abogados); la construcción de una edificación (para los ingenieros); o la realización de exámenes médicos destinados a una intervención quirúrgica (para los médicos).

Los profesores Wladimir Monsalve Caballero y Daniela Navarro Reyes[57] expresan que *"El tema del consentimiento informado adquiere relevancia en el campo de las relaciones médico asistenciales, precisamente por las garantías constitucionales que encierran y se ponen en juego en el curso de esta área profesional, y que por tanto requiere mayor cuidado y comprensión, dada la consideración de todo ser humano como sujeto capaz de tomar, por regla general, sus propias decisiones"*.

Continúan los profesores Monsalve y Navarro afirmando que *"En esta perspectiva, podemos afirmar que el consentimiento informado es un derecho fundamental de todo paciente que le permite tomar las decisiones relevantes en su vida en torno a su salud física y mental, de tal forma que con su ejercicio y garantía se permite proteger otros derechos fundamentales como lo son la dignidad humana, la autonomía de la voluntad, la integridad personal y la intimidad..."*.

Los tratadistas Monsalve y Navarro[58], copian la definición de consentimiento informado de Highton y Wierzba (La Relación Médico Paciente: El Consentimiento Informado), así: *"...es aquella declaración de voluntad emitida por el paciente, por medio de la cual después de haber recibido del profesional de la salud suficiente, idónea y clara información referida al tratamiento o procedimiento médico-quirúrgico, prescrito, decide prestar su conformidad y someterse a tal intervención o por el contrario, opta porque no se lleve a cabo el tratamiento aconsejable"*.

---

[57] Wladimir Monsalve Caballero y Daniela Navarro Reyes. Obra citada. pág. 148.

[58] Wladimir Monsalve Caballero y Daniela Navarro Reyes, Obra citada, pág. 149.

De igual manera, Monsalve y Navarro traen el concepto de consentimiento informado contenido en el Manual de Ética de la Asociación Médica Americana, en el que se afirma es el *"Consistente en la explicación, a un paciente atento y mentalmente competente de la naturaleza de la enfermedad, así como del balance de los efectos de la misma (sic) y los riesgos y beneficios de los procedimientos terapéuticos recomendados, para a continuación solicitarle su consentimiento para ser sometido a esos procedimientos".*

La doctrina está conteste en que la institución del consentimiento informado es un postulado de la *Lex Artis Profesional*, resultando exigible e indispensable para cualquier procedimiento médico que se vaya a realizar, por lo que, su inobservancia podría generar responsabilidad del profesional de la salud. La práctica médica exige que el médico actúe con diligencia y cuidado al aplicar un tratamiento a su paciente. Es necesario que informe suficientemente al paciente para que el acto a realizar quede convalidado y de esta manera los riesgos que se puedan asumir lo sean por parte del paciente y del médico.

El consentimiento informado es indispensable para determinar la responsabilidad del galeno, ya que aun cuando el acto médico sea ajustado a la técnica, la ausencia del consentimiento podría comprometer su responsabilidad.

Entendemos por *Lex Artis*, aquel criterio valorativo de la corrección del concreto acto médico ejecutado por el profesional de la medicina que tienen en cuenta las especiales características de su autor, de la profesión, de la complejidad y trascendencia vital del paciente, y en su caso, de la influencia de otros factores endógenos -estado e intervención del enfermo, de sus familiares- para calificar dicho acto conforme a la técnica normal requerida.

La *Lex Artis* supone que la toma de decisiones clínicas está generalmente basada en el diagnóstico que se establece a través de una serie de pruebas encaminadas a demostrar o rechazar una forma de actuación. Implica por tanto la obligación del médico de realizar aquellas pruebas necesarias atendiendo el estado de la ciencia médica en ese momento, incluidos los protocolos indicativos; de tal forma que, realizadas las comprobaciones que el caso requiera solo el diagnóstico que presente un error de notoria gravedad o unas conclusiones absolutamente erróneas puede servir de base para declarar la responsabilidad del médico, al igual que en el supuesto que no se hubieran practicado todas las comprobaciones o exámenes exigidos o exigibles.

CONCLUSIONES.

Luego de analizadas las diferentes disposiciones legales, doctrina y jurisprudencia, llegamos a las siguientes conclusiones:

- El artículo 1.185 del Código Civil consagra el principio general de la responsabilidad civil, al disponer que el que con intención, o por negligencia, o por imprudencia, ha causado un daño a otro, está en la obligación de repararlo.
- La responsabilidad civil de los profesionales viene dada por la violación de la Lex Artis y por la determinación de si la obligación incumplida es de medio o de resultado.
- La responsabilidad civil de los abogados está basada en los principios de honestidad y buena fe previstos no sólo en el Código de Procedimiento Civil (artículos 17 y 170), sino también por la Ley de Abogados y el Código de Ética Profesional del Abogado Venezolano.
- El fraude procesal ha sido analizado y estudiado con profundidad por la Sala Constitucional del Tribunal Supremo de Justicia, a partir del fallo publicado el 4 de agosto del 2.000, por lo que constituye fuente generadora de responsabilidad por parte de los profesionales del derecho.
- Esta misma Sala sancionó a dos abogados que mediante una colusión incurrieron en fraude procesal, pretendiendo afectar el patrimonio de la empresa que fuera su mandante.
- La responsabilidad civil del ingeniero está consagrada en el artículo 1.637 del Código Civil, norma que regula la responsabilidad profesional por ruina de una edificación, o peligro de ruina por defecto de la construcción o vicios en el suelo, conocido como responsabilidad decenal y que tiene aplicación, dentro de los diez años siguientes a partir de la fecha en que se terminó la construcción.

- El consentimiento informado es un elemento indispensable en la praxis de los profesionales de la medicina. Es un deber notificar al paciente del alcance de la enfermedad, el tratamiento sugerido, sin garantizar el resultado, toda vez que la relación médico-paciente es de medio y no de resultado, pues de no mediar el consentimiento informado, podría generarse obligaciones para el médico tratante.
- El ejercicio de la medicina está regulado no solo por la Ley del Ejercicio de la Medicina, sino también la Ley Orgánica de la Salud y por el Código de Deontología Médica.

Lechería, junio 2020

BIBLIOGRAFÍA

ABELIUK MANASEVICH, René. *Las Obligaciones.* Editorial Temis. Editorial Jurídica de Chile, Bogotá, 1993.

ÁLVAREZ OLIVARES, Ángel. *El Rol del Juez en la Determinación de la Responsabilidad de las Clínicas Privadas en Caso de Mala Praxis Médica, a la luz de la jurisprudencia del Tribunal Supremo de Justicia. Derecho de Daños. Responsabilidad Contractual/Extracontractual.* IV Jornadas Aníbal Dominici. Editorial Funeda. 2012

BARRIENTOS ZAMORANO, Marcelo. *El Resarcimiento del Daño Moral en España y Europa.* Primera Edición. Editorial Ratio Legis. Salamanca, España. 2007

BERNARD MAIMAR, Rafael. *Derecho Civil Patrimonial-Obligaciones.* Editorial UCV. 2006

CALVO COSTA, Carlos. *Daño Resarcible.* Primera Edición. José Luis De Palma Editor. Buenos Aires, Argentina. 2005

DE ÁNGEL YAGUEZ, Ricardo. *Estudios de Responsabilidad Civil.* Libro Homenaje Roberto Lopez Cabana. Primera Edición. Editorial Dickinson. Buenos Aires, Argentina.2001

DOMINICI, Aníbal. *Comentarios al Código Civil Ven*ezolano. Editorial Librería Destino. Santo Domingo, República Dominicana. 1982

FERNANDÍZ GABRIEL, José R. *Responsabilidad Civil. Cuestiones Generales y su Efecto Reparador.* Primera Edición. Editorial La Ley. Madrid, España. 2010

HENRIQUEZ LA ROCHE, Ricardo. *Código de Procedimiento Civil*. Tercera Edición. Editorial Liber. Caracas, Venezuela.

HINESTROSA, Fernando. *Tratado de las Obligaciones*. Editorial Universidad Externado de Colombia. Bogotá, Colombia. 2002

LAZARTE, Carlos. *Principios de Derecho Civil*. Octava Edición. Editorial Marcial Pons. Madrid, España. 2003

Libro Homenaje a Fernando Hinestrosa. *Estudios de Derecho Civil. Obligaciones y Contratos*. Primera Edición. Universidad Externado de Colombia. 2003

MELICH ORSINI, José. *Responsabilidad Civil por Hecho Ilícito*. Primera Edición. Editorial Acienpol. 1994

MELICH ORSINI, José. *Responsabilidad Civil por Hecho Ilícito*. Tercera Edición Actualizada. Editorial Acienpol. 2006

MONSALVE CABALLERO, Wladimir, *El Consentimiento Informado en la Praxis Médica*, Primera Edición. Editorial U. Javeriana, Bogotá, 2014.

PEIRANO FACIO, Jorge. *Responsabilidad Extracontractual*. Primera Edición. Editorial Temis. Bogotá, Colombia. 1981

PEIRANO FACIO, Jorge. *Responsabilidad Extracontractual*. Segunda Edición Actualizada. Editorial Temis. Bogotá, Colombia. 2004

PICO I JUNOY, Joan. *El Principio de la Buena Fe Procesal*. Primera Edición. Editorial JM Boch. Barcelona, España. 2007

PITTIER SUCRE, Emilio. *Curso de Obligaciones Derecho Civil III*. Segunda Edición. Editorial UCAB. 2007

PIZARRO WILSON, Carlos. *La Responsabilidad Médica*. Primera Edición. Editorial Ibáñez. Bogotá, Colombia. 2018

RENGEL ROMBERG, Aristides. *Manual de Derecho Procesal Civil Venezolano*. Editorial UCAB. Caracas, 1979.

RENGEL ROMBERG, Aristides. *Tratado de Derecho Procesal Civil Venezolano*. Graficas Capriles. Caracas, 2004.

SANSÓ, Miguel. *Tratado Practico de Responsabilidad Civil*. Primera Edición. Editorial Nova Tesis. Rosario, Argentina.2007

SOTO COAGUILA, Carlos. R*esponsabilidad Civil/Derecho de Daños/Teoría General de la Responsabilidad Civil*. Tomo IV. Primera Edición. Editorial Grifley. Lima, Peru. 2006

SOTO COAGUILA, Carlos. R*esponsabilidad Civil/Derecho de Daños/Teoría General de la Responsabilidad Civil*. Tomo V. Primera Edición. Editorial Grifley. Lima,Peru. 2006

TAMAYO LOMBANA, Alberto. *Manual de Obligaciones*. Primera Edición. Editorial Doctrina y Ley. Bogotá, Colombia. 2011

URDANETA FONTIVEROS, Enrique. *Orientaciones Modernas en el Derecho de Daños. Derecho de las Obligaciones en el Nuevo Milenio.* Editorial Acienpol. 2007

EFICACIA EN VENEZUELA DEL CAMBIO VOLUNTARIO DE NOMBRE CIVIL SEGÚN EL DERECHO INGLÉS

EUGENIO HERNÁNDEZ-BRETÓN*

SUMARIO

"Indeed, sure to be one of the enduring lessons of the ongoing COVID-19 pandemic is that we can accomplish far more remotely than we had assumed previously", Loretta A. Preska, *Senior U.S. District Judge para el Southern District of New York,* al dictar una *Opinion and Order* el 5 de junio de 2020, en el caso Petersen Energía Inversora S.A.U. et al. v. República Argentina et al.

PALABRAS CLAVE
Nombre civil; Personas; Derecho Internacional Privado; Inglaterra.

* Decano de la Facultad de Ciencias Jurídicas y Políticas de la Universidad Monteávila; Coordinador de la Maestría en Derecho Internacional Privado y Comparado de la Universidad Central de Venezuela; Miembro de la Academia Internacional de Derecho Comparado; Miembro Honorario de la Asociación Americana de Derecho Internacional Privado; Individuo de Número de la Academia de Ciencias Políticas y Sociales.

RESUMEN

En el caso en concreto se trata de examinar la eficacia en Venezuela del cambio voluntario de nombre efectuado, según la legislación aplicable en Inglaterra, sin intervención de un funcionario judicial o administrativo, por un nacional venezolano, mayor de edad, domiciliado en Inglaterra, cuya partida de nacimiento fue inscrita en los libros de registro civil venezolanos.

INTRODUCCIÓN

La regulación del nombre civil de las personas físicas en los diversos sistemas jurídicos presenta muy complejos problemas que se extienden desde el derecho privado (la esencia del sujeto, su intimidad y la identidad de la persona) hasta el derecho público (el servicio de registro civil, la identificación de la persona y la seguridad nacional). Comprende por lo tanto la tutela de intereses privados y públicos. Muchas veces las normas nacionales dictadas sobre la materia son bastante complejas y reproducen las costumbres seculares de los pueblos que más recientemente son animadas por ímpetus de igualdad ante la ley. Cada vez más la autonomía de la voluntad de las personas se hace presente en los ordenamientos nacionales permitiendo el cambio de nombre ya sea con o sin la intervención de organismos del Estado interesado. Estas razones hacen que los asuntos relativos al cambio voluntario de nombre civil de las personas sean especialmente difíciles en lo tocante a su reconocimiento fuera de los límites territoriales nacionales.[1]

En este sentido el Derecho internacional privado es el primer aliado para entender la esfera de eficacia extraterritorial del cambio voluntario de nombre civil de una persona sin intervención de autoridades públicas, como se estila hacerlo en Inglaterra. En este caso examinamos

[1] En general ver Gonzalo Parra-Aranguren, "Los derechos de la personalidad y el cambio voluntario del nombre civil en el derecho internacional privado venezolano", en *Monografías Selectas de Derecho Internacional Privado*, Academia de Ciencias Políticas y Sociales, Serie Estudios No. 21, Caracas, 1984, p. 295 y ss.; Gerhard Kegel / Klaus Schurig, *Internationales Privatrecht,* octava edición, C. H. Beck'sche Verlagsbuchhandlung, Muenchen, 2000, p. 521 y ss.; Christian von Bar, *Internationales Privatrecht,*Verlag C. H. Beck, Muenchen, 1991, Tomo II, p. 41 y ss.; Fritz Schwind, *Internationales Privatrecht*, Manz'sche Verlags- und Universitaetsbuchhandlung, Wien, 1990, p. 96 y ss.; Jan Kropholler, *Internationales Privatrecht,* cuarta edición, Mohr Siebeck, Tuebingen, 2001, p. 316 y ss.

la situación del cambio voluntario de nombre civil según la normativa inglesa relevante y su eficacia extraterritorial de conformidad con la legislación venezolana.

1. CAMBIO VOLUNTARIO DE NOMBRE CIVIL SEGÚN EL DERECHO INGLÉS[2]

Según el derecho inglés el cambio voluntario de nombre civil de las personas, nacionales o extranjeras (domiciliadas en Inglaterra), puede realizarse de diversas maneras y sin mayores trámites. Para ello bastaría que la persona inicie el uso de un nuevo nombre. La prueba del cambio de nombre es un tema diferente. Por razones de seguridad cada vez más se exige prueba fehaciente del cambio de nombre de las personas físicas. Tal prueba puede resultar de diversos documentos. Por ejemplo, de una carta hecha por una persona atestiguando el cambio de nombre a solicitud del interesado, mediante un anuncio público, mediante declaración legal o *Statutory Declaration* o más comúnmente mediante un *Deed Poll*.

A. Uso del *Deed Poll*

Según el derecho y la práctica en Inglaterra el trámite más utilizado para cambiar voluntariamente el nombre civil de las personas naturales es el del *Deed of Change of Name* o documento de cambio de nombre, mejor conocido como documento cortado o *Deed Poll*. El cambio de nombre puede referirse al nombre de pila o a los apellidos, o a ambos, puede efectuarse para añadir o remover nombres, cambiar la forma de escribirlos o reordenarlos. Puede hacerse tantas veces como quiera el interesado, en cualquier momento y sin justificación alguna. Sin embargo, no puede hacerse por motivos dolosos o fraudulentos.

El *Deed Poll* es un documento privado con efectos legales, que contiene la declaración unilateral del declarante, mediante el cual este

2 Para lo relativo al derecho inglés sobre el cambio de nombre civil de las personas físicas ver https://theukdeedpolloffice.co.uk/?gclid=Cj0KCQjwrIf3BRD1ARIsAMuugNt-NYB-ciV5M5iTO2qSx8ZUH10GFRDuh_KHH04IP8pMBOw5ysqKPvVQaAhz7EALw_wcB, consultado en fecha 30 de junio de 2020.

se obliga a cumplir con el contenido de su declaración. El principal efecto legal del *Deed Poll* es reconocer oficialmente el cambio de nombre del declarante y servir de prueba del cambio.

El *Deed Poll* contiene tres declaraciones, a saber: (i) Abandonar del uso del nombre anterior, (ii) Usar el nuevo nombre con exclusión de otro para todos los propósitos y (iii) Exigir a todas las personas que llamen al declarante por el nuevo nombre con exclusión de otros.

B. Trámite del *Deed Poll*

El cambio de nombre en el derecho inglés no requiere de un trámite judicial ni supone una decisión administrativa. No hay, por tanto, sentencia o acto administrativo que acuerde el cambio de nombre. El interesado puede preparar su propio *Deed Poll* o utilizar uno de los formularios disponibles aprobados por las autoridades inglesas para tales propósitos. Esta última posibilidad es necesaria si el declarante quiere que su documento sea conservado en el registro oficial y así tener evidencia pública del cambio de nombre. Esta evidencia pública resulta de la inscripción del *Deed Poll* en el registro oficial llevado en los *Enrolment Books of the Supreme Court of Judicature*, que se encuentra dentro de las *Royal Courts of Justice*, en *The Strand,* Londres. Se trata de una división del *Queen's Bench (Action Department)*. Allí se conservan todos los documentos por cinco años y luego son transferidos al *National Archives* en *Kew Richmond, Surrey*. Los detalles de los *Deed Poll* hechos en Inglaterra, que son depositados en los *Enrolment Books of the Supreme Court,* son publicados en el *London Gazette*.

Un *Deed Poll* constituye una manifestación de voluntad del interesado que al cumplir con las mínimas exigencias legales para el cambio voluntario de nombre de la persona interesada, es prueba del cambio de nombre, pero no constituye un certificado oficial de cambio de nombre. Una vez firmado ante testigos, acompañado de los demás recaudos exigidos por la ley, y provisto del sello oficial, el *Deed Poll* será depositado y sus detalles publicados en el *London Gazette* en la forma que antes se indicó.

De tal manera, el *Deed Poll* es, según el derecho inglés, prueba auténtica del cambio de nombre de la persona interesada.

C. Uso del *Deed Poll* como prueba del cambio voluntario de nombre

El interesado podrá presentar el *Deed Poll* ante las oficinas, autoridades y personas que considere convenientes. De esta forma se procederá a cambiar la documentación que interese a la persona que ha cambiado de nombre civil, incluyendo pasaporte, licencia de conducir, cuentas bancarias, etc. Otras formas de realizar el cambio de nombre tienen un efecto probatorio más limitado. Por ello, dependiendo de los fines para los que se quiera el cambio de nombre, se acude a las diversas maneras de probar tal cambio de nombre. El *Deed Poll* elaborado según antes se mencionó surtirá efecto frente a todas las autoridades inglesas. Sin embargo, hay ciertos documentos históricos que por constituir prueba de hechos no pueden ser cambiados, como por ejemplo, actas de nacimiento, matrimonio, adopción.

D. Eficacia extraterritorial del cambio voluntario de nombre evidenciado mediante *Deed Poll*

La cuestión de los efectos del cambio de nombre de una persona física realizado según el derecho inglés fuera de Inglaterra, incluido el cambio evidenciado mediante un *Deed Poll* dependerá de la legislación del país donde el interesado pretenda hacer valer el cambio de nombre.

En la próxima sección de esta comunicación analizamos la eficacia en Venezuela del cambio voluntario de nombre de un venezolano, mayor de edad, domiciliado en Inglaterra, efectuado según el derecho inglés.

2. EFICACIA EN VENEZUELA DEL CAMBIO VOLUNTARIO DE NOMBRE HECHO SEGÚN EL DERECHO INGLÉS

El nombre civil de las personas naturales cumple varias funciones en el sistema jurídico venezolano: Sirve a la identificación de las mismas, constituye uno de los derechos de la personalidad e indica la filiación de la persona. Así mismo, el nombre civil de las personas naturales individualiza a la persona y es reflejo de su identidad cultural. El nombre civil comprende el nombre propio o nombre de pila y los apellidos de la persona física en cuestión.[3] Ahora bien, la eficacia del cambio de nombre civil de un venezolano depende exclusivamente de lo que al respecto establece el derecho venezolano.

A. El nombre civil como cuestión de estado de las personas

Se considera en Venezuela que el nombre civil de las personas físicas forma parte de las características estables de la persona. Por lo tanto, forma parte del estado de las mismas.[4]

En este sentido, puede contrastarse la diferente naturaleza y tratamiento que se le da al nombre civil de las personas físicas en el derecho inglés y en el derecho venezolano, sobre todo a los fines del derecho internacional privado de los respectivos sistemas legales de los países interesados, y en particular en lo relativo al cambio voluntario de nombre civil. En el derecho de los países del *common law* se indica que *"the determination of an individual's name is not regarded as a problem of status, since a person is traditionally free to assume a name and to change it at his discretion"*.[5]

Todavía más expresiva es la afirmación de Ehrenzweig al referirse a los Estados Unidos de América: *"In this country a person's name is still widely considered as subject to free choice and thus removed from the realm of conflicts"*, quien sin embargo luego precisa: *"But this may*

---

[3] En general Eugenio Hernández-Bretón, "El nombre civil y el seco de las personas en el Derecho Internacional Privado venezolano", en *Libro Homenaje a José Luis Aguilar Gorrondona*, Tribunal Supremo de Justicia, Colección Libros Homenaje No. 5, Caracas, 2002, Tomo I, pp. 597 y ss.; María Candelaria Domínguez Guillén, "A propósito del "nombre civil" en la obra de Eugenio Hernández-Bretón", en *Libro Homenaje al Profesor Eugenio Hernández-Bretón*, Academia de Ciencias Políticas y Sociales, Editorial Jurídica Venezolana, Caracas, 2019, Tomo III, pp. 2297 y ss.; Salvador Yannuzzi, "Es posible cambiar el nombre y apellido de las personas naturales en Venezuela?", en la misma obra y tomo, pp. 2321 y ss.

[4] Además de lo citado en la nota anterior ver Mirian Rodríguez Reyes / Claudia Madrid Martínez, "Derecho aplicable al nombre civil en el derecho internacional privado venezolano. Dos casos prácticos", en *Libro homenaje a la Academia de Ciencias Políticas y Sociales en el centenario de su fundación 1915-2015*, Academia de Ciencias Políticas y Sociales, Caracas, 2015, Colección Centenario, Tomo V, pp. 3127 y ss.

[5] Ernst Rabel, *The Conflict of Laws. A comparative study*, Volume I, Introduction: Family Law, segunda edición, University of Michigan Law School, Ann Arbor, 1958, p. 181, citando a Joseph Beale. Esta situación se mantiene en el mundo anglosajón, al respecto ver Christian von Bar, ob. cit, p. 64, nota 382.

not remain true in the light of state statutes which require or endow with certain effects change of name by court action. And in international conflict cases rigid civil law rules requiring such action may yet come to be invoked in American courts".[6]

B. Aplicación del derecho del domicilio al cambio voluntario de nombre civil

Los temas de estado de las personas y, por ende, las cuestiones que tienen que ver con el nombre civil de las personas se rigen por el derecho del domicilio de la persona de que se trata.[7] El derecho del domicilio de la persona (incluido el nombre civil) se aplica en materia de estado de las personas a los hechos y actos que tengan lugar a partir del 6 de febrero de 1999, que es la fecha de entrada en vigor de la Ley de Derecho Internacional Privado.[8]

A los efectos de la Ley de Derecho Internacional Privado,[9] por domicilio de una persona física se entiende el territorio del Estado donde la persona tiene su residencia habitual.[10]

De tal forma, la regulación del nombre civil de un venezolano domiciliado en Inglaterra se sometería al derecho inglés. Esto comprendería, en principio la posibilidad de cambiar voluntariamente el nombre civil de esa persona según se explicó en la sección anterior de esta comunicación.

C Alcance de la remisión al derecho inglés para regular el cambio voluntario de nombre

No obstante, debe tenerse presente que la intervención de las normas de conflicto venezolanas está condicionada por la existencia y

[6] Albert A. Ehrenzweig, *A Treatise on the Conflict of Laws*, West Publishing Co., St. Paul, Minn., 1962, p. 374.Ver también Gonzalo Parra-Aranguren, ob. cit., p. 310-311, nota 39.

[7] Venezuela. Artículo 16 de la Ley de Derecho Internacional Privado, Gaceta Oficial No. 36.511 de 6 de agosto de 1998.

[8] Artículo 64 de la Ley de Derecho Internacional Privado.

[9] Artículo 15 de la Ley de Derecho Internacional Privado.

[10] Artículos 11 al 14 de la Ley de Derecho Internacional Privado; al respecto ver Eugenio Hernández-Bretón, "El domicilio de las personas físicas en el Derecho Internacional Privado venezolano actual, en Liber Amicorum: Homenaje a la obra científica y académica de la profesora Tatiana B. de Maekelt, Universidad Central de Venezuela, Caracas, 2001, Tomo I, p. 131 y ss.

aplicación de las llamadas normas de aplicación forzosa o necesaria "*dictadas por cada Legislador para regir todos los supuestos de hecho, independientemente de sus contactos con sistemas jurídicos extranjeros*".[11] Tal tipo de normas se explica en materia del nombre de las personas físicas por "*La importancia de los intereses colectivos en juego ... por ejemplo, con la prohibición de adoptar ciertos nombres, el deber de nacionalizar los foráneos, los cambios impuestos por motivos de orden público o por mandato administrativo. Semejantes sectores jurídicos, circunscritos autónomamente por cada Legislador, quedan al margen del funcionamiento de las normas de Derecho internacional privado y de la posible competencia de alguna ley extranjera*".[12]

En cuanto al mismo asunto hemos afirmado: "*No obstante, antes de poner en funcionamiento la norma de conflicto del artículo 16 de la LDIP debemos verificar la ausencia en nuestro derecho de normas de aplicación inmediata o necesaria en materia de nombre civil y sexo de las personas físicas o naturales. Se trata según el artículo 10 de la LDIP de normas materiales imperativas que regulan directa e inmediatamente, para todos los casos con independencia de los elementos de extranjería presentes, los supuestos de hecho relacionados con ordenamientos extranjeros. Aunque la materia del nombre civil y el sexo cabalga entre el Derecho Privado y el Público, no creemos que existan normas de tal naturaleza, salvo la relativa al derecho fundamental de toda persona a tener su nombre propio y llevar el apellido de sus progenitores tal como lo reconoce la Constitución venezolana de 1999 y las Convenciones antes citadas vigentes para Venezuela. Además, en nuestro territorio y para nuestro funcionarios las normas relativas al funcionamiento del Registro Civil forzosamente entrarían en acción sobre la base de la regla lex auctoris recogida en el artículo 56 de la LDIP.*"[13] Sobre este punto de las normas de aplicación forzosa o

---

[11] Gonzalo Parra-Aranguren, op. cit., p. 306.

[12] Gonzalo Parra-Aranguren, op. cit., p. 308.

[13] Eugenio Hernández-Bretón, op. cit., p. 610 y s. En cuanto a las normas de aplicación forzosa o necesaria ver Claudia Madrid Martínez, "Normas de aplicación necesaria", en Ley de Derecho Internacional Privado Comentada, Universidad Central de Venezuela, Caracas, 2005, Tomo I, p. 337 y ss.

necesaria en materia de cambio voluntario de nombre civil de las personas físicas volveremos más adelante.

En todo caso, la remisión que hace el derecho venezolano al derecho inglés en principio comprende también las normas inglesas que regulan los casos que se relacionan con los ordenamientos jurídicos extranjeros o de derecho internacional privado.[14] En este sentido, para que un extranjero residente habitual en Inglaterra pueda cambiar voluntariamente su nombre se exige que tal cambio de nombre sea permitido por el derecho de la nacionalidad del extranjero de que se trata. Lo anterior se debe a que el cambio de nombre civil en el derecho inglés, evidenciado mediante *Deed Poll*, exige que la persona interesada en cambiar voluntariamente su nombre use el nuevo nombre con exclusión de cualquier otro para todos los propósitos. Esto último también comprende lo relativo a los propósitos de su identificación en todos sus documentos, incluyendo el pasaporte del país de su nacionalidad. El derecho inglés armoniza la posibilidad de cambio voluntario de nombre admitida según el derecho inglés a la posibilidad de cambio voluntario de nombre según el derecho de la nacionalidad de la persona interesada. Se produciría, entonces, un reenvío al derecho venezolano,[15] producto del diferente tratamiento que se le da a los temas de cambio voluntario de nombre civil en el ordenamiento inglés y en el derecho venezolano, lo cual conduciría a una especie de reenvío por diferencia de criterios calificadores, para seguir la expresión alemana de reenvío *Kraft abweichender Qualifikation*, o una especie de "reenvío oculto", según se expresa en ese mismo idioma, un *versteckte Rückverweisung*.[16]

---

[14] Artículos 2 y 4 de la Ley de Derecho Internacional Privado. Al respecto ver María Alejandra Ruiz, "El reenvío en el ordenamiento jurídico venezolano", en *Libro Homenaje al Profesor Eugenio Hernández-Bretón*, Tomo I, Academia de Ciencias Políticas y Sociales, Editorial Jurídica Venezolana, Caracas, 2019, pp. 557 y ss., y Peter Mankowski, "A very special type of Renvoi in contemporary Private International Law. Article 4 Ley de Derecho Internacional Privado of Venezuela in the light of recent developments", en la misma obra y tomo, pp. 679 y ss.

[15] En cuanto a la calificación en el sistema venezolano actual ver Eugenio Hernández-Bretón, "An attempt to regulate the problem of "charachterization" in *Private International*, en Festschrift für Erik Jayme, Sellier. European Law Publishers, Muenchen, 2004, Tomo I, p. 331 y ss.

[16] En cuanto al reenvío por diferencia de calificación de conceptos o de reenvío oculto ver Fritz Schwind, op. cit., p. 49; Jan Kropholler, op. cit., p. 163, con más referencias bibliográficas.

De tal manera, el cambio voluntario de nombre de un venezolano domiciliado en Inglaterra, para que pueda llevarse a cabo según el derecho inglés, solo podría realizarse efectivamente si el cambio de nombre fuese permitido en Venezuela y, por lo tanto, la persona interesada puede realmente cambiar su nombre en su documentación venezolana, especialmente su pasaporte venezolano, que sería el documento que lo identificaría al ingresar y salir de Inglaterra como venezolano.

D. Las normas materiales venezolanas sobre el cambio de nombre de las personas físicas

En Venezuela el cambio voluntario de nombre solo se permite y reconoce válidamente en ciertos casos muy puntuales y, por lo tanto, excepcionales.

E. Cambio de apellidos

En la mayoría de los casos el cambio de nombre se limita a los apellidos y es consecuencia de actos de estado civil, como por ejemplo, el apellido de la mujer casada con ocasión del matrimonio, el apellido del hijo adoptivo con ocasión de la adopción o de su extinción, el del apellido del hijo en caso de reconocimiento voluntario o establecimiento judicial de la filiación, o los apellidos del hijo en caso de desconocimiento del marido del hijo concebido o nacido durante el matrimonio, o en caso de nulidad o impugnación del reconocimiento de un hijo extramatrimonial.[17]

F. Cambio de nombre propio

Hay también la posibilidad de cambiar el nombre propio del hijo en caso del trámite de adopción de niños, niñas y adolescentes. Además, el derecho venezolano permite el cambio voluntario de nombre propio por vía directa o principal en un solo caso. Se trata del cambio del nombre propio o de pila autorizado por la Ley Orgánica de Registro Civil, en particular, el cambio de nombre propio de la persona mayor de edad.

---

[17] Ver Salvador Yannuzzi, op. cit., p. 2350 y ss., quien además destaca el caso especial de cambio de nombre previsto en la Ley de Protección de Víctimas, Testigos y demás Sujetos Procesales, p. 2353 y 2354.

En este caso se permite que cambie voluntariamente su nombre propio, por una sola vez, ante el registrador civil, siguiendo el procedimiento de rectificación de partidas en sede administrativa.[18]

G. Justificación del cambio de nombre propio

El cambio de nombre propio se permite solamente cuando el nombre del interesado sea infamante, lo someta al escarnio público, atente contra su integridad moral, honor y reputación, o no se corresponda con su género, afectando así el libre desenvolvimiento de su personalidad.[19] Fuera de estos casos taxativamente listados no se permite el cambio de nombre propio de una persona mayor de edad. No se permite el cambio de nombre propio por razones caprichosas o sin motivo alguno y el cambio de nombre propio debe tener lugar en sede administrativa, ante el funcionario de registro civil venezolano, según el procedimiento administrativo de rectificación de partidas del estado civil.

H. Fijeza del nombre civil como cualidad esencial del mismo

Por las razones anteriores es que se habla en Venezuela que si bien el nombre civil de las personas físicas puede cambiar en ciertos casos, se considera que una cualidad esencial del nombre de las personas es su fijeza.[20] De tal manera, la modificación del nombre de una persona de nacionalidad venezolana, mayor de edad, una vez que se ha inscrito el acta de nacimiento correspondiente en los libros de registro civil venezolanos solo procede en los casos excepcionales expresamente autorizados por el legislador.

---

[18] Ver Salvador Yannuzzi, op. cit., p. 2342 y ss. Según el aparte único del artículo 146 de la Ley Orgánica de Registro Civil: "*Si se tratare de niño o niña, el cambio se efectuará mediante solicitud del padre, madre o representante; si es adolescente mayor de catorce años podrá solicitar personalmente el cambio de nombre propio; una vez alcanzada la mayoría de edad podrá volver a solicitar el cambio de nombre por una sola vez.*"

[19] Venezuela. Artículo 146, en concordancia con los artículos 147 y ss. de la misma Ley y de los artículos 91 y ss. del Reglamento No. 1 de la Ley Orgánica de Registro Civil, emanado del Consejo Nacional Electoral, Resolución No. 121220-0656 de 20 de diciembre de 2012, Gaceta Oficial No. 40.093 de 18 de enero de 2013.

[20] Edison Lucio Varela Cáceres, "El nombre civil y la Ley Orgánica de Registro Civil", Revista de Derecho, No. 33, Tribunal Supremo de Justicia, Caracas, 2010, p. 249 y ss., p. 256.

3. CAMBIO DE NOMBRE EN VENEZUELA BASADO EN LA PRESENTACIÓN A LAS AUTORIDADES VENEZOLANAS DE REGISTRO CIVIL DE UN *DEED POLL*[21]

Por las mismas razones antes expuestas, la presentación de un *Deed Poll*, o de una simple declaración de cambio de nombre por parte

---

[21] Hay dos decisiones de la Sala Políticoadministrativa del Tribunal Supremo de Justicia que sugieren, por argumento a contrario, una suerte de jurisdicción venezolana exclusiva en materia de rectificación o modificación judicial de partidas de actos de estado civil o de actos registrados en el registro civil venezolano. En dichos casos se decidió que los tribunales venezolanos no tienen jurisdicción para conocer y decidir solicitudes de rectificación de partidas de actos de estado civil, de venezolanos o extranjeros, levantadas por autoridades extranjeras. Se trata de los casos Mariflor Espino de Prosperi, decidido el 21 de octubre de 2009 (Sentencia No. 01507, http://historico.tsj.gob.ve/decisiones/spa/octubre/01507-211009-2009-2009-0766.HTML, consultado el 30 de junio de 2020) y de Motaz Al Fakih, decidido el 18 de diciembre de 2014 (Sentencia No. 01731, http://historico.tsj.gob.ve/decisiones/spa/diciembre/173421-01731-181214-2014-2014-1296.HTML, consultado el 30 de junio de 2020), citando la decisión en el caso antes mencionado.
En ninguno de los dos casos citados, sin embargo, hubo mención alguna de las razones que llevaron a la Sala a la respectiva decisión. La motivación parece encontrarse implícitamente en la naturaleza de las normas sobre registro de actos de estado civil que solo pueden ser aplicadas por las respectivas autoridades en materia de actos de estado civil sujetos a registro. La Sala parece reconocer que se trataría de normas materiales de aplicación forzosa o necesaria que reclamarían aplicación exclusiva en la materia. Dicho tipo de normas están reconocidas por el artículo 10 de la Ley de derecho Internacional Privado. Tal vez de dicho carácter de normas de aplicación forzosa es que la Sala deduce la falta de jurisdicción venezolana para conocer de la rectificación de actos de estado civil emanados de autoridades extranjeras. Este proceder fue criticado en el pasado por Gonzalo Parra-Aranguren, op. cit., p. 317, nota 61 con más referencias. La jurisdicción exclusiva en esta materia basada en la aplicación exclusiva de la lex fori debe ser considerada con cuidado, deslindándose el ámbito de operación de las normas de conflicto y las de jurisdicción. En el sistema venezolano normativo anterior a la Ley de Derecho Internacional Privado y a la Ley Orgánica de Registro Civil, los tribunales venezolanos "*esporádicamente*" le permitieron a los extranjeros radicados en Venezuela cambiar su nombre según lo permitiera el derecho de su nacionalidad y también reconocieron eficacia al cambio voluntario de nombre mediante sentencia judicial dictada en el extranjero (en el caso reportado, en Italia). Ver al respecto Gonzalo Parra-Aranguren, op. cit., p. 312 y ss., y 342 y ss.
No obstante todo lo anterior, la señora Espino de Prosperi, venezolana, residenciada en los Estados Unidos de América para la fecha de su matrimonio, siempre fue identificada por la Sala con ese nombre, no obstante que en la traducción al castellano del acta matrimonial estadounidense aparece su apellido de soltera como Ospino. En el caso Motaz Al Fakih se trataba de un nacional sirio, residente en Venezuela pero sin nacionalidad venezolana, cuya acta de nacimiento había sido levantada por las autoridades sirias en Siria. A lo largo de la decisión, el señor Al Fakih fue tratado con ese apellido, y también él se identificó con ese

del interesado o de la declaración de un tercero atestiguando el cambio de nombre del venezolano interesado en dicho cambio de nombre tampoco tendría efecto ante las autoridades venezolanas. La cuestión del valor probatorio del *Deed Poll* dependerá del derecho que regule la relación jurídica de cuya prueba se trate[22] y su validez formal dependerá del cumplimiento alternativo de alguna cualquiera de las legislaciones enumeradas sin preferencia según lo dispone el artículo 37 de la Ley de Derecho Internacional Privado.[23]

En estos casos, aun cuando la autoridad venezolana aplique de oficio la normativa material inglesa por mandato de los artículos 16 y 60 de la Ley de Derecho Internacional Privado, sin considerar la remisión que las normas inglesas puedan hacer al derecho material venezolano de conformidad con los artículos 2 y 4 de la misma Ley, el cambio

---

nombre, a pesar de que el mismo accionante señaló que el apellido paterno correcto, y en consecuencia el suyo propio, es El Fekin.

Adicionalmente, en el caso Espino de Prosperi, la Sala además formuló unas interesantes "*Orientaciones para decidir el caso concreto*" que transcribimos a continuación: "*Esta Sala Político-Administrativa del Tribunal Supremo de Justicia, en ejercicio de la función pedagógica que deben tener los fallos que emite, no se limitará a la simple resolución del caso concreto, sino que en atención al derecho constitucional de acceso a la justicia, al tratarse la accionante de una ciudadana de nacionalidad venezolana y al pretender una simple rectificación por error material, advierte a la parte actora que en caso de insistir en su solicitud de rectificación, podrá presentar nuevamente ante los tribunales competentes dicha petición, para lo cual deberá acompañar a su solicitud el acta de matrimonio (Licencia Matrimonial N° 6227 levantada en el Estado de Texas en los Estados Unidos de América), lo cual permitirá determinar si se trata realmente de un simple error material (cambio de una "o" por una "e"), caso en el cual podrá ordenarse su rectificación, de así estimarlo el órgano jurisdiccional respectivo. En este sentido, si de la revisión que se haga del acta de matrimonio y demás documentos presentados, se constata que el error material fue cometido por la autoridad extranjera que emitió la licencia matrimonial, por cooperación judicial internacional los tribunales venezolanos solicitarán a la autoridad competente su colaboración, a los fines de que proceda a la corrección de dicho error*". La Sala no explicó cómo podría lograrse la rectificación de una partida de matrimonio extranjera por vía de la cooperación judicial internacional, sobre todo porque la actuación para la rectificación de la partida dependerá de lo que al respecto establezca la legislación extranjera interesada.

[22] Artículo 38 de la Ley de Derecho Internacional Privado, ver al respecto Yaritza Pérez Pacheco, "Prueba de los actos", en *Ley de Derecho Internacional Privado Comentada*, Universidad Central de Venezuela, Caracas, 2005, Tomo II, p. 953 y ss.

[23] Ver Ivette S. Esis Villarreal / Víctor Hugo Guerra Hernández, "Forma de los actos", en *Ley de Derecho Internacional Privado Comentada*, Universidad Central de Venezuela, Caracas, 2005, Tomo II, p. 925 y ss.

voluntario de nombre permitido por el derecho inglés se enfrenta a la aplicación de las disposiciones sobre la materia contenidas en la Ley Orgánica de Registro Civil, que tienden a garantizar la fijeza del nombre civil antes comentado, que no reconocen tal cambio de nombre mediante una simple declaración de voluntad y sin que además haya control judicial o administrativo de la manifestación de voluntad de cambiar el nombre por motivos justificados. Lo anterior debe examinarse a la luz de la naturaleza y ámbito de aplicación de las normas materiales y procesales de la referida Ley Orgánica de Registro Civil en cuanto al cambio voluntario de nombre civil. Así tenemos que las normas de la citada Ley "*son aplicables a los venezolanos y venezolanas, dentro a fuera del territorio de la República Bolivariana de Venezuela, y a los extranjeros y extranjeras que se encuentren en el país*" (artículo 4) y que los actos de estado civil registrados en Venezuela "*no podrán ser objeto de modificación o supresión, salvo los que se permiten por esta Ley o por sentencia judicial definitivamente firme*" (artículo 50). De tal manera, para el caso del cambio de nombre civil, limitado al nombre propio, como ya mencionamos, se requiere seguir el procedimiento de rectificación de partidas en sede administrativa (artículo 146) establecido en la propia Ley citada (artículos 147-148). Es importante destacar que la inscripción en los libros venezolanos de registro civil debe efectuarse en idioma castellano (artículo 80) y le confiere al documento de cambio voluntario de nombre civil la plena eficacia probatoria de los documentos públicos (artículos 11, 47 y 77).[24]

[24] Decreto No. 1.412, mediante el cual se dicta el Decreto con Rango, Valor y Fuerza de Ley de Reforma de la Ley Orgánica de Identificación, Gaceta Oficial No. 6.155 Extraordinario de 19 de noviembre de 2014.
Hay una decisión del Tribunal Superior Séptimo en lo Civil, Mercantil, Tránsito y Bancario de la Circunscripción Judicial del Área Metropolitana de Caracas de 9 de agosto de 2019 (caso Ifeanyi Elisha Okoye, Exp. AP71-S-2019-000008 (19.188), http://caracas.tsj.gob.ve/DECISIONES/2019/AGOSTO/2144-9-AP71-S-2019-000008(19.188).-.HTML, consultada el 31 de julio de 2020), que ante la solicitud de exequatur de una manifestación de voluntad de cambio de nombre de un venezolano-nigeriano, domiciliado en Venezuela, ante autoridades judiciales nigerianas, según el derecho nigeriano, estableció que: "*siendo el solicitante IFEANYI ELISHA OKOYE un ciudadano venezolano, el acto en cuestión no cumple con la forma requerida para los actos del domicilio del solicitante, esto es precisamente la existencia de una declaratoria expresa del órgano judicial ante el cual se anunció el cambio de nombre que apruebe, valide u homologue tal acto de declaración efectuada bajo juramento,*

4. CAMBIO DE NOMBRE EN LA CÉDULA DE IDENTIDAD O PASAPORTE VENEZOLANOS

Al no permitirse el cambio de nombre sino en los casos taxativamente antes identificados, no sería posible legalmente que el interesado cambie su nombre civil en su respectiva cédula de identidad o su pasaporte, salvo en los mismos casos en que se permite tal cambio de nombre. El cambio de nombre del interesado en la cédula de identidad venezolana requiere la previa presentación a la autoridad competente del acta de nacimiento, acta de matrimonio, acta de defunción o sentencia definitivamente firme que dé lugar a la modificación de la cédula de identidad.[25] Lo mismo resulta para los casos de cambio de nombre en el pasaporte venezolano.[26]

Al serle presentado al funcionario venezolano el *Deed Poll* o documento similar por parte del interesado, el funcionario debería efectuar un examen del mismo en términos similares a los que aquí hemos desarrollado, debiendo llegar a conclusión idéntica, negándole eficacia al cambio de nombre según el derecho inglés y de tal suerte negando la expedición de una nueva cédula de identidad o pasaporte bajo el nuevo nombre civil.

5. CASO DE VENEZOLANOS CON OTRA NACIONALIDAD

Para el caso de que se trate de un venezolano que posea otra nacionalidad, y no obstante de que el cambio voluntario de nombre sea procedente según el derecho inglés, el nacional venezolano debería seguir identificándose para todos los efectos legales venezolanos con su nombre civil venezolano, especialmente para su ingreso, permanencia y salida del territorio nacional, así como para todos los actos civiles y políticos en los que participe.[27]

---

no existiendo en la normativa de la República Bolivariana de Venezuela, procedimiento alguno que sea análogo, donde la sola declaración de voluntad del interesado para cambiar su nombre cause efectos jurídicos inmediatos, sin el concurso o aprobación de la autoridad ante la cual se efectuó y así se declara."

[25] Artículo 19 de la Ley Orgánica de Identificación.

[26] Artículo 37 de la Ley Orgánica de Identificación.

[27] Artículo 7 de la Ley de Nacionalidad y Ciudadanía, Gaceta Oficial No. 37.971 de 1° de julio de 2004.

6. USO DEL NUEVO NOMBRE CIVIL ADQUIRIDO DE CONFORMIDAD CON EL DERECHO INGLÉS EN VENEZUELA

El uso del nuevo nombre en Venezuela por un venezolano cuya acta de nacimiento está inscrita en los libros de registro civil venezolano, fuera de los casos permitidos por la ley y sin que se haya procedido a la modificación del acta venezolana correspondiente según el procedimiento establecido legalmente podría generar responsabilidad penal. Esto resultaría de la posible falsa atestación ante funcionario público de la identidad de la persona de cuyo nombre se trata, de modo que pueda resultar algún perjuicio al público o a los particulares. En este caso la pena sería de tres a nueve meses de prisión, pudiendo ser la pena de seis a dieciocho meses si se trata de un acto del estado civil o de la autoridad judicial.[28]

CONCLUSIÓN

Las razones que se expusieron precedentemente sirven para negar en Inglaterra y en Venezuela el cambio voluntario de nombre de un venezolano, mayor de edad, domiciliado en Inglaterra, cuya acta de nacimiento se encuentra registrada en los libros de registro civil de Venezuela, sin que medie intervención de un funcionario judicial o administrativo. La legislación venezolana solo permite el cambio voluntario de nombre propio por vía principal por motivos justificados y según lo previsto en la Ley Orgánica de Registro Civil, mediante la intervención de un funcionario administrativo. Solo en este último caso es que tendría eficacia en Venezuela un cambio de nombre propio de un venezolano, mayor de edad, cuya partida de nacimiento fue inscrita en los libros de registro civil venezolanos, domiciliado en Inglaterra.

[28] Artículo 320 del Código Penal, Gaceta Oficial No. 5.678 Extraordinario de 13 de abril de 2005.

JURISDICCIÓN, ARBITRAJE, MEDIACIÓN Y DERECHO INTERNACIONAL PÚBLICO

MÁS DE 20 AÑOS DE VIGENCIA DE LA LEY DE ARBITRAJE COMERCIAL. ALGUNAS REFLEXIONES

CLAUDIA MADRID MARTÍNEZ*

SUMARIO

Con sus virtudes y sus falencias, la Ley de Arbitraje Comercial[1] venezolana supuso, sin duda alguna, un avance para el arbitraje en Venezuela. Después de poco más de veinte años de vigencia el balance es necesariamente positivo. El cambio de actitud de la jurisprudencia frente al arbitraje es prueba de ello. Así, sin ánimo de emprender un acucioso análisis del arbitraje en Venezuela, nos hemos propuesto, como un sincero homenaje al profesor Luis Cova Arria, esbozar las principales construcciones jurisprudenciales que dan muestra de la forma en que los tribunales han interpretado la Ley y han ido llenando sus vacíos, para dar paso a un ambiente efectivamente favorable al arbitraje.

I. ANTES DE LA LEY

El primer reconocimiento constitucional del arbitraje en Venezuela fue bastante temprano. Fue en la Constitución de 1830 mediante una norma que se repitió en la Constitución de 1857 y de conformidad con la cual "*Los venezolanos tienen la libertad de terminar sus diferencias por árbitros, aunque estén iniciados los pleitos... con tal que se observen las formalidades legales*" (art. 190). Ese reconocimiento

* Doctora en Ciencias Mención Derecho; *Magister Scientiarum* en Derecho Internacional Privado y Comparado y Abogado de la Universidad Central de Venezuela (UCV); *Postdoctoral researcher* becada por la Fundación Alexander von Humboldt en la Universidad de Colonia (2012-2014); Profesora Titular en la UCV y en la Universidad Católica Andrés Bello (UCAB); Profesora en la Universidad Autónoma Latinoamericana. Parte del Grupo de Investigaciones Globalización y Derecho Privado (GLOPRI).

1 Gaceta Oficial No. 36.430, 7 de abril de 1998.

constitucional termina en la Constitución de 1858 que inicia un silencio que se mantiene hasta la Constitución de 1961 y que es roto por la de Constitución de 1999[2], a poco más de un año de la promulgación de la Ley de Arbitraje Comercial en 1998.

Desde el punto de vista jurisprudencial, Parra Aranguren[3] hace referencia a una decisión dictada por la Alta Corte Federal el 12 de noviembre de 1881, en la que niega el exequátur de a laudo arbitral dictado en Marsella y que resolvió las disputas entre Antonio Fabiani, ciudadano francés, y los hermanos Benito y Andrés Roncajolo, ciudadanos venezolanos. Ese laudo fue objeto de oposición y nulidad en Francia, recursos que fueron negados por un tribunal de instancia y por el Tribunal de apelaciones de Aix, que confirmó el laudo. Posteriormente, Fabiani solicitó el exequátur del laudo en Venezuela, donde la Alta Corte negó el reconocimiento, alegando que no se trataba de la decisión de un tribunal[4].

Tras esta negativa, Fabiani solicitó ante la propia Corte, el exequátur de la sentencia dictada por el Tribunal de Aix que confirmó el laudo, y la Corte lo reconoció afirmando que el tribunal arbitral que había dictado la sentencia era un tribunal competente de acuerdo con el Derecho francés, que tal decisión resolvía problemas vinculados a derechos y obligaciones de carácter privado y que la misma no violaba la soberanía ni el Derecho público venezolanos[5]. Pese a esta decisión, fue

---

2 Gaceta Oficial No. 36.860, 30 de diciembre de 1999.

3 Gonzalo Parra Aranguren, "El control de la eficacia de los actos de autoridades extranjeras en Venezuela a finales del siglo XIX", en: *Revista de Derecho, Tribunal Supremo de Justicia*, 2005, No. 16, pp. 41 ss., especialmente pp. 50 ss.

4 "El fallo, o laudo de esos árbitros, no es sino el definitivo resultado, el complemento del contrato que los invistió de carácter; de manera que, para que dicho fallo o laudo tenga fuerza en el mismo país en donde se expidió, es indispensable la intervención del Tribunal ordinario competente, del mismo modo que se necesita de su intervención para hacer cumplir cualquier contrato o acto entre particulares. No sucede así con las sentencias pronunciadas por Juzgados nacionales, las cuales se cumplen en el interior sin más requisitos al quedar ejecutoriadas". Parra Aranguren, "El control de la eficacia de los actos de autoridades extranjeras en Venezuela...", ob. cit., p. 53.

5 "*La dicha sentencia de la Corte de Apelación de Aix, no versa sobre bienes inmuebles en Venezuela; ha sido pronunciada por autoridad competente en Francia, con audiencia de las partes que figuraban en el juicio; y se refiere a obligaciones y derechos privados entre los litigantes, sin rozarse con la soberanía ni con el derecho público de Venezuela. Por tanto, no siendo el punto sometido hoy a la decisión de esta Alta Corte, el mismo que ella resolvió en su auto fecha once de noviembre del año próximo pasado; y en virtud de los artículos*

imposible ejecutar el laudo en Venezuela, debido a diversos obstáculos puestos por los tribunales de instancia de Maracaibo, competentes para tal ejecución.

Desde el punto de vista la normativa de rango legal, el arbitraje ha sido regulado en Venezuela desde el Código de Procedimiento Civil de 1897. Sin embargo, hay que destacar la reforma de 1986[6], en la cual se verifica un cambio fundamental para el arbitraje, con el reconocimiento del carácter vinculante del acuerdo arbitral[7]. A partir de esta reforma no es posible escapar unilateralmente al cumplimiento del acuerdo de ir a arbitraje. En efecto, en la exposición de motivos del Código puede leerse que el acuerdo arbitral, como cualquier otra obligación de conformidad con el artículo 1.264 del Código Civil, debe cumplirse tal como ha sido contraída[8].

Sin embargo, el Código contiene algunas normas cuestionables, que mantienen al arbitraje anclado a esquemas procesales. Es el caso del recurso de apelación que, establecido en el artículo 611, procede contra la decisión del tribunal que se pronuncia sobre la impugnación del acuerdo por una de las partes y que, en la práctica, fue sustituido por el recurso de regulación de la jurisdicción[9].

556, 557 y 558 del Código de Procedimiento Civil, se declara ejecutoria en Venezuela la expresada sentencia de la Corte de Apelación de Aix (República Francesa), en nombre de la República de Venezuela y por autoridad de la ley". Parra Aranguren, "El control de la eficacia de los actos de autoridades extranjeras en Venezuela…", ob. cit., pp. 63-64.

[6] Gaceta Oficial, No. 3.694, extraordinario, 22 de enero de 1986. Reformado y publicado en Gaceta Oficial No. 4.196 Extraordinario, 2 de agosto de 1990.

[7] El artículo 504 del Código de 1916, disponía que, si unas de las partes se negaba a cumplir su compromiso de someterse a arbitraje, el procedimiento arbitral simplemente cesaba o no se iniciaba, según el caso.

[8] Exposición de Motivos: "*En nuestro país, la institución del arbitraje no había encontrado una franca recepción por la inocuidad de la cláusula compromisoria, la cual no tiene sanción legal alguna para el caso de su incumplimiento… ni procesal ni sustantiva, contra la parte que desconoce la cláusula compromisoria, y que por tanto se coloca en situación de incumplimiento del respectivo convenio, violándose con ello la norma del artículo 1.264 del Código Civil, en la que se estipula que las obligaciones deben cumplirse exactamente como han sido contraídas, siendo el deudor responsable de daños y perjuicios en caso de contravención*".

[9] Así ocurrió en el caso PepsiCola. Ver: Corte Suprema de Justicia / Sala Político-Administrativa, sentencia No. 605, 9 de octubre de 1997. El texto de la sentencia y un comentario pueden verse en: Eugenio Hernández-Bretón, "Lo que dijo y no dijo la sentencia Pepsi Cola", en *Revista de la Facultad de Ciencias Jurídicas y Políticas, Universidad Central de Venezuela*, 1998, No. 109, pp. 141 ss.

Paralelamente a este desarrollo en Venezuela, hubo un interesante movimiento en América Latina que comienza con los tratados de Montevideo de 1889, en particular, el Tratado de Derecho procesal estableció normas para el reconocimiento de laudos arbitrales. Luego, el Tratado de Derecho internacional privado, mejor conocido como Código Bustamante[10], ordenó la aplicación de las normas sobre reconocimiento de sentencias a los laudos arbitrales[11]. Sin embargo, Venezuela se reservó estas normas del Código. También habría que reportar la creación de la Comisión Interamericana de Arbitraje Comercial en 1936, como respuesta a la necesidad de crear un sistema interamericano de arbitraje y conciliación que permitiese resolver controversias de carácter comercial[12].

Como parte del proceso de codificación bajo los auspicios de la Organización de Estados Americanos, debemos referir la Convención Interamericana sobre Arbitraje Comercial Internacional[13], que contiene normas sobre reconocimiento del laudo. Luego está la Convención sobre Eficacia Extraterritorial de las Sentencias y Laudos Arbitrales Extranjeros[14] que se reconoce como de aplicación subsidiara en materia de arbitraje a la Convención de Panamá[15].

En el ámbito universal, debemos mencionar, desde luego, la Convención de Nueva York sobre Reconocimiento y Ejecución de Sentencias Arbitrales Extranjeras de 1958[16] y el Convenio para el Arreglo de Diferencias Relativas a Inversiones entre Estados y Nacionales de otros Estados[17], hoy lamentablemente denunciado por Venezuela.

Por otro lado, en América Latina, desde finales de la década de los 80 del siglo pasado comienzan a promulgarse leyes especiales en materia de arbitraje, con las destacadas de excepciones de Uruguay y

---

[10] Gaceta Oficial No. 17.698, 9 de abril de 1932.

[11] Art. 432. "*El procedimiento y los efectos regulados en los artículos anteriores se aplicarán en los Estados contratantes a las sentencias dictadas en cualquiera de ellos por árbitros o amigables componedores, siempre que el asunto que las motiva pueda ser objeto de compromiso conforme a la legislación del país en que la ejecución se solicite*".

[12] https://www.ciac-iacac.org/

[13] Gaceta Oficial No. 33.170, 22 de febrero de 1985.

[14] Gaceta Oficial No. 33.144, 15 de enero de 1985.

[15] Art. 1. "*Las normas de la presente Convención se aplicarán en lo relativo a laudos arbitrales en todo lo no previsto en la Convención Interamericana sobre Arbitraje Comercial Internacional suscrita en Panamá el 30 de enero de 1975*".

[16] Gaceta Oficial No. Extraordinario 4.832, 29 de diciembre de 1994.

[17] Gaceta Oficial No. 35.685, 3 de abril de 1995.

Argentina que mantuvieron la regulación en códigos procesales y solo en 2018 promulgaron leyes para regular el arbitraje comercial internacional[18]. Estas normas se inspiran, en principio, en la Ley Modelo sobre Arbitraje Comercial Internacional de UNCITRAL[19], con perfiles muy procesalistas en algunas, otras conservando esquemas dualistas. Esto último puede verse en Argentina[20]; Chile[21]; Colombia[22]; Honduras[23] y Uruguay[24]. Además, a partir de la primera y segunda década de este siglo comienzan a hacerse reformas que permiten modernizar los diversos sistemas de arbitraje[25].

En definitiva, podemos afirmar una actitud favorable al arbitraje en América Latina. Los diversos sistemas aceptan al arbitraje como una posibilidad, se preocupan por su regulación y por su implementación.

II. LA LEY

En Venezuela, la Ley de Arbitraje Comercial se promulgó en 1998, y se reconoce fundamentada en la Ley Modelo de UNCITRAL –tal

---

18 Ambas fueron publicadas con el nombre de Ley de Arbitraje Comercial Internacional Argentina, bajo el número 27.449 de 4 de julio de 2018 en Argentina y 19.636 de 26 de julio de 2018 en Uruguay.

19 https://www.uncitral.org/pdf/spanish/texts/arbitration/ml-arb/07-87001_Ebook.pdf

20 Paula María All y Beatriz Pallarés, "La regulación del arbitraje comercial internacional en Argentina", en: C. Esplugues (ed.), *Tratado de arbitraje comercial interno e internacional en Iberoamérica*, Valencia, Tirant Lo Blanch, 2019, pp. 123 ss., especialmente p. 154.

21 Fernanda Vásquez Palma, "Arbitraje en Chile: entre el anacronismo y la modernidad", en: C. Esplugues (ed.), *Tratado de arbitraje comercial interno e internacional en Iberoamérica*, Valencia, Tirant Lo Blanch, 2019, pp. 219 ss., especialmente pp. 246-247.

22 Claudia Madrid Martínez, "Arbitraje comercial interno e internacional en Colombia", en: C. Esplugues (ed.), *Tratado de arbitraje comercial interno e internacional en Iberoamérica*, Valencia, Tirant Lo Blanch, 2019, pp. 249 ss., especialmente p. 252.

23 Claudia María Castro Valle, "El arbitraje comercial interno e internacional en Honduras", en: C. Esplugues (ed.), *Tratado de arbitraje comercial interno e internacional en Iberoamérica*, Valencia, Tirant Lo Blanch, 2019, pp. 419 ss., especialmente p. 422.

24 Santiago Pereira Campos, / Valeria Seines Rodríguez, "El arbitraje comercial en Uruguay", en: C. Esplugues (ed.), *Tratado de arbitraje comercial interno e internacional en Iberoamérica*, Valencia, Tirant Lo Blanch, 2019, pp. 577 ss., especialmente p. 578.

25 Ocurrió en Colombia en 2012 con la promulgación de la Ley 1563 de 2012 por medio de la cual se expide el Estatuto de Arbitraje Nacional e Internacional y se dictan otras disposiciones; y en Perú en 2008 con Decreto Legislativo No. 1071 que norma el arbitraje. Este última fue modificado en enero de 2020, mediante el Decreto de urgencia No. 20-2020 para incluir establecer más controles y normas de transparencia especialmente aplicables en arbitrajes de los cuales sea parte el Estado.

como los demás países latinoamericanos–, pero tratándose de una Ley modelo, nuestra Ley de arbitraje la tomó en cuenta en algunos puntos y se separó de ella en otros. Quizá uno de los vacíos que se plantearon en primer término tuvo que ver con el arbitraje internacional.

Lo cierto es que la Ley de Arbitraje contiene algunas normas que sugieren su aplicación al arbitraje internacional, por ejemplo, cuando el artículo 9 se refiere a la elección de la sede del arbitraje, o cuando el artículo 10 admite la elección del idioma, desde luego todo el sistema sobre reconocimiento de laudos dictados en el extranjero. Sin embargo, si notamos un gran vacío en materia de Derecho aplicable, tanto al fondo de la controversia, como al procedimiento e, incluso, al acuerdo arbitral. Más adelante volveremos a esto.

No obstante, es necesario reconocer que la Ley significó un gran avance en materia arbitral. Destaquemos algunos de esos avances. Lo primero que habría que referir es la unificación de las nociones de cláusula arbitral y compromiso, muy bien diferenciadas en el Código de Procedimiento Civil[26], y ahora arropadas bajo la expresión acuerdo arbitral. Hay un reconocimiento de sus efectos, es decir, se le reconoce como exclusivo y excluyente de la jurisdicción ordinaria en los términos del artículo 5. Se establece una norma material que define la forma del acuerdo arbitral, estableciendo la necesidad de que se exprese por escrito, que puede estar en el mismo contrato o en un instrumento separado y aparece un elemento importante que es la protección en contratos de adhesión, en los cuales el acuerdo debe expresarse de manera separada (art. 6).

---

[26] En el marco de nuestro Código de Procedimiento Civil vigente, al diferenciarse claramente dos situaciones en las cuales las partes pueden someter sus asuntos a la decisión de un tribunal arbitral, se da cabida a esta distinción. En este sentido, si las partes se encuentran en juicio, el compromiso se formalizará en el expediente de la causa y en él expresarán las partes aquellos asuntos que deseen someter a arbitraje, si no constaren ya en juicio, además del número y nombre de los árbitros, su carácter y las facultades que les confieren y lo que se acuerde en relación con el procedimiento. La otra situación es que las partes no estuvieren en juicio, caso en el cual han de establecer su compromiso en un documento auténtico, en el cual expresarán las circunstancias antes mencionadas (art. 608 CPC). Ver: Arístides Rengel Romberg, Arístides, "El arbitraje en el Código de Procedimiento Civil y en la Ley de Arbitraje Comercial (1998)", en *Seminario sobre la Ley de Arbitraje Comercial*, Caracas, Academia de Ciencias Política y Sociales, Serie Eventos No. 13, 1999, pp. 15 ss., especialmente p. 43.

La expresión "*por escrito*" –ha entendido la jurisprudencia– incluye, al lado del documento tradicional, la declaración de voluntad mediante otros medios telemáticos[27]. Además, como una manifestación particular del principio de equivalencia funcional reconocido en el artículo 4 de la Ley de Mensaje de Datos y Firmas Electrónicas[28], en el caso UNISEGUROS se dejó claro que el acuerdo puede provenir de un intercambio de mensaje de datos[29].

Por otra parte, la Ley reconoce un criterio de arbitrabilidad mucho más claro que el manejado por el artículo 608 del Código de Procedimiento Civil[30], tanto desde el punto de vista objetivo, en el artículo 3[31], como desde el punto de vista subjetivo en el artículo 4 al referirse al arbitraje con entes del Estado[32]. Además, se reconoce de manera expresa

---

27 "*... no se limita a la verificación de un documento –cláusula compromisoria– firmado por las partes a tal efecto –en el mismo documento del negocio jurídico u en otro instrumento–, sino además de circunstancias tales como la manifestación de voluntad que se colige del intercambio de cartas, télex, telegramas, facsímiles u otros medios de telecomunicación que dejen constancia del acuerdo o del cual se derive la manifestación de voluntad de las partes de someter sus controversias al arbitraje, con lo cual el juez debe remitir el conocimiento de inmediato de la controversia al órgano arbitral que corresponda*". Ver: Tribunal Supremo de Justicia, Sala Constitucional, sentencia No. 1067, 3 de noviembre de 2010, cit.

28 Gaceta Oficial No. 37.148, 28 de febrero de 2001.

29 Tribunal Supremo de Justicia / Sala Político-Administrativa, sentencia No. 01300, 8 de octubre de 2014, Aseguradora Nacional Unida UNISEGUROS, S.A. c. Americana de Reaseguros, S.A.

30 Art. 608, encabezamiento: "*Las controversias pueden comprometerse en uno o más árbitros en número impar, antes o durante el juicio, con tal de que no sean cuestiones sobre estado, sobre divorcio o separación de los cónyuges, ni sobre los demás asuntos en los cuales no cabe transacción*".

31 Art. 3. "*Podrán someterse a arbitraje las controversias susceptibles de transacción que surjan entre personas capaces de transigir.*
Quedan exceptuadas las controversias:
a) Que sean contrarias al orden público o versen sobre delitos o faltas, salvo sobre la cuantía de la responsabilidad civil, en tanto ésta no hubiere sido fijada por sentencia definitivamente firme;
b) Directamente concernientes a las atribuciones o funciones de imperio del Estado o de personas o entes de derecho público;
c) Que versan sobre el estado o la capacidad civil de las personas;
d) Relativas a bienes o derechos de incapaces, sin previa autorización judicial; y
e) Sobre las que haya recaído sentencia definitivamente firme, salvo las consecuencias patrimoniales que surjan de su ejecución en cuanto conciernan exclusivamente a las partes del proceso y no hayan sido determinadas por sentencia definitivamente firme".

32 Art. 4: "*Cuando en un acuerdo de arbitraje al menos una de las partes sea una sociedad en la cual la República, los Estados, los Municipios y los Institutos Autónomos tengan parti-*

el principio de *Kompetenz-Kompetenz* y el principio de separabilidad del acuerdo, en los artículos 7 y 25 de la Ley[33]. Todos estos se consideran como avances, puesto que en la regulación del Código de Procedimiento Civil ninguno de estos criterios estaba expresamente regulado.

Por otra parte, hay un impuso importantísimo al arbitraje institucional. La Ley estableció normas para la creación de centros de arbitraje y otorgó esa facultad creadora a las cámaras de comercio, a las universidades y otras instituciones afines y debe tomarse en cuenta que, tanto el Centro de Arbitraje de la Cámara de Comercio de Caracas[34], creado en 1998 y como el Centro Empresarial de Conciliación y Arbitraje, CEDCA[35], creado en 2001, han jugado un rol fundamental en el desarrollo del arbitraje en Venezuela.

Otra cuestión para destacar tiene que ver con el establecimiento de un procedimiento bastante flexible. Cuando se observan algunas regulaciones en Derecho comparado latinoamericano, se nota un apego a normas procesales. Así ocurre, por ejemplo, en el caso del Estatuto de Arbitraje Nacional y Arbitraje Internacional de Colombia[36], en cuyo

---

cipación igual o superior al cincuenta por ciento (50%) del capital social, o una sociedad en la cual las personas anteriormente citadas tengan participación igual o superior al cincuenta por ciento (50%) del capital social, se requerirá para su validez de la aprobación de todos los miembros de la Junta Directiva de dicha empresa y la autorización por escrito del ministro de tutela. El acuerdo de arbitraje especificará el tipo de arbitraje y el número de árbitros, el cual en ningún caso será menor de tres (3)".

[33] Art. 7: "*El tribunal arbitral está facultado para decidir acerca de su propia competencia, incluso sobre las excepciones relativas a la existencia o a la validez del acuerdo de arbitraje. A ese efecto el acuerdo de arbitraje que forme parte de un contrato se considerará como un acuerdo independiente de las demás estipulaciones del mismo. La decisión del tribunal arbitral de que el contrato es nulo no conlleva la nulidad del acuerdo de arbitraje*".
Art. 25. "*El tribunal arbitral estará facultado para decidir sobre su propia competencia, incluso sobre las excepciones relativas a la existencia o a la validez del acuerdo de arbitraje. La excepción de incompetencia del tribunal arbitral deberá ser presentada dentro de los cinco (5) días hábiles siguientes a la primera audiencia de trámite.*
Las partes no se verán impedidas de oponer la excepción por el hecho de que hayan designado a un árbitro o participado en su designación. El tribunal arbitral podrá, en cualquiera de los casos, conocer una excepción presentada fuera del lapso si considera justificada la demora".

[34] https://arbitrajeccc.org/

[35] https://cedca.org.ve/

[36] Ley 1563 de 2012 (julio 12), por medio de la cual se expide el Estatuto de Arbitraje Nacional e Internacional y se dictan otras disposiciones, *Diario Oficial* No. 48.489, 12 de julio de 2012.

procedimiento se puede observar cierto reflejo del proceso ordinario regulado en el Código General del Proceso[37]. La Ley venezolana, en cambio, asume gran flexibilidad en el proceso, hay gran respeto a la voluntad de las partes en el diseño del procedimiento arbitral y esa libertad se refleja, de alguna manera, en el contenido de los reglamentos de los centros de arbitraje en Venezuela.

Dentro de esta flexibilidad, se reconoce el poder cautelar del árbitro, quien, aunque requiere auxilio judicial para su ejecución, puede decretar tales medidas (art. 26) y además se permitió que, por su propia voluntad, las partes puedan prescindir de la motivación del laudo (art. 30). Esto último sí dio origen a muchas discusiones entre la doctrina y hay todavía quien sostiene que esta norma es inconstitucional puesto que la motivación es un Derecho humano y se alega la imposibilidad de controlar el laudo cuando no hay motivación[38]. Cuestión esta última con la que no estamos de acuerdo pues el expediente arbitral serviría para controlar posibles vicios.

La Ley establece el recurso de nulidad como el único medio del control del laudo dictado en Venezuela y, aunque no se pronuncia sobre la posibilidad de renunciar a él, la doctrina, con alguna excepción[39], ha afirmado que ha de atenderse a la voluntad de las partes, al menos respecto de las causales susceptibles de disposición[40]. El Código de Procedimiento Civil establecía unas normas sobre nulidad con causales muy genéricas, mientras que la Ley establece causales taxativas, el tiempo para la interposición del recurso y la autoridad competente para conocer de él (arts. 43 a 47).

En el caso de los laudos dictados en el extranjero, se establece el reconocimiento para su control (arts. 48 y 49). Un avance aparente de

---

37 Ley 1562 de 2012 (julio 12), por medio de la cual se expide el Código General del Proceso y se dictan otras disposiciones, *Diario Oficial* No. 48.489, 12 de julio de 2012.

38 Ver discusiones en: María Candelaria Domínguez Guillén, "La indefensión y la inmotivación como causa de nulidad del laudo arbitral en el Derecho venezolano", en *Revista de Derecho Privado, Universidad Externado de Colombia*, No. 31, 2016, pp. 229 ss.

39 Arminio Borjas, *Comentarios al Código de Procedimiento Civil venezolano*, Tomo V, 4ª ed., Ediciones Jurídicas, Caracas, 1973, p. 85.

40 Andrés Mezgravis/ Marco Carrillo/ Pedro Saghi, "El recurso de nulidad contra el laudo arbitral", en *El Arbitraje en Venezuela. Estudios con motivo de los 15 años de la Ley de Arbitraje Comercial*, Editorial Sabias Palabras, Caracas, 2013, pp. 503 ss., especialmente p. 513.

la Ley fue haber eliminado el exequátur como mecanismo de control de los laudos dictados en el extranjero. Lo calificamos como aparente pues el laudo debe ser reconocido por el propio tribunal que lo va a ejecutar y, de acuerdo con el artículo 48, es un tribunal de instancia cuyas decisiones son controlables por apelación e, incluso, por casación con las consecuentes dilaciones que ello puede producir. Además, desde el punto de vista del conocimiento de los resultados es complicado, pues las decisiones de instancia son poco difundidas.

Lo importante es que la Ley marca una línea fundamental al establecer que solo hay dos posibilidades para controlar el laudo: el recurso de nulidad si el laudo se ha dictado en Venezuela, y el reconocimiento si se ha dictado en el extranjero.

Las causales para el reconocimiento reproducen, con ciertas diferencias, las establecidas por el artículo XX de la Ley Modelo y los artículos 5 de la Convención de Nueva York y la Convención de Panamá. Las diferencias se deben a un extraño afán de "*reducción*" o "*resumen*" del legislador venezolano. Primero, no distinguió entre las causales que han de oponer las partes y aquellas que el juez puede traer al proceso de oficio. En segundo término, resumió algunas causales dejando por fuera soluciones importantes, dejando vacíos que obligan al juez a recurrir a la Ley modelo y a las ya citadas convenciones.

Además de las lagunas dejadas en relación con las causales para denegar el reconocimiento, hay otras que vale la pena mencionar. En primer lugar, hemos de referir la ausencia de regulación expresa de la excepción de arbitraje, es decir, la Ley no estableció el tratamiento procesal de lo que acontece con la jurisdicción ordinaria cuando las partes deciden ir a arbitraje. Este vacío ha sido llenado por la jurisprudencia que, dejando atrás el recurso de apelación a que se refería el Código de Procedimiento Civil, ha preferido el trámite de la falta de jurisdicción que, como cuestión previa, está regulada en el ordinal 1 del artículo 346 del Código de Procedimiento Civil. Recordemos que, aunque hoy esto parece claro, no lo fue así desde el inicio. Así ocurrió con el ya citado caso PepsiCola en el cual, la Corte afirmó que lo correcto era recurrir en apelación, aunque resolvió un recurso de regulación de jurisdicción.

Habría sido conveniente haber establecido claramente la excepción de arbitraje, tal como existe en ordenamientos como el español, o que, al menos, hubiera remitido la solución del tema a la cuestión previa de la falta de jurisdicción, como ocurre en el Derecho colombiano.

Tampoco hay claridad, tal como adelantamos, en relación con el arbitraje internacional. Los temas de Derecho aplicable, por ejemplo, fueron silenciados. Podría entenderse el tema del Derecho aplicable al procedimiento vinculado a la voluntad de las partes debido, tal como afirmamos, a la constante referencia a esa voluntad en un procedimiento tan flexible como el que se establece en la Ley. Incluso el problema del Derecho aplicable al acuerdo podría solventarse recurriendo a la norma de conflicto que puede extraerse de las causales para denegar el reconocimiento del laudo. Nos referimos a la posibilidad de negar el reconocimiento cuando el acuerdo sea nulo según la Ley a la cual lo hayan sometido las partes. Sin embargo, la Ley omite la solución en caso de ausencia de elección, cuestión resuelta por la Ley Modelo y por las Convenciones de Nueva York y de Panamá con una referencia a la Ley del lugar donde se dicta el laudo.

En materia de Derecho aplicable al fondo de la controversia, la Ley se conformó con reproducir, en el artículo 8, la parte final del artículo 25 de la Ley Modelo, ordenando al árbitro tener siempre en cuenta las estipulaciones del contrato y los usos y costumbres del lugar, pero no hace referencia al Derecho aplicable, lo cual habría sido deseable. No obstante, hemos de destacar la ayuda de las disposiciones correspondientes de los reglamentos de los centros de arbitraje. En efecto, tanto el Reglamento General del Centro de Arbitraje de la Cámara de Caracas (2016)[41] como el Reglamento de Conciliación y Arbitraje del CEDCA (2020)[42] facultan a las partes para designar el Derecho aplicable y en

---

[41] Art. 59. "*Normas Jurídicas Aplicables al Fondo del Litigio. Las partes podrán acordar libremente las normas jurídicas que el Tribunal Arbitral deberá aplicar al fondo de la controversia. Se entenderá que toda indicación del derecho u ordenamiento jurídico de un Estado se refiere, a menos que se exprese lo contrario, al derecho sustantivo de ese Estado y no a sus normas de conflicto de leyes. A falta de acuerdo de las partes, el Tribunal Arbitral aplicará las normas jurídicas que considere apropiadas.*
En todos los casos, el Tribunal Arbitral deberá tener en cuenta las estipulaciones del contrato y los usos y costumbres mercantiles aplicables".

[42] Art. 34. "*Normas aplicables al fondo de la controversia*
34.1. El Tribunal Arbitral aplicará al fondo de la controversia el derecho que las partes hayan convenido. Si las partes no convinieren en el derecho aplicable, el Tribunal Arbitral aplicará el derecho que juzgue apropiado.

ausencia de elección, ambos admiten la aplicación del Derecho que el tribunal arbitral considere más "*apropiado*". Además. Ambos ordenan tener en cuenta las estipulaciones del contrato y los usos y costumbres mercantiles aplicables.

III. DESPUÉS DE LA LEY

El evento más destacable después de la promulgación de la Ley ha sido, sin duda, el reconocimiento constitucional del arbitraje que había desaparecido en 1958. La Constitución de 1999 vuelve a reconocer el arbitraje y lo hace en dos normas. En la primera, el artículo 253, la Constitución lo reconoce como formando parte del sistema de justicia, lo cual no lo hace judicial, como ocurre en sistemas como el colombiano, en el cual arbitraje supone un ejercicio transitorio de la jurisdicción[43]. Al respecto, la Sala Constitucional ha entendido que los árbitros pertenecen al sistema judicial, son órganos jurisdiccionales, sin que ello signifique que esta forma de ejercicio de la jurisdicción está supeditada a la jurisdicción ejercida por el poder judicial, por lo que a pesar de su naturaleza jurisdiccional estos tribunales actúan fuera del poder judicial, sin que sean inferiores a los jueces de primera o segunda instancia del poder judicial[44].

En segundo lugar, el artículo 258 ordena al legislador promover el arbitraje. La razón de esta orden podría extraerse del texto de una sentencia de 8 de febrero de 2002, en la que la Sala Político Administrativa de nuestro Alto Tribunal afirmó que la excesiva litigiosidad, la ritualidad de los procesos, la multiplicidad de competencias de los tribunales y el reducido número de los juzgados en relación con las causas

---

34.2. El Tribunal Arbitral decidirá en equidad (ex aequo et bono) solo si las partes lo han autorizado expresamente para ello, y si el derecho aplicable al procedimiento arbitral permite este tipo de arbitraje.

34.3. En todos los casos, el Tribunal Arbitral deberá tener en cuenta las estipulaciones del contrato y los usos y costumbres mercantiles de general aceptación aplicables al caso".

[43] Esto hace que en Colombia los árbitros en un arbitraje interno solo pueden tener nacionalidad colombiana (art. 7 Ley 1563 de 2012).

[44] Tribunal Supremo de Justicia / Sala Constitucional, sentencia No. 1139, 5 de octubre de 2000, Héctor Luis Quintero Toledo en amparo constitucional contra la sentencia del Juzgado Superior Cuarto en lo Civil, Mercantil y del Tránsito de la Circunscripción Judicial del Área Metropolitana de Caracas de 23 de mayo de 2000.

sometidas a su consideración, entre otros motivos, han ocasionado retardos considerables en la administración de justicia por parte del Estado, lo cual, a su vez, ha ocasionado un gran desinterés por poner en marcha la actividad jurisdiccional para restablecer el orden jurídico infringido. Por ello, se reconoce la necesidad de establecer medios alternativos de resolución de controversias, entre ellos el arbitraje, institución que permite a los particulares resolver sus controversias mediante un procedimiento más sencillo y expedito, con la intervención de terceros ajenos e imparciales, llamados árbitros, a quienes el Estado atribuye la facultad de juzgar[45].

Ahora bien, luego de la promulgación de la Ley de Arbitraje Comercial y, especialmente, luego del reconocimiento constitucional de este mecanismo de arreglo de diferencias, ha surgido cierta tendencia judicial que ha corregido las interpretaciones alejadas de la naturaleza del arbitraje que en algún momento se vieron en la jurisprudencia venezolana. En este sentido, con la integración de lagunas de la Ley y la interpretación que de sus normas han hecho las diversas salas del Tribunal Supremo de Justicia, se ha ido construyendo un sistema que tiende a favorecer el arbitraje y a respetar la voluntad de las partes de acudir a este mecanismo. Destaquemos algunos avances.

En primer lugar, se ha reconocido un derecho fundamental al arbitraje, es decir, el arbitraje no es un mero descongestionador de la jurisdicción ordinaria, es una herramienta fundamental que contribuye a garantizar el derecho a una tutela judicial efectiva. El arbitraje no es excepcional, es una forma de administración de justicia, con lo cual las partes tienen derecho a someterse a un proceso arbitral que sea accesible, imparcial, idóneo, transparente, autónomo, independiente, responsable, equitativo y sin dilaciones o formalismos inútiles. El arbitraje está, de alguna manera, vinculado al artículo 26 de la Constitución y garantiza administración de justicia. Por tal razón, se reconoce un principio pro-arbitraje, lo cual no implica, en modo alguno, promover un sistema de sustitución de la jurisdicción ordinaria[46].

---

[45] Tribunal Supremo de Justicia / Sala Político-Administrativa, sentencia No. 082, 8 de febrero de 2002, Hanover P.G.N. Compressor, C.A. c. Consorcio Cosaconveca.

[46] Tribunal Supremo de Justicia / Sala Constitucional, sentencia No. 192, 28 de febrero de 2008, Bernardo Weininger et al., en nulidad por inconstitucionalidad del artículo 87, ordinal 4, de la Ley de Protección al Consumidor y al Usuario.

El arbitraje, ha reconocido la Sala Constitucional *"...es un derecho fundamental de rango constitucional. Se trata del tema del derecho de acceso a la justicia, de acceso a los órganos del sistema nacional de justicia y a la tutela judicial efectiva, previstos en los artículos 26 y 257 de la Constitución de la República Bolivariana de Venezuela*"[47].

El arbitraje es un mecanismo independiente que además tiene remedios naturales de control, lo cual es de gran importancia, porque ha contribuido a desechar la idea de sustituir el recurso de nulidad del laudo arbitral, por la acción de amparo. Tengamos en cuenta que, en Venezuela, recién entrada en vigencia la Ley de Arbitraje, se intentaron acciones de amparo, no solo contra laudos[48], sino también contra diversas actuaciones de los árbitros durante el proceso arbitral. Así ocurrió, por ejemplo, en el caso Venezolana de Televisión, cuando la Sala Político-Administrativa admitió, en diciembre de 2001, una acción de amparo contra un acta de misión de un tribunal arbitral y ordenó la citación de los árbitros[49]. O en el caso Consorcio Barr que se admitió un amparo contra el laudo parcial que decidió la competencia del propio tribunal arbitral y decidió algunas medidas cautelares[50]. Quizá el caso más llamativo en esta materia fue el caso Castillo Bozo en el cual un tribunal superior, en abril de 2013, decidió la acción de amparo contra un laudo

---

47 Tribunal Supremo de Justicia, Sala Constitucional, sentencia No. 0702, 18 de octubre de 2018, Centro de Arbitraje de la Cámara De Caracas, remisión de copia certificada del laudo arbitral dictado el 15 de septiembre de 2016 por instrucciones del Tribunal Arbitral, en cumplimiento a lo establecido en los artículos 25.12 y 33 de la Ley Orgánica del Tribunal Supremo de Justicia, en virtud de la desaplicación por control difuso del literal "j" del artículo 41 del Decreto con Rango, Valor y Fuerza de Ley de Regulación del Arrendamiento Inmobiliario para el Uso Comercial, que prohíbe el arbitraje en materia de arrendamiento de inmuebles destinados al uso comercial.

48 Mediante sentencia de 2 de diciembre de 2002, el Juzgado Superior Décimo en lo Civil, Mercantil y del Tránsito de la Circunscripción Judicial del Área Metropolitana de Caracas,

49 Tribunal Supremo de Justicia / Sala Político-Administrativa, sentencia No. 2979, 18 de diciembre de 2001, Venezolana de Televisión.

50 Esta decisión del tribunal arbitral suscitó una cadena de acciones, incluida la de amparo ante tribunales venezolanos que terminó, al menos en lo que al amparo se refiere, con la sentencia de la Sala Constitucional No. 2635 de 19 de noviembre de 2004. Ver resumen del caso en: Eugenio Hernández Bretón, "El arbitraje y las normas constitucionales en Venezuela: lo malo, lo feo y lo bueno", en: *Boletín de la Academia de Ciencias Políticas y Sociales*, 2010, No. 149, pp. 389 ss., especialmente pp. 399-401.

dictado en sede de la Comisión Interamericana de Arbitraje por violación de orden público y anuló el laudo[51].

Lo que queremos destacar con la admisión de este principio pro-arbitraje es que una de sus consecuencias fundamentales ha sido desechar esta idea de usar el amparo, cuando el recurso natural de control de los laudos dictados en Venezuela es el recurso de nulidad y en el caso de los laudos dictados en el extranjero, el reconocimiento. Admitir el amparo contra laudo es violatorio del artículo 6 de la Ley de Amparo sobre Derechos y Garantías Constitucionales[52] que establece que el amparo solo procede cuando no hay un recurso contra la decisión en cuestión.

Así lo ha reconocido la Sala Constitucional[53], órgano que ha criticado en reiteradas oportunidades lo que ha llamado la *"...la errónea sustitución del recurso de nulidad de un laudo arbitral, por un amparo constitucional que a todas luces resultaría inadmisible a tenor de lo previsto en el artículo 6.5 de la Ley Orgánica de Amparo sobre Derechos y Garantías Constitucionales*"[54].

---

[51] Juzgado Superior Primero en lo Civil, Mercantil, Tránsito y Bancario de la Circunscripción Judicial del Área Metropolitana de Caracas, sentencia 22 de abril de 2013, Gabriel Castillo Bozo, en amparo constitucional contra el laudo dictado por el Tribunal Arbitral constituido en la ciudad de Miami, Estado de Florida, de los Estados Unidos de América, conforme a las reglas del Centro Internacional de Resolución de Disputas (CIRD), el 13 de noviembre de 2012.

[52] *Gaceta Oficial* No. 34.060, 27 de septiembre de 1988.

[53] Ante una acción de amparo interpuesta, la Sala Constitucional, luego de ratificar que "*Contra el laudo arbitral únicamente procede el recurso de nulidad*" (art. 43 LAC), afirmó que para que pueda prosperar una acción de amparo contra el laudo, es necesario haber agotado el recurso natural de impugnación de la decisión de que se trate, en este caso, el recurso de nulidad. De tal manera, la Sala concluye estableciendo que "*En el presente caso las accionantes no han expuesto motivo alguno que permita a esta Sala llegar al convencimiento de que el medio idóneo para lograr una efectiva tutela judicial era el amparo. Por el contrario, observa esta Sala que las accionantes disponían de una vía judicial ordinaria para atacar el laudo arbitral, como lo es el recurso de nulidad a que hace alusión el artículo 43 de la Ley de Arbitraje Comercial, en cuyo caso el recurrente puede lograr la suspensión de los efectos del acto mediante el otorgamiento de caución, en razón de lo cual la acción propuesta debe declararse inadmisible..., por cuanto las accionantes no agotaron la vía ordinaria, mediante el ejercicio del recurso de nulidad, de conformidad con el numeral 5 del artículo 6 de la Ley Orgánica de Amparo sobre Derechos y Garantías Constitucionales*". Tribunal Supremo de Justicia / Sala Constitucional, sentencia No. 827, 23 de mayo de 2001, Grupo Inmensa, C.A. y la Corporación de Metales y Esmaltes Valencia, C.A.

[54] Tribunal Supremo de Justicia, Sala Constitucional, sentencia No. 1541, 17 de octubre de 2008, Hildegard Rondón De Sansó, Álvaro Silva Calderón et al., recurso de interpretación

Ahora bien, la jurisprudencia también ha ratificado el poder cautelar del árbitro, admitiendo que el auxilio judicial es solo para la ejecución, en cuyo caso ese auxilio es imperativo. Pero fuera de la ejecución, el árbitro tiene plena competencia para examinar los requisitos de procedencia de la medida[55]. En el caso de las medidas anticipadas, la jurisprudencia ha sostenido que en vista que el tribunal arbitral se constituye luego de entregada la solicitud de arbitraje, si las partes llegaran a necesitar una medida cautelar antes de la instalación de ese tribunal, pueden acudir para ello a la jurisdicción ordinaria, pero eso no implica, de ninguna manera, una renuncia a la justicia arbitral. No implica que la parte se esté sometiendo a la jurisdicción ordinaria[56].

Se ha reconocido, además, que el arbitraje puede dotar al sistema de la posibilidad de dictar medidas anticipadas, un ejemplo de esto es el Reglamento del CEDCA que admite la posibilidad de nombrar un árbitro de emergencia que se pronuncie sobre la procedencia de la medida cautelar antes del nombramiento de los árbitros que conocerán de la controversia[57].

---

del único aparte del artículo 258 de la Constitución. Expresión que vuelve a ser citada en: Tribunal Supremo de Justicia, Sala Constitucional, sentencia No. 462, 20 de mayo de 2010, Gustavo E. Yélamo Lizarzábal en amparo contra el laudo emanado del Centro Empresarial de Conciliación y Arbitraje (CEDCA), el 11 de junio de 2009 y notificado el 3 de julio del 2009.

[55] Tribunal Supremo de Justicia, Sala Político Administrativa, sentencia No. 2161, 10 de octubre de 2001, Arpigra Concesiones Viales, C.A. c. Gobernación del Estado Falcón; Tribunal Supremo de Justicia, Sala Político Administrativa, sentencia No. 1951, 11 de diciembre de 2003, Tim International, N.V. c. Venconsul N.V.; Tribunal Supremo de Justicia, Sala Constitucional, sentencia No. 1067, 3 de noviembre de 2010, Astivenca Astilleros de Venezuela, C.A., solicitud de revisión de la sentencia No. 687 de la Sala Político Administrativa de 21 de mayo de 2009.

[56] "*Podrán solicitarse medidas cautelares antes de constituirse el panel arbitral, ante los Tribunales ordinarios que resulten competentes en base al objeto de la medida que se pretende, sin que tal actuación pueda considerarse incompatible con el acuerdo de arbitraje o como una renuncia a ese acuerdo*". Ver: Tribunal Supremo de Justicia, Sala Constitucional, sentencia No. 1067, 3 de noviembre de 2010, cit.

[57] Reglamento de Conciliación y Arbitraje, 2020, art. 38.2: "*Salvo acuerdo en contrario de las partes, cuando circunstancias de urgencia lo ameriten, cualesquiera de las partes podrá, antes del nombramiento de los árbitros y previo el pago de los honorarios y gastos previstos en el Apéndice de Costos y Honorarios de este Reglamento, solicitar al Directorio del CEDCA que designe de la Lista oficial de árbitros, un Tribunal Arbitral de Urgencia, compuesto, a juicio del Director Ejecutivo del CEDCA, por un (1) árbitro, para que resuelva exclusivamente sobre el decreto de las medidas cautelares solicitadas. La designación de*

La jurisprudencia también ha sido clara en la aceptación de los principios de *Kompetenz-Kompetenz* y de separabilidad del acuerdo arbitral[58] y ha dado un paso más allá. En efecto, la disposición contenida en el artículo II.3 de la Convención de Nueva York, que insta al juez a remitir a las partes a arbitraje a menos que compruebe que el acuerdo arbitral es nulo, ineficaz o inaplicable, ha hecho que la jurisprudencia se pregunte hasta qué punto puede llegar el juez en el análisis del acuerdo sin violar el principio de *Kompetenz-Kompetenz* y su respuesta ha sido que el tribunal puede hacer una verificación sumaria. Así, el juez debe limitarse a comprobar el carácter escrito del acuerdo, y no puede pronunciarse sobre los posibles vicios del consentimiento de las partes a la hora de suscribir el acuerdo arbitral, porque esa es competencia exclusiva del árbitro[59]. Solo si el juez comprueba que no hay un

---

este árbitro, la hará el Directorio del CEDCA entre los inscritos en la Lista oficial de árbitros que no estén actuando en ese momento como tales en un arbitraje administrado por el CEDCA. Cualquier medida decretada por dicho Tribunal Arbitral de Urgencia, podrá estar subordinada al otorgamiento de una garantía suficiente y eficaz para responder a la parte contra quien obre la medida por los daños y perjuicios que ésta pudiere ocasionarle".

58 "*...la Sala [Constitucional] ha reconocido los principios universalmente aceptados orientados a garantizar la sana operatividad de la institución arbitral, como lo son el de competencia obligatoria para las partes, aún y cuando se haya alegado la nulidad del negocio jurídico que contiene al compromiso arbitral (severability, que plantea la distinción entre la alegación de nulidad del contrato, de la referida a la cláusula arbitral, evitando así "torpedear" al mecanismo con tan sólo alegar la nulidad del negocio de que se trate); así como la facultad de los árbitros de pronunciarse sobre su propia competencia (kompetenz-kompetenz), conforme a los artículos 7 y 25 de la Ley de Arbitraje Comercial venezolana*". Ver: Tribunal Supremo de Justicia, Sala Constitucional, sentencia No. 1541, 17 de octubre de 2008, cit.

59 "*... a juicio de esta Sala el alcance de la voz 'compruebe' denota bajo una interpretación literal, teleológica y racional de la norma..., que la misma no pueda comportar la realización de un examen judicial de fondo y detallado del pacto arbitral, sino una verificación 'prima facie', formal, preliminar o sumaria de los requisitos de validez, eficacia y aplicabilidad de la cláusula arbitral; por lo que los órganos del Poder judicial al no advertir una manifiesta nulidad, ineficacia o inaplicabilidad, deberán remitir al arbitraje, las disputas sometidas a su conocimiento. No escapa al análisis de esta Sala, que igualmente existiría una amplia discrecionalidad en lo que debe entenderse por una verificación 'prima facie', formal, preliminar o sumaria de los requisitos de validez, eficacia y aplicabilidad de la cláusula arbitral, que podría derivar en la negación del principio competencia-competencia y la autonomía del acuerdo arbitral como elementos necesarios en nuestro ordenamiento jurídico para la garantizar el arbitraje como medio alternativo para la resolución de conflictos. Por ello, este órgano jurisdiccional considera que la verificación sumaria debe limitarse a (i) la constatación del carácter escrito del acuerdo de arbitraje y (ii) que se excluya cualquier*

acuerdo por escrito puede reafirmar su jurisdicción, en caso contrario, debe declinarla y remitir a las partes a arbitraje.

El principio separabilidad del acuerdo arbitral, que implica que la nulidad del contrato no tiene por qué afectar al acuerdo, suele examinarse conjuntamente con el principio de *Kompetenz-Kompentez* y no ha sido objeto de análisis directo.

Otra cuestión importante tiene que ver con la renuncia tácita al arbitraje. Algunas sentencias se han dedicado a interpretar el artículo 45 de la Ley de Derecho internacional privado[60], en el sentido de entender que si las partes que, aun habiendo previamente acordado ir a arbitraje, deciden acudir a la jurisdicción ordinaria, además de someterse a esta, están renunciado tácitamente al arbitraje. Así, el Tribunal Supremo ha entendido que hay renuncia tácita al arbitraje cuando, habiéndose recurrido a la vía judicial, el demandado acude a juicio y no opone la cuestión previa de falta de jurisdicción consagrada en el ordinal 1° del artículo 346 del Código de Procedimiento Civil, alegando la existencia de un acuerdo de arbitraje y sometiéndose al conocimiento del tribunal ordinario. Tal renuncia se puede dar, bien porque la parte demandada solicite la declaratoria sin lugar de la demanda, contestando el fondo de la misma, bien reconviniendo o, incluso, habiendo quedado confesa (confesión *ficta*). También se considerará como renuncia tácita cuando se haya opuesto la existencia de una cláusula de arbitraje, pero no se haya hecho mediante el mecanismo procesal adecuado[61].

Con esta interpretación de la renuncia tácita al arbitraje y sobre la base del principio *Kompetenz-Kompetenz*, la jurisprudencia ha construido la excepción de arbitraje –reconocido como un vacío de la Ley. En efecto, las diversas salas del Tribunal Supremo han afirmado que

---

análisis relacionado con los vicios del consentimiento que se deriven de la cláusula por escrito" (negrita en el original). Ver: Tribunal Supremo de Justicia, Sala Constitucional, sentencia No. 1067, 3 de noviembre de 2010, cit.

60 Gaceta Oficial No. 36.511, 6 de agosto de 1998. Art. 45: "*La sumisión tácita resultará, por parte del demandante, del hecho de interponer la demanda y, por parte del demandado, del hecho de realizar en el juicio, personalmente o por medio de apoderado, cualquier acto que no sea proponer la declinatoria de jurisdicción u oponerse a una medida preventiva*".

61 Tribunal Supremo de Justicia, Sala Político-Administrativa, sentencia No. 02831, 12 de diciembre de 2006, Tanning Reserch Laboratories, INC. c. Hawaiian Tropic de Venezuela, C.A.

para que prospere la excepción de arbitraje es necesario que, luego del examen sumario al acuerdo arbitral al que hicimos referencia antes, el juez compruebe que hay un acuerdo por escrito y que existen conductas procesales de las partes orientadas a una inequívoca, indiscutible y no fraudulenta intensión de someterse a arbitraje. Este segundo requisito, que tiene que ver con la conducta de las partes, implica, en primer lugar, que no haya una renuncia tácita al arbitraje y, por otra, que no haya fraude procesal. Si se verifican estos requisitos, entonces el tribunal venezolano se ve obligado a declinar su jurisdicción y dejar que las partes vayan a arbitraje, según fue su voluntad original[62].

Quizá el paso jurisprudencial más importante tiene que ver con aceptar que, si el arbitraje forma parte del sistema de administración de justicia, el árbitro puede hacer control difuso de la constitucionalidad de la ley. Debemos aquí mencionar la sentencia de la Sala Constitucional a la que se sometió el examen de un laudo dictado por el Centro de Arbitraje de la Cámara de Caracas, el 15 de septiembre de 2016, que desaplicó el artículo 41.j de la Ley de Regulación del Arrendamiento Inmobiliario para uso Comercial que prohíbe el arbitraje y el fundamento de tal desaplicación fue que esa norma es contraria al artículo 258 de la Constitución que obliga al legislador a promover el arbitraje[63]. La Sala Constitucional calificó esa obligación como un "*imperativo categórico*" y resaltó la diferencia, que ya se había venido dibujando en la jurisprudencia, entre las materias en las cuales está interesado el orden público y la arbitrabilidad de la causa[64]. La Sala aclaró que el árbitro puede conocer de la controversia, aunque sea de orden público, pero lo que no puede hacer es desconocer las normas de protección de

---

62 Tribunal Supremo de Justicia, Sala Político-Administrativa, sentencia No. 1209, 20 de junio de 2001, Hoteles Doral C.A.; Tribunal Supremo de Justicia, Sala Político-Administrativa, sentencia No. 832, 12 de junio de 2002, Inversiones San Ciprian, C.A.; Tribunal Supremo de Justicia, Sala Político-Administrativa, sentencia No. 02831, 12 de diciembre de 2006, cit.

63 Tribunal Supremo de Justicia, Sala Constitucional, sentencia No. 0702, 18 de octubre de 2018, cit.

64 Al respecto, la Sala Constitucional ha afirmado, que "*para conocer si algún tópico de cierta relación jurídica es susceptible de arbitraje o no, bastará con discernir si allí puede llegar también el conocimiento de un juez, pues si es así, no habrá duda de que también es arbitrable por mandato de la voluntad de las partes*". Ver: Tribunal Supremo de Justicia, Sala Constitucional, sentencia No. 1541, 17 de octubre de 2008, cit.

débiles jurídicos. Con ello también reconoce la Sala que una cosa es la autoridad que conoce del asunto y otra el Derecho material aplicable a la controversia.

Así, se consideró que la prohibición de ir a arbitraje en materia de arrendamiento inmobiliario para uso comercial es contraria a la obligación del legislador de promover el arbitraje, pero el árbitro debe aplicar las normas de protección del arrendatario como débil jurídico, porque el acuerdo arbitral no supone la renuncia a derechos y garantías establecidas en la ley. La sentencia da un paso más allá y reconoce que el arbitraje está llegando a terrenos que en principio le estaban vedados, es el caso del arrendamiento para uso comercial. En definitiva, el árbitro, como parte del sistema de administración de justicia, puede hacer control difuso de la constitucionalidad de la ley.

En relación con el recurso de nulidad, es difícil conocer el contenido de las decisiones que lo resuelven porque está en manos de tribunales de instancia. Pero conforme a aquellos recursos a los que hemos podido tener acceso, hemos de destacar algunos puntos. En primer lugar, la nulidad solo procede por las causales taxativamente establecidas en el artículo 44 de la Ley de Arbitraje Comercial, por ello no se admiten interpretaciones extensivas ni por analogía. En segundo término, el recurso de nulidad no es una apelación sobre el fondo, lo cual se deriva del carácter taxativo de las causales. Así, el juez de nulidad no va a volver a revisar la decisión del árbitro, se va a limitar a verificar que no se den las causales del artículo 44. En tercer término, vinculado con el principio pro-arbitraje, se ha dejado muy en claro que el recurso de nulidad no es sustituible por la acción de amparo.

En todo caso, según las estadísticas manejadas por la doctrina, en los 20 años de vigencia de la Ley de Arbitraje solo se han anulado dos laudos del Centro de Arbitraje de la Cámara de Caracas y 5, uno de ellos parcialmente, de los dictados en arbitrajes administrados por el CEDCA[65].

---

[65] Militza Santana Pérez / Ivette Esis Villaroel, "Arbitraje comercial interno e internacional en Venezuela", en: C. Esplugues (ed.), *Tratado de arbitraje comercial interno e internacional en Iberoamérica*, Tirant Lo Blanch, Valencia 2019, pp. 613 ss., especialmente p. 628.

En definitiva, podemos afirmar que el balance de la Ley ha sido positivo, lo cual ha sido de alguna manera impulsado por el reconocimiento constitucional del arbitraje y apuntalado por la acción de los Centros de Arbitraje. Según estadísticas reveladas cuando se celebraron los 125 años de la Cámara de Comercio de Caracas, su centro de arbitraje había conocido más de 450 expedientes y para el 2017 el CEDCA había tenido 145 casos. Quizá parezca poco, pero creemos que vamos avanzando por buen camino en entender al arbitraje, insistimos, no como un descongestionador de la jurisdicción ordinaria, sino como un instrumento eficiente para la tutela efectiva de los derechos.

LA COMPETENCIA CONTENCIOSA DE LA CORTE INTERNACIONAL DE JUSTICIA

HÉCTOR FAÚNDEZ LEDESMA*

SUMARIO

INTRODUCCIÓN

La Corte Internacional de Justicia es un órgano principal de la Organización de Naciones Unidas, con competencia para conocer de controversias entre Estados; adicionalmente, ella puede emitir opiniones consultivas sobre cualquier cuestión jurídica, en los casos en que sea requerida por la Asamblea General o el Consejo de Seguridad de la ONU; los otros órganos de las Naciones Unidas, y los organismos especializados que sean autorizados para ello por la Asamblea General, también podrán solicitar opiniones consultivas sobre cuestiones jurídicas que surjan dentro de la esfera de sus actividades.[1] En este comentario nos vamos a referir únicamente a su competencia contenciosa.

De acuerdo con el artículo 94 de la Carta de las Naciones Unidas, cada miembro de las Naciones Unidas se compromete a cumplir la decisión de la Corte Internacional de Justicia en todo litigio en que sea parte. Si una de las partes en un litigio dejara de cumplir las obligaciones que le imponga un fallo de la Corte, la otra parte podrá recurrir al Consejo de Seguridad, el cual podrá, si lo considera necesario, hacer recomendaciones o dictar medidas con el objeto de que se lleve a efecto la ejecución del fallo.

* Profesor titular en la Universidad Central de Venezuela. Abogado, Licenciado en Ciencias Jurídicas y Sociales, con '*distinción máxima*', de la Universidad de Chile. Diplomado en Derecho Internacional y Comparado de los Derechos Humanos, Estrasburgo, Francia; Master en Leyes (LL.M.), Escuela de Derecho de la Universidad de Harvard; Doctor of Philosophy (Ph.D.), King's College, Universidad de Londres. Individuo de número de la Academia de Ciencias Políticas y Sociales.

1 Cfr. el artículo 96 de la Carta de las Naciones Unidas.

Desde su instalación, en 1946, la Corte ha conocido más de 120 casos contenciosos, sin que nunca se haya puesto en entredicho la imparcialidad del Tribunal, el profesionalismo o la integridad de sus jueces. Sus sentencias son debidamente fundamentadas, y sus jueces suelen agregar a las mismas sus opiniones separadas o sus opiniones disidentes. Desde siempre, incluso en tiempos de la Guerra Fría, cuando el mundo estaba dividido en dos bloques ideológicamente opuestos, las sentencias de la Corte se han caracterizado por el rigor de su razonamiento jurídico, y no por la venalidad o parcialidad de sus jueces. Desde luego, se podrá discrepar de alguna de sus sentencias, pero, hasta el momento, nunca ha dado motivos para dudar de su rectitud. Puede que, por motivos políticos, culturales o económicos, algunos Estados prefieran otros mecanismos de solución de controversias; pero no hay razones para descalificarla. Pocos tribunales nacionales (y pocos de sus jueces) pueden sentirse legítimamente orgullosos de una trayectoria como esa.

Actualmente, además de la Corte Internacional de Justicia, sin contar con el Tribunal de Núremberg,[2] y los otros tribunales penales *ad hoc* creados después del término de la Segunda Guerra Mundial, tales como el Tribunal Penal Internacional para la Antigua Yugoslavia,[3] el Tribunal Penal Internacional para Crímenes en Ruanda,[4] o los tribunales especiales (con involucramiento de Naciones Unidas) creados en Sierra Leona, en Camboya o en el Líbano, hay varios tribunales internacionales permanentes, que no forman parte del sistema de Naciones Unidas, y que tienen competencias especializadas, como el Tribunal Internacional de Derecho del Mar,[5] o la Corte Penal

---

2 Tribunal Militar Internacional para la Persecución y Castigo de los Principales Criminales de Guerra de las Potencias del Eje, creado por el Estatuto de Londres, suscrito el 8 de agosto de 1945, por los Estados Unidos, Francia, el Reino Unido de Gran Bretaña e Irlanda del Norte, y la Unión Soviética,

3 Tribunal Penal Internacional para la Persecución de Personas Responsables de Graves Violaciones del Derecho Internacional Humanitario Cometidas en el Territorio de la Antigua Yugoslavia desde 1991, creado por el Consejo de Seguridad de la ONU, mediante resolución 808 (1993), del 22 de febrero de 1993, y resolución 827 (1993), del 25 de mayo de 1993.

4 Tribunal Penal Internacional para juzgar a personas responsables de cometer genocidio y otras graves violaciones del Derecho Internacional Humanitario en Ruanda, en 1994, creado por el Consejo de Seguridad de la ONU mediante su resolución 935 (1994), adoptada el 1 de octubre de 1994.

5 Establecido en la *Convención de las Naciones Unidas sobre el Derecho del Mar*, abierta a la firma el 10 de diciembre de 1982, en Montego Bay, y en vigor desde el 16 de noviembre

Internacional,[6] y tribunales regionales, como la Corte Europea de Derechos Humanos,[7] la Corte Interamericana de Derechos Humanos,[8] o la Corte Africana de Derechos Humanos y de los Pueblos.[9] Ninguno de estos tribunales puede ejercer su jurisdicción respecto de un Estado que no haya aceptado su competencia, o respecto de asuntos que, por su naturaleza, escapen a su competencia material.

La competencia de la Corte Internacional de Justicia debe ser examinada atendiendo a tres elementos: a) los sujetos a los que ella se extiende (la competencia *ratione personae*), b) el ámbito temporal de su aplicación (la competencia *ratione temporis*), y c) la materia, o el objeto de la controversia que se puede someter a su conocimiento (la competencia *ratione materiae*).

1. LA COMPETENCIA *RATIONE PERSONAE*

A diferencia de lo que ocurre en el Derecho interno de los Estados, en el que todas las personas que se encuentren bajo su jurisdicción están

de 1994. El Tribunal tiene competencia respecto de toda controversia relativa a la interpretación o aplicación de la Convención, así como a cualquier cuestión expresamente prevista en cualquier otro tratado, y para la cual se le confiera competencia. Su sede está en la ciudad de Hamburgo.

6 Establecido por el Estatuto de Roma, suscrito en Roma, el 17 de julio de 1998, y en vigor desde el 1 de julio de 2002. Ejerce su jurisdicción sobre los individuos, y tiene competencia para conocer de los crímenes más graves de trascendencia para la comunidad internacional en su conjunto; los crímenes de competencia de la Corte son el genocidio, los crímenes de lesa humanidad, los crímenes de guerra, y el crimen de agresión. Su sede está en La Haya.

7 Creada por la *Convención Europea para la Protección de los Derechos Humanos y Libertades Fundamentales*, suscrita en Roma, el 4 de noviembre de 1950, y en vigor desde el 3 de septiembre de 1953. Tiene competencia respecto de la interpretación y aplicación de la Convención, así como de sus protocolos adicionales. Su sede está en Estrasburgo.

8 Establecida por la *Convención Americana sobre Derechos Humanos*, suscrita en San José, Costa Rica, el 22 de noviembre de 1969, y en vigor desde el 18 de julio de 1978. Tiene competencia respecto de la interpretación y aplicación de la Convención, así como de sus protocolos adicionales y otras convenciones de derechos humanos propias del sistema interamericano. Su sede está en San José de Costa Rica.

9 Fue creada mediante el *Protocolo a la Carta Africana de Derechos Humanos y de los Pueblos para el Establecimiento de una Corte Africana de Derechos Humanos y de los Pueblos*, suscrita el 10 de junio de 1998, en Ouagadougou, Burkina Faso, y en vigor desde el 25 de enero de 2004. El 1 de julio de 2008, en Sharm El Sheikh, Egipto, se adoptó un *Protocolo sobre el Estatuto de la Corte Africana de Justicia y Derechos Humanos*, que aún no ha entrado en vigor, que fundiría en una sola a esta Corte con una aún inexistente Corte Africana de Justicia, y que reemplazaría al anterior Protocolo, sustituyendo el nombre de la Corte por Corte Africana de Justicia y Derechos Humanos. Su sede está en Arusha, Tanzania.

igualmente sometidas a la jurisdicción de sus tribunales, en Derecho Internacional, ningún Estado puede ser obligado a litigar en un tribunal internacional si previamente no ha aceptado la competencia del mismo; en el caso de la Corte Internacional de Justicia, su jurisdicción está condicionada al consentimiento de los Estados.

La Corte Internacional de Justicia ha sostenido que debe ser muy cuidadosa para no ir en contra de un principio bien establecido de Derecho Internacional, recogido en su Estatuto, según el cual ella sólo puede ejercer su jurisdicción sobre un Estado con el consentimiento de este último.[10] Ese consentimiento podrá ser expreso o tácito (como en el caso del *forum prorogatum*), pero nunca se puede presumir.[11] Además, precisamente por ese cuidado que debe tener la Corte, tampoco puede presumir, o inferir de alguno de sus actos, que el Estado demandado haya desistido de sus objeciones a dicha competencia; de ser ese el caso, el Estado demandado debe declarar expresamente que desiste de sus objeciones preliminares.[12]

En el caso de cuatro incidentes aéreos, ocurridos entre el 7 de octubre de 1952 y el 7 de noviembre de 1954, en las demandas presentadas en contra de Hungría, Checoslovaquia y la antigua Unión Soviética, países que no habían aceptado la competencia de la Corte, el Tribunal procedió a remover dichas demandas de su lista de casos, desestimando lo alegado por Estados Unidos en el sentido de que el artículo 36, párrafo 1, del Estatuto le confiere jurisdicción sobre todos los casos que las partes le refieran.[13] Asimismo, en las demandas introducidas por el Reino Unido de Gran Bretaña e Irlanda del Norte en contra de Argentina y Chile, países que no habían aceptado la jurisdicción de la Corte y que informaron a ésta de su decisión de no hacerlo, la Corte procedió a removerlas de su lista de casos.[14]

---

[10] Cfr. International Court of Justice, *Monetary gold removed from Rome in 1943*, (Preliminary question), Italy v. France, United Kingdom of Great Britain and Northern Ireland and United States of America, Judgment of June 15th, 1954, p. 32.

[11] Cfr. International Court of Justice, *Case Concerning the Aerial Incident of July 27th, 1955*, Israel v. Bulgaria, Preliminary Objections, Judgment of May 26th, 1959, pág. 142.

[12] Cfr. International Court of Justice, *Case of Certain Norwegian Loans*, France v. Norway, Judgment of July 6th, 1957, p. 26.

[13] Cfr. International Court of Justice, Orders of July 12th, 1954, and March 14th, 1956.

[14] Cfr. International Court of Justice, Orders of March 16th, 1956.

En todo caso, la aceptación de la Corte, que puede ser formulada en términos generales o para un caso particular, no está sometida a pautas preestablecidas ni a un lenguaje específico. Incluso, en el caso del *Estrecho de Corfú*, la Corte consideró una carta del gobierno de Albania a la Corte como base suficiente de la aceptación voluntaria de su competencia.[15]

En el caso de la Corte Internacional de Justicia, los Estados partes en su Estatuto pueden

> *"declarar, en cualquier momento, que reconocen como obligatoria ipso facto, y sin necesidad de un convenio especial, respecto de cualquier otro Estado que acepte la misma obligación, la jurisdicción de la Corte en todas las controversias de orden jurídico que versen sobre:*
> *a) la interpretación de un tratado,*
> *b) cualquier cuestión de Derecho Internacional,*
> *c) la existencia de todo hecho que, si fuere establecido, constituiría una violación de una obligación internacional, o d) la naturaleza o extensión de las reparaciones que correspondan por el quebrantamiento de una obligación internacional."*[16]

Las declaraciones de aceptación de la competencia de la Corte pueden formularse para un caso particular, o en general. Una declaración particular es una que acepta la jurisdicción de la Corte sólo respecto de una controversia o controversias particulares que ya han surgido; una declaración general es una que acepta la competencia general de la Corte respecto de todas las controversias, o clase de controversias, que hayan surgido o que puedan surgir en el futuro.[17] Además, ya sea en tratados bilaterales[18] o multilaterales, y respecto de la interpretación o aplicación de dichos tratados, los Estados pueden haber incorporado

---

[15] Cfr. International Court of Justice, *The Corfu Channel Case*, (United Kingdom v. Albania), Preliminary Objection, Judgment of March 25th, 1948, p. 26.

[16] Cfr. el artículo 36, párrafo 2, del Estatuto de la Corte Internacional de Justicia.

[17] Cfr. Consejo de Seguridad de la ONU, resolución del 15 de octubre de 1946, SCOR, I.2, N° 19, pp. 467 y s. También, International Court of Justice, Series D, N° 1, 2d edition, 1947, pp. 98 y s.

[18] Por ejemplo, el Tratado General sobre Solución Judicial de Controversias, entre Chile y Argentina, del 5 de abril de 1972, que reemplazó al Tratado General de Arbitraje, de 1902.

una cláusula mediante la cual, en caso de conflicto, se someten a la jurisdicción de la Corte Internacional de Justicia; ese es el caso, por ejemplo, de la Convención de Viena sobre Relaciones Diplomáticas[19] que, mediante un Protocolo facultativo, dispone, en su artículo I, que "*Las controversias originadas por la interpretación o aplicación de la Convención se someterán obligatoriamente a la Corte Internacional de Justicia*"; igual cosa ocurre con la Convención de Viena sobre Relaciones Consulares[20] y el artículo I de su Protocolo de firma facultativa sobre jurisdicción obligatoria para la resolución de controversias, y con el Tratado Americano de Soluciones pacíficas (Pacto de Bogotá),[21] según lo dispuesto en su artículo XXXI. La posibilidad de un "*convenio especial*", mencionada por el artículo 36, párrafo 2, del Estatuto, también está referida en el artículo 40 del Estatuto, que señala que los negocios serán incoados ante la Corte, según el caso, "*mediante la notificación del compromiso*" o (a falta de dicho compromiso) mediante solicitud escrita dirigida al Secretario; además, el artículo 38.1 del Reglamento de la Corte indica que el procedimiento contencioso se puede iniciar "*mediante notificación del compromiso*" alcanzado por las partes para recurrir ante ella, o "*mediante una solicitud*" de un Estado parte en la controversia, para que la Corte entre a conocer de la misma.

El Pacto de Bogotá, además de incorporar, automáticamente, una cláusula de aceptación de la competencia de la Corte por parte de todos los Estados partes en el Pacto (artículo XXXI), tiene algunas características peculiares: a) se excluye de los mecanismos de solución pacífica los asuntos que, por su esencia, sean de la jurisdicción interna de los Estados pero, si las partes no estuvieren de acuerdo en cuanto a si la controversia se refiere, o no, a un asunto de su jurisdicción interna, cualquiera de las partes podrá someter esta cuestión previa a la decisión de la Corte Internacional de Justicia (art. V); b) permite que cualquiera de las partes pueda promover un procedimiento de investigación y conciliación, para lo cual se creará una comisión (artículos XVI y ss.); c) si

---

19 Suscrita en Viena el 18 de abril de 1961, y en vigor desde el 24 de abril de 1964.

20 Suscrita en Viena el 24 de abril de 1963, y en vigor desde el 19 de marzo de 1967.

21 Suscrito el 30 de abril de 1948, y en vigor desde el 5 de junio de 1949. Venezuela no es parte en el Pacto de Bogotá.

fracasa el procedimiento de conciliación, cualquiera de las partes tendrá derecho a someter el caso a la Corte Internacional de Justicia (artículo XXXII); y d) si la Corte se declarara incompetente para conocer y decidir la controversia, las partes se obligan a someter el asunto al arbitraje (artículo XXXV).

La Convención para la Prevención y Sanción del Delito Genocidio,[22] en su artículo IX, dispone que la interpretación, aplicación o ejecución de esta Convención, incluso las relativas a la responsabilidad de un Estado en materia de genocidio o en materia de cualquiera de los otros actos prohibidos por la Convención, a petición de una de las partes en la controversia, serán sometidos a la Corte Internacional de Justicia. También la Convención sobre el Estatuto de los Refugiados,[23] en su artículo 38, prevé la jurisdicción obligatoria de la Corte Internacional de Justicia respecto de la interpretación o aplicación de la Convención que no haya podido ser resuelta por otros medios, a petición de cualquiera de las partes en la controversia.

La Convención Internacional sobre la Eliminación de todas las Formas de Discriminación Racial,[24] en su artículo 22, establece la jurisdicción obligatoria de la Corte Internacional de Justicia respecto de la interpretación o aplicación de esta Convención que no se hayan resuelto mediante negociaciones o mediante los procedimientos que se establecen expresamente en ella, pudiendo, cualquiera de las partes en la controversia, someterla a la decisión de la Corte. Asimismo, la Convención sobre la Eliminación de todas las Formas de Discriminación contra la Mujer,[25] en su artículo 29, párrafo 1, prevé la interpretación o aplicación de esta Convención que no se hayan solucionado mediante

---

22 Adoptada y abierta a la firma y ratificación, o adhesión, por la Asamblea General de la ONU, en su resolución 260 A (III), del 9 de diciembre de 1948, y en vigor desde el 12 de enero de 1951.

23 Adoptada el 28 de julio de 1951, por la Conferencia de Plenipotenciarios sobre el Estatuto de los Refugiados y de los Apátridas, convocada por la Asamblea General de la ONU en su resolución 429 (V), del del 14 de diciembre de 1950, y en vigor desde el 22 de abril de 1954.

24 Adoptada y abierta a la firma y ratificación por la Asamblea General de la ONU, en su resolución 2106 A (XX), del 21 de diciembre de 1965, y en vigor desde el 4 de enero de 1969.

25 Adoptada y abierta a la firma, ratificación y adhesión por la Asamblea General de la ONU, en su resolución 34/180, del 18 de diciembre de 1979, y en vigor desde el 3 de septiembre de 1981.

negociaciones se someterá al arbitraje a petición de uno de los Estados, y, si en el plazo de seis meses contados a partir de la fecha de presentación de la solicitud de arbitraje las partes no consiguen ponerse de acuerdo sobre la forma del mismo, cualquiera de las partes podrá someter la controversia a la Corte Internacional de Justicia, mediante una solicitud presentada de conformidad con el Estatuto de la Corte.

Si el procedimiento se ha iniciado mediante la solicitud del Estado demandante en contra de un Estado que aún no ha manifestado su consentimiento en someterse a la jurisdicción de la Corte, la demanda se transmitirá a dicho Estado, pero no será inscrita en el registro general ni se efectuará ningún acto procesal hasta que el Estado en contra de quien se presentó la demanda haya aceptado la competencia de la Corte en el asunto objeto de la demanda,[26] o no haya objetado a la misma, haciéndose parte en el procedimiento, situación conocida como *forum prorrogatum*.

Las declaraciones de aceptación de la competencia de la Corte, ya sea que ellas tengan carácter general o que se hayan formulado para un caso particular, o los compromisos para someter un caso a la Corte, pueden ser incondicionales, en los mismos términos del artículo 36, párrafo 2, del Estatuto,[27] por tiempo indefinido[28] o sujetas a un plazo de expiración (aunque renovables),[29] o pueden contener restricciones en cuanto a la materia,[30] al momento en el que hayan ocurrido los hechos

---

[26] Cfr. el artículo 38, párrafo 5, del Reglamento de loa Corte.

[27] Por ejemplo, República Dominicana, Haití, Nicaragua, Panamá, Uganda, y Uruguay.

[28] Por ejemplo, China (la China nacionalista, en su declaración del 10 de diciembre de 1956), Colombia, República Dominicana, El Salvador, Francia, Gambia, Haití, Honduras, India, Liectenstein, Nicaragua, Pakistán, Panamá, Portugal, Sudán, Suiza, y otros.

[29] Por ejemplo, la Declaración de Bélgica fue hecha por un plazo de cinco años, después de lo cual continuaría en efecto hasta que se notificara su terminación.

[30] Por ejemplo, la Declaración de Australia, aceptando la competencia de la Corte excluye, *inter alia*, las disputas relativas a cuestiones que, según el Derecho Internacional, corresponden exclusivamente a la jurisdicción de Australia; lo mismo en el caso de Cambodia, Canadá, Francia, India, Israel y otros. De manera diferente, la Declaración de México excluye de la competencia de la Corte cualquier controversia que, "en opinión de México", sea de la jurisdicción exclusiva de México, y Estados Unidos excluye las disputas que son esencialmente de la jurisdicción doméstica de los Estados Unidos, en la forma como los Estados Unidos defina su jurisdicción doméstica ("*disputes as regard to matters which are essentially within the domestic jurisdiction of the United States of America as determined by the United States of America*"). La Declaración de Francia excluía, *inter alia*, disputas en

objeto de controversia,[31] a hechos ocurridos después de la aceptación de la competencia de la Corte,[32] a los sujetos que son partes en la misma,[33] a disputas con Estados con los que se tiene lazos de afinidad y que puedan haber acordado otros mecanismos de solución,[34] a controversias relacionadas con tratados multilaterales (a menos que todas las partes en el tratado sean partes en el caso),[35] a disputas respecto de su territorio (o parte de su territorio) en la forma como el propio Estado lo ha delimitado,[36] o incluso a sus propias disposiciones constitucionales.[37] Incluso en el caso de una aceptación incondicional de la competencia de la Corte, según la naturaleza del caso que se le someta,[38] ésta tendrá que analizar si se agotaron los recursos de la jurisdicción interna porque, de lo contrario, no existiría una controversia internacional y el Tribunal carecería de competencia para conocer del mismo. Además,

---

relación a las cuales las partes hayan acordado (o puedan acordar) recurrir a otro medio de solución pacífica de controversias, y disputas que deriven de una guerra o de hostilidades internacionales (esta declaración fue, posteriormente, retirada). Kenia, al igual que Malta, excluyen de la competencia de la Corte, *inter alia*, cualquier disputa relacionada con la beligerancia o con la ocupación militar.

31 Por ejemplo, la Declaración de Colombia se extiende sólo a disputas que hayan surgido después del 6 de enero de 1932, y el Reino Unido excluye disputas relacionadas con hechos ocurridos entre el 3 de septiembre de 1939 y el 2 de septiembre de 1945. En cambio, la Declaración de Portugal extiende la aceptación de la competencia de la Corte a disputas que hayan surgido "antes o después" de la declaración de Portugal, hecha el 16 de diciembre de 1920, al hacerse parte del Estatuto de la Corte Permanente de Justicia Internacional.

32 Por ejemplo, la Declaración de Francia limitaba su aceptación de la competencia de la Corte a las controversias que pudieran surgir respecto de hechos o situaciones posteriores a la formulación de esta Declaración.

33 Por ejemplo, la India excluye de la competencia de la Corte disputas con un Estado que haya aceptado la competencia de la Corte exclusivamente en relación con una disputa que sostenga con la India; Malta incluye una condición del mismo tenor. Israel excluye de la competencia de la Corte controversias con cualquier Estado que no reconozca al Estado de Israel, o que se niegue a mantener relaciones diplomáticas normales con Israel.

34 Por ejemplo, Australia, Canadá, Malta, Nueva Zelanda, o el Reino Unido (entre otros), que excluyen controversias con cualquier miembro de la Comunidad Británica de Naciones.

35 Por ejemplo, Malta y los Estados Unidos de América.

36 Por ejemplo, Australia.

37 Por ejemplo, El Salvador.

38 Tales como el caso *Ambatielos* (Grecia c. Reino Unido), el caso *Nottebohm* (Liechtenstein c. Guatemala), el caso de la *Barcelona Traction, Light and Power Company, Limited* (Bélgica c. España), el caso de la *Anglo Iranian Oil Co.* (Reino Unido c. Irán), el caso de *ciertos prestamos noruegos* (Francia c. Noruega), el caso *Avena y otros* (México c. Estados Unidos de América), o el caso *LaGrand* (Alemania c. Estados Unidos), entre otros.

el propio artículo 36, párrafo 2, del Estatuto señala que la aceptación de la competencia de la Corte opera "*respecto a cualquier otro Estado que acepte la misma obligación*"; esto es, la aceptación de la competencia de la Corte es bajo condición de reciprocidad, en lo que concierne al objeto de la demanda, sin que una de las partes esté sometida a obligaciones más amplias o más estrictas que las que le corresponden a la otra. Por consiguiente, el Estado demandado en un caso ante la Corte, aunque haya aceptado la competencia de manera incondicional, puede valerse de las mismas condiciones bajo las cuales el Estado demandante ha aceptado la competencia de la Corte. Por ejemplo, en el caso de ciertos prestamos noruegos, aunque Noruega había aceptado la competencia de la Corte de manera incondicional, objetó la competencia de Corte valiéndose de la declaración de Francia, que excluía de la competencia de la Corte los asuntos de la jurisdicción nacional, en la forma como los entendía el propio Gobierno de Francia.[39]

Es decir, las condiciones en que un Estado acepta la competencia de la Corte se aplican, recíprocamente, a los demás Estados que, eventualmente, puedan ser demandados por el primero. En el caso de ciertos empréstitos noruegos, el Tribunal dispuso que, de acuerdo con la condición de reciprocidad a la que estaba sometida la aceptación de la competencia de la Corte en las declaraciones de los Estados partes en el caso, y que también está prevista en el artículo 36, párrafo 3, del Estatuto, Noruega, al igual que Francia, tenía derecho a excluir de su jurisdicción las disputas que, a juicio de Noruega, correspondían esencialmente a su jurisdicción nacional.[40] Ante el argumento de Francia de que ambos Estados eran partes en la Convención de La Haya de 1907, que, en su opinión, hacía del pago de deudas contractuales una cuestión de Derecho Internacional, la Corte señaló que no había ninguna razón para que dicha Convención privara a Noruega del derecho a invocar la "reserva" incorporada en la declaración de Francia.[41] Es interesante

[39] Cfr. International Court of Justice, *Case of Certain Norwegian Loans*, France v. Norway, Judgment of July 6th, 1957, p. 21. Para ese momento, estaba en vigor la Declaración de la aceptación de la competencia de la Corte que Francia había formulado el 18 de julio de 1947, en el mismo estilo de la Declaración de los Estados Unidos de América, conteniendo la enmienda Connally.

[40] Cfr. Ibid., p. 24.

[41] Cfr. Ibidem.

observar que la Corte no abordó la primera objeción de Noruega, en la que sostenía que este asunto estaba regulado por sus leyes internas, siendo, por lo tanto, un asunto de su jurisdicción exclusiva. La Corte, simplemente, se avocó a la aplicación recíproca de las condiciones previstas en la declaración de Francia, entendiendo que ella está en libertad de decidir sobre la base que, según su criterio, sea más concluyente.[42] Sin embargo, eso no significa que la legislación interna de un Estado sea la que determina el ámbito de la jurisdicción exclusiva de los Estados; en este caso, lo que la Corte estaba decidiendo no era qué es lo que forma parte del dominio reservado de los Estados, sino cuál es el resultado de aplicar recíprocamente las condiciones de aceptación de su competencia; por ende, lo afirmado por la Corte no significa que legislación interna no pueda ser incompatible con el Derecho Internacional, o que esté enteramente al margen del Derecho Internacional. Como sostuvo Hersch Lauterpacht, la idea de que un asunto regido por el Derecho interno está, por esa razón, fuera de la órbita del Derecho Internacional, de ser aceptada, destruiría el Derecho Internacional.[43]

Cuando están involucradas dos declaraciones unilaterales de aceptación de la competencia de la Corte, ésta tendrá competencia sólo en la medida en que ambas declaraciones coincidan en conferirle competencia, teniendo en cuenta aquella que la acepte dentro de límites más estrechos, y que corresponda a la voluntad común de las partes.[44] En el caso de la *Anglo Iranian Oil Company*, la Corte había sostenido que, como la declaración de Irán tenía un ámbito más limitado que la del Reino Unido, era la declaración iraní en la que la Corte debía basar su competencia.[45] Similarmente, en el sistema interamericano, de acuerdo con el artículo VI del Pacto de Bogotá, los procedimientos de solución pacífica de controversias allí previstos no se aplicarán a los asuntos ya resueltos por arreglo de las partes, por laudo arbitral, por sentencia de

---

[42] Cfr. ibid., p. 25.

[43] Cfr. su opinión separada en International Court of Justice, *Case of Certain Norwegian Loans*, France v. Norway, Judgment of July 6th, 1957, p. 37.

[44] Cfr. International Court of Justice, *Case of Certain Norwegian Loans*, France v. Norway, Judgment of July 6th, 1957, p. 23.

[45] Cfr. International Court of Justice, *Anglo-Iranian Oil Co. Case*, United Kingdom v. Iran, Preliminary Objection, Judgment of July 22nd, 1952, p. 103.

un tribunal internacional, o que se hallen regidos por acuerdos o tratados en vigor al momento de celebrarse el Pacto de Bogotá; esos son asuntos concluidos, que no se pueden reabrir.

Los Estados tienen entera libertad para decidir si aceptan la competencia de la Corte Internacional de Justicia, respecto de qué casos, y en qué condiciones la aceptan;[46] pero, en caso de controversia, la Corte es maestra de su propia competencia, y es a ella a quien le corresponde decidir. Las llamadas "*reservas automáticas*", en que un Estado ha aceptado la competencia de la Corte, pero sujeta a condiciones cuya presencia será determinada por el propio Estado, siendo éste el que decida si el asunto objeto de litigio está excluido por dichas condiciones,[47] son consideradas incompatibles con el Estatuto de la Corte, cuyo artículo 36, párrafo 6, establece que, en caso de controversia sobre su competencia, "*la Corte decidirá*". Mediante esa formulación de las condiciones en que se acepta la competencia de la Corte, el Estado autor de la misma pretende que la Corte se limite a registrar su voluntad, pero sin que ésta pueda ser revisada por el Tribunal, y sin poder examinar si dichas condiciones son válidas, o si producen algún efecto jurídico. En el caso de ciertos préstamos noruegos, después de haber aceptado la excepción preliminar opuesta por Noruega respecto de Francia, alegando la reciprocidad en su aplicación, el Tribunal señalo, al pasar, que no consideraba necesario examinar si la "*reserva*" francesa era compatible con el compromiso de una obligación jurídica, y si era compatible con el

---

[46] Aunque muchos textos se refieren a ellas como "*reservas*" a la aceptación de la competencia de la Corte, comparándolas a las reservas a los tratados, ellas no son tales; técnicamente, ellas no modifican los términos del Estatuto de la Corte, sino que son, simplemente, las condiciones bajo las cuales los Estados aceptan someterse a la jurisdicción de la Corte.

[47] El ejemplo típico es la Declaración de los Estados Unidos, conocida como la "*enmienda Connolly*", que excluye de la competencia de la Corte las disputas que son esencialmente de la jurisdicción doméstica de los Estados Unidos, *en la forma como los Estados Unidos defina su jurisdicción doméstica* ("*disputes as regard to matters which are essentially within the domestic jurisdiction of the United States of America as determined by the United States of America*"). Cfr. Declaration of the United States of America, of 14 August 1946. Otras declaraciones, copiadas a la letra en cuanto a este punto, son la Declaración de México, del 23 de octubre de 1947, que excluye de la competencia de la Corte cualquier controversia que, "*en opinión de México*", sea de su jurisdicción exclusiva, y la Declaración de Francia (del 1 de marzo de 1949), que excluía de la competencia de la Corte los asuntos que son esencialmente parte de su jurisdicción nacional, *en la forma como la entendía el Gobierno de Francia.*

artículo 36, párrafo 6, del Estatuto de la Corte, por lo que, sin prejuzgar sobre su validez, le dio efecto a la misma.[48] Posteriormente, al observar que este tipo de condiciones ("*reservas*") tenían un efecto bumerang, que servía para que otros Estados demandaran a Francia, pero que no le servía para demandar, puesto que los Estados demandados, invocando la aplicación recíproca de dicha condición, iban a objetar exitosamente la competencia de la Corte, Francia decidió retirar su declaración de aceptación de la competencia de la Corte y sustituirla por una nueva, en la que conservó la exclusión de los asuntos de la jurisdicción doméstica, pero dejando a la Corte que decidiera qué asuntos son del dominio reservado de un Estado.[49]

Acuerdos especiales. Ocasionalmente, puede haber dificultades para determinar si, en un caso particular, ha habido un compromiso para someter una disputa a la Corte Internacional de Justicia, o si el mencionado compromiso tiene carácter vinculante.[50] En el caso de la Plataforma Continental del Mar Egeo, Grecia recurrió a la CIJ invocando, *inter alia*, un comunicado conjunto emitido por los primeros ministros de Grecia y Turquía, leído en Bruselas el 31 de mayo de 1975, pero sin que fuera evidente si el referido comunicado constituía un tratado o si, por el contrario, era el resultado de un intercambio de ideas en el que se había planteado la mera posibilidad de que dicho asunto se sometiera a la Corte.

Respecto del Acuerdo de Ginebra, la tesis del Gobierno de Venezuela es que éste no constituye un compromiso para someter el caso a la Corte; en su opinión, la elección del medio de solución pacífica por el Secretario General de la ONU -en los términos del artículo IV, párrafo 2, del Acuerdo de Ginebra-, no le confiere competencia a la

---

[48] Cfr. International Court of Justice, *Case of Certain Norwegian Loans*, France v. Norway, Judgment of July 6th, 1957, pp. 26 y s.

[49] Cfr., la nueva Declaración de Francia aceptando la competencia de la CIJ, del 16 de mayo de 1966.

[50] Cfr., por ejemplo, el caso de la Plataforma Continental del Mar Egeo, en el que la Corte debió determinar si un comunicado conjunto emitidos por los primeros ministros de Grecia y Turquía tenía carácter vinculante, y si constituía un compromiso para someter dicho caso a la Corte Internacional de Justicia. Cfr. International Court of Justice, *Aegean Sea Continental Shelf Case*, Greece v. Turkey, Jurisdiction of the Court, Judgment of 19 December 1978, párrafos 1 y 12.

Corte, ni autoriza a ninguna de las partes en la controversia a iniciar, unilateralmente, procedimientos ante ella. Según el Estado venezolano, de acuerdo con las disposiciones del Estatuto de la Corte Internacional de Justicia, tal opción depende del consentimiento de ambas partes, expresado en un acuerdo especial concluido por ellas, lo cual no ha ocurrido.[51] Venezuela cita en su respaldo la jurisprudencia de la Corte en el caso del Estrecho de Corfú, en el que el Consejo de Seguridad de la ONU había recomendado referir este asunto a la Corte, la cual expresó que esta obligación sólo podía cumplirse de acuerdo con las disposiciones de su Estatuto.[52] Pero lo cierto es que, en dicha sentencia, la Corte se refiere a una hipótesis distinta a la planteada por el caso *Guyana c. Venezuela*; en efecto, en el caso del Estrecho de Corfú, sin la existencia de un acuerdo previo entre las partes en la controversia, en ejercicio de las competencias que le confiere el capítulo VI de la Carta de la ONU, el Consejo de Seguridad "*recomendó*" referir esa disputa a la Corte.[53] En todo caso, Venezuela niega que el Acuerdo de Ginebra constituya un compromiso por el que las partes hayan aceptado someter el caso a la Corte, y rechaza que, en aplicación del artículo IV, párrafo 2, de dicho Acuerdo, el Secretario General de la ONU pudiera hacer algo distinto que "*recomendar*" (no "*elegir*") el medio de solución de esta controversia.[54]

En principio, ya sea que haya una declaración general o una declaración especial aceptando la competencia de la Corte, o que haya un compromiso entre las partes en disputa para someter dicha contienda a la Corte, hay un consentimiento inequívoco de los Estados para que ésta pueda conocer de las controversias que los Estados le sometan; pero dicho consentimiento también puede formularse en forma más sofisticada como, por ejemplo, mediante un tratado en el que se conviene que sea un órgano internacional determinado el que decida, de manera

---

[51] Cfr. el memorándum de Venezuela transmitido a la Corte Internacional de Justicia el 29 de noviembre de 2019, párrafos 69 y 70.

[52] Cfr. International Court of Justice, *The Corfu Channel Case*, (United Kingdom v. Albania), Preliminary Objection, Judgment of March 25th, 1948, p. 26.

[53] Cfr. Ibidem.

[54] Cfr. el memorándum de Venezuela transmitido a la Corte Internacional de Justicia el 29 de noviembre de 2019, párrafos 62, 67, 68, 69, 70, 72, 80, 81, 82, 89, 90, 92, 93, 94, y 96.

vinculante, el medio de solución pacífica al que deberán someterse las partes en una controversia.

Aunque la Corte Internacional de Justicia es, por su naturaleza, el tribunal que sería apropiado para resolver una disputa como la del Esequibo, Venezuela sostiene que la CIJ carece de competencia para conocer de este asunto, pues nunca ha formulado una declaración aceptando dicha competencia, ya sea en general o para este caso en particular. Pero alguna base jurídica habrá para que el Secretario General de la ONU haya elegido el recurso a la CIJ como forma de resolver esta controversia (y para que Guyana haya recurrido a dicha Corte), por lo que sería aventurado asumir que la CIJ va a desautorizar tan fácilmente al Secretario General de la ONU, desestimando, sin mayor trámite y por falta de competencia, la demanda intentada por Guyana. Por lo tanto, sería imprudente que el gobierno de Venezuela no hiciera uso de todos los recursos disponibles para defender los intereses de la república. En esta etapa del procedimiento, sería irresponsable pretender descalificar al tribunal, sugiriendo que está al servicio de potencias imaginarias. Lo que corresponde es hacer un esfuerzo serio para demostrar que la CIJ carece de competencia para conocer de este caso, y no dar por sentado que vamos a perder.

2. LA COMPETENCIA *RATIONE TEMPORIS*

De acuerdo con el artículo 36, párrafo 1, de su estatuto, la competencia de la Corte se extiende a todos los asuntos que las partes le sometan y a todos los asuntos especialmente previstos en la Carta de las Naciones Unidas o "*en los tratados y convenciones vigentes*." La Carta de las Naciones Unidas, de la cual el Estatuto de la Corte es parte integrante, fue suscrita el 26 de junio de 1945, y entró en vigor el 24 de octubre del mismo año. Respecto de los miembros fundadores, que hayan aceptado la competencia de la Corte, esta última es la fecha crítica, a partir de la cual la Corte es competente para conocer de casos que involucren a Estados que han hecho su declaración en la misma fecha, o antes, sin ningún tipo de condiciones o restricciones respectos del momento a partir del cual la Corte puede ejercer su competencia sobre esos Estados.

Hay, sin embargo, una excepción a la regla anterior, que puede extender su competencia a hechos ocurridos antes de la entrada en vigor de la Carta de la ONU, con el Estatuto de la Corte. De acuerdo con el párrafo 5, del mismo artículo, las declaraciones hechas de acuerdo con el artículo 36 del Estatuto de la Corte Permanente de Justicia Internacional "*que estén aún vigentes*", serán consideradas, respecto de las partes en el Estatuto de la Corte Internacional de Justicia como aceptación de su jurisdicción obligatoria "*por el período que aún les quede de vigencia*" y conforme a los términos de dichas declaraciones. Por supuesto, este era un acuerdo que se extendía únicamente a los fundadores de las Naciones Unidas y de la nueva Corte Internacional de Justicia, y no terceros Estados que, posteriormente, cuando la antigua Corte Permanente de Justicia Internacional ya hubiera fenecido, se incorporaran como miembros de la Organización de las Naciones Unidas y, por ende, como partes en el Estatuto de la Corte.[55] No son pocos los Estados que se encuentran en esta situación; a partir de esta disposición, la Corte tiene competencia para conocer de casos respecto de Canadá, con su Declaración del 20 de septiembre de 1929, casos respecto de Colombia, con su Declaración del 30 de octubre de 1937, República Dominicana, con su Declaración del 30 de septiembre de 1924, El Salvador, con su Declaración del 18 de diciembre de 1920, Haití, con su declaración del 4 de octubre de 1921, Luxemburgo, con su Declaración del 15 de septiembre de 1930, Nueva Zelanda, con su Declaración del 1 de abril de 1940, Nicaragua, con su Declaración del 24 de septiembre de 1929, Panamá, con su Declaración del 25 de octubre de 1921, Paraguay, con su Declaración del 11 de mayo de 1933, y Uruguay, con su Declaración de enero de 1921, ratificada en 27 de septiembre del mismo año.

Adicionalmente, en las declaraciones de aceptación de la competencia de la Corte que hagan los Estados, de acuerdo con el artículo 36, párrafo 2, del Estatuto, cada uno de esos Estados podrá indicar la fecha a partir de la cual reconoce la competencia de la Corte, o el lapso por el cual la reconoce, si no es con fecha indeterminada; por supuesto, eso es con exclusión de las otras circunstancias señaladas en esas

[55] Cfr. International Court of Justice, *Case Concerning the Aerial Incident of July 27th, 1955*, Israel v. Bulgaria, Preliminary Objections, Judgment of May 26th, 1959, p. 133.

declaraciones que, no por razones de orden temporal, estén al margen de la competencia del Tribunal. Por ejemplo, en su Declaración del 6 de febrero de 1954, Australia reconoce la competencia de la Corte respecto de todas las disputas jurídicas surgidas "*después de 18 de agosto de 1930*"; asimismo, en la Declaración de Colombia, del 30 de octubre de 1937, aceptando la competencia de la antigua Corte Permanente de Justicia Internacional, y que aún estaba vigente al momento de incorporarse Colombia como miembro fundador de la ONU y de la nueva Corte, se dispone que ella será aplicable sólo a disputas que surjan de hechos ocurridos "*después del 6 de enero de 1932.*" Finlandia, en su Declaración del 27 de junio de 1958, acepta la competencia de la Corte respecto de cualquier disputa que surja de situaciones o hechos "*posteriores al 25 de junio de 1958.*" En el caso de la India, en su Declaración del 14 de septiembre de 1959, se sometió a "*todas las disputas que surjan después del 26 de enero de 1959*", con relación a situaciones o hechos posteriores a esa fecha. Israel, en su Declaración del 3 de octubre de 1956, somete a la jurisdicción de la Corte "*todas las disputas jurídicas concernientes a situaciones o hechos que puedan surgir después del 25 de octubre de 1951, a condición de que tales disputas no involucren un título jurídico creado o conferido por un gobierno o una autoridad distinta del gobierno de Israel o por una autoridad bajo la jurisdicción de ese gobierno.*" Respecto de Kenia, según su Declaración del 12 de abril de 1965, se reconoce la competencia de la Corte sobre "*todas las disputas que surjan después del 12 de diciembre de 1963*" con respecto a hechos o situaciones que, de otra manera, no estén excluidos por la misma Declaración. La Declaración de Liechtenstein, del 10 de marzo de 1950 y depositada el 29 de marzo de 1950, expresa que ella tendrá efecto a partir del momento en que Liechtenstein llegue a ser parte en el Estatuto de la Corte. Holanda, en su Declaración del 1 de agosto de 1956, reconoce la competencia de la Corte a partir del 6 de agosto de 1956. Nueva Zelanda, en su Declaración del 1 de abril de 1940, a partir de esa misma fecha. Paquistán, en su Declaración del 12 de septiembre de 1969, reconoce la competencia de la Corte en todas las disputas legales que surjan después del 24 de junio de 1948. En su declaración del 12 de julio de 1947, Filipinas aceptó la competencia de la Corte a partir del 4 de julio de

1946. Por su parte, Portugal, en una Declaración del 19 de diciembre de 1955, aceptó la competencia de la Corte *respecto de disputas que hubieran surgido de eventos anteriores o posteriores a su declaración de aceptación de la competencia opcional de la Corte Permanente de Justicia Internacional hecha el 16 de diciembre de 1920*. Por su parte, Sudán, en su Declaración del 30 de septiembre de 1957, aceptó la competencia de la Corte respecto de todas las disputas jurídicas que surgieran después del primer día de enero de 1956, con respecto a cualquier situación o hecho posterior a esa fecha. Suecia, en su Declaración del 6 de abril de 1957, acepta la competencia de la Corte en relación con disputas que puedan surgir respecto a hechos o situaciones posteriores al 6 de abril de 1947. La Declaración de Suiza, del 6 de julio de 1948, reconoce la competencia de la Corte a partir de la fecha en que ella haya llegado a ser parte en el Estatuto de la Corte. La República Árabe Unida (Egipto), en su Declaración del 18 de julio de 1957, teniendo en cuenta la Declaración del gobierno de Egipto del 24 de abril de 1957, sobre "*el Canal de Suez y los preparativos para su operación*", aceptó la competencia de la Corte bajo los términos del párrafo 9 (b) de esa Declaración, que está fechada el 24 de abril de 1957, y con efecto desde esa fecha. En su Declaración del 27 de noviembre de 1963, el Reino Unido de Gran Bretaña e Irlanda del Norte acepta la competencia de la Corte respeto de todas las disputas que surjan después de 5 de febrero de 1930, relacionadas con hechos anteriores o posteriores a esa fecha.

Algunas de estas declaraciones reconocen expresamente la competencia de la Corte respecto de controversias surgidas, o de hechos o circunstancias, muy anteriores a la fecha de formular la respectiva declaración de aceptación de la competencia de la Corte. Ese es el caso de Australia, cuya Declaración del 6 de febrero de 1954 extiende la competencia de la Corte a las disputas jurídicas surgidas "*después de 18 de agosto de 1930*"; Colombia, cuya Declaración del 30 de octubre de 1937 es aplicable a disputas que surjan de hechos ocurridos "*después del 6 de enero de 1932*." La Declaración de Holanda, del 1 de agosto de 1956, somete a la jurisdicción de la Corte disputas por hechos ocurridos después del 5 de agosto de 1921. El 3 de octubre de 1956, Israel se sometió e a la jurisdicción de la Corte respecto de disputas jurídicas que podían haber surgido cinco años antes, después del 25 de octubre de

1951; Kenia, según su Declaración del 12 de abril de 1965, reconoció la competencia de la Corte sobre disputas surgidas casi dos años antes, después del 12 de diciembre de 1963. Paquistán, en su Declaración del 12 de septiembre de 1969, reconoce la competencia de la Corte en todas las disputas legales que surjan después del 24 de junio de 1948. Filipinas aceptó la competencia de la Corte a partir del 4 de julio de 1946, más de un año antes de su Declaración de aceptación de la competencia de la Corte; Portugal, por su parte, en una Declaración del 19 de diciembre de 1955, aceptó la competencia de la Corte *respecto de disputas que hubieran surgido de eventos anteriores o posteriores a su declaración de aceptación de la competencia opcional de la Corte Permanente de Justicia Internacional hecha el 16 de diciembre de 1920*. En fin, Sudán aceptó la competencia de la Corte respecto de todas las disputas jurídicas que surgieran después del primer día de enero de 1956, con respecto a cualquier situación o hecho posterior a esa fecha, no obstante que su Declaración de aceptación data del 30 de septiembre de 1957; Suecia, en su Declaración del 6 de abril de 1957, acepta la competencia de la Corte en relación con disputas que puedan surgir respecto a hechos o situaciones posteriores al 6 de abril de 1947; y, el 27 de noviembre de 1963, el Reino Unido aceptó la competencia de la Corte respeto de todas las disputas surgidas después de 5 de febrero de 1930.

En algunos casos, los Estados han excluido de la competencia de la Corte disputas surgidas o hechos ocurridos en un determinado lapso de tiempo. Por ejemplo, la Declaración de Australia, del 6 de febrero de 1954, excluye de la competencia de la Corte disputas que puedan surgir, o eventos que puedan estar ocurriendo, *en un momento en que Australia estuviera o esté involucrada en hostilidades*; lo mismo en el caso de Nueva Zelanda, según su declaración del 1 de abril de 1940. Según su Declaración del 3 de octubre de 1956, Israel excluye de la competencia de la Corte las controversias surgidas de eventos ocurridos entre el 15 de mayo de 1948 y el 20 de julio de 1949; asimismo, de la Declaración del Reino Unido, del 27 de noviembre de 1963, se excluye las disputas que hayan surgido entre el 3 de septiembre de 1939 y el 2 de septiembre de 1945. En el caso de Canadá, en su Declaración del 20 de septiembre de 1929, ésta se reserva el derecho a pedir la suspensión de cualquier procedimiento pendiente ante la Corte, en relación con disputas que se hubieran sometido o estuvieran sometidas a la consideración del Consejo de la Liga de Naciones; después de sometido el asunto al Consejo, la notificación para suspender el procedimiento debe darse dentro de los diez días siguientes a la notificación del procedimiento ante la Corte; la suspensión tendrá una duración de doce meses, o un período mayor si así es acordado por las partes. El 7 de diciembre de 1939, el Delegado Permanente de Canadá en la Liga de Naciones, transmitió una nota al Secretario General de la Liga, manifestándole que, habiendo estallado la guerra, y no existiendo las condiciones que llevaron a adoptar la Declaración de aceptación de la competencia de la Corte, a su país no le era posible mantener en vigor disposiciones que restringían las operaciones de los países que resistían la agresión; en consecuencia, el Delegado permanente de Canadá le notificó al Secretario General de la Liga que Canadá no consideraría que su aceptación de la competencia de la Corte se extendía a disputas surgidas de eventos ocurridos "*durante la presente guerra*" (esto es, la Segunda Guerra Mundial).[56]

En cuanto a terminación de la aceptación de la competencia de la Corte, algunas de las declaraciones no dicen nada, dando por sentado que son por tiempo indefinido, o hasta que se notifique su terminación.[57]

---

[56] Cfr. Nota del Delegado Permanente de Canadá ante la Liga de Naciones, del 7 de diciembre de 1939, dirigida al Secretario General de la Liga. En Louis B. Sohn, *Basic Documents of the United Nations*, The Foundation Press, Inc. Brooklyn, 1968, p. 256.

[57] Por ejemplo, la Declaración de Australia, del 6 de febrero de 1954; la Declaración de Colombia, del 30 de octubre de 1937; la Declaración de República Dominicana, del 30 de septiembre de 1924; la Declaración de Francia, del 20 de mayo de 1966; la Declaración de Gambia, del 14 de junio de 1966; la Declaración de Haití, del 4 de octubre de 1921; la Declaración de la India, del 14 de septiembre de 199959; la Declaración de Israel, del 3 de octubre de 1956; la Declaración de Kenia, del 12 de abril de 1965; la Declaración de Liechtenstein, del 10 de marzo de 19950; la Declaración de Malawi, del 22 de noviembre de 1966; la Declaración de Malta, del 29 de noviembre de 1966; la Declaración de Nicaragua, del 24 de septiembre de 1929; la Declaración de Nigeria, del 14 de agosto de 1965; la Declaración de Paquistán, del 12 de septiembre de 1960; la Declaración de Panamá, del 25 de octubre de 1921; la Declaración de Paraguay, del 11 de mayo de 1933 (el 27 de mayo de 1938, el gobierno del Paraguay retiró esta Declaración, pero varios gobiernos expresaron sus reservas en cuanto a la validez de ese retiro); la Declaración de Somalia, del 25 de marzo de 1963; la Declaración de Sudán, del 30 de diciembre de 1957; la Declaración de Suecia, del 6 de abril de 1957; la Declaración de Suiza, del 6 de julio de 1948; la Declaración de Uganda, del 3 de octubre de 1963; la Declaración de la República Árabe Unida (Egipto), del 18 de

Otras, en cambio, estipulan su vigencia por un período inicial de cinco años, renovables por lapsos iguales o distintos[58] o diez años y renovable hasta que se notifique lo contrario.[59] La Declaración de Portugal reconoce la competencia de la Corte por el lapso de un año, luego de lo cual permanecerá en vigor hasta que se dé notificación de su denuncia.

Respecto a la terminación de la aceptación de la competencia de la Corte, no está claro si ésta está permitida. El Estatuto de la Corte no dice nada sobre el particular, y la práctica ha sido que los Estados pueden reformar o retirar las condiciones en que aceptan la competencia de la Corte. Además, los Estados pueden aceptar la competencia del Tribunal por un lapso determinado (1 año, 5 años, o 10 años), sin que exista la obligación de renovarla una vez que ha transcurrido ese tiempo; adicionalmente, dicha competencia puede ser aceptada por tiempo indefinido hasta que se notifique su terminación. Sin embargo, en el caso de Paraguay, que había emitido una Declaración en que "*reconoce pura y simplemente, como obligatoria, de pleno derecho y sin convenio especial, la jurisdicción de la Corte Permanente de Justicia Internacional, en la forma descrita en el Artículo 36, párrafo 2, del Estatuto*",[60] muchos Estados expresaron sus reservas respecto a la validez del retiro de la aceptación de la competencia de la Corte, ocurrida el 27 de mayo de 1938.[61]

---

julio de 1957; la Declaración del Reino Unido de Gran Bretaña e Irlanda del Norte, del 27 de noviembre de 1963; la Declaración del Reino Unido de Gran Bretaña e Irlanda del Norte, del 27 de noviembre de 1963; o la Declaración de Uruguay, de enero de 1921.

58 Por ejemplo, la Declaración de Bélgica, del 3 de abril de 1958; la Declaración de China (la China nacionalista, que, en ese momento, era la que representaba a "la única China" en las Naciones Unidas), del 10 de diciembre de 1956; La Declaración de Dinamarca, del 10 de diciembre de 1956; la Declaración de Finlandia, del 27 de junio de 1958; la Declaración de Japón, del 15 de septiembre de 1958; la Declaración de Liberia, del 20 de marzo de 1952; la Declaración de Luxemburgo, del 15 de septiembre de 1930; la Declaración de México, del 23 de octubre de 1947; la Declaración de Holanda, del 1 de agosto de 1956; la Declaración de Nueva Zelanda, del 1 de abril de 1940; la Declaración de Noruega, del 17 de diciembre de 1956; la Declaración de los Estados Unidos de América, del 14 de agosto de 1946.

59 Por ejemplo, la Declaración de Cambodia, del 9 de septiembre de 1957; la Declaración de Canadá, del 20 de septiembre de 1929; la Declaración de Filipinas, del 12 de julio de 1947.

60 Declaración de Paraguay, del 11 de mayo de 1933.

61 Cfr. Permanent Court of International Justice, Publications, Series E, N° 14, p. 57, y N° 15, p. 227. Citado por Louis B. Sohn, *Basic Documents of the United Nations*, The Foundation Press, Inv., Brooklyn, 1968, p. 268.

3. LA COMPETENCIA *RATIONE MATERIAE*

Al igual que cualquier otro tribunal que tiene que decidir sobre la base del Derecho, la Corte Internacional de Justicia sólo puede conocer de las "*controversias de orden jurídico*"[62] que se le sometan. La facultad de la Corte de resolver un litigio *ex aequo et bono* es excepcional, y sólo está prevista para los casos en que las partes así lo convinieren.[63] Por el contrario, en el caso del arbitraje, las partes pueden someter a éste diferencias de cualquier naturaleza, sean o no jurídicas, que hayan surgido o puedan surgir entre ellas.[64]

El Tribunal internacional deberá determinar el objeto de la controversia y, no existiendo una declaración general, aceptando la competencia de la Corte, ni por parte de Venezuela ni por parte de Guyana, ya sea en forma incondicional o sujeta a condiciones, la Corte deberá establecer si el Acuerdo de Ginebra puede considerarse como un compromiso para someter el caso ante esa instancia jurisdiccional, y si, en los términos del artículo IV, párrafo 2, del Acuerdo de Ginebra, en conjunción con lo dispuesto por el artículo 36, párrafo 2, de su Estatuto, ella puede ejercer su jurisdicción sobre el caso. No obstante, incluso si la Corte considerara que el Acuerdo de Ginebra, implícitamente, constituye una aceptación de su competencia para conocer del caso, la Corte tendrá que determinar si éste es un asunto propio de su competencia.

Aunque la demanda debe indicar, *inter alia*, la naturaleza precisa de lo demandado,[65] la Corte entiende que es a ella a quien le corresponde determinar, sobre bases objetivas, el objeto de la controversia entre las partes; esto es, examinando las posiciones de ambas partes y prestando especial atención a la forma elegida por el demandante al describir la disputa, atendiendo a los argumentos escritos y orales de las partes, así como a los hechos que sirven de base a la demanda, es el tribunal quien debe identificar el objeto de la reclamación y qué es lo que se le está pidiendo a la Corte que decida.[66] En su jurisprudencia rei-

---

[62] Cfr. el artículo 36, párrafo 2, del Estatuto de la Corte Internacional de Justicia.

[63] Cfr. el artículo 38, párrafo 2, del Estatuto de la Corte Internacional de Justicia.

[64] Cfr. el artículo XXXVIII del Tratado Americano de Soluciones Pacíficas, "Pacto de Bogotá", suscrito en Bogotá, el 30 de abril de 1948.

[65] Cfr. el artículo 38, párrafo 2, del Reglamento de la Corte Internacional de Justicia.

[66] Cfr. International Court of Justice, *Nuclear Tests Case*, Australia v. France, Judgment of 20 December 1974, párrafo 29; *Nuclear Tests Case*, New Zealand v. France, Judgment of 20

terada, la Corte ha omitido considerar como el objeto de la controversia los argumentos presentados por las partes como "*conclusiones*", si éstas no eran una indicación de lo que esa parte estaba pidiéndole a la Corte decidir, sino que, por el contrario, formaban parte de las razones para que la Corte decidiera en el sentido de lo alegado.[67]

Determinar cuál es la naturaleza de la controversia es un asunto jurídico apropiado para ser resuelto por la CIJ; pero, una vez decidido ese punto, la Corte tendría que pronunciarse sobre su propia competencia, pues no cualquier controversia puede ser resuelta por un tribunal de justicia. En este sentido, se recuerda que, de acuerdo con el Estatuto de la CIJ, la jurisdicción de la Corte se extiende a "todas las *controversias de orden jurídico*",[68] y su función "es *decidir conforme al Derecho Internacional*";[69] su tarea no es buscar "*arreglos prácticos*" o "*soluciones satisfactorias*" para las partes, como está previsto en el Acuerdo de Ginebra. Después de todo, a los jueces les corresponde aplicar el Derecho, y no hacer de amigables componedores.

El tribunal deberá establecer si el Acuerdo de Ginebra constituye un compromiso para remitir el caso a la Corte, en caso de que el Secretario General de la ONU así lo decidiere. Pero invocar el Acuerdo de Ginebra como compromiso para que, eventualmente, este caso pueda ser remitido a la CIJ sólo podrá considerarse en sintonía con lo previsto por el artículo 36, párrafo 2, del Estatuto de la Corte, que es el que determina el ámbito de su jurisdicción *ratione materiae*. Según el referido artículo 36, párrafo 2, del Estatuto, la jurisdicción de la Corte se extiende a todas las controversias *de orden jurídico* que versen sobre la

---

December 1974, párrafo 30; *Fisheries Jurisdiction Case*, Spain v. Canada, Jurisdiction of the Court, Judgment of 4 December 1998, párrafo 30; *Case Concerning the Territorial and Maritime Dispute*, Nicaragua v. Colombia, Preliminary Objections, Judgment of 13 December 2007, párrafo 38.

[67] Cfr. International Court of Justice, *Fisheries Jurisdiction Case*, Spain v. Canada, Jurisdiction of the Court, Judgment of 4 December 1998, párrafo 32; *Nuclear Tests Case*, Australia v. France, Judgment of 20 December 1974, párrafo 29; *Nuclear Tests Case*, New Zealand v. France, Judgment of 20 December 1974, párrafo 30; *Fisheries Case*, United Kingdom v. Norway, Judgment of December 18th, 1951, pág. 126; *The Minquiers and Ecrehos Case*, France/United Kingdom, Judgment of November 17th, 1953, pág. 52; y *Nottebohm Case*, Liechtenstein v. Guatemala, Second Phase, Judgment of April 6th, 1955, p. 16.

[68] Cfr. el artículo 36, párrafo 2, del Estatuto de la Corte Internacional de Justicia.

[69] Cfr. el artículo 38, párrafo 1, del Estatuto de la Corte Internacional de Justicia.

interpretación de un tratado, cualquier cuestión de Derecho Internacional, la existencia de todo hecho que, si fuere establecido, constituiría una violación de una obligación internacional, o la naturaleza o extensión de las reparaciones que correspondan por el quebrantamiento de una obligación internacional.

Venezuela no ha rechazado, de plano, la competencia de la Corte *ratione materiae*; Venezuela sostiene que "*en principio, los medios judiciales o arbitrales no son los más apropiados para alcanzar un arreglo práctico, aceptable y satisfactorio para ambas partes, que es el que está previsto como el objeto y propósito del Acuerdo de Ginebra.*"[70] Lo más lejos que llega el memorándum de Venezuela, es a decir que, si el Acuerdo de Ginebra permitiera el recurso a la Corte, y para resolver la controversia según los términos de éste, habría que especificar el objeto de la disputa, al igual que parámetros que están más allá del Derecho Internacional, para lo cual habría que concluir un acuerdo especial.[71] En realidad, Venezuela no excluye el arreglo judicial como *ultima ratio*, una vez que se hayan agotado los mecanismos de arreglo político; lo que Venezuela rechaza es saltarse etapas, mediante una interpretación incorrecta del artículo IV, párrafo 2, del Acuerdo de Ginebra.[72] En una carta de la Canciller de Venezuela, Delcy Rodríguez, al Secretario General de la ONU, se afirma que los medios jurisdiccionales "*son el último recurso que cabe adoptar de común acuerdo, esto es, mediante un compromiso regulador de sus múltiples facetas, tras haber agotado todos los medios políticos sucesivos.*"[73] Eso demuestra una escasa comprensión de la función de la Corte -o de cualquier órgano judicial-, y no ayuda a la defensa de los intereses de Venezuela.

El Estatuto es explícito al señalar que la Corte sólo puede conocer de controversias jurídicas, con exclusión de controversias puramente políticas o de otra naturaleza,[74] y que sólo puede conocer de

---

[70] Cfr. los párrafos 74 y 85 del memorándum del 29 de noviembre de 2019.

[71] Cfr. ibid., párrafo 83.

[72] Cfr. el párrafo 84 del memorándum del 29 de noviembre de 2019.

[73] Carta de Delcy Rodríguez, Ministro de Relaciones Exteriores de Venezuela, al Secretario General de la ONU, Antonio Guterres, del 7 de mayo de 2017, reproducida parcialmente en el anexo del memorándum del 29 de noviembre de 2019, p. 143.

[74] Cfr. International Court of Justice, *Aegean Sea Continental Shelf Case* (Greece v. Turkey), Jurisdiction of the Court, Judgment of 19 December 1978, I.C.J. Reports, 1978, párrafo 31.

controversias que versen sobre las cuestiones de Derecho Internacional específicamente mencionadas por el Estatuto, quedando excluidos los asuntos que son esencialmente de la jurisdicción interna de los Estados[75] y, desde luego, los que tienen un carácter político o de otro tipo. Para la Corte no han pasado desapercibidas las dificultades que pueden derivar de situaciones complejas, que pueden abarcar diversos aspectos (jurídicos, económicos, ambientales, migratorios, etc.); pero que algunos de ellos no sean de la competencia de la Corte no significa que ésta deba negarse a conocer de los asuntos jurídicos que son de su competencia.[76] En las demandas sometidas a la Corte, es frecuente que ellas presenten una disputa particular, pero que surge en el contexto de desacuerdos más amplios entre las partes,[77] o que se refieren a disputas regidas por más de un sistema jurídico y sujetas a distintos procedimientos de solución;[78] ocasionalmente, la Corte ha tenido que distinguir los objetivos (o las aspiraciones) del demandante como algo distinto del objeto de la disputa que éste ha presentado en su demanda.[79] En su jurisprudencia, la Corte ha demostrado estar consciente de que, en cualquier controversia jurídica que se someta a su conocimiento, también puede haber ele-

---

[75] Cfr. el artículo 2, párrafo 7, de la Carta de la ONU. En el caso del incidente aéreo de julio de 1955, entre Israel y Bulgaria, Bulgaria sostuvo, como una de sus excepciones preliminares, que la demanda estaba basada en acciones tomadas por la fuerza aérea búlgara en su espacio aéreo, siendo un asunto de su jurisdicción exclusiva; además, Bulgaria invocó una condición ("*reserva*") contenida en la declaración de Israel aceptando la competencia de la CIJ, mediante la cual se excluían de su competencia disputas relacionadas con asuntos que son esencialmente de la jurisdicción doméstica de Israel, condición (o "*reserva*") que, en virtud del principio de reciprocidad, Bulgaria reclamó se aplicara en su favor. Al haber encontrado la Corte que, por otras razones, carecía de competencia para conocer el caso, no entró a decidir sobre ninguno de estos dos alegatos. Cfr. International Court of Justice, *Case Concerning the Aerial Incident of July 27th, 1955*, Israel v. Bulgaria, Preliminary Objections, Judgment of May 26th, 1959, p. 133. Cfr., también, International Court of Justice, *Case of Certain Norwegian Loans*, France v. Norway, Judgment of July 6th, 1957, pp. 21 y ss.

[76] Cfr. International Court of Justice, Case Concerning United States Diplomatic and Consular Staff in Tehran, United States v. Iran, 1980, Judgment of 24 May 1980, párrafo 36.

[77] Cfr. International Court of Justice, *Obligation to Negotiate Access to the Pacific Ocean*, Bolivia v. Chile, Preliminary Objection, Judgment of 24 September 2015, párrafo 32.

[78] Cfr. International Court of Justice, *Case Concerning Application of the International Convention on the Elimination of All Forms of Racial Discrimination*, Georgia v. Russian Federation, Preliminary Objections, Judgment of 1 April 2011, párrafo 32.

[79] Cfr. International Court of Justice, *Obligation to negotiate access to the Pacific Ocean*, Bolivia vs. Chile, Preliminary Objection, 24 September 2015, párrafo 32.

mentos políticos; pero, como órgano judicial, a ella sólo le corresponde establecer, en primer lugar, que la disputa es de carácter jurídico, en el sentido de que es susceptible de ser resuelta mediante la aplicación de principios y reglas de Derecho Internacional, y, en segundo lugar, que la Corte tiene competencia para asumir ese asunto, y que el ejercicio de dicha competencia no esté impedido por ninguna circunstancia que haga que la demanda sea inadmisible.[80] Según la Corte, el propósito del recurso a la misma es la solución pacífica de las controversias que se le someten, y su sentencia es un pronunciamiento jurídico, sin que le incumban las motivaciones políticas que puedan haber conducido a un Estado, en un momento o en unas circunstancias particulares, a elegir el arreglo judicial.[81]

Respecto de la competencia de la CIJ para conocer de "*las controversias de orden jurídico*" que se le sometan, la Corte ha dicho que "*ninguna disposición del Estatuto o el Reglamento prevé que la Corte deba negarse a conocer de un aspecto de una controversia, simplemente porque esa controversia tiene otros aspectos, por importantes que éstos sean*";[82] el punto es que, en el caso *Guyana c. Venezuela*, no es evidente que el objeto mismo de la controversia sea de naturaleza jurídica, y que corresponda a alguna de las cuatro categorías referidas en el artículo 36, párrafo 2, del Estatuto de la Corte.

A MODO DE CONCLUSIÓN

El recurso a la Corte Internacional de Justicia es uno de los tantos medios de solución pacífica de controversias que enuncia el artículo 33 de la Carta de la ONU. El Tribunal tiene más autoridad que un buen oficiante, puede ser más expedito que tediosas negociaciones, y el lenguaje de sus sentencias puede ser muchísimo más claro y menos sibilino que lo que se pueda esperar de un mediador; sus sentencias son definitivas, por lo que son más eficaces que el informe de una

---

[80] Cfr. International Court of Justice, *Case Concerning Border and Transborder Armed Actions*, Nicaragua v. Honduras, 1988, Judgment of 20 December 1988, párrafo 52.

[81] Cfr. Ibidem.

[82] Cfr. International Court of Justice, *Case concerning United States Diplomatic and Consular Staff in Tehran*, United States of America v. Iran, l. C.J. Reports 1980, pág. 19, párrafo 36.

comisión de investigación o de conciliación. Sin embargo, puesto que la función de la Corte es resolver únicamente controversias jurídicas, ella no es el recurso idóneo para solucionar cualquier tipo de disputa. La política, o la diplomacia, ni es una función de la Corte, ni es algo que se espere de ella.

EL ARBITRAJE EN VENEZUELA. ACTUALIDAD Y DESAFÍOS

IVÁN DARÍO SABATINO PIZZOLANTE*

SUMARIO

Por gentil invitación de la Academia de Ciencias Políticas y Sociales, y en homenaje al Dr. Luis Cova Arria con motivo de los 25 años de la creación de la Especialización en Derecho de la Navegación y Comercio Exterior de la Universidad Central de Venezuela, tenemos el agrado de acompañar en este merecido homenaje a uno de los forjadores del Derecho Marítimo en Venezuela, profesional de obligada y destacada referencia en nuestro país, y en el ámbito internacional. Lo conocemos y nos preciamos de ser su amigo por más de 30 años, agradeciéndole junto a otros destacados abogados maritimistas el haber marcado el derrotero de esta apasionante disciplina entre las nuevas generaciones de abogados, permitiendo hoy al Derecho Marítimo patrio gozar de un destacado prestigio tanto en nuestro país, como internacionalmente expresadas en las prolíferas y diversas publicaciones de obras individuales y colectivas, la destacada presencia y participación

---

* Abogado (Universidad de Carabobo), Especialización en Derecho Marítimo (EESMM Caracas), Curso de Especialista en Derecho Marítimo Internacional en el Instituto Marítimo Español y Universidad Pontificia de Comillas (España). Especialización en Arbitraje Comercial (UCAB), Socio de la firma Sabatino Pizzolante Abogados Marítimos & Comerciales y Director General de Globalpandi, S.A., Vicepresidente Suplente de la Rama Venezolana del Instituto Iberoamericano de Derecho Marítimo, Director Suplente de la Asociación Venezolana de Derecho Marítimo. El auto agradece al abogado Benjamin Cordero Cote, abogado de la firma Sabatino Pizzolante Abogados Marítimos & Comerciales, su asistencia en la búsqueda de materiales.

en distintos congresos internacionales, seminarios y eventos de carácter académicos.

1. JUSTIFICACIÓN

La infausta aparición de manera global de la pandemia denominada COVID-19, con presencia en nuestro país desde marzo del 2020, y contemporáneo con ello la decisión de la Sala Constitucional del Tribunal Supremo de Justica del Avocamiento con vista a la solicitud planteada por ALIMENTOS POLAR COMERCIAL, C.A. ("*APC*" en lo adelante) en virtud de un Laudo Arbitral en curso llevado ante el Centro de Conciliación y Arbitraje (CEDCA), nos sugieren analizar la institución del Arbitraje con este marco en mente, para justificar su conveniencia y potenciar su práctica.

En medio de la pandemia, el arbitraje en el mundo del derecho y de los negocios viene jugando importante papel, en razón del confinamiento global y la "*Nueva Normalidad*", lo que observamos ante las apremiantes adaptaciones o adecuaciones en importantes centros mundiales de arbitraje de sus reglamentos o regulaciones demandada por la realidad planteada, en lo concerniente al llamado "*Arbitraje Virtual*", o "*Arbitraje a través de medios Electrónicos*" que ganan espacio día a día, particularmente en América Latina.

En lo doméstico, su importancia resulta de la inactividad judicial en razón del COVID-19, el confinamiento impuesto y, por ende, en la paralización del sistema de justicia ordinario, lo que viene a sumarse a las deficiencias ya existentes en nuestra administración de justicia, auspiciando con mayor ahínco la pertinencia de la Conciliación, Mediación y el Arbitraje, específicamente el "*Arbitraje Virtual*" o el "*Arbitraje a través de Medios Electrónicos*" como medios alternativos de resolución de conflictos, en ámbito del negocio marítimo.

Sin embargo, una reciente decisión de la Sala Constitucional del TSJ en materia de arbitraje pone en riesgo su utilidad y conveniencia, lo que obliga al detenido análisis de su contenido y la figura del avocamiento. Se trata de la sentencia interlocutoria No. 0042, del 20 de febrero de 2020, con ocasión del arbitraje de naturaleza civil planteado entre ALIMENTOS POLAR COMERCIAL, C.A "*APC*" y MODEXEL

CONSULTORES E SERVICIOS S.A. ("*MODEXEL*") llevado ante el Centro Empresarial de Conciliación y Arbitraje (CEDCA).

Así, mientras el presente trabajo justificará la necesidad de impulsar el "*Arbitraje Virtual*" o el "*Arbitraje a través de Medios Electrónicos*", como consecuencia de la aparición de la pandemia y las políticas de distanciamiento social, también llamará la atención sobre el peligro que corre la institución del arbitraje como mecanismo alternativo de resolución de conflictos, resultado de la intromisión del órgano judicial sobre las actuaciones del panel arbitral, circunstancia ésta que desnaturaliza a aquélla, generando desconfianza en el mundo comercial y el ejercicio profesional, muy especialmente sirviendo de desincentivo en su uso y el fomento del mismo.

2. LA INSTITUCIÓN DEL ARBITRAJE Y SU RANGO CONSTITUCIONAL

Los datos claramente demuestran la receptividad en el mundo con respecto al arbitraje como institución. La Cámara de Comercio Internacional (ICC), manejó 842 casos para el año 2018, la mayoría de ellos llevados a cabo en Nueva York. A su vez, la Corte Internacional de Arbitraje de Londres por sí sola lleva aproximadamente 303 casos por año. Por último, según las estadísticas del Centro Internacional de Arbitraje de Hong Kong, para el año 2019, fueron instruidos a través de dicha institución un total de 503 casos, lo cual representa un incremento significativo con respecto a los años anteriores.[1] No cabe duda que el uso del Arbitraje ha venido siendo una constante en el mundo, situación que contrasta con nuestra realidad país, ante equívocos prejuicios sobre los altos costos del arbitraje, no obstante estar definido y fijados los costos, y honorarios de los árbitros previo al inicio del mismo, versus los costos por demás inestimables de acudir a la justicia ordinaria; aunado a ello, la quiebra y/o desmantelamiento de nuestro parque industrial, así como el progresivo deterioro de nuestra economía ha incidido en el número de arbitrajes llevados a la fecha por los dos centros de arbitrajes

[1] Hong Kong International Arbitration Center. 2019 Statistics. Disponible en: https://www.hkiac.org/about-us/statistics, consultado el 17 de mayo de 2020.

más importantes del país. Según estadísticas del Centro Empresarial de Conciliación y Arbitraje (CEDCA), desde su creación en el año 2001 al presente año ha tramitados 145 casos de los cuales 91% han sido arbitrajes y 9% conciliaciones. Por su parte, el Centro de Arbitraje de la Cámara de Comercio de Caracas en sus 22 años de creada, ha manejado 287 arbitrajes y 8 conciliaciones.[2]

La Constitución de 1999 otorga rango constitucional a los medios alternativos de resolución de conflictos, destacando en su exposición de motivos la importancia que tendrían para el nuevo Sistema de Justicia[3], incorporados a través del artículo 258 de cuya lectura resulta evidente que la Administración de Justicia no constituye un monopolio exclusivo del Estado[4] y que por ende, éste podría hacer valer la promoción de tales medios alternativos, entre ellos el Arbitraje.

El arbitraje en su conceptualización, ha sido entendido como una función jurisdiccional trasladada por voluntad y determinación de los particulares, o partes a los árbitros para el conocimiento y resolución de una controversia a ellos sometidos, y cuya decisión resulta de obligatorio cumplimiento, al mismo tiempo que la ley le otorga la autoridad de cosa juzgada y ejecutoriedad que poseen las sentencias emanadas de los tribunales.[5] De esta manera, el acceso al arbitraje constituye un derecho fundamental reconocido por el constituyentista, siendo que como medio del Sistema de Justicia, alternativo a la jurisdicción, tutela los derechos e intereses de los ciudadanos. Así, la Sala Constitucional en sentencia No.192 del 28 de febrero de 2008 (Caso: Bernardo Weininger y otros.) ha dicho lo siguiente:

> *"A esa óptica objetiva de los medios alternativos de solución de conflictos, ha de añadírsele su óptica subjetiva, en el sentido*

---

2 Información estadística gentilmente suministrada por el CEDCA y el Centro de Arbitraje de la Cámara de Comercio de Caracas.

3 Sala Constitucional, sentencia No.192, del 28 de febrero de 2008 (*Caso: Bernardo Weininger y otros*).

4 Ello sin perjuicio del monopolio coactivo que detenta el Estado para hacer efectiva la ejecución del dispositivo de un fallo, o en su defecto, del contenido decidido en cualquiera de estos medios alternativos.

5 Susana Camila Navarrine y Rubén Asorey, *Arbitraje*. La Ley, Buenos Aires. Citado en Sentencia No. 347 del 11 de mayo de 2018, Sala Constitucional del Tribunal Supremo de Justicia.

de que dichos medios con inclusión del arbitraje, en tanto integran el sistema de justicia, se vinculan con el derecho a la tutela jurisdiccional eficaz que recoge el artículo 26 de la Constitución. En otras palabras, puede decirse que el derecho fundamental a la tutela jurisdiccional eficaz entraña un derecho fundamental a la posibilidad de empleo de los medios alternativos de resolución de conflictos, entre ellos, evidentemente, el arbitraje."

En adelante, el Arbitraje se ha convertido, más allá de un elemento opuesto a la jurisdicción, en complemento de la misma en la persecución de su fin: la tutela judicial efectiva. Ya la jurisprudencia ha ratificado en repetidas ocasiones el rango constitucional de mismo que de forma alguna puede ser entendido como un óbice que contradice la función jurisdiccional propiamente dicha[6], teniendo presente el mandato consagrado en el artículo 258 de la Constitución de la República, de la promoción del arbitraje, conciliación, mediación, cualesquiera otros medios alternativos para la solución de conflictos mediante la ley.

Es mediante la Ley de Arbitraje Comercial (LAC en lo adelante), publicada en la Gaceta Oficial No. 36.430, de fecha 7 de abril de 1998, que Venezuela se inserta en el ámbito del arbitraje como justicia alternativa a la justicia estatal, mediante un conjunto de disposiciones que desarrollan esta institución en su propia naturaleza, entre otras cosas, a través de la ratificación del principio de autonomía de la voluntad de las partes que representa un elemento *sine qua non* para la implementación del mecanismo.[7] De las normas más destacadas de la LAC debemos referirnos al artículo 5, el cual declara al "*acuerdo arbitral*" como exclusivo y excluyente de la jurisdicción ordinaria; contentivo de la voluntad categórica de las partes del sometimiento de controversias existentes o futuras, y la renuncia de hacer valer sus pretensiones ante los jueces. Los artículo 43 al 47 de la Ley regulan todo lo relativo a la *Anulabilidad del Laudo*, señalando el Recurso de Nulidad como

---

[6] Sentencia No. 1.067 del 3 de noviembre de 2010 (Caso: Astivenca Astilleros de Venezuela).

[7] De conformidad a los artículos 5 y 6 de la LAC, dicha voluntad constituye la génesis del Arbitraje, al punto que debe ser legítimamente manifestada por escrito en el documento principal de la relación jurídica, a través de un acuerdo propiamente dicho o por medio de cláusula arbitral, dentro de las especificaciones enmarcadas por la Ley.

el "*único*" que procede contra los laudos arbitrales, y que de conformidad con el artículo 44 de la LAC podrá declararse en los siguientes supuestos: a) Cuando la parte contra la cual se invoca demuestre que una de las partes estaba afectada por alguna incapacidad al momento de celebrarse el acuerdo de arbitraje; b) Cuando la parte contra la cual se invoca el laudo no hubiere sido debidamente notificada de la designación de un árbitro o de las actuaciones arbitrales que así lo ameriten, o no ha podido por cualquier razón hacer valer sus derechos; c) Cuando la composición del tribunal arbitral o el procedimiento arbitral no se ha ajustado a esta Ley; d) Cuando el laudo se refiera a una controversia no prevista en el acuerdo de arbitraje, o contiene decisiones que exceden del acuerdo mismo; e) Cuando la parte contra la cual se invoca el laudo demuestre que el mismo no es aún vinculante para las partes o ha sido anulado o suspendido con anterioridad, de acuerdo a lo convenido por las partes para el proceso arbitral; y, f) Cuando el tribunal ante el cual se plantea la nulidad del laudo compruebe que según la Ley, el objeto de la controversia no es susceptible de arbitraje o que la materia sobre la cual versa es contraria al orden público.

Un aspecto de particular interés en el marco de nuestro trabajo, y que será revisado nuevamente más adelante, es el hecho de que a tenor de lo dispuesto en el segundo párrafo del artículo 43, "*la interposición del recurso de nulidad no suspende la ejecución de lo dispuesto en el laudo arbitral a menos que, a solicitud del recurrente, el Tribunal Superior así lo ordene previa constitución por el recurrente de una caución que garantice la ejecución del laudo y los perjuicios eventuales en el caso que el recurso fuere rechazado*".

Adicionalmente a las normas ya citadas, la Ley en comento tiene algunos atractivos para aquellas partes extranjeras que bien deseen hacer uso del arbitraje en el foro patrio, o ejecutar laudos extranjeros en el país. Así, el artículo 10 establece que "*las partes podrán acordar libremente el idioma o los idiomas que hayan de utilizarse en las actuaciones arbitrales...*". De mayor importancia resulta el artículo 48, según el cual el "*laudo arbitral, cualquiera que sea el país en el que haya sido dictado, será reconocido por los tribunales ordinarios como vinculante e inapelable, y tras la presentación de una petición por escrito al*

Tribunal de Primera Instancia competente será ejecutado forzosamente por éste sin requerir exequátur, según las normas que establece el Código de Procedimiento Civil para la ejecución forzosa de las sentencias...".

Como resulta lógico, y siendo el arbitraje un mecanismo típico de la resolución de conflictos en el negocio naviero, es práctica generalizada su incorporación en los contratos de utilización de buques, específicamente, en los contratos de fletamento o arrendamiento a casco desnudo. Independientemente de lo que las legislaciones internas reserven exclusivamente para sus tribunales, es práctica común que se incluyan en los contratos marítimos cláusulas de compromiso arbitral como las que sugiere BIMCO en sus pólizas tipo, como a continuación se expone:

> *"This Contract shall be governed by and construed in accordance with English law and any dispute arising out of or in connection with this Contract shall be referred to arbitration in London in accordance with the Arbitration Act 1996 or any statutory modification or re-enactment thereof save to the extent necessary to give effect to the provisions of this Clause.*
> *The arbitration shall be conducted in accordance with the London Maritime Arbitrators Association (LMAA) Terms current at the time when the arbitration proceedings are commenced...* "[8]

En línea con lo anterior, nuestra legislación marítima contiene disposiciones referidas expresamente al arbitraje. El artículo 11 de la LCM contempla la posibilidad de la derogatoria de la jurisdicción venezolana, y su sometimiento a un procedimiento arbitral en los casos que se admitidos, lo cual constituye el reconocimiento de la institución del arbitraje en nuestra legislación marítima, como medio alternativo para resolver las controversias planteadas tanto en los contratos de naturaleza marítima, como en el comercio marítimo, con excepción claro está al régimen aplicable al Contrato de Transporte de Mercancías por Aguas.

[8] Dispute Resolution Clause 2016 – English Law, London Arbitration. Disponible en: https://www.bimco.org/contracts-and-clauses/bimco-clauses/current/dispute_resolution_clause_2016_english_law, consultado el 16 de mayo de 2020.

También encontramos una mención en el artículo 13 de la LCM, donde se condiciona el conocimiento de la jurisdicción acuática en causas relativas a propietarios o armadores de buques de bandera extranjera a la inexistencia de un acuerdo arbitral. A su vez, reconoce también la correspondencia y complementariedad entre el arbitraje y la jurisdicción ordinaria, cuando se permite el aseguramiento de la ejecución de un eventual laudo arbitral, producido con ocasión a un crédito marítimo, a través del embargo preventivo de un buque, según estipula el artículo 94 de la mencionada norma. Atendiendo a tales consideraciones, el ordenamiento jurídico venezolano, del rango constitucional al legal, desenvuelve todo un marco normativo que incorpora al arbitraje dentro de las claras ventajas que su uso brinda a los ciudadanos (celeridad, eficacia, experticia, seguridad jurídica, etc.).

3. EL ARBITRAJE FRENTE AL COVID-19

La "*aldea global*" en la que habitamos hoy nos resulta plana con la llegada de la Covid-19, ante la afectación a nivel mundial sin distingo alguno, que se refleja en las dolorosas y desbastadoras perdidas de millones de vidas; el padecimiento de muchas otras bajo la incertidumbre de superarla; el caos sanitario generado en los sistemas de salud de los gobiernos; quebrantamientos profundos en el modo de vida y en la cotidianidad de nuestra sociedad; y en una profunda crisis económica, consecuencia de la pandemia su impacto en el mundo de los negocios.

Tales acontecimientos económicos y jurídicos a su vez se han traducido en la interposición de demandas o reclamaciones, y en la terminación de relaciones contractuales, muchas de estas derivando en conflictos de responsabilidad regidos por cláusulas arbitrales. No obstante, si bien es cierto que el arbitraje en línea no constituye una novedad post COVID-19, también es de mencionar que el común denominador de los procesos se venían llevando de forma presencial, e inclusive una buena proporción de los Centros de Arbitraje, no contaban con un reglamento que instruyera su realización a distancia.

De allí que, entre tantos pronunciamientos, la Cámara de Comercio Internacional emitiera la *"Nota de orientación de la CCI sobre Posibles Medidas Destinadas a Mitigar los Efectos de la Pandemia del*

COVID-19"[9], mediante la cual se establecen recomendaciones para las partes, abogados y tribunales arbitrales, y se exhorta a los Centros de Arbitrajes afiliados a la Cámara, a proponer a las partes la utilización de cualesquiera medios electrónicos estén a la disposición, con el propósito de no retrasar el desarrollo de los procesos en curso y continuar abiertos al conocimiento de conflictos futuros. Contemporáneamente la KCAB (*Korean Commercial Arbitration Board*) para el mes de marzo promulgó el llamado "*Protocolo de Seúl*" o "*Protocolo Para Video Conferencias en Arbitraje Internacional*", las cuales resultan un conjunto de reglas o normas que las partes pueden adoptar en la tramitación del procedimiento arbitral acordado.

Al mismo tiempo, no han sido pocos las Instituciones de Arbitraje que han debido adecuarse a esta nueva realidad mediante las revisiones y/o modificaciones de sus reglamentos arbitrales con vista a la virtualidad e instrumentación del teletrabajo, de lo cual nos permitimos hacer una referencia:

- Se encuentra que fue CIETAC *China International Economic and Trade Arbitration Comission* (CIETAC), quien el 1 de enero de 2020 promovió el desarrollo de un sistema de presentación online y una cuenta pública de WeChat[10] para reuniones, brindando el apoyo a sus usuarios con la edición de la "*Guía de Arbitraje*" para la presentación de "*Casos Online*".
- Por su parte, el Centro de Arbitraje y Conciliación de la Cámara de Comercio de Bogotá, comunicó el 16 de marzo de 2020 que debido a la emergencia sanitaria causada por el COVID-19, implementarían la modalidad de teletrabajo para continuar colocándose a disposición de las partes y sus apoderados, así como para la programación de audiencias virtuales, recepción de los documentos de manera virtual mediante correos entre otras cosas.

---

9 Cámara de Comercio Internacional. Disponible en: https://iccwbo.org/content/uploads/sites/3/2020/05/guidance-note-possible-measures-mitigating-effects-covid-19-spanish.pdf, consultado el 17 de mayo de 2020.

10 Plataforma de comunicación equivalente a Whatsapp en Occidente.

- El Centro Internacional de Arreglos de Diferencias relativas a Inversiones publicó una "*Nota de introducción inicial a los servicios y tecnología de sus audiencias virtuales con motivo del COVID-19*", señalando que su plataforma de videoconferencia no requiere *hardware* o *software* especial, permitiendo la participación en audiencias con conexión a internet y si es deficiente, a través de conexión telefónica.
- La Corte de Arbitraje y Mediación de la Cámara de Comercio de Santiago, comunicó en fecha 2 de abril de 2020, la prestación de sus servicios de manera virtual, pidiendo hacer uso de su infraestructura tecnológica, ello con vista a la Ley No. 21.226, que estableció un "*régimen jurídico de excepción para los procesos judiciales, en las audiencias y actuaciones judiciales, y para los plazos y ejercicios de acciones que indica*" por el impacto de la enfermedad COVID-19.

Dichas reformas corroboran el alcance y protagonismo que ha tomado el Arbitraje Virtual, como consecuencia de las medidas producidas por la pandemia. Sin embargo, han sido también otros los argumentos que operan a favor de dicha institución.

La dinámica económica y contractual sufrió daños a pasos galopantes. El cumplimiento de las obligaciones se vio trastornado por el propio fenómeno, planteando nuevas controversias y reclamaciones que han llevado a los abogados en todo el mundo a revisar los parámetros de la ejecución de los contratos y la interpretación de sus cláusulas con ocasión a la pandemia. Particularmente, contratos de utilización del buque como el fletamento o el transporte marítimo de mercancías, se han visto afectados tras las restricciones y limitaciones impuestas por la Organización Mundial de la Salud (OMS) y la Organización Marítima Internacional (OMI) , con respecto a los buques, las medidas de restricción de acceso a zonas portuarias, cierre de fronteras marítimas, paralización de terminales entre otro cúmulo de situaciones.

Tales eventualidades han limitado a las partes en la consecución de sus compromisos legales y contractuales, afectando la rentabilidad financiera de los mismos, y dando apertura a un conjunto de argumentos y teorías jurídicas relativas a eximentes de responsabilidad, que no sólo pecan de ser profundas, especiales y distintivas para una materia en específico, sino que adicionalmente no encuentran un consenso o interpretación uniforme en la doctrina o en el Derecho Comparado.

Ejemplo de estas nociones han sido las referencias hechas al derecho continental, en cuanto a la "*Fuerza Mayor*" o el "*Caso Fortuito*", mediante las cuales se discute si la Pandemia constituye una causa no imputable al Deudor, que lo imposibilita en el cumplimiento de su deber. Por otro lado, bien es cierto que el derecho anglosajón carece de tales eximentes en términos de aplicación jurisdiccional, donde más bien suele aplicarse la teoría excepcional de la frustración contractual (*Frustration of Charterparty*), donde se propone la existencia de un hecho imprevisible e insuperable para el deudor que altera de lleno las circunstancias en que la prestación debe ejecutarse, con respecto a cómo fueron originalmente pactadas. Con respecto a esto último el destacado maritimista español José María Alcántara, señala: "*La aplicación de esta cláusula implícita procedente de la doctrina más antigua nos llevaría a una interpretación más extensiva y lógica en la que las circunstancias sobrevenidas e imprevisibles con daños extraordinarios puedan dejar sin efecto el contrato o modificar las prestaciones exigibles pactadas*".

Por otro lado, los puertos tampoco escapan a las ya planteadas discusiones sobre responsabilidad, donde se manejan reclamaciones contra las aseguradoras de estos, basadas en el lucro cesante (*Bussiness Interruption*) por la inoperatividad de las infraestructuras, máquinas y bienes del Puerto que ha generado el COVID-19. En este sentido, las coberturas prestadas para este tipo de bien asegurable se encuentran asociadas a la propiedad, cuya interrupción de negocios siempre es consecuencia de una pérdida física, vg. un incendio o daño a una máquina, resultando complejo el poder hacer valer tal cobertura como consecuencia de la Pandemia sin una pérdida física en sentido estricto, o por decisiones de gobiernos sobre confinamiento general y cierre de negocio. Tales circunstancias darán lugar a muchas discusiones; de hecho, se discuten legislaciones para obligar a los aseguradores a cubrir estos reclamos. Actualmente se discute una propuesta en New Jersey.

Ahora bien, independientemente de las consideraciones que surjan con respecto a estos tópicos, no cabe duda de que resulta más convenientes para las partes en disputas dirimir las reclamaciones o diferencias fundadas en entorno a la "*Fuerza Mayor*", "*Caso Fortuito*", o de "*Interrupción de Negocio*", ante árbitros expertos con credenciales y experticia, que por los órganos jurisdiccionales, atendiendo a lo complejo y particular en el tratamiento de cada caso.

En el ámbito judicial venezolano, El COVID-19 también tendrá importante incidencia en el reinicio de las actividades tribunalicias, avizorando un caos o congestionamiento procesal como consecuencia de la paralización de las actividades judiciales, lo cual ha acarreado por una parte, el retraso procesal de las causas en curso, y sus acumulaciones; por otra parte, atendiendo a las medidas sanitarias hemos de esperar la necesaria regulación del aforo máximo o cantidad de personas permitidas en los recintos tribunalicios entre otras posibles, lo cual incidirá sin duda en la actividad regular y funcionamiento de la administración de justicia. Lo anterior, limita el derecho constitucional de acceso a la justicia; limita el ejercicio profesional del derecho; limitando fundamentalmente el ejercicio de la Tutela Judicial Efectiva como Garantía Constitucional.

4. EL ARBITRAJE A TRAVÉS DE MEDIOS ELECTRÓNICOS Y SU VIGENCIA EN VENEZUELA

El Arbitraje a través de Medios Electrónicos o Arbitraje Virtual, consiste en trasladar la habitual interacción física de las partes a las plataformas digitales, desarrollando el procedimiento a distancia por medio de la Red. Tales plataformas en la actualidad son amparadas por la tecnología y cada día mucho más avaladas por los ordenamientos jurídicos. No queda duda entonces que el "*Arbitraje Virtual*" se puede entender como aquel mediante el cual las partes deciden someter la resolución de controversias relacionadas a un vínculo jurídico, a un grupo determinado de árbitros, autorizando que se lleven a cabo la totalidad de diligencias y actuaciones procesales que compongan al mismo de manera electrónica. En este mismo sentido, Hernando Camila (2015) comenta lo siguiente:

> *"El arbitraje en línea es similar al arbitraje tradicional en el sentido en que un tercero elegido por las partes emite una decisión en el*

caso después de haber escuchado todos los argumentos relevantes y de haber observado la evidencia por ellas presentada. Lo característico de este tipo de arbitraje es que todas las actuaciones (o casi todas ellas) que se realizan en el procedimiento tienen lugar a través de internet o utilizando medios electrónicos. "De acuerdo a lo anterior estaremos en presencia de un Arbitraje Virtual ´cuando los árbitros y los sujetos procesales utilicen el ordenador y la tecnología de las comunicaciones para realizar ciertas actuaciones a distancia, es decir, no en forma presencial".

En lo que al Arbitraje respecta, elementos como la activación de la cláusula, la práctica de notificaciones, el nombramiento de los árbitros, las audiencias y demás actos deben adaptarse al sistema virtual.

A pesar de que en países de tradición arbitral la virtualidad no constituye una novedad de reciente data, al haberse instrumentado las modalidades no presenciales, medios telemáticos o electrónicos por Centros de Arbitraje importantes, es innegable que el surgimiento del COVID-19 ha acelerado su crecimiento desde los inicios del año 2020. La validez jurídica de las actuaciones en un ambiente virtual, desde luego, deben descansar en el ordenamiento jurídico, desprendiéndose de la Ley de Arbitraje Comercial (Art. 9) y la Ley sobre Mensaje de Datos y Firmas Electrónicas que no existen impedimentos al respecto, facilitado lo anterior por una reglamentación idónea adoptada por el centro arbitral de que se trate.

La urgente necesidad planteada por el COVID-19 en cuanto a la adecuación o la aprobación de reglamentos o normativas por parte de los centros mundiales de arbitraje, a los fines de su desarrollo mediante medios electrónicos, telemáticos o virtuales, no ha resultado ajena a Venezuela. Así, el Centro de Arbitraje de la Cámara de Comercio de Caracas aprobó, recientemente, el *"Reglamento Para el Manejo de Procedimientos a Través de Medios Electrónicos"*, conformado por su exposición de motivos, tres capítulos y 33 artículos, cuya finalidad y procedimientos comprende: (i) Permitir la celebración de audiencias y la presentación de escritos a través de medios electrónicos que posibiliten la sustanciación del procedimiento de que se trate y la comunicación efectiva, segura, rápida e inmediata entre las partes, los árbitros, el mediador, el personal del Centro de Arbitraje y los eventuales auxiliares de justicia, expertos, testigos expertos, testigos y peritos; (ii) Cuando se haga referencia a medios electrónicos no presenciales, se estará aludiendo a correos electrónicos, llamadas telefónicas, video conferencias por los sistemas conocidos como: Skype, Zoom, Microsoft Meetings, Webex entre otros; (iii) Las partes elegirán el medio o los medios más convenientes para la conducción de los procedimientos en forma no presencial y en todo caso, se aplicarán los acuerdos que entre ellas alcancen, siempre y cuando el Tribunal Arbitral, el Tribunal Arbitral de Emergencia o el Mediador manifieste su aceptación al medio elegido, de manera expresa e indubitable; (iv) Ninguna persona podrá ser obligada a adoptar los medios electrónicos propuestos en el presente Reglamento, si, de manera razonable sostiene no poseer los medios técnicos o económicos suficientes y necesarios para establecer comunicación no presencial; (v) Este Reglamento regirá para la conducción de los procedimientos alternativos de resolución de conflictos en forma no presencial, así como para la conducción de dichos procedimientos en forma "*mixta*" y se entenderán como tales aquellos en los cuales las partes puedan estar -parcialmente- en un mismo lugar y -parcialmente- conectados a distancia; y (vi) Todas las actuaciones en materia de conducción de procedimientos deberán ceñirse a los siguientes principios: Celeridad, económica procesal, equilibrio e igualdad entre las partes, seguridad jurídica y el principio conocido como "*pro arbitraje*", entendido este último como el mayor esfuerzo y mejor conducta de las partes, los árbitros, mediadores y el Centro de Arbitraje para solucionar cualquier divergencia.

De igual forma, el Centro Empresarial de Arbitraje y Conciliación (CEDCA), procedió a la modificación de su *"Reglamento de Arbitraje y Conciliación"*, en febrero de 2020, a los fines de poder sustanciar a través de medios electrónicos los procesos de conciliación ventilados en ese centro arbitral, dictando al efecto un conjunto de sugerencias o recomendaciones denominados *"Guía Para la Conducción de Casos a través de Medios Electrónicos"*, destacando como principales modificaciones: (i) Presentar cualquier escrito de manera electrónica, incluyendo la solicitud de conciliación y/o arbitraje, y su contestación; (ii) Realizar las modificaciones de las solicitudes de conciliación y/o arbitraje en la forma que el Director Ejecutivo considere, incluyendo de manera electrónica, siempre y cuando en el acuerdo de arbitraje o contrato que lo contiene no exista una prohibición que lo prohíba; (iii) Presentar medidas cautelares a través de medios electrónicos. La *Guía* contempla, igualmente, una serie de recomendaciones generales tales como la suscripción de un "*acuerdo adicional de uso de medios electrónicos*" con el acompañamiento del CEDCA, estipulando términos procedimentales; sugerencias sobre los sistemas operativos compatibles para computadoras y teléfonos celulares; estudio previo sobre los medios electrónicos a ser utilizados; validez del uso de medios electrónicos en las jurisdicciones vinculadas al arbitraje; y otras recomendaciones específicas de funcionamiento interno del centro arbitral. En su Anexo I, el CEDCA ofrece información sobre los medios tecnológicos que pudieran ser considerados en el arbitraje y conciliación; los medios electrónicos para el envío y recepción de escritos; y los medios electrónicos para la realización de reuniones y audiencias como Ciscowebex, Google Meet, Microsoft Teams y Zoom.[11]

No es difícil advertir las ventajas que brinda el arbitraje a través de medios electrónicos. En nuestro caso, la volátil economía que padecemos, con índices inflacionarios significativos, repercute en el alza de costos relacionados con el acceso a la justicia ordinaria. Ello se refleja en componentes tales como los emolumentos para impulsar los procesos judiciales; el costo de impresiones fotostáticas de los documentos; el desplazamiento o traslado a los tribunales, lo anterior aunado a las ya mencionadas incidencias del COVID-19, lo que plantea la oportunidad y/o necesidad de auspiciar y promover el arbitraje a través de medios electrónicos o virtuales del CEDCA y del Centro de Arbitraje de la Cámara de Comercio de Caracas, para dirimir las diferencias o reclamos planteados. Muchos de esos costos se simplifican dentro de la modalidad virtual, acercándonos más a un prospecto de justicia desarrollada y deseada.

---

[11] Agradecemos al CEDCA y al Centro de Arbitraje de la Cámara de Comercio de Caracas por facilitar al autor los reglamentos en referencia.

5. LA SENTENCIA INTERLOCUTORIA NO. 0042 DE LA SALA DE CONSTITUCIONAL DEL TSJ

Resulta obligado efectuar mención sobre la polémica y reciente solicitud de Avocamiento interpuesta por "*APC*", la cual ha generado un fallo interlocutorio por parte de la Sala Constitucional cuando menos preocupante para el sector[12], dada la importancia, trascendencia, así como la notoriedad e interés generados en los foros arbitrales y del derecho tanto nacional, como extranjero.

Para la mejor comprensión del análisis de la solicitud de avocamiento en referencia, necesario resulta poner en contexto de manera sucinta los antecedentes del arbitraje, debiendo comenzar por señalar, que en fecha 10 de febrero de 2020 la representación legal de "*APC*" presentó ante la Sala Constitucional del Tribunal Supremo de Justicia solicitud de Avocamiento relativa a la causa arbitral planteada por "*MODEXEL*" por ante el Centro Empresarial de Arbitraje y Conciliación (CEDCA), solicitándole a la Sala: *"... () ... (i) ADMITIR LA PRESENTE SOLICITUD DE AVOCAMIENTO y, ... () ...", y "...()... (ii) se sirva declarar PROCEDENTE EL AVOCAMIENTO, con lo cual, vista la importancia de los hechos que nos ocupan, esa la Sala tome las medidas a que hubiere lugar para restituir el orden público constitucional quebrantado en la forma explicada, de conformidad con lo previsto en el artículo 109 de la Ley Orgánica del Tribunal Supremo de Justicia".*

En la premisa introductoria de su escrito la peticionante "*APC*", denuncia los presuntos Derechos Constitucionales violados en los términos siguientes: *"En el caso que nos ocupa, existen suficientes elementos que debe evaluar esta Sala Constitucional como máximo garante de la uniformidad en la aplicación de la Constitución para que* ***se avoque en forma excepcional*** *para el conocimiento del asunto, en virtud de estar en presencia de violaciones de orden púbico constitucional acá delatados en cuanto a algunos excesos habrían llevados a la "desnaturalización" de la función del Tribunal arbitral, no obstante de estar constituidos de respetados colegas y honorables árbitros".* Como

[12] Sala Constitucional, Sentencia Interlocutoria No. 0042 de fecha 20 de febrero de 2020.

violaciones a los Derechos y Garantías Constitucionales, "*APC*" señala: 1.- Violación del Derecho Constitucional a la Defensa, (art. 49 CRBV); 2.- Violación del Derecho Constitucional a la Tutela Judicial Efectiva, (art. 26 CRBV), y 3.- Violación de la Garantía Constitucional al Debido Proceso, (art. 49, ord.8, CRBV).

En fecha 20 de febrero de 2020, la Sala de Constitucional según sentencia No. 0042, decide: 1.- "*ORDENA al Centro Empresarial de Conciliación y Arbitraje (CEDCA), remitir el expediente no. 145-18, nomenclatura de dicho Tribunal, contentivo de la demanda arbitral ejercida conforme a lo dispuesto en el artículo 18 del Reglamento General de ese Centro de Arbitraje, por la sociedad mercantil MODEXEL CONSULTORES E SERVICOS, S.A, respecto a la sociedad mercantil ALIMENTOS POLAR COMERCIAL, C.A, para lo cual se ordena al mismo para que remita dicho expediente en el lapso de cinco (5) días de despachos siguientes a su notificación a objeto de decidir sobre la petición formulada por el abogado Luis Alberto Petit Guerra, actuando con el carácter de apoderado judicial de la sociedad mercantil ALIMENTOS POLAR COMERCIAL, C.A.*"; 2.- "*ACUERDA la SUSPENSION de los actos procedimentales de la causa, que sigue MODEXEL CONSULTORES E SERVICOS, S.A. (MODEXEL) ante el Tribunal Arbitral constituido ante el Centro Empresarial de Conciliación y Arbitraje (CEDCA), en expediente No. 145-18, y de los actos de ejecución hasta que se decida el fondo del asunto*".

Diversas asociaciones vinculadas con el arbitraje han fijado posición sobre la solicitud de avocamiento por parte de "*APC*", y la sentencia interlocutoria de la Sala Constitucional ordenando al CEDCA la remisión del expediente arbitra. La primera en pronunciarse fue la Asociación Venezolana de Arbitraje (AVA), destacando del comunicado que resulta "*un hecho sin precedente que en el arbitraje que, en nuestra opinión, pone en gran riesgo la independencia y el respeto de la institución del Arbitraje Comercial en Venezuela, amparada por la Constitución de la República y sus Leyes*"; que "*el Arbitraje es una jurisdicción especial y autónoma, escogida por las partes en base a la autonomía de su voluntad, que excluye al Poder Judicial del conocimiento de la disputa*"; y que "*El avocamiento es una facultad especialísima que tienen las Salas del Tribunal Supremo de Justicia, que se aplica por mandato legal a las causas que cursan por ante los tribunales que integran la jurisdicción ordinaria que conforma el Poder Judicial*". La Asociación Venezolana de Derecho Marítimo (AVDM) y la Rama Venezolana del Instituto Iberoamericano de Derecho Marítimo (IIDM), también fijaron posición, señalando que "*las Asociaciones suscritas ven con suma preocupación las actuaciones realizadas por la Sala Constitucional del Tribunal Supremo de Justicia, sin que exista un laudo arbitral definitivo y desacatando las disposiciones de rango constitucional y legal que regulan específicamente la interacción entre el poder judicial y la institución del arbitraje en Venezuela*"; que, "*Consagra el texto constitucional además que la tutela judicial efectiva y el acceso a la justicia deben ser gratuita, accesible, imparcial, idónea, transparente, autónoma, independiente, responsable, equitativa y expedita, sin dilaciones indebidas, sin formalismos o reposiciones inútiles*"; en atención a las consideraciones expuestas precedentemente, y dada la preminencia de la cual goza el arbitraje como institución, y medio alternativo para dirimir las diferencias o controversias en el ámbito marítimo-portuario, y de seguro, tanto comercial, como legalmente; es por lo cual vemos con preocupación las implicaciones que a futuro tendría la decisión de la Sala Constitucional, en el arbitraje marítimo tanto nacional, como internacional, y su eventual pérdida de confianza como institución en lo referente a Venezuela. Por otra parte, en fecha 12 de mayo de 2020, el Comité de Arbitraje de la International Bar Association (IBA) envió comunicación al Presidente del Colegio de Abogados de Caracas, con similares consideraciones legales a las antes referida, señalando finalmente el IBA que "*Exhorta enérgicamente a la Federación de Abogados de Venezuela a que eleve estas preocupaciones a la Sala Constitucional, ya sea a través de declaración pública o, si lo considera posible y apropiado, a través de una intervención formal en el procedimiento de 'avocamiento'*".

En respuesta a la comunicación del IBA, en fecha 19 de mayo de 2020, EMPRESAS POLAR, en la persona de su Director de Asuntos Legales y Regulatorios, emitió comunicación en donde fija posición señalando que "*dicho arbitraje se deriva de una disputa contractual regida en su totalidad por las leyes venezolanas, tanto desde el punto de vista procedimental como sustantivo, ... () ... Por lo tanto, nos sorprende que la IBA haya decidido hacer comentarios sobre una disputa enteramente nacional"; señala seguidamente, "Así pues, APC, sería declarada responsable de un caso que nunca fue adecuadamente presentado por la contraparte. Además, la determinación de responsabilidad propuesta en el borrador del laudo es contraria a las pruebas presentadas durante el arbitraje, incluido el hecho de que el cumplimiento por parte de Modexel de sus propias obligaciones fue notoriamente deficiente"; expresando seguidamente que "Estas anomalías refuerzan nuestra convicción de que en el presente caso se ha producido una violación de nuestro derecho al debido proceso*".

6. BREVES COMENTARIOS SOBRE LA SENTENCIA INTERLOCUTORIA NO. 0042

La Sentencia Interlocutoria No. 0042 de la Sala Constitucional sobre la solicitud de avocamiento planteado por "*APC*" ha llamado la atención de las instituciones antes mencionadas relacionadas con el arbitraje, pero también de destacados y reconocidos abogados del foro arbitral, dada su trascendencia e implicaciones futuras. Coincidentes han sido las opiniones legales y doctrinarias dadas, y las referencias jurisprudenciales señaladas, sobre el arbitraje y del recurso de nulidad como única vía de impugnación del laudo arbitral; de la improcedencia del avocamiento por ser propia de la jurisdicción ordinaria; y de la autonomía e independencia del arbitraje frente al poder judicial, entre otros argumentos. Nosotros, sin embargo, quisiéramos hacer énfasis sobre dos aspectos específicos: la autonomía e independencia de que está revestido el arbitraje y, por otra parte, la vinculación del avocamiento a las decisiones de los tribunales.

En cuanto a la autonomía e independencia del arbitraje, de la lectura de la LAC, de la solicitud de avocamiento, y de la decisión de la Sala Constitucional, y animados por no resultar repetitivo con las opiniones y criterios legales antes referidos, nos planteamos el análisis hermenéutico de los artículos 4 y 43 de la LAC, atendiendo a lo preceptuado en el artículo 4 del Código Civil Venezolano, relativo a los principios de interpretación de la ley, teniendo como premisa que el carácter autónomo e independiente de la institución le viene dada por la misma

Ley de Arbitraje Comercial, de acuerdo a la categórica redacción de dos normas; el artículo 4, el cual expresa: "*El "Acuerdo de Arbitraje" es un acuerdo ... () ... El acuerdo de arbitraje es exclusivo y excluyente de la jurisdicción ordinaria*"; señalando luego en el artículo 43: "*Contra el laudo arbitral únicamente procede el recurso de nulidad*" (subrayado nuestro). De una detenida lectura de ambas normas, su imperativa y determinante redacción, y en la concreción de sus significados y alcances se desprenden de las mismas la *autonomía e independencia* de la cual está revestido el arbitraje.

En abono de lo expuesto precedentemente, necesario nos resulta atendiendo al diáfano contenido normativo de los citados artículos, y los vocablos "*exclusivo y excluyente*", y "*únicamente*", remitirnos a los principios de interpretación de la ley contemplado en el artículo 4 del Código Civil Venezolano, el cual señala: "*... A la ley debe atribuírsele el sentido que aparece evidente del significado propio de las palabras, según la conexión de ellas entre sí, y la intención del legislador. Cuando no hubiera disposición precisa de la ley, se tendrá en consideración las disposiciones que regulen casos semejantes o materias análogas; y si hubiera todavía dudas, se aplicarán los principios generales del derecho*". La Sala de Casación Civil Accidental en sentencia No. 4, de fecha 15 de noviembre de 2001, Exp. 99-003 estableció el contenido y alcance del referido artículo 4, en los siguientes términos: "*...Cuando la Ley es diáfana muestra su propia transparencia; cuando la ley es clara, ella refleja la imagen de su contenido de una manera sencilla y natural, sin un gran trabajo de la mente, sin mayor esfuerzo de raciocinio, por lo cual el juez la aplica sin propiamente interpretarla según las reglas clásicas de interpretación, pues en este caso es cuando se entienden el adagio que dice que cuando la Ley es clara no necesita interpretación*".

Con base al referido criterio jurisprudencial y del análisis normativo expuesto resulta concluyente que el artículo 43 de LAC, no permite interpretación en contrario sobre el recurso de nulidad como único medio de impugnación de los laudos arbitrales, debiendo la Sala Constitucional declarar improcedente el ejercicio recursivo de la citada solicitud de avocamiento, caso contrario se estaría incurriendo en violaciones de principios Constitucionales, legales, y de las propias decisiones de las distintas Salas del TSJ, incluyendo la Sala de Constitucional lo cual resultaría un contrasentido.

El segundo aspecto a ser mencionado, esto es la vinculación del avocamiento a las decisiones de los tribunales, obliga a revisar el contenido de los artículos 31 y 106 de la Ley Orgánica del Tribunal Supremo de Justicia (LOTSJ) que al referirse al avocamiento y la facultad de requerir cualquier expediente o causa, hacen alusión expresa a *"... que curse ante otro tribunal"; y que "podrá recabar de cualquier tribunal*", de lo que se infiere la indefectible relación entre el avocamiento y los asuntos judiciales, como resulta lógico suponer.

El artículo 106 de la Ley que regula al TSJ señala: "*Cualesquiera de las Salas del Tribunal Supremo de Justicia, en las materias de su respectiva competencia, de oficio o a instancia de parte, con conocimiento sumario de la situación, podrá recabar de cualquier tribunal, en el estado en que se encuentre, cualquier expediente o causa para resolver si la avoca y asume el conocimiento del asunto o, en su defecto, lo asigna a otro tribunal*". Cabe aquí preguntarse cómo tratándose de la decisión de un panel arbitral pudo el TSJ admitir la solicitud del avocamiento planteada. En abono a este razonamiento resulta pertinente la lectura del artículo 108 de la LOTSJ: "*La Sala examinará las condiciones de admisibilidad del avocamiento, en cuanto a que el asunto curse ante algún tribunal de la República, independientemente de su jerarquía y especialidad o de la etapa o fase procesal en que se encuentre, así como que las irregularidades que se aleguen hayan sido oportunamente reclamadas sin éxito en la instancia a través de los medios ordinarios...*". Surge, nuevamente, la interrogante sobre el porqué el TSJ admitió la solicitud de avocamiento de un asunto que no cursa ante un tribunal de la República; y si la parte afectada oportunamente reclamó las irregularidades denunciadas a través de los medios ordinarios, cuando la decisión arbitral objetada es un borrador que, de conformidad con el Reglamento del CEDCA, está sujeta a observaciones de las partes.[13]

[13] Centro Empresarial de Conciliación y Arbitraje (CEDCA), Reglamento de Conciliación y Arbitraje, Art. 24 de la Presentación previa del laudo.

7. COMENTARIO FINAL

A lo largo del presente trabajo hemos explicado cómo el COVID-19 y la "*Nueva Normalidad*", imponen la revisión de la manera tradicional en que muchas actividades se vienen desarrollando, entre ellas, el arbitraje comercial. Así, la pandemia ha potenciado el llamado "*Arbitraje a Través de Medios Electrónicos*" o "*Arbitraje Virtual*", abriéndose un espectro de interesantes posibilidades, para hacer frente a la paralización y deficiencias mismas del sistema judicial. Lo anterior es, particularmente, cierto en el caso venezolano en donde el TSJ acordó la suspensión del despacho de los tribunales por medio de la Resolución No. 2020-0001, del 20 de marzo de 2020, la cual ha sido prorrogada por medio de otras resoluciones hasta la actualidad. Aún en un escenario post COVID-19, en el que el órgano judicial reanude sus actividades, el arbitraje sigue siendo una alternativa para colocar en manos de expertos el manejo de asuntos que requieren de un conocimiento a fondo de la materia. Esto aplica, igualmente, al caso venezolano en donde desde 3 de mayo de 2017, el TSJ otorgó según Resolución No. 2017-0011, la competencia marítima a jueces de Primera Instancia y Superior de cada Estado, sin conocimientos especializados para el manejo de temas técnicos tales como la avería gruesa, contratos de fletamento o contaminación marina, sin mencionar los retardos procesales propios de nuestro sistema judicial.

Es justo reconocer, sin embargo, el poco desarrollo del arbitraje marítimo en nuestro país, y la necesidad de promover e impulsar su práctica –tarea pendiente que tienen la Asociación Venezolana de Derecho Marítimo y la Rama Venezolana del Instituto Iberoamericano de Derecho Marítimo- lo que solo sucederá si se logra convencer a la comunidad marítima acerca de la conveniencia de dirimir sus disputas ante un centro (s) arbitral (es) confiable (s) y una jurisdicción en la que la seguridad jurídica le sirva de asiento.

La sentencia interlocutoria No. 0042 de la Sala de Casación Civil del TSJ, suficientemente revisada en párrafos precedentes, en nada contribuye a sentar las bases para ese desarrollo, por el peligro que corre la institución del arbitraje como mecanismo alternativo de resolución de conflictos, resultado de la intromisión del órgano judicial sobre las actuaciones del tribunal arbitral.

Urge, entonces, insistir en nuevas iniciativas institucionales e individuales bien a través de exhortos o acciones formales (*amicus curiae*) en el procedimiento mismo de avocamiento, para llamar la atención del Tribunal Supremo de Justicia sobre las adversas consecuencias de "*avocarse*" definitivamente al conocimiento del asunto, pues tal decisión generaría desconfianza en el mundo comercial y el ejercicio profesional sirviendo, además, de desincentivo en el uso y fomento del arbitraje, en vez de conocer del asunto eventualmente, y de conformidad con la LAC, por vía del Recurso de Nulidad contra el laudo definitivo, tal y como lo prevé la legislación aplicable.

8. REFERENCIAS

AVENDAÑO, Miguel, "El Ciberarbitraje: Una nueva herramienta del siglo XXI para resolver los conflictos surgidos del comercio electrónico". Barquisimeto, Venezuela, 2016. Disponible en: https://es.slideshare.net/Miguelav76/arbitraje-virtual, consultado el 26 de Mayo de 2020.

BREWER-CARIAS, Allan, *Ley Orgánica del Tribunal Supremo de Justicia*, Colección Textos Legislativos, N. 28, 1ra Edición, 2004.

CÁMARA DE COMERCIO INTERNACIONAL, "Nota de orientación de la CCI sobre posibles medidas destinadas a mitigar los efectos de la pandemia del COVID- 19", 2020. Disponible en: https://iccwbo.org/content/uploads/sites/3/2020/05/guidance-note-possible-measures-mitigating-effects-covid-19-spanish.pdf, consultado el 17 de Mayo de 2020.

CANGA, María Eugenia, "El arbitraje como medio alternativo para la resolución de conflictos surgidos en el comercio electrónico y su legalidad en la normativa vigente venezolana", Universidad Privada Dr. Rafael Belloso Chacín. Maracaibo, Venezuela, 2005. Disponible en:https://www.redalyc.org/pdf/993/99318837008.pdf, consultado el 10 de Mayo de 2020.

CENTRO EMPRESARIAL DE CONCILIACIÓN Y ARBITRAJE. Estadísticas 2016. Disponible en: http://www.cedca.org.ve/wp-content/uploads/2017/01/Estadisticas-2016.-Diciembre.pdf, consultado el 10 de Mayo de 2020.

CIAR GLOBAL, *Reacción ante la Covid-19 de las cortes de arbitraje en los cinco continentes,* Madrid, España, 2020. Disponible en: https://ciar-global.com/reaccion-a-la-covid-19-de-las-cortes-de-arbitraje-en-los-cinco-continentes/, consultado el 3 de Junio de 2020.

COVA ARRIA, Luis, "El Arbitraje Marítimo", *Boletín N° 153 de la Academia de Ciencias Políticas y Sociales de Venezuela,* Caracas, Venezuela, 2014. Disponible en: http://acienpol.msinfo.info/bases/biblo/texto/boletin/2014/BolACPS_2014_153_117-132.pdf, consultado el 9 de Mayo de 2020.

DE LOS SANTOS, Carlos, "¿Revolucionará el COVID-19 el arbitraje?", España, 2020. Disponible en: https://www.garrigues.com/es_ES/noticia/revolucionara-el-covid-19-el-arbitraje, consultado el 3 de Junio de 2020.

DE NAVARRO, Marielis, *Arbitraje comercial: Nuevo paradigma para la administración de justicia*, Facultad de Ciencias Jurídicas y Políticas, Universidad Rafael Belloso Chacín (URBE), Maracaibo, Venezuela, 2005. Disponible en: http://ve.scielo.org/scielo.php?script=sci_arttext&pid=S1315-62682005000200005, consultado el 10 de Mayo de 2020.

Dispute Resolution Clause 2016 – English Law, London Arbitration. Disponible en: https://www.bimco.org/contracts-and-clauses/bimco-clauses/current/dispute_resolution_clause_2016_english_law, consultado el 17 de Mayo de 2020.

HERNANDO, Camila, *Arbitraje en Línea y Debido Proceso*, Departamento de Derecho Procesal, Facultad de Derecho, Universidad de Chile, Santiago, Chile, 2015. Disponible en: http://repositorio.uchile.cl/bitstream/handle/2250/135411/Arbitraje-en-l%C3%ADnea-y-debido-proceso.pdf?sequence=1&isAllowed=y, consultado el 10 de Mayo de 2020.

HONG KONG INTERNATIONAL ARBITRATION CENTER. Estadísticas 2019. Disponible en: https://www.hkiac.org/about-us/statistics, consultado el 17 de Mayo 2020.

HUNG VAILLANT, Francisco, *Reflexiones Sobre el Arbitraje en el Sistema Venezolano*, Editorial Jurídica Venezolana, Colección Estudios Jurídico 74, Caracas, 2001.

RONDÓN DE SANSÓ, Hildelgard, *Análisis de la Ley Orgánica del Tribunal Supremo de Justicia, Una Ley Fuera de Contexto*, Editorial Ex libris, Caracas, 2006.

Sala de Casación Civil del Tribunal Supremo de Justicia. "*Falta de jurisdicción por cláusula de arbitraje",* sentencia N° RC.000495. Disponible en: https://www.accesoalajusticia.org/jurisdiccion-medidas-cautelares-y-clausula-de-arbitraje/, consultado el 6 de Junio de 2020.

Sala Constitucional del Tribunal Supremo de Justicia, sentencia N° 192 del 28 de febrero del 2008 (Caso: Bernardo Weininger y otros). Disponible en: http://historico.tsj.gob.ve/decisiones/scon/febrero/192-280208-04-1134.HTM, consultado el 6 de Junio de 2020.

Sala Constitucional del Tribunal Supremo de Justicia, sentencia N° 1.067 del 3 de Noviembre del 2010 (Caso: Astivenca Astilleros de Venezuela). Disponible en: http://historico.tsj.gob.ve/decisiones/scon/noviembre/1067-31110-2010-09-0573.HTML, consultado el 6 de Junio de 2020.

Sala Constitucional del Tribunal Supremo de Justicia, sentencia n° 1.773 del 30 de Noviembre de 2011. Disponible en: http://historico.tsj.gob.ve/decisiones/scon/noviembre/1773-301111-2011-11-0381.HTML, consultado el 6 de Junio de 2020.

Sala Constitucional del Tribunal Supremo de Justicia sentencia N° 347 del 11 de mayo de 2018. Disponible en: http://historico.tsj.gob.ve/decisiones/scon/mayo/211103-0347-11518-2018-17-0126.HTML, consultado el 6 de Junio de 2020.

Sala Constitucional del Tribunal Supremo de Justicia, sentencia N° 0042 del 20 de febrero de 2020. Disponible en: http://www.tsj.gob.ve/es/web/tsj/decisiones#, consultado el 6 de Junio de 2020.

TORRES PLAZ & ARAUJO, "Tip de resolución de controversias: Conducción de casos a través de medios electrónicos – Centro Empresarial de Conciliación y Arbitraje (CEDCA)", Caracas, Venezuela. 2020. Disponible en: https://storage.googleapis.com/wzukusers/user-30651903/documents/8871b847c19f4da89ccba968e798a26f/Tip%20de%20Resolucion%20de%20Controversias%20-%20Conducci%C3%B3n%20de%20casos%20a%20trav%C3%A9s%20de%20medios%20electr%C3%B3nicos%20%E2%80%93%20Centro%20Empresarial%20de%20Conciliaci%C3%B3n%20y%20Arbitraje%20(CEDCA).pdf, consultado el 17 de Mayo de 2020.

Venezuela, *Constitución de la República Bolivariana de Venezuela,* publicada en la Gaceta Oficial N° 36.860, de fecha 30 de diciembre 1999.

Venezuela, *Ley de Arbitraje Comercial,* Gaceta oficial N° 36.430, de fecha 7 de abril de 1998.

Venezuela, *Ley de Comercio Marítimo*, publicada en la Gaceta Oficial N° 38.351, de fecha 5 de enero de 2006.

Venezuela, *Ley Orgánica del Tribunal de Supremo de Justicia,* publicada en la Gaceta Oficial N° 39.483, de fecha 9 de agosto de 2010.

CONSIDERACIONES SOBRE EL PODER DEL ESTADO PARA FIJAR LOS LÍMITES DE SU PROPIA JURISDICCIÓN

JAVIER L. OCHOA MUÑOZ*

SUMARIO

> *"La razón de la embravecida saña con que unos la persiguen y del embebecido amor con que otros la acarician, la tenemos en que la soberanía es cúspide, remate de un edificio complicado. Como cualquier otra cumbre, la soberanía1343 es lo primero que se divisa y ve; pero como todas las demás cúspides, también ésta es lo último que se alcanza. Desde cualquier parte la vislumbramos; la vemos erguirse arrogante, soberbia, como si nada ni nadie la sustentara. Las emocionales reliquias de nuestro pasado monárquico europeo, dinástico y carismático, nos acostumbran a verla como majestad celestial; graciosa epifanía terrena del ser abscóndito; causante causa de incausado origen... ".*
>
> N. Ramiro Rico[1]

INTRODUCCIÓN

En momentos tan críticos como los que hemos vivido en Venezuela durante los últimos años adquiere mayor significado rendir homenaje a los juristas que han permanecido entre nosotros como referentes de nuestra mejor doctrina jurídica y de la excelencia profesional. Me honra, pues, participar en este merecido homenaje a mi admirado y apreciado colega, el Dr. Luis Cova Arria.

---

* Profesor de Derecho Internacional Privado (UCV), Doctor en Derecho (UCV), *Magister Scientiarum* en Derecho Internacional Privado y Comparado (UCV). Correo electrónico: javierochoa@hotmail.com.

1 N. Ramiro Rico, "La Soberanía", *Revista de estudios políticos,* N° 66, 1952, págs. 37-54, esp. p. 37. Disponible en: https://dialnet.unirioja.es/servlet/articulo?codigo=2128043.

Las aludidas circunstancias que atravesamos a veces nos impulsan un poco más hacia reflexiones propias de la dimensión teórica y abstracta del Derecho, posiblemente como una fuga instintiva a esa desafiante realidad concreta. Movidos en esa dirección hemos querido formular algunas consideraciones, desde la perspectiva del Derecho internacional público, sobre el poder del Estado para fijar unilateralmente los límites al ejercicio de su jurisdicción.

Ciertos conceptos aquí abordados han sido ocasionalmente considerados en la abundante jurisprudencia venezolana sobre la materia, pero prescindiremos de ella por ahora y nos limitamos a exponer algunas consideraciones teóricas, desde un enfoque doctrinal y de la jurisprudencia relevante de órganos jurisdiccionales internacionales.

Se trata en el fondo de un tema de mayúscula importancia práctica, cuyas premisas esenciales aparentan permanecer sin cuestionamientos, pero que de vez en cuando importantes autores se han detenido a explorar y a objetar.

La concepción tradicional y todavía dominante al respecto sostiene que el Derecho internacional confiere a los Estados una amplísima libertad para ejercer su jurisdicción y determinar los alcances de la misma, con apenas algunas muy escasas limitaciones.

Nuestro objetivo en este artículo es reseñar ciertas bases y antecedentes de esa concepción, sus alcances y su vigencia.

I. ALGUNAS PRECISIONES HISTÓRICAS Y CONCEPTUALES

La jurisdicción se concibe generalmente como un componente esencial de la soberanía estatal. En consecuencia, la exacerbación de los valores que alberga la noción de soberanía se ha constituido históricamente como un elemento determinante de las ideas sobre jurisdicción.[2] El profesor mexicano J.A. Silva Silva manifiesta al respecto que:

> *"[E]l concepto decimonónico de soberanía, que con frecuencia manipulan nuestros países latinoamericanos, obedece a una idea*

---

[2] Véase P. Schlosser, *Jurisdiction and International Judicial and Administrative Co-Operation*, *Recueil des cours*, t. 284, 2001, p. 25.

anterior a la Primera Guerra Mundial, que la considera un poder ilimitado y de confrontación, cuando en la actualidad es falso que haya Estados con poderes irrestrictos. Basta recordar la tutela internacional a los derechos humanos que incluso se usa contra la resistencia del país que se dice soberano. Por eso la Alemania hitleriana no pudo justificar ante el mundo su represión contra las minorías judías".[3]

Más atrás, en la época medieval, todavía no existían los Estados como los concebimos en la actualidad, y el antiguo Derecho romano era considerado, junto con el canónico, como un orden jurídico universal (*ius commune*), al menos vigente idealmente en el Sacro Imperio Romano Germánico. Las ideas que inicialmente informaron las soluciones jurídicas en ese contexto, se ven en gran medida impactadas y sujetas a replanteamientos teóricos profundos, a raíz de los paradigmas consolidados con enérgico entusiasmo en los tiempos de los acuerdos de Westfalia. Con la Paz de Westfalia, a mediados del siglo XVII, se pone fin a décadas de guerras encarnizadas que azotaron al continente Europeo, se restringe el poderío político de la Iglesia, emerge la idea del Estado nación y, con esta, se aviva la de soberanía que ya había hecho erupción en la Francia de Bodino en el siglo XVI. El tratado de Paz de Westfalia configuró al menos durante un siglo la estructura política de Europa, representando un hito fundamental del Derecho internacional, que llega a ser considerado por algunos como el inicio del mismo.[4]

La escuela estatutaria holandesa del siglo XVII asume el protagonismo del estudio sobre el alcance de los poderes legislativos de los Estados fuera de su propio territorio. Pero sus reflexiones respondían necesariamente a los paradigmas que hacían efervescencia en aquel

[3] "*No se debe olvidar que los viejos y caducos conceptos de soberanía obedecen a criterios proteccionistas. Ahora, ya en pleno siglo XXI, asistimos a la apertura de los países en los campos económicos, políticos y jurídicos. Las viejas políticas egoístas de enclaustramiento, han cedido frente a las altruistas de apertura. En el ámbito internacional la soberanía no implica mera supremacía de un Estado sobre otro, sino reconocimiento y coordinación entre los soberanos*". Véase J. Silva Silva, "*Comisiones consulares como medio de cooperación al proceso. La regulación mexicana*". En *Libro Homenaje a Roberto Ruiz Díaz Labrano*, CEDEP, Asunción, 2013, pp. 521 ss., esp. pp. 521-544.

[4] Cfr. A. Nussbaum, "*Historia del Derecho Internacional*", traducción de Javier Osset, *Revista de Derecho Comparado*, Madrid, 1949, pp. 91-92.

momento, destilados también de las orientaciones feudales y monárquicas que ya habían influido a la escuela estatutaria francesa del siglo anterior. Los estatutarios holandeses, con Ulricus Huber al frente, advirtieron que la aplicación de leyes extranjeras de algún modo invadía la soberanía del Estado, de manera que este sólo puede aceptar dicha aplicación por razones de cortesía (*comitas gentium*) o interés recíproco.[5]

La fuerza de estas ideas necesariamente determinará las soluciones jurídicas en torno a las relaciones internacionales, públicas y privadas, y en especial, determina significativamente el alcance de los poderes jurisdiccionales de los Estados.[6] Es importante tener en cuenta que desde la concepción actual de los sistemas de *Common Law*, el concepto de "*jurisdicción*" comprende todos los poderes del Estado, entre los cuales se destacan el poder de legislar (*jurisdiction to prescribe* o *legislative jurisdiction*), el de juzgar (*jurisdiction to adjudictate* o *judicial jurisdiction*) y el de ejecutar (*enforcement jurisdiction*).[7] Generalmente cuando los autores de esa familia jurídica analizan los alcances de la jurisdicción en el Derecho internacional, se refieren a esos poderes en su conjunto. En cambio, los autores pertenecientes al Derecho continental parecen referirse fundamentalmente a la "*jurisdicción judicial*". Aquí nos enfocaremos en esta última, sin perjuicio de que hagamos referencia a las otras concepciones, y utilicemos doctrina que se haya enfocado en ellas, toda vez que las limitaciones del Derecho internacional son esencialmente similares. Sostiene Mann, en efecto, que desde el punto de vista de su regulación internacional la jurisdicción judicial no es, como se ha señalado, un tipo separado de jurisdicción, sino simplemente una emanación de la jurisdicción internacional para legislar: el derecho de regulación de un Estado es ejercido por el poder normativo que incluye el de juzgar. Se deduce para él que ambos aspectos de la jurisdicción son correlativos. Sin embargo, también reconoce que el Derecho internacional público se ha mostrado más firmemente arraigado a la idea de

---

5 G. Kegel, *Derecho Internacional Privado,* Traducción de Miguel Betancourt Rey, Ediciones Rosaristas, Bogotá, 1982, p.107-108.

6 M. Rodríguez Reyes de Mezoa, *Cooperación Judicial Internacional y Tutela Judicial Efectiva*, UCV-UNIMET, Caracas, 2014, pp. 33-34.

7 Véase G. Born y P. Rutledge, *International civil litigation in United State courts*, 5ta edición, Wolters Kluwer, Nueva York, 2011, p. 1.

territorialidad con respecto a la jurisdicción judicial, que con respecto a la jurisdicción legislativa.[8]

Hasta el siglo XIX todavía coexistían en los ordenamientos jurídicos europeos las visiones contrapuestas de exaltación de la soberanía nacional y el universalismo jurídico heredado del *ius communne*. Para CAPPELLETTI los códigos italianos de 1865 habían sido elaborados bajo los influjos de las concepciones universalistas, que se mantenían latentes a través de la influencia de planteamientos como el de SAVIGNY, con su tesis de la "*comunidad jurídica internacional*". Pero tales influjos cederían ante la fuerza de las ideas contrapuestas. CAPPELLETTI criticaba que las concepciones filosóficas predominantes en Alemania, Francia e Italia, se alejaron más en ese siglo de la idea universalista del Derecho. En este sentido, se apoya en VAN HECKE, para quien el siglo XIX "*se caracteriza por un ataque en regla contra el universalismo*". Son tiempos en los que se consolidan ciertas nociones que, al exacerbarse, obstaculizaron la cooperación jurídica internacional por mucho tiempo. Entre tales, despunta la idea de la "*plena separación recíproca de los ordenamientos soberanos*", con su consecuente extensión en materia de jurisdicción ("*plena separación recíproca de las jurisdicciones*"), lo que reforzaría el enfoque territorial de la misma.[9] Conceptos como estos, llevados hasta sus últimas implicaciones, constituían para CAPPELLETTI lo que H. YNTEMA denominaría "l*a despiadada lógica del dogma de la soberanía*".[10]

En sus construcciones originales, incluso previas a BODINO, la idea de soberanía se asocia en buena medida con una reacción contra el poder absoluto de la Iglesia. Así concebida, tal como afirma R. RICO, la

---

8 F.A. Mann, *The doctrine of international jurisdiction revisited after twenty years*, *Recueil des cours*, t. 186, p. 67.

9 Ver M. Cappelletti, *Las sentencias y las normas extranjeras en el proceso civil*, Traducción de S. Sentis Melendo, EJEA, Buenos Aires, 1968, pp. 18-23. Para Anzilotti, quien marcó de algún modo la orientación italiana dominante hasta hace poco, "*el acto jurisdiccional, como acto de soberanía, está necesariamente circunscrito en su eficacia al Estado de donde emana, no pudiéndose concebir que el mandamiento de un Estado tenga de por sí valor en otro Estado*". Cit. en G. Morelli, *Derecho Procesal Civil Internacional*, traducción de S. SENTIS MELENDO, Ediciones Jurídicas Europa-América, Buenos Aires, 1953, nota 32, p. 292.

10 M. Cappelletti, *Las sentencias y las normas extranjeras en el proceso civil*, ob. cit., nota 37, p. 19.

"*soberanía es un modo específico e irreductible de constituir un poder supremo; un poder que no tiene superior alguno*".[11]

Sin embargo, la soberanía es un concepto controversial. Para la teoría positivista del Derecho internacional los Estados poseen al menos algunas libertades ilimitadas como atributo apriorístico de su condición de Estado. Se dice que esta libertad es "*anterior*" a la ley; por lo tanto, el positivismo argumenta que el Derecho internacional solo puede existir cuando es una expresión consentida de la voluntad soberana. En consecuencia, se enfatiza la voluntad del Estado individual como la única fuente de principios legales y su autoridad.[12]

Esa noción ha cedido algún terreno a las concepciones más modernas que tratan de distanciarse del ideal westfaliano.[13] El debate acerca de la fuente de la soberanía sigue enclavado de algún modo en el elemento de su fuente de origen, en el sentido de si la soberanía proviene del Derecho internacional público o proviene directamente de su fuente local (el pueblo, Dios, etc.). Aquí debe considerarse la discusión acerca de la ubicación del Derecho internacional como un ordenamiento que está "*sobre*" los Estados o "*entre*" estos.[14] PARRA-ARANGUREN observaba que la soberanía de los Estados no es irrestricta, sino que por el contrario, "*corresponde al Derecho Internacional Público determinar sus límites.*"[15]

Refiere A. MILLS, que si la idea positivista de soberanía era sostenible, y hay buenas razones para dudar que lo haya sido que alguna vez, éste ya no es el caso. Los académicos del Derecho internacional han

---

[11] N. Ramiro Rico, *La Soberanía*, ob. cit., p. 46.

[12] A. Mills, *Rethinking jurisdiction in International Law, British Yearbook of International Law*, Vol. 84, no. 1, 2014, pp. 187–239, esp. p. 192. Disponible en: https://doi.org/10.1093/bybil/bru003.

[13] Véase A. Dreyzin de Klor, "La cooperación jurídica internacional: instrumento imprescindible para la integración", p. 273-276. Disponible en: http://biblio.juridicas.unam.mx/libros/6/2923/19.pdf.

[14] Véase A. Mills, *Rethinking jurisdiction in International Law*, ob. cit., p. 192.

[15] G. Parra-Aranguren, "El Derecho Procesal Civil Internacional, y su reforma en 1986". En *Estudios de Derecho Procesal Civil Internacional*, Facultad de Ciencias Jurídica y Políticas, UCV, Caracas, 1998, p. 261. Agregaba el autor que tales reglas se manifiestas generalmente a través de las reglas de jurisdicción, pero advierte que en realidad el Derecho internacional público no establece muchas reglas, y las mismas se establecen en términos muy imprecisos, refiriéndose principalmente a las concernientes a la inmunidad de jurisdicción.

asumido cada vez más que el término "*soberanía*" significa todos y solo aquellos atributos que le otorga el Derecho internacional a un Estado, determinando el alcance de sus poderes como un asunto de Derecho más que de hecho. Soberanía, bajo esta concepción, no define, sino que es definida por los poderes de un Estado dentro de una comunidad internacional. No existe antes del Derecho, sino como un conjunto de atributos de la figura jurídica del Estado, el cual existe como consecuencia del Derecho internacional. [16]

II. ALCANCES DE LA JURISDICCIÓN JUDICIAL EN LAS CONCEPCIONES MODERNAS

Desde las posturas arraigadas a la noción de soberanía ilimitada, el Derecho internacional no podría restringir la jurisdicción del Estado, pues ésta es un atributo esencial de la soberanía que no acepta definiciones por órdenes extraños al propio Estado. A ellas se aproxima de algún modo G. Morelli cuando señalaba que las normas internacionales, por su naturaleza, no pueden influir directamente sobre los límites de la jurisdicción del Estado. "*Estos límites no pueden resultar más que de normas de derecho interno, ya que solamente normas de derecho interno pueden, contemplando al Estado como sujeto de Derecho en el propio ordenamiento, conferirle, en esa calidad, y dentro de un determinado ámbito, el poder jurisdiccional.*"[17]

Sin embargo, al menos desde mediados del siglo pasado, se ha erigido cierto consenso doctrinal en torno a que el problema de la jurisdicción de los tribunales nacionales en situaciones que involucran elementos extranjeros se sostiene en el Derecho internacional público.[18] Entre

---

[16] A. Mills, *Rethinking jurisdiction in International Law*, ob. cit., p. 193.

[17] Sin embargo, él mismo reconocía: "*Las normas internacionales solo pueden, dirigiéndose al Estado como portador de su propio ordenamiento interno, imponerle la obligación o atribuirle el derecho de ejercer o no en determinados casos la jurisdicción, o incluso tener o no tener en el propio ordenamiento determinadas normas sobre los límites de la jurisdicción: con la consecuencia de que el Estado viene a encontrarse en la necesidad de adaptar de un modo dado el propio sistema de normas acerca de los límites a la jurisdicción.*" G. Morelli, *Derecho Procesal Civil Internacional*, ob. cit., pp. 87-88.

[18] Un aporte relevante en este sentido es el curso de La Haya de Mann de 1964. Véase F.C. Mann, *The Doctrine of Jurisdiction in International Law*, *Recueil des cours*, t. 111, 1964.

nosotros, E. Hernández-Bretón reporta que para los autores más autorizados los Estados no gozan de potestades ilimitadas en el ejercicio de la jurisdicción, pues corresponde al Derecho internacional público fijar los límites de esa facultad. "*Estos límites son independientes de la voluntad de los Estados y afectan de forma inmediata una prerrogativa inseparable de la soberanía de cada Estado. De manera que resulta lógico afirmar que los Estados soberanos sólo pueden ejercer aquellas facultades sobre las cuales tienen poder de disposición*".[19]

Para Miaja de la Muela, esta situación es igual o muy similar a la de otros temas que se estudian en el Derecho internacional privado (conflicto de leyes, nacionalidad, condición de extranjeros), todos con más o menos contenido internacional, pero establecidos, esencialmente, por las legislaciones internas de cada Estado.[20]

Pero más allá de esta precisión, la postura tradicionalmente dominante todavía concibe a la jurisdicción como parte de un Derecho internacional "*negativo*", de coexistencia del Estado, que contiene esencialmente obligaciones de "*no hacer*" o "*prohibiciones*", destinadas a defender la soberanía de todos los Estados. Este sistema hace especial énfasis en la territorialidad de los Estados-nación, que tienen soberanía plena y exclusiva sobre sus propios territorios y que carecen de poder alguno sobre el territorio de otros Estados.[21]

Quizás la más emblemática manifestación de esta concepción (al menos en el campo de la jurisdicción) se expresó en la decisión del asunto *Lotus*, proferida por la Corte Permanente de Justicia Internacional (CPJI) en 1927.[22] A pesar de las numerosas críticas que se le han formulado a la decisión en las últimas décadas (algunas de las cuales compartimos en alguna medida), pensamos que se trata de una

---

[19] E. Hernández-Bretón, *Problemas contemporáneos del Derecho procesal civil internacional venezolano*, Editorial Sherwood, Caracas, 2004, pp. 27-28.

[20] A. Miaja de la Muela, *Les principes directeurs des règles de compétence territoriale des Tribunaux internes en matière de litiges comportantun* élément *international, Recueil des cours*, t. 135, 1972-I, p. 21.

[21] C. Ryngaert, *The Concept of Jurisdiction in International Law*. En: AAVV, *Research Handbook on Jurisdiction and Immunities in International Law, School of Law, University of Birmingham*, 2015, pp. 50-76, esp. pp. 51-53, Disponible en: https://dspace.library.uu.nl/handle/1874/357811.

[22] *France v. Turkey Judgment*, No. 9, PCIJ Ser A, No 10 (07/11/1927)

exposición brillante, desde el desarrollo del Derecho internacional para el momento en que el fallo fue dictado. Como las pocas cosas elaboradas con genialidad extraordinaria, las ideas allí expuestas tienen la virtud de poder adaptarse a la situación y las necesidades actuales del Derecho internacional. Por lo demás, la mayor parte de la doctrina, de un modo u otro, suele ubicar este precedente en las bases conceptuales de la jurisdicción.[23] Consideramos, pues, conveniente detenernos en el análisis del caso.

III. EL CASO *LOTUS*

La narrativa original de los hechos puede extraerse textualmente de la sentencia y reproducirse aquí:

> *"El 2 de agosto de 1926, poco antes de medianoche, se produjo una colisión entre el vapor de correo Lotus, que iba rumbo a Constantinopla, y el barco carbonero Boz-Kourt, aproximadamente a 5 o 6 millas náuticas hacia el norte del Cabo Sigri (Mytilene). El Boz-Kourt, que se partió en dos, se hundió y perecieron ocho ciudadanos turcos que iban a bordo. Luego de haberse hecho todo lo posible para socorrer a los náufragos, de los cuales fue posible salvar a diez, el Lotus continuó su curso hacia Constantinopla, donde llegó el 3 de agosto.*
> *Al momento de la colisión, el oficial de vigilancia a bordo del Lotus era Monsieur Demons, ciudadano francés, teniente de la Marina Mercante y primer piloto del barco, mientras que los movimientos del Boz-Kourt eran dirigidos por el Capitán Hassan Bey, uno de los sobrevivientes del naufragio.*
> *El mismo día 3 de agosto la policía turca procedió a investigar la colisión a bordo del Lotus y al día siguiente, 4 de agosto, el capitán del Lotus entregó el informe de su contramaestre en el Consulado General Francés, remitiéndole una copia al jefe de puerto.*

[23] Entre muchos otros, M. Virgós y F. Garcimartín, *Derecho Procesal Civil Internacional, Litigación Internacional*, 2da edición, Civitas, Madrid, 2000, p. 67. J. Fernández y S. Sánchez, *Curso de Derecho Internacional Privado,* Segunda Edición, Civitas, Madrid, p. 1993, p. 265. F. Matscher, Étude *des règles de compétence judiciaire dans certaines conventions internationales*, *Recueil des cours*, t. 116, 1978, p. 156.

> *El 5 de agosto, las autoridades turcas solicitaron al Teniente Demons que desembarcara para rendir testimonio. El interrogatorio, cuya duración provocó incidentalmente una demora en la partida del Lotus, condujo al arresto, entre otros, del Teniente Demons —sin que se diera aviso previo al cónsul general francés— y de Hassan Bey. Este arresto, que ha sido calificado por el representante turco como arresto preventivo, se llevó a efecto para asegurar que se pudiera proseguir con la acusación criminal iniciada por el Fiscal de Estambul en contra de los dos funcionarios, bajo el cargo de homicidio culposo y basada en la querella de las familias de las víctimas de la colisión.*
>
> *El 28 de agosto se abrió el caso ante la Corte Criminal de Estambul. En dicha ocasión, el Teniente Demons alegó que las Cortes turcas no tenían jurisdicción; la Corte, sin embargo, rechazó esta excepción. Al continuar el proceso, el 11 de septiembre, el Teniente Demons pidió la libertad bajo fianza. El 13 de septiembre ésta se le concedió y se fijó una fianza de 6.000 libras turcas."*[24]

La situación originó una reclamación internacional de Francia contra Turquía, que las partes acordaron someter a la *jurisdicción* de la CPJI. Francia sostenía que la acusación y el juzgamiento del capitán *Demons*, así como el Derecho penal de turco, excedían los límites de la jurisdicción estatal, la cual debía sostenerse en algún título para poder ejercerse; mientras que Turquía sostenía que el Derecho internacional no había limitado su jurisdicción al ámbito acotado que Francia señalaba. Como puede apreciarse, el caso se refiere al ejercicio de la jurisdicción en materia penal y en sentido amplio (legislativa, judicial y ejecutiva), pero antes de llegar al punto central de la disputa, la sentencia contiene consideraciones generales que aplican a la jurisdicción judicial civil.[25]

---

[24] Véase traducción al español disponible en: https://www.dipublico.org/10984/s-s-lotus-1927-corte-permanente-de-justicia-internacional-ser-a-no-10/. La decisión original está disponible en: https://www.icj-cij.org/files/permanent-court-of-international-justice/serie_A/A_10/30_Lotus_Arret.pdf.

[25] Por otra parte, desde la perspectiva del Derecho internacional, sobre todo desde la visión "negativa" tradicional expresada en la sentencia *Lotus*, no hay mucho espacio de distinción acerca de alcance del poder jurisdiccional del Estado en función de que se trate de jurisdicción civil o penal, o se trate de jurisdicción judicial o legislativa. Véase F. A. Mann,

La CPJI aclara previamente que su decisión está orientada "*por la naturaleza misma y las condiciones existentes del Derecho internacional*".[26] Entre las afirmaciones que conciernen al alcance del poder jurisdiccional, la Corte expuso lo siguiente:

> *"El Derecho internacional gobierna las relaciones entre Estados independientes. Las reglas del Derecho que obligan a los Estados emanan, por lo tanto, de su propia voluntad libremente expresada en las convenciones o por los usos generalmente aceptados como expresión de principios de Derecho que han sido establecidos con el fin de regular las relaciones entre estas comunidades coexistentes e independientes o con el fin de conseguir fines comunes. Por lo tanto,* ***no se pueden presumir limitaciones a la independencia de los Estados****.*
>
> *Ahora bien, la primera y principal limitación que impone el Derecho internacional sobre los Estados es que, a falta de una regla permisiva en contrario,* ***un Estado no puede ejercer su poder de ninguna forma en el territorio de otro Estado****. En este sentido, la jurisdicción es ciertamente territorial; ella no puede ser ejercida por un Estado fuera de su territorio excepto en virtud de una regla permisiva derivada de la costumbre internacional o de una convención.*
>
> *De esto no se sigue, sin embargo, que el Derecho internacional prohíba a los Estados ejercer jurisdicción en su propio territorio con respecto a cualquier situación que se refiera a hechos que hayan tenido lugar en el extranjero cuando no se pueden amparar en una*

The doctrine of international jurisdiction revisited after twenty years, ob. cit., pp. 20-21. ("*...as a rule jurisdiction extends (and is limited) to everybody and everything within the sovereign's territory and to his nationals wherever they may be. It is difficult to believe that these elementary propositions of public international law will be contested. On the contrary, the principle as defined is universal in the sense that prima facie it applies to all legislation and all State intervention derived or sanctioned by the competent authority, i.e., the legislator himself as well as those judicial and executive authorities controlled and empowered by him. Accordingly there is no room for distinguishing between criminal, public and private laws. The suggestion that the doctrine applies to criminal and public law as well as the prerogative rights of the State such as taxation, but "that there are no rules of international law limiting the legislative jurisdiction of States in questions of what might loosely be described as private law" is untenable*")

[26] Párr. 43 ("[43] *This way of stating the question is also dictated by the very nature and existing conditions of international law*").

regla permisiva del derecho internacional. Una postura contraria a esto sólo podría sostenerse si el Derecho internacional impusiera sobre los Estados una prohibición general de extender la aplicación de sus leyes y la jurisdicción de sus tribunales sobre personas, bienes y actos que estén fuera de su territorio y si sólo como excepción a esta prohibición general del Derecho internacional se permitiera a los Estados hacerlo en ciertos casos específicos. Pero, ciertamente, este no es el caso en derecho internacional, ***tal como éste se presenta hoy en día. Lejos de dictar una prohibición general en el sentido de que los Estados no puedan extender la aplicación de sus leyes y la jurisdicción de sus tribunales sobre personas, bienes o actos que se encuentren fuera de su territorio, el Derecho internacional les deja, a este respecto, una amplia discreción que sólo es limitada en ciertos casos por reglas prohibitivas; en los otros casos, cada Estado es libre de adoptar los principios que considere mejores y más apropiados.***

Esta discreción de que gozan los Estados en Derecho internacional explica la gran variedad de reglas que ellos han sido capaces de adoptar sin haber recibido objeciones o reclamos por parte de otros Estados; con el fin de remediar las dificultades que resultan de dicha variedad se han hecho esfuerzos durante muchos años, tanto en Europa como en América, para celebrar convenciones cuyo efecto sería precisamente el de restringir la discreción dada a los Estados a este respecto por el derecho internacional, llenando de este modo las lagunas que existen con respecto a la jurisdicción o eliminando los conflictos de jurisdicción que surgen de la diversidad de principios adoptados por los varios Estados.

En estas circunstancias, lo más que se puede exigir a un Estado es que no sobrepase los límites que el Derecho internacional pone a su jurisdicción; dentro de estos límites, ***su título a ejercer jurisdicción descansa en su soberanía.*** *"[27] (Destacados nuestros).*

[27] El texto en inglés reza lo siguiente:

"[44] *International law governs relations between independent States. The rules of law binding upon States therefore emanate from their own free will as expressed in conventions or by usages generally accepted as expressing principles of law and established in order to regulate the relations between these co-existing independent communities or with a view to the achievement of common aims. Restrictions upon the independence of States cannot therefore be presumed.*

[45] *Now the first and foremost restriction imposed by international law upon a State is that – failing the existence of a permissive rule to the contrary – it may not exercise its power in*

Podría decirse que, de algún modo, el fallo Lotus formalizó el divorcio entre el Derecho internacional público y el privado,[28] en tanto que deja casi por entero a cada Estado la facultad de determinar su jurisdicción y aplicar su propio Derecho a todas las situaciones jurídicas. En el campo de la jurisdicción judicial internacional se entiende con este criterio que los Estados gozan de una amplísima libertad para establecer unilateralmente los límites de su propia jurisdicción. El Derecho

any form in the territory of another State. In this sense jurisdiction is certainly territorial; it cannot be exercised by a State outside its territory [p19] except by virtue of a permissive rule derived from international custom or from a convention.

[46] *It does not, however, follow that international law prohibits a State from exercising jurisdiction in its own territory, in respect of any case which relates to acts which have taken place abroad, and in which it cannot rely on some permissive rule of international law. Such a view would only be tenable if international law contained a general prohibition to States to extend the application of their laws and the jurisdiction of their courts to persons, property and acts outside their territory, and if, as an exception to this general prohibition, it allowed States to do so in certain specific cases. But this is certainly not the case under international law as it stands at present. Far from laying down a general prohibition to the effect that States may not extend the application of their laws and the jurisdiction of their courts to persons, property and acts outside their territory, it leaves them in this respect a wide measure of discretion, which is only limited in certain cases by prohibitive rules; as regards other cases, every State remains free to adopt the principles which it regards as best and most suitable.*

[47] *This discretion left to States by international law explains the great variety of rules which they have been able to adopt without objections or complaints on the part of other States; it is in order to remedy the difficulties resulting from such variety that efforts have been made for many years past, both in Europe and America, to prepare conventions the effect of which would be precisely to limit the discretion at present left to States in this respect by international law, thus making good the existing lacunæ in respect of jurisdiction or removing the conflicting jurisdictions arising from the diversity of the principles adopted by the various States.*

In these circumstances all that can be required of a State is that it should not overstep the limits which international law places upon its jurisdiction; within these limits, its title to exercise jurisdiction rests in its sovereignty."

[28] La relación entre el Derecho internacional público y privado ha sido objeto de numerosos análisis doctrinales, que no viene al caso enumerar ni comentar aquí. Baste decir que desde la misma erupción de las soberanías nacionales se habría marcado un distanciamiento notable entre estas ramas jurídicas, que hoy vuelven a encontrarse en diferentes aspectos como los ddhh, el Derecho ambiental internacional, el Derecho de las inversiones, el Derecho bancario internacional, el Derecho financiero internacional, el Derecho del comercio internacional en su más amplia acepción, etc. Véase, entre otros, D. Fernández Arroyo, *El derecho internacional privado en el diván* – Tribulaciones de un ser complejo, en AAVV, *Derecho internacional privado y Derecho de la integración - Libro homenaje a Roberto RUIZ DÍAZ LABRANO,* Asunción, Paraguay, 2013, pp. 17-35, esp. p. 19-21.

internacional solo le exigiría a los Estados no sobrepasar el ejercicio de dicha jurisdicción al territorio de otros Estados, y apenas el respeto de unas pocas reglas prohibitivas, expresamente contempladas por el orden jurídico internacional como derivado de la misma voluntad y la soberanía del Estado. Conforme al criterio más generalizado de la doctrina, tales límites se reducirían únicamente a las inmunidades jurisdiccionales, y acaso también, para algunos autores, a la prohibición de denegación de justicia.[29]

Comenta A. Mills que si bien la decisión fue adoptada por solo seis de los doce jueces de la Corte, con el voto decisivo del Presidente a su favor, sin embargo, sería erróneo concluir que la Corte simplemente estaba "*equivocada*" en sus conclusiones, o que no se corresponde con los enfoques de jurisdicción internacional antes y después del momento en que fue dictada. Quienes cuestionan el criterio sostienen más bien que la decisión se puede caracterizar mejor como la "*máxima marca de agua de un enfoque teórico brevemente dominante pero aún muy influyente del Derecho internacional, generalmente conocido como positivismo jurídico*".[30]

Para el juez B. Simma de la Corte de Internacional Justicia (CIJ) el criterio *Lotus* representa hoy "*una visión antigua y fatigada del Derecho internacional*", según la cual no se pueden presumir restricciones a la independencia de los Estados debido a la naturaleza consensual del orden jurídico internacional, de modo que para determinar la adecuación al Derecho internacional de un acto específico, no es necesario demostrar una regla permisiva, siempre que no haya prohibición.[31]

29 A. Miaja de la Muela, *Les principes directeurs des règles de compétence...*, ob. cit., p. 33. (*"L'opinion commune des auteurs incline à considérer cette liberté comme absolue dans les limites signalées par le respect des immunités juridictionnelles et par l'interdiction du déni de justice"*), A. Mills, *Rethinking jurisdiction in International Law*, ob. cit., pp. 214-219.

30 Ibid, pp. 190-191. Mills se apoya en la opinión separada emitida conjuntamente por los jueces Higgins, Kooijmans y Buergenthal en el caso *Arrest Warrant of 11 April 2000* (*Democratic Republic of the Congo v Belgium*) [2002] ICJ Reports 3, párr [51].) (*"[T]he dictum represents the high water mark of laissez-faire in international relations, and an era that has been significantly overtaken by other tendencies"*).

31 Declaración de Simma (párr. 2), Opinión Consultiva, CIJ (22 Julio 2010), asunto *Accordance with Int'l Law of the Unilateral Declaration of Independence by the Provisional*

En cambio, para el juez OWADA de la misma CIJ el "*famoso dictum Lotus*" expresa, en efecto, los principios fundamentales aceptados en el orden jurídico internacional contemporáneo.[32]

Desde una visión mediadora podría decirse que las posturas críticas al criterio *Lotus* no son irreconciliables con lo que verdaderamente expresó la CPJI en su sentencia de 1927. El fallo realmente deja claro que procede de acuerdo a la naturaleza del Derecho internacional y su estado de desarrollo para ese momento. En esa expresión está la clave de su propia ductilidad para abordar algunos cambios de concepciones sobre el contenido de las reglas del Derecho internacional, e incluso, sobre su propia naturaleza.

La ductilidad del criterio *Lotus* quedó demostrada en la opinión consultiva proferida por la CIJ sobre la legalidad del uso de armas nucleares en conflictos armados. Tanto la opinión de la Corte como las declaraciones y opiniones disidentes de los jueces, emplearon distintas interpretaciones y aplicaciones del precedente de 1927, dejando demostrado el margen de flexibilidad de las afirmaciones sobre el alcance de las libertades del Estado y del Derecho internacional "*tal como se presenta hoy en día*", en tanto que tal libertad no debe de ningún modo interpretarse en el sentido de que un Estado pueda hacer libremente uso de armas nucleares en conflictos armados. El juez presidente BEDJAOUI, por ejemplo, sin separarse totalmente del criterio *Lotus*, aclaró que la actual Corte, en ese dictamen, "*es mucho más circunspecta que su predecesora en el caso Lotus al afirmar* ***hoy*** *que lo que no está expresamente prohibido por el Derecho internacional, no está tampoco por tanto, autorizado*".[33] (Resaltado nuestro).

Inst. of Self-Gov't of Kosovo. Disponible en: http://www.worldcourts.com/icj/eng/decisions/2010.07.22_kosovo.htm

32 Opinión separada Juez Owada CIJ (26 Febrero 2007), asunto *Application of the Convention on the Prevention and Punishment of the Crime of Genocide (Bosn. and Herz. v. Serb. and Mont.)*. Disponible en: http://www.worldcourts.com/icj/eng/decisions/2007.02.26_genocide_convention.htm.

33 Legality of the Use by a State of Nuclear Weapons in armed Conflict, Advisory eOpinion, 1996 I.C.J. 227 (July 8). http://www.worldcourts.com/icj/eng/decisions/1996.07.08_nuclear2.htm.

IV. CONCEPCIONES DOCTRINALES POSTERIORES AL CRITERIO *LOTUS*

En el continente americano la Carta de la OEA reflejó de manera expresa la concepción tradicional de la jurisdicción. En su artículo 13 la Carta establece que cada Estado tiene "*el derecho de defender su integridad e independencia, proveer a su conservación y prosperidad y, por consiguiente, de organizarse como mejor lo entendiere, legislar sobre sus intereses, administrar sus servicios y* ***determinar la jurisdicción y competencia de sus tribunales***". (resaltado nuestro) Asimismo remarca: "*[e]l ejercicio de estos derechos no tiene otros límites que el ejercicio de los derechos de otros Estados conforme al derecho internacional.*"

En el extraordinario trabajo del profesor español A. Miaja de la Muela, publicado con ocasión del curso dictado por éste en la Academia de La Haya de Derecho Internacional en 1972, se hizo un ilustrativo recuento de la más importante doctrina europea de su momento, concluyendo que la opinión común se inclinaba a considerar esta libertad como absoluta, dentro de los límites indicados por el respeto a las inmunidades jurisdiccionales y por la prohibición de la denegación de justicia los extranjeros. Nos permitimos agregar y adaptar ese recuento a continuación.[34]

En primer lugar, Miaja de la Muela recoge la opinión de N. Fragistas, para quien las reglas del Derecho internacional no son las que determinan la competencia judicial de los Estados en el contexto internacional; es la ley nacional de cada estado la que define el volumen de su propia jurisdicción en litigios internacionales.[35] Riezler, añadiría que cada Estado solo puede determinar los límites de su propia competencia.[36] A. Nussbaum planteaba que el poder jurisdiccional del Estado "*está ligeramente afectado por el derecho internacional*", pero todas las naciones han establecido limitaciones a este poder "*absoluto*"

---

[34] A. Miaja de la Muela, *Les principes directeurs des règles de compétence…*, ob. cit.

[35] N. Fragistas, *La compétence internationale en droit privé*, *Recueil des cours*, 1961, t. 104, pp. 169 y 170.

[36] Riezler, *Internationales Zivilprozessrecht und prozessuales Fremdenrecht*, Tübingen, 1949, p. 205. Cit en A. Miaja de la Muela, *Les principes directeurs des règles de compétence…*, ob. cit., p. 33.

o "*latente*" para conocer todo tipo de casos.[37] En la doctrina francesa, reporta Miaja de la Muela que una observación similar se encuentra en un artículo fundamental de H. Batiffol y P. Francescakis: no existe una regulación supranacional que distribuya los campos de actividad de los tribunales de los diferentes países y cada uno de ellos desarrolla su propio sistema de jurisdicción internacional.[38] En la ciencia jurídica italiana, donde se han explorado a fondo las cuestiones sobre la jurisdicción internacional, destaca el trabajo de Morelli, que se ha convertido en clásico, y contiene la afirmación que hemos citado textualmente *supra*.[39] Pero en realidad, G. Morelli parece ir más allá de este criterio, al señalar que el Derecho internacional no puede imponer límites jurisdiccionales a los Estados.[40] También reseña Miaja de la Muela a otro profesor italiano, M. Giuliano, quien no es menos terminante en su opinión: "*El ropaje de la jurisdicción de los tribunales nacionales está felizmente determinado por cada Estado independiente, sin que su libertad para hacerlo esté, en general, influenciada por las limitaciones de un orden internacional.*"[41]

En línea cercana F. Matscher considera que en el Derecho internacional público común la competencia judicial de los Estados en materia civil es, en principio, absoluta en la medida en que no exceda las fronteras del Estado y, por lo tanto, no choque con la competencia judicial de los demás Estados; dentro de sus fronteras, el poder de jurisdicción del Estado conoce, según el Derecho internacional público común, solo ciertos límites aislados.[42]

Para Miaja de la Muela estos testimonios bastaron para concluir que el establecimiento por los Estados de sus normas de competencia

37 A. Nussbaum, *Principios de Derecho internacional privado,* traducción de A. Schoo, Editorial Depalma, Buenos Aires, 1947, p. 217.

38 H. Batiffol y P. Francescakis, *Compétence civile et commerciale*, *Répertoire de droit international,* 1.1, Paris, 1968, p. 425. Cit. en A. Miaja de la Muela, *Les principes directeurs des règles de compétence…*, ob. cit., p. 33.

39 Véase epígrafe II.

40 Véase epígrafe II.

41 M. Giuliano, *La Giurisdizione civile italiana e lo straniero*, 2° Edición, Milán, 1970, p. 6. Cit. en A. Miaja de la Muela, *Les principes directeurs des règles de compétence…*, ob. cit, p. 33-34.

42 F. Matscher, Étude *des règles de compétence judiciaire…*, ob. cit., p. 156

judicial internacional constituye una cuestión que, en el "*estado actual*" del Derecho internacional, cae dentro de sus competencias esencialmente nacionales, sin otras limitaciones que las antes referidas y las impuestas por los tratados internacionales.[43]

Pero el magnífico trabajo de Miaja de la Muela tuvo lugar hace más de cuatro décadas, y aun desde allá, observaba que al aceptarse la sujeción de la jurisdicción estatal al Derecho internacional, permanece abierta la interrogante acerca de si existe alguna norma de orden internacional, diferente de las impuestas a los Estados por la inmunidad de jurisdicción y la prohibición de la denegación de justicia, que establezca otras limitaciones o imposiciones a ese poder estatal.[44] Reconocía entonces, que la respuesta más probable sería negativa, aunque tampoco excluía "*la posibilidad de un rápido desarrollo*" por la vía de los tratados internacionales.[45] Al mismo tiempo, le parecía "*imposible*" que se produzcan nuevas reglas derivadas de la costumbre internacional restringiendo la libertad jurisdiccional de los Estados, pues si bien podría aceptarse una *opinio juris*, por ejemplo, producida por la convicción de que no se deben reconocer sentencias extranjeras fundadas criterios de jurisdicción inadecuados, existe una falta de acuerdo mínimo sobre cuáles son estos criterios. Además, tampoco habría repetición de actos estatales que puedan constituir el elemento material de una costumbre.[46]

Por otro lado, aseveraba también Miaja de la Muela, que la disparidad de las concepciones orientadoras de las reglas de jurisdicción internacional en diferentes países impide encontrar cualquier principio general que, por su reconocimiento general por parte de las naciones civilizadas en sus leyes internas, haya sido recibido como una norma de Derecho internacional. "*Quizás sería posible una evolución en esta dirección, pero el estado actual del Derecho internacional no permite que se acepten los principios normativos*".[47]

---

[43] A. Miaja de la Muela, *Les principes directeurs des règles de compétence…*, ob. cit., p. 34.

[44] Ibid., p. 33.

[45] Ibid., p. 35.

[46] Ibid., pp. 37-38.

[47] No obstante, Miaja de la Muela pone de relieve la necesidad de tener en cuenta ciertos tratados sobre el reconocimiento y la ejecución de sentencias extranjeras que establecen como una de las condiciones para tal reconocimiento y ejecución que la sentencia proceda de un juez competente de acuerdo con "*principios generales de derecho internacional*". Apuntaba

Desde una orientación contrapuesta, y en otro curso de la Academia de La Haya, el profesor alemán, F.A. MANN, expresó que hasta la "*desacreditada opinión mayoritaria*" de los jueces del caso *Lotus* reconoció algunos límites de la jurisdicción Estado, y desde entonces el Derecho Internacional no se ha detenido. "*Si su desarrollo no siempre ha sido progresivo, es deber de los abogados internacionalistas tratar de contribuir positivamente a una doctrina que reconozcan como sensata y sólida y a la que los métodos modernos de Derecho comparado prestan su ayuda. Cada una de estas contribuciones agrega un poco a la base sobre la cual descansa el Derecho internacional.*"[48]

Pero a pesar de las críticas al criterio *Lotus*, la convicción más generalizada en la doctrina se mantiene bastante cercana, sino totalmente apegada, a sus lineamientos básicos. J. FERNÁNDEZ y S. SÁNCHEZ señalan que cada Estado es incluso libre de establecer foros exorbitantes en sus normas de competencia judicial,[49] criterio éste que no compartimos.[50]

Después de su exhaustivo estudio, MIAJA DE LA MUELA afirmaba que ello le permitió conocer diferentes concepciones legales, a veces contradictorias, sobre la competencia judicial internacional: si hay un rasgo común a todos, sería la resistencia de cada Estado a asumir obligaciones internacionales en un asunto considerado como una derivación de su soberanía.[51]

Además, es de hacer notar que la Convención de Naciones Unidas sobre inmunidades jurisdiccionales del Estado y de sus bienes de 2004

---

que el alcance de esta cláusula, también presente en el antiguo CPC italiano, se ha discutido en relación con ciertas sentencias de tribunales nacionales que pretenden determinar el contenido de dichos principios del Derecho internacional. Entre tales cita la sentencia de la Corte de Apelaciones de Milán de 8 de julio de 1966 que, interpretando la Convención Ítalo Turca de 8 de agosto de 1926, cuyo artículo 19 contiene la referencia a "*principios generales del derecho internacional*" para concretar estos principios en los siguientes términos: el ciudadano está sujeto, sin excepciones, a la jurisdicción del Estado al que pertenece, y el extranjero domiciliado o residente allí puede ser sometido a él o someterse voluntariamente. Esa aseveración ha sido rápidamente cuestionada ya que la sentencia afirma la fuerza internacional de principios que no son realmente tales. Ibid., pp. 38.

48 Mann se refiere esencialmente a la jurisdicción legislativa, pero estas consideraciones abarcan también la jurisdicción judicial. F.A. Mann, *The doctrine of international jurisdiction revisited after twenty years*, ob. cit., p. 33.

49 J. Fernández y S. Sánchez, *Curso de Derecho Internacional Privado*, ob. cit., p. 261.

50 Véase epígrafe VI.

51 A. Miaja de la Muela, *Les principes directeurs des règles de compétence…*, ob. cit., p. 92.

contempla lo siguiente: "*Si un Estado realiza una transacción mercantil con una persona natural o jurídica extranjera,* ***y si en virtud de las normas aplicables de derecho internacional privado los litigios relativos a esa transacción mercantil corresponden a la jurisdicción de un tribunal de otro Estado****, el Estado no podrá hacer valer la inmunidad de jurisdicción ante ese tribunal en ningún proceso basado en dicha transacción mercantil*" (art.10) (resaltado nuestro). De algún modo esta norma reitera y reconoce implícitamente el carácter interno de las normas de jurisdicción de cada Estado.

Ahora bien, nunca sería correcto afirmar que el Derecho internacional general, incluso en esa concepción tradicional, no haya establecido algunas reglas que restrinjan la libertad del Estado en materia de jurisdicción de sus tribunales, pues la propia sentencia del caso *Lotus* advirtió la existencia de algunos límites. Tal como hemos referido antes, gozan de general aceptación al menos dos reglas de Derecho internacional común, que los Estados no pueden ignorar al fijar y ejercer su jurisdicción judicial: la que admite ciertas inmunidades jurisdiccionales y la relativa a la prohibición de denegación de justicia como una causa de responsabilidad estatal internacional.[52]

Otra regla que frecuentemente pasa inadvertida en la doctrina, quizás por su obviedad, es la limitación territorial al ejercicio activo y físico de esa jurisdicción, lo cual está explícitamente señalado en la decisión *Lotus* cuando se afirma que "*la primera y principal limitación que impone el Derecho internacional sobre los Estados es que, a falta de una regla permisiva en contrario, un Estado no puede ejercer su poder de ninguna forma en el territorio de otro Estado*". En este sentido, recuérdese también lo que añade la decisión: "*la jurisdicción es ciertamente territorial; ella no puede ser ejercida por un Estado fuera de su territorio excepto en virtud de una regla permisiva derivada de la costumbre internacional o de una convención*". De manera que los Estados pueden conocer de causas que estén o no vinculadas con su territorio o con sus nacionales, pero no pueden extender el ejercicio físico de ese poder al territorio de otros Estados.[53]

---

[52] Ibid., p. 29.

[53] Véase M. Virgós y F. Garcimartín, *Derecho Procesal Civil Internacional*, ob. cit., p. 61.

Este límite, en efecto, es de una naturaleza más física que jurídica. Mientras la jurisdicción sea ejercida dentro los linderos territoriales del respectivo Estado, los jueces podrían conocer de asuntos vinculados en cualquier grado con territorios extranjeros e incluso tomar medidas con algunos efectos jurídicos de alcance extraterritorial; por ejemplo, mediante "*coacción indirecta*", lo que permite exigir conductas determinadas de hacer o no hacer más allá del territorio del juez. Autorizada doctrina advierte que la territorialidad de la jurisdicción no prohíbe a los jueces que ordenen a los particulares alguna conducta específica, aunque el particular se encuentre en el extranjero y aunque esa conducta deba desplegarse en el extranjero, aún bajo amenaza de sanción, la cual puede ser de naturaleza procesal, civil o penal. Obviamente, apuntan M. Virgós y F. Garcimartín, los actos de coacción física asociados a esa sanción no pueden desplegarlos fuera del territorio del juez. Tal es el caso de las controversiales "*worlwide Mareva injuctions*", del Derecho inglés, por las que el demandado debe informar la totalidad de su patrimonio en todo el mundo o se le prohíbe disponer del mismo, o las igualmente polémicas "*antisuit injuctions*", que le prohíben a las partes interponer acciones en otras jurisdicciones.[54]

J.C. Fernández y S. Sánchez advierten también las escasas restricciones a la jurisdicción del Estado que ha esbozado la doctrina y la jurisprudencia internacional, respecto de lo cual resulta ilustrativa la decisión de la CIJ de 5 de febrero de 1970 en el asunto *Barcelona Traction*.[55] Para estos dos profesores españoles los diferentes límites que el Derecho internacional puede trazar al poder jurisdiccional de los Estados "*han sido acuñados tímidamente*", e incluso la decisión referida añade que las obligaciones del Estado en la materia "*no son absolutas ni carecen de reservas*".[56] Nos detenemos por ello a comentar algunos aspectos de este caso.

---

[54] M. Virgós y F. Garcimartín, *Derecho Procesal Civil Internacional,* ob. cit., p. 62, 484-485. Véase *infra xxx*

[55] ICJ Reports 1970, p. 4. Disponible en: https://www.icj-cij.org/files/case-related/50/050-19700205-JUD-01-00-EN.pdf.

[56] J. Fernández y S. Sánchez, *Derecho internacional privado*, ob. cit., p. 267.

V. EL CASO *BARCELONA TRACTION*

En el asunto *Barcelona Traction* el Gobierno belga presentó ante la CIJ una demanda por "*usurpación de jurisdicción*" judicial contra España. Comenta Miaja de la Muela que la demanda no logró invocar ningún precedente de jurisprudencia internacional sobre la mencionada figura de usurpación de jurisdicción.[57]

Siguiendo la narrativa y el análisis de F.A. Mann expondremos los aspectos más relevantes del caso en relación al tema que nos ocupa, aunque el punto central del litigio era el Derecho de los Estados de brindar protección diplomática a sus nacionales en asuntos de inversión. Como la situación versaba sobre los accionistas de una empresa prácticamente extinta, el pronunciamiento eludió casi todos los problemas de fondo, lo que Mann calificó como un criterio de "*increíble estrechez*" ("*incredible narrowness*").[58] *Barcelona Traction, Light & Power Co., Ltd.* era una sociedad matriz constituida en Canadá y con sede en ese mismo país, por lo que la Corte expresó que solo el Gobierno canadiense tendría derecho a otorgarle protección diplomática, y la solicitud presentada por Bélgica tuvo que ser rechazada. La empresa no tenía sucursal, ni negocios, ni activos en España. Sus únicos activos eran las acciones al portador de otra compañía canadiense, *Ebro*, la cual no solo tenía una sucursal en España, sino que también poseía las acciones de varias filiales españolas que habían construido prácticamente todo el sistema eléctrico en Cataluña. Con la llegada al poder de Franco, España no permitió que *Ebro* remitiera dinero a su matriz canadiense. *Ebro* no pudo declarar dividendos y *Barcelona Traction* se quedó sin recursos en efectivo, por lo que dejó de pagar los intereses de unos bonos que había emitido en libras esterlinas. En esta situación, allegados al círculo de Franco gestionaron la adquisición de una porción de dichos bonos. Sin tener en cuenta los términos de los bonos, que incluían una cláusula limitando las demandas y que otorgaba el derecho exclusivo de acción en un administrador, los compradores obtuvieron de un juez catalán (de

57 A. Miaja de la Muela, *Les principes directeurs des règles de compétence...*, ob. cit., p. 36.

58 F.A. Mann, *The doctrine of international jurisdiction revisited after twenty years*, ob. cit., p. 74 ss.

Reus) una orden de quiebra contra *Barcelona Traction*, que era la deudora de los bonos, pero no tenía una conexión jurídicamente relevante con España. Bélgica (en defensa de los accionistas belgas de *Barcelona Traction*) formuló el reclamo contra España, entre otras cosas, porque España no tendría jurisdicción internacional para emitir una orden de quiebra contra *Barcelona Traction.*

A pesar de que la Corte elude el pronunciamiento de fondo, el juez SIR GERALD FITZMAURICE hizo algunos pronunciamientos, que merecen para F. MANN la atención de los estudiosos. Aunque el juez estuvo de acuerdo con el Tribunal sobre la cuestión de la falta de *jus standi* de Bélgica, prestó cierta atención al problema de la jurisdicción y llegó a la conclusión de que si hubiere sido necesario formar una opinión ésta "*podría ser solo en el sentido de que todo el proceso de quiebra fue, por exceso de jurisdicción, nulo e inválido ab initio, y sin efectos en el plano internacional*". Para MANN, la falta de conexión territorial de *Barcelona Traction* con España no fue motivo de la decisión, pero este pronunciamiento constituye una contribución importante a la doctrina de la jurisdicción internacional en materia de quiebra. "*El hecho de que la Corte no pudo proporcionar un alivio contra un acto singular de piratería y la falta de la España democrática para deshacer una injusticia típica de un régimen totalitario, siempre golpeará a los abogados internacionalistas con una experiencia dolorosa*".[59]

VI. REPLANTEAMIENTOS DE LA JURISDICCIÓN Y LOS DERECHOS HUMANOS

Este pronunciamiento, así como el de la sentencia *Lotus* y los de la doctrina, casi hasta las últimas décadas del siglo pasado, no reflejaron los contenidos desarrollados por el Derecho internacional de los derechos humanos (ddhh). No lo hacían al principio, porque este desarrollo era incipiente, y luego, porque quizás su reconocimiento no era suficientemente persuasivo. El desarrollo mayor de los ddhh en el ámbito internacional cobra fuerza precisamente hacia las últimas décadas del siglo pasado, al punto que se extiende su recepción en el Derecho

[59] Ibid., p. 75-76.

constitucional comparado y se consolidan los principales tribunales internacionales sobre la materia (como el TEDH[60] y la Corte IDH,[61] por ejemplo).

La importancia que crecientemente ganaron los ddhh en el Derecho internacional, repercute en una modificación significativa del mismo, que no permite escaparse completamente de una revisión de las nociones tradicionales acerca de los límites y alcances de la jurisdicción. No son pocos los autores que reclaman esa revisión.[62]

F. Matscher observada que para un sector de la doctrina el Derecho internacional también contendría normas permisivas relacionadas con la jurisdicción internacional en materia civil, de modo que para que un Estado pueda ejercer su jurisdicción legítimamente, debe haber un mínimo de relación entre el caso en litigio y el Estado en cuestión. Pero agregaba que los autores que profesan esta doctrina no pueden

---

60 El Consejo de Europa, creado el 5 de mayo de 1949, adopta el 4 de noviembre de 1950 el Convenio Europeo de Derechos Humanos, que entra en vigor el 3 de septiembre de 1953. El Tribunal Europeo de Derechos Humanos se reúne por primera vez en febrero de 1959 y dicta su primera sentencia el 14 de noviembre de 1960. En noviembre de 1998 entra en vigor el Protocolo nº 11 que crea "el nuevo Tribunal" con carácter permanente, y en junio de 2010 lo hace el Protocolo nº 14, que trata de garantizar su eficacia a largo plazo.

61 La Convención Americana sobre Derechos Humanos, entró en vigor el 18 de julio de 1978, al haber sido depositado el undécimo instrumento de ratificación por un Estado Miembro de la OEA, momento a partir del cual se establecer y organizarse la Corte IDH. El 22 de mayo de 1979 los Estados Partes en la Convención Americana eligieron, durante el Séptimo Período Extraordinario de Sesiones de la Asamblea General de la OEA, a los juristas que en su capacidad personal, serían los primeros jueces que compondrían la Corte Interamericana. La primera reunión de la Corte se celebró el 29 y 30 de junio de 1979 en la sede de la OEA en Washington, D.C. Un resumen de la historia de la Corte IDH puede verse en su portal oficial: http://www.corteidh.or.cr/historia.cfm.
La Asamblea General de la OEA, el 1 de julio de 1978, recomendó aprobar el ofrecimiento formal del Gobierno de Costa Rica para que la sede de la Corte se estableciera en ese país. Esta decisión fue ratificada después por los Estados Partes en la Convención durante el Sexto Período Extraordinario de Sesiones de la Asamblea General, celebrado en noviembre de 1978. La ceremonia de instalación de la Corte se realizó en San José el 3 de septiembre de 1979.

62 Entre otros: F.A. Mann, *The doctrine of international jurisdiction revisited after twenty years*, ob. cit., pp. 67-78. D. Fernández Arroyo, "Aspectos esenciales de la competencia judicial internacional en vistas de su reglamentación interamericana". En: AAVV, *Libro homenaje al profesor Santiago Benadava,* Tomo 2, Librotecnia, Santiago de Chile, 2008, pp. 293-326, esp. p. 298. C. Ryngaert, *The Concept of Jurisdiction in International Law,* ob. cit., pp. 50-54. A. Mills, *Rethinking jurisdiction in International Law*, ob. cit.

decirnos, con la precisión requerida para que podamos ver en ella una regla de Derecho positivo, en qué consistiría este mínimo de relación.[63] Para Matscher fue F.A. Mann, en su primer curso impartido en la Academia de La Haya en 1964, quien dijo inicialmente que el Derecho internacional público requeriría una "*contacto cercano*", un "*vínculo genuino" y habló, en este sentido, también de "normas objetivas de Derecho internacional*".[64] Apuntó Mann, en efecto: "*La pregunta de si el contacto es lo suficientemente cercano, aunque sea una cuestión de grado, se responde, no por la idiosincrasia o la discreción de los Estados o jueces, sino por las normas objetivas del Derecho internacional. Habrá que tener en cuenta todas las circunstancias, incluidas, en particular, aquellas a las que la doctrina territorial atribuye importancia. De ninguna manera se deben descartar, pero su presencia no es invariablemente necesaria ni suficiente para respaldar la jurisdicción internacional. Debe ser posible señalar una relación razonable, es decir, la ausencia de abuso de derechos o de arbitrariedad. En el análisis final, sin embargo, la pregunta será si el Derecho internacional, tal como está incorporado en las fuentes enumeradas por el art. 38 del Estatuto de la Corte Internacional de Justicia, sanciona el ejercicio de la jurisdicción, teniendo especialmente en cuenta la práctica de los Estados y los principios generales de Derecho reconocidos por las naciones civilizadas. Por lo tanto, habrá barreras definidas más allá de las cuales el ejercicio de la jurisdicción es ilegal, habrá salvaguardas contra cualquier inclinación a exagerar la flexibilidad.*"[65] Pero Matscher cuestiona que Mann no nos explica en qué consistirían esos contactos y esos límites, por lo que concluye que se trata de una visión idealista apreciable y un programa que el legislador nacional hará bien en tener en cuenta a *lege ferenda*, pero no es la expresión de una norma de Derecho internacional público positivo, al menos con respecto a la delimitación de la jurisdicción en materia civil.[66]

[63] F. Matscher, Étude *des règles de compétence judiciaire…*, ob. cit., p. 157.
[64] Ibid.
[65] F.A. Mann, *The doctrine of jurisdiction in international law*, ob. cit., p. 46-47.
[66] F. Matscher, Étude *des règles de compétence judiciaire…*, ob. cit, p. 157.

En un plano más actual, el profesor A. MILLS formuló una interesante reflexión al respecto, en la que sugiere la necesidad de "*repensar*" la jurisdicción. Para MILLS la idea de que los individuos tienen un derecho directamente oponible de acceso a la justicia, tiene necesarias implicaciones sobre la jurisdicción en el Derecho internacional. Implica que la jurisdicción ya no es exclusivamente un derecho de los Estados, o incluso una obligación que los Estados tienen entre sí, sino que es, al menos en cierta medida, una cuestión de derecho individual, es decir, una obligación que se debe a los individuos. Esto representaría un desafío fundamental para las concepciones tradicionales de la jurisdicción, que no se puede resolver simplemente con una ampliación de los motivos reconocidos para el ejercicio de la jurisdicción estatal. Dado que las normas de Derecho internacional público sobre jurisdicción reflejan la idea de "*soberanía*", este desafío requiere que reconsideremos esa idea también. En particular, sugiere el reconocimiento, muy debatido en la teoría política y jurídica, de la idea de una "*soberanía del individuo*" junto con la soberanía de los Estados. Si esto fuera aceptado, las reglas de jurisdicción en el Derecho internacional no podrían continuar caracterizándose puramente como reglas que regulan la coexistencia de Estados soberanos, buscando minimizar los ejercicios superpuestos de su autoridad. Las reglas de jurisdicción seguirían relacionadas con los "*soberanos*" coexistentes, pero requerirían un reconocimiento más amplio de que esto abarca también consideraciones sobre aspectos que las personas pueden reclamar.[67] En este sentido, los objetivos del Derecho internacional de los ddhh se logran limitando el ejercicio del poder jurisdiccional por parte de los Estados, concibiendo así la jurisdicción como una cuestión de discreción estatal limitada.[68]

Ese reconocimiento puede operar en dos sentidos contrapuestos: (*i*).- puede restringir el ejercicio excesivo ("*exorbitante*") de la jurisdicción, o (*ii*).- puede imponer la necesidad de extender el alcance de esa jurisdicción a supuestos que el Estado se niega a conocer.

En cuanto a la primera limitante apunta A. MILLS que la idea del acceso a la justicia está irradiando una serie de efectos adicionales en

67 A. Mills, *Rethinking jurisdiction in International Law*, ob. cit., p. 220-221.
68 Ibid., p. 221.

las normas de Derecho internacional privado sobre jurisdicción. Tradicionalmente, tales reglas se han centrado en evitar dos posibles resultados dañinos que podrían ser causados por una regulación exorbitante: conflictos con Estados extranjeros e injusticias para los demandados. Para M. Virgós y F. Garcimartín, en la misma línea, el Derecho internacional impone una exigencia de una proximidad o conexión mínima (o "*minimum contact*"), es decir, cierto "*límite de mínimos*" del asunto o litigio con el Estado en cuestión para que este pueda declararse competente.[69]

Sin embargo, cada vez más, surge en contrapeso la preocupación por el acceso a la justicia para el demandante, lo que lleva a tomar medidas en dirección contrapuesta, es decir, a la segunda limitante.[70] Esta responde también a un cambio paradigmático en la concepción acerca de la visión pasiva o negativa del rol del Derecho internacional en lo que concierne a los poderes de cada Estado, específicamente el de jurisdicción.[71] Implica asumir que el Derecho internacional también impone obligaciones de hacer a los Estados, respecto de tales poderes, lo que incluye la jurisdicción mediante diferentes cauces. Coincidimos, pues, con autores como C. Ryngaert, en el sentido de que en las últimas décadas la concepción "*negativa*" de la naturaleza de actuación del Derecho internacional ha cedido un poco el terreno a consideraciones más "*positivas*" o proactivas, en tanto que toma cuerpo un paradigma cooperación en lugar de solo coexistencia entre Estados. La comprensión proactiva de la jurisdicción implica que los Estados a veces pueden estar obligados a ejercer jurisdicción (en lugar de solo permitírselo, y mucho menos que se le impida hacerlo), especialmente con respecto a los valores defendidos por la comunidad internacional. La creciente influencia del acceso a la justicia como exigencia internacional sugiere un cambio hacia la visión de la jurisdicción como una obligación internacional.[72] Por lo tanto, C. Ryngaert, al igual que Mills, pone de

---

[69] M. Virgós y F. Garcimartín, *Derecho Procesal Civil Internacional,* ob. cit., p. 67.

[70] A. Mills, *Rethinking jurisdiction in International Law*, ob. cit., p. 221.

[71] Para F. Matscher, por ejemplo, en el derecho internacional público común no hay reglas permisivas relacionadas con la jurisdicción, sino solo reglas prohibitivas. F. Matscher, Étude *des règles de compétence judiciaire…*, ob. cit, p. 156.

[72] A. Mills, *Rethinking jurisdiction in International Law*, ob. cit., p. 41.

relieve que algunas convenciones estipulan la obligación del Estado de establecer su jurisdicción penal sobre un presunto delincuente de un delito particularmente grave (por ejemplo, un crimen de guerra, un acto de tortura o un acto de terrorismo), siempre que esta persona esté presente en el territorio del Estado y la persona no vaya a ser extraditada (la cláusula *aut dedere aut judicare*).[73] Disposiciones similares en el campo de la jurisdicción civil se observan en los convenios sobre contaminación por hidrocarburos.[74] Agrega C. Ryngaert que en la esfera internacional de los ddhh, el concepto de jurisdicción ha adquirido igualmente una dimensión obligatoria, pues en los Estados que son partes contratantes de los tratados de ddhh deben garantizar los derechos de los individuos que caen dentro de su jurisdicción, incluso si estos individuos se encuentran fuera su territorio.[75]

En la doctrina venezolana E. Hernández-Bretón señala también que los ddhh han impuesto, tanto a nivel nacional como internacional, algunas exigencias a la regulación normativa de la jurisdicción, incorporando ciertos estándares mínimos que exigen o prohíben el ejercicio de la jurisdicción por los Estados soberanos.[76]

> *"Tales estándares procesales mínimos son el producto de una expansión gradual del contenido de los derechos humanos ya reconocidos por el Derecho Internacional Público consuetudinario y contractual. Idéntico fenómeno se aprecia en la esfera nacional a través de la influencia de los derechos fundamentales reconocidos nacionalmente en la regulación del procedimiento civil internacional. Las experiencias en los Estados Unidos desde la decisión en*

---

[73] C. Ryngaert, *The Concept of Jurisdiction in International Law*, ob. cit., p. 54-55. A. Mills, *Rethinking jurisdiction in International Law*, ob. cit., p. 223. Se refieren a la Convención contra la tortura y otros tratos o penas crueles, inhumanos o degradantes, de 1984, en la que se establece la obligación de cada estado de organizar su jurisdicción para garantizar los objetivos del convenio. Véanse los arts. 5(2) y 8(4).

[74] Convenio internacional sobre responsabilidad civil por daños causados por la contaminación de las aguas del mar por hidrocarburos, Bruselas, 29/11/1969 (Art. IX(2) " *Cada Estado Contratante hará lo oportuno para garantizar que sus tribunales gocen de la necesaria jurisdicción para entender de tales acciones en demanda de indemnización*"). La misma regla está prevista en el art. 7(2) del Convenio internacional sobre la constitución de un fondo internacional de indemnización de daños debidos a contaminación por hidrocarburos, 1992.

[75] C. Ryngaert, *The Concept of Jurisdiction in International Law*, o. cit., p. 53-54.

[76] E. Hernández-Bretón, *Problemas contemporáneos del Derecho procesal civil internacional venezolano*, ob. cit., p. 29.

International Shoe Co. v. Washington hasta las recientes decisiones en Asahi Metal Industry Co. v. Superior Court y en Burnham v. Superior Court of California confirman la creciente importancia de las consideraciones fundadas en los derechos humanos para la fijación de las reglas relativas a la jurisdiction to adjudicate. En consecuencia, el examen de la constitucionalidad de tales reglas debe realizarse también en los casos que envuelvan supuestos hechos jurídicamente internacionalizados según la medida de los minimum contacts-plus rationale, en donde plus debe entenderse como procedural due process."[77]

En este sentido, debe considerarse que la importancia del acceso a la justicia como regla internacional pareciera relativizarse frente a la consagración de este derecho en la mayoría de las constituciones contemporáneas,[78] de manera tal que las limitaciones relacionadas a este derecho pasan a ser autoimpuestas por los principios de rango constitucional. M. Virgós y F. Garcimartín señalan que no cabe duda de que existen límites del Derecho internacional al poder jurisdiccional del Estado derivados de los ddhh y el acceso a la justicia, pero, en principio,

---

[77] Ibid., pp. 29-30.

[78] En el plano global del constitucionalismo ha surgido un asombroso crecimiento de la consagración del derecho de acceso a la justicia. Exhaustivos estudios comparativos han dado cuenta de un significativo incremento del porcentaje de constituciones que consagran este derecho a partir de la Segunda Guerra Mundial, especialmente entre 1946 y 2006. Aunque ese porcentaje decreció de un 68% entre 1946 y 1956, hacia un 62% en 1976, de allí en adelante escaló aceleradamente hasta un 86% en 2006. El profesor Christopher Whytock señala que ya en 2006 el acceso a la justicia se encontraba entre las once disposiciones más comunes en las constituciones del mundo, y su aparición en tantos textos constitucionales llevaría a afirmar que se trata de una parte de la práctica global y general del constitucionalismo. Un dato curioso, que pone de relieve la preeminencia del derecho de acceso a la justicia en el contexto de ese constitucionalismo, surge de la comparación entre este derecho y la prohibición de la tortura. El porcentaje de constituciones que contemplaban la prohibición de la tortura era de 37% en 1946, 37% en 1956, 41% en 1966, 45% en 1976, 56% en 1986, 80% en 1996, y 84% en 2006, en todos esos años su porcentaje es menor al de consagración del derecho de acceso a la justicia. Concluye también Whytock que la cantidad de constituciones que contienen el derecho de acceso a la justicia, y su presencia en todos los principales sistemas constitucionales, puede tener un significado jurídico internacional: la tendencia podría considerarse una evidencia que sugiere que el derecho de acceso a la justicia emerge como un principio general del derecho reconocido por el Derecho internacional. C. Whytock, *Foreign State immunity and the right to court access*, University of California, Irvine School of Law, Legal Studies Research Paper Series No. 2014-10, p. 2053-2055. Disponible en: https://papers.ssrn.com/sol3/papers.cfm?abstract_id=2383372.

las exigencias constitucionales (en su caso del Derecho español) satisfacen los estándares internacionales.[79]

Ahora bien, en nuestra opinión (que se separa de los pronósticos de Miaja de la Muela),[80] cada vez que se fijan estándares a los límites de la jurisdicción sobre la base de los requerimientos constitucionales de un Estado (referidos a derechos fundamentales), se podría estar conformando una referencia útil del estándar internacional sobre los mismos derechos. En otras palabras, las autolimitaciones a la jurisdicción por parte de cada Estado, basadas en la necesidad de asegurar un estándar mínimo de ddhh y acceso a la justicia, pueden llegar a tener el componente de *opinio juris* necesario para la conformación de reglas consuetudinarias del Derecho internacional, aunque tales limitaciones se hagan sobre la base de las disposiciones constitucionales internas. [81]

VII. SOBRE LA PROHIBICIÓN DE DENEGACIÓN DE JUSTICIA COMO LÍMITE AL EJERCICIO DE LA JURISDICCIÓN

Las reglas internacionales relativas a la denegación de justicia y el estándar de tratamiento de los ciudadanos extranjeros en general, tal como ya hemos recalcado, son también un ejemplo más de los deberes jurisdiccionales que los Estados se deben entre sí con respecto a los individuos. [82] A pesar de que esta regla se ha concebido históricamente en términos prohibitivos, ella realmente supone una imposición activa

---

[79] M. Virgós y F. Garcimartín, *Derecho Procesal Civil Internacional*, ob. cit., p. 62.

[80] Nos referimos aquí a las afirmaciones formuladas el curso de La Haya de 1972 de Miaja de la Muela, citadas en el epígrafe IV de este artículo, en el sentido de que le parecía "*imposible*" que se produzcan nuevas reglas derivadas de la costumbre internacional restringiendo la libertad jurisdiccional de los Estados. No obstante, el propio profesor español advirtió al respecto: "*Quizás sería posible una evolución en esta dirección, pero el estado actual del Derecho internacional no permite que se acepten los principios normativos*". Véase epígrafe IV.

[81] Es de recordar que la propia CIJ ha reconocido que: "*Es evidente que la sustancia del derecho internacional consuetudinario debe ser identificada en primer lugar en la práctica efectiva y en la opinio juris de los Estados, aún si las convenciones multilaterales pueden tener un rol importante al registrar y definir las reglas derivadas de la costumbre o aun desarrollándola*" (Plataforma continental (*Jamahiriya* árabe *libia/ Malta*), sentencia, C.I.J. *Recueil* 1985, p. 29-30, par. 27).

[82] M. Virgós y F. Garcimartín, *Derecho Procesal Civil Internacional*, ob. cit., p. 67.

del ejercicio de la jurisdicción respetando ciertas garantías. J. Paulsson ha apuntado que el deber de proveer una justicia razonable a los extranjeros es uno de los más antiguos principios del Derecho internacional.[83]

F. Francioni señala que la formulación más adecuada de la noción la denegación de justicia respecto de los extranjeros en el Derecho internacional se plasmó en el Proyecto de Convención de Harvard sobre responsabilidad del Estado por lesiones a extranjeros de 1961, en cuyo artículo 9 se dejaba claro que existiría denegación de justicia cuando hubiese retrasos injustificados, discriminaciones, deficiencia grave en la reparación acordada, una sentencia manifiestamente injusta, etc.[84] En definitiva, se procura establecer un estándar de administración de justicia más elevado y eficiente como prerrequisito para determinar la ausencia de responsabilidad del Estado por lesiones a un extranjero. Se trata para Francioni de una regla del Derecho consuetudinario internacional, que confiere a la persona extranjera una garantía de acceso a la justica, no solamente para reclamar indemnizaciones frente al Estado por lesiones ocasionadas por éste, sino también por terceros particulares. Para que surja tal responsabilidad se requiere que el Estado local tenga jurisdicción respecto de la controversia planteada, basada en criterios territoriales o personales u otros nexos con el Estado del foro. En este sentido, advierte Francioni que pueden existir casos en los que la mera invocación de la falta de jurisdicción conforme a la legislación local es insuficiente para eludir la responsabilidad internacional. Esta posibilidad se plantea especialmente cuando no existe un foro alternativo en el que el extranjero pueda tener acceso a la justicia, como sucede,

---

[83] J. Paulsson, *Denial of Justice in International Law*, Cambridge University Press, 2005, p. 306. (*"to provide decent justice to foreigners" is "one of [international law's] oldest principles"*). Este mismo año (2020) se publicó el curso de la Academia de La Haya dictado sobre ese mismo tema por el profesor Paulsson en 2019, al cual, lamentablemente no hemos tenido acceso todavía. (J. Paulsson, *Issues arising from Findings of Denial of Justice*, *Recueil des Courses*, t. 405, 2020)

[84] *Draft convention on responsibility of States for damage done in their territory to the person or property of foreigners*, elaborado por la Escuela de Derecho de la Universidad de Harvard en 1929. Su texto puede consultarse en el *Report on International Responsibility* de Mr. F.V. García-Amador, *Special Rapporteur*, Documento A/CN.4/96, *Extract from the Yearbook of the International Law Commission*, 1956, Vol. II, pp. 229-230-. Disponible en: http://legal.un.org/ilc/documentation/english/a_cn4_96.pdf.

por ejemplo, cuando se trata de una demanda en contra del propio Estado del foro que, de formularse en una jurisdicción extranjera, pudiese no proceder por razones de inmunidad de jurisdicción. La práctica internacional analizada por Francioni apunta a que en muchos casos se rechaza la falta de jurisdicción como argumento técnico suficiente para excusar la responsabilidad del Estado en la denegación de justicia.[85]

Un caso histórico muy ilustrativo de esta figura involucró a Venezuela en el asunto *Fabiani*. El señor *Antonio Fabiani*, de nacionalidad francesa, obtuvo el exequátur de un fallo francés, pero le fue imposible, por extensos retardos en nuestra administración de justicia, obtener la ejecución del mismo. Incluso, antes de haber logrado el exequátur del fallo judicial, había solicitado la ejecución de un laudo arbitral dictado en Francia, que condenaba al demandado al pago de ciertas cantidades de dinero. La Alta Corte Federal, mediante decisión del 11 de noviembre de 1881, se declaró incompetente por tratarse el asunto de un laudo arbitral, lo que consideraron ser un contrato y no una sentencia. De modo que el señor *Fabiani* replanteó inmediatamente su argumento y volvió a presentarlo como una solicitud de ejecución de la sentencia dictada por la Corte de Apelación de *Aix*, Francia, que confirmaba la que habría sido pronunciada antes por el Juzgado de Primera Instancia de Marsella, la cual había declarado sin lugar la impugnación del laudo arbitral en ese país. El 6 de junio de 1882 la Alta Corte Federal venezolana declaró con lugar la nueva solicitud de *Fabiani*, en vista de que esta sí cumplía con los requisitos de ley. A pesar de haber obtenido el *exequátur*, el señor *Fabiani* se vio en la necesidad de emprender una larga y accidentada batalla judicial para ejecutar la sentencia, en cuyo curso contrajo fiebre amarilla, razón por la cual decidió abandonar el proceso en Venezuela. *Fabiani* optó más bien por pedir amparo diplomático a las autoridades francesas por la manifiesta denegación de justicia de la que había sido víctima. El gobierno de Francia interpuso un reclamo de resarcimiento por los daños que había sufrido su nacional.

---

[85] F. Francioni, *The Rights of access to Justice under Customary International Law.* En: AAVV, *Access to Justice as a human right*, Academy of European Law, European University Institute y Oxford University Press, Nueva York, 2007, pp. 1-55, esp. p. 12-13, nota de pie de página Nro. 34.

El asunto adquirió trascendencia diplomática por el manejo intransigente del mismo entre las autoridades de ambos países, tornándose tan enojoso que se resolvió someter el caso a un arbitraje internacional. En el laudo se condenó a Venezuela a pagar una importante cantidad, más los intereses calculados al 5% anual.[86]

En la formulación inicial de estas reglas la protección de una persona depende de la conducta de su propio Estado, y las personas apátridas no tienen derecho a protección alguna. Debido a que un Estado está haciendo valer sus propios derechos, la posibilidad de que las personas reciban compensación por las pérdidas sufridas a causa de las violaciones del Derecho internacional, por parte de un Estado extranjero, dependen de que su propio Estado pueda y esté dispuesto a iniciar procedimientos, y a reembolsar cualquier indemnización obtenida, asuntos que el Derecho internacional deja a discreción de cada Estado individual.[87]

Sin embargo, esa idea tradicional ha sido desafiada a través del rápido desarrollo del Derecho internacional de inversiones y el arbitraje, alimentada por la expansión del derecho de acceso a la justicia.[88] El auge del arbitraje de inversión se convirtió en un vehículo de transformación de la regla de denegación de justicia, permitiendo que los particulares (inversores) la invoquen en los procesos arbitrales. Los Estados del mundo han celebrado miles de tratados bilaterales de inversión, que generalmente cumplen dos funciones. Primero, definen los estándares

[86] G. Parra-Aranguren, "La función de la reciprocidad en el sistema venezolano del exequatur", *RDUCV*, No. 31, 1965, esp. pp. 40-47. Disponible en: http://www.ulpiano.org.ve/revistas/bases/artic/texto/RDUCV/31/rucv_1965_31_39-122.pdf.

[87] Esta circunstancia, según explica F. Francioni, resultó expresamente aclarada en la sentencia de la CPJI en el caso *Mavrommantis Palestine Concessions* en el que se asentó que al tomar la protección de uno de sus nacionales y emplear las acciones diplomáticas correspondientes, el Estado está realmente invocando su propio derecho, el derecho de asegurar el cumplimiento de las reglas del Derecho Internacional con respecto a sus nacionales. F. Francioni, *The Rights of access to Justice under Customary International Law. "It is an elementary principle of international law that a State is entitled to protect its subjects, when injured by acts contrary to international law committed by another State, from whom they have been unable to obtain satisfaction through the ordinary channels. By taking up the case of one of its subjects and by resorting to diplomatic action or international judicial proceedings on his behalf, a State is in reality asserting its own rights – its rights to ensure, in the person of its subjects, respect for the rules of international law". Mavrommatis Palestine Concessions Case* (1924) PCIJ Series A, No. 2, 12.

[88] A. Mills, *Rethinking jurisdiction in International Law*, ob. cit., pp. 216-217.

sustantivos de tratamiento aplicables en cada Estado con respecto a los inversionistas extranjeros del otro Estado, y en segundo lugar, establecen procedimientos en virtud de los cuales dichos inversores pueden presentar demandas directamente contra el Estado receptor con respecto a su inversión. De este modo, los inversores pueden hacer que sus reclamos sean escuchados por un tribunal arbitral independiente, en lugar de los tribunales nacionales, y ha habido cientos de arbitrajes de inversión. En este ámbito las alegaciones de denegación de justicia se han invocado cada vez más en reclamaciones derivadas de tratados de inversión, en particular como parte del requisito estándar de que se debe dar un "*trato justo y equitativo*" a los inversores extranjeros, una exigencia que a veces también se considera como un reflejo de los estándares mínimos de tratamiento que establece el Derecho internacional consuetudinario. La cuestión en estos casos es si a un inversor extranjero se le ha denegado el acceso genuino o efectivo a un recurso, en relación con violaciones de sus derechos por parte de personas públicas o privadas. No todos los tratados de inversión requieren el agotamiento de los recursos locales, por lo que un inversor puede iniciar directamente procedimientos arbitrales contra un Estado por incumplimiento de sus derechos por parte de una autoridad pública de ese Estado. Si el inversor se ve perjudicado y elige (o se le exige) entablar un proceso interno contra una autoridad pública, la denegación de un recurso puede significar que el arbitraje internacional aún puede llevarse a cabo con un reclamo secundario derivado de la denegación de justicia.[89]

Un ejemplo reciente y emblemático de la aplicación de esta figura viene dado por el laudo parcial de la Corte Permanente de Arbitraje de La Haya, dictado en contra de Ecuador el 30 de agosto de 2018, a raíz de la demanda presentada por *Chevron* en virtud del Tratado entre la República del Ecuador y los Estados Unidos de América sobre promoción y protección de inversiones. En la demanda arbitral se alegaba que Ecuador había incurrido en "*denegación de justicia*" conforme al Derecho consuetudinario internacional, además de violar el estándar FET ("*fair and equitable treatment*") del Derecho de inversiones, todo ello en consideración de las múltiples irregularidades presentabas en

[89] Ibid.

el proceso y en los fallos judiciales por los que se había condenado a *Chevron* a pagar una indemnización de 9.500 millones de dólares americanos en el famoso caso de *Lago Agrio*. Entre las numerosas consideraciones del laudo se señala que "*una denegación de justicia bajo el Derecho internacional consuetudinario necesariamente implicará una violación del estándar FET contenido en el artículo II (3) (a) del Tratado*". En consecuencia, las referencias a la denegación de justicia bajo el estándar FET deben entenderse en ese laudo como referidas también a la denegación de justicia bajo la costumbre del Derecho internacional.[90] En relación a lo que establece esa costumbre, el Tribunal arbitral manifestó apoyarse en los precedentes de cuatro laudos citados por las propias partes litigantes, a saber: *Azinian v México* (1999), *Mondev v USA* (2002), *Loewen v USA* (2003) y *Oostergetel v Slovakia* (2012).[91] El laudo concluye que Ecuador violó el Derecho consuetudinario internacional sobre la denegación de justicia, lo que junto a la violación del estándar FET, condujo a una condena de indemnización por los daños sufridos por la demandante.[92]

VIII. EPÍLOGO Y CONCLUSIONES

Para A. MILLS los desarrollos recientes parecen significar un cambio en la situación de las personas en relación con la jurisdicción, tanto a nivel internacional como nacional, de objetos pasivos de regulación del Derecho internacional a titulares activos de derechos. Por lo tanto, las normas sobre jurisdicción en el Derecho internacional deben "*repensarse*" en lo que concierne no solo a los derechos estatales sino también a las responsabilidades estatales: una combinación de derechos, obligaciones y prohibiciones estatales, así como los derechos individuales que reflejan la realidad más compleja del Derecho internacional moderno.[93]

> *"Durante mucho tiempo –apunta D. FERNÁNDEZ ARROYO– era posible afirmar que cada Estado, en virtud de su independencia y de su*

---

[90] Párr. 7.13. (traducción libre). Disponible en: https://pca-cpa.org/en/cases/.

[91] Párr. 8.35.

[92] Párrs. 8.78. 9.3, 9.4, 9.119.

[93] A. Mills, *Rethinking jurisdiction in International Law*, ob. cit., p. 235.

soberanía, era libre de determinar los casos en los cuales sus jueces y tribunales debían o podían ejercer la jurisdicción correspondiente a dicho Estado. Tal afirmación, cuyas raíces se hunden en las concepciones más territorialistas y nacionalistas del derecho, parece descansar también sobre la falta de un principio de derecho internacional (y más aún de uno de derecho natural) que obligue a los Estados a autolimitar la competencia de sus tribunales cuando las relaciones jurídicas están vinculadas, de forma concurrente o exclusiva, a otros ordenamientos jurídicos. Sin entrar en los aspectos de filosofía jurídica planteados por esta cuestión, es inevitable señalar que dicha afirmación ha perdido una gran parte de su sentido práctico."[94]

Pero debe reconocerse, en todo caso, que los cambios planteados son quizás sutiles y todavía no ocupan gran atención en la doctrina internacional. Tal como finalmente advierte el mismo A. Mills, en la ley, como en la ciencia, un modelo teórico solo puede asomarse en respuesta a la evidencia antes de que ocurra un cambio de paradigma, reemplazando los supuestos básicos del sistema con un nuevo conjunto de principios fundamentales. El punto de su reflexión es que el Derecho internacional podría estar en medio de tal cambio. El modelo tradicional y los enfoques que lo cuestionan pueden ser ampliamente viables en la actualidad, pero a medida que crece el reconocimiento de los individuos en el Derecho y la práctica internacionales, se desafía la persuasión de la perspectiva tradicional.[95]

A diferencia de lo que sostiene Mills, pensamos que estos cambios no modifican la esencia del criterio expresado en el caso *Lotus* por la CPJI, de modo que su vigencia no está realmente en juego. La base esencial del criterio *Lotus* sostiene que las limitaciones al poder jurisdiccional del Estado no pueden presumirse, sino que tienen que derivarse de una regla reconocida del Derecho internacional. Lo que está realmente en discusión, como sugería Miaja de la Muela hace más de cuatro décadas, es si existen o no reglas (nuevas) del Derecho internacional en relación a las referidas limitaciones.

---

[94] D. Fernández Arroyo, *Aspectos esenciales de la competencia judicial internacional en vistas de su reglamentación interamericana,* ob. cit., p. 298.

[95] A. Mills, *Rethinking jurisdiction in International Law*, ob. cit., p. 237.

Todavía puede decirse que el Derecho internacional no hace un reparto de la jurisdicción entre los Estados; esto es, no distribuye los litigios internacionales entre las jurisdicciones de los diferentes Estados.[96] En palabras de F. MATSCHER el Derecho internacional Público no regula de manera exhaustiva la competencia judicial internacional; sino quc comúnmente solo establece unas pocas reglas aisladas a este respecto.[97]

Además de los límites ya aceptados tradicionalmente, tal como se expuso antes, los ddhh y especialmente el derecho de acceso a la justicia, parecen comenzar a jugar un rol cada vez más significativo en los mínimos y máximos del ejercicio de la jurisdicción.[98]

De todo lo anterior podemos extraer algunas conclusiones más puntuales, sin ánimos de suscribirlas como definitivas.

Los Estados gozan todavía de una amplia libertad para determinar el alcance de su jurisdicción civil conforme al Derecho internacional común, el cual, en la actualidad, parece imponer solo los siguientes límites o restricciones generales:

a. La jurisdicción solo puede ejercerla cada Estado dentro de su propio territorio, salvo que sea autorizado a ejercerla de alguna manera en el territorio de otro Estado, por vía de un tratado o de una aceptación unilateral del Estado extranjero respectivo.

b. El régimen de inmunidades jurisdiccionales.

c. La prohibición de denegación de justicia a los extranjeros.

d. El respeto a los estándares mínimos y máximos de los ddhh y el acceso a la justicia.

Obviamente, las limitaciones específicas establecidas en tratados internacionales que sean aplicables son también normas internacionales que delimitan los poderes jurisdiccionales del Estado.

La limitación territorial de la jurisdicción de los Estados no significa que solo puedan conocer asuntos estrictamente vinculados a su territorio. Salvo en el ámbito de aplicación de los tratados internacionales aplicables en la materia, no existen restricciones suficientemente específicas acerca del grado de conexión que deba tener la causa con el

---

[96] M. Virgós y F. Garcimartín, Derecho Procesal Civil Internacional, ob. cit., p. 61.

[97] F. Matscher, Étude *des règles de compétence judiciaire...*, ob. cit, p. 151.

[98] Véase epígrafe VI.

territorio del Estado, ni tampoco se limita al Estado en alguna medida a conocer asuntos conectados con otras jurisdicciones. En el marco de esta libertad no se prohíbe a los jueces que ordenen a los particulares alguna conducta específica aunque el particular se encuentre en el extranjero y aunque esa conducta deba desplegarse en el extranjero, incluso bajo amenaza de sanción.

Pero el respeto a los ddhh y, en particular, el derecho de acceso a la justicia, asigna ciertos estándares al ejercicio y a los alcances de esa jurisdicción que implican, entre otros posibles efectos, al menos algún grado razonable de vinculación del litigio con el Estado. Es cierto que no existe un acuerdo amplio en cuanto a la especificación exacta de ese grado. No obstante, ya el Derecho comparado y el acervo doctrinal en la materia, pueden arrojar ciertas orientaciones y aproximaciones al respecto (de las que nos ocuparemos en otra oportunidad).

Fuera del ámbito de estas limitaciones, la demarcación de la jurisdicción corresponde a la esfera normativa interna de cada Estado.

RESPONSABILIDAD DERIVADA DEL INCUMPLIMIENTO DEL ACUERDO DE ARBITRAJE*

JORGE I. GONZÁLEZ CARVAJAL**

SUMARIO

Introducción 1. El acuerdo arbitral como contrato. 1.1. El acuerdo arbitral dentro de la clasificación general de los contratos. 2. Obligaciones de las partes derivadas del acuerdo arbitral. 2.1. Obligaciones de no hacer: El llamado efecto negativo del acuerdo. 2.2. Obligaciones de hacer: El llamado efecto positivo del acuerdo arbitral. 3. Remedios al incumplimiento de las obligaciones derivadas del acuerdo arbitral. 3.1. Responsabilidad patrimonial declarada dentro del procedimiento arbitral o fuera del arbitraje. 3.2. Regulación convencional de la responsabilidad por incumplimiento del acuerdo de arbitraje. 3.3. Medidas cautelares para asegurar el cumplimiento del acuerdo de arbitraje. • Conclusiones.

---

* Celebramos con júbilo el merecido homenaje que rinde la Academia de Ciencias Políticas y Sociales al Dr. Luis Cova Arria quien tanto desde las aulas universitarias como con su obra y ejemplos académico y profesional enseña día tras día a las nuevas y no tan nuevas generaciones. Con admiración y respeto hacia el homenajeado presentamos un tema relativo al arbitraje, como lo es la responsabilidad derivada del incumplimiento del acuerdo arbitral. Como es natural el homenajeado tiene amplia experiencia y credenciales en materia arbitral, y dentro de su vasta obra, ha tratado temas relativos al arbitraje marítimo y comercial, al respecto, entre otras, véanse Luis Cova Arria, "Comisión de Arbitraje Iberoamericana", *Revista de Derecho Mercantil*, 2, 4 julio-diciembre, Editorial Revista de Derecho Mercantil, Caracas, 1987, pp. 177 ss, "Arbitraje marítimo en Iberoamérica. La Comisión de Arbitraje de ALAMAR*". El CEAMAR, Revista de la Facultad de Derecho de la Universidad Católica Andrés Bello*, 45 (diciembre), Caracas, UCAB, 1992, pp. 21 ss, "El arbitraje marítimo", en Aa.Vv, *Arbitraje comercial interno e internacional: reflexiones teóricas y experiencias prácticas*, coord. Irene de Valera, Academia de Ciencias Políticas y Sociales, Caracas, 2005, *El arbitraje marítimo*, en *Boletín de la Academia de Ciencias Políticas y Sociales*, n° 153, Academia de Ciencias Políticas y Sociales, Caracas, 2014, pp. 117 ss.

** Universidad Católica Andrés Bello, Abogado, Especialista en Derecho Procesal y Profesor de Contratos Especiales I y II y Derecho de las Garantías. Universidad Nacional de Rosario, Argentina, *Magíster Scientiarum* en Derecho Procesal y doctorando en Derecho. Universidad de Padua, Italia, *visiting scholar*. Universidad Central de Venezuela, Profesor de Procedimiento Marítimo. Miembro del Instituto Panamericano de Derecho Procesal y de la Asociación Venezolana de Arbitraje. Pertenece a la Lista Oficial de Árbitros del Centro de Arbitraje de la Cámara de Caracas. Ha sido profesor de Derecho de las Obligaciones y Teoría General de la Jurisdicción en la Universidad Central de Venezuela y profesor de Derecho de las Obligaciones y Contratos y Garantías en la Universidad Monteávila.

INTRODUCCIÓN

Un tema de interés teórico y práctico está referido a los efectos jurídicos del acuerdo arbitral, entendiendo como tal aquel acuerdo independiente o cláusula contractual mediante las cuales los cocontratantes deciden someter sus controversias actuales o eventuales a la decisión de árbitros.

El acuerdo arbitral ha sido estudiado por doctrina especializada de manera prolija[1] y aplicado por la jurisprudencia de los tribunales (tanto estatales como arbitrales), desde una perspectiva orientada al estudio de los efectos que el acuerdo produce frente tribunal arbitral (p. ej., la separabilidad y el principio *Kompetenz-Kompetenz*) y/o frente a los tribunales estatales (p. ej., el efecto negativo o excluyente de competencia de los tribunales nacionales, la excepción o defensa de arbitraje).

Aspectos estos que –se aclara– no son objeto inmediato de este trabajo.

Será objeto de este trabajo la perspectiva de análisis del acuerdo de arbitraje desde los efectos obligacionales que produce entre las partes, partiendo naturalmente de la piedra angular del arbitraje: *el acuerdo*.

---

[1] Véase por todos Aa.Vv., *Tratado de derecho arbitral.* v. I. *El convenio arbitral*, dir. C. Soto Coaguila, Pontificia Universidad Javeriana – IPA, Bogotá, 2011, *passim*. Arístides Rengel-Romberg, "El arbitraje en el Código de Procedimiento Civil y en la nueva Ley de Arbitraje Comercial (1998)", en Aa.Vv., *Seminario sobre la Ley de Arbitraje Comercial*, coord. I. de Velera, Academia de Ciencias Políticas y Sociales, Caracas, 1999, pp. 51 ss.; Baumeister Toledo, Alberto, *Algunas consideraciones sobre el procedimiento aplicable en los casos de arbitraje regidos por la Ley de Arbitraje Comercial*, en Aa.Vv., *Seminario sobre la Ley de Arbitraje Comercial, cit.*, pp. 101 ss.: James Otis Rodner S., *Introducción al arbitraje institucional*, en Aa.Vv., *Seminario sobre la Ley de Arbitraje Comercial, cit.*, pp. 312 ss.; Ramón J. Escovar Alvarado, "La facultad de los tribunales arbitrales para determinar su propia jurisdicción (principio "kompetenz-kompetenz")", en Aa.Vv., *Arbitraje comercial interno e internacional. Reflexiones teóricas y experiencias prácticas*, coord. I. de Velera, Academia de Ciencias Políticas y Sociales, Caracas, 2005, pp. 431 ss.; Pedro J. Saghy Cadenas, *El arbitraje institucional en Venezuela. Análisis comparado de los reglamentos del centro Empresarial de Conciliación y Arbitraje (CEDCA) y del Centro de Arbitraje de la Cámara de Caracas (CACC)*, EJV-Acienpol, Caracas, 2017, pp. 25 ss., José Carlos Fernández Rozas, *Tratado de arbitraje comercial en América Latina*, Iustel, Madrid, 2008, pp. 595 ss., Bernardo Cremades, "El convenio arbitral y sus efectos (Arts. 9 y 11 de la Ley 60/2003, de Arbitraje)", en Aa.Vv., *Comentario a la Ley de Arbitraje*, coord. A. de Martín Muñoz y S. Hierro Anibarro, Marcial Pons, Madrid, 2006, pp. 303, Alan Redfern, Martín Hunter, Nigel Blackaby, y Constantine Partasides, *Teoría y práctica del Arbitraje comercial Internacional*, 4ª ed., Aranzadi, España, 2006, pp. 257 ss.

Adviértase, no obstante, que la aproximación que parece ser meramente contractual, nos llevará a la necesaria *intersección* entre lo contractual y lo jurisdiccional.

1. EL ACUERDO ARBITRAL COMO CONTRATO[2]

Desde antaño[3] es permitido en la mayoría de los ordenamientos jurídicos que las personas sometidas a ellos elijan jueces privados para la resolución de los conflictos intersubjetivos que no sea posible resolver a través de medios autocompositivos[4].

La posibilidad de elegir árbitros coexiste con el funcionamiento de órganos permanentes del Estado dispuestos a la resolución de conflictos.

Esta posibilidad, considerada pacíficamente como un derecho –lo que ha sido entendido en Venezuela como derecho al proceso arbitral (V. sent. n° 192/08 de la Sala Constitucional) –, encuentra fundamento en la libertad de contratar[5] o autodecisión[6] y en el principio de autonomía privada.

---

2 Véase por todos Jaime Guasp, *El arbitraje en el Derecho español,* Bosch, Barcelona, pp. 23 s., así como Roque J Caivano, y Verónica Sandler Obregón, "Consecuencias del incumplimiento del acuerdo arbitral", en Aa.Vv., *Estudios de arbitraje. Libro homenaje al profesor Patricio Aylwin Azócar*, 2ª ed., dir. E. Picand Albónico, Thomson Reuters La Ley, Santiago, 2014, p. 269. No obstante, existen supuestos de "arbitrajes" no derivados de la voluntad de las partes sino de la Ley.

3 *V.* Mateo Marrone, "Sull'arbitrato privato nell'esperienza giuridica romana", en *Rivista dell'arbitrato*, 1999, pp. 1 ss. Guido Alpa, "La circulation des modèles de résolution des conflits", en *Revue internationale de droit comparé*, Vol 45, n° 4, 1993, pp. 758 ss., véase asimismo José Eloy Anzola, "Reseña histórica del arbitraje comercial en Venezuela", en Aa.Vv., *El arbitraje en Venezuela. Estudios con motivo de los 15 años de la Ley de Arbitraje Comercial*, coord. L.A. Araque, M. Betancourt, D. Droulers, C. Lepervanche, Caracas, 2013, pp. 19 ss.

4 Es común indicar que todo aquello que pueda ser transigido puede ser sometido a arbitraje, y en este sentido vale recordar la disposición normativa prevista en el art. 608 CPC Ven y el art. 3 de la LAC Ven.

5 Sobre la *libertad de contratar* y su diferencia con la *libertad contractual* v. Frances Messineo, *Doctrina general del contrato*, trad. R. O. Fontanarrosa, S. Sentís Melendo y M. Volterra, I, EJEA, Buenos Aires, 1952, p. 19.

6 *V.* Atilio Aníbal Alterini, *Contratos. Civiles-Comerciales-De consumo. Teoría general*, Abeledo-Perrot, Buenos Aires, 1999, p. 73.

7 Aunque no sólo procesales, según se verá en el texto.

El acuerdo de arbitraje se perfila, hoy día, como un contrato típico de derecho privado con efectos procesales[7] cuando está regulado expresamente por la legislación. Acuerdo que presenta características particulares que lo diferencian de los llamados –e históricamente discutidos– negocios jurídicos procesales[8], incluido dentro de este género, un negocio jurídico paradigmático como es la transacción. Es decir, el contrato mediante el cual las partes, mediante recíprocas concesiones, terminan un litigio pendiente o precaven uno eventual (art. 1.809 C. civ. Esp, art. 1.965 C. civ. It y art. 1.713 C. civ. Ven).

También se deslinda de históricos casos grises como la llamada pericia contractual[9], caracterizada por el hecho que mediante ella las partes confían al tercero (o terceros) elegido por su competencia técnica, no la resolución de una controversia sino, la formulación de una apreciación técnica que anticipadamente se comprometen a aceptar como expresión directa de la voluntad de las partes[10]. O del caso del "*arbitrador*"[11] contractual o *arbitraggio*[12], que no es mecanismo de resolución de controversias, donde se delega a un tercero la determinación, *merum arbitrium* o *arbitrium boni viri*, de una de las prestaciones que integran el objeto obligacional del contrato[13], cumpliendo la función de integración del contenido del contrato en cuanto a un elemento

---

8 *V.* Giuseppe Chiovenda, *Principii di diritto processuale civile*, Jovene, Napoli, 1965, pp. 775 ss., en castellano, Id., *Principios de derecho procesal civil*, trad. J. Casais y Santaló, Reus, Madrid, 1977, II, pp. 252 ss., también Francesco Carnelutti, *Arbitri e arbitratori*, en *Rivista di diritto processuale civile*, 1924, pp. 129 ss. Véase asimismo Bove, Mauro, *La giustizia privata*, 3ª ed., Cedam, Padova, 2015, p. 285 ss.

9 *V.* Aurelio Gentili, "Autonomia privata e potere di accertamento", en *Rivista di diritto civile*, Cedam, Milan, 2017, pp. 1389 ss., también Mandrioli, Crisanto, *Corso di diritto processuale civile*, III, Giappichelli, Turín, 2010 p. 360.

10 *V.* Mandrioli, Crisanto, *cit.*, p. 360.

11 *V.* Messineo, Francesco, *Doctrina general del contrato*, *cit.*, p. 49. Véase por todos Francesco Carnelutti, *Arbitri e arbitratori*, *cit.*, pp. 121 ss.

12 *V.* Claudio Consolo, *Spiegazioni di diritto processuale civile. Profili generali*, II, 2ª ed., Giappichelli, Turín, 2012, p. 148, también Crisanto Mandrioli, *op. cit.*, p. 358.

13 Establece el art. 1349 C. civ. It: "*Se la determinazione della prestazione dedotta in contratto è deferita a un terzo e non risulta che le parti vollero rimettersi al suo mero arbitrio, il terzo deve procedere con equo apprezzamento. Se manca la determinazione del terzo o se questa è manifestamente iniqua o erronea, la determinazione è fatta dal giudice. La determinazione rimessa al mero arbitrio del terzo non si può impugnare se non provando la sua mala fede. Se manca la determinazione del terzo e le parti non si accordano per sostituirlo, il contratto è nullo. Nel determinare la prestazione il terzo deve tener conto anche delle condizioni generali della produzione a cui il contratto abbia riferimento*".

aun incompleto[14]. Figura esta última que se encuentra en Venezuela, en forma general *ex* art. 1.155 C. civ. Ven[15] (art. 1.349 C. civ. It y art. 1.271 C. civ. Esp), relativo al objeto (de la prestación) del contrato y, en términos generales, para el pago como acto jurídico *ex* art. 1212 C. civ. Ven, respecto al plazo para cumplir la obligación[16]. También en forma particular *ex* art. 1.479 C. civ. Ven (arts. 1.473 y 1.474 C. civ. It y art. 1.447 C. civ. Esp), en este último caso, en el contexto del contrato de compraventa, que permite a las partes en el acto de venta dejar al arbitrio de un tercero la determinación del precio o que sea determinado por un tercero elegido con posterioridad[17] (norma similar en materia de compraventa mercantil encontramos en los arts. 134 y 135 C. com. Ven). En materia de contrato de obras, *ex* arts.1.632 y 1.633 C. civ. Ven (art. 1.657 C. civ. It), encontramos disposiciones normativas similares relativas a la indeterminación y fijación del precio.

Tomando en cuenta que el contrato es fuente generadora de obligaciones, las que generan a su vez prestaciones[18], el acuerdo de arbitraje

---

[14] *V*. Claudio Consolo, *op. cit.*, p. 148.

[15] Es común, la mención, en la doctrina especializada al estudiar la determinabilidad de la prestación, al respecto véase Palacios Herrera, *Apuntes de obligaciones. Versión taquigrafiada de clases dictadas en la Universidad Central de Venezuela año 1950-1951*, Ediciones Centro de Estudiantes Universidad del Zulia, Maracaibo, 1982, pp. 156 y 157, Eloy Maduro Luyando y Emilio Pittier Sucre, *Curso de obligaciones. Derecho Civil III*, 13ª ed., I. UCAB, Caracas, 2002. p. 29 y Eloy Maduro Luyando y Emilio Pittier Sucre, *Curso de obligaciones. Derecho Civil III*, 13ª ed., II, UCAB, Caracas, 2002. p. 693, Bernad Mainar, Rafael, *Derecho civil patrimonial. Obligaciones*, I, UCV, Caracas, 2006, p. 39. Véase por todos *Código Civil de Venezuela. Artículos 1146 al 1158*, Instituto de Derecho Privado-Universidad Central de Venezuela, Caracas, 1982, pp. 247 ss.

[16] Podría discutirse si la intervención del juez estatal en el caso de normas como la mencionada convierte a su actuación en una actuación jurisdiccional, sin embargo, resulta más sensato calificar actuaciones de este género como actuaciones judiciales en sede de jurisdicción voluntaria. Véase también el art. 1742 C. civ. Ven, relativo a la fijación judicial de un plazo para la restitución de lo recibido por concepto de mutuo.

[17] La doctrina venezolana coincide en que dicho tercero no es árbitro ni perito, sino mandatario de las partes, al respecto véase por todos Aníbal Dominici, *Comentarios al Código Civil de Venezuela*, 3ª ed., III, Destino, Caracas, 1982, pp. 325 ss., también José Luís Aguilar Gorrondona, *Contratos y garantías*, 12ª ed., UCAB, Caracas, 2002, pp. 206 ss., y Rafael Bernad Mainar, *Contratación civil en el Derecho venezolano*, I, UCAB, Caracas, 2002, p. 89 y nota nº 155. En doctrina colombiana, véase Alberto Tamayo Lombana, *El contrato de compraventa. Su régimen civil y comercial*, Doctrina y Ley, Bogotá, 2004, p. 94, mientras que en doctrina argentina véase Rubén H. Compagnucci de Caso, *Contrato de compraventa*, Hammurabi, Buenos Aires, 2007, pp. 111. ss.

[18] *V*. Francesco Messineo, *Doctrina general del contrato*, *cit*., p. 149, véase asimismo Atilio Aníbal Alterini; Oscar José Ameal; Roberto M. López Cabana, *Derecho de obligaciones. Civiles y comerciales*. 2ª ed., Abeledo-Perrot, 1998, pp. 53 y 83.

tiene la particularidad de calificar como *contrato procesal*[19], contrato con efectos procesales[20] o dentro de la categoría general de contratos para la solución de controversias[21], debido a que sus efectos y función apuntan a la resolución de un conflicto.

Dicho lo anterior, cabe preguntarse ¿cuáles son las obligaciones derivadas del acuerdo arbitral? Y concretamente ¿en qué consisten las prestaciones? también cabe preguntar si ¿Se trata de un contrato de naturaleza *sui generis*[22]? Y si es así ¿por qué? En las líneas siguientes trataremos de dar respuestas crítico reflexivas a estas interrogantes.

1.1. El acuerdo arbitral dentro de la clasificación general de los contratos

No existe duda, según hemos adelantado, que el acuerdo de arbitraje es un contrato[23], que impone la obligación de resolver el conflicto surgido mediante árbitros, generando, para este fin, una multiplicidad de relaciones[24] y/o situaciones jurídicas subjetivas complejas[25].

Ahora bien, nuestra intención radica en fijar la mirada en el acuerdo de arbitraje y sus efectos contractuales entre las partes. Así, aunque se afirma que el acuerdo de arbitraje es un contrato preparatorio[26], en el

---

19 *V.* Eloy Maduro Luyando y Emilio Pittier Sucre, *op. ult. cit.*, p. 530, quien se refiere a *contratos judiciales* como aquellos dirigidos a prevenir o dirimir una controversia o a la forma de resolverla, y entre ellos encuentra a la transacción y al compromiso arbitral. Véase también Remo Caponi, *Autonomia privata e processo civile: gli accordi processuali*, en Aa.Vv., *Poteri del giuduce e diritti delle parti del proceso civile*, coord. G. Scarselli, Edizioni Scientifiche Italiane, Milán, 2010, pp. 146 ss.

20 *V.* Claudio Consolo, *Spiegazioni di diritto processuale civile, cit.*, p. 148.

21 *V.* Atilio Aníbal Alterini, *Contratos..., cit.*, p. 184.

22 *V.* Guido Alpa, *La circulation des modèles de résolution des conflits, cit.*, pp. 775.

23 *V.* Roque J Caivano y Verónica Sandler Obregón, *Consecuencias del incumplimiento del acuerdo arbitral, cit.*, p. 264. Véase, por ejemplo, el reconocimiento expreso que se hace en el Código Civil y Comercial de la Nación Argentina en sus artículos 1.649 al 1.665.

24 *V.* Luis Alfredo Araque Benzo, Carlos Eduardo Acedo Sucre, Gilberto Guerrero-Rocca, y Pedro Luis Planchart Pocaterra, *El acuerdo de arbitraje*, en Aa.Vv., *El arbitraje en Venezuela. Estudios con motivo de los 15 años de la Ley de Arbitraje* Comercial, *cit.*, p. 157 ss.

25 Se entiende por situación jurídica subjetiva "*la dimensión subjetiva de una norma, vale decir, el atributo adscrito por una norma a un sujeto*" *Cf.* Riccardo Guastini, *La sintassi del diritto*, Giappichelli, Turín, 2011, p. 83 ss., véase también Mauro Barberis, Ética para juristas, trad. A. Núñez Vaquero, Trotta, Madrid, 2008, pp. 1355.

26 *V.* A Luis Alfredo Araque Benzo, Carlos Eduardo Acedo Sucre, Gilberto Guerrero-Rocca, y Pedro Luis Planchart Pocaterra, *cit.*, p. 177 ss. Caen propiamente dentro de la categoría de

entendido que sirve de fundamento para la celebración de negocios jurídicos posteriores[27], es más que esto, pues presenta un polimorfismo, en el entendido que a la vez que prepara el terreno para la celebración de nuevos acuerdos (con los árbitros y/o con el Centro de Arbitraje) genera *al mismo tiempo* obligaciones que se traducen en diversas prestaciones positivas y negativas para los cocontratantes.

Dentro de la clasificación general de los contratos[28], consideramos que se trata de:

Un contrato bilateral[29] (o plurilateral), pues existen dos o más partes obligadas[30];

Oneroso, en el entendido que en el mismo se asignan ventajas a las partes y se establecen debido a que a la prestación de una parte corresponde una contraprestación de la otra[31];

---

contratos preparatorios los modelos arbitrales que distinguían entre cláusula compromisoria y compromiso. Véase al respecto Bernardo Cremades, *El convenio arbitral y sus efectos, cit.*, p. 277. Asimismo, José Eloy Anzola, *Reseña histórica del arbitraje comercial en Venezuela, cit.*, pp. 78 ss., y Roque J Caivano y Verónica Sandler Obregón, *Consecuencias del incumplimiento del acuerdo arbitral, cit.*, p. 268.

27 *V.* Eloy Maduro Luyando y Emilio Pittier Sucre, *Curso de obligaciones. Derecho civil III*, 13ª ed., II, Ucab, Caracas, 2002, p. 555.

28 *V.* Luis Alfredo Araque Benzo, Carlos Eduardo Acedo Sucre, Gilberto Guerrero-Rocca, y Pedro Luis Planchart Pocaterra, *cit.*, p. 178 ss.

29 *V.* Christian Larroumet, *Teoría general del contrato*, v. I, trad. J. Guerrero R., Temis, Bogotá, 1999, pp. 149 ss. Así como Guillermo Ospina Fernández y Eduardo Ospina Acosta, *Teoría general del contrato y del negocio jurídico*, 7ª ed., Temis, Bogotá, 2018, pp. 45 ss. y 66.

30 Se discute, al respecto, sobre la posibilidad o no de vincular a sujetos ajenos al acuerdo (terceros), y en el mismo sentido, sobre los procesos con pluralidad de partes. Véase por todos Alan Redfern, Martín Hunter, Nigel Blackaby, y Constantine Partasides, *Teoría y práctica del arbitraje comercial internacional, cit.*, pp. 88-89 y 240 ss., asimismo José Carlos Fernández Rozas, *Tratado de arbitraje comercial en América Latina, cit.*, pp. 619 ss., Miguel Gómez Jene, *El convenio arbitral: statu quo*, en *Cuaderno de Derecho Transnacional*, Octubre 2017, v. 9, n° 2, pp. 20, y de Elizabeth Nadal, y Víctor Manuel Sánchez, *La extensión a terceros no firmantes de los efectos del convenio arbitral. La aproximación en España*, en Aa.Vv., *Tratado de derecho arbitral*. v. I. *El convenio arbitral*, dir. C. Soto Coaguila, Pontificia Universidad Javeriana – IPA, Bogotá, 2011, pp. 689 ss. También Pietro Rescigno, *I terzi e la convenzione arbitrale – Intervento introduttivo*, en *Rivista dell'arbitrato*, 2012, pp. 771 ss., De Giorgio Nova, *I terzi e la convenzione arbitrale*, en *Rivista dell'arbitrato*, 2012, pp. 777 ss., Paolo Michele Patocchi, y Paolo Marzolini, *I terzi e il procedimento arbitrale nella prospettiva internazionale*, en *Rivista dell'arbitrato*, 2012, pp. 783 ss. Francesco P. Luiso, *Il terzo e il lodo arbitrale*, en *Rivista dell'arbitrato*, 2012, pp. 805 ss.

31 *V.* José Mélich-Orsini, *Doctrina general del contrato*, 4ª ed., Acienpol, Caracas, 2006, p. 35 ss., también Eloy Maduro Luyando y Emilio Pittier Sucre, , *Curso de obligaciones, cit.*,

Es un contrato de ejecución continua[32], vale decir, no es de ejecución instantánea, pues no se ejecuta (ni sus prestaciones) en un solo momento o unidad de tiempo, p. ej., con la constitución del tribunal arbitral;

Conmutativo[33], pues las prestaciones de las partes se conocen de manera precisa[34] y de antemano[35].

Es un contrato, en la generalidad de los casos[36], formal[37], pues se requiere que la expresión de voluntad conste por escrito[38].

Es un contrato de prevención de riesgos[39], donde el riesgo está representado en litigar la controversia ante tribunales estatales[40].

---

p. 544, asimismo, Atilio Aníbal Alterini, *Contratos, cit.*, p. 175, Christian Larroumet, *Teoría general del contrato, cit.*, p. 142 y Guillermo Ospina Fernández, y Eduardo Ospina Acosta, *Teoría general del contrato y del negocio jurídico, cit.*, pp. 52 y 62.

32 *V.* Christian Larroumet, *Teoría general del contrato, cit.*, pp. 156 ss.

33 *V.* Guillermo Ospina Fernández y Eduardo Ospina Acosta, *op. cit.*, p. 64.

34 *V.* Guillermo A. Borda, *Manual de derecho civil. Contratos*, 21ª ed., La Ley, Buenos Aires, 2008, pp. 20 a 21.

35 *V.* Eloy Maduro Luyando y Emilio Pittier Sucre, , *op. cit.*, p. 547.

36 Por ejemplo, una excepción se encuentra para el arbitraje internacional en el *Code de procédure civil* francés, en el art. 1507: "*La convention d'arbitrage n'est soumise à aucune condition de forme*".

37 *V.*, Atilio Aníbal Alterini, *Contratos... op. cit.*, pp. 234 ss. Actualmente persiste la discusión doctrinaria que distingue el criterio tradicional: contratos no formales o consensuales, formales *ad probationem* y formales *ad solemnitaten*, y criterio moderno, que solo considera formales a los contratos solemnes. Al respecto véase José Mélich-Orsini, *Doctrina general del contrato, cit.*, p. 43 ss., Christian Larroumet, *Teoría general del contrato, cit.*, pp. 171 ss. y Guillermo Ospina Fernández y Eduardo Ospina Acosta, *Teoría general del contrato y del negocio jurídico, cit.*, pp. 45 y 66.

38 *V.* Alan Redfern, Martín Hunter, Nigel Blackaby y Constantine Partasides, *Teoría y práctica del arbitraje comercial internacional, cit.*, pp. 233 ss., Miguel Gómez Jene, *El convenio arbitral: statu quo, cit.*, pp. 7 ss. y Julio González Soria, *El requisito de la forma escrita del acuerdo arbitral*, en Aa.Vv., *Tratado de derecho arbitral.* v. I. *El convenio arbitral*, dir. C. Soto Coaguila, Pontificia Universidad Javeriana – IPA, Bogotá, 2011, pp. 817 ss.

39 *V.* Eloy Maduro Luyando y Emilio Pittier Sucre, *cit.*, p. 530, a pesar de que el autor no lo incluye dentro de esta clasificación, creemos que, por las ventajas generalmente atribuidas al arbitraje, la intención de exclusión del conocimiento de la controversia por parte de jueces estatales es un riesgo que se procura evitar como función natural del arbitraje.

40 Y acá cabría enumerar las ventajas del arbitraje frente a la justicia nacional que señala doctrina, al respecto Roque Caivano, *Arbitraje*, 2ª ed., Ad-Hoc, Buenos Aires, 2008, pp. 33 y 34, así como Alan Redfern, Martín Hunter, Nigel Blackaby y Constantine Partasides, *Teoría y práctica del arbitraje comercial internacional, cit.*, pp. 85 ss. También Fabrizio Criscuolo, "La regolamentazione negoziale del procedimento arbitrale", en *Rivista dell'arbitrato*, 2015, pp. 479 ss. Concretamente en el ámbito de realidad judicial en Italia véase Sergio

Es un contrato de cooperación, en virtud que su ejecución no es inmediata, por el contrario, requiere la ejecución de prestaciones continuas por ambas partes para lograr su finalidad económica: resolver el conflicto[41]. De donde se infiere que el principio de buena fe objetiva[42] tiene especial aplicación, aunque la cooperación requerida no es una cooperación *procesal* sino *contractual*, vale decir, los contratantes (y partes procesales) no tienen imperativo alguno de ayudar a su contraparte a ganar el pleito (afirmación que sería mistificatoria[43]) pero sí la *obligación* de cumplir las prestaciones para que el proceso arbitral inicie y termine, laudo mediante.

Es un contrato principal, tanto cuando se celebra como acuerdo independiente a otro contrato o relación/situación jurídica, como cuando se incluye como cláusula de un contrato. En este último caso, a pesar de lo que podría pensarse, no aplica la regla de *accesoriedad*[44], pues el acuerdo arbitral no corre la suerte del principal debido a su separabilidad respecto del contrato que lo instrumenta. Vale decir, no aplica el brocardo *accessorium cedit principali*.

Es un contrato paritario[45] por regla, y cuando se instrumenta en el contexto de un contrato de adhesión[46] se encuentra sometido a reglas particulares[47].

Chiarloni, *Riflessioni minime sui paradossi della giustizia civile*, en *Rivista trimestrale di diiritto e procedura civile*, 2019, pp. 131 ss.

41 *V.* Eloy Maduro Luyando y Emilio Pittier Sucre, *cit.*, p. 529.

42 Véase María Candelaria Domínguez Guillén, *Buena fe y relación obligatoria*, en *Revista Venezolana de Legislación y Jurisprudencia*, 11, RVLJ, Caracas, 2018, pp. 17 ss., asimismo Jorge I. González Carvajal, *Notas dispersas sobre la buena fe en el Derecho venezolano, casos "paradigmáticos" y nuevas dimensiones*, en *Derecho y Sociedad. Revista de la Facultad de Ciencias Jurídicas y Políticas de la Universidad Monteávila*, 12, Uma, Caracas, 2016, pp. 171 ss.

43 *V.* Jorge Isaac González Carvajal, "El abuso procesal", en *Revista Venezolana de Legislación y Jurisprudencia*, 10-II, RVLJ, Caracas, 2018, pp. 505 ss.

44 De hecho, un contrato accesorio depende lógica y jurídicamente de una obligación principal, p. ej., la prenda, la hipoteca o la fianza. Véase al respecto José Mélich-Orsini, *Doctrina general del contrato*, 4ª ed., Acienpol, Caracas, 2006, p. 49.

45 *V.* José Mélich-Orsini, *Doctrina general del contrato*, *cit.*, 2006, p. 51 ss., véase también Eloy Maduro Luyando y Emilio Pittier Sucre, *Curso de obligaciones... cit.*, p. 569.

46 *V.* Carlos Eduardo Acedo Sucre, *Cláusulas abusivas y contratos de adhesión. Trabajo de incorporación a la Academia de Ciencias Políticas y Sociales*, Acienpol-MENPA, 2018, pp. 387 ss.

47 *V.* Gómez Jene, Miguel, *El convenio arbitral: statu quo*, *cit.*, pp. 7 ss., y González Soria, Julio, *El requisito de la forma escrita del acuerdo arbitral*, *cit.*, pp. 818 ss.

Es un contrato procesal (para algunos, judicial [48]) o contrato con efectos procesales[49] o que entra dentro de la categoría general de contratos para la solución de controversias[50].

Esta última característica colorea todas las demás características previamente enunciadas y hace del acuerdo arbitral un contrato *sui generis*[51], pues su finalidad o función económico-social se reduce a la resolución de controversias.

2. OBLIGACIONES DE LAS PARTES DERIVADAS DEL ACUERDO ARBITRAL

La doctrina ha identificado tres obligaciones distintas que surgen para las partes en virtud del acuerdo arbitral, a saber: 1) la obligación de recurrir al procedimiento arbitral en caso de presentarse alguna reclamación entre las partes del acuerdo sobre el objeto de eventual controversia y de no acudir a un órgano diferente, 2) la obligación de cooperar en el desarrollo del procedimiento arbitral y 3) la obligación de cumplir el laudo, incluso, naturalmente, si es contrario a la parte que debe cumplirlo[52]. Las prestaciones que se deducen pueden tener carácter negativo y/o positivo[53].

En el caso de la obligación enunciada en 1) la misma se descompone en la obligación negativa (prestación de no hacer) de no acudir a

---

[48] *V.* Eloy Maduro Luyando y Emilio Pittier Sucre, *cit.*, p. 530, quien se refiere a *contratos judiciales* como aquellos dirigidos a prevenir o dirimir una controversia o a la forma de resolverla, y entre ellos encuentra a la transacción y al compromiso arbitral. Véase también Remo Caponi, *Autonomia privata e processo civile: gli accordi processuali, cit.*, pp. 146 ss.

[49] *V.* Claudio Consolo, *Spiegazioni di diritto processuale civile, cit.*, p. 148.

[50] *V.* Atilio Aníbal Alterini, *Contratos, cit.*, p. 184.

[51] *V.* Roque J Caivano y Verónica Sandler Obregón, *Consecuencias del incumplimiento del acuerdo arbitral, cit.*, p. 264, señalan: "*Podrá decirse que se trata de un contrato sui generis, dado que su objeto no es reglar derechos específicamente de contenido patrimonial (aunque tenga efectos patrimoniales) sino más bien establecer el modo en que se habrán de resolver las controversias que hayan surgido o que puedan surgir de una relación jurídica determinada*".

[52] *V.* Guido Alpa, *La circulation des modèles de résolution des conflits, cit.*, p. 777. Véase asimismo Luís Alfredo, Araque Benzo, Carlos Eduardo Acedo Sucre, Gilberto Guerrero-Rocca y Pedro Luis Planchart Pocaterra, *El acuerdo de arbitraje, cit.*, p. 176 ss.

[53] *V.* Roque J Caivano y Verónica Sandler Obregón, *Consecuencias del incumplimiento del acuerdo arbitral, cit.*, p. 267 y, Miguel Gómez Jene, *El convenio arbitral: statu quo, cit.*, p. 25.

tribunales estatales (e incluso a otros órganos v. gr. administrativos), pero a su vez, impone el imperativo de resolver la controversia frente a los árbitros (prestación de hacer). Como puede colegirse, se trata de dos caras de una misma moneda. Lo mismo se puede decir de la obligación de cooperar en el desarrollo del procedimiento arbitral, que parece ser una prestación de carácter positivo, sin embargo, a su vez impone la obligación negativa de no obstruir y/o torpedear el desarrollo del procedimiento arbitral. Igualmente sucede con la obligación de cumplir el laudo, vale decir, y naturalmente dependiendo del contenido del mismo, esta obligación puede concebirse como una prestación de hacer (cumplir lo que impone el laudo), no obstante, implícitamente, significará no entorpecer el cumplimiento del mismo y permitir la satisfacción de la parte beneficiada.

En vez de elegir el análisis particular de las tres obligaciones mencionadas, que dicho sea son enunciaciones clasificatorias de la doctrina (a nuestro parecer bastante útil), hemos preferido generalizar su análisis en obligaciones de hacer y obligaciones de no hacer derivadas del acuerdo de arbitraje.

2.1. Obligaciones de no hacer[54]: El llamado efecto negativo del acuerdo

La obligación de no hacer derivada del efecto negativo del acuerdo consiste, en términos generales, en abstenerse de plantear la controversia ante la justicia estatal[55] e incluso ante cualquier otro órgano (p. ej., un órgano administrativo que tenga competencia para intervenir en el conflicto o un tribunal extranjero).

Al existir un acuerdo de arbitraje, la obligación de las partes radica en hacer valer sus pretensiones para la resolución del conflicto ante árbitros; de manera que hacerlo frente a un órgano distinto al Tribunal arbitral, *v. gr.*, tribunales del Poder Judicial, significa directamente su incumplimiento. Pero, además, implica una actuación que debe ser *pri-*

---

[54] Sobre este tema véase María Candelaria Domínguez Guillén, "La obligación negativa", en *Revista Venezolana de Legislación y Jurisprudencia*, 2, RVLJ, Caracas, 2013, pp. 17 ss.

[55] *V*. Luís Alfredo Araque Benzo, Carlos Eduardo Acedo Sucre, Gilberto Guerrero-Rocca y Pedro Luís Planchart Pocaterra, *El acuerdo de arbitraje*, *cit.*, p. 176 ss.

ma facie catalogada como contraria a la buena fe contractual[56], lo que impone una carga tanto argumentativa como probatoria en cabeza de quien incumple de afirmar cuáles son o fueron las buenas razones (*good reasons*) y causa sólida (*strong cause*)[57], para incumplir el acuerdo y dirigirse a la justicia estatal (local o extranjera, según el caso). Carga esta que, dicho sea, no lo exonera de honrar el acuerdo arbitral, sino que, como se dijo, al estar condicionado el ejercicio del derecho de acción, será *prima facie* un sujeto que no ha cumplido. Esto pues, uno de los efectos del acuerdo arbitral radica en limitar legítimamente el ejercicio del derecho de acción[58], considerado un derecho abstracto por excelencia, pero que deja de serlo al existir un acuerdo arbitral, vale decir, la acción para esa concreta controversia está sometida contractualmente a una modalidad de ejercicio: ejercitarla frente a los árbitros.

Esta forma de incumplimiento puede dar lugar a varias hipótesis, que pasamos enseguida a repasar, como aquellas que nos parecen más obvias o comunes (aunque no las únicas, naturalmente).

2.1.1. En primer lugar, cuando aún no se ha iniciado el arbitraje:

Puede ocurrir que sin haber ninguna de las partes demandado ante el tribunal arbitral, una de ellas lo haga frente a la justicia no arbitral[59].

[56] Y eventualmente, de configurar los elementos necesarios, abuso del proceso (a la *civil law*) o *abuse of process* (a la *common law*), según el caso. En este último caso, se considera que el *test* para otorgar una medida cautelar antiproceso (*anti-suit injunction*) es el mismo para declarar el *abuse of process*. Véase Michele Angelo Lupoi, *Ultime notizie dalla House of Lords (novità del diritto internazionale processuale inglese)*, en *Rivista di diritto processuale*, Cedam, Milán, 2003, p. 878, nota 64 y Mariacarla Giorgetti, *Antisuit, cross-border injuctions e il processo cautelare italiano*, en *Rivista di diritto processuale*, Cedam, Milán, 2003, p. 493.

[57] En ámbito de litigación internacional véase Michele Angelo Lupoi, *Ultime notizie dalla House of Lords, cit.*, p. 878, nota 64 y Mariacarla Giorgetti, *Antisuit, cross-border injuctions e il processo cautelare italiano, cit.*, p. 493.

[58] Algunos explican esta circunstancia desde la perspectiva constitucional de la disponibilidad del derecho de acción en sentido negativo. Véase Bruno Capponi, *Arbitrato e giurisdizione, cit.*, p. 47 y Roque J Caivano y Verónica Sandler Obregón, *Consecuencias del incumplimiento del acuerdo arbitral, cit.*, p. 265. En tema general relativo al acceso a la justicia véase Domenico Dalfino, *Accesso alla giustizia, principio di effettività e adeguatezza della tutela giurisdizionale*, en *Rivista trimestrale di diritto e procedura civile*, 2014, pp. 907 ss.

[59] En supuestos como este queda abierta la discusión sobre la aplicación de la tesis débil o la tesis fuerte del principio *Kompetenz-Kompetenz*, donde la aplicación de una u otra tendría

En este caso, el remedio para repelar la actuación de quien ha incumplido el acuerdo es plantear la excepción correspondiente, que en el caso venezolano ha sido reconducida a la excepción de falta de jurisdicción por existencia de acuerdo arbitral –no obstante que teóricamente se asimile mucho más, en este supuesto, a un motivo de incompetencia débil[60], como lo es la incompetencia territorial simple[61]– no relevable de oficio, cuya consecuencia es la extinción del proceso y la condena en costas al actor.

2.1.2. En segundo lugar, cuando ya se ha iniciado el procedimiento arbitral:

En esta segunda hipótesis, pueden presentarse al menos dos sub-hipótesis:

2.1.2.1.Primera sub-hipótesis: Puede ocurrir que, iniciado el arbitraje, la parte demandada en arbitraje inicie un procedimiento paralelo incumpliendo la obligación (negativa) derivada del acuerdo, para demandar a la parte que figura como demandante en el arbitraje. En esta hipótesis, la parte que es demandante en arbitraje y a su vez demandada en el proceso paralelo, además de plantear el efecto negativo del acuerdo vía excepción de arbitraje (*rectius est* falta de jurisdicción en Venezuela), podría complementar su argumento de defensa con base en el principio de *perpetuatio iurisdictionis*[62] que actúa la garantía de ser juzgado por el juez natural que a la sazón es el tribunal arbitral. La particularidad de este supuesto es que existirían dos procesos, uno, el arbitral con el favor de la legitimidad, que producirá una eficacia *ad extra* o vinculante para cualquier otro proceso, y otro paralelo iniciado, en principio, en violación del acuerdo arbitral.

Por lo tanto, el proceso arbitral y la pretensión en él planteada, gozarán de eficacia actual y virtual[63], a los fines que el órgano que

---

incidencia sobre la eventual licitud o ilicitud de la conducta del incumpliente. *V.* Miguel Gómez Jene, *El convenio arbitral: statu quo, cit.*, pp. 26 ss.

60 *V.* Claudio Consolo, *Spiegazioni di diritto processuale civile, cit.*, pp. 163 y 164.

61 Al respecto véase González Carvajal "Reflexiones sobre las tendencias jurisprudenciales sobre conflicto de "jurisdicción" cuando existe acuerdo de sometimiento arbitral", en *Revista Venezolana de Legislación y Jurisprudencia*, 3, RVLJ, Caracas, 2013, p. 316.

62 *V.* Bruno Capponi, "Arbitrato e giurisdizione", en *Il giusto processo civile*, Edizioni Scientifiche Italiane, Turín, 2009, p. 58.

63 Véase por todos de la Andrés Oliva Santos, *Objeto del proceso y cosa juzgada en el proceso civil*, Aranzadi, Navarra, 2005, pp. 78 ss., donde señala el autor que: "*Objeto virtual*

conozca el proceso paralelo, sobre la base del principio *pro-arbitraje*, rechace –excepción mediante– conocer alguna pretensión que esté siendo conocida de manera actual por el tribunal arbitral y/o que pueda haber sido planteada ante el tribunal arbitral por circunscribirse al radio de alcance del acuerdo de arbitraje. Esta aproximación que haga el juez nacional interesa a la sana resolución de la controversia, pues no deberían existir dos jueces (privados o públicos) conociendo un mismo conflicto, razón por la cual, se hace mucho más relevante el planteamiento del efecto negativo del acuerdo (nuevamente *ope exceptionis*), *so pena* de considerarse renunciada la vía arbitral. En este caso, la consecuencia de la declaratoria con lugar de la *excepción* o defensa de arbitraje será la extinción del proceso judicial y la condena en costas al actor.

2.1.2.2. Segunda sub-hipótesis: Puede ocurrir que quien demandó en arbitraje y sigue adelante el procedimiento arbitral, después de iniciado éste, inicie un procedimiento paralelo. En este supuesto, el demandado en arbitraje, quien es a su vez demandado en el proceso paralelo tendrá la carga de plantear la defensa o excepción de arbitraje[64]–si su intención es litigar en sede arbitral–, pero acá además podrá, para dar fuerza a su defensa, fundarla en la *exceptio doli generalis seu praesentis*[65] (que no *exceptio doli specialis seu praeteriti* o dolo

de un proceso civil es aquello sobre lo que no tiene por qué proyectarse la actividad de las partes y del tribunal en el correspondiente proceso, pero que, sin embargo, en relación con otros procesos, valdrá como objeto procesal o tendrá la virtualidad de éste. Así, pues, esa virtualidad o eficacia se despliega ad extra o trascendentemente, es decir, hacia fuera del proceso mismo, cuando se trata de establecer si el objeto de varios procesos es el mismo o si el de uno de ellos comprende el de un proceso distinto, aún pendiente o ya terminado. Es asimismo relevante cuando interesa establecer si entre los objetos de varios procesos existe conexión, a efectos de acumulación de procesos".

64 En caso de no excepcionarse alegando el efecto negativo del acuerdo de arbitraje, creemos que se produciría un nuevo negocio jurídico procesal de renuncia al arbitraje, compuesto por dos voluntades, la del demandante ante la justicia estatal y del demandado que tácitamente renunció al acuerdo, al no proponer la defensa o excepción para hacerlo valer.

65 *V.* Carmelo Restivo, *Contributo ad una teoría dell'abuso del diritto*, Giuffrè, Milán, 2007, pp. 154 ss., véase así mismo Francesco Astone, *Venire contra factum proprium*, Jovene, Napoles, pp. 139 ss., y 237, así como Tommaso Dalla Massara, "L'eccezione di dolo generale nell pensiero della Corte Suprema", en *Rivista di diritto civile*, n° 2, Cedam, Padua, 2008, pp. 223 ss., y Gianluca Falco, *La buona fede e l'abuso del diritto. Principi, fattispecie e casistica*, Giuffrè, Milán, 2010, pp. 224 ss. Asi mismo, en cuanto a la relación entre abuso del derecho y la *exceptio doli* v. Ugo Natoli, "Note preliminari ad una teoria dell'abuso del diritto nell'ordinamento giurico italiano", en *Rivista trimestrale di diritto e procedura civile*, Giuffrè, Milán, 1958, p. 22.

negocial[66]). *Exceptio* que es considerada como uno de los brazos operativos del principio de buena fe contractual (o buena fe objetiva) y a su vez como mecanismo para hacer valer la prohibición de *venire contra factum proprium*, en otras palabras, como instrumento[67] a disposición de la parte que pretende paralizar o frenar los efectos del derecho ejercitado de manera fraudulenta o en violación del principio de buena fe objetiva. También en este caso, la consecuencia de la declaratoria con lugar de la *excepción* o defensa de arbitraje será la extinción del proceso judicial y la condena en costas al actor[68].

Como veremos *infra § 3* a estos incumplimientos contractuales corresponde, en teoría, la posibilidad del acreedor (parte inocente) de reclamar la responsabilidad del deudor, con remedios –adecuados al tipo contractual– primarios y/o secundarios o auxiliares[69]. Lo que es coherente con la vocación internacional natural del arbitraje como mecanismo de resolución de controversias, y más aún, con el imperativo de los Estados de reconocer el acuerdo de arbitraje *ex* art. II. 1 de la Convención de Nueva York.

2.2. Obligaciones de hacer: El llamado efecto positivo del acuerdo arbitral

En virtud del acuerdo de arbitraje las partes se obligan a cumplir lo estipulado, pues es un contrato[70]. Parecería normal considerar que

---

[66] Véase por todos Enrique Urdaneta Fontiveros, *El error, el dolo y la violencia en la formación de los contratos*, Acienpol, Caracas, 2009, pp. 151 ss., así como Gianluca Falco, *La buona fede e l'abuso del diritto. Principi, fattispecie e casistica*, Giuffrè, Milán, 2010, p. 227.

[67] Véase la tesis de doctorado de Andrea Cici, *Il divieto de venire contra proprium factum alla luce del principio di buona fede*, Scuola Dottorale Internazionale di Diritto ed Economia "Tullio Ascarelli", pp. 80 ss.

[68] Las costas judiciales pueden considerarse un remedio no muy efectivo para hacer frente al incumplimiento del acuerdo arbitral, bien por no reparar todos los daños causados por el proceso paralelo o bien debido al sistema de costas del que se trate (p. ej., sistema subjetivo).

[69] Se podría afirmar la inconveniencia práctica de remedios como la resolución o de la *exceptio non adimpleti*, no obstante, se registran casos donde estos han sido foco de atención p. ej., por violación del deber de confidencialidad o por el incumplimiento de la obligación de afrontar costos. *V.* Roque J. Caivano y Verónica Sandler Obregón, *Consecuencias del incumplimiento del acuerdo arbitral*, *cit.*, p. 270.

[70] *V.* Faustino Cordón Moreno, *El arbitraje en el Derecho privado. Estudio breve de la Ley 60/2003 de 23 de diciembre de Arbitraje*, Aranzadi, Navarra, 2005, p. 136.

las partes en virtud del acuerdo de arbitraje tienen, ambas, la obligación positiva de resolver el conflicto, una vez surgido, mediante árbitros. Sin embargo, no es así. Mientras no exista una demanda arbitral, tal obligación no se eslabona. Vale decir, esta obligación está sujeta a una *condicio iuris*[71], que tiene como detonante el derecho potestativo[72] de cualquiera de las partes de acudir a los árbitros con la solicitud de arbitraje.

Lo dicho anteriormente es particularmente importante en razón que, si alguna de las partes acude a arbitraje, mediante la solicitud correspondiente, eslabona (hecho el emplazamiento o notificación) en su contendiente (y en sí mismo) la sujeción al proceso arbitral y la obligación de sostenerlo. Obligación que, teniendo en cuenta el efecto procesal del acuerdo, produce una carga (procesal) en cabeza del demandado, ya que a este no puede obligarse a acudir por la fuerza al arbitraje debido a la aplicación del brocardo *nemo potest præcise cogi ad factum*. De ahí que, para garantizar esta sujeción, es posible, p. ej., el juzgamiento en rebeldía en materia arbitral[73].

De manera que antes que alguna de las partes demande en arbitraje no existe en rigor tal obligación positiva, sino que para que nazca, la misma debe ir acompañada del acto inicial del procedimiento (afirmación de un conflicto) que es a su vez manifestación de cumplimiento de la obligación que venimos estudiando y de sujeción al procedimiento arbitral.

En este orden, la obligación (prestación) positiva más característica y materialmente palpable que surge del acuerdo arbitral consiste en

---

[71] Al respecto véase Francesco Messineo, *Doctrina general del contrato, cit.*, p. 208, para quien "*La condicio iuris, a diferencia de la condición propia, no es producto de la voluntad de las partes ni constituye elemento intrínseco de las declaraciones de voluntad, en cuanto que tiene su raíz en la ley o en la misma finalidad objetiva del contrato y, por consiguiente, es un hecho extrínseco, lógicamente ya preexistente al contrato, pero influye ab extra, no ab intus, como la condición propia*".

[72] También llamados "*de mera iniciativa*" o derechos "*a transformación jurídica*", véase en relación Enrico Allorio, *Ensayo polémico sobre la jurisdicción voluntaria, cit.*, p. 44.

[73] Al menos en un gran número de ordenamientos jurídicos. *V.* Diego Fernández Arroyo y Caroline Kleiner, "La reparación de los daños causados por la violación del acuerdo arbitral", Aa.Vv., *Tratado de derecho arbitral, cit.*, p. 134 y Alberto Baumeister Toledo, "Algunas consideraciones sobre el procedimiento aplicable en los casos de arbitraje regidos por la Ley de Arbitraje Comercial", en Aa.Vv., *Seminario sobre la Ley de Arbitraje Comercial, cit.*, pp. 135 ss.

el pago de los costos del arbitraje[74]. Los costos en el arbitraje, a diferencia de lo que ocurre en el proceso judicial y contrario a lo que se pudiera pensar, no derivan directamente de los efectos de la relación procesal, sino propiamente del *acuerdo de arbitraje*, es decir, es propiamente una obligación, y una de fuente contractual[75].

La particularidad de esta materia radica en que, por regla, las partes están obligadas a pagar *a prorrata* y en anticipo tanto los honorarios de los árbitros y los gastos generados por el servicio de administración de arbitraje prestado, de ser el caso, por la institución correspondiente. Esto genera una posibilidad –muy frecuente– que una de las partes, generalmente el demandado, no abone la parte correspondiente que le corresponde pagar[76].

Al incumplimiento de la obligación de pagar los costos del arbitraje corresponde, en teoría, la posibilidad del acreedor (parte inocente) de reclamar la responsabilidad del deudor[77], con remedios –adecuados al tipo contractual– primarios y/o secundarios o auxiliares; y el imperativo de los Estados de reconocer dicha obligación para así dar eficacia al acuerdo de arbitraje *ex* art. II. 1 de la Convención de Nueva York.

---

[74] *V.* Alberto Baumeister Toledo, *Algunas consideraciones..., cit.*, pp. 126 ss.

[75] Véase por todos Fred Aarons P., "Consideraciones sobre los costos y la financiación en asuntos arbitrales", en Aa.Vv., *Tendencias en el arbitraje financiero en Venezuela y consideraciones sobre los costos y la financiación en Asuntos arbitrales*, coord. Fred Aarons P., Caracas, p. 84. En el ámbito del sistema arbitral italiano, véase Zulberti, Martino, *Tutela giurisdizionale dei diritti degli arbitri al compenso ed al rimborso delle spese*, en *Rivista dell'arbitrato*, 2017, pp. 689 ss.

[76] Pueden surgir otras obligaciones para las partes, como el pago de honorarios y gastos de abogados, peritos, auxiliares de justicia, traslado de testigos y demás gastos relacionados con el proceso arbitral, pero en estos casos no se trata de obligaciones que tengan como fuente al acuerdo de arbitraje. Sin embargo, todas estas y aquellas entraran dentro la eventual condena en costas que efectúe el tribunal en el laudo.

[77] Sobre los requisitos de la responsabilidad, señala Miguel Gómez Jene, *El convenio arbitral: statu quo, cit.*, p. 37, que *"... para que tal responsabilidad pueda ser apreciada, deben concurrir en el supuesto una serie de circunstancias –no necesariamente en forma cumulativa–: que el tribunal ante el que se presente la demanda estime la declinatoria (aprecie la validez del convenio); que los honorarios de los abogados no puedan reclamarse por el cauce de las "costas"; y/o cuando se aprecie mala fe del demandante (ad ex., por buscar la aplicación de penas de indemnización expresamente excluidas por las partes)"*. Véase también von Andreas Goldbeck, *L'indemnisation du non-respect des clauses compromissoires*, en *Revue internationale de droit comparé*, n° 2, 2018, pp. 237 ss.

3. REMEDIOS AL INCUMPLIMIENTO DE LAS OBLIGACIONES DERIVADAS DEL ACUERDO ARBITRAL

3.1. Responsabilidad patrimonial declarada dentro del procedimiento arbitral o fuera del arbitraje

Una de las consecuencias particulares que se desprenden del acuerdo de arbitraje es la producción de efectos patrimoniales[78]. Y, nuevamente, la producción de efectos jurídicos estará vinculada al tipo de obligación de que se trate, es decir, si se trata de una prestación positiva o si se trata de una negativa.

Con relación a las obligaciones que nacen del mencionado efecto positivo (v. gr., pagar los costos del arbitraje o cumplir con el laudo), podemos ver las consecuencias jurídicas en dos tiempos, que se corresponderían con los llamados efectos de las obligaciones.

En primer lugar, como se mencionó, en el pago (cumplimiento) espontáneo de la obligación de abonar los honorarios de los árbitros y de la institución que administre el arbitraje, y/o en el cumplimiento espontáneo del laudo[79].

En segundo lugar, puede ocurrir que una de las partes (generalmente el demandado) no abone la parte que le corresponde pagar, lo que por exigencia de algunas leyes y reglamentos de arbitraje obliga (en rigor: obliga *e* impone la carga), a la parte que ha pagado su propia cuota, a pagar la cuota que corresponde pagar a su contraparte; puede ocurrir asimismo, que una de las partes no cumpla espontáneamente el laudo[80],

---

[78] Señala Claudio Consolo, *L'arbitrato con sede estera, la natura della relativa eccezione e l'essenziale compito che rimane affidato al regolamento transnazionale della giurisdizione italiana (Parte prima), cit.*, p. 608, que "*un accordo arbitrale...è anche e inannzitutto un impegno contrattuale...*". Véase al respecto Miguel Gómez Jene, *El convenio arbitral: statu quo, cit.*, p. 37 y la jurisprudencia española reportada.

[79] Como se ha mencionado, el cumplimiento del laudo, no obstante contar con fuerza propia para producir ejecutoria, debe ser cumplido por el perdidoso como consecuencia de la obligación que impone el acuerdo arbitral. Esto no significa que la parte renuncia o deba renunciar a los (pocos o únicos) mecanismos de impugnación que se ofrecen (p. ej., nulidad contra el laudo o apelaciones, según el caso), pero sí deslegitiman *prima facie* cualquier otra vía de impugnación diferente (p. ej., amparo constitucional).

[80] De hecho, históricamente era impuesta una sanción por el incumplimiento del laudo en el Derecho romano, *v.* Guido Alpa, *La circulation des modèles de résolution des conflits, cit.*, p. 759 y Mateo Marrone, *Sull'arbitrato privato nell'esperienza giuridica romana, cit.*, pp. 1 ss.

generalmente proponiendo mecanismos de impugnación diferentes al natural en la materia (*v. gr.*, "*recurso*" de nulidad).

En el primer caso de la hipótesis anterior, surge el derecho inmediato a favor de quien pagó la totalidad de gastos de exigir la responsabilidad del deudor que no lo ha hecho.

Surgirá así la responsabilidad civil de la parte que ha incumplido frente a la parte inocente quien tendrá derecho a ser indemnizada tomando en cuenta el daño causado por el incumplimiento, vale decir, tendrá derecho –al margen del resultado del proceso y de la condenatoria en costas– de recibir una indemnización por los daños y perjuicios sufridos[81].

En este último caso, debemos tener en cuenta que los daños computables que puedan ser reclamados son independientes del objeto del proceso arbitral y de su resultado, es decir, de la pretensión que se dirime en el fondo por el laudo. Se insiste, se trataría de una pretensión independiente (acumulada o sucesiva [incluso ante un tribunal estatal]); pues si por ejemplo el demandado no ha pagado las gastos del arbitraje y en su lugar lo ha hecho el demandante, y sucesivamente expira el lapso para dictar el laudo (quedando sin efecto el procedimiento arbitral), el demandante tendrá el derecho de recuperar el dinero que ha desembolsado con los correspondientes accesorios (p. ej., intereses) y demás daños derivados por v. gr., no haber contado con dicho dinero (lucro cesante)[82], incluso ante la justicia estatal. Aunque lo ideal es que esas indemnizaciones se liquiden en el propio procedimiento arbitral, pero es posible que esto no suceda. Todo dependerá de la contingencia del caso.

Respecto de las obligaciones que nacen del efecto negativo, nuevamente las podemos caracterizar en dos tiempos, en primer lugar, por el cumplimiento espontáneo de las partes en no demandar ante la justicia estatal o reclamar frente a otro órgano la tutela de sus intereses, es decir, la conducta cumplida es la abstención.

---

81 *V.* Javier Tamayo Jaramillo, *Tratado de responsabilidad civil*, 2ª ed., II, Legis, Bogotá, 2008, pp.471 y 835 ss.

82 Sobre la extensión de los perjuicios patrimoniales (materiales) véase por todos Tamayo Jaramillo, Javier, *cit.*, pp. 474 ss.

En segundo lugar, frente al incumplimiento de esta abstención, es decir, demandar en un procedimiento paralelo, surge la responsabilidad civil, primero, de hacer cesar todos los efectos del procedimiento, y luego, de ser el caso, de indemnizar a la parte inocente por los daños y perjuicios sufridos derivados directamente de la existencia del procedimiento paralelo[83]. Vale decir, que la parte inocente tendrá derecho de reclamar bien dentro del mismo procedimiento arbitral[84], cuando sea posible, como luego de culminado –si los efectos dañinos del procedimiento paralelo no han cesado y/o no sea posible hacerlo dentro del procedimiento arbitral–, la responsabilidad patrimonial que le causó el haber sostenido un proceso paralelo y las consecuencias dañinas y perjudiciales que este produjo[85].

En este último sentido, creemos, la parte inocente tendrá derecho no sólo a ser indemnizada por el daño constituido por los gastos

---

[83] No obstante, el tema es controversial. Véase Claudio Consolo, *L'arbitrato con sede estera, la natura della relativa eccezione e l'essenziale compito che rimane affidato al regolamento transnazionale della giurisdizione italiana (Parte prima), cit.*, p. 608 nota 9. Particularmente desde la perspectiva del derecho de acción o acceso a la justicia y su interferencia. Se podría decir que el mejor ejemplo es la saga *West Tankers*, sin embargo, en este mismo asunto, en una de sus tantas derivaciones, se terminó afirmando la competencia de los árbitros para pronunciarse sobre condenas por reparación de daños sufridos debido al incumplimiento del acuerdo arbitral.

[84] Así opinan Diego Fernández Arroyo y Caroline Kleiner, *La reparación de los daños causados por la violación del acuerdo arbitral, cit.*, pp. 140 ss. En contra Ricardo Henríquez, en Aa.Vv., *Memoria arbitral*, CEDCA, Caracas, 2011, p. 278.

[85] Véase por ejemplo en la justicia norteamericana el caso *Laboratory Corporation of America* (United States District Court, N.D, Illinois, Eastern Division, 20/05/1997, *Laboratory Corp of America* v. *Upstate Testing Lab.*, 967 F. Supp. P. 295 – 299 (N.D. III. 1997); o el caso *Indosuez International Finance BV* (Supreme Court, Appellate Division, First Department, New York, 17/04/2003, *Indosuez International Finance B.V.* v. *National Reserve Bank*, 758 N.Y.S 2d. p. 308-311 [N.Y. App. Div. 2003]) o en la justicia inglesa el caso *Union Discount Co. v. Zoller* [2002] 1 W.L.R 1517. p. 1526.27 (C.A. 2001); el caso *Donohue v. Armco Inc.* [2002] 1 Lloyd's Rep. P. 425, 437 (Lord Bingham) p. 439 (Lord Hobhouse) (H.L. 2001); el caso *A/S D/S Svenborg D/S of 1912 A/S* v. *Akar* [2002] EWHC p. 797, 38 (QB 2004). Véase al respecto Caivano, Roque J y Sandler Obregón, Verónica, *Consecuencias del incumplimiento del acuerdo arbitral, cit.*, pp. 275 ss. También el Tribunal Federal Suizo ha confirmado un laudo arbitral en el que una de las partes es condenada, entre otros conceptos, a pagar los gastos derivados de la iniciación de acciones judiciales ante un tribunal estatal extranjero (TF, 26 octubre 2015, 4A_69/2015 Bull. ASA, 2017. pp. 382-389). Y en el caso *West Tankers* [2012] EWHC 854 (Comm) el Juez Flaux expresamente señaló: "78. *For all these reasons I consider that the answer to the question of law is that the tribunal was not deprived, by reason of European law, of the jurisdiction to award equitable damages for breach of the obligation to arbitrate and that the appeal should be allowed*".

previsibles, y eventualmente los imprevisibles[86], derivados de dicho proceso, sino también por las eventuales condenas y su ejecución, en otras palabras, por los efectos patrimoniales computables derivados de dicho procedimiento[87]. E incluso, la parte inocente tendrá derecho a la reclamación por daños causados, p. ej., por hacer pública la controversia en transgresión de la natural confidencialidad/reserva que impone al arbitraje como mecanismo de resolución de conflictos[88].

La competencia para conocer este tipo de pretensiones se debe reservar, en principio, al árbitro que conozca la pretensión de fondo planteada, debido a los poderes innominados[89] con que cuenta, en concreto de los poderes inherentes (*inherent powers*) para asegurar la *eficacia* del acuerdo (y del laudo). Luego, si para dar eficacia al acuerdo es necesario que conozca pretensiones patrimoniales eventuales, subsidiarias y/o sobrevenidas –en este caso cuando las normas aplicables al procedimiento o el acuerdo de las partes lo permitan– no vemos problema para que el tribunal arbitral las conozca y las decida.

3.2. Regulación convencional de la responsabilidad por incumplimiento del acuerdo de arbitraje

Es posible que las partes incluyan como accesorio del acuerdo de arbitraje la regulación convencional de la responsabilidad patrimonial por el incumplimiento de este[90].

En general, son varios los modos de regular convencionalmente la responsabilidad contractual[91], entre ellos pueden mencionarse las cláu-

---

86 *V.* Eloy Maduro Luyando y Emilio Pittier Sucre, *Curso de obligaciones. Derecho Civil III*, 13ª ed., I, UCAB, Caracas, 2002. p. 144.

87 *V.* Javier Tamayo Jaramillo, *cit.*, pp.474 ss.

88 *V.* Diego Fernández Arroyo y Caroline Kleiner, *La reparación de los daños causados por la violación del acuerdo arbitral*, *cit.*, p. 144 y Roque J Caivano, y Verónica Sandler Obregón, *Consecuencias del incumplimiento del acuerdo arbitral*, *cit.*, p. 267.

89 *V.* Enrico Del Prato, *I poteri innominati degli arbitri*, en *Rivista dell'arbitrato*, 2018, pp. 205 ss.

90 Véase Diego Fernández Arroyo y Caroline Kleiner, *La reparación de los daños causados por la violación del acuerdo arbitral*, *cit.*, p. 144. La posibilidad de aplicar *astraintes*, dependerá de la contingencia normativa. Sobre las multas conminatorias, véase Oscar José Ameal, "Astreintes", en Aa.Vv., *Enciclopedia de la responsabilidad civil*, I, Abeledo-Perrot, Buenos Aires, 1996, pp. 600 ss.

91 Señala de Adriano Cupis, *El daño*, trad. A. Martínez Sarrión, Bosch, Barcelona, 1975, p. 496, que "*la liquidación convencional constituye, al igual que la liquidación legal, una*

sulas que limitan, exoneran o agravan la responsabilidad[92], o aquellas que liquidan convencionalmente la responsabilidad, como la cláusula penal (arts. 1.257 al 1.262 C. civ. Ven, arts. 1.382 al 1.384 C. civ. It y arts. 1.152 al 1.155 C. civ. Esp), las arras[93] (art. 1.263 C. civ. Ven, art. 1.385 C. civ. It y art. 1.454 C. civ. Esp) y/o las multas penitenciales[94] (pacto de displicencia o *displeciantiæ*, art. 1.386 C. civ. It y art. 1.153 C. civ. Esp).

---

derogación de los principios relativos a la determinación y medida del daño resarcible. Tales principios se derogan cuando la entidad del daño a resarcir se establece directamente por ley, independientemente de su concreta y efectiva realidad, como cuando por análogos fines se concreta por el arbitrio discrecional de las partes por el ejercicio de sus facultades de autonomía privada. Prescindiendo de este elemento común hay que reconocer que una profunda diferencia separa la liquidación convencional de la liquidación legal".

92 Véase por todos María Candelaria Domínguez Guillén, *Curso de derecho civil III. Obligaciones*, RVLJ, Caracas, 2016, pp. 291 ss., y la doctrina ahí mencionada.

93 Las arras se encuentran previstas en el artículo 1.263 del C. civ. Ven., así: "*A falta de estipulación contraria, lo que se da en arras al tiempo de la celebración del contrato o con anterioridad a este acto, se considera como garantía de los daños y perjuicios, no puede el acreedor pedir una mayor, ni el obligado pretender que se le reciba una menor. Sucede lo mismo cuando la determinación de los daños y perjuicios se hace bajo la fórmula de cláusula penal o por medio de arras*". Así, se entiende por arras "*la suma de dinero u otras cosas fungibles que una de las partes contratantes da a la otra o a un tercero en señal del contrato que se celebra, o para regular sus efectos en caso de incumplimiento, o con el objeto de conceder a una de las partes o a ambas la facultad de desistir lícitamente de él*" *Cf.* Enrique Urdaneta Fontiveros, *Las arras en la contratación. Discurso y trabajo de incorporación*, Acienpol, Caracas, 2011, p. 44.

94 Dentro de la regulación convencional de la responsabilidad entran en juego las llamadas cláusulas o multas penitenciales, que se diferencian técnicamente de la cláusula penal y de las arras o señas (aunque suelen confundirse con las arras penitenciales). En este sentido, señala la doctrina que "*se conoce como cláusula penitencial, o multa penitencial, cuando una de las partes se reserva el derecho de revocar el contrato por su sola voluntad, mediante el pago de una suma de dinero, o el cumplimiento de una prestación de hacer. La cláusula penitencial es más bien una contraprestación a la facultad de revocar el contrato". Cf. Maduro Luyando, Eloy y Pittier Sucre, Emilio, Curso de obligaciones. Derecho civil III, 13ª ed., II, Ucab, Caracas, 2002, p. 943. Siguiendo con la doctrina es menester señalar que "No hay que confundir las arras penitenciales con la multa penitencial (multa pœnitentialis, pactum displicentiæ, faculté de dédit). Se dice que hay multa penitencial cuando en un contrato se establece determinada prestación que una de las partes se obliga a dar a la otra en caso de que quiera desistir del contrato. La multa penitencial se configura pues como una promesa: es la cantidad de dinero que debe pagar o la prestación que debe cumplir quien desiste del contrato de acuerdo con lo convenido por las partes... Las arras penitenciales, en cambio, constituyen el precio que se paga por anticipado como contraprestación por la facultad de poder desistir libremente del contrato*" *Cf.* Enrique Urdaneta Fontiveros, *Las arras en la contratación. Discurso y trabajo de incorporación, cit.*, p. 54, nota n° 22.

La liquidación convencional de los daños obedece a una consideración de oportunidad, en virtud de la cual los contratantes evitan complejos procedimientos para la liquidación del daño, o mejor aún, los simplifican de antemano[95].

En el contexto que nos ocupa, parece que son las cláusulas penales[96] las que pueden tener una función mucho más útil, para asegurar el cumplimiento de las obligaciones derivadas del acuerdo arbitral[97].

Ha señalado la doctrina que la penal "*es una cláusula del contrato con la que se regulan las consecuencias jurídicas del eventual incumplimiento de la obligación derivada del mismo contrato*"[98].

O como señala la doctrina venezolana la cláusula penal "*es una obligación o estipulación accesoria, mediante la cual las partes disponen que, en caso de inejecución de la obligación, o de retardo en la ejecución, el deudor se compromete a cumplir una determinada prestación de dar o hacer*"[99].

La cláusula penal es una estipulación accesoria[100] a otra obligación y condicionada (*conditio iuris*) para asegurar su cumplimiento, sujetando su incumplimiento a una prestación que consiste en dar o hacer algo, por lo tanto, se estima como una forma de regulación contractual de los efectos del incumplimiento de las partes, bien sea para prevenirlo, para sancionarlo o para indemnizarlo, por lo cual, se configura como un

---

95 Como señala de Cupis "*esta consideración de oportunidad se inspira en una composición voluntaria de los intereses contrapuestos, realizada por el sujeto del interés lesionado y por el responsable de la lesión*". *Cf.* de Cupis, Adriano, *cit.*, p. 497.

96 Véase por todos Enrique Urdaneta Fontiveros, *La cláusula penal en el Código Civil venezolano*, Acienpol, Caracas, 2011, *passim*, del mismo autor *Las funciones indemnizatorias y de garantía de la cláusula penal*, en Aa.Vv., *I Jornadas Franco-Venezolanas de Derecho Civil. Nuevas tendencias en el Derecho privado y reforma de Código civil francés*, coord. A. Annicchiarico Villagrán, S. Pinto Oliveros y P. J. Saghy Cadenas, Editorial Jurídica Venezolana, Caracas, 2015, pp. 159 ss.

97 Establece el artículo 1.257 C. Civ. Ven: "*Hay obligación con cláusula penal cuando el deudor, para asegurar el cumplimiento de la obligación, se compromete a dar o a hacer alguna cosa para el caso de inejecución o retardo en el cumplimiento*" mientras que el artículo 1.258 C. Civ. Ven, reza: "*La cláusula penal es la compensación de los daños y perjuicios causados por la inejecución de la obligación principal. El acreedor no puede reclamar a un mismo tiempo la cosa principal y la pena, si no la hubiere estipulado por el simple retardo*".

98 *Cf.* de Adriano Cupis, *cit.*, p. 502

99 *Cf.* Eloy Maduro Luyando y Emilio Pittier Sucre, *op. ult. cit.*, p. 937.

100 *V.* Enrique Urdaneta Fontiveros, *Las funciones indemnizatorias y de garantía de la cláusula penal*, *cit.*, p. 158.

arreglo anticipado de estimación de daños que pactan las partes para los casos de incumplimiento parcial, defectuoso, retraso o incumplimiento de una obligación.

Entendida, pues, la cláusula penal como el negocio constitutivo de una prestación de contenido patrimonial, fijada por los contratantes, de ordinario con la intención de indemnizar por el incumplimiento o por el cumplimiento defectuoso de una obligación, por norma general se le aprecia a dicha prestación como resarcitoria de los daños y perjuicios que sufre el contratante inocente, los cuales, en virtud de la convención celebrada previamente entre las partes, no tienen que ser objeto de prueba dentro del juicio respectivo, toda vez que, como se dijo, la pena estipulada es una apreciación anticipada de los susodichos perjuicios, destinada en cuanto tal a facilitar su exigibilidad.

La cláusula penal puede cumplir, al menos, dos funciones, una función *resarcitoria*, por una parte, o una función *penal o punitiva*[101]. Aunque una misma cláusula penal puede cumplir ambas funciones. Funciones estas que pueden auxiliar a la eficacia del acuerdo arbitral, y que en principio no afectarían su función principal. Claro está que, a pesar de que se trataría de un acuerdo accesorio, habrá que tener en cuenta una adecuada redacción para no afectar la posibilidad de convertir al acuerdo arbitral en un acuerdo o cláusula patológicos.

En este orden, el árbitro que conozca la pretensión de fondo planteada será asimismo competente para conocer de las pretensiones derivadas de la validez, existencia y de la *eficacia* del acuerdo, entre ellas su cumplimiento. Luego, si para dar eficacia al acuerdo es necesario que el tribunal arbitral conozca pretensiones patrimoniales eventuales,

---

[101] Véase al respecto Silvia Díaz Albarat, *La cláusula penal*, Reus, Madrid, 2011, pp. 67 ss., quien además de las dos funciones mencionadas, incluye una tercera función, la penitencial por desistimiento; no obstante, está última ha sido señalada como una categoría propia, a saber, el pacto de displicencia o *displeciantiæ*. Al respecto véase Adriano De Cupis, *cit.*, pp. 504 y 505. Las partes ante una obligación son las llamadas a determinar qué tipo de cláusula penal desean pactar. Así, se afirma, la cláusula no tendrá naturaleza indemnizatoria si las partes acuerdan que su pago no es óbice para exigir la indemnización de perjuicios causados al acreedor por el incumplimiento o cumplimiento extemporáneo de la obligación o si las partes le dan a la cláusula una naturaleza moratoria, de garantía o de apremio; pero si por el contrario las partes no pactan lo indicado se entenderá que la cláusula tiene por finalidad indemnizar por los perjuicios causados por el incumplimiento o cumplimiento retardado de la otra parte.

subsidiarias y/o sobrevenidas –en este caso cuando las normas aplicables al procedimiento o el acuerdo de las partes lo permitan– no vemos problema para que las conozca y las decida.

3.3. Medidas cautelares para asegurar el cumplimiento del acuerdo de arbitraje

Si somos coherentes con lo dicho hasta ahora, el acuerdo de arbitraje, como contrato de cooperación, impone a las partes la obligación de resolver la controversia actual o eventual mediante árbitros.

El acuerdo arbitral, como se ha dicho, puede ser incumplido no sólo por quien acude a un órgano distinto a los árbitros, sino también por quien *p. ej.*, no paga los costos necesarios para llevar adelante el procedimiento arbitral.

Dicho esto, cabe preguntar si ¿las medidas cautelares servirían, también, para asegurar el cumplimiento del acuerdo? En nuestra opinión, sí[102]. Ejemplo de este uso de las medidas cautelares se encuentra en los sistemas de *common law*, en sus tradicionales *anti-suit injuctions*[103] o medidas anti-proceso, entendidas *grosso modo* como cautelares (o definitivas) que dicta, en principio, un juez estatal asegurando la no iniciación o no continuación de un proceso paralelo[104] en violación de un acuerdo de elección de foro o de un acuerdo de arbitraje frente a su incumplimiento[105]. Vale decir, como una forma o herramienta para

---

[102] *V.* Rosa Lapiedra Alcamí, *Medidas cautelares en el arbitraje comercial internacional*, Tirant lo Blanch, Valencia, 2008, p. 39, así como Claudio Consolo, *L'arbitrato con sede estera, la natura della relativa eccezione e l'essenziale compito che rimane affidato al regolamento transnazionale della giurisdizione italiana (Parte prima)*, *cit.*, p. 613.

[103] Sobre el alcance y tipos de *injunctions* véase Bean, David; Parry, Isabel y Burns, Andrew, *Injunctions*, 11ª ed., Sweet & Maxwell, Londres, 2012, *passim*, así como Lupoi, Michele Angelo, *Ultime notizie dalla House of Lords (novità del diritto internazionale processuale inglese)*, *cit.*, pp. 782 ss., y Mariacarla Giorgetti, *Antisuit, cross-border injuctions e il processo cautelare italiano*, *cit.*, *passim*.

[104] La medida puede ser dictada incluso para asegurar que se evite la iniciación o desistan de los efectos de un arbitraje paralelo iniciado, *v. gr.*, coetáneamente a un primer arbitraje, esto fue lo sucedido en *AK Bakri & Sons Ltd and ors* v. *Asma Abdul Kader Bakri Al Bakri and ors* [2017] SC (Bda) 40 Com (26 May 2017). No obstante, las *anti-arbitration injunctions* son menos comunes, al respecto Bean, David; Parry, Isabel y Burns, Andrew, *Injunctions*, *cit.*, 2012, pp. 72 y 73.

[105] *V.* Mariacarla Giorgetti, *Antisuit, cross-border injuctions e il processo cautelare italiano*, *cit.*, p. 493. Sin embargo, la situación, como se verá en el texto, no es la misma para el

asegurar el cumplimiento en forma específica de la obligación de una parte de litigar en determinado foro (arbitral o estatal)[106]. En términos generales, estas medidas son desconocidas en la tradición *civil law*, y en muchos casos existe resistencia de recibir por buenas aquellas que provienen de tribunales de tradición *common law*[107].

Un interesante caso puede servir para explicarlo, además para señalar un importante precedente, tal fue el caso *West Tankers* o *The Front Comor*.

Los hechos que dieron vida a este caso ocurrieron en el año 2000, cuando la petrolera italiana, Erg Petroli SpA, explotaba, debido a contrato de fletamento, la embarcación The Front Comor, propiedad de la empresa West Tankers Inc. En agosto de 2000, la embarcación colisionó con un puerto en Siracusa, Italia, causando daños.

Erg Petroli SpA solicitó a su asegurador, Ras Riunione Adriatica di Sircutà, la indemnización correspondiente obteniendo reparación de una parte de los daños, no obstante, en razón que el contrato estaba sometido al Derecho inglés y contenía un acuerdo arbitral con sede en Londres, Erg demandó en arbitraje en Londres a la empresa West Tankers por la parte de daños no cubiertos por la póliza de seguro.

A su vez, la aseguradora, Ras, afirmando que no fue parte del acuerdo de arbitraje, demandó por subrogación a la empresa West Tankers para recuperar lo pagado a Erg. Esta demanda fue intentada ante tribunales de Siracusa.

Contra esta actuación West Tankers, en vista que seguía dos procedimientos en foros diferentes por el mismo accidente, solicitó a los

---

Reino Unido frente a tribunales de Estados pertenecientes a la Unión Europea luego de la decisión dictada por el Tribunal de Justicia de la Unión Europea en el caso *Allianz SpA* v. *West Tankers Inc*., C-185/07, 2009 E.C.R., 2009 WIL 303723, mejor conocido como *West Tankers* o *The Front Comor*. Situación que se anunciaba en los antecedentes de los casos *Gasser GmbH v. MISAT Srt,* C- 16/02, 2003 E.C.R. 1-14693 y *Turner v. Grovit* C-159/02, 2004 E.C.R. 1-3565.

[106] *V*. Michele Angelo Lupoi, *Ultime notizie dalla House of Lords (novità del diritto internazionale processuale inglese)*, *cit*., p. 878.

[107] En ámbito europeo y antes de la saga *West Tankers*, véase Michele Angelo Lupoi, *Ultime notizie dalla House of Lords (novità del diritto internazionale processuale inglese)*, *cit*., pp. 889 ss., especialmente los casos reportados en las notas 88 y 89. Véase también Claudio Consolo, *L'arbitrato con sede estera, la natura della relativa eccezione e l'essenziale compito che rimane affidato al regolamento transnazionale della giurisdizione italiana (Parte prima)*, *cit*., p. 605, nota 4.

tribunales ingleses una *interim anti-suit injunction* (o medida cautelar anti-proceso), contra Erg por el proceso seguido en Siracusa, que fue concedida, prohibiendo a la aseguradora continuar la demanda en Italia. No obstante, Ras continuó el proceso ante los tribunales italianos.

A pesar de la oposición de Ras contra la medida, esta fue confirmada y transformada en una *permanent anti-suit injunction*. Luego de ser apelada, correspondió su conocimiento a la *House of Lords*, y luego de escuchados los argumentos de Ras sobre la violación de normas comunitarias[108], remitió el asunto al Tribunal de Justicia de la Unión Europea debido al planteamiento de la cuestión prejudicial.

El Tribunal de Justicia de la Unión Europea, en decisión de fecha 10 de febrero de 2009, decidió que una medida conminatoria o *anti-suit injunction* es incompatible con normas comunitarias, siendo el tribunal de Siracusa el competente para decidir en atención a las normas vigentes (Convención de Nueva York), sobre la validez y eficacia del acuerdo arbitral.

Esta decisión, tuvo el efecto inmediato de debilitar las *anti-suit injunctions* de tribunales ingleses frente a otros Estados Miembros de la Unión Europea[109], y, por lo tanto, se argumenta, trajo como consecuencia restringir en el ámbito europeo la aplicación de una herramienta que daba fuerza y atractivo a una de las principales sedes arbitrales (Londres). Sin embargo, la misma dejó a salvo el instituto frente a Estados no miembros de la Unión Europea.

Hasta donde sabemos, la vigencia de las *anti-suit injunctions* no ha sufrido reveses adicionales en otros países de tradición *common law*[110], como es el caso de Estados Unidos de Norteamérica[111], donde sigue

---

[108] En concreto, el Reglamento (CE) nº 44/2001 de 22 de diciembre de 2000, relativo a la competencia judicial, el reconocimiento y la ejecución de resoluciones judiciales en materias civil y mercantil.

[109] Véase al respecto *Nori Holdings Limited* [2018] EWHC 1343 (Comm).

[110] En países de tradición *civil law* la saga *West Tankers* ha tenido eco. Véase Diego Arroyo y Caroline Kleiner, *La reparación de los daños causados por la violación del acuerdo arbitral, cit.*, p. 132.

[111] *V.* Daniel Rainer, *The Impact of West Tankers on Parties' Choice of a Seat of Arbitration, 95 Cornell L. Rev*. 431 (2010). Ver: http://scholarship.law.cornell.edu/clr/vol95/iss2/11. Véase Pietrangeli, Francesca, *Stati Uniti – District Court New York, 16 giugno 2011. Presuposti della personal jurisdiction e anti-suit injunction a sostegno dell'arbitrato in una recente sentenza di una Corte federale dello Stato di New York*, en *Rivista dell'arbitrato*, 2012, pp. 937 ss.

siendo un argumento de fuerza para hacer atractiva una eventual sede arbitral[112], no obstante, su carácter excepcional[113].

Otro caso de ejemplo, esta vez de una *anti-suit injunction* dictada por un tribunal arbitral, está representado por el caso *Four Seasons*, que se dio a conocer a raíz de lo decidido en sentencia n° 2346/2003 dictada por la Sala Constitucional del Tribunal Supremo de Justicia de Venezuela.

En este caso un tribunal arbitral con sede en la ciudad de Miami, Estados Unidos de Norteamérica, emitió una *anti-suit injunction* para hacer cesar los efectos de un proceso judicial iniciado en Caracas, en violación de un acuerdo de arbitraje.

La decisión arbitral, formada bajo la forma de laudo parcial, fue impugnada vía amparo constitucional ante los tribunales venezolanos, llegando su conocimiento a la Sala Constitucional del Tribunal Supremo de Justicia.

La Sala Constitucional si bien declaró inadmisible a trámite el amparo constitucional en cuestión, sobre la base de una decisión previa de la Sala Político Administrativa del mismo Tribunal que afirmó la jurisdicción de los tribunales venezolanos para conocer la controversia, declaró: "*el laudo parcial dictado el 10 de octubre de 2002, se refirió a una controversia no prevista en la cláusula de arbitraje del contrato de gerencia hotelera celebrado entre Consorcio Barr, S.A. y Four Seasons Caracas, C.A. y, además, contiene un dispositivo que excede dicho acuerdo, al haber ordenado a ésta última a desistir de una demanda incoada ante un tribunal venezolano, así como a intentar nuevas acciones judiciales ante la jurisdicción venezolana con relación al referido contrato, pues como asentó dicha Sala, en su sentencia n° 476 del 25 de marzo de 2003, la República tiene jurisdicción para conocer y decidir lo relacionado con dicha controversia, por lo cual el referido laudo arbitral no es ejecutable, con base en los artículos anotados supra*".

112 En relación conviene tener presente lo previsto en los artículos 4, 206 y 303 de la *Federal Arbitration Act*. Véase Michele Angelo Lupoi, *Ultime notizie dalla House of Lords (novità del diritto internazionale processuale inglese)*, *cit*., p. 884, nota 76.

113 S. I. Strong, *Anti-Suit Injunctions in Judicial and Arbitral Procedures in the United States*, en *66 American Journal of Comparative Law 153* (2018). Ver: https://scholarship.law.missouri.edu/facpubs/711

Este último caso, evidencia que, en teoría, nada obsta para que los árbitros emitan una *anti-suit injunction*, sin embargo, medidas del género no tendrán la fuerza propia y disuasiva que comportan las *injunctions* de los tribunales, a saber, la amenaza del *contempt of court* por el desconocimiento o incumplimiento de aquellas, lo que las hace, en principio, poco efectivas cuando son dictadas por árbitros por carecer de coercibilidad, y se afirma pueden representar un riesgo en sí mismas[114], teniendo además dificultad de circulación y reconocimiento. Sin embargo, la bondad y atractivo de una *anti-suit injunction* dictada por árbitros puede encontrarse en aquellos reglamentos de instituciones arbitrales que permiten inferir consecuencias o elementos de convicción de la conducta o comportamiento de las partes[115].

A pesar de que, como se señaló, algún equivalente de estas medidas conminatorias son desconocidas en países de tradición *civil law*[116], nada impide que las medidas cautelares se soliciten y acuerden con la finalidad –si bien no tan atómica como las *anti-suit injunctions*– de asegurar el cumplimiento del acuerdo[117] y/o de asegurar la responsabilidad derivada de su incumplimiento.

CONCLUSIONES

El carácter contractual del acuerdo de arbitraje lo convierte en un acto jurídico generador de efectos obligacionales. Las obligaciones derivadas del acuerdo, cuentan (o deben contar), como toda obligación, con remedios efectivos para hacer efectiva la responsabilidad del deudor en caso de incumplimiento. La fuerza contractual del acuerdo coexiste

---

114 *V.* Daniel Rainer, *The Impact of West Tankers... cit.*

115 *V.* Jorge I. González Carvajal, *Valoración del comportamiento de las partes en el proceso*, Editorial Revista Venezolana de Legislación y Jurisprudencia, Caracas, 2019, *passim*.

116 Aunque a manera de especulación, creemos, en ordenamientos como el venezolano, algunos mecanismos judiciales pueden servir para la misma finalidad de la *antisuit injunction*, como, por ejemplo, el amparo constitucional, para evitar que un proceso judicial entorpezca al arbitral.

117 En otros sistemas estas medidas son aceptadas y reguladas expresamente para el proceso judicial, aunque aplicable al procedimiento arbitral, como es el caso del Reino Unido, como un *interim remedy* en la r. 25. 12 del *Civil Procedure Code*, son las llamadas *security for costs*. *v*. Paula Loughlin y Stephen Gerlis, *Civil Procedure*, 2ª ed., Cavendish, Londres, 2004, pp. 320 ss.

con la función jurisdiccional del arbitraje, en una relación de simbiosis conceptual, que genera un fenómeno autónomo, y que visto así, puede contribuir para dar eficacia al arbitraje como mecanismo de resolución de conflictos en la práctica. Lo que en el contexto internacional resulta provechoso, pues las obligaciones de las partes derivadas del acuerdo se encuentran reforzadas por el deber de los Estados de reconocer sus efectos *ex* art. II. 1 de la Convención de Nueva York.

A partir de la naturaleza contractual del acuerdo de arbitraje, puede argumentarse a favor de la activación inmediata de la responsabilidad patrimonial o de la eventual cláusula resarcitoria que se acuerde, vale decir, tan pronto se produzca el incumplimiento de un acuerdo de arbitraje. Para esto lo natural será reconocer competencia para su declaratoria, en principio y preferentemente, a los propios árbitros (pudiendo estos dictar las medidas cautelares necesarias para asegurar la eventual responsabilidad), pero también podría extenderse a los jueces estatales para el caso que no sea posible demandar la responsabilidad patrimonial dentro del procedimiento arbitral.

Las ideas que se han expuestos están orientadas para casos de acuerdos arbitrales suscritos entre partes paritarias, y no para el caso de los llamados débiles jurídicos y/o económicos cuyo régimen está sujeto a reglas particulares.

No creemos que la posibilidad de acordar resarcimientos por incumplimientos de acuerdos arbitrales sea contraria a normas que protegen el acceso a la justicia, esto, siempre y cuando, se considere al arbitraje como una forma de justicia. Será necesario, así, analizar el sistema/país para corroborar si por "*acceso a la justicia*" se entiende exclusivamente accionar ante los órganos del Poder Judicial o incluye a su vez hacer valer pretensiones frente a árbitros. Asimismo, no creemos que deba esperarse alguna decisión judicial sobre la competencia de los árbitros para reclamar la responsabilidad civil por violación de la obligación negativa, al menos en los sistemas dualistas, en los cuales se privilegia el principio *Kompetenz-Kompetenz* en cabeza de los árbitros.

Finalmente, puede verse que la violación del acuerdo arbitral al iniciar un proceso paralelo puede configurar un supuesto de abuso del proceso, bien a la *civil law* o *abuse of process* a la *common law*, dependiendo del caso.

LA MEDIACIÓN OBLIGATORIA COMO HIPÓTESIS ÚTIL EN LA RESOLUCIÓN ALTERNATIVA DE CONTROVERSIAS

LUCIANO LUPINI BIANCHI*

SUMARIO

I. INTRODUCCIÓN

1. Para rendirle homenaje al Doctor Luis Cova Arria, apreciado académico y reputado experto, a nivel internacional, en materia de derecho marítimo, deseamos nuevamente comentar algunas recientes experiencias exitosas, en materia de la mediación obligatoria.

La excesiva acumulación de expedientes y causas judiciales sin decidir es un fenómeno que va en contra de los principios que rigen en un sistema de sana administración de justicia. La realidad y la práctica, en este sentido, revelan el carácter pindárico o ilusorio de un sistema judicial conceptualmente descrito con franco exceso de adjetivos en el artículo 26 de nuestra Constitución de 1999. El segundo párrafo de esta norma dispone que: "*El Estado garantizará una justicia gratuita, accesible, imparcial, idónea, transparente, autónoma, independiente, responsable, equitativa y expedita, sin dilaciones indebidas, sin formulismos o reposiciones inútiles*".

Precisamente reconociendo una realidad que dista mucho de la justicia "*perfecta*" o utópica allí desdibujada, al mismo tiempo, nuestra

---

* El autor es segundo vicepresidente de la Academia de Ciencias Políticas y Sociales de Venezuela. Algunas de las ideas aquí expresadas, fueron inicialmente expuestas en una conferencia pronunciada en el CEDCA y en un artículo escrito para la *Revista Venezolana de Legislación y Jurisprudencia*, n°13, Edición homenaje a James-Otis Rodner, Caracas, 2020.

Constitución consagró, en su artículo 255, la responsabilidad personal de los jueces por retardo u omisiones injustificadas, entre otras causales.

Por otro lado, cabe celebrar que nosotros contamos, desde 1998, con una Ley de Arbitraje Comercial que ha contribuido ciertamente a desarrollar en nuestro medio la cultura del arbitraje como una fórmula alternativa que permite a las partes el acceso a una justicia más rápida, eficiente y segura.

Como métodos alternativos de resolución de controversias, en Venezuela, tradicionalmente se ha hecho referencia principalmente a la mediación y al arbitraje. El artículo 258 de nuestra Constitución, establece que: "*la ley promoverá el arbitraje, la conciliación, la mediación y cualesquiera otros medios alternativos para la solución de conflictos*".

Por ser anterior a la Constitución de 1999, nuestra ley de arbitraje de 1998 no hace referencia, ni regula, a la mediación como mecanismo alternativo de resolución de controversias. Ello es de lamentar, si se toman en cuenta las reflexiones de la doctrina que se ha ocupado de la mediación y las ventajas que un procedimiento de mediación ofrece a unos sujetos que se encuentren disputando un asunto controvertido.

2. Los beneficios asociados con la mediación, pueden resumirse del siguiente modo:

a) La mediación es un procedimiento expedito para lograr un resultado positivo, comparado con un litigio judicial y es menos onerosa que un arbitraje.
b) El mediador designado debe ser independiente e intervenir para facilitar y guiar la negociación entre las partes. No es él quien decide la controversia. Las partes no pierden el control de la posible solución del problema, puesto que son ellas quienes en definitiva llegan a ella y no el mediador.
c) Si las partes aceptan o convienen en ir a una mediación, ello demuestra claramente su voluntad de lograr una solución negociada de la controversia.
d) En contratos de complejidad importante o de ejecución continuada, la mediación permite solucionar las disputas al mismo tiempo que preserva la relación entre las partes.

e) La mediación exitosa permite a las partes, dada su dinámica y flexibilidad, llegar a soluciones más satisfactorias para sus intereses recíprocos, las cuales podrían no producirse en un litigio judicial que termine con una sentencia de condena que favorezca a una sola de ellas.

f) Es de la esencia del procedimiento de mediación su confidencialidad, por lo cual las partes pueden confiar en lograr un resultado sin que se perjudiquen sus posibilidades de defender, en caso de fracaso de la mediación, sus intereses en un arbitraje o en sede judicial por la indebida revelación de documentos o alegatos manejados durante la mediación.

3. En el estado actual de nuestra legislación, la mediación debe ser objeto de regulación convencional entre las partes. Vale decir, bien incluyendo en un contrato una cláusula específica que la contemple, o recurriendo a la llamada cláusula Med-Arb, por la cual las partes convienen en ir a un proceso de mediación, previo al arbitraje, regulando sus bases.

A la cláusula de Med-Arb y a sus efectos, hace referencia el artículo 14 de la Ley Modelo de la CNUDMI (UNCITRAL) sobre Mediación Comercial Internacional y Acuerdos de Transacción Internacionales Resultantes de la Mediación, de 2018[1]. Este artículo dispone lo siguiente:

> *"Cuando las partes hayan acordado recurrir a la mediación y se hayan comprometido expresamente a no entablar, por un período determinado o mientras no se produzca algún hecho en particular, ningún proceso arbitral o judicial con respecto a una controversia existente o futura, el tribunal arbitral u órgano judicial dará efecto a ese compromiso hasta que se cumplan las condiciones estipuladas en él, excepto en la medida en que una de las partes estime necesario entablar ese proceso para proteger sus derechos. No se considerará que el inicio de tal proceso constituye, en sí mismo, una renuncia al acuerdo por el que se convenga en someter una controversia a mediación ni que pone fin por sí solo al procedimiento de mediación."*

---

1 Disponible en: https://uncitral.un.org/sites/uncitral.un.org/files/annex_ii_-_s.pdf

En la Ley Modelo de 2018, tal como lo expresa la Comisión, en lugar del término conciliación se: "*decidió utilizar en cambio el término 'mediación', para tratar de adaptarse al uso que efectivamente se hace de estos términos en la práctica y con la expectativa de que el cambio facilite la promoción de la Ley Modelo y aumente su visibilidad*".

En esta Ley se regulan detalladamente aspectos procedimentales de la mediación, ante la incertidumbre que podría generar la ausencia de una ley especial al respecto. Para asegurar la imparcialidad del mediador, el artículo 13 ratifica el principio de que, salvo acuerdo de las partes, el mediador no podrá luego actuar como árbitro en la misma controversia. Los artículos 10 y 11 regulan dos importantes temas en materia de mediación, relativos a la confidencialidad y a la posible inadmisibilidad de documentos o informaciones divulgadas en la fase de la mediación en otros procedimientos posteriores, para precaver la desconfianza que pudieran sentir las partes respecto a los efectos negativos o perjudiciales de involucrarse en un proceso de mediación que luego fracase.

4. Precisamente porque consideramos que en nuestro país no se le ha dado suficiente relieve a la materia de la mediación, creemos útil insistir en divulgar aportar el papel que le ha sido atribuido a este mecanismo, en Derecho Comparado.

En particular, veremos cómo la introducción del mecanismo de la llamada mediación obligatoria en Italia ha producido resultados positivos y relevantes cuantitativamente, en materia de descongestionamiento del sistema arbitral y judicial. Y es que la mediación, a pesar de ser un procedimiento voluntario, tal como lo ha señalado un autor español:

> "*... tiene cabida y no se contradice con la implantación de la mediación obligatoria, aunque ya avanzo que lo que es obligatorio es someterse al procedimiento de la mediación y no el llegar a un acuerdo en él. Se ha llegado a afirmar que, pese a que mediación y obligatoriedad parecen conceptos antitéticos, diversos ordenamientos jurídicos la han integrado en su sistema de resolución extrajudicial de conflictos, obligando a las partes a iniciar el procedimiento voluntario de mediación. Así pues, no va en contra de su naturaleza, bien al contrario, es un impulso a la misma. La mediación, por*

> *lo tanto, se caracteriza por, además de ser un proceso voluntario, el hecho de que el mediador no tiene la capacidad para decidir sobre el resultado del conflicto, sino que son las partes implicadas en él las que alcanzan, con la ayuda de aquel, el acuerdo, eso sí, mediante su asistencia personal a la misma... cuando sostengo la conveniencia de introducir la obligatoriedad de la mediación bien como presupuesto para el inicio de algunos procedimientos civiles y mercantiles, bien para la continuación del mismo, no estamos proponiendo que sea obligatorio llegar a un acuerdo durante la misma, puesto que el principio de autonomía de la voluntad no lo permitiría. Lo que sí defendemos es que se establezca por ley la obligatoriedad de intentar ese acuerdo a través de la mediación, bien judicial –iniciado ya el procedimiento- bien extrajudicial, en mi opinión la mejor solución, realizado ante profesionales cualificados-. Si realizado ese intento las partes no llegan a un acuerdo, el litigio podría iniciarse –para el caso de que la mediación hubiese sido extrajudicial y previa- o seguir su curso jurisdiccional –si hubiese tenido lugar iniciado ya el procedimiento-. Lo que es evidente y está fuera de cualquier debate es que la mediación no obliga a las partes en litigio a alcanzar ningún acuerdo (cursivas nuestras)*[2].

Veremos entonces cómo el profesor Herrera de las Heras, así como otros autores españoles, no araron en el mar cuando defendieron la introducción en el sistema español de una mediación obligatoria mitigada. Las reflexiones recién transcritas se produjeron cinco años después de la promulgación del Real Decreto-Ley 5/2012 del 5 de marzo, que procuró regular en España la mediación en asuntos civiles y mercantiles. Durante el transcurso de ese periodo la doctrina pudo apreciar la escasa o nula utilidad de la aplicación en ese país del mecanismo establecido en este decreto-ley, por contemplar una mediación meramente voluntaria.

5. Al comentar la materia es preciso hacer referencia a los resultados que suscitó el estudio comparativo de la eficacia de la mediación en Europa, contenidos en el Informe del Parlamento Europeo de enero de

---

[2] Así: Ramón Herrera de las Heras, "La mediación obligatoria para ciertos asuntos civiles y mercantiles", en InDRET: *Revista para el Análisis del Derecho*, n°1, 2017. Artículo consultado en: dialnet.unirioja.es/servlet/articulo?codigo=5817523.

2014 titulado: "*Rebooting` the Mediation Directive: Assessing the limited impact of its implementation and proposing measures to increase the number of mediations in the EU*" [3].

En este informe, el Parlamento Europeo elaboró una estimación del número de mediaciones anuales que había tenido lugar en cada país, sobre la base de los datos proporcionados por los distintos Estados. El resultado obtenido fue muy significativo.

Según las cifras contenidas en el cuadro B del Informe (p.6) únicamente cuatro países (Italia, Alemania, Reino Unido y Holanda) parecían haber superados las 10.000 mediaciones anuales. Dos países superaron las 5.000 (Hungría y Polonia) mientras que Bélgica, Francia y Eslovenia se situaron entre las 2.000 y 5.000.

El resto de los países miembros de la UE, es decir la mayoría, reportó cifras de mediaciones anuales inferiores a 2.000.

Por ello, concluye el informe del Parlamento que: "*la forma más efectiva de poner la mediación en el mapa de los litigantes de la Unión Europea pasa por establecer una regulación normativa que vaya más allá de la simple invitación a los litigantes civiles y comerciales para reunirse con un mediador primero*". En otras palabras, para que aumente el número de mediaciones en los países miembros debe recurrirse a la mediación obligatoria, aunque sea en forma mitigada.

Precisamente para trazar un balance objetivo acerca de la posible conveniencia de introducir una mediación obligatoria, obviamente en materia de controversias relativas a derechos disponibles, comentaremos la experiencia europea y sus vicisitudes.

II. LA MEDIACIÓN EN EL DERECHO DE LA COMUNIDAD EUROPEA (CE)

6. La Comunidad Europea (CE) en el año 2008 adoptó la Directiva 2008/52/CE del Parlamento Europeo y del Consejo de 21 de mayo

---

3 Texto completo disponible en el siguiente enlace: http://www.europarl.europa.eu/RegData/etudes/etudes/join/2014/493042/IPOLJURI_ET(2014)493042_EN.pdf. Véanse también las reflexiones sobre este informe de: M. Carmen Chéliz Inglés, "La UE y la armonización de la regulación en materia de mediación: ¿hacia una mediación obligatoria en todos los estados miembros?" en *Revista de estudios europeos*, n°71, enero-junio 2018, pp. 189-205.

de 2008 sobre "*ciertos aspectos de la mediación en asuntos civiles y mercantiles*". El propósito y alcance de esta Directiva resalta claramente, a través de la lectura de sus 30 considerandos. Transcribiremos a continuación, algunos de los que nos parecen más relevantes, con su numeración respectiva:

(6) La mediación puede dar una solución extrajudicial económica y rápida a conflictos en asuntos civiles y mercantiles, mediante procedimientos adaptados a las necesidades de las partes. Es más probable que los acuerdos resultantes de la mediación se cumplan voluntariamente y también que preserven una relación amistosa y viable entre las partes. Estos beneficios son aún más perceptibles en situaciones que presentan elementos transfronterizos.

(7) Para promover el uso más frecuente de la mediación y garantizar que las partes que recurran a ella puedan contar con marco jurídico predecible, *es necesario establecer una legislación marco que aborde, en particular, los aspectos fundamentales del procedimiento civil.*

(14) *Nada de lo dispuesto en la presente Directiva debe afectar a la legislación nacional que haga obligatorio el uso de la mediación o que la someta a incentivos o sanciones, siempre que tal legislación no impida a las partes el ejercicio de su derecho de acceso al sistema judicial.* Tampoco afectará nada de lo dispuesto en la presente Directiva a los sistemas de mediación autorreguladores vigentes, en la medida en que se ocupen de aspectos que no estén cubiertos por la presente Directiva.

(19) *La mediación no debe considerarse como una alternativa peor que el proceso judicial por el hecho de que el cumplimiento del acuerdo resultante de la mediación dependa de la buena voluntad de las partes. Por tanto, los Estados miembros deben asegurar que las partes en un acuerdo escrito resultante de la mediación puedan hacer que su contenido tenga fuerza ejecutiva.* Los Estados miembros solamente deben poder negarse a que un acuerdo tenga fuerza ejecutiva cuando su contenido sea contrario a su legislación, incluido su Derecho internacional privado, o cuando esta no disponga la fuerza ejecutiva del contenido del acuerdo específico. Así podría ocurrir cuando la obligación especificada en el acuerdo no tuviese fuerza ejecutiva por su propia índole.

El concepto y ámbito de la mediación es expresado así en el artículo 3:

> *"A efectos de la presente Directiva, se entenderá por:*
> *a) «mediación»: un procedimiento estructurado, sea cual sea su nombre o denominación, en el que dos o más partes en un litigio intentan voluntariamente alcanzar por sí mismas un acuerdo sobre la resolución de su litigio con la ayuda de un mediador. Este procedimiento puede ser iniciado por las partes, sugerido u ordenado por un órgano jurisdiccional o prescrito por el Derecho de un Estado miembro.*
> *Incluye la mediación llevada a cabo por un juez que no sea responsable de ningún procedimiento judicial vinculado a dicho litigio. No incluye las gestiones para resolver el litigio que el órgano jurisdiccional o el juez competentes para conocer de él realicen en el curso del proceso judicial referente a ese litigio" (subrayado nuestro).*

7. La Directiva excluye así de su ámbito de aplicación a la conciliación intraprocesal, vale decir la que realiza el juez (como acto de trámite obligatorio o no) dentro del marco de un juicio, pero no descarta lo que la doctrina italiana denomina "*mediación delegada*" y los españoles "*mediación por derivación*"[4]. Se trata del caso en el que el juez ya no actúa como conciliador, sino que se limita a invitar a las partes a recurrir a una mediación para dirimir sus diferencias. En este sentido el artículo 5 dispone que:

> *"El órgano jurisdiccional que conozca de un asunto, cuando proceda y teniendo en cuenta todas las circunstancias del caso, podrá proponer a las partes que recurran a la mediación para solucionar el litigio. Así mismo el órgano jurisdiccional podrá pedir a las partes que asistan a una sesión informativa sobre el uso de la mediación, si se celebran tales sesiones y si son fácilmente accesibles."*

---

[4] Nunzio Di Paola y Fabio Carneglia, *Guida alla nuova conciliazione, Mediazione finalizzata alla conciliazione delle controversie civili e commerciali*, Maggioli ed., República de San Marino, 2010, pp. 21-22.

El sentido de descartar una conciliación intraprocesal (i.e. la impulsada y administrada por el propio juez que conoce de la causa en la que las partes pretenden dirimir sus controversias) resulta claro. Tal como lo ha señalado correctamente la doctrina, una mediación delegada, en cambio, puede revelarse un instrumento de particular utilidad frente a los mecanismos tradicionales de conciliación intraprocesal, fundamentalmente por dos razones.

En primer término, el Juez no necesariamente es la persona más indicada para lograr una conciliación entre las partes. Su estructura mental va dirigida a resolver una controversia mediante una decisión y no mediante un mecanismo negocial. Él, cuando le da la razón a una de las partes, se la quita a la otra.

En segundo lugar, las partes durante el proceso tienen una natural reticencia a revelar francamente sus aspiraciones frente al órgano que en definitiva habrá de decidir el caso, si la conciliación fracasa[5]. A ello cabe agregar, finalmente, los inconvenientes o limitaciones que surgen ante el temor del juez de intervenir y expresarse claramente en la conciliación, por cuanto podría adelantar su opinión y exponerse así a una recusación[6].

8. Para salvaguardar los derechos de las partes e incentivar el uso de la mediación, se estableció una norma especial. El artículo 8 de la Directiva CE reza así:

> *"Efecto de la mediación sobre los plazos de caducidad y prescripción*
> *1. Los Estados miembros garantizarán que el hecho de que las partes que opten por la mediación con ánimo de solucionar un litigio no les impida posteriormente iniciar un proceso judicial o un arbitraje en relación con dicho litigio por haber vencido los plazos de caducidad o prescripción durante el procedimiento de mediación.*
> *2. Lo dispuesto en el apartado 1 se entenderá sin perjuicio de las disposiciones sobre plazos de caducidad o prescripción incluidas en los acuerdos internacionales en que sean partes los Estados miembros.*

---

5 Ibidem, p. 23.

6 Cfr. en este sentido: Paolo Nicosia, Marco Susanna y Gianfranco Ceccacci, *Mediazione e conciliazione civile e commerciale*, editorial FAG, 2ª ed., Milán, 2011, p.35.

Esta norma es de suma importancia para el desarrollo y aceptación de la mediación como MARC y el principio que quiere establecer ha sido recogido por la legislación interna de varios países europeos, en tema de mediación. Consideramos que es una omisión de la antes comentada Ley Modelo de la CNUDMI de 2018, no haber contemplado tan delicada cuestión.

9. Finalmente, para garantizar la adopción de los principios sentados por la Directiva en materia de mediación, el artículo 12 de la misma dispuso que: "*Los Estados miembros pondrán en vigor las disposiciones legales, reglamentarias y administrativas necesarias para dar cumplimiento a la presente Directiva antes del 21 de mayo de 2011, con excepción del artículo 10, al que deberá darse cumplimiento el 21 de noviembre de 2010 a más tardar. Informarán inmediatamente de ello a la Comisión*".

Al decir de la doctrina que analizó el impacto de esta Directiva y las leyes promulgadas por los países miembros de la CE, al vencerse el lapso señalado, de los 26 países involucrados (dado que Dinamarca decidió no adoptarla) tan solo Austria, Bulgaria, Estonia, Finlandia, Grecia, Irlanda, Italia, Lituania, Malta, Portugal, Rumania, Eslovenia, Eslovaquia, Hungría y el Reino Unido respetaron el plazo, mientras que otros como Alemania, España, Luxemburgo, la República Checa, Suecia y Francia la implementaron fuera del plazo establecido[7].

III. LA MEDIACIÓN OBLIGATORIA EN MATERIA CIVIL Y MERCANTIL EN ITALIA

10. Resultado directo de la influencia de la Directiva 2008/52/CE en el derecho interno italiano[8], es el Decreto legislativo n. 28 del 4 de marzo de 2010, el cual se refiere a la materia de la *mediación dirigida a la conciliación de las controversias civiles y mercantiles* (publicado en la Gaceta Oficial italiana n° 53 del 5 de marzo de 2010).

---

[7] Cfr. en este sentido a : Chiara Besso, *Implementation of the EU Directive N. 52/ 2008: A Comparative Survey*, en: http://www.mediation-in-europe.eu/study_on_implementation.asp?ln=&idtema=1&idtemacat=1&page=informazioni&idcategoria=1120

[8] En este sentido: Nunzio Di Paola y Fabio Carneglia, *Guida alla nuova conciliazione*... cit., p.6 y pp. 18-19; Nicosia, Susanna y Ceccacci, *Mediazione e conciliazione*...cit., p. 146.

Comenzamos con el caso de Italia, porque es el país de la CE en donde el mecanismo de la mediación ha tenido el mayor éxito como MARC, según lo destacó el Informe del Parlamento Europeo que ya comentamos.

Este Decreto vino a regular en forma general el procedimiento de mediación para todas las controversias civiles y mercantiles que versen sobre derechos disponibles sin precluir (o impedir) las negociaciones voluntarias y paritarias entre las partes en materia civil y mercantil. El artículo 1, literal a, del Decreto legislativo define a la mediación como: "*la actividad, cualquiera que fuese su denominación, ejercida por un tercero imparcial con el fin de asistir a dos o más sujetos para la búsqueda de un acuerdo amigable para la composición de una controversia, incluyendo la formulación de una propuesta para su solución*". A su vez, el literal c del mismo artículo define a la conciliación como: "*la composición de una controversia como resultado del desarrollo de la mediación*".

En otras palabras, para el legislador italiano la conciliación es, en definitiva, el resultado de una mediación.

Junto con la regulación de la mediación facultativa, en el Decreto se introdujo la figura de la mediación obligatoria en los términos originalmente concebidos por el apartado 1° de su artículo 5. Vale decir, se requiere el agotamiento de un procedimiento de mediación previo al proceso como condición de admisibilidad de la demanda (o de procedibilidad) en las materias por él reguladas.

11. Cabe advertir que precisamente el citado apartado 1° del artículo 5, que establecía la mediación obligatoria, fue anulado por inconstitucional por la Corte Constitucional italiana, en sentencia n°272 de 6 de diciembre de 2012. Sin embargo, esta sentencia no excluyó la posibilidad de establecer mecanismos de mediaciones obligatorios, aduciendo por el contrario que la Directiva de la Comunidad, antes comentada, no impide tal solución en el derecho interno[9]. La decisión se basa antes bien en razones formales: la ley por la cual se le delegó al Ejecutivo la posibilidad de normar en materia de mediación civil y comercial no

[9] Véase el texto de la sentencia en: https://www.cortecostituzionale.it/actionSchedaPronuncia.do?anno=2012&numero=272

contempló específicamente la competencia para establecer la obligatoriedad de la mediación[10].

12. A raíz de esta sentencia, el Decreto legislativo en cuestión fue objeto de una posterior reforma, efectuada por Decreto ley n° 69 de 21 de junio de 2013, convertido luego en ley n° 98 de 9 de agosto de 2013, por la cual, además, se modificaron otros aspectos de la versión original[11]. Con este Decreto ley se reintrodujo la mediación obligatoria. Al texto refundido resultante, se referirán nuestros comentarios posteriores[12].

Los aspectos más relevantes de la normativa, después de las subsiguientes modificaciones efectuadas, son los siguientes:

A) El artículo 5, aparte 1 *bis*, dispone que quien pretenda intentar en juicio una acción relativa a una controversia en materia de condominio, derechos reales, sucesiones hereditarias, pactos de familia, arrendamiento, comodato, responsabilidad médica, difamación por la prensa u otros medios de comunicación, contratos de seguro, bancarios o financieros, debe primero agotar el procedimiento de mediación contemplado en el decreto.

B) La ausencia del proceso de mediación previa, como condición de admisibilidad de la demanda, debe ser alegada en la primera audiencia por el demandado, so pena de caducidad, pero puede ser también constatada de oficio por el Juez. En este caso, el Juez concede a las partes un término de 15 días para la presentación de la solicitud de mediación.

---

[10] Sobre esto cfr.: Salvatore Mazzamuto, "La mediazione conciliativa dopo la sentenza n. 272/2012 della corte costituzionale", en *Giureta-Rivista di diritto dell'economia, dei trasporti e dell'amb*iente, 2012,vol XII, p. 529 ss. Disponible en: http://www.giureta.unipa.it/phpfusion/images/26PierluigiMazzamutoLa%20medconciliativadirPri31120212.pdf

[11] A tenor del artículo 77 de la Constitución italiana, en ciertos casos extraordinarios el Ejecutivo puede dictar un instrumento de rango legal, denominado Decreto ley. Pero este Decreto debe ser presentado el mismo día de su dictado al Parlamento, para que sea convertido en ley por éste. Si la conversión en ley no ocurre dentro de los 60 días siguientes, pierde eficacia. En cambio, un Decreto legislativo puede ser dictado por el Ejecutivo, previa delegación legislativa del Parlamento, la cual indica sus parámetros y duración.

[12] Modificado luego por el Decreto Ley n°50 de 24 abril 2017, convertido en la Ley n°96 de 21 de junio 2017 y por Decreto legislativo n° 68 de 21 de mayo de 2018. Cfr. su texto actual en: https://www.altalex.com/documents/leggi/2013/11/04/mediazione-civile-il-testo-aggiornato-del-d-lgs-28-2010

C) Se admite la mediación delegada o mediación por derivación judicial. En la versión original de la norma, el Juez *podía invitar* a las partes durante el proceso, aún en fase de apelación, a iniciar una mediación, tal como lo contempla la Directiva de la CE. Ahora, según el texto vigente, el Juez *puede ordenar* a las partes, según las circunstancias del caso y la conducta de las partes, que intenten un procedimiento de mediación. En este caso, el agotamiento de la mediación es una condición de procedibilidad, aún en apelación (art.5, apartado 2°). A su vez, el novedoso apartado 2-bis del artículo 5 dispone que cuando el procedimiento de la mediación es una condición de procedibilidad de la demanda, la condición se reputa cumplida si la primera reunión ante el mediador concluye sin un acuerdo.

D) Se admite la posibilidad de emplear los nuevos servicios en línea de solución de conflictos (*Online Dispute Resolution*) en los términos previstos por el reglamento del órgano ante el cual se desarrolle la mediación (art. 3 apartado 4°).

E) El abogado que asuma la representación de un caso tiene la obligación de informarle al cliente que puede ir a un procedimiento de mediación voluntaria y que contaría con los beneficios fiscales previstos por los artículos 17 y 20 del Decreto[13]. Así mismo, debe informarle al cliente los casos en los cuales la mediación es obligatoria. Si viola estos deberes de información, el contrato entre abogado y cliente es anulable.

F) A los fines de atender el mandato de la Directiva en materia de prescripción y caducidad, el apartado 6° del artículo 5, establece que, desde el momento de la comunicación a la otra parte de una solicitud de mediación, ella produce sobre la prescripción los mismos efectos de la demanda judicial. Desde ese momento,

[13] Según al artículo 17, todos los documentos y actos del procedimiento de mediación están exentos del impuesto de papel sellado, y de toda tasa o derecho de cualquier especie. También se exonera el acuerdo que se logre por la mediación, del impuesto de registro, hasta la cantidad de 50.000 euros. El artículo 20 reconoce a las partes de la mediación un crédito de impuesto equivalente a la cantidad que las partes hayan pagado a los mediadores, hasta la cantidad de 500 euros. Si la mediación no produjo un resultado positivo, el crédito se reduce a la mitad.

la solicitud de mediación también impide la caducidad, pero por una sola vez. Si la mediación fracasa, la demanda judicial debe ser intentada antes de que se cumpla el término de caducidad, el cual comienza ex a transcurrir *ex novo*, desde el depósito ante el organismo del Acta en la cual se haya dejado constancia del fracaso de la mediación.

G) Dispone el apartado 5 del artículo 5 del Decreto que cuando se hubiere pactado una mediación en una cláusula contractual o estatutaria y la mediación no hubiese sido realizada, el juez o el árbitro, previo alegato o excepción de parte en la primera audiencia, puede disponer que la solicitud pertinente sea presentada dentro del término de los 15 días siguientes.

H) En el artículo 11, titulado "*conciliación*", se regula la fase final de la mediación y se contemplan varios supuestos. Si la mediación es exitosa, el mediador debe levantar un Acta, en la cual reflejará una síntesis del objeto de la controversia, así como lo acordado con base a la voluntad de las partes, a la cual debe anexarse otro documento: el acuerdo de las partes. Con la redacción del Acta, culmina la función del mediador. En este sentido, se ha afirmado que el acuerdo es la concreción negocial que hacen las partes de los puntos indicados en Acta.[14] El acuerdo de las partes puede contemplar el pago de una suma por cada violación de las obligaciones asumidas o por el retardo en su cumplimiento. Se trata de lo que algunos han denominado *astreintes* convencionales[15].

I) En caso de no lograrse un acuerdo, el mediador *puede* formular una propuesta de conciliación a las partes. Si se lo solicitan ambas partes, en cualquier momento del procedimiento, entonces *debe* formular la propuesta. Si no la formula, debe levantar el Acta en donde conste el fracaso de la mediación. Si decide formular la propuesta, el mediador debe antes informar a las partes sobre las posibles consecuencias que contempla el artículo 13 del Decreto, en materia de gastos procesales.

[14] En este sentido cfr.: Nicosia, Susanna y Ceccacci, *Mediazione e conciliazione*...cit., p.173.

[15] Así: Di Paola y Carneglia, *Guida alla nuova conciliazione...cit.*, p. 86.

A tenor de esta última norma, cuando en el juicio posterior, la sentencia coincida íntegramente con el contenido de la propuesta, el juez no acuerda el reembolso de los gastos sostenidos por la parte vencedora que rechazó la propuesta y la condena a pagar los gastos de la parte perdedora, desde la fecha de la formulación de la propuesta. Tampoco concede en este caso, a la ganadora, el reembolso de su cuota parte de lo pagado en concepto de honorarios del mediador. Además, la condena a pagar al Estado una cantidad de dinero.

Algunas reflexiones críticas caben aquí en cuanto al mecanismo de una propuesta de solución formulada por un mediador (sin que se lo soliciten ambas partes) vinculado a unas consecuencias negativas, en caso de su rechazo.

En primer término, el mediador debe ser imparcial y no debería tener la facultad de imponerle a las partes una solución bajo la amenaza, legalmente expresada, de incurrir en posibles futuras sanciones. Conforme a lo expresado en la Directiva 2008/52/CE, hemos visto que el mediador es "*todo tercero a quien se pida que lleve a cabo una mediación de forma eficaz, imparcial y competente, independientemente de su denominación o profesión*". Y el requisito de la imparcialidad del mediador aparece recogido en el propio Decreto que comentamos.

Por ende, los inconvenientes de este mecanismo son varios. Tal como lo argumenta la doctrina italiana:

> *"...Luce difícil que la sentencia judicial pueda coincidir íntegramente con la propuesta conciliativa, dado que esta última proviene de una supuesta mediación que, como tal, debería mediar, es decir conjugar las pretensiones opuestas escogiendo precisamente una línea de recíprocas concesiones. En efecto, la propuesta de conciliación debería balancear los intereses contrapuestos, quitando y otorgando a cada uno algo, para poder ser aceptada por todos los contendores.*
> *Ello permite comprender bien, en cambio, que el supuesto mediador imparcial, cuando las partes no llegan a un acuerdo, no formula realmente una propuesta de conciliación, sino una de decisión de la controversia. Tan solo así puede suceder que, en el juicio posterior al rechazo, la sentencia corresponda 'enteramente al contenido de la propuesta' y sólo en este caso la parte puede considerar*

conveniente aceptarla para evitar los riesgos de la condena a los gastos y accesorios"[16].

Al decir de los mismos autores recién citados, con este mecanismo de la propuesta unilateral del mediador atado a las señaladas consecuencias negativas en caso de su rechazo, en lugar de facilitarse el acceso a la justicia, podría obstaculizarse el mismo dado que el mediador "*imparcial*" asume el rol de un juez. Daría vida a la creación de una inaceptable jurisdicción especial o extraordinaria (tal como la Corte Constitucional italiana lo ha decidido en el caso de los arbitrajes obligatorios).

J) Para facilitar la ejecución de las decisiones derivadas de los MARC, dispone el artículo 12 que cuando todas las partes de la mediación hayan sido asistidas por abogado, el acuerdo suscrito por ellas y por sus abogados, tiene fuerza de título ejecutivo para la expropiación forzosa, la ejecución de obligaciones de hacer y de no hacer y para la inscripción de hipoteca judicial. El acuerdo debe ser homologado, a solicitud de parte, por un decreto del presidente del tribunal de la circunscripción en donde se encuentre el organismo ante el cual se desarrolló la mediación. Si se trata de una controversia transfronteriza en el sentido del artículo 2 de la Directiva 2008/52/CE, el competente es el presidente del tribunal en cuya circunscripción deba ejecutarse el acuerdo.

K) Una norma que llama poderosamente la atención en materia de la mediación es la contenida en el artículo 8, apartado 4 bis. En ella se establecen las consecuencias de la falta de participación de una parte a la mediación, sin justos motivos. En este sentido dispone la norma que, en este caso, el juez puede deducir argumentos probatorios en el juicio subsiguiente, a tenor de los

---

[16] Di Paola y Carneglia, *Guida alla nuova conciliazione...cit.*, p. 85-86. A éstos remitimos, para otras críticas detalladas. Adviértase que Ley Modelo de la CNUDMI sobre Mediación Comercial Internacional y Acuerdos de Transacción Internacionales Resultantes de la Mediación de 2018, en su artículo 7, numeral 4°, admite la posibilidad de que el mediador formule propuestas de solución de la controversia. Sin embargo, no contempla consecuencias perjudiciales para la parte que deseche la propuesta, como sí lo hace el legislador italiano.

establecido en el segundo párrafo del artículo 116 del Código de Procedimiento Civil italiano. Vale decir, puede valorar negativamente la conducta de la parte que no participó en la mediación. Además, el juez puede condenar a la parte que no participó en la mediación, sin justa causa, a pagar al Estado una suma de dinero equivalente al tributo (el denominado "*contributo unificato*") que se causa por la introducción de la demanda.

L) En el plano temporal, cabe resaltar que el Decreto Ley n. 69 de 21 de junio de 2013 (convertido en la ley n° 98 del 9 de agosto de 2013) mediante el cual fue reintroducida la mediación obligatoria en Italia, después de la comentada sentencia de la Corte Constitucional italiana, establecía un régimen transitorio para este mecanismo, en el artículo 5, apartado 1 *bis*. Vale decir, la mediación obligatoria tenía una duración de cuatro años y, una vez transcurridos los primeros dos años de su vigencia, el Ministerio de Justicia tenía la obligación de monitorear los resultados de la aplicación de este instituto. Posteriormente, en vista de los resultados positivos arrojados por la mediación obligatoria, por Decreto Ley n° 50 de 24 de abril de 2017, convertido en la ley n° 96 de 21 de junio de 2017, se eliminó el régimen de transitoriedad. Por ende, la disciplina de la mediación obligatoria pasó a ser permanente o estructural en Italia.

13. En cuanto a la eficacia de la mediación obligatoria en Italia, en los trabajos parlamentarios relativos a la recién citada ley n° 96, se hizo constar que: "*tal como se desprende de los datos estadísticos de la Dirección general de estadística del Ministerio de Justicia, en 2016 se intentaron 183.977 mediaciones (196.247 en 2015, 179.587 en 2014); el porcentaje de éxito de la mediación obligatoria es del 23 % de los casos (21,2% en 2015, 21,4% en 2014*)" [17].

---

[17] Cfr. al respecto: "Camera dei deputati, XVII Legislatura, *Documentazione per l'esame di Progetti di legge Disposizioni urgenti in materia finanziaria, a favore degli enti territoriali e zone colpite da eventi sismici e misure per lo sviluppo D.L. 50/2017 - A.C. 4444-A Sintesi degli emendamenti approvati dalla V Commissione Bilancio n. 576/1*, 30 maggio 2017" consultado en: https://www.altalex.com/documents/news/2017/07/06/mediazione-manovra-correttiva.

Se trata indiscutiblemente de cifras de gran importancia, que permiten apreciar que este mecanismo responde efectivamente al propósito de aligerar la carga de trabajo de los tribunales, a través de la desjudicialización de las controversias entre particulares, en materia de derechos disponibles.

IV. EL REAL DECRETO-LEY DE MEDIACIÓN EN ASUNTOS CIVILES Y MERCANTILES EN ESPAÑA

14. Ya hemos visto que España es uno de los países que adoptó la Directiva de la CE 2008/52/CE extemporáneamente. Lo hizo mediante Real Decreto-ley 5/2012 de Mediación Civil y Mercantil, que supone la adaptación al derecho español de la Directiva. El recurso a esta vía extraordinaria fue justificado precisamente por haber transcurrido el plazo para la transposición relativa.

Ya en su exposición de motivos, el Decreto aclara que se trata de establecer:

> *"...un régimen general aplicable a toda mediación que tenga lugar en España, y pretenda tener un efecto jurídico vinculante, si bien circunscrita al ámbito de los asuntos civiles y mercantiles y dentro de un modelo que ha tenido en cuenta las previsiones de la Ley Modelo de la CNUDMI sobre Conciliación Comercial Internacional del año 2002... El modelo de mediación se basa en la voluntariedad y libre decisión de las partes y en la intervención de un mediador, del que se pretende una intervención activa orientada a la solución de la controversia por las propias partes. El régimen que contiene el real decreto-ley se basa en la flexibilidad y en el respeto a la autonomía de la voluntad de las partes..."*.

Por ello, inicialmente el legislador español no concibió a la mediación como un mecanismo obligatorio, a diferencia del italiano.

15. Los puntos más relevantes de este instrumento[18], en nuestra opinión, son los siguientes:

[18] Su texto lo hemos consultado en: https://www.boe.es/buscar/pdf/2012/BOE-A-2012-9112-consolidado.pdf

A) Ámbito de aplicación: Se aplica a las mediaciones en asuntos civiles o mercantiles, incluidos los conflictos transfronterizos, siempre que no afecten a derechos y obligaciones que no sean disponibles, en virtud de la legislación aplicable.

B) Efectos sobre los plazos de prescripción y caducidad: Se acogen los principios de la Directiva en esta materia. El artículo 3 del decreto-ley dispone que: "*el comienzo de la mediación suspenderá la prescripción o la caducidad de acciones*". También aclara que la suspensión se prolonga durante el tiempo que medie hasta la fecha de la firma del acuerdo de mediación o, en su defecto, del acta final o se produzca la terminación de la mediación por alguna de las causas previstas en el decreto. Si no se firma el acta de la sesión constitutiva en el plazo de quince días a contar desde el día en que se entiende comenzada la mediación, se reanuda el cómputo de los plazos. En materia de caducidad, el tratamiento resulta diferente al acordado por el legislador italiano. Se suspende el término de caducidad, pero luego no comienza a contarse *ex novo*, como en Italia.

C) Organismos de mediación: El artículo 5 considera como instituciones de mediación a: "*las entidades públicas o privadas y las corporaciones de derecho público que tengan entre sus fines el impulso de la mediación facilitando el acceso y administración de la misma*". Esta norma prevé expresamente a la ODR (*Online Dispute Resolution*) cuando contempla que estas instituciones deberán implantar sistemas de mediación por medios electrónicos. En especial, para aquellas controversias que consistan en reclamaciones dinerarias.

E) Principios informadores de la mediación: El artículo 6 ratifica que la mediación es voluntaria, por lo cual nadie estará obligado a mantenerse en el procedimiento de mediación o a concluir un acuerdo. Luego se refiere a la cláusula Med-arb cuando establece que cuando ella se hubiere convenido, *se deberá intentar el procedimiento pactado de buena fe, antes de acudir a la jurisdicción o a otra solución extrajudicial.* Aclara que dicha cláusula surtirá efectos incluso cuando la controversia verse sobre la validez o existencia del contrato en la que conste.

F) Imparcialidad y confidencialidad de la mediación: en los artículos 7, 8 y 9 se regula lo relativo a la igualdad de las partes; imparcialidad de los mediadores; neutralidad ("*las actuaciones de mediación se desarrollarán de forma que permitan a las partes en conflicto alcanzar por sí mismas un acuerdo de mediación*") y confidencialidad. Contempla expresamente la responsabilidad de quienes violen el deber de confidencialidad.

F) Conducta de las partes en la mediación: Establece el artículo 10 en este sentido que las partes actuarán conforme a los principios de buena fe y respeto mutuo. También desarrolla el principio de la buena fe al establecer que: "*durante el tiempo en que se desarrolle la mediación las partes no podrán interponer entre sí ninguna acción judicial o extrajudicial en relación con su objeto*". Lo cual refuerza con un mandato que parece ir dirigido al Juez cuando establece que: "*un compromiso de sometimiento a la mediación y la iniciación de ésta impide a los tribunales conocer de las controversias sometidas a mediación durante el tiempo en que se desarrolle ésta, siempre que la parte a quien interese lo invoque mediante declinatoria*".

G) Responsabilidad civil de los mediadores: a diferencia de otras leyes que hemos revisado en materia de mediación y de arbitraje, este Decreto-ley regula expresamente la responsabilidad de los mediadores y de *las instituciones de mediación*, en su artículo 14, en los siguientes términos:

"La aceptación de la mediación obliga a los mediadores a cumplir fielmente el encargo, incurriendo, si no lo hicieren, en responsabilidad por los daños y perjuicios que causaren por mala fe, temeridad o dolo. El perjudicado tendrá acción directa contra el mediador y, en su caso, la institución de mediación que corresponda con independencia de las acciones de reembolso que asistan a esta contra los mediadores."

No se trata aquí de la genérica responsabilidad establecida a cargo del mediador y de las partes, por violación del deber de confidencialidad, a la cual nos hemos referido. Precisamente en conexión con esta norma cabe mencionar que, dentro de las condiciones requeridas para ser mediador, el Decreto exige en el artículo 11 que deberá contar con formación específica para ejercer la mediación (lo cual requiere que siga cursos de formación *ad hoc*) y que deberá suscribir un seguro o garantía equivalente que cubra la responsabilidad civil derivada de su actuación en los conflictos en que intervenga.

H) Mediación derivada: no contempla este Decreto la posibilidad de que un juez pueda ordenar a las partes ir a un proceso de mediación, durante el proceso judicial. En cambio, según lo vimos al analizar la legislación italiana en la materia, el Juez *puede ordenar* a las partes, según las circunstancias del caso y la conducta de las partes, que intenten un procedimiento de mediación y, en este caso, el agotamiento de la mediación es una condición de procedibilidad, aún en apelación.

I) Acta final: En materia de terminación del procedimiento, el Decreto contempla, al igual que en el caso de Italia, una Acta final que reflejará los acuerdos alcanzados de forma clara y comprensible, o su finalización por cualquier otra causa (art.22). En lo que concierne al acuerdo de mediación alcanzado por las partes, establece el art. 23 que en él deberá constar la identidad y el domicilio de las partes, el lugar y fecha en que se suscribe, las obligaciones que cada parte asume y que se ha seguido un procedimiento de mediación, con indicación del mediador o mediadores que han intervenido y, en su caso, de la institución de mediación ante la cual se ha desarrollado el procedimiento. El acuerdo de mediación no debe acompañar necesariamente el acta final puesto que el mismo deberá presentarse al mediador, en el plazo máximo de diez días desde el acta final, para su firma.

J) Ejecución del acuerdo de mediación: de conformidad con los principios de la Directiva CE, se regula lo relativo al carácter de título ejecutivo del acuerdo de mediación. En este sentido, se establece que las partes pueden elevar a escritura pública el acuerdo alcanzado tras un procedimiento de mediación. En este caso, el acuerdo de mediación debe presentarse ante un notario acompañado de copia de las actas de la sesión constitutiva y la final del procedimiento. Cuando el acuerdo se hubiere alcanzado en una mediación desarrollada después de iniciar un proceso judicial, las partes pueden solicitar del tribunal su homologación de acuerdo con lo dispuesto en la Ley de Enjuiciamiento Civil española.

16. Desde el punto de vista teórico, considerando la naturaleza de las facultades de un verdadero mediador y los principios centrales que informan la mediación según la Directiva europea, este régimen lucía equilibrado.

Sin embargo, se lo ha juzgado como ineficaz, por no contemplar la mediación obligatoria[19]. En España se analizaron los resultados positivos que este mecanismo ha arrojado en Italia, tal como hemos tenido ocasión de resaltar. Ello explica las iniciativas recientes para introducirlo en España, aunque sea de forma mitigada, para darle más impulso a la mediación.

En este sentido, el 11 de enero de 2019 el Consejo de Ministros español anunció la aprobación de un Anteproyecto de Ley de Impulso de la Mediación[20]. Las motivaciones expresadas por el Consejo mencionado para justificar esta iniciativa fueron expresadas del modo siguiente:

> "... *La nueva regulación supera el modelo de mediación actualmente vigente basado en su carácter exclusivamente voluntario por el denominado de 'obligatoriedad mitigada' que obliga a los litigantes a asistir a una sesión informativa y exploratoria en los*

[19] Para un análisis de los motivos del éxito de la mediación obligatoria en Italia y la necesidad de su introducción en España cfr.: R. Herrera de las Heras, "La mediación obligatoria ...", cit., pp.13-16. Especialmente, las consideraciones que formula el autor al respecto (*ibidem*, p. 21). También cabe consultar, en el mismo sentido, a: Julia Isabel Senosiain Maya, *Mediación obligatoria y tutela judicial efectiva*, Tesis de Maestría, Pamplona, Universidad de Navarra, enero de 2017, pp.16-17,en:https://academica e.unavarra.es/bitstream/handle/2454/27311/72147TFMsenosiain.pdf?sequence=1&isAllowed=y

[20] Cuyo texto puede consultarse en: https://www.aeafa.es/files/noticias/anteproyectoleyimpulsomediaci0n.pdf

seis meses previos a la interposición de la demanda en un número tasado de materias. Esta sesión será conducida por un mediador y estará dirigida a explorar tanto el asunto objeto de controversia como el posicionamiento inicial de las partes, que recibirán información clara y precisa del procedimiento, de la dinámica de trabajo que se seguirá en caso de que finalmente se acuerde continuar la mediación y de sus beneficios frente a la vía judicial en cuanto a ahorro de tiempo y costes. En la mediación no se requiere abogado ni procurador y el coste económico de recurrir a un mediador se estima muy inferior al que incurrirían las partes si optaran por la vía judicial.

La obligación de intentar la mediación se extiende a los casos civiles más comunes, como pequeñas reclamaciones de cantidad, herencias o asuntos de familia.

Se establece también una mediación intrajudicial que tendrá lugar cuando el juez o tribunal, una vez analizado el caso, considere que una forma alternativa al juicio puede resultar más satisfactoria para las partes, siempre que no se hubiera producido un intento de mediación con carácter previo al inicio del proceso"[21].

En este Anteproyecto, dentro de las modificaciones al Decreto-ley que hemos comentado, se propuso la reforma de su artículo 6. Su texto, al entrar en vigor la ley proyectada, será el siguiente:

"La mediación es voluntaria. No obstante, los interesados estarán obligados a intentarla con carácter previo al inicio de un proceso declarativo en los siguientes casos:

a) Medidas que se adopten con ocasión de la declaración de nulidad del matrimonio, separación, divorcio o las relativas a la guarda y custodia de los hijos menores o alimentos reclamados por un progenitor contra el otro en nombre de los hijos menores, así como aquellas que pretendan la modificación de las medidas adoptadas con anterioridad. b) Responsabilidad por negligencia profesional. c) Sucesiones. d) División judicial de patrimonios. e) Conflictos entre socios y/o con los órganos de administración de las sociedades mercantiles. f) Reclamaciones en materia de responsabilidad ex-

21 Cfr. la nota oficial en la página de la Moncloa: https://www.lamoncloa.gob.es/consejodeministros/Paginas/enlaces/110119-enlacemediacion.aspx

tracontractual que no traigan causa de un hecho de la circulación. g) Alimentos entre parientes. h) Propiedad horizontal y comunidades de bienes. i) Derechos reales sobre cosa ajena. j) Contratos de distribución, agencia, franquicia, suministro de bienes y servicios siempre que hayan sido objeto de negociación individual. k) Reclamaciones de cantidad inferiores a 2.000 euros entre personas físicas cuando no traigan causa de un acto de consumo. l) Defectos constructivos derivados de un contrato de arrendamiento de obra. m) Protección de los derechos al honor, intimidad o la propia imagen. n) Procesos arrendaticios que hayan de ventilarse por los cauces del juicio ordinario.

A los efectos de esta ley y la legislación procesal, se entenderá por intento de mediación, al menos, la celebración ante el mediador de una sesión informativa y una sesión exploratoria, que podrán haberse celebrado en un único acto, y haberse efectuado dentro de los seis meses anteriores a la presentación de la demanda. A dicha sesión habrán de asistir las partes, personalmente si se trata de personas físicas, y el representante legal o persona con poder para transigir, si se trata de personas jurídicas. "

En todos los casos indicados, se concibe al intento de mediación como *un trámite procedimental previo a la admisión de la demanda* y, en materias de costas, se prevé que no existirá pronunciamiento a favor de aquel litigante que no hubiere acudido, sin causa justificada, a un intento de mediación, cuando fuera legalmente preceptivo o así lo hubiera acordado el tribunal durante el proceso. También se recoge ahora la figura que los italianos denominan *mediación delegada* y los españoles *mediación por derivación judicial*. En este sentido el Anteproyecto contempla una norma conforme a la cual: "*siempre que no se haya intentado con carácter previo al proceso, el tribunal que conozca de la primera instancia podrá acordar la derivación a un procedimiento de mediación de cualquier tipos de asuntos civiles o mercantiles cuando considere que, por sus características, pueden ser susceptibles de ser resueltos por esa vía, salvo que afecten a derechos y obligaciones que no estén a disposición de las partes en virtud de la legislación aplicable*". Esta mediación derivada también puede ocurrir en segunda instancia, si no hubiese ya ocurrido anteriormente.

17. El tema de la constitucionalidad de la introducción del mecanismo de la mediación obligatoria, como presupuesto procesal en las materias antes señaladas, fue objeto de la debida consideración, tal como se desprende de lo afirmado en la exposición de motivos del Anteproyecto, en los términos siguientes:

> *"Esta obligación se constituye como un presupuesto procesal necesario para acceder a la vía judicial, pero no supone una obligación de someterse a todo un proceso de mediación o de consensuar un acuerdo que ponga fin al litigio (lo que no se compadecería con el principio de voluntariedad en el que se sustenta la institución), sino únicamente de haber sido informado de la existencia y ventajas de esta importante figura, así como una primera sesión exploratoria del conflicto. Además, esta obligación no afecta al derecho a la tutela judicial efectiva, pues se configura como un trámite de carácter previo. Queda en todo caso garantizado el acceso a la vía judicial, si no se llegara a acordar el inicio de la mediación, de forma que los tribunales sólo se tengan que ocupar de aquellos conflictos que no hayan podido ser solucionados de otra forma. Por consiguiente, esta medida se compadece con la jurisprudencia del Tribunal Constitucional y del Tribunal de Justicia de la Unión Europea, que en Sentencia de 14 de junio de 2017, Menini, asunto C- 75/16, señala que el Derecho de la Unión no se opone a una normativa nacional conforme a la cual, en determinados litigios, el recurso a un procedimiento de mediación constituye un requisito de admisibilidad de la demanda judicial."*

Para finalizar, cabe señalar que este Anteproyecto contempla al final una *vacatio legis* de tres años contados a partir de la publicación de la ley en el Boletín Oficial, lo cual ha sido objeto de críticas por la exagerada extensión del plazo, además de las otras que han sido formuladas respecto a esta iniciativa. En este sentido, el Consejo General del Poder Judicial español sugirió una *vacatio legis* de seis meses.

V. CONCLUSIÓN

18. Ya hemos visto que en la CE se ha analizado con atención el éxito de la mediación obligatoria en Italia y el relativo fracaso en otros

países de la mediación netamente voluntaria o convencional. En este sentido, el Anteproyecto español pretende introducir una respuesta clara frente a la escasa utilización de la mediación en ese país. En definitiva, es correcta la apreciación de la doctrina española[22] cuando señala que, según el Parlamento Europeo, la principal medida que deben adoptar los países de la CE:

> *"... para potenciar el uso de la mediación, es dotar de un carácter obligatorio en todos los países de la UE a dicho mecanismo de resolución de conflictos. En concreto, considera que a la hora de definir el grado en el que deben introducirse los elementos obligatorios, lo más adecuado parece un enfoque 'mitigado' de la mediación obligatoria. Esta forma atenuada de mediación obligatoria consistiría en que las partes han de asistir necesariamente al proceso de mediación, pero pueden salir de él en el momento en el que no deseen continuar."*

19. Finalmente, cabe concluir con una reflexión panorámica sobre el asunto, a nivel latinoamericano. En este sentido, baste con traer a colación lo decidido en Argentina el 2 de octubre de 2018, en sentencia de la Cámara de Apelación en lo Civil y Comercial de Junín, en la cual se descartaron los alegatos del apelante en contra de la constitucionalidad del artículo 2 de la ley 13951 y del decreto 2530/2010 que establecieron la obligatoriedad de mediación previa, en la provincia de Buenos Aires. Haciendo expresa referencia a la jurisprudencia de la Corte Suprema de Justicia de la Nación argentina, a la de la Corte Constitucional colombiana y a la del Tribunal Constitucional chileno sobre el particular, concluyó este tribunal lo siguiente:

> *"...además de la doctrina que surge del fallo de la CSJN "Baterias Sil-Dar SRL c/ Barbeito Walter" que, como último intérprete de la Constitución Nacional, independientemente de su otrora composición sobre la que se expide el Dr. Williams, en tanto no ulteriormente modificada es de acatamiento obligatorio para los tribunales inferiores, cabe destacar la doctrina autoral que casi unánimemente se expidió en forma coincidente sobre el asunto: Carlos A. Garber*

[22] Cfr. Chéliz Inglés, "La UE y la armonización de la regulación ...", cit., p. 201.

" ¡Salven a la mediación!" La Ley 1999-B , 911 y "La mediación ¿salvada?" JA 2001-IV-557; Juan Carlos G. Dupuis "La mediación prejudicial obligatoria no es inconstitucional" la Ley 1999-A, 844; Felipe Fucito "Mediación. Constitucionalidad y utilidad" La Ley 1999-A,893; Daniel A. Scheinquerman "La Corte Suprema declaró la constitucionalidad de la ley de mediación" La Ley 2003-A, 215; Juana Dioguardi "Mediación: tutela efectiva y la justa composición de derechos e intereses" LLBA 2015 (agosto), 713, entre otros. "

Y en sentido corroborante su valoración por otros órganos a nivel internacional. Así la sentencia C-1195/01, de la Corte Constitucional de Colombia, (en www.corteconstitucional.gov.co/ relatoria-/2001/c-1195-01.htm) dijo "*los mecanismos alternativos de resolución de conflictos no representan una desconfianza hacia la justicia estatal formal, sino un reconocimiento de que procedimientos menos formales y alternativas de justicia autocompositiva complementan las opciones a las cuales pueden acudir las personas para resolver sus disputas. Por ello, mecanismos como la mediación y la conciliación, más que medios para la descongestión judicial, son instrumentos para garantizar el acceso efectivo a la justicia y promover la resolución pacífica de los conflictos*" y el Tribunal Constitucional de Chile con fecha 10 de julio de 2012, en la causa rol N° 2042-11-INA, referida a la constitucionalidad del procedimiento de mediación como trámite previo y obligatorio para poder acceder a los tribunales de justicia, apuntó que el proceso de mediación resulta más accesible, simplificado y de más bajo costo que el procedimiento judicial. Se trata de un procedimiento idóneo puesto que propende a que las partes logren la solución extrajudicial de una controversia, pero con los efectos propios de una transacción. Es decir, el acuerdo alcanzado en la mediación alcanza la categoría de equivalente jurisdiccional y, por lo tanto, produce los efectos propios de la cosa juzgada, lo que resulta determinante al momento de lograr el cumplimiento del acuerdo alcanzado, y que no impide el acceso a la justicia, puesto que de fracasar este proceso previo, siempre podrá recurrirse al órgano jurisdiccional para alcanzar la solución del conflicto mediante una sentencia judicial[23].

[23] Cfr. en: https://www.erreius.com/Jurisprudencia/documento/20181105091531086

A nivel nacional, fue sancionada la Ley 26.589 el 15 de marzo de 2010 por el Senado y la Cámara de la Nación Argentina sobre la mediación previa obligatoria. La nueva ley mantiene la filosofía y rasgos generales del procedimiento de mediación previa inicialmente establecidos en 1995 (por la ley 24.573), introduciendo algunas innovaciones destinadas a mejorar el sistema, no sólo para la provincia de Buenos Aires, sino también para la totalidad de los órganos que componen el sistema de la Justicia Federal[24].

En el caso de Venezuela, consideramos que cuando llegue la hora de legislar sobre el tema, para dar cumplimiento al mandato contenido en el artículo 258 de la Constitución de 1999, deben tomarse en cuenta las experiencias aquí reseñadas. Concluiremos, por último, ratificando que cuando hablamos de mediación obligatoria, no queremos referimos en definitiva a un mecanismo que obligue a las partes a resolver sus controversias a través de este procedimiento. No se trata de una obligación de resultado la que se quiere imponer, sino la de agotar un paso previo, el de ir a una negociación con la intervención de un mediador, antes de acudir a la sede arbitral o a la judicial (lo que se concibe como una mediación obligatoria mitigada). Por otro lado, la mera introducción de una solución de este tipo, no aparejada a un proceso de concientización sobre las ventajas de la mediación y al de profesionalización de los mediadores, sin establecer ningún tipo de incentivos para los usuarios, puede revelarse ineficaz.

[24] Sobre el sistema argentino y algunas consideraciones críticas, véase: GIANNINI, Leandro,"Experiencia argentina en la mediación obligatoria", en *La Ley*, año LXXVIII, n° 25, Buenos Aires,2014, p.1 y ss. Sobre el sistema chileno y la citada sentencia del Tribunal constitucional véase: Eduardo Jequier Lehuedé, "La mediación obligatoria y el deber de colaboración en el ámbito de los conflictos comerciales y civiles en Chile. Una aproximación de *lege ferenda*", en *Ius et Praxis*, vol.24, Talca, 2018, pp. 582-553 disponible en: http://dx.doi.org/10.4067/S0718-00122018000300553

EL ARBITRAJE INTERNACIONAL Y LAS CONTROVERSIAS TERRITORIALES EN VENEZUELA

MILAGROS BETANCOURT C.*

I. PRESENTACIÓN

Agradezco a la Academia de Ciencias Políticas y Sociales y a la Comisión organizadora por la invitación a colaborar en el homenaje al Doctor Luis Cova Arria, lo cual me honra y distingue. Conocí al Doctor

* Abogado egresado de la Universidad Católica Andrés Bello. Estudios de post grado en Derecho Administrativo en la Universidad de Alcalá de Henares en España y la Academia de Derecho Internacional de La Haya. Embajador retirado del Servicio Exterior de Venezuela. Ex Director de Tratados Internacionales y de Asuntos Multilaterales en el MRE. Ex Director Ejecutivo del Centro Empresarial de Conciliación Arbitraje CEDCA. Jefe de la Cátedra de Instituciones de Derecho Internacional de la Universidad Católica Andrés Bello.

Cova hace algunos años cuando me desempeñaba como Director Ejecutivo del Centro Empresarial de Conciliación y Arbitraje (CEDCA), a cuya lista de árbitros pertenece y con quien desde ese entonces he desarrollado una relación cordial y de respeto.

Precisamente por ser el arbitraje el tema que nos ha unido en el ámbito profesional he desarrollado mi trabajo para esta publicación sobre dicho tópico pero vinculado al ámbito de los Estados y al Derecho Internacional, disciplina a la cual me dedico en lo académico.

Hago un estudio de los tres arbitrajes en los que participó la República para resolver las controversias territoriales relativas a la Isla de Aves, la determinación de límites con Colombia y el asunto del territorio Esequibo con el Reino Unido y luego con Guyana, asunto que en este momento convoca la atención del país.

El análisis de los respectivos laudos arbitrales permite entender las motivaciones que llevaron a nuestro país a alejarse del uso de la institución arbitral como medio de resolución de controversias, tanto el ámbito internacional como en el doméstico. En opinión de José Eloy Anzola a fines del siglo XIX el arbitraje fue relegado a un segundo plano, "*casi desapareció del mapa como medio de resolución de conflictos. Reapareció con algún vigor en el Código de 1987*"[1]. En esta misma década de los ochenta Venezuela comienza a incorporarse a convenios internacionales en material de arbitraje y se hace parte de instrumentos de carácter regional en materia de arbitraje: la Convención Interamericana sobre eficacia extraterritorial de las sentencias y laudos extranjeros, que ratificó en 1985 y la Convención Interamericana sobre Arbitraje Comercial Internacional (Convención de Panamá) ratificada el 16 de Mayo del mismo año.

La década de los noventa consolida esta apertura hacia el arbitraje internacional, tanto el comercial como el de inversiones, en particular con la firma de numerosos Acuerdos bilaterales para la promoción y protección de inversiones, la adhesión de Venezuela en 1995 al

---

[1] José Eloy Anzola, "Reseña histórica del arbitraje commercial en Venezuela". *El Arbitraje en Venezuela. Estudios con motivo de los 15 años de la Ley de Arbitraje Comercial*. Publicación conjunta, Centro de Arbitraje de la Cámara de Caracas, Centro Empresarial de Conciliación y Arbitraje CEDCA y Club Español del Arbitraje, Capítulo venezolano. Editorial Sabias Palabras. Caracas, 2013. Pág.78.

Convenio sobre Arreglo de Diferencias Relativas a Inversiones entre Estados y Nacionales de otros Estados del 18 de marzo de 1965, conocido también como Convenio de Washington o Convenio CIADI, la adhesión también en 1995 de la *Convención sobre el reconocimiento y ejecución de las sentencias arbitrales extranjeras*, mejor conocida como la Convención de Nueva York, y en el plano doméstico la promulgación de la Ley de Arbitraje Comercial en 1998. Venezuela se coloca de nuevo en el escenario del arbitraje.

II. LAS CONTROVERSIAS ENTRE ESTADOS Y LOS MEDIOS DE SOLUCIÓN PACÍFICA.

1. Controversias internacionales y los medios de solución reconocidos por el derecho internacional

De manera muy sucinta me referiré a estos dos tópicos como marco para el desarrollo de los aspectos centrales del presente trabajo.

Los Estados pueden verse involucrados en controversias jurídicas o políticas. Las primeras afectan las relaciones de los sujetos de Derecho Internacional en esa materia, especialmente a los Estados[2].

La controversia jurídica fue definida por la Corte Permanente Internacional de Justicia en 1923 como "*un desacuerdo sobre un punto de derecho o de hecho, una oposición de tesis jurídicas o de intereses entre dos o más personas*"[3]. Posteriormente, la actual Corte Internacional de Justicia incorporó un ercer elemento a este concepto: hace falta demostrar que la reclamación de una parte se enfrenta con la oposición manifiesta de la otra[4].

Surgen las controversias usualmente, por la interpretación o aplicación de un texto jurídico o por la violación de una obligación internacional por un Estado u otro sujeto de derecho internacional, lo que genera responsabilidad internacional.

---

[2] Victor Rodriguez Cedeño, *Fundamentos de Derecho Internacional Público*. Volumen 1. Caracas, Venezuela. Managua, Nicaragua, 2014. pag.257.

[3] Decisión de la Corte Permanente Internacional de Justicia del 30 de junio de 1924 sobre el asunto de las concesiones Mavrommatis en Palestina www.icj-cij.org

[4] Decisión de la CIJ en el asunto interpretación de los Tratados de Paz entre Hungría, Bulgaria, Rumania, 1962 www.icj-cij.org

Las controversias deben distinguirse de las situaciones internacionales. Situación es un término que permite calificar cuestiones que no responden a un criterio determinado o único. Utilizado por el Consejo de Seguridad de Naciones Unidas y conforme a la práctica seguida identifica casos en los que no hay la oposición de tesis jurídicas entre dos o más Estados, como hemos referido anteriormente a la controversia.[5]

La obligación de recurrir a los medios pacíficos para resolver sus controversias, y la prohibición del uso de la fuerza quedaron recogidos en la Carta de las Naciones Unidas, como principios rectores de la conduta de los Estados. La Carta contempla en su artículo 33, los medios para buscar la solución a la controversia planteada, los cuales pueden ser políticos/diplomáticos o jurisdiccionales, como el arbitraje.

2. El arbitraje internacional

2.1. Antecedentes

El primer antecedente directo de la utilización del arbitraje entre Estados, lo encontramos en el *Tratado de Amistad, Comercio y Navegación* suscrito en 1794 entre los Estados Unidos y Gran Bretaña, conocido como Tratado Jay o Tratado de Londres, adoptado para resolver las controversias que habían surgido tras la guerra de independencia. Se entendía entonces el arbitraje como mecanismo de solución de controversias, *ad hoc* y facultativo.-

Años más tarde, en la Convención adoptada en la Conferencias de Paz de la Haya de 1899 se recogen los rasgos generales del arbitraje en su artículo 15 que dispone que ***"el arbitraje internacional tiene por objeto el arreglo de las controversias entre Estados por jueces de su elección y sobre la base del respeto del derecho".***

En esta misma Conferencia se crea la **Corte Permanente de Arbitraje** (CPA), como un órgano permanente pero en realidad es un instancia para la solución de controversias con reglas preestablecidas en relación con su estructura que funciona con base en una Lista de Árbitros a la que se conoce como el *Grupo Nacional* de cada país. Es más una manera de conducir la creación de tribunales arbitrales *ad hoc* que una

[5] Ibid 1, pág 256.

Corte como tal. Inicialmente este órgano sólo conocía de controversias entre Estados pero hoy en día, luego de algunos cambios en su Estatuto, puede conocer controversias entre particulares y Estados e incluso, entre organizaciones internacionales.

A inicios del siglo XX Venezuela recurrió a la Corte Permanente de Arbitraje para resolver algunos asuntos como el relativo al *derecho de preferencias reclamado por las potencias en el bloqueo a* Venezuela en 1902 y las reclamaciones planteadas por los Estados Unidos, en relación con las *Compañías* Orinoco *Steamship Co,* la *Orinoco Corporation* y la *Uned States and Venezuela Company* (*Reclamación Crichfield*).[6]

Posteriormente, en la Segunda Conferencia de La Haya de 1907 se adoptaron disposiciones para mejorar las reglas del arbitraje entre Estados. Así pues, el artículo 38 de la I Convención de ese año establece que: ***"...el arbitraje es reconocido como el medio más eficaz y al mismo tiempo, el más equitativo, para solucionar las controversias que no son resueltas por la vía diplomática"***.

Para la primera década del siglo, quedaron consolidados los principios que orientan el arbitraje internacional como lo conocemos y funciona actualmente: el consentimiento de las partes, la decisión basada en el derecho, aunque el árbitro pueda fundar su decisión en la equidad, jueces elegidos por las partes, y las decisiones vinculantes y el cumplimiento de buena fe, la independencia de los árbitros, la facultad de determinar de su propia competencia, la igualdad de las partes y el derecho a ser oídas en igualdad de condiciones.

2.2. Modalidades

Con el evolución del Derecho Internacional, la nueva concepción de la soberanía de los Estados y el surgimiento de los nuevos sujetos de derecho internacional, como las Organizaciones internacionales y el individuo mismo, aparecieron nuevas modalidades de arbitraje

---

6 Artículo 33: "1. *Las partes en una controversia cuya continuación sea susceptible de poner en peligro el mantenimiento de la paz y la seguridad internacionales tratarán de buscarle solución, ante todo, mediante la negociación, la investigación, la mediación, la conciliación, el arbitraje, el arreglo judicial, el recurso a organismos o acuerdos regionales u otros medios pacíficos de su elección. 2. El Consejo de Seguridad, si lo estimare necesario, instará a las partes a que arreglen su c triversias por dichos medios.*

internacional, en las que puede ser parte un Estado, con algunas variantes en cuanto a las reglas y el derecho aplicable.

El arbitraje internacional propiamente dicho, al que nos hemos referido previamente, previsto en las Convenciones de La Haya ya mencionadas y consagrado en el artículo 33 de la Carta de la ONU, regido exclusivamente por el derecho internacional tanto en sus reglas como en el derecho aplicable y **sobre el que enfocamos en el presente trabajo.**

El arbitraje comercial internacional en el que si bien las partes son dos Estados o un Estado y una persona física o jurídica extranjera, los asuntos a resolver son los que pertenecen a la esfera del *iure gestionis* de los Estados, por lo que se someten a normas mercantiles internacionales y no al Derecho Internacional[7]. De la misma manera tenemos el arbitraje de inversión que resuelve las controversias entre un inversor extranjero y el Estado receptor de la inversión, usualmente con base en un Tratado Internacional bilateral o multilateral suscrito entre Estados y que se rige tanto por normas nacionales como por el Derecho Internacional.

2.3. Formas de acordar el arbitraje internacional: obligatorio y facultativo

El arbitraje internacional, en todas sus modalidades, se fundamenta en el consentimiento de las partes, lo que ha sido confirmado de manera reiterada por la jurisprudencia internacional.

Usualmente se expresa en un convenio o tratado que contiene el **compromiso arbitral**. Este tratado puede ser previo a la existencia del conflicto, y en el mismo las partes convienen en someter a arbitraje cualquier controversia que surja entre ellas con posterioridad a la firma de dicho compromiso o tratado. Estos tratados o compromisos arbitrales pueden ser bilaterales o multilaterales. Esta forma de arbitraje convenido con anterioridad a la existencia de la controversia, es al que se le denomina **arbitraje obligatorio.**[8]

Como ejemplo podemos mencionar el *Tratado de no agresión, conciliación, arbitraje y arreglo judicial,* suscrito entre Colombia y

---

[7] Alejandro J. Rodríguez Carrion, *Lecciones de Derecho Internacional Público.* Quinta edición. Editorial Tecnos, Madrid,2002. Pág.573.

[8] Ibid 1 Pág.330.

Venezuela en 1939, al que nos referiremos más adelante y en el ámbito multilateral el *Tratado General de Arbitraje Interamericano,* del 5 de enero de 1929, en el que los Estados en su artículo 1 "*se obligan a someter a arbitraje todas las diferencias de carácter internacional que hayan surgido o surgieren entre ellas con motivo de la reclamación de un derecho formulada por una contra otra en virtud de un tratado o por otra causa, que no haya sido posible ajustar por la vía diplomática y que sea de naturaleza jurídica por ser susceptible de decisión mediante la aplicación de los principios del derecho*".

El **arbitraje facultativo es aquel que se conviene** en un tratado luego de surgida la controversia y después de agotadas por las partes las negociaciones u otras vías como la diplomática para alcanzar una solución.

El tratado debe contener el compromiso arbitral cuyo objetivo es someter la controversia surgida a la decisión de un árbitro o de un tribunal arbitral y que debe contener entre otros puntos, la descripción de la cuestión en conflicto, la designación de los árbitros, las reglas de procedimiento y el carácter de la decisión.

Bajo esta forma se acordaron los arbitrajes, entre Venezuela con Países Bajos, Colombia y Reino Unido de Gran Bretaña e Irlanda del Norte, cuyo análisis abordamos más adelante.

3. Recursos contra el Laudo:

Se ha discutido mucho sobre los posibles recursos de los que un Laudo es susceptible en el arbitraje internacional. De acuerdo con el artículo 82 de la Convención de La Haya de 1907, existe el posible recurso de interpretación de una o ambas partes respecto de la interpretación o alcance de la sentencia, la cual debe plantearse ante el mismo tribunal arbitral que la dictare.[9] Sin embargo, en el asunto *Jaworzina* la Corte Permanente Internacional de Justicia en su decisión del 6 de diciembre de 1923 estimó que "*a menos que exista un acuerdo formal entre las*

[9] "*Toda controversia que podría surgir entre las Partes, concerniente a la interpretación y la ejecución del laudo, será, salvo estipulación contraria, sometida al fallo del Tribunal que lo haya dictado*". Convención de La Haya para la resolución pacífica de las controversias internacionales adoptada el 18 de octubre de 1907. https://www.icrc.org/es/doc/resources/documents/misc/treaty-1907-hague-convention-4-5tdm34.htm

partes...el árbitro no está cualificado para interpretar la sentencia"[10]. Es la práctica internacional lo que hoy en día ha orientado la utilización del recurso de revisión.

4. La ejecución del Laudo

El Laudo arbitral es obligatorio para las partes en todos sus extremos y debe ser cumplido de buena fe en el término y condiciones que el mismo establezca.[11] En el arbitraje internacional, en virtud del carácter soberano de los Estados, la ejecución del Laudo arbitral será siempre voluntaria. Resulta prácticamente imposible la ejecución forzosa, a diferencia de las modalidades referidas a la actividad comercial internacional del Estado o de inversión, en las que puede lograrse alguna medida que haga efectiva la ejecución.

Es posible que con el Laudo arbitral no se resuelva completamente la controversia planteada o surjan problemas para su interpretación o ejecución.

Ante situaciones de divergencia en la interpretación o ejecución del Laudo, los Estados recurren a los otros medios pacíficos de solución de controversias reconocidos por el Derecho Internacional a los que nos hemos referido previamente, como son la negociación o la mediación acordados entre las partes en conflicto, e incluso el recurso a la Corte Internacional de Justicia.

En efecto, una decisión arbitral puede ser conocida por un órgano jurisdiccional como fue el asunto planteado ante la Corte por Guinea Bissau contra Senegal, en el que la Corte debía decidir acerca de si el laudo del 31 de julio de 1989 era inexistente, que subsidiariamente era nulo y no tenía ningún valor y que Senegal no podía exigir su cumplimiento. La Corte concluyó en su Decisión del 31 de Julio de 1989 que el laudo era válido y vinculante para ambos Estados, por lo que tenían la obligación de aplicarlo.

Otro ejemplo ilustrativo es el caso del *Canal de Beagle*, tras la controversia planteada entre Argentina y Chile en relación con la ejecución

---

[10] Ibid 1. Decision de la CPIJ sobre el asunto Jaworzina relativa a la frontera polaco-checoslovaca en la region de Spizs. www.icj-cij.org

[11] Ibid 7. Pag. 578.

del Laudo arbitral de la Reina Isabel II del Reino Unido de fecha 2 de mayo de 1977, y sobre cuya ejecución las partes decidieron recurrir a la **mediación** de la Santa Sede convenida en el Acuerdo de Montevideo suscrito entre ambas el 8 de enero de 1979. Ante la imposibilidad de resolver el asunto, incluso con la propuesta del Papa presentada el 12 de diciembre de 1980 Juan Pablo II los dos países suscribieron el Tratado de Paz y Amistad, de 1984 por el que se resolvieron de manera definitiva sus diferencias limítrofes.

En el caso de las controversias territoriales de Venezuela sometidas a arbitraje, y que abordamos en el siguiente capítulo, salvo la relativa a Isla de Aves, fue necesario recurrir a otros medios para la ejecución de los Laudos. En el caso del asunto con Colombia, a otro arbitraje, en el caso con el Reino Unido por el territorio Esequibo se ha generado una nueva controversia que se pretendió resolver inicialmente mediante negociación con base en el Acuerdo de Ginebra de 1966, posteriormente a través de los buenos oficios, ejercidos por un Representante del Secretario General de las Naciones Unidas, y actualmente se conduce un proceso ante la Corte Internacional de Justicia para la determinación de su validez, como ha solicitado Guyana.

III. EL ASUNTO DE LA ISLA DE AVES

1. La pretensión Holandesa

La controversia por la Isla de Aves tiene su origen a mediados del siglo XIX motivada por las actividades de las navieras norteamericanas de la búsqueda y explotación de guano[12], que estaban bajo el control y autoridad de Venezuela por ser la isla parte de la República, y la pretensión de Holanda de considerarla parte de sus posesiones.

El 2 de diciembre de 1854 el representante diplomático de los Países Bajos en Caracas presenta una Nota de protesta en la que rechaza

[12] Sustrato resultante de la acumulación masiva de excrementos de murciélagos, aves marinas y focas. Como abono, el guano es un fertilizante altamente efectivo debido a su excepcional contenido alto en nitrógeno, fósforo y potasio. El comercio de guano durante el siglo XIX jugó un papel fundamental en el desarrollo de prácticas agrícolas intensivas y llevó a la colonización formal de islas remotas en muchas partes del mundo. https://www.ecured.cu/Guano

la afirmación de Venezuela del ejercicio de su autoridad sobre la isla y alega que la misma formaba parte de sus posesiones, a la que la Cancillería venezolana no da respuesta alguna.

Dicha protesta fue renovada el 23 de diciembre del mismo año como reacción al contrato suscrito dos días antes por Venezuela con P.J.Wallace para la extracción bajo ciertas condiciones del guano de las islas venezolanas[13]. Mas tarde, ante el silencio reiterado de Venezuela, el gobernador de Curazao, J. B. Gruvenhmt envió una nueva nota el 8 de enero de 1855, reiterando la desaprobación del gobierno holandés ante la ocupación venezolana de la isla[14].

2. El arbitraje acordado

Luego de varios años en esta situación, y en medio de presiones a Venezuela por parte de Países Bajos que llegó incluso a amenazar con el uso de la fuerza al apostar tres buques que bloquearon el puerto de la Guaira en marzo de 1856, acuerdan buscar una solución a la controversia y el 5 de agosto de 1857 suscriben el ***"Convenio de Arbitraje sobre la soberanía de la Isla de Aves"*** en el que deciden someter la cuestión del derecho de dominio y soberanía en la Isla de Aves, *"al arbitramento de una potencia amiga, previamente escogida de común acuerdo"*.[15]

Los principales argumentos esgrimidos por Venezuela para sustentar su posición fueron:

a. España incluyó la isla de Aves en la Capitanía General de Venezuela:
b. Venezuela nunca expresó su intención de abandonar Isla de Aves y conservar su posesión por lo que no podía considerarse como "*res derelicta*".[16]

---

[13] ntre ambas partes, se determinó arbitraje internacional para resolver esta cuestión.al sensibilidad que a pesar de varios proce Dilio Hernandez, *Historia diplomática de Venezuela 1830-1900*. Caracas, 2005. Pag.103

[14] Luz Coromoto Varela Manrique, "Isla de Avesy el Laudo español de 1865. Entre el derecho y la fuerza". *Procesos Históricos,* Volumen III. No. 6. Julio 2004. Universidad de Los Andes. Mérida, Venezuela. http://erevistas.saber.ula.ve/index.php/procesoshistoricos/article/view/9466/9407 Disponible en https://www.redalyc.org/pdf/200/20000605.pdf

[15] Delia Picon, *Acuerdos bilaterales de Venezuela.* Ministerio de Relaciones Exteriores. Caracas, 1995. Pág. 102

[16] Término utilizado para referirse cosas abandonadas al primer ocupante, esto es, aquellas que han sido dejadas por su propietario quien, desprendiéndose de ellas ha renunciado además al

c. La evidente vocación venezolana de rescate y reafirmación de la antigua territorialidad para su jurisdicción: Afirmado este principio en la Constitución de 1854
d. Colombia conservó el título y posesión de las Aves, que pasaron a Venezuela al separarse de aquella, y que, en tal posesión, no había sido molestada por nadie.

3. El Laudo de Su Majestad Isabel II de España

El Laudo es emitido el 30 de junio de 1865 y en su parte dispositiva establece que: *"Es nuestro parecer (Laudo): Conforme con el de nuestro Consejo de Ministros despues de oido el dictamen de nuestro Consejo de Estado en pleno que la propiedad de la isla en cuestión corresponde a la República de Venezuela, quedando a cargo de ésta la indemnización por la pesca que los súbditos holandeses dejarían de aprovechar, si en efecto se les priva de utilizarle, en cuyo caso servirá de tipo para dicha indemnización el producto líquido anual calculado por el último quinquenio, capitalizándolo al 5%".*[17]

Así, aun cuando Holanda forzó con un bloqueo la firma del convenio con Venezuela, por el que someterían la cuestión al arbitraje de una nación amiga, la potencia europea debió aceptar una sentencia basada en argumentos jurídicos, y no en especulaciones o en argucias de fuerza.

Dentro de estos argumentos jurídicos podemos mencionar, entre otros:

1. Se descarta el concepto de isla "*derelicta*", confirmando la inexistencia de *terra nullius* en América y respetando el principio de sucesión del *Utis possidetis Iuris*. Ratificó que los derechos españoles no derivaban de la ocupación efectiva sino del régimen jurídico general del territorio de Indias. Esto es, del régimen que habían admitido las jóvenes repúblicas hispanoa-

dominio, de manera tal que cualquier otra persona puede adquirirlas por ocupación Distinta de la res nullius en que mientras las primeras han tenido un dueño que las abandonó, las segundas nunca han sido objeto de apropiación. Sin embargo, el tratamiento jurídico de ambas es muy similar, puesto que ambas pueden ser apropiadas sin más requisito que la voluntad y la posesión la https://es.wikipedia.org/wiki/Res_derelictae

[17] Delia Picon. *Historia de la Diplomacia venezolana 1811-1985*. Publicaciones UCAB. Caracas, 1999. Pág. 122.

mericanas al momento de establecer la territorialidad de sus naciones: el ordenamiento legal aprobado y aceptado hasta 1808 y la organización político administrativa establecida por el Estado español.

2. De acuerdo al contenido del Laudo si bien resulta que España no ocupó materialmente el territorio de la Isla de Aves, es indudable que le pertenecía como parte de las Indias Occidentales que eran del dominio de los Reyes de España, según la Ley primera, Título quince, Libro segundo de la Recopilación de Indias. Considerando que la Isla de Aves debió formar parte del territorio de la Audiencia de Caracas cuando esta fue creada (...) que al constituirse Venezuela como nación independiente, lo hizo con el territorio de la Capitanía General de su nombre, declarando con posterioridad vigente en el nuevo estado todas las disposiciones adoptadas por el Gobierno español hasta mil ochocientos ocho, por lo cual pudo considerar la Isla de Aves como parte de la provincia española de Venezuela.
3. Fue incorporada al laudo la distinción valorativa de la cercanía y de la vastedad de un territorio u Estado para establecer firmes reclamos de soberanía: "*el continente venezolano es el territorio de consideración más próximo a la Isla de Aves, lo cual le da un derecho de preferencia, haciéndose aplicación del principio establecido en una cuestión análoga entre Inglaterra y los Estados Unidos*". Vemos que la sentencia definitiva hace mención de la Real Orden de 1786, que creó la Audiencia de Caracas; de la declaración venezolana de crear el nuevo Estado con las disposiciones orgánicas e institucionales tomadas por la Corona española hasta 1808; y también, más adelante, de la ocupación efectiva que hizo el gobierno de Venezuela de la isla en 1854, entre otras.

La ocupación sólo confirmaba la posesión jurídica. Isla de Aves, era por tanto, venezolana. Lo era por derecho y lo era por ocupación. Curiosamente no hay referencia alguna a la búsqueda de guano en la isla.

El Laudo fue definitiva y contundentemente favorable a Venezuela y el asunto de la jurisdicción sobre Isla de Aves, quedó completamente resuelto, por lo que no hubo inconvenientes o conflictos a la hora de su ejecución.

Héctor Gros Espiell, en su obra *España y la solución pacífica de los conflictos limítrofes en Hispano-América*[18] citado por la profesora Luz Coromoto Varela Manrique afirma que el laudo dictado por Isabel II sentó un precedente como sentencia limítrofe razonable, "*que abrió camino a la buena doctrina*". Considera que es un fallo sustentado cabalmente en hechos jurídicos documentados, sin injerencias externas ni errores u omisiones, como lamentablemente sucedió en el caso del laudo de 1891, por el que resultó muy perjudicada la posición venezolana en la delimitación de sus fronteras con Colombia.[19]

IV. LA DELIMITACIÓN CON COLOMBIA

1. Causas de la controversia

Luego de la separación de la Gran Colombia en 1830, Venezuela comienza un proceso de delimitación y demarcación de fronteras para definir con precisión su territorio. Se inician conversaciones y se alcanza un primer acuerdo, negociado por los representantes diplomáticos de cada país, Santos Michelena por Venezuela y Lino de Pombo por Colombia. Lamentablemente este primer acuerdo suscrito en Bogotá el 14 de diciembre de1833, fue rechazado por el Senado de Venezuela. Hubo luego varios intentos de negociaciones bilaterales sin que se alcanzara un acuerdo aceptable para ambas partes hasta que se conviene en someter la controversia a arbitraje.

2. El Acuerdo arbitral

El 14 de septiembre de 1881, se firma en Caracas el *Tratado sobre arbitramento "iuris" entre los Estados Unidos de Colombia y los Estados Unidos de Venezuela,* mediante el cual acordaron someter "*al juicio y sentencia del Gobierno de Su Magestad el Rey de España, en calidad de árbitro, Juez de derecho, los puntos de diferencia en la ex-*

[18] Editado por Civitas, Madrid 1984.
[19] Ibid 14.

presada cuestión de límites[20]*, a fin de obtener un fallo definitivo é inapelable, según el cual todo el territorio que pertenecía á la jurisdicción de la antigua Capitanía General de Caracas, por actos regios del antiguo soberano, hasta 1810, quede siendo territorio jurisdiccional de la República de Venezuela, y todo lo que por actos semejantes, y en esa fecha, perteneció á la jurisdicción del Virreinato de Santa Fe, quede siendo territorio de la actual República llamada Estados Unidos de Colombia*". (destacado nuestro)

El arbitraje tenía por objeto, tal como lo indica el propio Tratado en el primer párrafo preambular "*... alcanzar una verdadera delimitación territorial de derecho*" debiendo considerar ..."*los respectivos derechos o Uti possidetis juris de 1810*".[21]

En el acuerdo arbitral las partes convinieron (artículo 3) que la sentencia "*recibida que sea, la comunicarán á sus respectivos Gobiernos, quedando ejecutoriada por el hecho de publicarse en el periódico oficial del Gobierno que la ha dictado,* ***y obligatoriamente establecida para siempre la delimitación territorial de derecho de ambas Repúblicas***".[22] (resaltado nuestro). El Tratado fue aprobado por el Congreso de Venezuela el 7 de abril de 1882.

3. Aclaratoria del contenido del Tratado arbitral. Acta Declaración de París de 1886

El 25 de noviembre de 1885 fallece el Rey Alfonso XII de España, por lo que era necesario determinar si el Tratado de arbitramento se mantenía vigente.

---

[20] Venezuela reclamaba desde la boca del Apaporis en el Yapurá extendiéndose hasta la cabecera del Río Negro, siguiendo el punto de unión a tocar las cabeceras de los ríos Vichada y Muco hasta el margen meridional del Meta. Desde el Apostadero del Meta hasta las Barrancas del Sarare pasando por encima del Paso Real de los Casanares en el río Arauca. Reivindicando para Venezuela el territorio de San Faustino y la extensión hasta la cabecera del Río de Oro en la Sierra de los Motillones y de Perijá; de allí a los Montes de Oca y la Teta de la Guajira, a la Sierra de Aceites, hasta un punto frente al Cabo de la Vela y de allí al propio Cabo sobre el Mar Caribe. Venezuela no solamente alegó propiedad terrestre y marítima en el Cabo de La Vela, sino la totalidad de la jurisdicción marítima a lo largo del litoral desde el mismo Cabo hasta el Orinoco.

[21] Tratado-sobre-arbitramento-juris-entre-los-estados-unidos-de-colombia-y-los-estados-unidos-de-venezuela-de-14-de-septiembre-de-1881.https://docplayer.es/18757290-

[22] Ibid, 15 https://docplayer.es/18757290-

Los representantes de Venezuela y Colombia reunidos entonces en París, el 15 de Febrero de 1886, suscriben el *Acta Declaración* en la que interpretan el Tratado llegando a la conclusión que la designación como árbitro no había sido dada *"***á** *Su Magestad Don Alfonso XII, sino al Gobierno del Rey de España, sin expresar siquiera quién lo fuese* **á** *la sazón, como para significar que cualquier Gobierno que hubiese en España, ya presidido por Don Alfonso XII, ya por alguno de sus sucesores, había de tener jurisdicción bastante para conocer y decidir de las disputas sometidas a su fallo".*[23] Correspondió entonces a la reina regente María Cristina asumir dicho rol.

Además, ampliaron las facultades del árbitro, al establecer que *"también han convenido los suscritos en que el árbitro en cuyo conocimiento lo pondrán con esta declaratoria,* ***puede fijar la línea del modo que crea más aproximado*** á ***los documentos existentes, cuando respecto de algún punto de ella no arrojen toda la claridad apetecida****"*. (destacado nuestro)

Sobre este particular aprecia Kaldone G. Nweihed que (….) "*La ampliación se inserta en el Artículo 3° del Acta que capacita a la Reina Regente a actuar no solamente como árbitro de derecho, sino como árbitro arbitrador, lo que da a entender que ella podía emitir el fallo de acuerdo a sus apreciaciones personales, al establecer el estado del derecho entre las partes".*[24]

Este hecho sería nefasto para Venezuela cuyas consecuencias quedaron reflejadas en el contenido del Laudo, como veremos de seguidas.

4. El Laudo español de 1891

Luego de examinar las cédulas presentadas por las partes y la Ley General de la Recopilación de documentos en poder del gobierno español, la reina regente María Cristina, de acuerdo con su Consejo de Ministros, dictó el *"Laudo en la cuestión de Límites entre la República de Colombia y los Estados Unidos de Venezuela",* dado en el Real Palacio de Madrid (España), el 16 de marzo de 1891, por la Reina Regente Doña

---

23 Ibid, 15 https://docplayer.es/18757290-

24 Kaldone G. Nweihed, *Frontera y límite. Instituto Altos Estudios de América Latina. Universidad Simón Bolívar.* Caracas, 2014, pag 32.

MARIA CRISTINA, laudo que en sus propias palabras involucraba una ancha zona que partiendo más al norte de los 12 grados de latitud en la Península de la Guajira, llega poco más de un grado distante del Ecuador a la Piedra del Cocuy, y para los efectos de la demarcación podrían considerarse divididos: 1° La Guajira 2° Línea de las Sierras de Perijá y de Motillones **3° San Faustino, 4° Línea de la Serranía del Tama, 5° Línea de** Sarare, Arauca, y Meta, 6° Línea del Orinoco y Río Negro.[25]

El laudo español fue el primer instrumento que permitió a Colombia avanzar hacia el alto Orinoco, y específicamente la sección de la frontera, denominada sección 1°, que en el laudo se describe de la forma siguiente: (…) "*Desde los Mogotes llamados los Frailes, tomando de partida el más inmediato a Juyachí en derechura a la línea que divide el Valle de Upar de la Provincia de Maracaibo y Río de el hacha, por el lado de arriba, de los Montes de Oca, debiendo servir de preciosos linderos los términos de los referidos montes, por el lado del Valle de Upar y el Mogote de Juyachí por el lado de la Serranía y orillas del mar*".[26]

El laudo resultó perjudicial para Venezuela ya que señaló una nueva línea divisoria en la Guajira. No solamente descartó los límites reclamados por Venezuela en el Cabo de la Vela, sino que también abandonó el cabo de Chichivacoa convenido por el tratado Michelena-Pombo, al señalar una nueva línea desconocida por ambos países como fuera el de los llamados Mogotes de los Frailes.

Es claro que el haber ampliado las facultades del árbitro permitió que pudiera adoptarse una decisión como ésta, no ajustada estrictamente a derecho y sin tomar en cuenta los argumentos histórico-jurídicos alegados por Venezuela.

5. La interpretación y ejecución del Laudo

Por supuesto que hubo desacuerdo entre las dos partes de cómo debía interpretarse y ejecutarse el Laudo. Venezuela solicitó algunas rectificaciones al mismo, pero no llegaron a ningún acuerdo al respecto, por lo cual se decidió entonces proceder a su ejecución. A tal fin,

[25] Ibid, 15 https://docplayer.es/18757290-

[26] Ibid 25, pag 38.

suscribieron en Caracas el *Pacto o Convención que reglamenta la ejecución del Laudo Arbitral sobre la cuestión de límites entre la República de Colombia y los Estados Unidos de Venezuela*, el 30 de diciembre de 1898, el cual es aprobado por los dos Congresos y cada gobierno procedió a nombrar a sus representantes en las comisiones mixtas que efectuarían la demarcación en los distintos sectores de la frontera.

En 1900 la Comisión Mixta encargada del sector de la Guajira se reunió informalmente en Curazao, y luego se trasladó a Sinamaica para empezar a recorrer desde ese lugar, la costa oriental de la Guajira en busca de los Mogotes de los Frailes. Ante el virtual desconocimiento del lugar señalado en el Laudo, la Comisión presumió que Castilletes, a la orilla de la Laguna de Cocinetas reunía las condiciones del lugar señalado en el laudo arbitral. Los expertos coinciden en señalar que probablemente la Comisión llegó a tal conclusión al interpretar erróneamente el mapa que se había anexado a la sentencia con la precisa observación que no tenía carácter oficial, sino meramente indicativo.

6. Acta de Castilletes de 1900

La sustitución o aproximación del punto de partida carecía de valor jurídico, y no podía oponerse a los gobiernos de Colombia y Venezuela frente al contenido del Laudo, independientemente del hecho de que algunos hitos ya habían sido fijados. **El Acta de Castilletes,** firmada el 29 de Abril de 1900, marcó el punto preciso en que se señalara la presencia colombiana dentro del Golfo de Venezuela. Se inicia un proceso de negociación entre los dos países para poder avanzar en la ejecución del Laudo, que se extiende desde 1905 a 1916, sin resultados concretos.

7. Un nuevo arbitraje

Ante esta realidad y la imposibilidad de llegar a un acuerdo, las partes deciden recurrir a un nuevo arbitraje, para lo cual se suscribe en Bogotá el 3 de noviembre de 1916, la *Convención entre Colombia y los Estados Unidos de Venezuela*, llamada también la Convención de Bogotá.

Mediante esta Convención las partes deciden someter al Arbitramiento del Presidente de la Confederación Helvética, denominada

Convención si "¿ La *ejecución del Laudo puede hacerse parcialmente, como lo sostiene Colombia,* ó *tiene que hacerse íntegramente, como lo sostiene Venezuela, para que puedan ocuparse los territorios reconocidos* á *cada una de las Naciones y que no estaban ocupados por ellas antes del Laudo de 1891?*

Así mismo convienen en encargar al Árbitro... *"la completa terminación del deslinde y amojonamiento de la frontera fijada por el Laudo, operaciones que él ejecutará por medio de expertos nombrados* á *su voluntad inmediatamente después de pronunciado el fallo".*[27]

La Convención fue aprobada por el Congreso Nacional, el 22 de mayo de 1917.

8. El Laudo Arbitral del Consejo Federal Suizo

El Presidente del Consejo Federal Suizo emitió su fallo del 24 de marzo de 1922 **y decidió a favor de la tesis colombiana** en cuanto a que sí era procedente la ejecución parcial del Laudo de 1891 y por tanto la ocupación de los territorios que se encontraban deslindados, ya sea por fronteras naturales indicadas en el laudo de 1891, ya por fronteras artificiales demarcadas por las comisiones a partir de 1900.

El laudo consideró como fronteras definitivas a la totalidad de la primera sección correspondiente a la Guajira; al igual que la segunda sección fue reafirmada en todas sus partes, excepto el territorio situado entre la confluencia del Río de Oro y el Catatumbo, y la confluencia del Zulia con el río La Grita.

A partir de entonces, el desmembramiento del territorio venezolano al norte de Castilletes será un hecho, en consecuencia Venezuela perdía 5.000 Km2 de la Guajira, además de una franja de tierra ribereña del Golfo de Venezuela. El Laudo fue ejecutado conforme a las previsiones en él contenidas.

Las fronteras terrestres entre Venezuela y Colombia quedaron definitivamente acordadas y establecidas en el *Tratado sobre demarcación de fronteras y navegación de los ríos communes con Venezuela* suscrito en Cúcuta el 5 de abril de 1941, llamado también Acuerdo de límites. Previamente, en 1939 se había suscrito el *Tratado de No Agresión,*

---

[27] Ibid 18.

Conciliación, Arbitraje y Arreglo Judicial mediante el que las partes se comprometen a no recurrir en ningún caso a la guerra, y no ejercer acto alguno de agresión, la una contra la otra.

Queda aún pendiente la delimitación de las áreas marinas y submarinas entre los dos países, asunto de especial sensibilidad que a pesar de varios procesos de negociación y propuestas de solución, no ha sido posible concluir. Tal vez se recurra de nuevo al arbitraje internacional para resolver esta cuestión.

V. LA RECLAMACIÓN DEL TERRITORIO ESEQUIBO

1. Origen de la disputa

El 8 de septiembre de 1777 mediante Real Cédula creó la Capitanía General de Venezuela, la cual constituirá la base territorial de la República y también la base del *Uti Possidetis luris.*

A partir de la creación de la Capitanía General de Venezuela, los territorios sujetos al Virreinato de Santa Fe de Bogotá pasaron a integrarse en una nueva entidad política administrativa, que hoy es nuestro país. Venezuela no será sólo el territorio comprendido entre el Unare y unos 40 kms, al este de Río de la Hacha, sino que se le incorporan el majestuoso Orinoco, las cumbres andinas, los llanos más allá del Meta y del Arauca hasta llegar a las faldas de la Cordillera Oriental Colombiana; las milenarias formaciones de Guayana, **hasta el Amazonas y el Esequibo;** las islas de Trinidad y Margarita, y todo el cordón insular desde Los Monjes hasta Isla de Aves, exceptuando Aruba, Curazao y Bonaire.(resaltado nuestro).[28]

Desde **1814,** la frontera entre Venezuela (incluso cuando formaba parte de la Gran Colombia) y la Guayana Británica, estuvo fijada en el Rio Esequibo. Efectivamente en **1825** cuando Gran Bretaña reconoce la República de Colombia, establece como límite entre las dos naciones el mismo Rio Esequibo. En **1835** se inicia lo que se conoce como la expansión territorial de Gran Bretaña hacia el occidente del Esequibo que tenía dos objetivos fundamentales: Dominar el Orinoco, el cual permi-

[28] Manuel Donis. Instituto de Investigaciones históricas. UCAB. http://w2.ucab.edu.ve/tl_files/sala_de_prensa/recursos/ucabista/oct95/p03.html

tía el control fluvial de la parte septentrional de América del Sur. Explotación de los recursos minerales, en particular oro, de este territorio.

Para este tiempo, por encargo de los Británicos, el explorador austriaco Robert Schomburgk elabora un mapa en el cual fija los límites de la Guayana Británica con Venezuela en el Rio Esequibo, frontera ya establecida la Republica de Colombia, exceptuando la región de Pomerun y Moruca, en un área de 4.920 Kms2. Esta línea de delimitación que se conoce como *Línea Schomburgk* es aceptada por Gran Bretaña, por la *Royal Geographical Society* y el *Colonial Office*, quienes patrocinaron la expedición.

Sin embargo, en 1840 cuando el mismo explorador hace avanzar esa línea en un área de 142.Kms2 partiendo de la boca del Rio Amacuro siguiendo una dirección norte-sur hasta llegar al Roraima. que plasma en el denominado *Sketch Map,* de "*Parliamentary Papers*" de ese año. Es la llamada pseudo línea o segunda línea Shomburgk. **Este mapa fue protestado por Venezuela y es lo que da origen de la disputa territorial.**

En 1850 Venezuela y Gran Bretaña, firman un Acuerdo en el cual se comprometen a no ocupar el territorio en disputa comprendido entre la pseudo línea Shomburgk, máxima aspiración de Gran Bretaña y el Esequibo. Este acuerdo estuvo vigente hasta el Laudo Arbitral de 1899. Se le conoce con el nombre de **Acuerdo de 1850.**

Consta en los archivos venezolanos y del Foreign Office que desde el inicio de la controversia Venezuela hizo todo tipo de gestiones para resolverla mediante un arbitraje de derecho pues contaba con los títulos histórico-jurídicos que avalaban su reclamación.

La cuestión de la Guayana Esequiba fue planteada por Venezuela en la Conferencia Panamericana en Washington 1889-1890 por Nicanor Bolet Peraza, pero no se logró ninguna resolución en apoyo al país, por rechazo de los Estados Unidos.

En enero de 1895 se produce el ***"incidente de Yuruan"*** en el cual fueron detenidos por tropas venezolanas, comisarios ingleses que habían arriado la bandera de Venezuela e izado la Británica.

El incidente costó una multa a Venezuela, pero permitió el cambio de postura del Gobierno norteamericano, para frenar las aspiraciones expansionistas de Gran Bretaña en América.

2. El Tratado Arbitral de 1897

Los Estados Unidos presionaron a Gran Bretaña para que aceptase el arbitraje y el 2 de febrero de 1897 firma con Venezuela en la ciudad de Washington el ***Tratado Arbitral*** "*coaccionada por el Secretario de Estado Richard Olney y ante su amenaza de dejarla sola a merced de Gran Bretaña. Solo las peligrosas consecuencias del desamparo en que la negativa colocaría a Venezuela, en palabras de su Canciller, pudieron forzarle a aceptar aquel tratado*".[29]

Se acordó en el Tratado someter a arbitraje de derecho la disputa territorial entre ambas partes, se determinó la composición del tribunal arbitral y en el artículo IV y las reglas que deberían aplicar :

> *a) "Una posesión adversa o prescripción por el término de cincuenta años constituirá un buen título. Los Árbitros podrán estimar que la dominación política exclusiva de un Distrito así como la efectiva colonización de él son suficientes para constituir una posesión adversa o crear títulos de prescripción;*
> *b) Los Árbitros podrán reconocer y hacer efectivos derechos y reivindicaciones que se apoyen en cualquier otro fundamento válido conforme al derecho internacional y en cualesquiera principios de derecho internacional que los Árbitros estimen aplicables al caso y que no contravengan la regla precedente;*
> *c) Al determinar la línea divisoria, si el Tribunal hallare que territorio de una parte ha estado en la fecha de este Tratado ocupado por los ciudadanos o súbditos de la otra parte, se dará a tal ocupación el efecto, que en opinión del Tribunal requieran la razón, la justicia, los principios del derecho internacional y la equidad del caso".*[30]

El Tribunal Arbitral quedó conformado por Lord Russell of Kilowen y Lord Henn Collins por Gran Bretaña, Melville Winston Fuller y David Josiah Brewer, miembros de la Corte Suprema de Estados Unidos, en representación de Venezuela. El jurista ruso Federico De

---

[29] Reclamación de la Guayana Esequiba. Documentos 1962-1982.Ministerio de Relaciones Exteriores. Caracas, 1981. pag. 33.
[30] Ibid 23.

Martens fue designado para presidir el Tribunal. Secretario del Tribunal fue el abogado Severo Mallet Prevost.

Al frente de los abogados por Venezuela estaba el ex presidente de Estados Unidos Benjamin Harrison. No se permitió a ningún jurista venezolano formar parte del Tribunal arbitral. El agente de Venezuela fue José María de Rojas.

3. El Laudo Arbitral de 1899

Luego que ambas partes presentaran sus alegatos de acuerdo con las reglas del Tribunal y en los tiempos establecidos, el 3 de octubre de 1899 fue adoptado el Laudo para poner fin a la controversia, el cual **resultó totalmente desfavorable para Venezuela.** El tribunal acogió los alegatos de Gran Bretaña y le atribuyó el territorio reclamado por Venezuela al occidente del Rio Esequibo.

Es un Laudo simple, breve, sin motivación, que contiene la transcripción del Tratado Arbitral de 1899 y dos párrafos dispositivos: el primero para establecer la línea divisoria que determina la frontera entre Venezuela y la Guayana Británica fijada con base en la línea adulterada por Gran Bretaña y no en el Rio Esequibo como demostraban todos los títulos y documentos presentados por Venezuela, y el segundo ordena la libre navegación de los ríos Amacuro y Barima, asunto que no formaba parte de la controversia a decidir.

4. La demarcación de las fronteras y la ejecución del Laudo

Claramente el Laudo no estuvo ajustado a derecho y fue rechazado por Venezuela desde el inicio y declarado unilateralmente como nulo e írrito. El agente venezolano José María Rojas protestó el Laudo y en el mismo sentido lo hizo el Presidente de la República Ignacio Andrade.[31]

Sin embargo, las partes adoptaron las medidas para que su ejecución. Se establecieron las demarcaciones correspondientes, a través de diversas actas suscritas desde 1900 proceso que culmina el 3 de noviembre de 1932 con la firma del Acuerdo entre Brasil, Venezuela y el Reino Unido de Gran Bretaña e Irlanda del Norte para fijar

[31] Manuel Alberto Donis Rios, *El Esequibo una reclamación histórica.* Konrad Adenauer Stiftung, Colección Letraviva, AB UCAB ediciones. Caracas, 2016. Pag 106

el punto trifíneo fronterizo del Roraima (Venezuela- Brasil- Guayana Británica).

Los mapas publicados como oficiales de la República en este tiempo, cumplían lo indicado en la sentencia del Laudo, **antes que se iniciara el proceso de denuncia del carácter nulo e írrito del Laudo**.[32]

A pesar de haberse ejecutado el Laudo con las demarcaciones, Venezuela no dejó de denunciar y protestar su contenido en distintos foros internacionales. La revisión comenzó a exigirse en 1944 con el Presidente Isaías Medina Angarita luego de un letargo de más de cuatro décadas. El **26 de enero de ese año** el Embajador de Venezuela Dr. Diógenes Escalante en Washington lo plantea en el discurso pronunciado en el agasajo ofrecido por la *Pan American Society* y la Cámara de Comercio Venezolana en los Estados Unidos, en la ciudad de Nueva York.[33]

5. El Memorandum de Mallet Prevost y la nulidad del Laudo. Los vicios alegados por Venezuela

En 1949 se publica el Memorandum póstumo de Severo Mallet Prevosto quien fue el Secretario del Tribunal Arbitral, en el cual se revelan todos los detalles de cómo se llevó adelante lo que él mismo denominó la "*farsa*" del Tribunal arbitral. Comienza allí el largo camino por la reivindicación de nuestro territorio.

Venezuela alega, para considerar Laudo como nulo e írrito, los vicios siguientes:

a. Falta de motivación.
b. Atribuye valor jurídico a una línea de límites alterada por los británicos.
c. No tomó en cuenta para decidir las reglas de derecho como el principio del *Uti possidettis juris.*
d. No decide apropiadamente la manera como debía computarse el plazo de 50 años de prescripción a que se refería el Tratado arbitral.

[32] Julio Alberto Peña Acevedo, "Del Laudo de Paris al Acuerdo de Ginebra", https://elespacioacuaticovenezolano.com/2015/07/23/del-laudo-de-paris-al-acuerdo-de-ginebra-sectoracauatico-elesequiboesnuestro/

[33] ibid 14.

e. Incurre en exceso de poder o *ultra petita* al establecer la libre navegabilidad de los ríos Amacuro y Barima, asunto que no formaba parte de la controversia o material a decidir.
f. Mas que un Laudo fue un compromiso diplomático entre Estados Unidos y Gran Bretaña.[34]

6. La controversia entre Venezuela y Guyana

En 1962 el canciller venezolano Marcos Falcón Briceño denuncia en la Organización de Naciones Unidas (ONU) que el Laudo arbitral de 1899, que le había otorgado a Guyana el territorio Esequibo, era nulo e irrito por haber sido producto de actos fraudulentos entre árbitros ingleses y el presidente del tribunal, el ruso De Martens.

Esto, y el reiterado reclamo de nuestro país en diversos foros, motiva la apertura de un proceso de conversaciones entre Venezuela y Gran Bretaña para abordar las dos posiciones encontradas frente al Laudo: **Guyana lo daba por válido y Venezuela insistía en no reconocer.**

7. El Acuerdo de Ginebra

Producto de estas conversaciones, el **17 de febrero de 1966,** durante el gobierno del presidente Raúl Leoni, una delegación presidida por el entonces canciller, Ignacio Iribarren Borges, avanzó en las negociaciones con el Reino Unido y el primer ministro de la aún colonia de Guyana, Forbes Burnhan, y firmaron un tratado en el que tanto Venezuela como Guyana exponían su posición para resolver el conflicto territorial.

Es el conocido **Acuerdo de Ginebra** y en el que las partes convienen en que efectivamente hay una disputa territorial entre ambas y se buscaran los medios para lograr una solución práctica aceptable para los dos Estados. A tales efectos se crea una Comisión Mixta.

Este acuerdo representa un triunfo diplomático muy importante para Venezuela, pues si bien los británicos reiteran que el Laudo de 1899 es válido, se logró que este país reconociera y aceptara la

[34] Documentos sobre la cuestión de Guyana. Recopilación de las introducciones a las memorias del despacho correspondiente al quinquenio 1979-1983. Ministerio de Relaciones Exteriores. Caracas, 1984. Pág.10.

existencia de una controversia o disputa territorial con Venezuela, lo que evidentemente debilita el carácter de cosa juzgada del Laudo. Se integró una Comisión Mixta para avanzar en las negociaciones, pero lo más importante de este acuerdo es el en el artículo 4[35] que contiene el procedimiento acordado en caso de que la Comisión Mixta negociadora no pudiere llegar a una solución.

Entre 1966 y 1970 se celebraron una serie de negociaciones entre Venezuela y Guyana a fin de encontrar arreglos prácticos y satisfactorios para la controversia pero no se alcanzaron debido a que Guyana insistió permanentemente en que lo que tenía que hacer Venezuela era **probar la nulidad del laudo de 1899.** Como no fue posible avanzar en las negociaciones, se firmó el Protocolo de Puerto España, un acuerdo suscrito durante el Gobierno de Rafael Caldera **para suspender por 12 años la aplicación del Acuerdo de Ginebra.** Culminado este lapso, Venezuela anuncia en 1982 que no va a prorrogar el Protocolo de Puerto España y el gobierno del presidente venezolano Jaime Lusinchi decide llevar el conflicto a la ONU, con base en el artículo IV del Acuerdo de Ginebra, antes transcrito.

A partir de 1983 comienza un largo camino a través del mecanismo de los Buenos Oficios.[36] **Desde entonces hasta 2014 el** Secretario

---

[35] (1) *Si dentro de un plazo de cuatro años contados a partir de la fecha de este Acuerdo, la Comisiôn Mixta no hubiere llegado a un acuerdo completo para la solución de la controversia, referirá al Gobierno de Venezuela y al Gobierno de Guayana en su Informe final cualesquiera cuestiones pendientes. Dichos Gobiernos escogerân sin demora uno de los medios de solución* pacífica previstos en el Art*ículo 33 de la Carta de las Naciones Unidas. (2) Si dentro de los tres meses siguientes a la recepción del Informe final el Gobierno de Venezuela y el Gobierno de Guyana no hubieren llegado a un acuerdo con respecto a la elección de uno de los medios de solución previstos en el Artículo 33 de la Carta de las Naciones Unidas, referirán la décision sobre los medios de solución a un órgano internacional apropiado que ambos Gobiernos acuerden, o de no llegar a un acuerdo sobre este punto, al Secretario General de las Naciones Unidas. Si los medios asi escogidos no conducen a una solución de la controversia, dicho órgano, o como puede ser el caso, el Secretario General de las Naciones Unidas, escogerán otro de los medios estipulados en el Artículo 33 de la Carta de las Naciones Unidas, y asi sucesivamente, hasta que la controversia haya sido resuelta, o hasta que todos los medios de solución pac*ífica contemplados en dicho Art*ículo hayan sido agotados.*

[36] Médio de solución de controversias que consiste en la presencia de un tercero para ayudar a acercar las posiciones de las partes en la negociación para que sean éstas quienes alcancen la solución del conflicto. El buen oficiante se convierte simplemente en transmisor de las

General designó tres Representantes personales para actuar como **Buen oficiante.** El primero renunció y dos murieron, el último de ellos Norman Girvan. En Julio de 2015 Venezuela solicitó a Naciones Unidas, la designación de un Nuevo Buen Oficiante, lo cual se hizo en 2017, recayendo dicho nombramiento en la persona del Diplomático Noruego Ya Dag Nylander.

A pesar de los años transcurridos y las innumerables reuniones entre los representantes de ambas partes, los Buenos Oficios no dieron los frutos esperados y no se alcanzó entre Venezuela y Guyana el arreglo práctico y satisfactorio como lo dispone el Acuerdo de Ginebra.

El 16 de diciembre de 2016 el Secretario General de la ONU publicó un comunicado sobre la controversia entre Venezuela y Guyana por el territorio Esequibo, en el cual se afirma que el Proceso de los Buenos Oficios, para tratar de buscar una solución a la controversia **"*continuará por un último año, hasta el fin de 2017, con un mandato reforzado de mediación*".** Ban Ki-moon, agrega que "*también se ha llegado a la conclusión de que,* ***si hacia fines de 2017, el Secretario General concluyera que no se ha logrado un avance significativo hacia un acuerdo completo para la solución de la controversia, elegirá la Corte Internacional de Justicia como el próximo medio de solución, a menos que los Gobiernos de Guyana y Venezuela, en forma conjunta, solicitarán que se abstenga de hacerlo*"**. (destacado y subrayado nuestro)

Efectivamente, y como anunciado, António Guterres, Secretario General de la ONU anunció el 30 de enero de 2018, que ante la falta de avances, va a dejar en manos de la **Corte Internacional de Justicia (CIJ)** la solución a la disputa entre **Venezuela** y **Guyana** por la región del **Esequibo**.

"*El secretario general ha analizado detenidamente lo acontecido en el transcurso de 2017 en el proceso de* ***buenos oficios*** *y ha llegado a la conclusión que no se ha alcanzado progreso significativo*", dijo su portavoz, Stéphane Dujarric, en un comunicado.

---

ofertas y contraofertas de las partes. Victor Rodríguez Cedeño; Milagros Betancourt Catalá; María Isabel. Torres Cazorla, *Diccionario de Dereho Internacional.* Segunda edición. Los Libros de El Nacional. Caracas, 2012. Pág. 54.

Como resultado, y siguiendo la recomendación que había hecho su antecesor, Ban Ki-moon, Guterres "*ha escogido a la* ***Corte Internacional de Justicia*** *como el medio a ser utilizado para la resolución de la controversia*".[37]

8. La demanda de Guyana contra Venezuela ante la Corte Internacional de Justicia

El jueves 30 de marzo de 2018, con base en el comunicado del Secretario General, Guyana introduce una demanda ante la Corte Internacional de Justicia, principalmente con la finalidad de que esta confirme la validez del Laudo Arbitral de 1899.

El gobierno de Venezuela anunció a la Corte su decisión de no comparecer al proceso, un derecho que tienen los Estados, el cual usualmente va acompañado de alguna estrategia procesal y jurídica que le permita hacer conocer sus posiciones ante la demanda.

El hecho de no comparecer no implica debemos precisar que la Corte automáticamente dará la razón al Estado que ha demandado unilateralmente, aun cuando ésta tenga el derecho de así solicitarlo.

En este sentido, el artículo 53 del Estatuto de la Corte es clarísimo al señalar que:

> *"1. Cuando una de las partes no comparezca ante la Corte, o se abstenga de defender su caso, la otra parte podrá pedir a la Corte que decida a su favor.*
> *2. Antes de dictar su decisión, la Corte deberá asegurarse no solo de que tiene competencia conforme a las disposiciones de los artículos 36 y 37, sino también de que la demanda está bien fundada en cuanto a los hechos y al derecho".*

A estos efectos la Corte fijó la oportunidad para que cada una de las partes presente sus memorias o alegatos en relación con la competencia de la Corte los días el 19 de este mes de noviembre de 2018, y a Venezuela el mes de abril de 2019. Venezuela siguiendo la decisión de no comparecer, no presentó documentación alguna a la Corte. Poste-

[37] https://www.un.org/sg/en/content/sg/statement/2018-01-30/statement-attributable-spokesman-secretary-general-border

riormente, la Corte fijo audiencias orales para el 20 de junio de 2020 a la cual asistió Guyana, pero no Venezuela que reitera procesalmente su decisión de no comparecer.

La Corte siempre ha visto con preocupación el que los Estados no comparezcan y presenten sus argumentos para rechazar su competencia y ha señalado que si lo estima necesario, debe examinar de oficio lo relativo a su propia competencia.

La Corte deberá decidir preliminarmente en relación con la jurisdicción y la admisibilidad de la demanda.

Son abundantes los argumentos que avalan la posición constante y reiterada de Venezuela desde 1945 año de creación de la Corte Internacional de Justicia concebida como política de Estado, independientemente del gobierno de turno, en lo que respecta a no reconocer como obligatoria la jurisdicción de la Corte, expresada en innumerables documentos y foros internacionales.

Tal vez el asumir la estrategia procesal de no comparecer al juicio, representa para Venezuela perder una oportunidad de oro no solo de ratificar una vez más la posición del país, sino de proveer a la Corte de todos los alegatos y argumentos que soportan nuestra posición en defense de la soberanía y los intereses de la República en este escenario.

Si la Corte se declara competente y admite la demanda de Guyana, pasará entonces a conocer sobre el fondo de la controversia. Habrá que esperar el curso de los acontecimientos pero no pareciera muy favorable a Venezuela el que llegáramos a esta etapa, en virtud de la reiterada jurisprudencia de la Corte en asuntos de similar naturaleza.

VI. CONCLUSIONES

1. Venezuela estuvo siempre dispuesta a resolver por las vías pacíficas, las controversias territoriales en las que se vio envuelta en los siglos XIX y XX. Dos de los procesos arbitrales convenidos por la República fueron producto de presiones por parte de los países más poderosos de la época, como Países Bajos y Gran Bretaña.

2. A pesar de haberse convenido en arbitrajes de derecho, los árbitros adoptaron decisiones con base en sus propias apreciaciones o más allá de sus competencia, al margen de los alegatos y títulos jurídicos presentados por Venezuela, las cuales resultaron en Laudos totalmente desfavorables para Venezuela, salvo el caso del asunto de la Isla de Aves, y sin embargo se le impusieron obligaciones pecuniarias muy onerosas durante años.
   Para este momento seguimos sufriendo las consecuencias de estas decisiones, al vernos envueltos ahora en una demanda intentada por Guyana contra Venezuela ante la Corte Internacional de Justicia en 2018 para que ésta ratifique la validez del Laudo de 1899.
3. Estas malas experiencias así como otras que se suscitaron por reclamaciones extranjeras y que también se resolvieron por este medio, alejaron al país de la institución arbitral, tanto en el plano interno como en el ámbito internacional, hoy en día superadas.

Caracas, 30 de junio de 2020.
MBC

BIBLIOGRAFÍA

DONIS RIOS, Manuel Alberto, *El Esequibo. Una reclamación histórica.* Colección Letraviva, UCAB ediciones, Fundación Konrad Adenauer, Caracas, 2016.

NEWHEID, Kaldone, *Frontera y límite*. Instituto Altos Estudios de América Latina. Universidad Simón Bolívar. Caracas, 2014

PICON, Delia, *Acuerdos bilaterales de Venezuela.* Ministerio de Relaciones Exteriores. Caracas, Venezuela 1995.

_____, *Historia de la Diplomacia Venezolana 1811-1985,* Publicaciones UCAB. Caracas, 1999.

RODRIGUES CARRION, Alejandro J. *Lecciones de Derecho Internacional Público,* Editorial Tecnos, Segunda Edición, Madrid, 2002.

RODRÍGUEZ CEDEÑO, Víctor, *Fundamentos de Derecho Internacional Público,* Volumen I. Caracas/Managua 2014.

RODRIGUEZ CEDEÑO, Víctor; BETANCOURT CATALÁ, Milagros, y TORRES CAZOELA, Ma. Isabel, *Diccionario de Derecho Internacional.* Segunda edición. Libros de El Nacional, Caracas, 2013.

OBRAS CONJUNTAS:

ANZOLA, José Eloy en El Arbitraje en Venezuela. Estudios con motive de los 15 años de la Ley de Arbitraje Comercial. *Reseña histórica del arbitraje commercial en Venezuela.* Publicación conjunta, Centro de Arbitraje de la Cámara de Caracas, Centro Empresarial de Conciliación y Arbitraje; CEDCA y Club Español del Arbitraje, Capítulo venezolano. Editorial Sabias Palabras. Caracas, 2013.

PEÑA ACEVEDO, Julio Alberto, "En el Espacio Acuático venezolano: "Del Laudo de París al Acuerdo de Ginebra". Disponible en: **https://elespacioacuaticovenezolano.com/2015/07/23/del-laudo-de-paris-al-acuerdo-de-ginebra-sectoracauatico-elesequiboesnuestro/**

VARELA MANRIQUE, Luz C. en Revista Procesos Históricos. Vol. III. No. 6: Isla de Aves y el Laudo español de 1865. Entre el Derecho y la Fuerza. Universidad de Los Andes. Mérida, 2004

Disponible en https://www.redalyc.org/pdf/200/20000605.pdf

Sitos web

Corte Internacional de Justicia www.icj-cij.org

Organización de las Naciones Unidas www.un.org

Comité Internacional de la Cruz Roja www.icrc.org

Documentos oficiales:

Reclamación de la Guayana Esequiba.

Documentos 1962-1981. Ministerio de Relaciones Exteriores. Caracas, 1981.

Documentos sobre la cuestión de Guyana. Recopilación de las introducciones a las Memorias del Despacho correspondientes al quinquenio 1979-1983. Ministerio de Relaciones Exteriores. Caracas, 1984.

¿ES OPONIBLE EN EL ARBITRAJE LA EXCEPCIÓN DE CONSTITUCIONALIDAD Y CONVENCIONALIDAD?

RODRIGO RIVERA MORALES*

SUMARIO

INTRODUCCIÓN

Una de las funciones esenciales del Estado de Derecho es garantizar la tutela de los derechos e intereses legítimos de los ciudadanos, estableciendo en sus constituciones un modelo procesal que sea instrumento principista para el desarrollo de los mecanismos procesales de protección. Con esa finalidad, dentro del derecho público, se encuentra el derecho procesal, que establece los distintos mecanismos de resolución de conflictos, que aplican al caso concreto, la norma sustantiva correspondiente (derecho civil, penal, mercantil, laboral, etc.), para resolver la controversia jurídica de fondo planteada por las partes.

El incremento poblacional y la complejidad de las relaciones sociales y económicas ha incidido en el aumento progresivo de litigios en las últimas décadas, agudizando la problemática del retraso jurisdiccional, con procesos lentos y costosos para el Estado y las partes litigantes. Las reformas procesales llevadas a cabo en Iberoamérica en el marco de

* Abogado. Doctor en Derecho, Master en Planificación y Desarrollo. Especialización en Derecho Procesa Civil. En Derecho Procesal Penal y Derecho Penal. Profesor UCAT. Profesor Invitado de diversas Universidades Iberoamericanas. Autor de varias obras jurídicas publicadas en Venezuela, España, Colombia, México y Perú, Miembro colaborador de la Academia de Ciencias Sociales y Políticas. Miembro colaborador de la Real Academia Española para la actualización del Diccionario Jurídico Panhispánico. Miembro de diversas asociaciones de juristas.

la justicia estatal han proporcionado soluciones parciales para agilizar la jurisdicción, pero hace falta complementarlas con otros sistemas alternativos, que preserven la paz y convivencia social, absorbiendo gran parte de la litigiosidad.

En este sentido, un buen funcionamiento del arbitraje y los mecanismos autocompositivos de resolución de conflictos, mejorará la propia jurisdicción, al descargarla de asuntos. Pero como se trata de ampliar el acceso a la justicia y fomentar la participación de las personas en la solución de sus conflictos de manera de resguardar la paz y cohesión social, significa que estos instrumentos deben ser respetuosos y garantes de los derechos fundamentales, en los cuales se incluyen las garantías y derechos procesales.

En resguardo de esa supremacía de los derechos fundamentales han surgido en los últimos años institutos encaminados a servir de instrumentos de control que interdicten la arbitrariedad y resguarden los derechos de los ciudadanos. En este artículo, que elaboramos como contribución al destacado jurista Luis Cova Arria, quien realizó serios y científicos aportes al derecho marítimo venezolano y quien también realizó varios trabajos sobre arbitraje en Iberoamérica, hemos querido plantear el tema si en el proceso de arbitraje las partes pueden oponer la excepción de inconstitucionalidad y de convencionalidad cuando consideren que están siendo afectados sus derechos fundamentales, o si el árbitro tiene el deber de realizar control constitucional y convencional.

Esperamos con este artículo contribuir al merecido homenaje a Luis Cova Arria quien demostró ser un jurista de avanzada y procuró que se mejorará el derecho marítimo venezolano a los estándares de los países más avanzados.

1. LOS MEDIOS ALTERNATIVOS DE SOLUCIÓN DE CONFLICTOS

La complejidad de la globalización en el mundo actual ha impulsado múltiples relaciones transfronterizas de intercambio comercial, de consumo, de usos tecnológicos, desarrollo de multinacionales, entre otras. Obviamente, para estabilizar esas relaciones se exige seguridad jurídica, lo que implica ordenamientos jurídicos confiables y en caso de conflicto la solución sea rápida y eficaz. Los ordenamientos, en general, en Iberoamérica han emprendido reformas procesales que aligeren los procedimientos y aseguren los derechos procesales de las partes, no obstante, en la práctica continua la lentitud y el congestionamiento de los órganos jurisdiccionales.

Los países Iberoamericanos frente a la problemática tardía de la administración de justicia han reconocido constitucionalmente o legalmente los medios alternativos de solución de conflictos (arts. 253-258 Constitución Venezuela, art. 116 Constitución Colombia, art. 17 Constitución México, entre otros). En cierto sentido este reconocimiento constitucional o legal le da carácter jurisdiccional a los medios alternativos de solución de conflictos, por ejemplo, sus los acuerdos de la conciliación o mediación, los beneficiarios pueden solicitar el auxilio de los tribunales para su ejecución, en el arbitraje la ejecución de los laudos.

Los Medios Alternos de Solución de Conflictos (MASC o ADR), –conciliación, mediación, arbitraje y negociación–, son mecanismos de los cuales podemos valernos para poner fin a las controversias, denominándose medios privados, aunque en varias leyes procesales, por ejemplo, en Venezuela en la LOPT se contempla la mediación intrajudicial obligatoria o en Colombia, en el Código General del Proceso la conciliación en el procedimiento de insolvencia de persona natural no comerciante.

Esto plantea diversos aspectos teóricos, fundamentalmente, relacionados de admitir que estos medios son formas de acceso a la justicia, lo que implica que ellos deben conllevar en su estructura la tutela efectiva y la garantía del debido proceso y que deben caracterizarse por su credibilidad, transparencia, celeridad e imparcialidad. Otro problema, es respecto si en la configuración privada, sea del convenio de acuerdo de someter los conflictos a estos mecanismos o en el procedimiento pueden ocurrir quebrantamiento a derechos fundamentales (*Drittwirkung*[1]).

1 Expresión alemana que se refiere a la eficacia horizontal de los derechos fundamentales. Los derechos fundamentales son límites al poder, y hoy en día el poder (económico o social) se ostenta no sólo por el Estado sino también por los particulares, por lo que es necesario irradiar la eficacia de estos derechos a las relaciones privadas.

2. EL ACCESO A LA JUSTICIA Y EL DEBIDO PROCESO

La resolución alternativa de conflictos engloba el conjunto de procedimientos que permite resolver un litigio sin recurrir a la autotutela o sin que se acuda a los órganos judiciales. Es un mecanismo para la solución de conflictos jurídicos por otras vía diferente la justicia institucional, tradicional u ordinaria. Teniendo en consideración los elementos que concurren, se puede decir que, los mecanismos alternativos de solución de conflictos son aquellas formas de administrar justicia por medio de los cuales, de manera consensual o por requerimiento, las partes de un conflicto ya sea al interior del sistema judicial o en una etapa previa, concurren legítimamente ante terceros a fin de encontrar la solución.

En el mundo occidental contemporáneo es preciso que el Estado desarrolle su obligación de procurar seguridad y certidumbre jurídicas a los ciudadanos, a través de las instituciones judiciales o alternativas, efectivamente imparciales, independientes y modernas, donde se imparta justicia a quien reclame protección para sus derechos e intereses. Indudablemente un sistema de justicia efectivo y fiable garantiza seguridad jurídica y estabilidad y permanencia de la democracia, las libertades económicas y el respeto a los derechos humanos.

Una de las necesidades esenciales de todo Estado, en especial de un Estado Social y de Justicia, es contar con un sistema eficiente de administración de justicia imparcial y transparente, pues a través de él se protegen y hacen efectivos los derechos, las libertades y las garantías de los ciudadanos[2]. El derecho al acceso a la justicia (art.25 constitucional) es un postulado esencial para la garantía de tutela efectiva de los derechos constitucionales

El acceso a la justicia es un derecho que se concretiza en los mecanismos que permiten hacer efectivos los derechos que hayan sido vulnerados o exista temor de lesión, o que deben ser declarados a quienes acuden ante los órganos competentes para solucionar sus conflictos jurídicos.

---

2 Humberto E. Bello Tabares, "El derecho constitucional a la prueba judicial". Disponible en: http://acienpol.msinfo.info/bases/biblo/texto/boletin/2008/BolACPS_2008_146_319-386.pdf

En América Latina subsisten diferentes trabas que limitan el acceso a la justicia a la ciudadanía, especialmente para los grupos más vulnerables o débiles en una relación de tráfico jurídico. En efecto, podemos indicar los problemas como el de los consumidores, las pequeñas causas; también el del costo económico que entrañan los procesos lo que hace inaccesible para los sectores de menores recursos.

Se establece en las Constituciones Nacionales y en Tratados y Acuerdos Internacionales que el derecho a ser oído es un derecho fundamental, pues tiene derecho a exigir la protección de sus derechos. Así, en las constituciones en Colombia se reconoce en los artículos 23 y 29, en Venezuela en el artículo 26, en España en artículo 24. El derecho a ser oído significa que haya instrumentos institucionales y jurídicos que atiendan las peticiones de los justiciables.

A nivel Internacional, el derecho a un mecanismo judicial efectivo o instrumento de tutela judicial efectiva, está contemplado en la Convención Americana sobre Derechos Humanos de San José de Costa Rica (Pacto de San José) en el Art. 8 numeral 1°.

De igual forma el Pacto Internacional de Derechos Civiles y Políticos lo contempla en sus artículos 2 y 14 la obligación de las autoridades internas de desarrollar las posibilidades de este recurso; así mismo en las Declaraciones Universal de Derecho Humanos reconocen el derecho de toda persona a un recurso efectivo ante los tribunales nacionales e instancias internacionales para que, en condiciones de plena igualdad, se protejan y determinen sus derechos y obligaciones.

Ahora bien, a pesar de las reformas procesales, en general en Iberoamérica continúan las barreras procesales y procedimentales, pues aún se percibe sea un exceso de formalismo, además que las exigencias de los actos procesales afectan de forma diferenciada a distintos usuarios, debido a factores particulares de ellos mismos o por circunstancias sociales o económicas, por ejemplo, normas de competencia y otros.

El Estado debe garantizar el derecho de acceso a la justicia y que se actué conforme a derecho. En este sentido, el Estado debe implementar todas las medidas necesarias para remover los obstáculos que puedan existir y crear las condiciones e instrumentos para que los ciudadanos puedan resolver sus controversias y tener satisfacción de sus derechos[3]. Los Estados miembros de la OEA se comprometieron a emprender reformas e institucionales para hacer efectiva la protección de los derechos de los ciudadanos, llevándose a cabo en casi todos los estados miembros, incluyéndose entre estas reformas modernización normativa de regulación de los medios alternativos de solución de conflictos.

En los momentos actuales que se caracteriza por la internacionalización y globalización de la economía, a su vez por una gran movilidad de los factores productivos, lo cual repercute en la formación de un mercado masificado, en cuanto los productos y servicios van dirigidos a la masa que se personifica en el consumidor, generándose muchos problemas de trascendencia jurídica en esas relaciones. Obviamente, en la relaciones de mercado en la economía globalizada emplea los medios electrónicos para publicitar, hacer ofertas y negocios jurídicos de diversa naturaleza, desde compraventa hasta contratos de servicios[4]. En este nuevo mundo el consumidor es víctima y se produce violación de sus derechos. El problema es que a veces la lesión, en términos económicos, es pequeña y el consumidor no acude a los órganos jurisdiccionales porque el costo es elevado y además el tiempo para la solución de su reclamación es largo, lo que lo lleva a desistir de reclamar justicia. Estos factores inciden en el acceso a la justicia, lo que significa que existe quebrantamiento de un derecho fundamental.

Ha sido preocupación de la doctrina, la jurisprudencia, y legislador lograr que las barreras de acceso a la justicia sean superadas, para ello, entre otras cosas, construye mecanismos expeditos para el trámite judicial de los derechos, leyes intervencionistas del mercado, leyes de protección a las personas en situación especial (por ejemplo, consumidor).

Se ha señalado insistentemente que de nada vale un derecho si no existen los mecanismos procesales para su defensa. Es posible que una ley proteja en sentido amplio determinados derechos, pero no contemple vías expeditas para alcanzar una satisfacción del derecho que haya

---

[3] Rodrigo Rivera Morales. "Aspectos Constitucionales del Proceso". *Nuevos Estudios de Derecho Procesal. Libro Homenaje a José Andrés Fuenmayor.* Tribunal Supremo de Justicia. Tomo II. P. 287.

[4] Rodrigo Rivera Morales, "Principios y garantías que deben regir la mediación electrónica". España-Barcelona. *Revista General de Derecho Procesal*, ISSN-e 1696-9642, N°. 44, 2018.

sido lesionado. No es discutible que el legislador ha tratado mediante diversas leyes ampliar la protección de los derechos de los ciudadanos en el tráfico jurídico y su incidencia en los derechos reconocidos en la Carta Política, para lo cual ha generado diversas leyes de desarrollo y además la jurisprudencia ha ido haciendo interpretaciones de carácter progresivo sobre el alcance de los derechos fundamentales. Ahora bien, no basta con establecer el elenco de derechos que asisten a los ciudadanos, en general, o en determinadas situaciones como consumidor y usuario, pues, en definitiva la eficacia de cualquier derecho protector de los ciudadanos se va a evaluar, no por la perfección técnica y por la equidad de sus normas, sino por la existencia de procedimientos jurídicos rápidos, sencillos y accesibles económicamente para que las personas tengan reales posibilidades de exigir la protección y satisfacción de sus derechos, bien ante los órganos jurisdiccionales ordinarios, a use otras instancias alternativas de solución de conflictos de carácter extrajudicial.

Obviamente, la previsión legal de mecanismos procesales para la defensa de los derechos se resguarde el debido proceso, los derechos y garantías que reconoce la Constitución y que también son proclamados en los Tratados y Acuerdos Internacionales debidamente suscritos.

Todos los ordenamientos jurídicos de Iberoamérica reconocen la posibilidad de emplear medios alternativos de Justicia, lo que denomina en forma generalizada en inglés como *Alternative Dispute Resolution* (ADR). Es el caso que ya en muchos ordenamientos este sistema alterno de solución de conflictos ha asumido también los avances tecnológicos y se ha posibilitado y, obviamente, regulado su realización a través de la red electrónica internet, y se les denomina resolución de conflictos *on line,* en inglés *Online Dispute Resolution* (ORD). Advertimos que en el ámbito de la administración de justicia tradicional también ha ido penetrando la actuación electrónica, por ejemplo, expediente tributario en México, Bancos de jurisprudencia *on line*, etc. No hay duda de que los medios alternativos de solución de conflictos contribuyen al acceso de la justicia.

Ahora bien, ese acceso a la justicia no es cualquier precio o en abandono de las garantías y derechos fundamentales. No, los derechos fundamentales son irrenunciables y poseen una supremacía, al ser fundantes del Estado y su Constitución política. De manera, que en lo específico procesal, la tutela efectiva y el debido proceso tienen un alcance, no solo frente al Estado y el poder púbico, sino ante los particulares. Los derechos reconocidos en diversos textos normativos, después de la Segunda Guerra Mundial, serán concebidos ya no sólo como límites o prerrogativas frente al poder público sino también frente a los particulares. Es decir, desplegarán su eficacia frente a terceros o también llamada eficacia horizontal.

Así, en esta perspectiva, los operadores de justicia (jueces, árbitros, mediadores, conciliadores) deberán actuar interpretando las normas de derecho privado a la luz de los derechos fundamentales concebidos como valores objetivos;[5] lo que significa que los derechos entendidos como subjetivos son transformados en valores para que los que funjan como directores de procedimientos de administración de justicia pueda ponderarlos.

Concretamente, en el arbitraje, asumimos que tiene una función jurisdiccional[6], pues se reconoce en la Constitución y en la ley procesal, que forma parte del sistema de administración de justicia, como resalta Henríquez La Roche "*la función jurisdiccional, no es sólo aquella que intrínsecamente corresponde a los órganos que conforman el Poder Judicial, por cuanto su carácter no es formal (orgánico), sino sustancial*"[7].

---

5 T. Quadra–Salcedo, *El recurso de amparo y los derechos fundamentales de las personas en las relaciones entre particulares,* Civitas, Madrid, 1981, nota 51, pp. 54 y 55.

6 En Venezuela el Tribunal Supremo de Justicia en Sala Constitucional ha reconocido ese carácter jurisdiccional. Sala Constitucional del Tribunal Supremo de Justicia, 3 de Noviembre de 2010. Magistrada Ponente: Luisa Estella Morales Lamuño. Expediente Nº 09-0573. "*A juicio de esta Sala, "al ampliar la Constitución el sistema de justicia con la inclusión de el arbitraje al de la función jurisdiccional ordinaria que ejerce el Poder Judicial, se replanteó el arquetipo del sistema de justicia, lo cual si bien implica un desahogo de la justicia ordinaria, comporta que el arbitraje no pueda ser considerado como una institución ajena al logro de una tutela jurisdiccional verdaderamente eficaz y, por lo tanto, excluye la posibilidad que el arbitraje y demás medios alternativos de resolución de conflictos sean calificados como instituciones excepcionales a la jurisdicción ejercida por el Poder Judicial. Con ello, en términos generales debe afirmarse que el derecho a someter a arbitraje la controversia, implica que la misma puede y debe ser objeto de arbitraje en los precisos términos y ámbitos que establece el ordenamiento jurídico vigente*" -Vid. Sentencia de esta Sala Nº 1.541/08, publicada en la Gaceta Oficial Nº 39.055 del 10 de noviembre de 2008-." Enlace: http://www.tsj.gov.ve/decisiones/scon/Noviembre/1067-31110-2010-09-0573.html.

7 Ricardo Henríquez La Roche, *El arbitraje comercial en Venezuela.* Editorial Cámara de Comercio de Caracas, Maracaibo, Venezuela, 2000.

Así en su función de impartir justicia el árbitro debe ser garante de los derechos y garantías procesales de las partes, así como de los derechos fundamentales que estén implicados en el debate arbitral.

El acceso a la justicia forma parte de la tutela efectiva de los derechos, de suerte que el arbitraje como mecanismo para acceder a la justicia lleva implícito que debe brindar una tutela efectiva para las partes que se sometan a sus procedimientos. Por otra parte, los procedimientos arbitrales deberán asegurar la preservación de las garantías del debido proceso: derecho de defensa, derechos de contradicción, derecho a ser informado, derecho a ser notificado, derecho a pruebas, derecho a decisión motivada.

Estos derechos están constitucionalizados lo que implica que tienen el ámbito de protección de la supremacía constitucional, por lo cual gozan de los mecanismos de defensa de la Constitución mediante el control de constitucionalidad, pero también ellos forman parte integrante de Tratados y Acuerdos Internacionales sobre Derechos Humanos, gozando del privilegio del control de convencionalidad[8].

3. EL CONTROL DE CONSTITUCIONALIDAD, CONTROL DE CONVENCIONALIDAD Y BLOQUE CONSTITUCIONAL

La Constitución precisa una forma de sistema de gobierno, señalando los límites a los propios órganos de gobiernos[9]. La Constitución lo que pretende, y lo que se busca en todos los países del mundo que cuentan con ella, es tener una ley, una normatividad en lo más alto de la cúspide, a la cual se sujeten las demás leyes secundarias.

El principio fundamental en toda constitución es que debe de contar con una supremacía absoluta, de manera que nada esté por encima de la Constitución. Ninguna ley secundaria puede ir o trastocar los derechos fundamentales y los derechos sociales, en ella contemplados.

---

[8] Rodrigo Rivera Morales. "La defensa de la supremacía Constitucional en el Proceso español y venezolano". *Revista Tachirense de Derecho*, ISSN 1316-6883, N°. 20, 2009, págs. 127-156.

[9] E. García de Enterría, "La justicia constitucional en Europa". *La Constitución como norma y el Tribunal Constitucional*.3ª Edic. Reimpresión, Edit. Civitas, Madrid, 1994, S.A., p.49

Esto implica que hay una tutela jurisdiccional de la Constitución y del derecho a la supremacía en el proceso jurisdiccional[10].

El principio de Supremacía Constitucional se encuentra previsto en el 7° de la Constitución venezolana (artículo 4 de la Constitución colombiana, art. 9 Constitución española, y art. 133 de la Constitución Política de los Estados Unidos Mexicanos), así como los tratados y acuerdos internacionales sobre Derechos Humanos celebrados válidamente (arts.22 y 23).

Se define como norma superior a partir de su posición de supremacía jerárquica respecto de las restantes normas que con ella integran el ordenamiento. Esta superioridad jerárquica supone que la Constitución no es simplemente un conjunto de prescripciones dirigidas al legislador y que sólo con la intervención de éste pueden trascender a ámbitos jurídicos inferiores, sino que se configura como una norma a aplicar por todos los operadores jurídicos[11]. Existe, pues, una atribución a las normas constitucionales de eficacia directa, lo que no es más que una expresión de su posición jerárquica[12].

Así tenemos, que la Constitución no sólo determina directa o indirectamente las fuentes del derecho, sino que se configura como la primera de las fuentes, al incorporar al ordenamiento normas, de diferente

---

[10] José Luis Cascajo Castro. "La jurisdicción Constitucional de la Libertad". *REDP* N° 199, Enero-febrero, Madrid, 1975, p. 160-161. "La tutela del derecho objetivo expresado en la Constitución que supone el control de constitucionalidad de las leyes o la resolución de conflictos de atribuciones ha constituido el núcleo originario de competencias de la jurisdicción constitucional, siendo muchos más reciente el uso de esta institución para la defensa de los derechos fundamentales, es decir, para la tutela de situaciones jurídicas consagradas en la Constitución. Cfr. Encarnación Martín Pageo, *La cuestión de inconstitucionalidad en el proceso civil*. Editorial Civitas, Madrid 1999, p.71.

[11] Francisco Bastida, y J. L. Requejo, *Cuestionario comentado de Derecho Constitucional (El sistema de fuentes y la jurisdicción constitucional.* 2ª. Edición, Editorial Ariel, Barcelona, 1992. También en *Revista jurídica de Asturias*, ISSN 0211-1217, N° 15, 1992, págs. 403-405. p. 73. M. Aragón Reyes, *Temas Básicos de Derecho Constitucional.* Editorial Tecnos. Tomo I, Madrid, pp. 231-239. Sostiene que la Constitución no es en rigor una norma, sino más bien un conjunto de ellas.

[12] España. Tribunal Constitucional. Véase también STC 75/1982. "*...produce una vinculación inmediata –al menos en un nivel esencial o mínimo- incluso cuando no haya tenido lugar desarrollo legislativo alguno de sus preceptos, pues la dilación en el cumplimiento de la obligación que la Constitución impone al legislador no puede lesionar el derecho reconocido en ella*".

naturaleza, cuya aplicación está garantizada jurisdiccionalmente. Hay pues una exigencia de aplicación directa y por tanto es exigible judicialmente la exigencia del cumplimiento de lo dispuesto en ella[13].

Ahora bien, esa exigencia judicial no solo se refiere a las normas que están en el texto constitucional, sino también aquellas que la Constitución las asume de igual jerarquía o las reconoce como propias del orden interno, por ejemplo, tratados y acuerdos internacionales.

En Venezuela en la Constitución se encuentran disposiciones que le otorgan igual nivel constitucional a algunos tratados y acuerdos internacionales, relativos sobre derechos fundamentales, así en el artículo 23 dispone que los tratados y acuerdos sobre derechos humanos prevalecen en el orden interno, y que los derechos reconocidos en la Constitución se interpretarán de conformidad con los tratados internacionales sobre derechos humanos ratificados por Venezuela. En igual sentido, para citar algunas, la Constitución de Perú (arts. 3, 4 y 56), Constitución de Ecuador (arts. 84 y 417), Constitución de Colombia (art. 93) y Constitución de México (art. 133).

En función de la defensa de la Constitución y la supremacía de los derechos fundamentales se ha ido creando lo que se denomina el *bloque de constitucionalidad*. Según la opinión de algunos connotados juristas, el concepto de Bloque de Constitucionalidad, tiene su origen en la práctica del Consejo Constitucional francés, quien ha considerado que, como el Preámbulo de la Constitución de ese País hace referencia al Preámbulo de la Constitución derogada de 1946 y a la Declaración de Derechos del Hombre y del Ciudadano de 1789; esos textos son también normas y principios de valor constitucional que condicionan la validez de las leyes. Según la doctrina francesa, los mismos forman un bloque con el articulado de la Constitución. Dice Rubio Llorente que se denomina al conjunto de normas que se aplican en el control previo de constitucionalidad de las leyes y los reglamentos parlamentarios. Y que se encuentra formado básicamente por las normas de la i) Constitución

---

[13] Rodrigo Rivera Morales, "La defensa de la supremacía Constitucional en el Proceso español y venezolano". En *Revista Tachirense de Derecho / Universidad Católica del Táchira*, Centro Tachirense de Estudios Municipales.-- Editorial Universidad Católica del Táchira, 20 (enero-diciembre), San Cristóbal, 2009. pp. 127-156.

de 1958 y por la "*remisión*" que realiza el preámbulo de esta Constitución a: ii) la Declaración de Derechos del Hombre y del Ciudadano de 1789; y, iii) al Preámbulo de la Constitución de 1946 (declara derechos sociales en su gran mayoría)[14].

El concepto de *bloque de la constitucionalidad*, inspirado en el francés *bloc de constitutionnalité*, es adoptado por la doctrina española a principios de los años 80, pasando, poco tiempo después a la jurisprudencia constitucional.

En España, dice Gómez Fernández que "*La aproximación más simple al término, y también la más extendida, lo asocia a la idea de un conjunto de normas cuya función consiste en atribuir o modificar la atribución de las competencias de las Comunidades Autónomas, labor que la Constitución no realiza de forma directa, sino a través de algunas disposiciones de rango inferior*"[15]. No obstante esta aproximación ha sido superada en la práctica y ha de reconocerse que hoy el bloque se acerca más a un concepto procesal, asociado a la función que desempeñan las normas integrantes del bloque como parámetro de la constitucionalidad del resto de disposiciones del ordenamiento jurídico.

En España el contenido dado a esta expresión por la doctrina y por la jurisprudencia constitucional, que acabó asumiéndolo como terminología de uso corriente en el ejercicio su actividad, ha ido variando, aunque no se haya reconocido siempre de forma expresa esta mutación. Así pues, hoy por hoy, *bloc de constitutionnalité* y *bloque de constitucionalidad* han dejado de ser términos de idénticos contenidos, términos gemelos podría decirse, para convertirse en primos lejanos que, sin dejar de estar conectados, no se definen ya del mismo modo[16].

Este instituto ha tenido una influencia en Latinoamérica muy relevante. Algunos ejemplos de Estados que cuentan con esta doctrina y su base jurídica son los siguientes: Colombia desde 1992 en el artículo 93 de la Constitución; Costa Rica 1949-1992 y 2000, artículo 7 de la

---

[14] Francisco Rubio Llorente, "El Bloque de Constitucionalidad", en *Revista Española de Derecho Constitucional*, Año 9, No. 27 (1989): 10, 13, < file:///C:/Users/Admin/Downloads/Dialnet- El BloqueDeConstitucionalidad-79403.pdf >

[15] Itziar Gómez Fernández, "Redefinir el bloque de la constitucionalidad 25 años después". *Estudios de Deusto 1* ISSN: 0423 - 4847, Vol. 54/1, enero-junio, Bilbao, 2006, págs. 61-98.

[16] Ibidem. p. 67.

Constitución; Argentina a partir de 1994 en el artículo 75, 22 de la Constitución y Chile lo crea mediante reforma constitucional; Guatemala, lo tiene establecido en el Art. 46 de la Constitución; Panamá desde 1990 en el artículo 4 de la Constitución, Venezuela a partir de 1998 en el artículo 23 constitucional. En México es muy recientemente en el 2011, asumiendo el Bloque de Constitucionalidad, reformando su Constitución en sus artículos 1, 10 y 18 con el propósito fundamental, de garantizar de mejor manera el respeto a los Derechos Humanos. Muchos otros países cuentan con un bloque de esta naturaleza, a tal punto que en la actualidad son pocos los Estados que en el mundo no cuentan con esta doctrina después de más de medio siglo de su aparición.

Debe indicarse que en los últimos años, y al menos desde 1995, la categoría *bloque de constitucionalidad*, que no había sido nunca usada por la doctrina o por la jurisprudencia colombiana, ha entrado con mucha fuerza en la práctica jurídica colombiana[17]. Se observa en diversas sentencias, que la Corte Constitucional ha recurrido a esa expresión para emplearla como fundamento normativo para decisiones relevantes, como "*las relativas al alcance de la obediencia debida por parte de los militares, o aquellas relacionadas con la fuerza jurídica en el ordenamiento colombiano de las recomendaciones de ciertas instancias internacionales de derechos humanos*".[18] Cuestión que en Venezuela, después de la Constitución de 1999, no ha sido tratada[19]. En mi opinión ha sido evadido por razones políticas, una concepción sesgada de los derechos humanos y una visión tradicional de la soberanía nacional.

El bloque de constitucionalidad, *en sentido estricto*, está compuesto por aquellas normas y principios que, sin aparecer formalmente en el articulado del texto constitucional, son utilizados como parámetros del control de constitucionalidad de las leyes, por cuanto han sido normativamente integrados a la Constitución, por diversas vías y por mandato de

[17] Rodrigo Uprimny, "El Bloque de Constitucionalidad en Colombia. Un análisis jurisprudencial y un ensayo de sistematización doctrinal". Disponible en: : https://www.researchgate.net/publication/238077572

[18] Corte Constitucional Colombia. Sentencias C-225 de 1995 y C-578 de 1995.

[19] Este es demostrativo de la actual forma de gobierno se ha divorciado del constitucionalismo garantista y corrobora el inmenso déficit de protección de los derechos humanos y su contante violación.

la propia Constitución. Son pues verdaderos principios y reglas de valor constitucional, esto es, son normas situadas en el nivel constitucional.

El único sentido razonable que se puede conferir a la noción de prevalencia de los tratados de derechos humanos y de derecho internacional humanitario es que éstos forman con el resto del texto constitucional un "*bloque de constitucionalidad*", cuyo respeto se impone a la ley.

Luigi Ferrajoli puntualiza: "*Es un hecho que con los procesos actuales de integración jurídica, europea y mundial, el sistema se ha complicado enormemente con el agregado de las fuentes que entran a formar parte del ordenamiento estatal sin siquiera contar con la mediación formal de una ley de ratificación*"[20].

En cierto sentido la Corte Constitucional colombiana ha acogido el criterio *strictu sensu* sobre el bloque de constitucionalidad, así: "*Es importante precisar que siempre que se habla de bloque de constitucionalidad, se hace porque en la Constitución una norma suya así lo ordena y exige su integración, de suerte que la violación de cualquier norma que lo conforma se resuelve en últimas en una violación del Estatuto Superior*"[21].

El concepto de bloque de constitucionalidad se ha utilizado —en la doctrina y la jurisprudencia españolas, del mismo modo que en la doctrina gala—, para denominar de forma conjunta a las normas que actúan como parámetro de constitucionalidad y que son utilizadas por el juez constitucional en su labor de control de ajuste entre las disposiciones infraconstitucionales y el texto de la Constitución.

Dicho de otro modo, las disposiciones normativas integrantes del bloque de constitucionalidad serían todas las normas de distinta naturaleza y rango normativo que, junto a la Constitución formal, sirven a los órganos tutelares del ordenamiento para verificar la constitucionalidad de las restantes normas del mismo[22], ya que, por sí mismas,

---

[20] L. Ferrajoli, "¿Democracia sin Estado?". Publicado en *Estudios en Homenaje a Don Jorge Fernández Ruiz. Derecho Constitucional y Política,* coordinado por David Cienfuegos Salgado y Miguel Alejandro López Olvera. Ciudad de México, México, 2005, p. 221-234.

[21] Colombia. Corte Constitucional en la sentencia C-225/95 de 18 de mayo. Disponible en https://www.corteconstitucional.gov.co/relatoria/1995/c-225-95.htm

[22] J.L. Requejo Pagés, "Constitución y remisión normativa. Perspectiva estática y dinámica en la identificación de las normas constitucionales", *REDC*, núm. 39, septiembre - diciembre. 1993, pp. 119.

determinan la invalidez de las normas de la legislación ordinaria que se les opongan.

El constitucionalismo en América Latina ha desarrollado su propia teoría del bloque de constitucionalidad –ajena a la doctrina desplegada por el Consejo Constitucional francés- vinculada, principalmente, al tema de la garantía y promoción de los derechos humanos, por eso se puede afirmar que su origen en la región latinoamericana se ordena en un inicio como un bloque de derechos fundamentales, que influye en las bases conceptuales del control de constitucionalidad que realizan las Altas Cortes.

Es así que bajo esta denominación percibimos que, las Altas Cortes latinoamericanas, no solo tutelan los derechos que: 1) expresamente reconoce la Constitución Nacional (Carta Política) 2) los derechos que constan implícitamente el texto constitucional, máxime que se ha asumido su carácter progresivo (art. 94 Constitución Colombiana, art. 22 CRBV) y, 3) los contenidos en el *corpus iuris* del sistema internacional de protección de los derechos humanos, ratificados o no por un Estado, incluso se sostiene la primacía por sobre su derecho interno e igual jerarquía con el texto constitucional (art. 1 de la Constitución Mexicana, art. 75 numeral 22 Constitución Argentina, art. 5 inciso 2 Constitución Chilena, art. 23 Constitución Venezolana, art. 55 Constitución Peruana, art. 11.3 Constitución de Ecuador, art. 53-93-215 Constitución Colombiana, art. 410.II Constitución de Bolivia)[23]. En síntesis, lo que se desarrolla inicialmente es un bloque de derechos fundamentales. Debe decirse que se acoge en la jurisprudencia con base a estas normas el principio *pro hominis*.

En la Convención Americana sobre Derechos Humanos o Pacto de San José de Costa Rica (CADH), cuya adopción y ratificación –especialmente- ha sido realizada por la mayoría de los países de América Latina, el artículo 29 literal c) ibidem indica que: "*Ninguna disposición de la presente Convención puede ser interpretada en el sentido de: (...)*

---

[23] Panamá: sentencia de fecha 24 de julio de 1990 la Corte Suprema de Justicia de Panamá reconoció la jerarquía constitucional del artículo 8° de la Convención Americana sobre Derechos Humanos señalando que esa norma internacional conjuntamente con el artículo 32 (debido proceso) de la Constitución de Panamá integraban lo que ellos llamaron un "bloque constitucional convencional".

c) Excluir otros derechos y garantías que son inherente al ser humano, o que se derivan de la forma democrática representativa de gobierno (...)". De suerte que, aquella norma también alude a los llamados derechos implícitos, lo que significa que a pesar de no estar contemplados en la norma positiva se los debe reconocer; en otras palabras, no es necesario que se encuentren reconocidos formalmente por la Carta Magna o los instrumentos internacionales de derechos humanos, su carácter esencial no deriva de formas procedimentales. En realidad, en la Constituciones latinoamericanas, es un sistema de derechos abiertos, ya que el constituyente reconoce sus eventuales limitaciones y está consciente del desarrollo progresivo de los derechos y garantías acorde a la naturaleza y necesidades esenciales del ser humano.

Del análisis tanto de la normativa constitucional regional cuanto de la jurisprudencia expedida por algunos de los Tribunales Constitucionales[24] antes mencionados, podemos obtener varias conclusiones: 1) Se establece la obligación de los Estados partes de la CADH de acogerse a los estándares mínimos previstos para esta materia, teniendo como base el carácter fundamental –derivado de la dignidad humana- y supranacional de los derechos humanos; 2) No se puede considerar al derecho internacional de los derechos humanos y al derecho constitucional de forma aislada o paralela, componen y son fuente de un mismo sistema, se articulan de forma integral, armonizando el sistema jurídico interno de los países; 3) el derecho constitucional queda delimitado por los dos ámbitos normativos, expandiendo y aplicando sus contenidos cuando sean más favorables a la dignidad del ser humano –*pro homine*-; 4) el articulado de la CADH se convierte en una verdadera norma de interpretación y control constitucional para los ordenamientos jurídicos regionales que acogen el sistema de protección de los derechos humanos, estructurando mínimos a ser protegidos por los Estados pactantes, el derecho interno de un país debe propender a la ampliación progresiva del contenido de aquellos derechos; 5) La interpretación de la norma internacional antes señalada, no puede ser desarrollada limitando el goce y ejercicio de derechos y libertades allí consagrados, peor aún, limitar

[24] Jurisprudencia. Sala Constitucional de Costa Rica, sentencia 05987, octubre 14, 1994; sentencia 07689, mayo 7, 2008. Corte Constitucional Colombiana, sentencia C-225-1995: Tribunal Constitucional de Perú, expediente N° 0031-2005-PI/TC, 20 de marzo 2007.

más allá de lo que la propia norma permite, ni mucho menos alegar restricciones de otros convenios en los cuales el Estado sea parte para restringir esos derechos humanos; 6) Esta teoría construida a partir de una visión holística de los derechos humanos, positivizados en tratados internacionales de derechos humanos y cuya idea central es el establecimiento de un orden público cuyos beneficiarios directos son los seres humanos y los derechos humanos que a pesar de no constar de forma literal o expresa en un texto normativo, su interpretación es y debe ser integral, lo que significa la a) no supresión de libertades o derechos reconocidos en el derecho interno; b) la prevalencia del derecho internacional en materia de derechos humanos por sobre la norma constitucional cuando el derecho sea más favorable a la persona; c) la no exclusión de otros derechos que provengan de la dignidad humana; y, d) la prohibición de limitar los efectos que deriven de otros instrumentos internacionales de derechos humanos partícipes de la misma naturaleza.[25]

En términos generales, en sentido amplio, la doctrina del bloque de constitucionalidad permite reconocer jerarquía constitucional a normas que no están incluidas en la Constitución Política, usualmente con el fin de interpretarlas sistemáticamente con el texto de la Constitución.

Entre los temas sobresalientes por su actualidad y trascendencia, que guardan relación con el sistema tutelar de los derechos humanos en el doble plano nacional e internacional, figura el denominado *control de convencionalidad*. ¿Qué es el control de convencionalidad? Es una institución que se utiliza para aplicar el derecho internacional, en este caso el Derecho Internacional de los Derechos Humanos, y específicamente la Convención Americana y sus fuentes, incluyendo la jurisprudencia de este Tribunal.

El control de convencionalidad ha sido construido y ha alcanzado su mayor desarrollo en el sistema interamericano de derechos humanos. En efecto, en su tarea de aplicar la Convención Americana sobre Derechos Humanos (Pacto de San José de Costa Rica), habilita a que los órganos judiciales nacionales analicen la compatibilidad de las leyes

[25] Manuel E. Góngora Mera, "La difusión del Bloque de Constitucionalidad en la Jurisprudencia Latinoamericana y su potencial en la construcción del *ius contitutucionale comune* Latinoamericano". Instituto Max Planck de Derecho Público y Derecho Internacional. Disponible en: htpp:// biblio.juridicas.unam.mx

y disposiciones del derecho interno en relación con lo dispuesto en la Convención Americana sobre Derechos Humanos y por la jurisprudencia de la Corte (CIDH). En diversas decisiones la CIDH ha establecido que los jueces nacionales deben aplicar la mencionada convención aun cuando ello envuelva inaplicar preceptos normativos nacionales, para garantizar el efecto de la finalidad de la Convención.

Escribe García Ramírez[26] "*el control de convencionalidad es una expresión o vertiente de la recepción nacional, sistemática y organizada del orden jurídico convencional internacional (o supranacional)*". Constituye un dato relevante para la construcción y consolidación de ese sistema y ese orden, que en definitiva se traducen en el mejor imperio del Estado de derecho, la vigencia de los derechos y la armonización del ordenamiento regional interamericano (específicamente por ser originario de este sistema interamericano) con vistas a la formación de un *ius commune* del mismo alcance geográfico-jurídico. El sistema interamericano sobre derechos y libertades humanas constituye la fuente de datos o componentes sobre el cual descansa el control convencional.

Es claro que este instrumento de *control de convencionalidad*, se erige sobre la base del reconocimiento de los derechos humanos como anteriores al Estado. La noción derechos humanos se corresponde con la afirmación de la dignidad de la persona frente al Estado. La sociedad contemporánea reconoce que todo ser humano, por el hecho de serlo, tiene derechos frente al Estado, derechos respecto de los cuales éste tiene deberes de respeto, protección, promoción o garantía. Debe asimismo, organizar su estructura y su orden jurídico-político con el fin de asegurar su plena realización. Ellos también determinan límites y metas de la acción del poder público. Son por lo tanto, indisociables del concepto de Estado contemporáneo, al menos en todo cuanto su paradigma es el Estado de Derecho.

Esos conceptos fueron expresados sintéticamente en el primer párrafo de la Declaración de Viena y el Programa de Acción[27]: "*Los dere-*

[26] Sergio García Ramírez, "El control judicial interno de convencionalidad". *IUS. Revista del Instituto de Ciencias Jurídicas de Puebla*, México, año V, N°. 28, julio-diciembre de 2011, pp. 123-159 ius

[27] Aprobados por la Conferencia Mundial de las Naciones Unidas sobre Derechos Humanos (157/93).

chos humanos y las libertades fundamentales son patrimonio innato de todos los seres humanos; su promoción y protección es responsabilidad primordial de los gobiernos". Que sean innatos es conceptualmente relevante, pero la nota determinante es que son objeto de protección por parte del Estado y que, si ésta falla, hay medios de obtenerla en el ámbito internacional.

El Preámbulo de la Carta de las Naciones Unidas reafirma "*la fe en los derechos fundamentales del hombre, en la dignidad y el valor de la persona humana, en la igualdad de derechos de hombres y mujeres*". El artículo 56 de la misma Carta dispone que "*todos los miembros se comprometen a tomar medidas, conjunta o separadamente en cooperación con la Organización, para la realización de los propósitos consignados en el artículo 55*", entre los cuales está "*el respeto universal de los derechos humanos y de las libertades fundamentales de todos*".

El control de convencionalidad entraña la aplicación del orden supranacional, nacionalmente aceptado y colectivamente formulado, en lo que toca a definiciones de derechos y libertades, asignación de responsabilidades y consecuencias jurídicas de los hechos ilícitos contraventores de aquel orden. El control se acoge a lineamientos que le confieren congruencia en el examen de todas esas cuestiones.

El origen del control de convencionalidad tanto en su modalidad concentrada, a cargo de la CIDH, como difusa, es el deber de garantía en cabeza de las diferentes ramas del poder público de los Estados partes contenido en el artículo 1.1 de la Convención Americana sobre Derechos Humanos (CADH). Precisamente, el hecho de que los Estados deban organizar todos los componentes de su aparato para que se proteja y asegure el libre y pleno ejercicio de los derechos humanos, implica que cualquier tipo de manifestación del poder público, sea una ley en sentido formal, o un acto de la administración, o una sentencia, debe velar por la prevalencia del contenido material del tratado y su efecto útil[28].

[28] Paula Franco, "Hacia la construcción del control de convencionalidad en Colombia". *Revista de Derecho Público* N.o 34 Enero - Junio de 2015. Universidad de los Andes Facultad de Derecho ISSN 1909-7778.

Debemos indicar que la doctrina[29] ha clasificado el control de convencionalidad en dos, es decir, el control en sede internacional y en sede nacional, siendo el primero el que tiene competencia la Corte Interamericana de Derechos Humanos cuando existe incompatibilidad normativa entre el ordenamiento jurídico interno de un país con la Convención Americana sobre Derechos Humanos, siendo necesario la aparición de la Corte para que mediante jurisprudencia se ordene reformar el ordenamiento interno. El control de convencionalidad puede ser aplicado en sede nacional cuando un "*juez inaplica el derecho interno y aplica la Convención u otro tratado, mediante un examen de confrontación normativo (derecho interno con el tratado) en un caso concreto y adopta una decisión judicial protegiendo los derechos de la persona humana*"[30]. En este mismo sentido la Corte Interamericana de Derechos Humanos ha expresado:

> *"Pero cuando un Estado ha ratificado un tratado internacional como la Convención Americana, sus jueces, como parte del aparato del Estado, también están sometidos a ella, lo que les obliga a velar porque los efectos de las disposiciones de la Convención se vean mermadas por la aplicación de leyes contrarias a su objeto y fin, y que desde un inicio carecen de efectos jurídicos. En otras palabras, el poder judicial debe ejercer una especie de control de convencionalidad entre las normas jurídicas que aplican en los casos concretos y la Convención Americana sobre Derechos Humanos. En esta tarea, el poder judicial debe tener en cuenta no solamente el tratado, sino también la interpretación que del mismo ha hecho la Corte Interamericana, interprete última de la Convención Americana[31]."*

Bajo esta concepción debemos indicar que todos los operadores de administración de justicia, en el caso venezolano, que se incluye

[29] Jorge Andrés Mora Méndez, "El control de convencionalidad: un replanteamiento de principios y fuentes del derecho". *Revista Republicana*, ISSN: 1909 - 4450 Núm. 12, enero- junio de 2012, pp.: 217-237, p. 228

[30] Ernesto Rey Cantor, *Control de convencionalidad de las leyes y derechos humanos, homenaje a Héctor Fix Zamudio,* Biblioteca Porrúa de Derecho Procesal Constitucional, Editorial Porrúa, Instituto Mexicanos de Derechos Procesal Constitucional, México 2008, p. 49.

[31] CIDH. Caso Almonacid Arellano vs. Chile, 26 de septiembre de 2006, párrafo 124.

los operadores de los medios alternativos de solución de conflictos (árbitros, conciliadores, mediadores extrajudiciales) están obligados a realizar control de la convencionalidad, lo cual forma parte en nuestro criterio del control de constitucionalidad.

Consideramos importante examinar si en la comunidad europea se puede hablar de control de convencionalidad. Debe decirse que en el origen de las Comunidades Europeas los derechos fundamentales constituían una cuestión de competencia nacional, con el desarrollo internacional sobre los derechos humanos y la evolución de la Comunidad Europea (hoy Unión Europea) ha conducido a una incorporación de los derechos fundamentales al ámbito comunitario.

En este sentido, se ha afirmado que "*en el Estado integrado en la Unión Europea la transferencia de poder nacional a las instituciones supranacionales implica la necesidad de que se desarrollen funciones paralelas a las de la Constitución nacional en el propio ordenamiento supranacional*"[32], de manera que, siendo una de las principales funciones de la Constitución el reconocimiento y protección de los derechos fundamentales, el ordenamiento comunitario se ha ido abriendo a estos[33].

Necesariamente hay que hacer referencia a la Carta de los Derechos Fundamentales de la Unión Europea, proclamada en Niza en el año 2001[34] e incorporada como derecho aplicable del mismo rango que los tratados constitutivos por medio del Tratado de Lisboa[35]. En este sentido, el artículo 6 del Tratado de la Unión Europea, tras el Tratado de Lisboa, señala al respecto lo siguiente:

> *"1. La Unión reconoce los derechos, libertades y principios enunciados en la Carta de los Derechos Fundamentales de la Unión*

---

[32] Arnold Rainer. "Los derechos fundamentales comunitarios y los derechos fundamentales en las Constituciones nacionales". En: F. J. Matía Portilla, (dir.). *La protección de los derechos fundamentales en la Unión Europea.* Thomson Civitas, Madrid, 2002, p. 51.

[33] Pablo Nuevo López, Control de convencionalidad y aplicación judicial de los derechos fundamentales de la unión europea. *Revista catalana de dret públic,* núm 50, 2015, p. 149.

[34] Niza (Francia) el 7 de diciembre de 2000 Entrada en vigor: 1 de febrero de 2003 y ligeramente modificada el 12 de diciembre de 2007 en Estrasburgo (Francia).

[35] Vid ara comentarios a Luis Ignacio Gordillo Pérez, "Un paso más hacia la estabilización de las relaciones interordinamentales en Europa: la incorporación de la Unión Europea al CEDH". *Revista Española de Derecho Europeo*, núm. 38 (2011), p. 192-194.

Europea de 7 de diciembre de 2000, tal como fue adaptada el 12 de diciembre de 2007 en Estrasburgo, la cual tendrá el mismo valor jurídico que los Tratados.
Las disposiciones de la Carta no ampliarán en modo alguno las competencias de la Unión tal como se definen en los Tratados.
Los derechos, libertades y principios enunciados en la Carta se interpretarán con arreglo a las disposiciones generales del título VII de la Carta por las que se rige su interpretación y aplicación y teniendo debidamente en cuenta las explicaciones a que se hace referencia en la Carta, que indican las fuentes de dichas disposiciones.
2. La Unión se adherirá al Convenio Europeo para la Protección de los Derechos Humanos y de las Libertades Fundamentales. Esta adhesión no modificará las competencias de la Unión que se definen en los Tratados.
3. Los derechos fundamentales que garantiza el Convenio Europeo para la Protección de los Derechos Humanos y de las Libertades Fundamentales y los que son fruto de las tradiciones constitucionales comunes a los Estados miembros formarán parte del Derecho de la Unión como principios generales."

Así las cosas, pareciera que la vinculación a los derechos fundamentales reconocidos en el ordenamiento comunitario, tanto de las instituciones de la Unión Europea como de los Estados miembros; y, por otro, las posibilidades que la existencia de un Tribunal como el de Luxemburgo va a conferir para la existencia de un auténtico control de convencionalidad.

En España, en un sentido impropio, se puede hablar de control de convencionalidad en aplicación de la Carta de los Derechos Fundamentales de la Unión Europea en el plano interpretativo, por efecto del artículo 10.2 de la Constitución Española, el cual establece que "*las normas relativas a los derechos fundamentales y a las libertades que la Constitución reconoce se interpretarán de conformidad con la Declaración Universal de Derechos Humanos y los tratados y acuerdos internacionales sobre las mismas materias ratificados por España*".

Dice Nuevo López[36], que los órganos judiciales españoles pueden apelar a "*los derechos fundamentales reconocidos en la Carta de los*

[36] Ibídem. P. 151.

Derechos Fundamentales de la Unión Europea en su tarea de aplicación de los derechos reconocidos en el Texto Constitucional de 1978, de manera que, si bien indirectamente, aquellos puedan erigirse en parámetro con el que contrastar la validez de normas nacionales".

En efecto, ya en el año 2000, año en que se redactó y aprobó la primera versión de la Carta de los Derechos Fundamentales de la UE, si bien sin carácter vinculante, el Tribunal Constitucional español recurrió al texto de la Carta a fin de interpretar el alcance del derecho fundamental a la protección de datos de carácter personal (relacionado con el derecho a la intimidad reconocido por el art. 18 de la Constitución).

Finalmente, debe indicarse como pauta interpretativa la cual está presente en la propia Ley de ratificación del Tratado del Lisboa[37], que en su artículo 2 establece que "*A tenor de lo dispuesto en el párrafo segundo del artículo 10 de la Constitución española y en el apartado 8 del artículo 1 del Tratado de Lisboa, las normas relativas a los derechos fundamentales y a las libertades que la Constitución reconoce se interpretarán también de conformidad con lo dispuesto en la Carta de los Derechos Fundamentales publicada en el "Diario Oficial de la Unión Europea" de 14 de diciembre de 2007 [...]".*[38]

Ahora bien, junto a este control de convencionalidad en sentido impropio se puede hablar de un control de convencionalidad en sentido propio en relación con los derechos reconocidos en la Carta de los Derechos Fundamentales de la Unión Europea, cuando los órganos jurisdiccionales aplican dichos derechos no como guía hermenéutica sino como derecho vigente.

En el caso español, este control de convencionalidad puede hacerse en relación con el derecho internacional de los derechos humanos o con el Derecho comunitario europeo de los derechos humanos.

En este control de convencionalidad puede suceder que el juez considere que la norma aplicable que vulnera derechos reconocidos en

[37] Ley Orgánica 1/2008, de 30 de julio, por la que se autoriza la ratificación por España del Tratado de Lisboa, por el que se modifican el Tratado de la Unión Europea y el Tratado Constitutivo de la Comunidad Europea, firmado en la capital portuguesa el 13 de diciembre de 2007 (BOE, núm. 184 [31 julio 2008]).

[38] Pablo Nuevo López. *Control de convencionalidad y aplicación judicial de los derechos fundamentales de la unión europea*" ob. cit. p. 152.

la Carta presenta también vicios de inconstitucionalidad, por vulnerar derechos reconocidos en la Constitución. En ese caso, el juez nacional debe poder ejercer la facultad que le confiere el artículo 267 TFUE de plantear ante el Tribunal de Justicia, sin que pueda establecerse la obligación para el órgano jurisdiccional de acudir primero al Tribunal Constitucional nacional[39].

Sustenta Nuevo López[40] que en España para realizar la tarea de imbricar los órdenes normativos nacional e internacional, respecto a los derechos humanos, el juez dispone del llamado control de convencionalidad, con arreglo al cual podrá resolver los casos sobre los que debe pronunciarse, dando primacía al derecho internacional de los derechos humanos.

4. APLICACIÓN EN EL ARBITRAJE DEL BLOQUE DE CONSTITUCIONALIDAD

Si bien el acudir al arbitraje se fundamenta en la autonomía de la voluntad, y en cierto sentido es un procedimiento flexible en el cual juegan otras pautas en cuanto toma los intereses de las partes, con una salvedad fundamental, que siempre debe constituir, un debido proceso, es decir un proceso que comporte el acatamiento de los principios guía que conforman aquélla garantía que hoy constituye un derecho humano esencial. Debe señalarse que el carácter autónomo del arbitraje tiene como finalidad evitar intervenciones judiciales de control innecesarias y reconocerle principios y reglas propios, pero también de expresarse

---

[39] SENTENCIA DEL TRIBUNAL DE JUSTICIA (Gran Sala) de 22 de junio de 2010, caso Melki y Abdeli, asuntos acumulados C-188/10 y C-189/10, apartados del 45 al 55 "*Si el órgano jurisdiccional hubiera acordado remitir la cuestión suspenderá el procedimiento hasta conocer la resolución del Conseil d'État o de la Cour de cassation, o del Conseil constitutionnel en caso de remisión de la cuestión a este último. El curso de la instrucción no se suspenderá, y el órgano jurisdiccional podrá adoptar las medidas provisionales o cautelares necesarias. (...)por cuanto obligan a los órganos jurisdiccionales a pronunciarse con prioridad sobre la remisión al Conseil constitutionnel de la cuestión constitucional planteada ante ellos, en el caso de que dicha cuestión se refiera a la supuesta falta de conformidad con la Constitución de una disposición de Derecho interno, derivada de la oposición de esta última a las disposiciones del Derecho de la Unión*"

[40] Pablo Nuevo López, "Control de convencionalidad y aplicación judicial de los derechos fundamentales de la unión europea". Ob. cit. p.

que en nuestro ordenamiento jurídico todos los mecanismos de solución de conflictos se encuentran sujetos a la Constitución a fin de lograr la protección y tutela efectiva de los derechos fundamentales. De manera que el proceso arbitral deba cumplir con las garantías típicas de la jurisdicción, esto es, que en el proceso arbitral deben ser respetadas las garantías del debido proceso.

El carácter superior e institucional de los derechos fundamentales genera diversas consecuencias para el poder público. En primer lugar, obliga al respeto de los mismos (Artículos 9, 10 y capítulo segundo de la Constitución española; en la Constitución venezolana están los artículos 2, 7, 19, 22, 23, 25 (este último consagra la nulidad de los actos del poder público que menoscaben los derechos constitucionalmente reconocidos), y 29 que obliga al estado a investigar y castigar los delitos contra los derechos humanos que cometan las autoridades; en segundo lugar, obliga a los poderes públicos a generar las condiciones para que sean efectivos los derechos fundamentales (cfr. Artículo 9.1 Constitución española y 19 Constitución venezolana); en tercer lugar, limita al poder público, así por ejemplo, el legislador no podrá producir leyes que los menos menoscaben o, el judicial, tiene que producir sentencias sin lesionar estos derechos[41]. Defender esa supremacía de los derechos fundamentales implica la defensa de la Constitución.

---

[41] Ramón María Orza Linares, *Fundamentos de la democracia constitucional: Los valores superiores del ordenamiento jurídico*. Edit. COMARES y Facultad de Derecho de la Universidad de Granada. Colección Estudios Jurídicos, Granada. p. 40. Consideramos importante agregar doctrina española sobre estos aspectos, pues precisan con mucha claridad los criterios que deben tomarse en consideración en la hipótesis de contradicción con los derechos fundamentales. Se ha tomado de Orza Linares. "*Asimismo, para Lucas Verdú, las limitaciones de los derechos y libertades públicas han de armonizar con los postulados del Estado de Derecho, por lo que, consecuentemente: a) Todo límite de las libertades públicas que precisen y no rebasen las prescripciones constitucionales y las legales congruentes con la Constitución. b) Ninguna limitación de una libertad afectará a su esencia. c) Las limitaciones han de concebirse en función de la primacía del bien común y el respeto a las libertades de los otros ciudadanos. d) Los controles jurisdiccionales (constitucionales y ordinarios) están abiertos a todos los ciudadanos para recurrir ante eventuales abusos*". De igual forma hemos tomado esta sentencia. "*STC 25-1981, de 14 de Julio. Citando a Garronera Morales (El Estado español como Estado social y democrático de Derecho), quien señala que el principio de la dignidad humana y el respeto a su libre desarrollo, connaturales al Estado de Derecho, permiten una argumentación de los tribunales basada en los cuatro principios siguientes: a) Principio de tutela del "contenido esencial" de los derechos, dicha sentencia*

La defensa jurídica de los derechos fundamentales se realiza en el marco de la normatividad constitucional, pues, la Constitución es una norma jurídica que debe ser aplicada por parte de los poderes públicos, ella es auténtico derecho constituido en el ordenamiento jurídico y que obliga a su aplicación por parte de los poderes públicos, incluido el poder legislativo. Así entre otras, en la Constitución española como venezolana se consagra su carácter normativo, así: En la Constitución española en el artículo 9.1 dispone: "*Los ciudadanos y los poderes públicos están sujetos a la Constitución y al resto del ordenamiento jurídico*" y en la Constitución venezolana en el artículo 7 se pauta: "*La Constitución es la norma suprema y el fundamento del ordenamiento jurídico. Todas las personas y los órganos que ejercen el Poder Público están sujetos a la Constitución*".

De manera que las garantías de la Constitución son medios jurídicos de defensa de la Constitución contra leyes o actos de los poderes públicos que sean inconstitucionales, pero que, indudablemente, es una defensa del orden constitucional y que se ejercitan o son procedentes para controlar la constitucionalidad cuando se emitan leyes o actos contrarios a la Constitución o lesionen derechos fundamentales de la persona reconocidos constitucionalmente.

Si lo examinamos desde el punto de vista sustancial-objetiva, indudablemente, es un mecanismo de defensa jurídica de la Constitución. En el momento que exista o vaya a ser aplicada una norma con rango de ley o de un acto en ejecución directa e inmediata de la Constitución, que sea contraria a la Constitución, hay una cuestión de inconstitucionalidad. Es decir, la cuestión de inconstitucionalidad expresa que hay una situación contraria a la Constitución y debe resolverse jurídicamente. Por

---

clarifica el concepto, indicando que dos vías pueden ser utilizadas –incluso con carácter complementario- para determinar que nos encontramos ante la lesión del "contenido esencial" de un derecho: la vía del "tipo abstracto" (se presume que existe un tipo conceptual de cada derecho y que se lesiona su contenido esencial cuando el legislador no se ajusta fundamentalmente al mismo) y la vía de la lesión en los "intereses jurídicamente protegidos" (se entiende que hay lesión cuando el derecho queda sometido a limitaciones que lo hacen impracticable, lo dificultan más allá de lo razonable o lo despojan de la necesaria protección. b) Principio de la eficacia inmediata. c) Principio de la interpretación más favorable y d) Principio de eficacia frente a terceros o frente a particulares, según el cual tales derechos no deben entenderse sólo frente al estado, sino también frente a particulares, y en el seno de todo tipo de relaciones...)" p. 262-263.

ello, podría afirmarse que hay cuestión de inconstitucionalidad, cuando se plantea como objeto del *petitum*, en un proceso, bien como principal o incidental, el pronunciamiento del órgano jurisdiccional sobre la constitucionalidad o no de una norma con rango de ley o de un acto en ejecución directa e inmediata de la Constitución. Si lo vemos desde el punto de vista normativo instrumental, en la legislación española, es un instrumento de "*control concreto*" de la constitucionalidad de las leyes a la disposición de los órganos judiciales (artículo 163 C.E. y 35 LOTC); en la legislación venezolana, asimilándola a la que se plantea en el control difuso, desde esta óptica coincide, pero debe indicarse que no está sólo a disposición de los órganos judiciales sino también para las partes. Desde el punto de vista procesal, en el ordenamiento español, es un instrumento de control concreto que no tiene el carácter de acción, de oportunidad incidental y prejudicial-devolutivo. Es de observar que el carácter devolutivo es propio de los medios de impugnación. En el sistema venezolano, para las partes tiene el carácter de excepción, entendiéndola como el derecho a la defensa, en un proceso, sobre una cuestión que afecta sus intereses y reclamar a la jurisdicción un pronunciamiento y de oportunidad incidental, aun cuando algunos autores le asignan el carácter de acción; para el juez es la obligación de aplicar la Constitución. Es decir, cuando haya afectación de los derechos y garantías, sea por ley y por actuación del órgano jurisdiccional, puede la parte afectada oponer la excepción de constitucionalidad.

Nos surge el interrogante ¿si es posible quienes no tienen investidura de jueces del Estado, funcionando como jueces privados designados por las partes, puedan plantearse en su conocimiento del caso concreto sobre la posible constitucionalidad o no de una norma?, o en su actuación puedan quebrantar derecho fundamentales (en cuyo caso es procedente la nulidad del laudo arbitral planteado ante órgano jurisdiccional público).

Expresa ROJAS[42] que "*este punto de partida no puede ser soslayado para analizar la posibilidad de ejercer el control tanto de*

---

[42] Jorge A. Rojas, "El control de constitucionalidad y de convencionalidad en el arbitraje". Disponible http://jorgearojas.com.ar/el-control-de-constitucionalidad-y-de-convencionalidad-en-el-arbitraje/

constitucionalidad como de convencionalidad sobre la preceptiva legal aplicable en la órbita del proceso arbitral, pues partiendo de estas premisas, resulta inocultable que el árbitro al igual que el juez lleva a cabo la operación que Couture[43] *llamaba de "subsunción jurídica*".

Claro está que la duda surge debido al carácter privado del árbitro y si éste en su ejercicio de aplicación de la ley, puede dejar de aplicar una norma argumentando su carácter inconstitucional, y en cuyo caso cómo se engrana con el máximo interprete constitucional.

Hemos expuesto en páginas anteriores que los ciudadanos tienen derecho a la supremacía constitucional con relación a los derechos fundamentales, por lo que el control de constitucionalidad es esencial al debido proceso, en sus dos vertientes: en el aspecto procesal, en cuanto deben aplicarse los principios del debido proceso y, en el aspecto sustancial, referente a la aplicación de la norma en el caso concreto[44].

Pensamos que cuando el arbitraje se desarrolla en el plano nacional no hay complicaciones, pues el árbitro, al igual que el juez o como cualquier ciudadano está obligado a acatar y aplicar la Constitución. Sería un desatino pretender que el árbitro no aplique la norma suprema de su país, pues no se podría desarrollar un debido proceso legal, omitiendo que el árbitro aplique su propia Constitución. Se ha tratado en el examen de esta cuestión de diferenciar entre arbitraje de derecho y arbitraje de equidad. Se alega en el primer caso, que el árbitro, al igual que el juez, está sometido al principio de legalidad y debe aplicar la ley, mientras que en el segundo caso, actúan como amigables componedores, aplican la ley matizando o suavizando sus consecuencias. En todo caso, el árbitro por más que matice la ley que aplique, no puede decidir contrario a derecho, pues su laudo puede ser anulado por ilegalidad. Es claro, que en los países que aceptan los Tratados y Acuerdos Internacionales sobre Derechos Humanos pueden realizar un control interno de convencionalidad acorde con el Bloque constitucional de su país. Debemos señalar que en caso de ofensa a derechos fundamentales o

---

[43] Eduardo Couture. *Fundamentos de Derecho Procesal.* Buenos Aires. Editorial Depalma, 1978, p. 285.

[44] Rodrigo Rivera Morales. "La cuestión de inconstitucionalidad en el sistema español y en el sistema venezolano". Universidad de Salamanca. Salamanca, 2005. p.32.

decisiones contrarias a disposiciones de la Constitución, en Venezuela, por la vía excepcional del amparo y la revisión constitucional puede atacarse el laudo arbitral[45].

También, según sustenta Domínguez Guillén[46] puede solicitarse la nulidad del laudo arbitral, en caso de someterse a indefensión a una de las partes en el proceso de arbitraje o que la decisión arbitral adolezca de motivación, lo cual obviamente, lleva implícita la tesis que el árbitro debe conducir el proceso asegurando el debido proceso, de suerte, que una actuación que produzca indefensión o la presencia de una cláusula abusiva en el pacto compromiso arbitral deberá el árbitro hacer control de constitucionalidad para garantizar los derechos y garantías constitucionales.

El problema se complica cuando se trata del arbitraje internacional. Se entiende que las partes al seleccionar el ordenamiento jurídico de un determinado país, están conscientes de las normas constitucionales que lo rigen, pero el hecho debe haber seleccionado someterse a arbitraje en otro país, no significa tampoco la renuncia de sus derechos fundamentales. En caso de que se oponga excepción de inconstitucionalidad, corresponde al árbitro hacer el control de constitucionalidad conforme a la Constitución de ese país, al igual que el control convencional consonante a los tratados que sean válidamente acogidos por el país[47].

---

[45] R. Badell Madrid, "El recurso de revisión constitucional en el arbitraje", *Revista Comité de Arbitraje* 2010-2011, 1-17, disponible en: http://www.cedca.org.ve/sites/default/files/revista%20 de%20Arbitraje%202da%20edici%c3%b3n.pdf; tsj/Sconst., Sentencia 2105 de 14-9-04, disponible en: http://historico.tsj.gob.ve/decisiones/scon/Septiembre/2105-140904-03-3170%20. htm; juzgado Superior Segundo en lo civil, mercantil, Tránsito y bancario de la circunscripción judicial del Área metropolitana de caracas, Sentencia 26-6-13, exp. Ac71-r-2011-000146, http:// jca.tsj.gob.ve/decisiones/2013/junio/2139-26-Ac71-r-2011-000146-.html

[46] María Candelaria Domínguez Guillén, "La indefensión y la inmotivación como causa de nulidad del laudo arbitral en el derecho venezolano". *Rev. Derecho Privado* no.31, July/Dec. Bogotá, 2016. ISSN 0123-4366. http://dx.doi.org/io.186oi/o1234366.n31.o8

[47] Jorge A. Rojas, "El control de constitucionalidad y de convencionalidad en el arbitraje". Disponible http://jorgearojas.com.ar/el-control-de-constitucionalidad-y-de-convencionalidad-en-el-arbitraje/

BIBLIOGRAFÍA

BADELL MADRID, R., "El recurso de revisión constitucional en el arbitraje", *Revista Comité de Arbitraje* 2010-2011, 1-17, disponible en: http://www.cedca.org.ve/sites/default/files/revista%20de%20Arbitraje%202da%20edici%c3%b3n.pdf;

BASTIDA, Francisco y REQUEJO, J.L. *Cuestionario comentado de Derecho Constitucional (El sistema de fuentes y la jurisdicción constitucional. 2ª.* Edición, Barcelona, Editorial Ariel, 1992. También en *Revista jurídica de Asturias,* ISSN 0211-1217, N° 15, 1992, págs. 403-405

BELLO TABARES, Humberto E. "El derecho constitucional a la prueba judicial". Disponible en: http://acienpol.msinfo.info/bases/biblo/texto/boletin/2008/BolACPS_2008_146_319-386.pdf.

CASCAJO CASTRO, José Luis. *La jurisdicción Constitucional de la Libertad.* REDP N° 199, Enero-febrero, Madrid, 1975.

COUTURE, Eduardo. *Fundamentos de Derecho Procesal.* Buenos Aires. Editorial Depalma, 1978.

DOMÍNGUEZ GUILLÉN, María Candelaria. "La indefensión y la inmotivación como causa de nulidad del laudo arbitral en el derecho venezolano". *Rev. Derecho Privado* no.31, July/Dec. Bogotá, 2016. ISSN 0123-4366. http://dx.doi.org/io.186oi/o1234366.n31.o8.

FERRAJOLI, L. "¿Democracia sin Estado?". En CIENFUEGOS SALGADO, David y LÓPEZ OLVERA, Miguel A. (Coords.), *Estudios en Homenaje a Don Jorge Fernández Ruiz. Derecho Constitucional y Política,* Ciudad de México, México, 2005.

FRANCO, Paula. "Hacia la construcción del control de convencionalidad en Colombia". *Revista de Derecho Público* No 34 Enero - Junio de 2015, Universidad de los Andes Facultad de Derecho. ISSN 1909-7778.

GARCÍA De ENTERRÍA, E., "La justicia constitucional en Europa". La Constitución como norma y el Tribunal Constitucional.3ª Edic. Reimpresión, Edit. Civitas, S.A., Madrid, 1994.

GARCÍA RAMÍREZ, Sergio. "El control judicial interno de convencionalidad". *IUS. Revista del Instituto de Ciencias Jurídicas de Puebla,* México, año V, N°. 28, julio-diciembre de 201.

GÓMEZ FERNÁNDEZ, Itziar. "Redefinir el bloque de la constitucionalidad 25 años después". *Estudios de Deusto 1* ISSN: 0423 - 4847, Vol. 54/1, enero-junio, Bilbao, 2006.

GÓNGORA MERA, Manuel E. "La difusión del Bloque de Constitucionalidad en la Jurisprudencia Latinoamericana y su potencial en la construcción del *ius contitutucionale* comune Latinoamericano". Instituto Max Planck de Derecho Público y Derecho Internacional. Disponible en: htpp:// biblio.juridicas.unam.mx

HENRÍQUEZ LA ROCHE, Ricardo. *El arbitraje comercial en Venezuela.* Editorial Cámara de Comercio de Caracas, Maracaibo, Venezuela, 2000.

ORZA LINARES, Ramón María. *Fundamentos de la democracia constitucional: Los valores superiores del ordenamiento jurídico.* Edit. COMARES y Facultad de Derecho de la Universidad de Granada. Colección Estudios Jurídicos. Granada, 2003.

QUADRA–SALCEDO, T., *El recurso de amparo y los derechos fundamentales de las personas en las relaciones entre particulares*, Civitas, Madrid, 1981.

MORA MÉNDEZ, Jorge A. "El control de convencionalidad: un replanteamiento de principios y fuentes del derecho" Revista Republicana. ISSN: 1909 - 4450 Núm. 12, enero- junio de 2012.

NUEVO LÓPEZ, Pablo. "Control de convencionalidad y aplicación judicial de los derechos fundamentales de la unión europea". *Revista catalana de dret públic*, núm 50, 2015.

RAINER. Arnold, "Los derechos fundamentales comunitarios y los derechos fundamentales en las Constituciones nacionales". En: Matía Portilla, F. J. (dir.). *La protección de los derechos fundamentales en la Unión Europea.* Thomson Civitas, Madrid, 2002.

REQUEJO PAGÉS, J.L.: "Constitución y remisión normativa. Perspectiva estática y dinámica en la identificación de las normas constitucionales", *REDC*, núm. 39, septiembre - diciembre. 1993.

REY CANTOR, Ernesto, *Control de convencionalidad de las leyes y derechos humanos, homenaje a Héctor Fix Zamudio,* Biblioteca Porrúa de Derecho Procesal Constitucional, Editorial Porrúa, Instituto Mexicanos de Derechos Procesal Constitucional, México 2008-

RIVERA MORALES, Rodrigo. *La cuestión de inconstitucionalidad en el sistema español y en el sistema venezolano.* Universidad de Salamanca. Salamanca, 2005.

RIVERA MORALES., Rodrigo. "Aspectos Constitucionales del Proceso". *Nuevos Estudios de Derecho Procesal. Libro Homenaje a José Andrés Fuenmayor.* Tribunal Supremo de Justicia. Tomo II.

RIVERA MORALES, Rodrigo. "La defensa de la supremacía Constitucional en el Proceso español y venezolano". *Revista Tachirense de Derecho,* ISSN 1316-6883, N°. 20, 2009.

RIVERA MORALES, Rodrigo. "Principios y garantías que deben regir la mediación electrónica". *Revista General de Derecho Procesal,* ISSN-e 1696-9642, N°. 44, España-Barcelona. 2018.

ROJAS, Jorge A. "El control de constitucionalidad y de convencionalidad en el arbitraje". Disponible http://jorgearojas.com.ar/el-control-de-constitucionalidad-y-de-convencionalidad-en-el-arbitraje/

RUBIO LLORENTE, Francisco. "El Bloque de Constitucionalidad", en *Revista Española de Derecho Constitucional,* Año 9, No. 27 (1989): 10, 13, < file:///C:/Users/Admin/Downloads/Dialnet- El BloqueDeConstitucionalidad-79403.pdf >.

UPRIMNY, Rodrigo. "El Bloque de Constitucionalidad en Colombia. Un análisis jurisprudencial y un ensayo de sistematización doctrinal". Disponible en: : https://www.researchgate.net/publication/238077572.

Este libro se terminó de imprimir en el mes de noviembre de 2020, en los talleres gráficos de Editorial Torino. RIF.: J-30143170-7, Teléfonos: (212) 239.7654, 235.2431. En su composición se emplearon tipos de la familia Times New Roman y Frutiger. Papel Bond 20 g.

www.ingramcontent.com/pod-product-compliance
Lightning Source LLC
La Vergne TN
LVHW082055051026
849532LV00011B/3601